ལྷ་སའི་ལོ་རིམ་མེ་ལོང་།

拉萨年鉴

2015

拉 萨 市 人 民 政 府 主办
拉萨市地方志编纂委员会办公室 编

图书在版编目（CIP）数据

拉萨年鉴. 2015 / 拉萨市地方志编纂委员会办公室编. -- 北京：方志出版社，2015.7

ISBN 978-7-5144-1670-1

Ⅰ. ①拉… Ⅱ. ①拉… Ⅲ. ①拉萨市－2015－年鉴
Ⅳ. ①Z527.54

中国版本图书馆CIP数据核字(2015)第183257号

拉萨年鉴（2015）

编　　者：拉萨市地方志编纂委员会办公室
责任编辑：刘方圆

出 版 人：冀祥德
出 版 者：方志出版社
　　地址　北京市朝阳区潘家园东里9号（国家方志馆 4 层）
　　邮编　100021
　　网址　http://www.fzph.org
发　　行：方志出版社发行中心
　　（010）677110500
经　　销：各地新华书店
印　　刷：河南深港彩印有限公司

开　　本：889×1194　　1/16
印　　张：31.5
字　　数：982千字
版　　次：2015年9月第1版　　2015年9月第1次印刷
印　　数：0001～1000册

ISBN 978-7-5144-1670-1　　定价：480.00元

拉萨市地方志编纂委员会

《拉萨年鉴》编辑部

《拉萨年鉴》特邀委员

（按姓氏笔画排序）

《拉萨年鉴》特邀编辑

（按姓氏笔画排序）

编 辑 说 明

一、《拉萨年鉴》由拉萨市人民政府主办，拉萨市地方志编纂委员会办公室承办。《拉萨年鉴》自 2012 年创刊，每年出版 1 卷，2015 年卷为第 4 卷。

二、《拉萨年鉴》以邓小平理论、“三个代表”重要思想、科学发展观为指导，深入学习贯彻习近平总书记重要讲话精神，始终坚持“质量第一，常编常新”的办鉴宗旨，全面、系统、翔实地记述拉萨上一年度政治、经济、文化、社会等各项事业的基本情况，为领导决策提供参考依据，为各行各业提供有价值的资料，为国内外各方人士了解拉萨提供最新信息。

三、《拉萨年鉴》采用文章和条目两种体裁，以条目体为主，用规范的语体文、记述体、计量单位直陈其事，文字力求言简意赅。

四、《拉萨年鉴》收录的文章和条目，均通过各级行政系统确定专人（部门）负责撰写和提供，并经主要负责人审核。拉萨市社会经济统计资料统一由市统计局提供，业务部门的统计数据由各主管部门提供。使用时应以统计部门提供的统计数据为准。

五、《拉萨年鉴》2015 年卷的文字内容，设有特载、专文、大事记、政治经济文化和社会各行业情况、区情县情、人物、附录等 7 个基本栏目。

六、本年鉴所载的政治、经济、文化和社会各行业情况栏目采用分类编纂法。《拉萨年鉴》2015 年卷分为：中国共产党拉萨市委员会、拉萨市人民代表大会常务委员会、拉萨市人民政府、中国人民政治协商会议拉萨市委员会、纪检·监察、对口援藏、群众团体、法制、档案·党史·地方志、民族、宗教、外事、武装、经济综合管理、国有企业、开发区·工业园区、农业·水利、交通·邮电、金融·保险、旅游、科技·教育·体育、文化·新闻、医药·卫生、城市建设·管理、人力资源和社会保障、社会生活、区情县情共 27 个类目。

七、《拉萨年鉴》2015 年卷反映 2014 年 1 月 1 日至 12 月 31 日期间情况（部分内容依据实际情况时限略有前后延伸），凡 2014 年事项，均直书月、日，不再写年份。

目 录

特 载

专 文

大 事 记

中国共产党拉萨市委员会

重要活动

拉萨市党的群众路线教育实践活动

创先争优强基础惠民生活动

四业工程

拉萨河（城区段）综合整治工程

组织工作

宣传工作

统战工作

拉萨市人民代表大会常务委员会

藏语文工作（编译局）

市民服务中心

布达拉宫广场管理处

拉萨市出租汽车行业治理工作

流浪狗清理整治专项工作

中国人民政治协商会议拉萨市委员会

综　述

重要会议

专门委员会工作

纪检·监察

对口援藏

群众团体

拉萨市总工会

共青团拉萨市委员会

拉萨市妇女联合会

拉萨市工商业联合会

法　制

公　安

检 察

审 判

司法行政

档案·党史·地方志

档 案

党史研究

地方志

民 族

综 述

宗 教

武　装

拉萨警备区

武警拉萨市支队

拉萨市公安消防支队

武警拉萨市森林大队

人民防空

经济综合管理

发展和改革事务

交通·邮电

交通运输

邮　政

电　信

中国电信拉萨分公司

中国移动拉萨分公司

中国联通拉萨分公司

金融·保险

银　行

中国人民银行拉萨中心支行

农行西藏分行营业部

中国银行西藏自治区分行

中国建设银行股份有限公司西藏自治区分行

保　险

旅　游

科技·教育·体育

科　技

教　育

体　育

文化·新闻

文化新闻出版文物

藏医药事业

医疗机构

城市建设・管理

住房和城乡建设

市容环境

环境保护

防震减灾

人力资源和社会保障

曲水县

尼木县

当雄县

柳梧新区管委会

人　物

附　录

政府令

政府规范性文件

后记

协办单位

彩页目录

特 载

扎实推进社会主义新西藏建设

关于中共中央政治局常委、全国政协主席
俞正声在西藏调研情况的报道

（2014年8月1日至6日）

中共中央政治局常委、全国政协主席俞正声近日在西藏调研时强调，要认真贯彻落实中央关于西藏工作的一系列方针政策，树立依法治藏、长期建藏思想，坚持走有中国特色、西藏特点的发展路子，促进西藏经济社会跨越式发展和长治久安，把建设社会主义新西藏事业不断推向前进。

8月1日至6日，俞正声先后来到拉萨市和那曲地区，深入高校企业、农村牧区、藏传佛教寺庙进行调研，并多次召开座谈会，与各族干部群众共商发展稳定大计。

俞正声非常牵挂西藏经济社会发展和各族群众的生产生活。在西藏电力、甘露藏药等企业，他详细了解生产经营情况。在羊达乡现代设施农业示范园、那曲现代草原畜牧业示范基地等，他仔细察看现代农牧业生产情况。在西藏大学，他认真听取藏文古籍信息化研究情况介绍，并就学生就业进行座谈。在拉萨鲁固社区、堆龙德庆县东嘎镇东嘎村、那曲地区儿童福利院等地，他关切询问城乡居民生活和社保情况，还走进海拔4500多米的藏族农牧民家里同他们拉家常。俞正声指出，发展是解决西藏所有问题的根本和关键。要紧紧抓住国家深入实施西部大开发战略、加大支援西藏发展力度等宝贵机遇，科学谋划发展思路，大力加强基础设施建设，大力培育特色优势产业，大力推进生态建设和环境保护，推动经济社会发展不断迈上新台阶。要坚持把改善民生作为衡量发展质量的重要标准，重视发展职业教育、“双语”教育，做好就业工作，着力办好一些群众迫切需要的大事实事，使各族群众共享改革发展成果。

俞正声十分关心藏传佛教的健康发展。他专程前往大昭寺、哲蚌寺、孝登寺、西藏佛学院，与寺庙僧尼和驻寺干部亲切交谈。俞正声指出，只有祖国强大、社会发展、群众生活改善，藏传佛教才能健康发展。他强调，十四世达赖喇嘛所主张的“大藏区”“高度自治”完全违反了中国宪法和法律，也违背了藏传佛教的根本利益。藏传佛教界要认清达赖集团分裂本质，坚决维护祖国统一、民族团结和西藏的和谐稳定。要全面贯彻落实党的民族宗教政策，切实加强“三个离不开”教育，积极引导宗教与社会主义社会相适应，努力促进民族团结、宗教和睦，为维护社会和谐稳定营造良好环境。

对口支援西藏，是中央的重大战略决策。俞正声在援藏干部座谈会上指出，要始终把保障和改善民生作为对口援藏工作的首要任务，切实加强援藏干部队伍建设，不断提高对口援藏科学化水平。

调研期间，俞正声专程看望了武警西藏总队官兵，还看望了西藏自治区政协机关干部职工，并与在藏全国政协委员座谈。

不断提升社会治理服务群众的能力和水平 为西藏跨越式发展和长治久安作出新贡献

关于中共中央政治局委员、中央政法委书记
孟建柱在西藏调研情况的报道

（2014年7月18日至22日）

7月18日，中共中央政治局委员、中央政法委书记孟建柱在拉萨市城关区丹杰林社区与居民促膝交谈。

中共中央政治局委员、中央政法委书记孟建柱近日在西藏调研时强调，要坚决贯彻落实中央关于西藏工作的一系列方针政策和习近平总书记系列重要讲话精神，特别是“治国必治边、治边先稳藏”的重要战略思想，保持清醒头脑、增强忧患意识，发扬优良传统、总结成功经验，创新社会治理、深化平安建设，不断提升维护社会稳定、促进民族团结、服务各族群众的能力和水平，为西藏跨越式发展和长治久安作出新的贡献。

7月18日至22日，孟建柱先后来到拉萨市和山南地区，深入政法基层单位、街道社区、镇村牧区、藏传佛教寺庙、学校、企业，向各族干部群众、政法干警致以亲切慰问和崇高敬意，就进一步做好西藏稳定工作进行调研。

政法综治各单位在西藏稳定工作中肩负着重要职责。孟建柱逐一到西藏政法单位考察。在自治区高级人民法院、人民检察院、公安厅、国家安全厅、司法厅，孟建柱慰问政法干警，听取工作汇报，征求意见建议，对西藏政法各项工作取得的成绩给予充分肯定。在拉萨市布达拉宫广场便民警务站、乃东县泽当镇德吉小区便民警务站，孟建柱查看安防设备和单警装备，向执勤民警询问治安状况和便民服务举措，希望他们牢固树立服务意识，寓管理于服务之中，拓展管理平台、延伸服务触角，努力通过一个个问题的解决、一件件实事的办理，真正让群众感受到平安和谐就在身边、党和政府的温暖就在身边。在自治区监狱、拉萨市看守所，孟建柱检查了监所环境和安防措施，与服刑犯人、在押人员交谈，鼓励他们真诚悔过、好好改造，争取早日回归社会，做一个对社会有用的人。在听取自治区党委政法委工作汇报时，孟建柱指出，近年来，西藏在发展和稳定的实践中，探索积累了十分宝贵的经验。全区广大党员干部和各族群众、特别是政法各单位和广大干警敢于担当、主动作为，依法坚决打击分裂破坏活动，确保了西藏大局稳定；坚持源头治理，牢牢掌握了工作主动权；坚持创新社会治理，构建完善立体化的治安防控体系，打牢了平安西藏建设的根基；坚持发展为民、综合施策，办好利民惠民、利寺惠僧实事，稳定了人心、凝聚了民心；坚持依靠群众、发动群众，共创和谐平安、共建美好家园，夯实了西藏发展稳定的群众基础。

孟建柱对进一步做好西藏政法工作提出了明确要求。他指出，西藏的安全稳定事关国家安全和全国社会大局稳定。要深刻认识反分裂斗争的长期性，切实增强政治意识、忧患意识和责任意识，始终把反分裂斗争作为西藏发展稳定的首要政治任务，严密防范、坚决打击各种分裂破坏活动和涉恐涉暴等严重刑事犯罪，切实维护国家统一和社会稳定。要牢固树立宗旨意识，坚持执法为民、司法为民，着力提高为人民服务的本领，多做为民、便民、利民、惠民的好事，为人民群众安居乐业提供强有力的执法司法保障，紧紧把各族人民团结在党和政府的周围。

创新社会治理、深化平安建设，是孟建柱调研的重点之一。西藏在全区开展了“双联户”创建工作，引导城乡居民以5户或10户为联户单位，联户代表和联户家庭成员利益共享、责任共担，共同做好治安巡逻、安全检查、矛盾调解、环境整治等事务，形成了“联户保平安、联户促增收”的治理模式。在拉萨市城关区丹杰林社区，孟建柱向社区工作人员了解“双联户”创建工作情况。随后他走进居民索朗旺堆家里，与家人孩子促膝交谈。索朗旺堆用质朴的语言为创建活动连声称好、对党和政府表示感谢。在当雄县公塘乡拉根村,孟建柱来到洛桑和旦罗两户牧民家里,看到“双联户”创建工作给牧民生活带来的可喜变化,他非常高兴,祝福牧民的日子越过越红火。孟建柱深有感触地说,“双联户”创建工作取得的成效再一次告诉我们,维护西藏稳定,必须依靠发动广大人民群众。只有各族群众真心实意地拥护,才能筑牢社会稳定的铜墙铁壁。要充分调动群众积极性、主动性和创造性,壮大基层群防群治力量,使互帮互助、共建平安蔚然成风,以邻里和睦促进社会和谐,以社区安宁垒积社会平安。在乃东县泽当镇社会网格化管理办公室,得知实行网格化管理后,社会服务管理效率明显提高,刑事、治安案件发案率大幅下降,群众安全感和满意度不断上升,孟建柱给予肯定。他强调,要以信息化为支撑,统筹各种资源,强化基层基础,建立健全动态化条件下的社会治安防控网络,将矛盾纠纷、治安隐患和不稳定因素化解在基层、消除在萌芽状态,夯实社会长治久安的根基。

孟建柱非常关心藏传佛教的健康发展。他专程前往大昭寺、哲蚌寺、昌珠寺、色拉寺,与藏传佛教各教派的僧人代表、驻寺干部面对面座谈交流,倾心听取大家的意见和建议。大昭寺高僧拉巴说,各级领导把我们作为亲人、朋友,为寺庙通水、通路、通电,为僧尼办理医疗、养老等保险,我们从内心深处感恩党和政府;拉萨市佛教协会会长、色拉寺高僧普布次仁表示,为一切众生和平安乐而精进是出家人义不容辞的责任,弘扬爱国正气、抵制分裂邪气,符合广大僧尼的意愿,我们坚决拥护。孟建柱对广大僧人为西藏和谐稳定作出的贡献表示感谢。他指出,佛教是中华民族灿烂文化的重要组成部分,爱国爱教、遵规守法、弃恶扬善、崇尚和谐、祈求和平历来是藏传佛教的基本内容。希望藏传佛教界大力弘扬历代高僧大德爱国爱教的优良传统,止人为恶、与人为善、引人为善,坚决反对分裂破坏活动,以实际行动维护好寺庙和谐、服务好信教群众。要时常有济世恒心,时常发济民宏愿,广施布行,主动为地方平安出力,为群众福祉服务。要守法持戒、潜心修行,不断提升佛学水平,积极推动藏传佛教与社会主义社会相适应,继续为祖国统一、民族团结、宗教和睦、社会和谐作出积极贡献。

孟建柱心系扎根雪域高原、无私奉献的一线政法干警。在自治区公安厅、武警西藏总队,他通过视频系统向远在千里之外的值班执勤人员致以亲切慰问和崇高敬意。他说,大家坚守在世界屋脊,牢记党和人民的重托,不分白天黑夜、不分工作日节假日,忠诚履行职责使命,为维护国家安全、确保西藏稳定、服务各族群众付出了辛劳和汗水,有的同志还献出了宝贵的生命。实践证明,西藏政法队伍是一支对党忠诚、英勇善战、能打胜仗、有坚强战斗力的队伍,不愧为党和人民的忠诚卫士。希望大家继续发扬特别能吃苦、特别能战斗、特别能忍耐、特别能奉献的优良作风,永葆忠于党、忠于祖国、忠于人民、忠于法律的政治本色,扎扎实实做好维护国家安全和社会稳定各项工作,为党和人民再立新功。孟建柱要求,要进一步加强政法队伍建设,打牢高举旗帜、听党指挥、忠诚使命的思想基础,不断提高政治素质、业务素质和拒腐防变能力,建设一支对党忠诚、能力过硬、能打胜仗的政法队伍。他深情地说,广大政法干警长年奋战在高寒缺氧的一线岗位,条件十分艰苦,任务十分繁重。各级领导干部要倍加关心爱护政法队伍,想方设法为一线干警改善工作条件,解决实际困难和后顾之忧,确保队伍始终保持昂扬斗志和旺盛战斗力,为实现西藏持续稳定、长期稳定、全面稳定奉献智慧和力量。

在听取自治区发展和稳定工作情况介绍时,孟建柱称赞近年来西藏发展快、变化大,人心顺、社会稳。他指出,自治区党委、政府认真贯彻落实习近平总书记系列重要讲话精神,团结带领广大干部群众,正确处理改革发展稳定的关系,采取了一系列符合西藏实际的措施,在推进西藏跨越式发展和长治久安方面迈出了坚实的步伐、取得了很大的成绩。相信有以习近平同志为总书记的党中央的坚强领导,有各族干部群众的共同奋斗,西藏的明天一定会更加美好。

西藏自治区党委书记陈全国,区党委副书记、区人大常委会主任白玛赤林,区党委副书记、自治区主席洛桑江村,中央政法委副秘书长、中央综治办主任陈训秋,西藏自治区党委常务副书记吴英杰,区党委副书记、自治区常务副主席、区党委政法委书记邓小刚等参加调研。

深入实施党建统市战略　全力开启依法治市新征程

在中共拉萨市第八届委员会第六次全体会议上的报告（摘要）

（2015 年 1 月 5 日）

自治区党委常委、市委书记　齐扎拉

各位委员、同志们：

现在，我代表市委常委会向全委会作报告，请审议。

一、攻坚克难、锐意进取，2014 年全市各项事业迈出坚实步伐

在党中央、国务院的亲切关怀下，在区党委、政府的坚强领导下，市委常委会贯彻落实党的十八大和十八届三中、四中全会精神，贯彻落实习近平总书记系列重要讲话精神，严格按照中央关于全面深化改革的战略部署和区市党委关于全面深化改革的工作安排，牢牢把握稳中求进、好中求快的总基调，紧紧围绕“充分发挥首府城市首位度作用”的总要求，坚持维护社会稳定和保护生态环境两条底线，把党的群众路线教育实践活动贯穿工作始终，稳妥推进全面深化改革，深入实施“五大战略”，经济社会各项事业取得显著成绩。2014 年，完成地区生产总值 353.7 亿元，增长 16%，占全区经济总量的 38.2%；全市财政收入完成 90 亿元，增长 52.72%，其中，公共财政预算收入 64.8 亿元，增长 29.13%，占全区总量的 54%；固定资产投资 490 亿元，增长 30%，占全区总量的 44.5%；社会消费品零售总额 170 亿元，增长 18%，占全区总额的 52.5%；工业增加值 40 亿元，增长 30%，占全区总量的 60.7%；农村居民人均可支配收入 9750 元，增长 18%，高出全区平均收入 2279 元；城镇居民人均可支配收入 23350 元，增长 9%，高出全区平均收入 1324 元。

（一）坚决贯彻中央精神和区党委决策部署。党的十八大以来，习近平总书记根据国内外形势和任务的新变化，就治党治国治军、内政外交国防发表了一系列重要讲话，提出许多新思想、新观点、新论断，在道路、方向、立场、拒腐防变等重大问题上态度鲜明，时时处处充满使命担当意识，传递了责任、信心和希望。全市广大党员干部群众始终坚持讲政治、顾大局、守纪律，坚定不移地贯彻落实习近平总书记系列重要讲话精神，特别是“治国必治边，治边先稳藏”的重要战略思想和“努力实现西藏持续稳定、长期稳定、全面稳定”的重要指示，贯彻落实俞正声主席“依法治藏、长期建藏、争取人心、夯实基础”的重要原则，深刻把握陈全国书记对拉萨提出“充分发挥首府城市首位度作用”的工作要求，不折不扣地贯彻执行党的路线方针政策，贯彻落实党中央和区党委的各项决策部署，坚决维护党中央的权威。在反分裂斗争这个重大原则问题上，严格按照中央对十四世达赖集团的定性表述、斗争方针和策略办事，始终做到旗帜鲜明、立场坚定、认识统一、表里如一、态度坚决、步调一致。

（二）坚持党要管党、从严治党，扎实开展党的群众路线教育实践活动。开展党的群众路线教育实践活动，是党中央在新形势下坚持党要管党、从严治党的重大决策。根据中央的统一部署，在中央第七督导组、中央第十巡回督导组的悉心指导下，在区党委的坚强领导下，在区党委第一督导组的有力督导下，市委高度重视、周密安排，在全区率先启动第二批教育实践活动，坚持把中央精神和区党委部署与拉萨实际紧密结合，既着眼解决“四风”“两问题”“一薄弱”的共性问题，又着重解决“三不够”的地方病；既贯穿总要求，又贯穿“高标准、强红线、明目标、重领域、严要求”的具体原则；既严格抓好区党委 10 个活动载体，又设计出符合拉萨实际的 4 个“自选动作”。全市教育实践活动全面贯彻中央精神、完全符合西藏特点、充分彰显拉萨特色，切实做到活动有成效、有亮点，顺民心、接地气。在整个活动中，市委常

委会班子成员以身作则、率先垂范，带头重学习、查问题、抓整改。全市各级党组织和广大党员干部狠抓学习、强化教育，广纳意见、深挖细照，梳理归纳各类意见建议 3183 条；立说立行、真抓实改，建立个人整改销号台账 1182 个，集中解决群众反映强烈的突出问题 21773 件。全市各级党组织和广大党员干部理想信念有新升华，公仆意识有新增强，党内生活有新气象，工作作风有新转变，干群关系有新加强，制度机制有新完善，发展稳定有新局面，不同层次、不同范围的群众满意度测评结果达 99.5%。

（三）抓环境促提升，城市环境宜居宜业。围绕构建国家生态安全屏障，始终坚持把生态环境保护作为底线、红线、高压线，紧扣“建设美丽家园幸福拉萨”的总体目标，全力打造舒适宜居的生态环境和高效快捷的发展环境，成功创建国家环境保护模范城市。生态环境更加优美宜居。严格落实生态环境保护责任，将生态环境保护纳入领导干部考核内容，实行“一票否决”。建立完善建设项目准入制度，严把生态环境关、产业政策关、资源消耗关。持续推进“树上山”，深入开展城区南山绿化工程，城市建成区绿化覆盖率达 38%，人均公共绿地面积达 9.6 平方米。着力实施“河变湖”，加快推进拉萨河综合整治工程，总体规划内 3# 闸顺利建成并发挥效益。深入推进“暖入户”，拉萨市城市供暖工程圆满完成，供暖覆盖率达 98%，城镇居民对供暖工程基本满意率达 95.8%，结束了祖祖辈辈靠烧牛粪取暖御寒的历史，实现了西藏历史上具有里程碑意义的“供暖革命”。发展环境更加优越宜业。以改进政府工作为重点，进一步加大简政放权力度，行政审批项目精简调整率达 64.68%；市民服务中心运行机制不断优化，对重点项目审批开辟绿色通道；在全区率先成立公共资源交易中心，打造统一、透明、开放、高效的公共资源阳光交易市场；新增 200 辆出租汽车和 76 辆公交车，试点运行新能源公交车，自行车租赁服务试点扎实推进，实现城市公交车、出租车、自行车的有效衔接。

（四）抓文化提品位，文化事业欣欣向荣。积极培育和践行社会主义核心价值观，在全国 136 个重点城市“图说我们的价值观”网络测评中取得第 16 名的好成绩。持续深入开展“八看、一算账、一揭批、四增强”感党恩主题教育活动，广大干部群众反对分裂、维护稳定，共同团结奋斗、共同繁荣发展的思想基础进一步夯实。意识形态领域更加安全。构建反渗透防控体系，广播电视覆盖率和安全播出水平不断提升，文化市场综合执法力度不断加大。举办首届全国网络媒体拉萨行大型采访活动，展示拉萨改革发展稳定方面取得的巨大成就，在国内外产生巨大反响。《拉萨文明网》“拉萨发布”官方微博成为宣传拉萨的重要平台和载体。文化事业亮点纷呈。全民阅读活动深入开展，群众性文化活动丰富多彩，民间艺术团体不断涌现，“幸福拉萨”规范舞全面推广普及并形成常态，深受市民和游客欢迎；大型仪式歌舞“甲玛谐钦”列入自治区非物质文化遗产，传统优秀文化得到充分保护、传承和发展；成功举办情景歌舞《民族团结大院里的欢歌》、两路通车多媒体音画诗《高原之路》等文艺晚会；拉萨市群众文化体育中心建成并投入使用，向公众免费开放世界第一座以牦牛为主题的国家级博物馆，成功举办 2014CBA 西藏行大型赛事活动，积极参与首届中国西藏旅游文化国际博览会，全方位、多角度地展示拉萨、宣传拉萨、推介拉萨。文化产业快速发展。积极推进中国西藏文化旅游创意园建设，对慈觉林村的历史文化、民俗风情进行深度挖掘，出版文化产业园、中国美术创作研究基地西藏基地、雪顿古镇、藏红花文化博览中心、藏医药文化创意园 5 个项目顺利落地；大型实景剧《文成公主》改版升级并常态演出，在获得经济效益的同时，更带动当地群众就业，已成为拉萨乃至全区新的文化旅游产业新名片；在“一县一特”发展战略的引领下，全市文化产业发展势头强劲，成为全市经济增长的新亮点。

（五）抓产业强支撑，经济发展提质增效。坚持以市场为导向，扎实推进经济体制改革，充分发挥生态资源优势，大力调结构、创特色、树品牌，以净土健康和文化旅游两大产业的大发展，促进经济结构大升级，实现有速度、有质量、有效益的“造血式”发展。经济体制改革扎实推进。研究制定深化国有企业改革的实施意见，完善分类管理考核国有企业的实施细则，确定 1 名地级以上党员干部联系指导 1 家国有企业或改制企业、民营企业，组建拉萨公共交通集团、净土产业投资开发有限公司等国有企业集团。完善《拉萨市关于加快推进非公有制经济跨越式发展的意见》，大力推进商事登记制度改革，助推市场主体快速增长，私营企业达到 4338 家，非公经济注册资本是 2013 年同期的 2.48 倍，非公经济税收占全市税收的 96%。“两区四园”承接产业转移的能力显著增强，保持迅猛发展势头。推动房地产业快速发展，实现房地产投资和销售“双增收”，实现扩大内需和拉动经济增长“双促进”，得到区党委、政府的充分肯定。严格遵照“依法依规、群众拥护、公正公开、先易后难、确保稳定”五大原则，加强领导、组建机构，细化分工、明确责任，编制《拉萨市深化农村改革工作手册》，多种形式开展培训，建立改革问题每周收集制、进展半月通报制和联合跟踪督查制，稳妥推进全市深化农村改革试点工作。净土健康产业高位推进。坚持每季度召开一次净土健康产业推进会，整合全市力量、发挥县（区）主体作用，强势推动产业发展。做好顶层设计，出台净土健康种养规划，成立以中国工程院院士为组长，国家首席科学家为成员的专家指导咨询组。培育九大主导产业，建设标准种养基地，推广规模化生产技术，产业发展科学化水平大幅提升。成功举办“强农兴邦中国梦·品牌农业中国行—走进拉萨”活动，受邀参加2014品牌农业发展国际研讨会，隆重推介“拉萨净土”区域公用品牌，实现净土健康“产品”向拉萨净土“品牌”的高位转变，取得良好的生态、社会、经济三大效益。文化旅游产业深度推进。围绕国际精品旅游目的地建设，以旅游与文化融合发展为引领，全面推进以“优化结构、转型升级、提质增效”为主线的旅游改革发展，倾力打造旅游精品，加大冬季旅游营销力度，强化行业协会监管，市场秩序更趋规范。对口援藏工作全面推进。认真贯彻中央援藏工作20周年会议精神，坚持科学援藏、真情援藏、持续援藏，丰富援藏内涵、拓宽援藏领域，注重援藏资金向农牧区、民生项目倾斜，实施全面援藏，实现均衡发展，2014年落实对口援藏资金6.54亿元、实施项目55个。

（六）抓民生促和谐，社会事业协调发展。始终把保障和改善民生作为全市工作的出发点和落脚点，保证改革发展成果更多、更公平地惠及全市各族群众，荣获“2014中国全面小康特别贡献城市”“全国首批民生改善典范市”称号。教育发展成效更加明显。全面落实“三包”政策从幼儿园到高中15年全覆盖，出台《拉萨市振兴教育教学质量三年行动计划》，中小学布局更趋合理，城乡办学条件不断改善；教育城建设扎实推进，北京、江苏援建实验示范中学实现入学招生，农牧民孩子不出拉萨就可以享受到与内地同样的优质教育，让孩子不输在起跑线上；加大对职业教育统筹力度和职业学校的硬件建设力度，为全市重点产业发展培养造就高素质、实用型、技能型专业人才。城乡居民就业更加稳定。以业育人、以业安人、以业管人、以业富人“四业工程”扎实推进，创收5.47亿元。实现拉萨籍应届大学生全部就业、往届大学毕业生基本就业，动态消除“零就业”家庭，城镇失业率控制在2%左右。医疗卫生保障更加完善。在全区率先启动公立医院改革工作，建立全区首个婴儿住院救治绿色通道，并实行住院救治费用100%报销。在全区率先建立城乡医疗救助“一站式”即时结算服务平台，实现与医疗保险、农村合作医疗制度的衔接配套。城乡居民、寺庙僧尼免费健康体检率分别达到99.9%和100%。在全区率先提高城镇低保标准和高龄老人健康补贴标准，孤残弃儿童集中供养率和五保老人意愿集中供养率达100%。人居环境更加舒适。廉租房、公租房、周转房建设和村容村貌综合整治工作扎实推进；在金盾苑、乐业苑、城馨苑等三个小区试点开展干部职工住房改革，为全区顺利推进周转房分配改革提供经验和示范。

（七）抓法治保稳定，社会治理全面加强。认真贯彻落实党的十八届四中全会精神，特别是习近平总书记重要报告、重要说明和中央全面推进依法治国的《决定》精神，坚持把维护稳定作为硬任务和第一责任，出台《关于创新社会治理体制的意见》，着力构建维护稳定长效机制。深入开展社会治理。以“联户平安、联户增收”为主要内容的“双联户”工作基本实现全覆盖，更新完善自主设计的“双联户”信息数据管理系统。不断创新寺庙管理。以“爱国爱教、遵规守法、弃恶扬善、崇尚和谐、祈求和平”为主题的法制宣传教育更加深入人心，“六建”工作不断巩固，“六个一”活动常态开展，“9+5”工程基本完成，各项利寺惠僧政策全面落实。和谐模范寺庙暨爱国守法先进僧尼创建评选活动扎实开展。持续巩固民族团结。坚决贯彻中央民族工作会议精神，严格执行《拉萨市民族团结进步条例》，扎实推进民族团结示范市创建工作，民族团结进步月、进步节氛围浓厚，认真开展共产党员民族团结先锋活动、共青团员民族团结闪光行动、少先队员民族团结牵手行动，平等团结互助和谐的民族关系得到进一步巩固和发展，实现各民族在中华民族大家庭中手足相亲、守望相助。

（八）抓班子带队伍，党的建设扎实推进。始终坚持把加强和改进党的建设作为重大政治责任。认真组织开展“三进四同三一”活动，把群众观点、群众立场、群众路线、群众工作贯穿于一切工作的始终，始终保持党同人民群众的血肉联系。深入开展创先争优强基惠民活动，完成好建强基层组织、维护社会稳定、拓宽致富门路、开展感党恩教育、办好实事好事等重点任务，夯实了城乡改革发展稳定的社会基础。村（居）党支部第一书记、驻村工作队、大学生村官和“两委”班子积极发挥作用，基层党组织建设不断加强。圆满完成村（居）“两委”换届工作，共产生新一届村（居）“两委”班子成员2214名，群众测评满意率达到99%。积极稳妥推进干部人事制度改革，努力营造风清气正的选人用人环境，干部选拔任用工作步入程序化、制度化和规范化，全年调整提拔县级干部7批88人。“每月一课”学习教育活动常态开展，试点建设“人才管理改革试验区”，探索创新人才体制机制、政策体系和载体平台，引进具有硕士学位和副高职称以上的高素质人才13人。积极主动加强与对口援藏省市的联系，构建经济援藏、干部援藏、人才援藏、教育援藏、卫生援藏、科技援藏、就业援藏相结合的新格局。“两新”组织党建工作取得突破，实现规模以上非公经济组织党组织全覆盖。认真开展县乡党委书记、行业系统党工委书记抓基层党建述职评议考核工作，强化管党意识、落实管党责任，在全市上下形成了重党建、抓基层、强基础的良好导向。认真落实党风廉政建设责任制，切实履行市委的主体责任和市纪委的监督责任，严格落实中央“八项规定”、自治区“约法十章”和市委“八项要求”，坚决纠正损害群众利益的不正之风，严厉惩治违纪违法的腐败分子。

2014年，拉萨市各项工作成绩斐然。据中国社科院发布的2014年《公共服务蓝皮书》显示，拉萨市基本公共服务满意度连续三年位列全国38个主要城市之首，公共交通、公共安全、基础教育、社保就业、医疗卫生、城市环境、文化体育、公职服务8项指标高居榜首，其中公共安全连续4年第一，整体排名、公共交通、社保就业、城市环境连续3年第一，基础教育、文化体育连续4年进入前3名。这些成绩的取得，得益于党中央、国务院的亲切关怀和区党委、政府的坚强领导，得益于北京江苏两省市的无私援助，得益于全市广大干部群众齐心协力、艰苦奋斗。

在肯定成绩的同时，也要清醒地认识到，拉萨市仍然面临着不少问题和困难。一是推进改革的体制机制障碍较多，生产要素供应短缺、投融资渠道狭窄、能源制约明显；二是经济总量不大、质量不高，县域经济基础薄弱，产业特色不突出，同质化竞争比较严重；三是维稳形势依然严峻。我们更要看到，实现跨越式发展和长治久安具备许多有利条件和重大机遇。以习近平同志为总书记的党中央历来高度重视西藏发展稳定工作，高度关心西藏各族群众生产生活，做出一系列重要指示和批示；全国对口支援西藏经济社会发展的政策没有变，且支援力度逐年加大；党的十八届三中、四中全会全面部署深化改革和依法治国，新型城镇化全面启动，给经济发展注入新的动力和活力；自治区党委、政府高度重视和大力支持首府城市建设等。因此，我们一定要把思想和行动统一到中央和区市党委对形势的分析、判断上来，进一步强化进取意识、机遇意识、责任意识，增强建设美丽家园幸福拉萨的责任感和紧迫感，全力推进拉萨跨越式发展和长治久安。

二、团结奋进、完善思路，扎实做好2015年各项工作

2015年是全面深化改革的关键之年，是全面推进依法治市的开局之年，也是全面完成“十二五”规划目标任务的收官之年。做好2015年工作，必须牢固树立问题意识和底线思维，观大势、谋大事，牢牢把握改革发展稳定的主动权。2015年全市工作的总体要求是，深入贯彻落实党的十八大和十八届三中、四中全会精神，高举中国特色社会主义伟大旗帜，以邓小平理论、“三个代表”重要思想、科学发展观为指导，贯彻落实习近平总书记系列重要讲话精神，贯彻落实俞正声主席“依法治藏、长期建藏、争取人心、夯实基础”的重要原则，贯彻落实区党委八届六次全委会精神，牢牢把握稳中求进的总基调，紧紧围绕“充分发挥首府城市首位度作用”的总要求，坚持依法治市、依法执政、依法行政共同推进，坚持法治拉萨、法治政府、法治社会一体建设，坚守维护社会稳定和保护生态环境两条底线，实施党建统市、环境立市、文化兴市、产业强市、民生安市、依法治市“六大战略”，保障民生改善，确保经济又好又快发展、社会大局和谐稳定。

2015年发展的主要预期目标是，地区生产总值增长12%左右，财政收入增长20%以上（公共财政预算收入增长15%以上），固定资产投资增长18%以上，社会消费品零售总额增长13%以上，工业增加值增长20%以上，农村居民人均可支配收入增长15%以上，城镇居民人均可支配收入增长9%以上，居民消费价格指数控制在4%以内。

（一）实施党建统市战略，在依法加强党的建设、

提高领导能力上实现新突破。习近平总书记强调，做好中国的事情，关键在党，关键在人。党的建设是我们党克敌制胜的“法宝”，也是我们全面深化改革、全面依法治市、加快推进跨越式发展和长治久安的根本保障。要强化党的核心领导作用。进一步发挥党总揽全局、协调各方的核心领导作用，强化各级党委抓全盘、抓各项工作的主体责任，不断提高领导发展、推动发展、服务发展的能力，从制度上保证和加强各级党委对党的建设、深化改革、经济发展、社会稳定等各项事业的统一领导。切实担负起管党治党的重大政治责任，深入开展党风廉政建设和反腐败斗争。要强化组织的战斗堡垒作用。牢固树立“抓党建是本职、不抓党建是失职、抓不好党建不称职”的理念，强化各级党组织书记抓基层党建第一责任人的职责，切实把基层党组织建设成增进团结、反对分裂、维护稳定、促进发展的坚强堡垒。着力提高党员发展质量，严把入口关，建立健全疏通党员队伍出口经常性工作机制，不断优化党员队伍结构。着力关心关爱基层干部，建立健全村（居）干部待遇稳步增长机制。要强化党员的先锋模范作用。要始终坚持把建设高素质党员队伍作为重要任务，引导各级党员干部成为本职工作的行家里手、推动改革发展稳定的中坚力量。要深入开展“三进四同三一”活动，切实密切党群关系。

（二）实施环境立市战略，在依法加强生态文明建设、提升发展环境上实现新突破。习近平总书记指出，“只有实行最严格的制度、最严密的法治，才能为生态文明建设提供可靠保障”。要高度重视生态文明建设，努力保护生态环境、构建国家生态安全屏障，以良好的生态环境、优质的发展环境推动经济社会又好又快发展。要优化生态环境。加强生态环境监察队伍建设，依法打击各种违法犯罪行为，将生态环境建设和管理纳入法治轨道。继续实施“树上山”，加快推进南北山造林绿化工程。着力抓好“河变湖”，全力实施拉萨河综合整治工程。加快实施“暖入户”配套工程，强化运行管理。要优化人居环境。适时召开全市城镇化工作会议，安排部署城镇化发展工作。加快推进高科技产业园区、金融园区、拉萨河景观金滩经济带的建设。优化城市发展空间，做好集约化土地利用，不断提升城市功能。要优化政务环境。推进行政审批制度改革，该放的权力放到位，该承接的权力承接好，把审批制度改革与政府职能转变有机结合起来。要进一步清理规范现有政策，为市场主体创造宽松的经营环境

（三）实施文化兴市战略，在依法促进文化发展、推动文化惠民上实现新突破。习近平总书记指出，“一个国家，一个民族的强盛，总是以文化兴盛为支撑的，中华民族伟大复兴需要以中华文化发展繁荣为条件”。要以高度的文化自觉和文化自信，继续深化文化体制改革，提高文化领域依法管理水平，建设现代公共文化服务体系和现代文化市场体系，促进社会主义文化繁荣发展。加强社会主义核心价值体系建设。围绕培育和践行社会主义核心价值观出台意见，组织编写学习读本，推动核心价值观进教材、进课堂、进学生头脑，广泛开展主题活动，推动领导干部、先进模范、公众人物带头践行核心价值观。继续深入开展“八看、一算账、一揭批、四增强”感党恩主题教育活动，进一步夯实反对分裂、维护稳定、共同团结奋斗、共同繁荣发展的思想基础。充分挖掘民族特色传统文化资源。加强传统文化保护开发，积极筹建拉萨文化传媒集团，构建现代文化服务体系，探索成立拉萨市影视文化中心。切实把古城申遗工作摆在重要位置，确保古城申遗各项工作顺利推进，力争“十三五”期间申遗成功。大力实施文化惠民工程。健全文化广场、农家书屋等基础设施，鼓励支持文艺创作。

（四）实施产业强市战略，在依法完善经济体制、提升发展能力上实现新突破。习近平总书记指出，“社会主义市场经济本质上是法治经济”。要深入贯彻落实中央经济工作会议精神，准确把握经济发展新常态，认识新常态，适应新常态，引领新常态，自觉践行法治原则，自觉维护法律尊严，不让部门利益和地方保护主义、利益集团或个人意志干扰影响经济体制改革举措的落实，通过法治规范市场竞争秩序，使各类市场主体平等参与竞争。要在优化产业结构上下功夫。坚持有所为、有所不为，秉持“产业建设生态化”的思路，着力推进产业结构优化升级，促进全市经济提质增效。要深入推进净土健康产业，着重开发饮品、食品、药品、饰品等“四品”。要加快发展文化旅游产业，加强对山水生态、传统文化、农家休闲等景点优化组合，设计精品旅游线路，加大旅游商品研发力度。要培育发展现代商贸服务业，依托拉萨特有的区位、交通、经济和商贸优势，提升和发展便民服务市场，加快农牧区流通网络建设。要在提升经济运行质量上下功夫。进一步清理规范现有政策，稳妥推进国企改革，探索建立促进非公有制经

济发展机制。严守耕地保护红线,确保以青稞为主的粮食安全。严格落实从田间地头到餐桌的全程监管责任,确保产品质量安全和食品安全,让拉萨绿色有机农产品不断丰富城乡居民“菜篮子”。要在深化农村改革上下功夫。扎实推进全市深化农村改革工作,落实集体所有权、稳定农牧户承包权、放活土地经营权,搞好农牧区土地承包经营权确权登记颁证,慎重稳妥抓好农牧区宅基地、农村集体建设用地、农村金融改革。要在强化规划引领上下功夫。全面完成“十二五”规划目标任务,切实做好“十三五”规划编制工作。

(五)实施民生安市战略,在依法推动社会公平正义、增进人民福祉上实现新突破。习近平总书记指出,“坚持人民主体地位,必须坚持法治为了人民、依靠人民、造福人民、保护人民”。要始终坚持把关注民生、保障民生、改善民生作为工作的出发点和落脚点,把体现人民利益、反映人民愿望、维护人民权益、增进人民福祉落实到依法治市全过程,使法律及其实施充分体现人民意志。要坚持优先发展教育。深入实施《拉萨市振兴教育教学质量三年行动计划》,坚持师德为首、能力为重,着力加强师资队伍建设。加快发展学前教育,优质均衡发展义务教育,优质特色发展普通高中教育,全面提升高等教育办学水平,加快推进两所职业学校软硬件建设,促进职业教育向规范化、优势化方向发展。要积极拓展城乡就业。探索“四业工程”与职业教育相结合的就业模式,为新农村建设和全市经济发展培养更多实用型人才,确保培训就业率达到95%以上,新增城镇就业1.5万人以上。扎实做好以高校毕业生为重点的青年就业工作和农村转移劳动力、城镇困难人员、残疾人就业工作,动态消除零就业家庭。要全面提升社会保障。坚持全覆盖、保基本、多层次、可持续方针,健全完善覆盖城乡居民的社会保障体系,逐步提高城乡居民最低生活保障标准,切实加大孤寡老人集中供养力度,努力实现孤残弃儿童集中供养并开展义务教育,确保五保户意愿集中供养率达到100%。要着力改善医疗条件。巩固农牧区基本医疗制度“先诊疗、后结算”成果,全面推广家庭账户“一卡通”工作;加快东城医院建设步伐,推进西城医院前期工作;加强卫生人才队伍建设,普及基层藏医药服务,提升医疗服务水平。要扎实推进住房改革。把推进住房改革作为一项工作重点,切实摆上重要议事日程。全力抓好干部职工周转房、保障性住房建设和棚户区改造工作,进一步健全符合拉萨实际的住房保障和供应体系。

(六)实施依法治市战略,在依法管理社会事务、促进社会和谐稳定上实现新突破。全面推进依法治市,必须从市情实际出发,同推进国家治理体系和治理能力现代化相适应。要深化反分裂斗争。坚决维护国家安全和社会安宁,保障人民群众生命财产安全。加强校园法制教育,确保校园安全。要依法加强社会治理。充分运用法治思维和法治方式规范社会行为、调节利益关系、协调社会关系、解决社会问题、化解社会矛盾。巩固“双联户”工作成果,深入开展和谐社区和平安创建活动,细化完善流动人口服务管理措施。要依法加强寺庙管理。落实好利寺惠僧政策,不断深化“六建”“六个一”和“9+5”等工作,深入推进法制宣传、爱国爱教主题教育,积极引导宗教与社会主义社会相适应。要依法促进民族团结进步。全面深入实施《拉萨市民族团结进步条例》,加强民族团结立法工作,用法律来保障民族团结,继续开展民族团结“七进”活动,丰富民族团结进步活动载体和内容,深入推进民族团结典范城市创建工作,使各族干部群众牢固树立“三个离不开”的思想,促进各族人民和睦相处、和衷共济、和谐发展。

三、全面贯彻落实党的十八届四中全会精神,奋力开创依法治市新局面

党的十八届四中全会专题研究全面推进依法治国问题,作出《中共中央关于全面推进依法治国若干重大问题的决定》,区党委八届六次全委会确定全面推进依法治藏的指导思想、总体目标、基本原则和重点任务,全市上下一定要把思想和行动统一到中央精神和区党委决策部署上来,奋力开创依法治市新局面。

(一)切实把思想和行动统一到党的十八届四中全会精神上来。党的十八届四中全会是在中国全面建成小康社会、实现中华民族伟大复兴中国梦进程中召开的一次具有全局性、战略性、里程碑、划时代意义的重要会议。习近平总书记在全会上所作的工作报告,全面回顾了党的十八届三中全会以来中央政治局的工作,深刻指出了面临的挑战和艰巨任务,集中展示了党中央团结带领全国人民开拓奋进的生动历程和取得的重大成就,充分体现了新一届中央

领导集体治国理政的新理念、新思想、新谋略、新要求。以习近平同志为总书记的中央领导集体心系人民，求真务实，励精图治，无畏担当，展现了卓越的政治智慧和非凡的领导能力，赢得了全党全军全国各族人民的衷心爱戴和拥护。四中全会审议通过的《中共中央关于全面推进依法治国若干重大问题的决定》和习近平总书记重要讲话高屋建瓴、论述精辟，通篇贯穿着马克思主义的立场、观点和方法，贯穿着法治思维和法治精神，充分体现了我们党在新时期治国理政的重大战略思想，反映了全国各族人民的根本利益和共同愿望，必将有力推进法治国家建设，为坚持和发展中国特色社会主义、全面深化改革、全面建成小康社会、实现中华民族伟大复兴中国梦提供有力法治保障，是全面推进依法治国、建设社会主义法治国家的纲领性文件。

学习贯彻落实党的十八届四中全会精神是当前和今后一个时期的重大政治任务，全市各级党组织和党员干部要坚决把思想和行动统一到习近平总书记的重要讲话精神上来，统一到党中央关于全面推进依法治国的重大决策部署上来，把学习贯彻习近平总书记系列重要讲话精神不断引向深入，坚持系统、深入、持久学，重点在把握要旨上下功夫，在融会贯通上下功夫，在学以致用上下功夫，把智慧和力量凝聚到落实党的十八届四中全会提出的各项任务上来，充分认识到全面推进依法治市是推动拉萨经济持续健康平稳发展、维护社会和谐稳定、实现社会公平公正的现实要求，对推进拉萨跨越式发展和长治久安，与全国同步全面建成小康社会具有十分重要的意义。

区党委八届六次全委会对于动员全市上下认真学习贯彻习近平总书记系列重要讲话精神，落实党的十八届四中全会精神，积极投身建设美丽家园幸福拉萨的伟大实践，具有重大而深远的意义。我们一定要认真学习、深刻领会和准确把握，充分发挥首府城市首位度作用，深入实施“六大战略”，一步一个脚印地把区党委为我们描绘的美好蓝图变为现实。

（二）切实以党的十八届四中全会精神为指导，全面推进依法治市。一是推进科学立法，完善法规体系。习近平总书记指出：“实践发展永无止境，立法工作也永无止境，完善中国特色社会主义法律体系任务依然很重”。全面推进依法治市，必须坚持立法先行，坚持立改废释并举，充分发挥立法的引领和推动作用，进一步增强法规的及时性、系统性、针对性、有效性。要全面贯彻落实宪法。宪法是国家的根本大法。要认真学习宪法、全面宣传宪法、严格遵守宪法，弘扬宪法精神、维护宪法尊严、保证宪法实施，一切违反宪法的行为都必须予以追究和纠正。每年12月4日的国家宪法日，要组织开展多种形式的纪念和宣传活动。要严格立法程序。加强党对立法工作的领导。进一步发挥市人大及其常委会在立法工作中的主导作用，健全立法起草、论证、协调、审议机制，加强新出台法规规章的宣传和解释工作。要科学民主立法。抓住提高立法质量这个关键，恪守以民为本、立法为民理念，健全立法机关主导、社会各方有序参与立法的途径和方式，把公正、公平、公开原则贯穿立法全过程，使每一项立法都符合宪法精神、反映人民意志、得到人民拥护。要加强重点领域立法。抓紧制订、及时修改全面深化改革、推动经济发展、完善社会治理、保障人民生活、推进文化发展、加强生态文明建设等领域的法规规章，及时反映全市改革发展稳定要求和人民群众关切期盼。

二是坚持依法行政，建设法治政府。习近平总书记指出：“全面推进依法治国的重点应该是保证法律严格实施”。政府是执法的主体。各级政府必须坚持在党的领导下、在法治轨道上开展工作，加快建设职能科学、权责法定、执法严明、公开公正、廉洁高效、守法诚信的法治政府。要推进政府依法履行职能。规范各级政府事权，明确权力清单并向社会公布，不得法外设定权力。坚持法定职责必须为、法无授权不可为，坚决纠正不作为、乱作为，坚决克服懒政、怠政，坚决惩处失职、渎职，确保权责一致。要推进政府依法决策。把公众参与、专家论证、风险评估、合法性审查、集体讨论决定确定为重大行政决策法定程序，确保决策制度科学、程序正当、过程公开、责任明确。建立行政机关内部重大决策合法性审查机制，推行政府法律顾问制度，建立重大决策终身责任追究制度及责任倒查机制。要推进行政执法体制改革。各级政府要根据执法权限，按照减少层次、整合队伍、提高效率的原则，整合执法队伍种类，合理配置执法力量，推进综合执法。建立行政执法争议协调机制，健全行政执法和刑事司法衔接机制。要推进规范公正文明执法。加大关系群众切身利益的重点领域执法力度，完善执法程序、公开执法流程，重点规范行政许可、行政处罚、行政强制、行政征收、行政收费、行政检查等执法行为，防止随意检查、执法扰民等行为发生。要推进行政权力监督制约机制建设。加强对行政权力运行的党内监督、人大监督、民主监督、行政监督、司法监督、审计监督、社会监督、舆论监督制度建设，努力形成科学有效的权力运行制约和监督体系，增强监督合力和实效。要推进政务公开。各级政府和政府职能部门要坚持以公开为常态、不公开为例外原则，推进决策公开、执行公开、管理公开、服务公开、结果公开。

三是保证公正司法，维护公平正义。习近平总书记指出："公正是法治的生命线"。要规范司法行为，树立司法权威，加强对司法活动的监督，努力让人民群众在每一个司法案件中感受到公平正义。要建立依法独立公正行使审判权和检察权保障制度。各级党政机关和领导干部都要旗帜鲜明支持司法机关依法独立行使职权，决不允许利用职权干预司法。要优化司法职权配置。健全公安机关、检察机关、审判机关、司法行政机关各司其职，侦查权、检察权、审判权、执行权相互配合、相互制约的体制机制。要严格公正司法。坚持以公开促公正、树公信，构建开放、动态、透明、便民的阳光司法体制。要保障人民群众参与司法。坚持人民司法为人民，依靠人民推进公正司法，通过公正司法维护人民权益，在司法调解、司法听证、涉诉信访等司法活动中保障人民群众参与。加强人权司法保障，加强对司法活动的监督，对司法领域的腐败零容忍，坚决清除害群之马。

四是增强法治观念，建设法治社会。习近平总书记指出："法律的权威源自人民的内心拥护和真诚信仰"。人民权益要靠法律保障，法律权威要靠人民维护。要加强法治宣传教育。坚持把增强全民法治观念作为一项长期基础性工作，健全普法宣传教育机制，使尊法守法成为全体人民的共同追求和自觉行为，推动形成办事依法、遇事找法、解决问题用法、化解矛盾靠法的良好法治环境。要完善法律服务体系。注重法律服务体系在基层的有效延伸，加大法律服务人力和财力投入，增强法律服务的主动性和机动能力，努力使法律服务网络覆盖城乡每个角落。要健全依法维权和化解纠纷机制。强化法律在维护群众权益、化解社会矛盾中的权威地位，引导和支持人们理性表达诉求、依法维护权益，解决好群众最关心最直接最现实的利益问题。要营造正确法治舆论导向。牢固树立"引导舆论，就是引导民意；赢得舆论，就是赢得群众"的工作理念，立足网上网下两个阵地，既依法依规做好执法司法工作，又切实做好舆论引导。

五是加强教育培训，打造一流队伍。习近平总书记指出："全面推进依法治国，建设一支德才兼备的高素质法治队伍至关重要"。要以提高专业化、职业化、正规化水平为重点，以提升创造力、凝聚力、战斗力为目标，努力打造政治坚定、能力过硬、作风优良、奋发有为的法治工作队伍。要加强思想政治建设。深化理想信念教育，深入开展社会主义核心价值观和社会主义法治理念教育，打牢高举旗帜、听党指挥、忠诚使命的思想基础，确保在党和人民需要的关键时刻义无反顾、挺身而出，在各种干扰诱惑面前立场坚定、执法如山。要加强职业能力建设。把立法、执法、司法机关各级领导班子建设作为关键，突出政治标准，把善于运用法治思维和法治方式推动工作的人选拔到领导岗位上来，建立健全法治工作队伍教育培训体系，加强业务知识培训和职业道德教育，推进队伍正规化、专业化、职业化。要加强纪律作风建设。牢固树立遵守纪律无条件、执行纪律无"禁区"意识，严格执行各项禁令规定，把作风建设紧紧抓在手上，以零容忍的态度对待违反纪律的行为，做到有纪必执、违纪必查。

六是强化党的领导，统筹科学推进。习近平总书记指出："党的领导是中国特色社会主义最本质的特征，是社会主义法治最根本的保证"。成立依法治市工作领导小组，负责全面推进依法治市的统一部署、统筹协调、整体推进、督促落实。各级党委要充分发挥党的领导核心作用，健全领导依法治市的制度和工作机制，把坚持党的领导贯穿于法治拉萨建设全过程。要把法治建设成效作为衡量各级领导班子和领导干部工作实绩重要内容，纳入政绩考核指标体系。各级党委政法委要准确把握职能定位，把工作着力点放在把握政治方向、协调各方职能、统筹政法工作、建设政法队伍、督促依法履职，创造公正司法环境上。广大党员干部特别是领导干部要带头遵守法律，带头依法办事，自觉提高运用法治思维和法治方式深化改革、推动发展、化解矛盾、维护稳定的能力，推动各项工作在法治化轨道上健康发展。

同志们，宏伟的目标，激励我们承前启后、继往开来；崭新的征程，要求我们开拓进取、拼搏奋进。让我们更加紧密地团结在以习近平同志为总书记的党中央周围，振奋精神、坚定信心，锐意改革、攻坚克难，勇于担当、奋发有为，坚定不移地走中国特色社会主义法治道路，全力开启依法治市新征程，为建设美丽家园幸福拉萨、谱写中国梦拉萨篇新华章而努力奋斗！

政府工作报告

在拉萨市第十届人民代表大会第五次会议上

（2015年1月13日）

市长 张延清

各位代表：

现在，我代表市人民政府向大会报告工作，请予审议，并请市政协委员和其他列席人员提出意见。

2014年工作回顾

刚刚过去的2014年，在自治区党委、政府和市委的坚强领导下，在市人大、市政协的监督支持下，我们全面贯彻党的十八大、十八届三中、四中全会精神，落实区市党委八届五次全会精神和区市经济工作会议部署，以率先在全区全面建成小康社会和建设美丽家园幸福拉萨为目标，凝聚全市各族人民的智慧和力量，全力推进"五大战略"，努力实现"三个提速"，经济健康发展、民生持续改善、生态环境良好、民族宗教和睦、社会和谐稳定，全面完成了市十届人大四次会议确定的各项目标任务。预计完成地区生产总值353.7亿元，比上年增长16%；全社会固定资产投资490亿元，增长30%；社会消费品零售总额170亿元，增长18%；财政收入突破90亿元大关，增长52.72%，其中公共财政预算收入64.8亿元、增长29.13%，政府性基金预算收入25.2亿元、增长286.36%，财政收入再创历史新高；城乡居民人均可支配收入23350元、9750元，分别增长9%、18%；城镇登记失业率控制在2%左右；基本公共服务满意度位列全国38个主要城市之首，荣列"2014中国全面小康特别贡献城市"、"全国首批民生改善典范城市"。

——全力以赴抓经济运行，产业发展实现新突破。净土健康产业全面推进。确立种植业"两区八带"、养殖业"一区二带三板块"的发展格局，培育壮大九大主导产业，宣传推介"拉萨净土"区域公用品牌，大力推进产业项目建设，拉萨净土健康产品进入全国市场，吞巴藏香、古荣糌粑成为国家地理标志保护产品，净土健康产业实现从"产品"到"品牌"的重大转变，企业数量达到89家，总产值达到36.6亿元。农牧业发展势头强劲。农田水利、农机装备、科技服务等基础支撑坚实有力，曲水农村综合改革实验区取得新突破，农村土地承包经营权颁证工作全面铺开，流转土地1.63万亩，才纳、林周现代农业示范区建设经验在全区推广；新型农牧业经营体系日渐完善，新增专合组织146家、龙头企业5家，3家农民专业合作社被评为国家示范社，粮油总产19.17万吨、蔬菜总产27万吨、牲畜出栏45.33万头，认证无公害农产品生产基地13个、无公害农畜产品73个。工业经济提质增效。大力发展循环经济，推进科技成果转化应用，投入1972万元实施10个研发项目，新能源、新材料、高原特色农畜资源精深加工等新兴特色产业加速壮大，用18天时间建成拉萨市特色产业展示馆，科技对全市经济和农牧业发展贡献率分别达到40.8%、46.8%。加快实体经济发展，出台5个方面加快园区发展的支持政策，园区工业增加值、销售产值和税收分别增长30%、30%和63.3%，园区集聚效应明显增强，产城互动格局初步形成。"四个一百"工程稳步推进，投资158.38亿元完成161个产业项目，高原天然水、大昭圣泉、卓玛泉、天佑德青稞白酒等项目建成投产，西藏屋脊之宝饮料、新希望集团有机饲料等项目基本建成，实现工业增加值40亿元、增长30%，新增规上企业8家。第三产业全面发展。规范完善旅游公共服务，突出旅游宣传促销，推动观光游向体验游、休闲游发展，成功举办雪顿节，配合举办首届藏博会，接待游客925.74万人次、增长15.87%，实现收入111.67亿元、增长35.91%。改造提升传统服务业，培育壮大新型服务业，大力发展节庆经济，推进银政企合作，优化金融生态环境，香格里拉大酒店、圣地天堂洲际大饭店、西藏会展中心、八廓商城等建成运营，总投资182.8亿元的76个商贸项目顺利实施，购物、会展、物流等区域性服务能力日益增强。发展活力竞相进发。强力推进产业链招商，落实项目252个，到位资金207.11亿元、增长34.66%，其中文化旅游创意园签订出版文化产业园、藏医药文化创意园等6个投资项目、协议投资51.51亿元。非公经济发展势头强劲，民营企业4632家，个体经营40327户，注册资金218.96亿元，从业人员18.35万人，上缴税收48亿元、占总税收的96%。实施55个援藏项目，受援资金6.54亿元，全方位、多层次、宽领域受援格局进一步完善。发展后劲显著增强。围绕"五大战略"开展产业、旅游、交通等7个方面的基础性调查研究，初步形成"十三五"规划思路。主动融入"两带一路"战略，着力提升投资拉动能力，加快推进重点项目投资扩量，完成投资245亿元，实施特警支队二期、儿童福利院、海淀小学改扩建等重点项目42个，旁多水利枢纽4台机组发电，生态路桥顺利贯通，迎亲大桥通车在即，生活垃圾焚烧发电厂加快建设，林周机场、轨道交通等前期工作有序推进。组建公共交通集团、净土产业公司，市属国有企业资产总额214.72亿元、比2011年增长269.7%。

——加快新型城镇化建设，载体功能得到新提升。统筹推进新型城镇化。突出地域、民族、文化、时代特点，统筹利用国家支持、对口支援、地方配套、社会投资，着力推进以人为核心的城镇化，初步形成"中心城市辐射、多点联动发展"、"城关一马当先、梯次竞相跨越"的新型城镇化发展格局。规划引领作用充分发挥。修改《城市总体规划(2013–2020)》，完善城乡规划体系，完成2个特色村庄规划，全力推进十大专业市场搬迁，大力整治非法买卖集体土地和违法违章建筑，城市品质有效提升。基础设施更加完善。城市建成区供暖供气入户率达到98%，红旗路、贡布堂路等市政项目建成使用，污水处理厂二期、垃圾填埋场二期、嘎玛贡桑道路改造等有序推进，配套功能更加完善，承载能力明显增强。城市管理更加精细。进一步整合城市管理资源，完善综合执法机制，全力推进市政设施维护管理，加大城市环境整治监管力度，节能改造市政路灯1.6万余盏，安全供水1.2亿吨，日处理污水4.3万吨，建成运行流浪犬收养中心，顺利通过全国文明城市综合测评。城乡交通畅达安全。完成投资4.75亿元，建成乡村公路320.72公里，乡镇通畅率100%，行政村通路率85.4%；出租汽车完成改制，实现公车公营，新增运力200台；落实公交"七个优先"政策，推广清洁能源公交，新增3条线路、76辆公交车。环境保护成绩斐然。坚守生态底线，严格环境保护监管和责任追究，取缔关闭8家小作坊小企业，停产停建2家涉矿企业；创卫进入综合评审，成功创建国家环保模范城市。南山绿化560亩，植树造林10.16万亩，城市建成区绿化覆盖率38%，森林覆盖率18.3%，创建自治区生态村124个，拉鲁湿地周边29户居民房屋、9处鱼庄如期搬迁，拉萨河3#闸投入使用，全年空气质量优良率97.6%以上。

——统筹发展社会事业，民生改善取得新成效。民生投入大幅增加。民生事业投入61亿元，着力办好自治区利民惠民"十件实事"，民生保障标准进一步提升，孤儿基本生活补助、城乡最低生活保障在自治区标准基础上分别提高100元、50元和100元。"四业工程"成效明显。健全培训考核、资金分配机制，投入1977.69万元培训2.09万人，新增就业1.55万人次、增长52.4%，开发岗位1.58万个，继续保持零就业家庭动态清零，3861名高校毕业生实现就业。社保体系不断健全。参保人员43.8万人，征缴4.4亿元、发放3.5亿元，五险覆盖率达到95%以上。孤残弃儿童集中供养率和五保老人意愿集中供养率达100%；发放残疾人特殊生活补贴261万元、康复补贴194.4万元，残疾人托养康复服务中心一期工程基本完工。各类教育优先发展。加快教育改革发展，合理调整中心城区学校布局，促进义务教育均衡发展，全面提高教育教学质量，普通高考录取率全区领先，职业教育取得新突破；学龄儿童入学率99.82%，初中毛入学率100.47%，职普比3.5∶6.5，年生均"三包"经费提高至2900元；教育城一期投入使用，北京、江苏实验中学开学运行。卫生服务持续优化。医疗保障、公共卫生、监管体制综合改革稳步推进，率先在全区启动县级公立医院改革，农牧区基本医疗补助提高至380元，大病统筹报销最高6万元；城乡居民免费健康体检率100%，孕产妇和婴幼儿死亡率分别下降到51.8/十万、12.3‰；持续开展食药专项整治，保证群众饮食用药安全。住房保障日臻完善。稳妥推进干部职工周转房分配改革，建设保障性住房5687套，改造1394户10.46万平方米棚户区；新开工商品房225万平方米、增长196%，销售90万平方米、增长104%。公共文化普惠群众。启动拉萨古城申遗，曲水雄色绝鲁入选国家非遗名录，尼木吞达村荣膺第六批中国历史文化名村。新建乡镇综合文化站51个，实现全覆盖；广播电视综合人口覆盖率达到98%以上，公共文化设施全部免费开放，各种文艺活动广泛开展。群众文体中心投入使用，牦牛博物馆建成开馆，《文成公主》实景剧接待观众32万余人次，知名度和影响力不断扩大。推广全民健身运动。投资2083万元建设体育设施5处，足球、篮球、围棋等群众性体育赛事广泛开展。扶贫开发深入推进。投资1.62亿元，实施93个扶贫开发项目，受益贫困户8373户，帮助2.3万贫困人口越过帮扶线。物价保持基本稳定。市场调控能力不断增强，常态化开展主要农副产品调运和应急投放，异地调运牦牛肉1600多吨，平价销售酥油21吨，投入3200万元购置投放100辆"菜篮子"工程直销车，设立1000万元价格调节基金，努力保障市场供应充足和物价水平基本稳定，居民消费价格指数控制在3.5%以内。提升殡葬公共服务。坚持移风易俗，投入2000万元建设完善殡葬基础设施，殡葬环境得以优化。其他事业协调发展。监察、审计、外事、地震、档案、保密、编译、工会、共青团、妇女、残联、气象、人民武装、人防、消防、双拥和供电、通信等取得新成绩。

——全面落实维稳措施，和谐稳定开创新局面。筑牢维稳防线。坚持依法治藏，完善立体化社会治安防控体系，提升情报信息搜集研判能力，强化维稳协调联动机制，严厉打击十四世达赖集团各种渗透干扰破坏活动，圆满完成重要时段、敏感节点和重点部位维稳防控安保任务。创新社会治理。巩固深化"1+5+X"管理模式和"双联户"运行模式，推选联户代表1.7万人，吸纳家庭近16万户；深入推进强基惠民，加强创新寺庙管理，稳妥推进户籍改革，大力推行居住证制度，强化铁路护路联防，提升网格化管理水平，实施"六五"普法，推进"法律七进"，受教育群众超70万人次，社会局势更加和谐稳定。加强民族团结。全面贯彻落实民族政策，充分尊重民族风俗习惯，推进民族团结示范市创建工作，广泛开展民族团结"闪光""牵手"行动，促进各民族手足相亲、守望相助。依法管理宗教。积极引导宗教与社会主义社会相适应，完善寺庙基本公共服务，评选37座和谐模范寺庙、3601名爱国守法先进僧尼，宗教事务管理迈上法制化轨道。妥善化解矛盾。建立涉法涉诉信访依法终结制度，推行领导包案化解和分级受理办结制度，强化领导干部接访下访，受理群众来访1527件，办结1467件，办结率96%，实现旧案不搁置、新案不累积。强化安全生产。全面开展安全生产大检查大排查大整治专项行动，对道路交通、非煤矿山等13个重点领域开展拉网式排查治理，严格执行客运车辆"两限一警"政策，消除安全隐患5800余处。提升应急水平。完善应急体系，有效处理"8·09"道路交通事故，有序处置墨竹工卡、林周洪水险情，有力保障人民生命财产安全。

——不断加强自身建设，工作作风展现新气象。坚持依法行政。坚决落实市委决策，自觉接受人大监督，积极支持政协履职，认真听取工商联和无党派人士意见，办理人大建议议案112件、政协提案122件，办结率、满意率均达100%。加强和改进立法工作，向人大报送1件地方性法规草案，颁布4件政府规章。践行群众路线。扎实开展党的群众路线教育实践活动，严格贯彻八项规定、约法十章、八项要求，创新开展"五访"活动，着力解决"四风""两问题""一薄弱""三不够"等突出问题，工作作风明显转变，"三公经费"下降33%，文件减少43.5%，会议减少21.2%。加快转变职能。稳慎推进政府机构改革，完成626家事业单位预分类，行政审批事项精简调整率达64.68%。以市民服务中心为龙头的三级政务服务体系不断完善，设立公共资源交易中心并投入使用，在全区率先实现工程交易全程电子化招投标。强化人才保障。优化人才发展环境，加大引进培养力度，引进急需紧缺专业人才57名，培训各类人员1.17万人次，建立院士工作站，139名教育、卫生、科技人才支援拉萨。打造阳光政府。全面公开涉及国计民生的重大问题、财政预算等信息，人民网"拉萨发布"政务微博、拉萨政务网正常运行，及时公开政府工作动态和相关政策，政府与群众的交流渠道不断拓宽；及时办结"市长信箱"445件、"市长热线"346条，办结率100%，圆满完成村（居）换届，群众的知情权、参与权、表达权、监督权得到有效保障。

各位代表，一年来，拉萨市改革发展稳定的成绩来之不易。这是党中央国务院亲切关怀的结果，是自治区党委政府和市委坚强领导、人大政协大力支持的结果，是北京、江苏两省市无私援助的结果，是全市党政军警民团结奉献、拼搏进取的结果。在此，我代表市人民政府，向全市83万名各族干部群众，向北京、江苏人民表示衷心的感谢！向人大代表、政协委员和离退休干部职工，向驻市人民解放军、武警官兵、政法干警，向关心支持拉萨市各项事业发展的社会各界，致以崇高的敬意！

在总结成绩的同时，我们也要清醒地看到，拉萨市经济社会发展还存在一些亟待解决的困难和问题：一是经济总量不大、发展质量不高，产业发展的层次和水平依然较低，目前最大问题还是投资不足，特别是缺少牵引力强的大项目。二是城乡区域发展不平衡，城乡居民收入水平不高，基础设施还不完善，城镇化水平较低，整体承载力与公共需求存在差距。三是改革开放水平不高，体制机制不畅，在组建国有集团、发展国有企业方面起步较晚，生产要素短缺，融资渠道狭窄，能源制约明显。四是50周年大庆安保任务繁重，敌对势力暗流涌动，十四世达赖集团变换手法进行渗透破坏，确保大庆圆满有序、确保社会和谐稳定面临严峻挑战。五是行政效能还需大力提高，个别部门和干部的责任意识不强、拼搏劲头不足、担当精神不够，服务群众"最后一公里"还有许多工作要做，反四风、转作风还需深入持久用力。我们一定要在思想上高度重视、行动上果断有力、作风上务实进取，积极顺应新常态、重塑新动力、采取新举措，认真加以解决。

2015年主要工作

2015年是全面贯彻落实党的十八届四中全会、区市党委八届六次全会精神的开局之年，是全面深化改革、推进依法治市的关键之年，也是"十二五"规划的收官之年和自治区成立50周年。做好2014年的工作，面临诸多有利因素：一是全国经济发展进入新常态，基础设施互联互通和一些新技术、新产品、新业态、新商业模式的投资机会大量涌现，内地发达地区相关产业向欠发达地区转移的力度持续加大，为拉萨发展方式转变、产业升级提质带来重大机遇。二是全国援藏进入新常态，中央对口援藏20周年座谈会明确指出要全面深化立体援藏格局、持续加大援藏投入、资金使用向民生基层倾斜，这将对我们在民生改善、公共服务、大众消费等领域扩大投资产生积极影响。三是拉萨经济发展进入新常态，经过近几年的持续快速健康发展，综合实力显著增强，发展质量明显提升，产业体系不断健全，配套功能更加完善，净土健康、旅游文化等特色优势产业加速发展，品牌知名度、市场竞争力、区域影响力全面增强，这为我们增强自身造血功能奠定了坚实基础。四是拉萨社会发展进入新常态，重点领域改革持续加力，民生改善普惠各族群众，社会管理模式藏区领先，社会局势更加和谐稳定，全市各族群众听党话、感党恩、跟党走的信心和决心更加坚定，为建设美丽家园幸福拉萨提供了强大的环境保障和精神支撑。五是作风建设进入新常态，群众路线教育实践活动的丰硕成果正加快转化为建设社会主义新拉萨的强大正能量，干部作风更加务实、干群关系更加密切，广大干部群众干事创业的积极性、主动性和创造性不断增强，汇成了深入推进"六大战略"、努力实现"四个全面"的滚滚洪流。

总体要求：全面贯彻落实党的十八大和十八届三中、四中全会精神，高举中国特色社会主义伟大旗帜，以邓小平理论、"三个代表"重要思想、科学发展观为指导，贯彻落实习近平总书记系列重要讲话精神特别是"治国必治边、治边先稳藏"重要战略思想和"努力实现西藏持续稳定、长期稳定、全面稳定"的重要指示，贯彻落实俞正声主席"依法治藏、长期建藏、争取人心、夯实基础"的重要原则，贯彻落实区市党委八届六次全会精神，牢牢把握稳中求进的总基调，紧紧围绕"充分发挥首府城市首位度作用"的总要求，坚守维护社会稳定和保护生态环境两条底线，全力推进"六大战略"，确保信访案件"零搁置"、本届政府财政"零负债"，努力实现重特大安全事故"零发生"，确保经济持续快速健康发展，确保社会大局持续和谐稳定，奋力建设美丽家园幸福拉萨。

主要预期目标：地区生产总值增长12%左右，财政收入增长20%以上（公共财政预算收入增长15%以上），全社会固定资产投资增长16%以上，社会消费品零售总额增长11%以上，工业增加值增长15%以上，农村居民人均可支配收入增长15%以上，城镇居民人均可支配收入增长8%以上，居民消费价格指数控制在4%以内，城镇登记失业率控制在2.2%以内。

（一）更加注重优化发展环境，着力在"环境立市"上下功夫

坚持绿色发展，创优生态环境。健全完善生态文明制度，统筹推进国家生态安全屏障保护工程，加强环保能力建设，组建生态园林公司，严格落实环评和"三同时"制度，做到源头严防、过程严管、后果严惩。坚持不懈推进节能减排，加快建筑节能改造，加大环境污染防治力度，大力推广应用清洁能源，重点控制二氧化硫和颗粒物排放，治理城市扬尘污染，加强矿产资源开发利用监督整治，把好生态环境关、产业政策关、资源消耗关、安全生产关，严禁"三高"项目进驻，确保污染物排放量控制在规定指标内。实行最严格的水资源保护管理制度，组建水务公司，开

工建设纳金水厂，建设4个污水处理厂，在新建小区试点中水回收利用。抓紧“树上山”，实施南北山和拉萨河流域绿化工程，造林8.87万亩，努力提高城市绿化水平。抓好“河变湖”，加快推进拉萨河综合整治工程，开工建设2#闸、4#闸，着力打造沿河景观带。抓实“暖入户”，做好安全运营工作，区市财政每年补贴用气成本3.7亿元，让全市居民用得上、用得起、用得好。深化创建自治区级生态村，专项治理农牧区生活垃圾，强化环保考核，提升农牧区生态文明水平。

打造优美家园，创优宜居环境。统筹城乡建设，按照区域一体、产城融合、以人为本的新型城镇化发展思路，坚持生态引领与特色引领，积极稳妥抓好新型城镇化试点，确保城镇化率增加1个百分点。强化规划引领，加快编制研究各项规划，严格规划执法，突出保护历史文化名城、历史街区与传统建筑，有机疏散老城区，留住地域文脉与历史记忆。优化“一城两岸三区”空间发展格局，新城建设要与古城保护相协调，强化文化底蕴与民族特色，加快棚户区与背街小巷改造，改善老街区的人居环境，着力盘活存量土地，提高土地利用效率，加强机场高速公路沿线景观控制。完善市政设施，加快推动北环路、柳东大桥等项目建设，实施绿化、美化、净化、亮化改造提升工程，增强城市综合服务承载能力，力争新开工项目16个、投资规模达到60亿元以上。发展公共交通，完善城乡路网布局，延伸318国道，新增农村公路200公里；实施城市畅通工程，推进环城快速公路、城乡快速公交建设，完善公交配套设施，建立智能信息平台，新增出租车300辆、公交车92辆，提高城市公共交通运营能力和服务水平。精细管理城市，持续推动“六城同创”，建立健全城市养护作业市场化运行机制，着力提升物业服务质量，全面治理交通噪声污染，加快配建停车设施，适时限制大型车辆入城，强化建筑垃圾清运、经营秩序规范、环境卫生保洁、流动摊位管理、公正文明执法等，实现城市建管养无缝对接、良性循环，以崭新的市容市貌迎接50周年大庆。

全面深化改革，创优服务环境。深化行政体制改革，探索建立“三清单”、“三公开”制度，衔接好取消、下放、转移的行政审批事项，健全完善三级政务服务体系，巩固提高县（区）行政审批事项履职能力，确保下放到位、运行良好、监管有力；发挥公共资源交易信息网络平台作用，对公共资源交易实时监控，逐步形成全方位、立体式、全覆盖的监管机制；建好政务服务综合应用平台，以信息化手段提高公共服务能力和水平，着力创优投资环境，及时解决企业在项目落地、生产经营中的困难问题。深化公共服务改革，加快医疗体制、水务体制、生态园林体制、客运市场运营体制改革步伐，促进国有资本更多地投向民生、公共、社会领域，进一步提升公共服务水平。深化农村综合改革，落实集体所有权、稳定农户承包权、放活土地经营权，推进土地确权登记颁证工作，继续整治非法买卖集体土地，探索开展农村土地制度改革。深化国有企业改革，优化资源配置，强化资产监管，发展壮大净土、城投、置地、公交、暖心、布达拉和担保等国有企业，加快组建文化传媒集团、物流电商集团、公共服务公司等国有企业，推进优势产业集团化、传统产业品牌化、新型产业规模化。深化投融资体制改革，充分发挥投资政策、财政政策、金融政策和产业政策的协同作用，强化银政企合作，成立拉萨地方金融机构，形成多元化投融资格局。深化财税体制改革，完善政府预算体系和转移支付制度，推进预决算公开和政府购买服务，严格贯彻执行《国务院关于加强地方政府性债务管理的意见》，建立“借、用、还”相统一的债务管理机制，还清旧债、不举新债，实现本届政府财政“零负债”。整顿规范市场秩序，继续推进十大专业市场专项整治，严惩“车霸”“沙霸”“市霸”、强揽工程、强拉强运、商业欺诈、扰乱市场经营等不法行为。

（二）更加注重繁荣先进文化，着力在“文化兴市”上创特色

进一步加强精神文明建设。以社会主义核心价值观引领精神文明建设，继承发扬中华优秀传统文化和传统美德，倡导富强、民主、文明、和谐，倡导自由、平等、公平、法治，倡导爱国、敬业、诚信、友善，深入开展道德讲堂活动，不断夯实思想道德基础。坚持不懈用中国特色社会主义理论体系和“老西藏精神”武装党员、教育群众，持续开展“八看、一算账、一揭批、四增强”感党恩主题教育和“中国梦”宣传教育活动，进一步坚定道路自信、理论自信、制度自信，夯实各族群众反对分裂、维护稳定、团结发展的思想基础。

进一步加快文化产业发展。建立健全扶持文化产业发展的配套政策，在资金扶持、资源整合、产品开发、品牌营销等方面给予更多支持。全力推进西藏文化旅游创意园等文化园区建设，开发吞米岭藏

艺文博园、民族风情园、柳梧新区新文化展示区，带动全市特色文化产业发展壮大。培育一批规模大、效益好、特色浓的重点文化企业，提升《文成公主》品质，推动群体中心有序运行，成立影视文化中心，打造“一县一特”，形成多头并进、异彩纷呈的文化产业发展格局，力争文化产业占GDP的比重达到3.5%以上。

进一步提升公共文化服务。完善四级公共文化服务体系，提高文化馆（站）、农家（寺庙）书屋利用率，建成以县文化活动中心为支撑、乡镇综合文化站为节点的基层公共文化服务网络。推进广播影视公共服务体系建设，加快有线电视数字化进程，巩固“户户通”、“舍舍通”工程和农村电影放映工程。加强优秀传统文化保护开发，健全文化遗产保护传承机制，全力推进古城申遗，编制历史文化名城保护规划。强化文化市场管理，加强新型媒体监管，确保文化安全，有效对接文化惠民项目与群众文化需求，创办拉萨日报，开通拉萨藏戏网，免费开放牦牛博物馆，深入开展“五下乡”、“四进社区”、幸福拉萨规范舞、民间艺术团交流汇演、全民阅读等活动，提升人民群众幸福、健康、快乐指数。坚持“双百”方针，立足群众精神文化需求，繁荣文艺创作，推动文艺创新，评选第三届“圣地文艺奖”，举办第六届拉萨书画摄影艺术展，创作生产更多贴近人民生活、群众喜闻乐见的优秀作品，把最好的精神食粮奉献给各族群众。

（三）更加注重提升质量效益，着力在“产业强市”上求突破

加快发展净土健康产业。以保障青稞安全为前提，坚守耕地保护红线，节约集约利用土地，稳步提高粮食综合生产能力，确保青稞播种面积稳定在25万亩以上、粮食产量达到18万吨以上。以饮品、食品、药品、饰品为净土健康产业拳头产品，大力发展天然饮用水、奶牛、经济林木等九大产业，加大科技支撑，延伸产业链条，加强饮用水资源研究、产业开发和产品认证，力争中石油、三峡集团等大型企业投资饮用水项目，新增饮用水企业5家，力争水产业产能达到350万吨，打响“拉萨净土”区域公用品牌，实现产值50亿元，推动拉萨优质农产品走出高原、步入全国、迈向世界。以促进农牧民增收致富为目标，实施养殖示范工程，新增5个奶牛养殖示范村、100户奶牛养殖示范户、2个生猪养殖基地，养殖藏香鸡60万只、斑头雁2.5万只，生猪出栏7万头；提高科学种植水平，新增食用菌工厂化生产基地2个，种植玛咖、牡丹、葡萄、玫瑰、郁金香、黑枸杞等新品种2.3万亩、藏药材3125亩、金银花1万亩，设施园艺种植1.67万亩，完善深加工体系，提高高原特色产品附加值。

做大做强特色农牧业。加快发展现代农牧业，推广测土配方施肥示范田30万亩、标准化生产和高产创建示范田24万亩，良种覆盖率和统供率分别达到95%、85%，蔬菜产量达到28万吨以上。深化曲水农村综合改革试验区各项工作，提升才纳、林周现代农业示范区水平，集中力量发展农牧业特色产业，优化特色种养殖区域布局，形成差异化良性竞争格局。依托成熟企业和能人带动，规范壮大龙头企业和专合组织，健全草原生态保护补助奖励机制，加强虫草采集管理，完善农牧业保险机制，引导金融支持三农发展，促进农牧业基础稳固、农牧区和谐稳定、农牧民安居乐业。

大力推进新型工业化。坚持依靠特色、低碳、绿色、质量、效益、品牌取胜的新型工业化发展路子，深化研发设计、工艺流程、生产装备、过程控制、运营管理、采购销售等环节信息技术集成应用，推动工业化和信息化深度融合，继续实施工业企业三年倍增计划和规上企业培育计划，5家高新技术企业建成投产，实现工业增加值46亿元、税收9亿元，新增规上企业5家、产值过亿企业5家。加大政策、资金、技术扶持力度，积极申报贴息贷款、产业扶持和企业发展专项资金，帮助企业解决困难、开拓市场、扩大销售、形成产值，推动优势矿产业、新型建材业、高原绿色食（饮）品加工业、民族特色手工业、藏药业以及新能源等六大支柱产业扩规模、提质量、增效益。加快发展园区经济，完善园区产业规划，加强基础设施建设，大力推动经开区、柳梧新区、东城新区、东嘎新区和达孜、堆龙、曲水工业园区提速增效升级，突出抓好重点产业项目招商，力争国家级高新技术产业开发区落户建设，加快睿健玛咖加工、藏药生产线改扩建、圣桃芫根功能饮料等项目建设，做好瑞源科技、天虹科技等项目前期工作，力争园区工业增加值、销售产值、税收分别增长30%以上。

提速发展现代服务业。围绕打造国际旅游城市，编制实施“冬季旅游五年行动计划”和“智慧旅游三年规划”，丰富旅游产品、打造精品线路、优化旅游服务、精准定向宣传，推动旅游业向高端、精品、特色发展。加快景区基础设施建设，建立旅游公共信息平台，建设旅游集散中心、自驾车营地，开通纳木

错景区旅游专线。着力促进旅游与特色农业、体育赛事、节庆文化等相关产业融合发展，以尼木吞巴、堆龙通嘎、城关维巴等为重点，大力发展乡村旅游。积极打造节庆经济，发挥好会展中心作用，精心筹办雪顿节，配合举办藏博会，力争接待游客、旅游收入分别增长15%、18%。稳健发展房地产业，优化市场结构，构建以政府为主提供基本保障、以市场为主满足多层次需求的住房供应体系，改善群众住房条件。积极发展运输、物流、商贸、餐饮、信息、通信、电子商务等服务产业，建成生产资料物流中心、柳梧物流中心、西藏药业现代物流配送中心。

不断强化项目带动力。着眼于发挥首位度作用，主动适应经济发展新常态，突出“六大战略”，狠抓项目建设，已明确的“十二五”项目全部落地；精心编制“十三五”规划，使发展思路项目化、重大项目具体化，以项目建设支撑规划实施。着眼于增强自身造血功能，坚持谋划项目抓前期、申报项目抓跟踪、新批项目抓开工、在建项目抓竣工、运营项目抓管理，安排1亿元项目前期经费，加紧推进林周机场、格拉输气管道、轨道交通等重点项目前期工作，加快建设拉鲁湿地三期、拉萨河干流治理、彭波灌渠、八廓商城二期等重点工程，配合做好拉林铁路、拉林高速等项目建设，提供用地、用电、用工和融资服务，全力打造精品优质工程。着眼于发挥最大效益，完善项目、资金、人才、就业、科技立体援藏新格局，开工建设市游泳馆、群艺馆、堆龙德庆生态农业产业园、达孜设施农业基地、曲水现代农业示范基地二期等项目，完成投资7.3亿元。

全面提升发展内生力。牢牢把握“五放六支持”要求，努力创造支持非公经济加快发展的优良环境，力争非公企业数量增长20%以上。密切跟踪产业转移新动向，立足提升特色产业发展水平，大力推进招商选资，注重选优引强，充分利用藏博会、雪顿节、厦洽会、西博会等平台，引进一批吸纳就业多、税收贡献大、低碳无污染、带动能力强的大型企业，力争到位资金244亿元、增长18%。大力实施创新驱动发展战略，着力创建国家创新型城市，组成产学研合作联盟，完善创新激励政策，突出企业主体地位和政府引导作用，建设企业工程技术研究中心，提高成果运用水平，强化科技服务支撑保障能力。创建“全国质量强市示范城市”，加大品牌培育创建力度，新增2个国家级地理标志保护产品，力争市民服务中心国家级服务业标准化试点工作通过国家验收。

（四）更加注重改善民生福祉，着力在“民生安市”上重实效

谋富民之策。深入推进“四业工程”，创新培训方式，提升培训效果，大力开展就业技能和技能提升培训，增强二三产业吸纳就业能力，培训3.2万人，新增就业1.5万人，劳务收入增长18%以上。完善就业创业服务体系，创建充分就业社区、市级劳务品牌，做好高校毕业生、退役军人、残疾人就业服务，援助困难家庭就业，搭建人力资源供需平台，动态消除零就业家庭，确保有就业意愿的高校毕业生就业率100%，城镇登记失业率控制在2.2%以内。促进群众增收致富，落实强农惠农政策，办好“十件实事”，兑现各项补贴，发展壮大后续致富产业，健全精准扶贫机制，实施30个扶贫项目，帮扶2万人，减少贫困人口7342人，提高群众从事种植业、养殖业、加工业和服务业的市场竞争能力。

尽安民之责。完善社会保障机制，充实社会保障基金，提高基础养老金、村组干部待遇、环卫工人工资，五险扩面3000人，环卫工人实现五险全覆盖。完善社会救助制度，建设未成年人救助保护中心、老年护理中心、荣军院和7个残疾人托养康复服务中心，实现孤残弃儿童集中供养率、孤寡老人意愿集中供养率100%目标，不断提高特殊困难群众生活保障水平。完善住房保障体系，优先改善低收入人群住房条件，建设1个农牧民集中居住区，建成3800套周转房、二三期园丁苑。完善驻村机制，围绕“五项任务”，坚持“七个着力”，加大基层政权建设投入，确保村（居）年均运行经费达到5万元，努力实现“六个提升”。

行利民之事。优先发展教育，深化教育体制改革，加强教师队伍建设，提升教育教学质量，促进教育均衡发展，加快建设教育城二期和北京、江苏实验中学智能化工程，迁建特殊学校，新建体育馆，完成40所学校宽带网络“校校通”建设改造任务，完善两所职校设施，改善学前教育办学条件，推进继续教育，健全终身教育体系。促进体育发展，完善体育设施，构建全民健身服务体系，建设高水平运动队，举办各类体育赛事。提升医疗服务水平，做好免费健康体检工作，强化基层藏医药服务能力，推进市县医院标准化建设，开工建设拉萨新医院，支持民营医疗机构发展壮大，防治重大传染病、地方病，完善农牧民基本医疗保障体系，每个行政村培养1名卫生员、1名接生员，城乡居民基本医疗补助分别提高到380

元、420元。加快推进食药监管改革，整顿规范市场秩序，提升风险监测水平，保障群众饮食用药安全。

兴便民之举。落实“菜篮子”市长负责制，完善“农超对接”、“农校对接”、“农企对接”机制，健全便民超市、直营菜店、流动餐车等社区服务网点，引进大型农贸批发企业，做大做强东嘎农贸市场，优化“菜篮子”直销车布局，丰富果蔬品种，平价供应市民。落实社会保障标准与物价上涨挂钩联动机制，健全临时价格补贴机制，加强粮油肉蛋菜等重要生活必需品储备调运，加强市场监管，严厉打击制假售假、哄抬物价等违法行为，确保供给充足和价格稳定。

（五）更加注重保持和谐稳定，着力在“依法治市”上树形象

推进依法治市。推进科学立法，认真贯彻市委《关于贯彻落实全面推进依法治国、依法治藏重大战略的实施意见》，加强和改进政府立法工作，提高立法质量，使立法反映群众意愿、适应发展需要、维护公平正义。推进严格执法，深化行政执法体制改革，完善行政执法综合联动机制，加大关系群众切身利益的重点领域执法力度，依法惩处各类违法行为，促进严格规范公正文明执法。推进公正司法，依法保障各族群众有序参与司法活动，构建开放、动态、透明、便民的阳光司法机制。推进全民守法，深入开展法制宣传教育，把法制教育纳入国民教育体系和精神文明创建内容，扎实推进“法律七进”和“六五”普法，创建“法治县（区）”、“法治乡（镇）”、“法治村（居）”，推动形成良好法治环境。

创新社会治理。完善反分裂斗争机制，强化联防联控联管体系，突出加强情报搜集研判、重点部位防控、重要活动安保、重大节日稳控，依法严厉打击十四世达赖集团各种分裂渗透干扰破坏活动，确保50大庆安定和谐，确保社会局势持续稳定、长期稳定、全面稳定。完善社会治理体系，充分发挥大数据平台作用，推进社会治理信息化，维护网络安全，完善“双联户”机制，提升网格化管理水平，普及居住证制度，加强两新组织、流动人口服务管理，完善流浪乞讨人员救助机制，深化社会治安综合治理，依法打击各类违法犯罪，着力建设法治平安拉萨。创新矛盾化解机制，完善涉法涉诉信访依法终结制度，健全信访事项预防源头化、排查常态化、化解实效化、处置法制化、责任倒查化，全力消化积案，实现信访案件“零搁置”。

增进民族团结。全面贯彻落实中央民族工作会议精神，创建民族团结示范城，积极开展“民族团结进步节”、“民族团结月”等活动，深化民族团结进步教育“七进”，使“三个离不开”、“四个认同”思想更加深入人心。依法管理宗教事务，完善宗教公共服务，巩固“六建”成果，创建和谐模范寺庙，评选爱国守法僧尼，增强僧尼的祖国意识、法制意识、公民意识、感恩意识，推动宗教领域继续团结稳定。加强国防教育和后备力量建设，深入开展双拥共建，巩固发展军政军民团结。

强化安全生产。牢固树立底线思维，增强“管行业必须管安全、管业务必须管安全、管生产经营也必须管安全”的意识。细化明确监管责任，严格落实行政首长第一责任、分管领导直接领导责任、安监部门综合监管责任、行业主管部门直接监管责任、地方政府属地监管责任和企业主体责任，努力实现重特大事故“零发生”。严格实行安全审核，坚持高起点、高标准、严要求，坚决落实安全生产设施与项目主体工程同时设计、同时施工、同时投用。强化重点领域整治，坚持全覆盖、零容忍、严执法、重实效，围绕燃气管线、建筑施工、道路交通、生产企业、非煤矿山、特种设备、人员密集场所消防等13个重点领域，深入开展大检查大排查大整治专项行动，确保隐患排查到位、问题整改到位。抓好应急救援建设，建成中央级救灾物资储备库，加强宣传教育培训，提升应急处置能力。

切实加强政府自身建设

增强政治意识，提高驾驭全局能力。严守政治纪律，坚持把坚定理想信念、增强政治定力放在第一位，自觉维护中央权威，自觉在思想上、政治上、行动上同党中央、区党委政府和市委保持高度一致，切实做到政治信仰不变、政治立场不移、政治方向不偏。严守组织纪律，以雷厉风行、立说立行、一抓到底、抓出实效的工作作风，不折不扣地贯彻落实好区党委政府和市委的各项决策部署，切实做到听指挥、强执行、重落实、见实效。

增强担当意识，提高改革创新能力。敢于担当，围绕市委、市政府中心工作，把心思凝聚到想事业上、把忠诚倾注到谋事业上、把精力集中到干事业上，主动作为、积极推进，力求把工作做到最细、最实、最好。善于担当，把握规律性、增强创造性、提高预见性，讲实话、办实事、求实效，推动问题一个一个

地解决、重点一个一个地突破、项目一个一个地落实、难关一个一个地攻克。严于担当，践行“三严三实”、“七破七立”，严格按原则、按规矩、按制度谋事干事，把权力关进制度笼子，让权力在阳光下运行。

增强法治意识，提高社会治理能力。弘扬法治精神，带头学法、尊法、守法、用法，带头维护宪法法律权威，切实提高运用法治思维、法治方式深化改革、推动发展、改善民生、维护稳定的能力。坚持在市委领导下、法治轨道上开展工作，主动接受人大法律监督和工作监督、政协民主监督、社会舆论监督，自觉接受审计监督和行政监察。推进依法行政，完善政府法律顾问制度，把公众参与、专家论证、风险评估、合法性审查、集体讨论决定作为重大行政决策法定程序，确保决策制度科学、程序正当、过程公开、责任明确。

增强学习意识，提高科学决策能力。以学习提能力，结合当前经济社会发展面临的新常态，学经济、懂经济、抓经济，不断加强学习，深入分析研究，结合实际运用，进一步提高驾驭全局工作、领导科学发展、促进社会和谐的能力和水平。以学习促工作，重点提高准确运用科学理论指导具体实践的本领，提高贯彻党的路线方针政策、结合实际创造性开展工作的本领，提高灵活运用掌握的知识、经验去分析解决工作中的突出矛盾和问题的本领，真正做到抓发展有思路有点子、破难题有魄力有办法、惠民生有重点有亮点、保稳定有举措有成效。

增强宗旨意识，提高拒腐防变能力。全心全意为民服务，巩固拓展群众路线教育实践活动成果，深入开展“三进四同三一”、“五访”活动，整合运行“12345 有事找政府”市长热线，发挥市长信箱作用，完善首接负责、限期办结机制，畅通民意诉求渠道，及时回应解决群众关切。干干净净为民干事，严格执行八项规定、约法十章、八项要求、八个力戒，算好政治账、经济账、健康账、家庭账、名誉账、历史账，落实党风廉政建设责任制，完善惩治和预防腐败体系，严厉查处各种违纪违法案件，做到干部清正、政府清廉、政治清明、社会清淳。清清白白为民用权，规范公务接待，严控“三公”支出，停建楼堂馆所，强化工程建设、土地管理和政府采购的行政监察和审计监督，依法治理和纠正损害群众利益的不正之风，确保做到群众至上、为民干事，使为官有为、廉而有为成为一种新常态。

各位代表！实干创造未来、奋斗成就梦想。让我们紧密团结在以习近平同志为总书记的党中央周围，在自治区党委政府和市委的坚强领导下，紧紧依靠全市各族干部群众，戮力同心、开拓进取，积聚跨越正能量，同心共筑中国梦，为建设美丽家园幸福拉萨做出新的更大贡献！

名词解释

1. 六大战略：党建统市战略、环境立市战略、文化兴市战略、产业强市战略、民生安市战略、依法治市战略。

2. 两屏四地：重要的国家安全屏障、重要的生态安全屏障、重要的战略资源储备基地、重要的高原特色农产品基地、重要的中华民族特色文化保护地、重要的世界旅游目的地。

3. 四个全面：全面建成小康社会、全面深化改革、全面依法治国、全面从严治党。

4. “三高”项目：高污染、高能耗、高排放项目。

5. 六城同创：创建全国文明城市、国家卫生城市、国家环保模范城市、国家生态园林城市、国家民族团结示范城、全国双拥模范城市。

6. 三公开制度：政务公开、司法公开、执法公开。

7. 三清单制度：行政权力清单、责任清单、负面清单。

8. 十大专业市场：木材交易市场、旧货市场、铁器电焊加工市场、钢材市场、工程机械交易市场、活禽定点屠宰场、牛羊屠宰场（升级改造）、二手车交易市场、娘热路综合农贸市场（规范治理）、虫草市场。

9. “八看、一算账、一揭批、四增强”：“八看”指看衣服着装功能、款式的变化，餐饮食品种类、结构的变化，房屋居所面积、环境的变化，交通出行工具、条件的变化，家居摆设、电器信息的变化，学校建设、子女教育的变化，治病就医、健康保障的变化，政治地位、人格尊严的变化，引导广大群众忆旧西藏的苦，思新西藏的甜。“一算账”指通过“八看”，仔细算好西藏民主改革前和现在政治、经济、文化、生活方面的对比账，使广大群众深刻体会到只有中国共产党才会真心实意地实现好、维护好、发展好广大群众的根本利益。“一揭批”指深入揭批十四世达赖集团祸藏乱教、制造动乱、分裂祖国的阴谋罪行，不断夯实反对分裂、维护稳定的群众基础。“四增强”指进一步增强党的意识、国家意识、民族团结意识和法制意识。

10. 五下乡：文化、科技、卫生、法律、爱国爱教下乡。

11. 四进社区：科教、文体、法律、卫生进社区。

12. 净土健康产业：以青藏高原纯天然环境和无污染草原、耕地、水土为条件，以提高高原生态环境服务生命的效能和价值为核心，以推进高原有机农牧业生产为基础，以开发高原有机健康食品、高原有机生命产品、高原地道保健药材、乐活旅游和清洁能源为主体，以先进技术改造和提升传统产业为重点，以聚合多种独特资源，实现产业升级和效益倍增为目标的地域型、复合型产业。

13. 九大净土健康产业：天然饮用水、奶业、藏香猪（生猪）养殖、藏香鸡养殖、食用菌种植、藏药材种植、经济林木与特色花卉、高原特色设施园艺和斑头雁养殖。

14. 五放六支持：政治上放心、思想上放开、政策上放宽、发展上放胆、工作上放手；政策、资金、人才、基础、环境、信誉支持。

15. 四业工程：以业育人、以业管人、以业富人、以业安人工程。

16. 自治区利民惠民十件实事：加快实施农牧民安居工程、着力改善农牧区条件、千方百计扩大就业、努力稳控物价、健全社会保障体系、优先发展教育、强化医疗卫生保障、推进文化惠民、加强扶贫开发、抓好防灾减灾和安全生产。

17. 精准扶贫：针对不同贫困区域环境、不同贫困农户状况，运用科学有效程序对扶贫对象实施精确识别、精确帮扶、精确管理的治贫方式。

18. 公交七个优先：政策优先、投入优先、基础优先、规划优先、改革优先、民生优先、资金优先。

19. 驻村工作"五项任务"：建强基层组织、做好维稳工作、寻找致富门路、进行感恩教育、办实事解难事。

20. 七个着力：着力建强基层组织、着力健全维稳机制、着力强化宣传教育、着力助推农村改革、着力推进精准扶贫、着力发展集体经济、着力联系服务群众。

21. "五访"活动：基层访、网络访、交叉访、专题访、重点访。

22. 六个提升：实现乡村治理体系和治理能力有新提升、村级组织和干部队伍建设有新加强、社会稳定和民族团结有新局面、密切党群干群关系有新气象、农牧区改革发展有新成效、农牧民生活水平有新提高。

23. 法律七进：法律进机关、进乡村、进社区、进学校、进企业、进单位、进宗教场所。

24. "两新"组织：新经济组织、新社会组织。

25. "双联户"模式：以加强基层社会治理和服务体系建设为目标，全面实施"联户平安、联户增收"工作模式。

26. 民族团结"七进"活动：民族团结进机关、进农村、进社区、进学校、进企业、进寺庙、进部队。

27. 四个认同：对伟大祖国的认同、对中华民族的认同、对中华文化的认同、对中国特色社会主义道路的认同。

28. 三严三实：严以修身、严以用权、严以律己，谋事要实、创业要实、做人要实。

29. 七破七立：坚决破除立场不坚定现象、树立远大理想信念，坚决破除形式主义、树立求真务实之风，坚决破除官僚主义、树立一心为民公仆情怀，坚决破除享乐主义、树立艰苦奋斗思想，坚决破除奢靡之风、树立清正廉洁形象，坚决破除作风漂浮懒散、树立钉钉子抓落实精神，坚决破除基层党组织软弱涣散现象、树立抓基层强基础的工作导向。

30. 八项规定：改进调查研究，轻车简从，精简会议活动、切实改进会风，精简文件简报、切实改进文风，规范出访活动，改进警卫工作，严格文稿发表，厉行勤俭节约。

31. 约法十章：改进调查研究，精简各类会议，精简文件材料，严控事务活动，规范出区出访，改进警卫工作，改进新闻报道，严格文稿发表，厉行勤俭节约，坚持廉洁自律。

32. 八项要求：加强调研工作，切实掌握实情；严控会议规模，切实改进会风；严控发文数量，切实改进文风；严格审批程序，切实改进事风；严格宣传报道，切实提升质量；严控评比活动，切实规范表彰；严格信访制度，切实化解矛盾；严格廉洁自律，切实厉行节约。

33. 八个力戒：力戒保守、勇于创新，力戒空谈、敢于真抓，力戒虚假、敢求实效，力戒浮夸、敢于碰硬，力戒推诿、敢于担当，力戒慵懒、甘于奉献，力戒松散、勤于合作，力戒奢侈、乐于清廉。

34. "三进四同三一"：进基层、进村居、进农户，同吃、同住、同学习、同提高，交一户农牧民朋友、做一件好事、写一篇民情日记。

35. "四个一百"工程：用100天时间抓100个重点项目、抓100家重点企业，最终实现工业产值

100个亿。

36.“1+5+X”：1指网格格长；5指网格流动人口服务管理员，网格治保员，网格宗教事务联络员，网格社情民意联络员，网格民警；X指根据辖区实际情况，配备个性化工作力量。

37.种植业“两区八带”：“两区”指近郊种植区和远郊种植区；“八带”指在近郊种植区内重点构筑优质青稞、高原蔬菜、食用菌、特色林果和特色经济作物五大产业带，在远郊种植区内重点构筑优质青稞、藏药材、特色经济作物三大产业带。

38.养殖业“一区二带三板块”：“一区”指以城关区和中地生态牧场为主的良种奶牛繁育区，重点建设种子母牛场；“二带”分别指318国道现代养殖业发展带和109国道现代养殖业发展带，重点建设养殖基地和规模化养殖场；“三板块”分别指以林周县为主的半细毛羊养殖板块，以当雄县为主的牦牛养殖板块，以墨竹工卡县为主的斑头雁养殖繁育板块。

39.“双百方针”：百花齐放、百家争鸣。

40.两带一路：长江经济带、丝绸之路经济带，21世纪海上丝绸之路。

拉萨市人民代表大会常务委员会工作报告

在拉萨市第十届人民代表大会第五次会议上

（2015年1月14日）

市人大常委会主任 洛桑旦巴

各位代表：

我受拉萨市第十届人民代表大会常务委员会委托，向大会报告工作，请予审议。

2014年工作回顾

2014年，人大常委会在中共拉萨市委的正确领导和自治区人大的指导下，以邓小平理论、“三个代表”重要思想、科学发展观为指导，全面贯彻落实党的十八大和十八届三中、四中全会精神，习近平总书记系列重要讲话精神和“治国必治边、治边先稳藏”重要战略思想，以及区、市党委八届五次全委会精神，坚持人民代表大会制度不动摇，坚持党的领导、人民当家作主和依法治国有机统一。按照区党委书记陈全国同志对拉萨提出的充分发挥首府城市首位度作用和“七个方面”的工作要求，紧密结合市委提出的“五大战略”，深入开展党的群众路线教育实践活动，认真履行宪法和法律赋予的职责，不断加强和改进人大工作，为实现科学立法、民主立法，推进依法治市进程，推动拉萨经济社会跨越式发展和长治久安作出了应有的贡献。

一、坚定政治方向，服从服务于全市工作大局

常委会始终把坚持党的领导作为做好人大工作的根本保证，牢牢把握人大工作的正确方向和定位，紧密依靠人大代表，紧紧围绕市委中心工作，依法履职，在政治上与以习近平同志为核心的党中央保持高度一致，在组织上坚决服从区市党委的统一安排部署，在纪律上严格执行党的各项规章制度，为全面推进依法治国，着力实施“法治稳市”战略，推动人大科学立法、民主立法，奠定了基础，在全市经济发展、社会稳定各项工作中发挥了应有的作用。

（一）始终坚持党的领导。常委会坚持把党的领导贯彻到人大工作的各个方面，坚持重大决策部署、重大问题以及重要工作安排及时向市委请示汇报；坚持把党管干部原则同人大依法任免有机结合起来，确保党的主张通过法定程序成为国家意志。2014年共任免国家机关工作人员40人（次），依法罢免涉及违纪案件的人大代表3名，使党要管党、从严治党要求和市委的决策部署得到了坚决的贯彻落实。常委会坚决服从市委统一安排部署，抽调得力干部，全力以赴做好各重大节日、敏感节点的维稳安保工作。根据市委的要求，安排6名地级领导分别到林周、曲水、尼木、达孜等县驻点开展维稳工作，并长期轮流在市维稳一线指挥部带班；安排6名地级领导参与村（居）“两委”换届工作；安排5名地级领导长期分别分管市“强基办”、“四业工程办”、供暖办、“信访联席会议办公室和群众工作部”、支铁办等工作，在矛盾调处、重大事故处理以及市委交办的各项工作任务中发挥了重要作用，为维护拉萨市社会局势稳定、促进经济发展作出了积极贡献，得到了市委的充分肯定和当地党委、政府以及广大群众的一致好评。

（二）认真践行党的群众路线。市人大切实把贯彻落实党的群众路线作为地方人大的“生命工程”，贯穿于人大各项工作之中，坚持把依法履职、为民谋利和改进作风、强化同代表联系、破解人大工作难题结合起来，全面提升人大工作水平。常委会班子成员以普通党员身份参与党的群众路线教育实践活动，紧紧围绕“四风”、“两问题”、“一薄弱”和“三不够”，积极查找问题，不怕亮丑揭短，深挖根源、触及灵魂，认真整改、转变作风，切实做到规定动作不走样、自选动作有特色，有力地促进了人大机关作风有大转变，服务有大提升。活动期间，为33户贫困家庭协调解决30余件实际困难和问题，资助钱、物约合20万元；为林周县春堆和当杰两村争取水渠维修、照明工程等项目15个，落实资金266.1万元，进

一步密切了党群关系。积极配合区人大开展乡（镇）人大工作调研，及时向市委汇报存在的突出问题，引起了市委高度重视，并专门下发了《中共拉萨市委员会关于加强人大工作若干事项的意见》，明确了基层人大班子建设和经费保障相关事宜。抽调4名地级领导，担任市委群众路线教育实践活动办工作，为推动群众路线教育实践活动工作提供了保障。人大机关通过教育实践活动，使广大党员干部职工受到了一次深刻的党性教育和党内生活的洗礼，思想进一步升华，政治立场更加坚定，作风进一步转变，为人民服务的意识进一步增强，达到了正风肃纪、密切党群干群关系、健全长效机制、提高工作效率的目的。

（三）全力推进民族团结。习近平总书记一再告诫我们，各民族要像爱护自己的眼睛一样爱护民族团结，像珍惜自己的生命一样珍惜民族团结。常委会以贯彻落实《拉萨市民族团结进步条例》为根本出发点，以大力开展民族团结进步宣传教育和创建活动为载体，充分结合拉萨实际，把民族团结宣传教育和创建活动同帮助基层群众发展生产力结合起来，同保障和改善民生结合起来，同排查调处矛盾纠纷结合起来，积极探索行之有效的形式和途径，充分利用每年9月“民族团结进步月”、9月17日“民族团结进步节”、《拉萨人大》杂志等平台，组织人大退休干部、人大代表、部分常委会组成人员和人大机关全体干部职工召开民族团结座谈会、撰写理论文章、上街宣传《民族团结进步条例》，积极营造民族团结良好氛围，为进一步加强民族团结积累了丰富的经验。在市委、市政府的高度重视下，2014年我们还圆满举办了全国五民族自治区首府市人大工作经验交流会，自治区党委常委、市委书记齐扎拉亲临会议并做重要讲话，区人大常委会领导、张延清市长也到会指导工作。齐扎拉书记的讲话，在与会各方中反响强烈，进一步提升了会议的内涵和层次。在市委办公厅大力指导和市政府办公厅的密切配合下，通过市人大全体干部职工的共同努力，会议开得非常圆满、成功，与会各方对会议质量、内容、形式等都给予了高度评价，充分展现了拉萨人大的风采。

二、深入推进科学立法、民主立法，全面实施“法治稳市”战略

法律是治国之重器，良法是善治之前提。常委会紧紧围绕市委“法治稳市”战略，在推进科学立法、民主立法、严格执法、公正司法、全民守法中发挥了重要作用。一年来，共计审议地方性法规2件，通过1件，新制定地方立法办法4件，审查备案政府规范性文件4件，开展各类调研活动18次。积极配合全国人大和自治区人大开展了3件法律法规意见的征求工作，配合区人大开展立法专项检查、调研6次。

（一）加快立法进程。2014年，我们制定了《拉萨市城市绿化条例》、对《拉萨市物业管理条例（草案）》进行了初审；起草了《拉萨市古村落、古建筑、古遗址人类文化遗产保护条例（草案）》；对《拉萨市流动人口管理条例》立新废旧的必要性和可行性进行了论证；对《拉萨市市容环境卫生管理条例》和《拉萨市老城区保护条例》实施情况进行了专题调研。同时，不断完善立法工作机制，制定了《拉萨市地方立法评估办法》、《拉萨市地方立法工作联系会议制度》、《拉萨市地方性法规实施情况报告办法》、《拉萨市人大立法咨询专家库管理办法》。首批聘请了20名在全区经济、科技、文化、社会、法律等领域具有较强影响力的法律专业人才，成立市人大立法专家咨询委员会，广开言路、集思广益。

在立法过程中，坚持科学立法、民主立法，切实把公平、公正、公开原则贯穿于立法全过程，不断提高立法质量。按照“立足全局、突出重点、成熟优先、法制统一”的原则，着眼于拉萨市经济、社会发展的重大问题，对申报的立法建设项目严格筛选，适时调整立法项目，有效保障立法计划的科学性。加强立法工作的组织协调，扎实开展立法调研、评估、咨询、论证工作，督促有关方面认真解决立法中涉及的重大问题，合理规范权力与责任、权利与义务，防止部门利益法制化倾向。进一步改进新立法规草案广泛征求广大群众和专家意见、建议的方式方法，不断拓宽社会各方有序参与立法的途径，畅通民意表达渠道。认真研究、吸纳人民群众、党代表、人大代表、政协委员对法规草案的意见建议，积极回应人民群众关切，使所立法规充分体现人民群众的意愿，更加符合广大人民的根本利益，符合拉萨市经济社会发展规律，更好地突出地方特色，突出重点领域，突出拉萨实际。

（二）加大执法监督力度。为推进各项法律法规在拉萨市的正确贯彻实施，2014年我们组织开展了《中华人民共和国妇女权益保障法》等7部法律法规实施情况执法检查。在执法检查过程中，注重把群众关注的热点和法律法规实施难点作为检查重点。针对检查中发现的问题，提出了审议意见，交政府办理，并对落实情况进行跟踪检查。依法对政府报备的4件政府规范性文件进行了备案审查。通过执法监督,对进一步规范政府行政行为,保障人民群众的合法权益,全面推进依法行政,建立法治政府起到了积极的推动作用。

（三）强化司法工作监督。司法公正对社会公正具有重要的引领作用。为推动司法公正,常委会对市中级人民法院的减刑、假释和市人民检察院监督民事行政诉讼案件等方面的工作开展专项监督检查,针对法院减刑、假释案件审判场所问题、检察院民事行政诉讼案件监督不到位等问题提出整改意见建议,要求"两院"在审判、执行工作和检察监督案件中,切实做到公开透明,发挥人民监督员的作用,让人民群众在司法案件中真正感受到公平正义。

三、坚持民生为重,积极推动各项民生政策贯彻落实

常委会始终坚持把关注民生、改善民生和保障民生作为依法履职的出发点和落脚点,通过人大监督,推动了各项民生政策的有效落实,促进了民生问题的有效解决。

（一）积极促进社会经济稳步发展。高度关注全市经济运行发展情况,听取和审议了《拉萨市2014年上半年国民经济和社会发展计划执行情况报告》、《拉萨市"十二五"时期国民经济和社会发展规划纲要实施中期评估报告》。围绕"十二五"规划纲要中一些指标完成情况不理想等问题,提出了调整产业结构、转变发展方式;注重项目建设、保障和改善民生;注重改革开放、不断优化发展环境的意见建议。进一步加强预算执行监督工作,听取和审议了《拉萨市2013年财政决算及2014年上半年财政预算执行情况的报告》《2013年度拉萨市本级预算执行和其他财政收支的审计工作报告》;审议了《拉萨市2014年财政预算收支变化情况的报告》,作出了2014年财政预算收支部分变更的决议。提出认真落实财税改革,切实加强财政管理,认真落实中央"八项规定"、区党委"约法十章"、市委"八项要求",坚决压缩"三公经费"和一般性支出,确保预算年度收支平衡,确保民生项目顺利实施的意见建议,为促进拉萨市经济社会发展,切实保障和改善民生发挥了积极作用。

（二）助推民生工作落到实处。常委会坚持把落实市委八届五次全委会确定的民生工作目标以及市政府在十届人大四次会议上的工作报告提出的民生建设任务作为重点,通过专题调研、集中询问的方式,有力推进了民生工作的落实。从2014年6月开始,先后组织专题调研组对市住房和城乡建设局的相关工作进行了调研,听取和审议了《拉萨市近三年来住房和城乡建设工作专题报告》,深入城关区、堆龙德庆县、达孜县、市农牧局、市环保局、市水利局、市发改委等单位,通过实地考察、听取专项工作汇报、召开座谈会、组织各级人大代表调研等形式,较为详细地掌握了拉萨市经济综合部门对民生工作、民生政策、民生项目建设落实情况的第一手材料。并以此为基础,首次召开了拉萨市经济综合部门民生工作专题询问会,就农牧民专业合作社建设、农村户用沼气建设补贴、农牧业特色产业发展、拉鲁湿地保护、垃圾填埋、保障性住房、市政项目管理和水利建设等方面分别向政府有关职能部门进行了询问。根据询问和审议情况,形成审议意见,并分送市政府及有关部门,同时上报市委,这一举措得到了市委的充分肯定。通过询问,增强了各部门落实各项民生政策尤其是市委、市政府确定的改善民生目标和民生建设任务的紧迫性,切实加快了改善民生工作步伐。

（三）助推职业教育、农牧区基本医疗和科学技术等工作健康发展。常委会始终把教育、医疗、科技作为重要民生工程来抓,针对城镇居民和农牧民子女就业技能欠缺、就业难等问题,组织开展了《中华人民共和国职业教育法》和《西藏自治区实施〈中华人民共和国职业教育法〉办法》执法检查,对检查中发现的重普教、轻职教,管理体制不顺、部门协调不畅,教师队伍数量不足、结构不合理等问题,要求市政府进一步优化职业教育发展环境,理顺机制,加大投入,促进职业教育健康发展。针对农牧民群众就医中存在的问题,组织调研组赴林周、达孜、堆龙、曲水和城关区的部分乡镇卫生院,开展了《西藏自治区农牧区医疗管理办法》落实情况检查,听取和审议了市政府关于拉萨市农牧区基本医疗制度执行情况专项报告,就群众对报销药品种类、医疗项目、报销比例不清楚,基层医疗基础设施相对落后、医务人员不足、监管力度不够等问题,提出了加大政策宣传力度、加大农牧区医疗经费投入、加强农牧区卫生队伍建设、完善基金监管机制的建议。同时,组织开展了《中华人民共和国科学技术进步法》和《西藏自治区实施〈中华人民共和国科学技术进步法〉办法》执法检查,通过检查,进一步提高了对科技创新的重大意义的认识,增强了以科技创新来破解发展难题、创新发展模式、提高发展质量的意识。

四、充分发挥代表作用，支持和保障代表依法履职

常委会高度重视代表工作，始终坚持“人民代表大会的主体是代表、人大工作的开展靠代表、人大工作的潜力在代表”的工作理念，进一步加强和改进代表工作，支持和保障代表依法履职，充分发挥代表在拉萨市经济发展、社会稳定、民生改善中的重要作用。

（一）注重代表议案建议办理。代表议案建议与人民群众生产生活息息相关。十届人大四次会议时共收到代表议案、建议、批评和意见 112 件，市人大常委会、市政府高度重视，多次召开会议，督促承办单位、有关部门积极与代表沟通联系。对于当前能够办理的及时予以办理，对于条件不成熟一时无法办理的及时向代表说明情况，取得代表的谅解。截至年低，这些议案和批评、建议、意见全部在规定期限内办复，办复率达 100%。

（二）注重发挥人大代表作用。坚持邀请市人大代表列席市人大常委会会议，参加专题调研、执法检查、视察等活动，积极拓宽代表参与常委会工作的渠道，充分吸纳代表建议；建立常委会组成人员与基层人大代表联系制度；安排人大代表参加市直各部门党的群众路线教育实践活动动员大会、专题民主生活会，全程参与村（居）“两委”换届工作，使代表的监督作用得到充分发挥，有效促进了常委会的工作更接地气，工作质量也有了进一步提升。

（三）注重信访办理。人大是人民群众反映问题的重要渠道。一年来，常委会共收到并转交有关部门妥善处理的群众来信来访 15 件，并及时进行了跟踪、查办、督办，直至结案。群众反映突出的问题都得到了妥善处理，进一步密切了与人民群众的联系。

五、加强自身建设，提高履职效能

（一）加强常委会建设。一是强化思想政治教育，确保常委会每一位班子成员不缺席市委理论学习中心组和市人大理论学习中心组的学习，保证学习时间和学习质量，促进班子成员自觉运用中国特色社会主义理论武装头脑，坚持社会主义道路，坚持社会主义制度和民族区域自治制度，进一步增强道路自信、理论自信和制度自信，推进人大工作实现党的领导、人民当家作主和依法治国的有机统一。通过学习教育，常委会班子的凝聚力、战斗力明显提升。二是加强对各专门委员会的领导，强化协调配合，形成工作合力。三是坚持完善各项规章制度，坚持以制度办事、以制度管人、以制度管钱和物，做到制度面前人人平等。四是坚持民主集中制，常委会党组会议、常委会会议、主任会议所议事项都坚持集体决策、集体执行，民主氛围异常浓厚。

（二）加强人大机关建设。全面贯彻落实党的十八届三中、四中全会、习近平总书记系列重要讲话以及中央对西藏工作的一系列重要指示和区市党委的重要会议精神，不断坚定人大机关干部职工思想政治立场，坚决同十四世达赖集团等分裂势力作斗争，维护祖国统一，加强民族团结。把落实党风廉政建设责任制作为贯彻落实党的群众路线和人大领导班子建设的重要内容，把反腐倡廉摆在突出位置，严格执行廉洁自律各项规定，落实中央八项规定、区党委“约法十章”和市委八项要求，严控“三公经费”支出，与上年同期相比，“三公经费”支出下降 40%。党风廉政建设的各项目标责任得到了有效落实，从源头上预防和防止了腐败现象的发生，切实加强了人大机关党风廉政建设。结合党的群众路线教育实践活动，先后开展了“为了谁、依靠谁、我是谁”、弘扬“老西藏精神”、“学习焦裕禄、争做好公仆”大讨论，“党员干部进村入户、结对认亲交朋友”、深化共产党员民族团结先锋活动、“共产党员志愿者示范城”活动、“创先争优、强基惠民”等主题活动，切实加强人大机关党的组织建设，丰富干部职工的组织生活，为内地离退休支部订阅《西藏日报》、《拉萨晚报》等报刊杂志，方便广大离退休党员及时了解拉萨的发展变化，营造了团结合作、积极向上的工作氛围，切实转变了工作作风。2014 年，人大机关干部群众积极帮扶结对户，帮助他们解决实际困难，送去生活必需品和慰问金，折合资金 5 万余元。

各位代表！

过去的一年，人大常委会取得的各项工作成绩，是市委正确领导的结果，离不开全体人大代表、人大各专委会、常委会全体组成人员和机关全体干部职工的辛勤努力，离不开“一府两院”以及有关部门和各县（区）人大常委会的密切配合，更离不开全市人民和社会各界的关心支持！在此，我谨代表市人大常委会，向大家表示诚挚的感谢！

在肯定成绩的同时，我们也清醒地认识到，与宪法法律的要求、党和人民群众的期望以及改革发展稳定要求相比，常委会的工作还存在不少差距。立法质量还有待于进一步提高，监督工作实效还有待于进一步增强，代表作用发挥还有待于进一步加强，履职能力有待于进一步提升，人大机关干部的工作能力和整体素质有待于进一步提高，执行市委重大决策部署的力度还需要进一步加大。一些部门对立法的重要性认识不到位，积极性、主动性不高，配合意识不强，还存在维护部门自身权力的狭隘意识。这些都需要我们在今后的工作中很好的研究，切实加以解决。

2015年主要工作任务

2015年，市人大常委会要坚持以邓小平理论、“三个代表”重要思想、科学发展观为指导，全面贯彻落实习近平总书记关于全面推进依法治国的系列重要讲话精神，全面贯彻落实党的十八大、十八届三中、四中全会和区、市党委八届六次全委会议精神，巩固扩大党的群众路线教育实践活动成果，坚持党的领导、人民当家作主和依法治国有机统一，弘扬宪法精神，坚持发挥法治的引领和规范作用，学习宪法、宣传宪法、遵守宪法、维护宪法尊严、保障宪法实施。坚定不移走中国特色社会主义法治道路，坚持民族区域自治制度，坚持新时期西藏工作指导思想不动摇，紧紧围绕市委中心工作，按照“依法治市”的工作部署，认真履职，敢于担当，依法维护人民权益、维护社会公平正义，全力推进党建统市、环境立市、文化兴市、产业强市、民生安市、依法治市“六大战略”，为建设美丽家园幸福拉萨做出新的贡献。

一、深入贯彻落实党的十八届三中、四中全会精神，强化立法工作，全面推进依法治市进程

——充分发挥法治的引领作用，为全面深化改革提供法治保障

习近平总书记指出：“实践发展永无止境，立法工作也永无止境，完善中国特色社会主义法律体系任务依然很重”。我们在立法工作中，必须坚持以宪法为根本、以民族区域自治法为依据，以敢于担当的精神，加强党对立法工作的领导，切实推进科学立法、民主立法，加强立法调研和论证，确保法规起草、审议质量，不断提高立法质量和水平。紧密联系人大工作实际，抓好贯彻落实，使每一项立法都符合宪法精神、反映人民意志、得到人民拥护，在全面深化改革、推进法治拉萨建设中，发挥好人大及其常委会的保障和促进作用。

——弘扬法治精神，全面推进依法治市进程

2015年是全面深化改革的关键之年，是全面推进依法治市的开局之年，也是“十二五”规划的收官之年。我们要充分认识到全面推进依法治市是推进拉萨经济持续健康平稳发展、维护社会和谐稳定、实现社会公平公正的现实要求，切实加强重点领域立法，抓紧制订、及时修改全面深化改革、推动经济发展、完善社会治理、保障人民生活、推进文化发展、加强生态文明建设等领域的法规规章，通过立法，处理好拉萨市改革发展稳定和全面建成小康社会中的各种复杂问题，依法加强生态文明建设、提升发展环境；依法促进文化发展、推动文化惠民；依法完善经济体制、提升发展能力；依法推动社会公平正义、增进人民福祉；依法管理社会事务、促进社会和谐稳定，全面推进依法治市进程。

二、紧紧围绕“公平正义”“民生改善”开展法律监督和工作监督，不断增强监督实效

*——加强法律监督，力促公平正义。*依法对《中华人民共和国体育法》《中华人民共和国工会法》《中华人民共和国土地管理法》《拉萨市民族团结进步条例》《拉萨市地名管理条例》《拉萨市城市绿化条例》在拉萨市执行情况，开展检查，确保各项法律法规在拉萨市正确贯彻落实。听取和审议“两院”上半年工作总结和下半年工作安排，以及拉萨市司法局关于“六五”普法工作开展情况报告，不断促进“一府两院”依法行政和公正司法，努力让人民群众在实践中感受到公平正义。

*——加强工作监督，促进民生改善。*2014年，将重点听取和审议拉萨市人民政府《2015年上半年国民经济和社会发展计划执行情况报告》《2014年财政决算及2015年上半年财政预算执行情况报告》《2014年财政预算审计报告》；审查批准《2014年财政决算报告》《2015年财政预算收支变化情况报告》，积极推动拉萨市经济社会健康持续发展，为进一步改善民生奠定基础。听取和审议拉萨市人民政府关于旅游业、社会保障、基层文化建设、幼儿园及高中阶段“三包”经费使用和非物质文化遗产保护专项工作报告，积极开展促进净土健康产业和民营经济发展等专项调研，推动民生持续改善。

三、以服务保障为基础，不断深化代表工作

常委会要为代表履职创造条件、搭建平台、提供保障，努力把代表依法履职的积极性保护好、引导好、发挥好。要进一步抓好人大“代表之家”功能建设，真正把“代表之家”办成听取代表意愿、汇聚代表智慧、凝聚代表力量的温暖之家；进一步丰富代表活动形式和内容，加大代表视察、培训工作力度，实现代表培训系统化、经常化，不断提高代表履职能力。创新代表活动载体，进一步加大组织代表参加执法检查、专题视察、督办代表建议等活动的力度，继续坚持代表列席人大常委会会议机制，不断提高代表闭会期间的履职效果。

四、以提高履职能力为重点，不断提升自身建设水平

常委会要在市委的正确领导下，努力适应新形势、新常态、新任务的要求，不断加强自身建设，提高自身履职水平。常委会的自身建设要与服务市委中心工作和依法治市紧密结合起来，充分发挥人大的职能特点和优势，按照市委要求，坚持依法治市、依法执政、依法行政共同推进，坚持法治拉萨、法治政府、法治社会一体建设，从制度上、法律上推动市委重大决策部署的贯彻执行。要进一步加强法律法规学习，切实提高常委会组成人员及人大机关干部职工的理论素质和工作能力，充分发挥人大各专委会的作用，加强人大理论与实践研究，不断促进人大宣传工作。要坚持法治思维，以提升创新力、凝聚力、战斗力为目标，努力打造政治坚定、能力过硬、作风优良、奋发有为的人大干部队伍。要进一步巩固党的群众路线教育实践活动成果，落实好各项整改措施，开展制度建设落实专项检查，不断完善各项制度，全面加强思想、组织和作风建设，树立常委会的良好形象。

各位代表！

中央全面推进依法治国的号角已经吹响，新形势、新常态、新任务对人大工作提出了更高的要求。让我们更加紧密地团结在以习近平同志为总书记的党中央周围，坚定不移走中国特色社会主义法治道路，在区市党委的坚强领导下，与时俱进，锐意创新，认真履行宪法和法律赋予的各项职责，为全面推进依法治国、依法治藏、依法治市目标，不断开创人大工作新局面而努力奋斗！

政协第十届拉萨市委员会常务委员会工作报告

在政协第十届拉萨市委员会第四次会议上

（2015年1月12日）

市政协主席 诸伟敏

各位委员、同志们：

我受政协第十届拉萨市委员会常务委员会的委托，向大会作工作报告，请予审议，并请列席会议的同志提出意见。

2014年工作回顾

2014年，在市委的坚强领导下，在自治区政协的悉心指导下，在市政府和社会各界的大力支持下，市政协常委会高举中国特色社会主义伟大旗帜，牢牢把握团结和民主两大主题，紧紧依靠和团结带领全体政协委员，围绕全市中心工作，认真履行政治协商、民主监督、参政议政职能，求真务实，开拓创新，积极作为，发挥了协调关系、汇聚力量、建言献策、服务大局的作用，为推进拉萨市改革发展稳定、建设美丽家园幸福拉萨做出了积极贡献。

一、围绕中心，服务大局，助推经济社会发展

坚持把推进改革发展稳定作为自身工作的着力点和落脚点，充分发挥协商民主重要渠道作用，认真履行职能，助推服务经济社会发展。

强化课题调研新成果。始终坚持把搞好调查研究作为履行政协职能的基础性工作和衡量政协工作成效的重要标志，精心选择净土健康产业发展、节能环保新型建筑材料推广应用、建立和完善社会救助体系、物流业发展、高中德育工作现状、曲水县农村综合改革试验区运行情况、巩固“禁白”成果工作、在编僧尼免费健康体检及健康档案建立情况等课题进行专题调研。根据调研过程中发现的问题，充分发挥各界别小组和全体委员的聪明才智，分别以常委会议、主席会议、专委会会议和界别小组会议等形式协商论证。全年共形成较高质量的调研报告7篇，及时向市委、市政府及有关部门报送，并力促成果转化。这些调研报告为促进拉萨市党政部门科学决策、改进工作发挥了积极作用。同时，还协助中国社科院、自治区政协就拉萨市社会文化建设、天葬台管理、西藏佛学院分院工作开展情况、拉萨市城市管理长效机制建设、生态安全屏障保护与建设、自治区政协2014年度重点提案办理等工作开展了调研。

构筑民主协商新平台。为增加协商密度，提高协商成效，我们借鉴全国政协双周协商座谈会和自治区政协双月协商座谈会的成功做法，结合自身实际，制定出台了《政协拉萨市委员会季度协商座谈会工作办法》。2014年12月25日，围绕“环境立市”、进一步巩固“禁白”成果这一主题，召开了市政协首次季度协商座谈会，与市委、市政府和相关部门进行沟通协商，为保护和改善拉萨市生态环境提出了具有科学性、针对性和可操作性的意见建议。

根据市委指示，由市政协牵头，26家市直单位参与，从2014年9月28日起，开展了为期3个多月的进一步巩固“禁白”成果专项整治活动，取得了阶段性成果，受到市委、市政府和广大人民群众的一致好评。区党委常委、市委书记齐扎拉同志给予充分肯定，并对进一步开展好此项工作做出了重要批示。

探索民主监督新途径。制定出台了《政协拉萨市委员会委派民主监督员工作暂行办法》。5月底向市公安局交警支队车辆管理所、市住建局、市民服务中心、市人民医院4个首批试点单位委派民主监督员25名。民主监督员通过参加受派单位的有关会议和活动，开展专题调研、专项检查评议，提出口头或书面意见建议等形式进行民主监督、协商议政，有效促进了受派单位及其工作人员转变作风、履职尽责。

拓展社情民意新渠道。制定出台了《拉萨市政协委员反映社情民意信息工作暂行办法》。5月底在市直部分单位、县（区）设立社情民意征集点21个，特邀信息员37名，不断拓宽信息来源渠道，规范信息反映程序，提升了社情民意信息征集工作制度化水平。及时将特邀信息员反映的情况，以《社情民意专报》形式报送市委、市政府及有关部门，市领导高度重视，市委、市政府督查室共同督办，相关单位认真参考采纳信息员的建议，并以书面形式反馈答复，社情民意信息办理满意率达100%，进一步畅通了党委、政府与人民群众的沟通联系。

创新提案办理新方法。按照《拉萨市关于进一步加强和改进提案办理工作的实施意见》要求，在狠抓提案催办、督办的基础上，进一步创新提案办理新方法，采取主动面商、联合视察、专题协商、跟踪问效等方式，提升了提案工作的协商实效。市政协十届三次会议以来，共收到提案128件，立案37件，作为意见建议的91件。截至2014年12月底，提案办复率达100%，满意或基本满意率为95％。

二、充分发挥政协独特优势，全力促进社会和谐稳定

坚决贯彻落实习近平总书记“治国必治边，治边先稳藏”的重要战略思想和俞正声主席“依法治藏、长期建藏、争取人心、夯实基础”的重要原则，始终把团结和民主两大主题贯穿于政协工作的全过程，发挥政协独特优势，团结各族各界人士，促进社会和谐稳定。

服从大局，参与全市各项工作。2014年，市政协主席、3名副主席全程参加了市委党的群众路线教育实践活动督导工作和指导村（居）“两委”换届工作，3名副主席参与了供暖供气工程包片督查及天然气价格调研论证工作，1名副主席参与了“8・09”特大交通事故善后处置工作。这些工作，在谋划思路，解决实际问题，推动全市有关工作有效落实方面发挥了积极作用。

沟通协调，凝聚各界力量。通过走访、视察、调研、联谊等方式，加强与委员的联络和沟通，增进了思想共识。邀请各族各界代表人士参加新年茶话会、“3・28”西藏百万农奴解放纪念日座谈会、“9・17”民族团结进步节座谈会等活动，组织各族各界代表人士参加相关活动，认真听取他们的意见建议，支持和保障他们充分利用政协平台参政议政，营造出和谐共事的良好氛围。

全力以赴，主动参与维稳工作。市政协积极引导各族各界政协委员带头为维护社会和谐稳定贡献力量，并通过走访慰问等活动，做好与民族宗教界人士、归国藏胞和爱国统战人士的经常性沟通。6名副主席全年参加维稳一线指挥部带班和面上巡查工作，1名副主席受市委委派参加了阿里“塔尔钦”维稳工作，2名副主席积极参与宗教领域维稳工作。广大政协委员始终按照维稳工作没有局外人的要求，充分发挥自身优势，积极协助党委、政府维护社会稳定。工商经济界委员组织企业员工认真学习区市党委维稳工作会议精神，主动开展企业内部维稳工作。民族宗教界委员大力加强与宗教界人士的联系和沟通，全面正确宣传党的民族宗教政策，引导宗教界人士和信教群众维护社会和谐稳定，较好地发挥了委员在维护社会稳定中的重要作用。

三、自觉践行党的群众路线，努力推动保障和改善民生

坚持把关注和改善民生、联系和服务群众作为履行职能的重点，自觉践行党的群众路线，引导群众与党和政府同心同德，为基层群众排忧解难，努力推动保障和改善民生。

全力服务保障和改善民生。始终把保障和改善民生作为政协履行职能的根本出发点和落脚点，进一步完善“让群众走进政协、政协委员走近群众”制度，落实政协领导联系委员、联系群众的“双联系”制度，倾听民声、反映民意，围绕城区交通安全隐患、职工周转房立项、乡村医生队伍建设、增加缺少劳力农户收入、整治学校周边流动小商贩等问题，通过调研、视察、提案、社情民意信息等形式，建言献策。

积极为群众解难事办实事。扎实推进创先争优强基础惠民生工作。市政协第三批驻墨竹工卡县日多乡怎村和拉龙村工作队，积极配合驻村点顺利完成“两委”换届，协助建立完善规章制度12项，帮助争取和申报项目9个，协调投入资金300余万元，有力地促进了两村经济健康发展和社会和谐稳定。市政协班子成员及机关副科级以上干部通过“三进四同三一”活动，深入联系点结对认亲23户，通过“双联户”活动与困难职工、委员遗属遗霜结对认亲15户。慰问群众、离退休干部职工、僧尼、驻会委员200余人次，帮助群众协调解决子女就学等实际问题。

做好服务委员工作。全心全意为委员服务是政协工作的一项重要职责。主动增强服务委员意识，结合委员的实际情况和特点，从委员需求多样性出发，有针对性地采取不同方法服务委员。安排2名专职人员为驻会委员服务，对领取生活补助的驻会委员和爱国统战人士，按时足额发放补助金，并将其纳入“三大节日”走访慰问对象，尽力帮助他们解决生活中的实际困难。同时，还通过举办形势报告会、政情通报会、专题讲座等,帮助委员及时掌握政策、知晓民意。认真做好委员提案、社情民意信息办理工作,最大限度地关注和重视委员的呼声愿望,以各种方式取得委员所在单位的支持,为委员参加政协组织的会议和活动提供方便。

四、着力加强自身建设,切实提升履职水平

重视加强政协自身建设,主动适应改革发展新形势新任务对政协工作提出的新要求,不断夯实履职基础,提升履职实效,为政协有效履行职能提供有力保障。

以开展党的群众路线教育实践活动为契机,切实改进工作作风。根据中央和区市党委统一部署,市政协两级党组按照“照镜子、正衣冠、洗洗澡、治治病”的总要求,以“为民务实清廉”为主题,扎实开展了党的群众路线教育实践活动,着力解决“四风”“两问题”“一薄弱”“三不够”和关系群众切身利益、联系服务群众“最后一公里”的问题。以重点突破推动工作作风整体好转,注重从体制机制上解决问题,用制度改进作风,靠机制巩固整改成效。通过开展教育实践活动,形成了以践行党的群众路线新举措推动政协工作新发展的思想共识,在牢固树立宗旨意识、切实改进工作作风方面取得了阶段性成效。与2013年相比,2014年市政协的文件数量、三公经费支出均明显下降。

有效发挥专委会和界别委员的作用。按照《“一府两院”领导向政协委员定期进行工作通报制度》的要求,在市政协十届九次常委会上,“一府两院”相关领导向政协常委们通报了拉萨市2014年前三季度经济运行情况和“两院”工作情况;支持各专委会与界别委员开展履职活动。2014年,各专委会组织80余名委员参加了12项专题调研,有力地激发了委员履职尽责的动力。文史委完成了《老城史话》藏汉文合订本校对工作,完成了《回忆西部大开发史料(西藏卷)》“拉萨篇”资料征编报送工作,藏族传统计算技艺“迪吾”申遗工作正在进行中。

加强委员培训,提升履职素质。举办了市政协委员和各县(区)政协主席学习培训班,邀请市委、市政府有关领导、自治区政协及北京相关专家就拉萨市经济社会发展及当前中国宏观经济形势及全面深化改革等方面进行了专题辅导,110名委员和8名县(区)政协领导以及市政协机关干部职工参加了培训;举办了1期基层委员提案撰写培训班,受到基层委员的欢迎和好评。通过学习培训,提升了委员的素质,增强了委员做好工作的使命感和责任感。

加强县(区)政协联系,指导工作开展。为加强与县(区)政协的联系,切实指导工作开展,形成“大政协”格局,市政协建立了主席、副主席联系县(区)政协工作制度。全年主席、副主席联系县(区)政协指导工作20余次,其间形成的《关于拉萨市8县(区)政协编制及目前人员配备情况的调研报告》得到市委高度重视。同时,办公厅还大力支持县(区)政协工作,为曲水、墨竹工卡、达孜等县政协委员培训派出授课人员。

加强政协机关建设,提高工作效率。围绕创建服务型机关,不断加强制度建设,坚持制度约束、规范管理、照章办事,从内部管理制度入手,修订和完善了财务、用车、接待、考勤、领导带班值班等制度,制定出台了《坚守工作岗位制度》《支部党员干部培训制度》《机关后勤服务工作制度》等规章,使各项工作更加规范,更具操作性,提高了工作效率。

各位委员,过去一年市政协常委会工作所取得的成绩,是市委坚强领导、重视关怀的结果,是市政府大力支持和社会各方配合的结果,是全市各级政协组织和全体政协委员团结一心、积极参与、开拓进取、努力奉献的结果。在此,我代表市政协常委会表示衷心感谢和崇高敬意!

回顾总结过去一年的工作,按照市委要求,对照人民群众企盼,市政协常委会的工作仍然存在一些不足,主要是协商建言的针对性、操作性还需进一步增强,协商实践有待深入,民主监督的内容和方式有待拓展,议政建言的成果转化不够充分,委员主体作用、界别优势体现不够明显等。这些问题和不足,我们将高度重视,认真加以解决。

2015年工作安排

2015年是全面深化改革的关键之年,推进依法治市的开局之年,也是“十二五”规划目标的收官之年。在全面深化改革、推进依法治市方面,政协肩负着重要职责,做好2014年的工作具有重要意义。市政协工作的总体思路是:在市委的坚强领导下,深入贯彻落实党的十八大、十八届三中、四中全会和习近平总书记系列重要讲话精神及区市党委八届五次、六次全委会精神,牢牢把握团结和民主两大主题,按照市委八届五次、六次全委会和全市经济工作会议的总体部署,以全面深化改革、依法治市为主线,以推进“六大战略”实施为重点，以开展调查研究为抓手，以提升自身能力为根本，认真履行政治协商、民主监督、参政议政职能，切实做好“维护核心、服务中心、反映民心、凝聚人心”的各项工作，为拉萨跨越式发展和长治久安贡献智慧和力量。

一、坚持团结民主，增进政治共识，凝聚拉萨改革发展正能量

政协作为大团结大联合组织，要把坚持党的领导贯穿于政协工作全过程，始终做到与市委同心同向同行，使政协工作与党政工作同频共振。要自觉遵守党的政治纪律和组织纪律，坚决维护市委权威，特别是在反分裂斗争这一重大原则问题上，自觉与市委保持高度一致。要积极做好团结和谐、凝聚智慧和力量的工作，团结一切可以团结的力量、调动一切积极因素，为改革发展和依法治市凝聚正能量。密切加强与各族各界人士的合作，充分发挥委员在推动改革、促进发展、改善民生、依法治市中的积极作用。认真贯彻落实民族宗教工作方针政策，采取积极有效措施，充分发挥民族宗教界委员的优势，把各方面的积极性引导到促进经济发展、维护社会稳定、促进民族团结和宗教和睦上来，在谱写拉萨改革发展稳定新篇章中彰显人民政协独特优势。

二、聚焦中心工作，坚守责任担当，认真履行职能

要紧紧围绕市委、市政府中心工作谋划和开展政协工作，主动担当责任，切实履行职能，使政协工作与党政工作合力合拍。按照“党政所需、群众所盼、政协所能”的要求，把推进“六大战略”深入实施贯穿于政协工作全过程。继续牵头做好全市巩固“禁白”成果工作，一抓到底，抓出成效。认真做好市委交办的各项工作，全力促进社会和谐稳定。围绕加快转变经济发展方式、推进城乡一体发展、推动文化大发展大繁荣、保障和改善民生等工作，精心选择3~4个与中心工作同向、与阶段重点衔接、与现实需求吻合的重点课题，深入开展调研，多层次多形式地议政建言，为市委、市政府科学决策提供具有全局性、前瞻性和可操作性的意见建议。把党的群众路线贯穿于政协工作全过程，深入扎实开展强基惠民各项工作，真情关心群众疾苦，真诚倾听民声民意民愿，真实反映群众意愿和诉求，接地气、扬正气、聚人气。继续发挥社情民意信息员的作用，定期收集社情民意信息，引导委员将调研过程中发现的、走访活动中听到的、日常生活中遇到的民生问题，及时分析情况，提出建议对策，以提案和社情民意信息的形式反映给党委、政府，转交给相关职能部门，推动民生问题得以解决。

三、把握重点，注重实效，推动协商民主制度建设

要充分发挥政协协商民主重要渠道作用，推进政协协商民主广泛多层制度化发展，不断提高建言献策的质量和水平，扎实推动协商民主制度建设。落实季度协商制度。《拉萨市政协季度协商座谈会工作办法》已经市委印发，通过季度协商座谈会这一新平台新形式，拓宽多层协商，围绕经济建设、社会发展、民生改善、文化繁荣、法制建设等内容，邀请市委、市政府相关部门领导、专家学者、界别群众、界别委员共同协商，使最基层的群众能够参与协商，表达意见。每季度确定一个主题，深入调研，保证质量，增强协商的实效。进一步完善成果采纳和反馈制度，推动成果转化使用，及时把实践中形成的好经验好办法固化为制度，推进协商制度化、常态化。提升民主监督实效。按照《政协拉萨市委员会委派民主监督员工作暂行办法》，进一步完善民主监督机制，在原有基础上，增加2~3个派驻单位，继续运用提案、调研视察、提案督办、反映社情民意信息等有效形式，开展经常性的民主监督。认真组织委员对全局性重点工作、重点项目、“十二五”重大项目的实施情况开展视察活动，积极参与“十三五”规划的前期论证；听取3~4个市政府职能部门工作情况通报，鼓励委员有效行使民主监督权力。积极支持政协委员参与政风行风评议活动，对群众关心关注的热点、难点问题适时开展专项民主监督。创新参政议政形式。在委员知情环节、沟通环节、反馈环节上下功夫，不断拓宽委员参政议政渠道。适时组织委员就群众关注的就医、就学、就业以及公共服务和社会保障等民生问题开展3次以上视察活动；强化成果报送，落实转化机制，对政协调研报告、重点提案、社情民意信息等加强跟踪督办，提高参政议政的实效。

四、突出特色，发挥自身优势，不断提升履职水平

要立足政协自身工作特色，积极探索履行职能的新形式、新领域、新途径，发挥自身优势，以创新求发展，以实绩树形象，不断提高履职水平。进一步强化委员主体作用。要把充分发挥委员主体作用贯穿于政协工作全过程，积极探索委员发挥作用的新思路、新载体和新机制，多搭平台，多创方式，让委员唱主角挑大梁,真正成为履职的主体。要高度重视委员在协商议政过程中提出的意见建议,对重大课题加大联合调研力度,更好地发挥政协委员的作用。及时帮助和协调解决委员履职中的实际问题,充分调动和发挥委员履职的积极性、主动性和创造性。进一步强化专委会基础性作用。市政协各专委会要围绕市委、市政府的中心工作,着眼于全市深化改革和依法治市中的重点和难点问题,结合自身工作实际,充分发挥委员界别优势,通过界别活动、专题调研、委员提案、专题座谈等形式,积极建言献策。主动加强与市政府有关部门的对口联系,加强与各族各界代表人士的联系,实现互通情况,共享信息,交流经验,形成合力。各专委会开展界别活动2次以上,至少完成1项专题调研视察,形成1份有较高质量的调研报告,主席会每半年听取1次专委会工作情况汇报,常委会每年听取1次专委会工作述职。提案委要创新提案受理和办理方式,提高提案质量、办理质量和服务质量。文史委要加强文史资料的征集编辑工作,做好“委员三亲”、“拉萨民风民俗”等编辑出版工作。经济委要主动与政府对口职能部门加强联系,根据职能部门的需求,选择课题进行专题调研。进一步强化界别作用。加大市政协主席、副主席、专委会联系界别制度的落实力度,完善《市政协界别活动小组管理办法》,加强与界别委员的联系,支持界别根据自身特点开展活动,切实强化委员的界别意识、界别责任和义务,进一步创新界别活动形式,探索开展界别内部、界别之间及界别与党委、政府及其相关部门之间的协商,推动社会各界在思想上寻求共识、在利益上寻求协调、在关系上寻求和谐。每个界别全年开展活动2次以上。进一步强化县(区)政协的作用。把指导县(区)政协工作作为市政协工作的重要组成部分,进一步落实市政协主席、副主席联系县(区)政协工作制度,全年对每个县(区)政协联系不少于6次,加强工作指导,更好地发挥基层政协的作用,努力形成全市政协组织整体协调、上下联动、优势互补、服务全局的良好局面。

五、强基固本,积极作为,不断提升履职成效

要把加强自身建设、树立自身形象作为推动政协工作、履行好政协职能的关键环节来抓,以改革创新的精神,踏石留印、抓铁有痕的作风,着眼于新常态新实践新突破,不断推动思路创新、制度创新、工作创新,努力把各项工作任务落到实处,提升政协工作科学化水平和履职实效。一是抓好常委会建设。充分发挥常委会的整体作用和常委的带头作用。进一步完善常委会定期学习制度,加强全体常委学习新知识、熟悉新业务、掌握新政策的力度,不断提高工作水平,努力以最新理论成果指导政协工作新实践;创新常委会工作机制,进一步健全政协全委会议、常委会议、主席会议、季度协商座谈会的程序,形成保障协调、信息沟通、绩效评估、督查落实的工作制度,引导常委积极参加政协会议和活动,参与全市中心工作,把常委会建设成顾大局、识大体、讲政治的领导集体。二是抓好委员队伍建设。进一步加强委员的管理和服务,引导委员珍惜荣誉,通过加强学习培训、畅通知情渠道、丰富议政形式等,为委员履行职责创造条件,激发委员履行职能的工作激情和工作动力;同时,建立健全委员履职考核评价体系,对委员参加全体会议、常委会议、界别活动、专委会活动以及撰写提案、反映社情民意信息等情况建立台账,实行委员履职动态考核,对不履职的委员予以辞免。三是抓好专委会建设。进一步深化对专委会工作规律的认识,不断完善工作机制,建立健全专委会向常委会和主席会定期汇报工作制度,健全对口协商形式,完善对口协商程序,强化对口协商实效;努力协调相关部门配齐、配全专委会班子,积极探索发挥专委会基础作用的新途径,使专委会工作更富生机、更具朝气。四是抓好政协机关建设。巩固党的群众路线教育实践活动成果,持之以恒改进工作作风,扩大整改成效。进一步完善机关各项工作制度,正风肃纪,严格管理,推进办文、办会、办事的程序化建设,扎实推进“五型机关”建设,不断提升机关理论水平和服务保障水平,努力造就一支政治坚定、作风扎实、业务精良的高素质干部队伍。五是加强对外交往联系。不断拓展政协对外联系,扩大交流,进一步加强同自治区政协的联系,配合开展好各项调研、视察活动,从中汲取经验,推动自身工作。加强与区内外政协的交流,适时组织委员外出学习考察,借鉴区内外政协工作的成功经验和好做法,促进拉萨市政协各项工作更加活跃,更有成果,更富成效。

各位委员,新的时期,人民政协任务艰巨,使命光荣。让我们更加紧密地团结在以习近平同志为总书记的党中央周围,在市委的坚强领导下,同心同德,求真务实,开拓进取,为全面建成小康拉萨做出新的更大的贡献!

词语解释：

“六大战略”：党建统市、环境立市、文化兴市、产业强市、民生安市、依法治市。

“禁白”：禁止白色垃圾污染。

“五型机关”：学习型、服务型、和谐型、创新型、廉洁型。

“委员三亲”：委员亲闻、亲见、亲历。

“迪吾”：一种借助小石子、桃核等常见物品进行运算的藏族传统计算技艺。

坚持治党管党　坚守政治担当
依法依规推进党风廉政建设和反腐败斗争

在中国共产党第八届拉萨市纪律检查委员会
第六次全体会议上的工作报告
（2015年1月30日）

中共拉萨市纪律检查委员会书记　彭祎涛

各位委员、同志们：

下面，我代表中国共产党第八届拉萨市纪律检查委员会常务委员会向第六次全体会议报告工作，请予审议。

会议的任务是：深入学习贯彻党的十八届三中、四中全会、中央纪委十八届五次全会和区党委八届六次全会、区纪委八届六次全会、市委八届六次全会精神，回顾总结2014年全市党风廉政建设和反腐败工作，研究部署2015年的工作任务。市委高度重视这次会议，常委会专门研究了2014年的工作，今天下午，区党委常委、市委书记齐扎拉同志将出席第二次大会并作重要讲话，对全市深入推进党风廉政建设和反腐败斗争作出重要指示，我们要认真学习领会，坚决贯彻落实。

一、2014年党风廉政建设和反腐败工作回顾

2014年，在区纪委和市委的坚强领导下，全市各级纪检监察机关和广大纪检监察干部认真贯彻中央和区、市党委关于加强党风廉政建设和反腐败工作各项重大决策部署，坚持标本兼治、综合治理、惩防并举、注重预防方针，聚焦中心任务、突出主业主责，以完善惩治和预防腐败体系为重点，以加强党员干部廉洁自律为主线，以落实"两个责任"为着力点，持续抓好"转职能、转方式、转作风"各项工作，全市党风廉政建设和反腐败工作呈现出重点突出、措施有力、成效明显的良好局面。

（一）严明政治纪律，落实主体责任。严肃查处违反政治纪律案件。按照维稳督查长效机制安排，分系统、分片区对各县（区）、市直各单位、寺庙管委会、驻村（居）工作队、便民警务站、公安检查站等重要部门、重点部位深入开展专项督查。2014年在元旦、春节、藏历新年、三月敏感期、"萨嘎达瓦"等重要节点共开展督导检查863次，检查单位7213家（次），现场发现并纠正问题147起，因维稳工作落实不力给予党政纪处分9人。对2012年以来的全市党员干部和国家公职人员违反党的政治纪律情况进行全面梳理，共查处参与境外达赖集团举办的"法会"、支持和参与地下非法组织、参与造谣传谣的党员干部和公职人员24名。

深入落实党风廉政建设主体责任。市委十分重视党风廉政建设主体责任落实工作，及时调整充实落实党风廉政建设责任制领导小组和反腐败工作协调小组，在第85次常委会上专题研究通过《中共拉萨市委员会关于贯彻落实〈区党委关于落实党风廉政建设党委主体责任和纪委监督责任的实施意见（试行）〉的意见》，及时学习传达了自治区党委党风廉政建设主体责任电视电话会议精神。按照"一把手"负总责、"谁主管谁负责"原则，市纪委对全市党风廉政建设工作任务进行层层分解，召开各级党委（党组）负责人落实主体责任工作会议。今天上午，齐扎拉书记主持召开了拉萨市落实党风廉政建设党委（党组）主体责任"第一责任人"述责大会。12月，齐扎拉书记亲自单独约谈八县（区）委书记，龙志刚常务副书记及市纪委主要负责同志分别对67家市直单位党委（党组）书记或行政"一把手"进行全覆盖约谈，督促各级各部门把党风廉政建设主体责任抓在手上、扛在肩上、记在心上。各县（区）委相继制定落实"两个责任"具体意见，及时约谈下级党委

（党组）书记，层层传导压力，层层明确责任。为确保党风廉政建设责任制落到实处，齐扎拉书记、张延清市长分别担任党风廉政建设责任制检查考核小组组长，对全市各县（区）、市直各单位进行考核验收。严肃问责党风廉政建设主体责任落实不力行为，对达孜县个别领导干部失职渎职，导致尊木采村群众群体性越级上访的问题予以立案调查，并对相关责任人进行问责处理。

推进惩防体系建设。研究印发《拉萨市贯彻落实〈西藏自治区建立健全惩治和预防腐败体系2013~2017年工作规划实施办法〉分工方案》（以下简称“《分工方案》”），将工作任务分解为17个方面94项具体任务。出台《关于加强廉政风险防控机制建设的实施方案》，根据30家牵头单位和57家协办单位所承担的工作任务，明确具体标准和完成时限。深化廉政宣传教育，在委局机关制作“廉政文化走廊”，开展形式多样的廉政文化宣传活动，全年共开展党风廉政和反腐败教育149场次、受教育人数8302人。筹建拉萨市廉政警示教育基地，基地总投资1170万元，展厅面积3400多平方米。

（二）落实八项规定，大力纠正“四风”。严肃查处顶风违纪行为。2014年，全市各级纪检监察机关扭住落实中央八项规定精神不放，抓住一个个具体问题，坚持一个节点一个节点地抓，由浅入深、由表及里，积小胜为大胜。市纪委多次下发通知，提出严禁用公款购买赠送礼品、廉洁过节等纪律要求，通过重要节日检查与日常检查相结合、综合检查与专项检查相结合、突击检查与常规检查相结合的方式，全年共组织656组次、2624人次，对市区244家餐饮娱乐场所、92家机关单位、551辆公车开展明察暗访或专项检查，共查处违反中央八项规定精神案件21起，处理29人，给予党政纪处分16人，有效遏制了党员干部参与赌博、公款吃喝、公车私用等不正之风。2014年，全市共取消行政审批事项14项，下放行政审批事项111项，查处“庸懒散拖”问题36起，涉及工作人员108人；清理清退公务用车30辆，取缔“6”字头专段号牌758副，调整清理超标办公用房5355平方米，减少收费项目134项，查处乱收费、乱罚款、乱摊派问题1起5人。深入开展第二批党的群众路线教育实践活动。紧紧围绕“为民、务实、清廉”的总要求，“一把手”负总责、亲自抓，制定委局机关《实施方案》，及时修改完善7项不适用或存在冲突的制度，抓紧制定出台9项欠缺疏漏的制度。截至年底，班子整改落实任务和专项整治任务完成率达80%以上，规章制度已由过去的19项增加至现行的22项，各项工作的制度化、科学化水平得到进一步提高，群众测评满意率达到100%。

（三）保持高压态势，坚决惩治腐败。2014年，市纪委以查办案件为中心，加强反腐败工作的组织协调，地县联合、纪检组全力以赴、县乡村全覆盖，整合办案资源，集中力量突破大案要案，有的县纪委实现多年来查办案件“零突破”。加大办案力度。遴选借调干部充实办案队伍，推进办案队伍专业化建设。成立案件线索排查分析小组，市纪委三位副书记、机关85%的干部投入办案工作，每周末召开案情分析研判会议，做到一案一整改、一案一警示，形成了主动办案、善于办案的局面。2014年，全市纪检监察机关共受理群众举报208件，比2013年增长163%，其中了结95件、正在初核66件、立案47件，立案件比2013年增长422%；给予党政纪处分61人，同比增长306%，其中县处级干部9人、乡科级干部18人、一般干部7人、村组干部16人、其他人员11人。严格办案程序，成立案件审理小组，完善和细化初核、立案等制度。开展警示教育，做到有问题早发现、早提醒、早纠正、早查处，及时将查办的典型案例上报区纪委和中央纪委进行通报曝光，对所有了结件的相关人员进行约谈，为其澄清事实、促其引以为鉴。坚持以案督改，指导协助案发单位深入查找原因、建章立制，定期进行案后回访，检查整改落实情况，防止类似问题再次发生。加强素质提升，先后选派71人次参加中央纪委和区纪委举办的各类业务培训；将10月、11月定为纪检监察干部“素质提升月”，利用晚上及周末时间举办全市纪检监察实务培训班及“互动式”办案专题培训班；采取以老带新、以案代训的方式，锻炼提升办案人员的能力和水平。

（四）深化监督检查，强化权力约束。规范领导权力运行。严格执行党政主要领导“三谈两述”、个人重大事项报告、干部任前廉政谈话等制度，并及时抽查、核实落实情况，全年共对7批88名新提拔使用县级领导干部进行了任前廉政谈话。配合区党委巡视二组完成对曲水县、尼木县、堆龙德庆县、当雄县和城关区的巡视工作，开展了对达孜县、林周县、墨竹工卡县3个乡镇的巡查工作。市纪委五个纪检组认真履行监督职责，主动作为，进一步加强了对市直各部门“三重一大”事项、领导班子及成员履职情况的监督。清理议事协调机构，将原来纪委监察局参与的73项议事协调机构精简为24项，清理率67%，同时，各县（区）也按要求认真开展了此项工作。

加大执纪监督力度。筹建拉萨市公共资源交易中心并正式运行，将市政建设、道路交通、水利项目、产权交易、国土资源、政府采购、医药采购等公共资源项目纳入交易中心进行集中交易，全年共参与监督招投标项目241个，作出废标处理16次，对6个项目进行流标处理，及时废止5家企业的串标行为，严肃处理1家招投标代理机构。加强对政府采购行为的监督，共参与监督政府统一采购行为176批次，对市委党校办公设备政府采购招投标违纪问题予以立案审查。

开展惠民资金使用情况专项检查。成立由市委主要领导任组长、相关部门负责人为成员的拉萨市惠民资金管理使用专项检查工作领导小组，组成4个联合检查组、1个案件线索处置组，重点对八县（区）2010年至2014年涉农、林、水、安居、“三老”、教育、扶贫、民政等领域的惠民资金管理使用情况进行专项检查，共提出整改意见116条，发现并查办违纪违法问题线索9起，立案10件18人。

（五）落实三转要求，推进体制改革。市委高度重视纪律检查体制改革，将其纳入全市深化改革领导小组总体布局，同步安排、统筹推进。积极理顺内设机构职能，经区纪委和市编办批复同意，整合内设机构3个、重组2个、增设1个，监督执纪人员占委局机关编制总人数的68%。强化派驻纪检组职能，将5个纪检组负责人高配为正县级，同时增加了10个人员编制；印发执行《中共拉萨市纪律检查委员会拉萨市监察局派出纪检组（监察室）工作规则（试行）》，依据系统和职能对60个负责监督的市直单位进行了重新划分，每个纪检组负责监督12个市直单位。加强基层纪检监察组织建设，市委常委会明确要求，各县（区）纪委人员编制不得少于10个，目前有2个县（区）达到了这个要求，其中当雄县纪委达到了13人；印发《中共拉萨市委员会办公厅关于加强拉萨市乡（镇、街道）纪检监察工作的意见》，从组织建设、作风建设和能力建设等方面有效加强了基层纪检监察工作，全市65个乡（镇、街道办事处）全部配备了1名分管纪委工作的党委副书记、1名专职纪委书记和1名专职纪检干部。认真落实监督责任，召开纪委书记（纪检组长）履行监督责任述责评议大会。切实做好驻村服务工作，在城关区嘎玛贡桑社区和当雄县曲登村分别选派20名干部参加第三、四批强基惠民驻村工作，围绕“五项任务”实施办实事好事项目5个。加强干部纪律作风建设，按照“忠诚、干净、担当”要求，制定并严格执行《拉萨市纪检监察干部行为规范》，要求纪检监察干部带头执行中央八项规定、区党委“约法十章”“九项要求”和市委“八项要求”，模范遵守“六带头、六不准、六严禁”，坚决防止“灯下黑”，树立纪检监察干部良好形象。

在肯定成绩的同时，必须清醒地看到，我们的工作中还存在不少问题，主要有：一是执行八项规定、纠正“四风”问题还不够坚决和彻底，一些单位的党员领导干部思想认识还不到位，顶风违纪现象时有发生；二是基层纪检监察工作还需不断加强，县级纪检监察机关主业主责不够突出，乡镇一级职能职责不够清晰，一些乡镇纪委书记和纪检专干不清楚自己到底应该干些什么；三是各级纪检监察机关查办案件体制机制还不完善，办案程序、质量、效率都有待进一步提高；四是广大纪检监察干部的能力素质与反腐败斗争新形势、新任务、新常态、新要求还有较大差距。对此，我们一定要高度重视，采取有力措施，切实加以解决。

二、2015年党风廉政建设和反腐败工作任务

当前，中央对反腐败斗争形势的判断是腐败和反腐败呈胶着状态，腐败现象趋于严重化，反腐败斗争形势依然严峻复杂。就西藏和拉萨而言，虽然高寒缺氧、条件艰苦、处于反分裂斗争主战场，但在党风廉政建设和反腐败问题上没有任何特殊性。党风廉政建设和反腐败斗争是我们必须抓好的重大政治任务，必须把加强党风廉政建设和反腐败斗争作为开展反分裂斗争的重要保障，把党员干部在反分裂斗争中的表现作为党风廉政建设和反腐败斗争的重要内容，做到党风廉政建设和反腐败斗争与反分裂斗争相统一相结合。

2015年全市党风廉政建设和反腐败工作的总体要求是：深入贯彻落实党的十八大、十八届三中、四中全会特别是习近平总书记系列重要讲话精神，按照十八届中央纪委五次全会、区党委八届六次全会、区纪委八届六次全会和市委八届六次全会的部署，在区纪委和市委的坚强领导下，坚持党要管党、从严治党、依规治党，进一步严明党的政治纪律和政治规矩，深化“三转”要求，扎实推进纪律检查体制改革，

认真落实“两个责任”，强化监督执纪问责，持之以恒执行中央八项规定、区党委“约法十章”“九项要求”和市委“八项要求”，坚决纠正“四风”，始终保持惩治腐败高压态势，持续加大案件查办力度，坚定不移地把拉萨市党风廉政建设和反腐败斗争引向深入，为全市经济社会又好又快发展和长治久安提供坚强保障。

（一）深入贯彻十八届中央纪委五次全会和区党委、区纪委、市委会议精神。1月13日，习近平总书记出席十八届中央纪委第五次全体会议并发表重要讲话，指出，要“保持高压态势不放松，坚决遏制腐败蔓延势头。重症要用猛药。查处腐败问题，必须坚持零容忍的态度不变、猛药去疴的决心不减、刮骨疗毒的勇气不泄、严厉惩处的尺度不松，发现一起查处一起，发现多少查处多少，不定指标、上不封顶，让那些想搞腐败的人断了念头、搞了腐败的人付出代价。”王岐山书记的工作报告对2015年党风廉政建设和反腐败各项工作作了总体部署，为我们深入开展党风廉政建设和反腐败斗争指明了方向、提供了动力。1月28日，陈全国书记在八届自治区纪委六次全会上指出，西藏反腐败斗争形势依然严峻复杂，必须严格按照中央的安排部署严肃查处腐败现象。王拥军书记在工作报告中结合西藏实际安排了六个方面的重点工作任务。齐扎拉书记在市委八届六次全会上要求，要坚定不移推进反腐败斗争，各级党委（党组）要落实好主体责任，各级纪委要履行好监督责任，继续加大案件查办工作力度，继续保持反腐败斗争的高压态势，对腐败问题“零容忍”。全市各级纪检监察机关和广大纪检监察干部要切实把思想和行动统一到中央和区、市党委的决策部署上来，认真学习中央、中央纪委和区党委、区纪委及市委全会精神，严格按照党纪条规办事，扎实履行好监督职责，切实协助党委（党组）抓好从严治党管党各项工作。

（二）严明党的政治纪律和政治规矩。督促各级党组织强化纪律教育，引导党员干部自觉遵守党的纪律和党内规矩，突出政治纪律教育这个重点，把政治纪律教育纳入党员干部日常教育中，经常提醒、打招呼，督促引导各级党员干部特别是领导干部严守政治纪律和政治规矩，确保在思想上政治上行动上始终同以习近平同志为总书记的党中央保持高度一致，确保在反对分裂、维护稳定这个原则问题上，做到旗帜鲜明、立场坚定、认识统一、表里如一、态度坚决、步调一致。引导党员干部增强组织观念和组织纪律性，强化“四个服从”意识，严格遵守组织纪律，认真执行请示报告制度，加大以《关于共产党员违反政治纪律行为的处分规定（试行）》和《关于行政机关公务员违反政治纪律行为的处分规定（试行）》“两个处分规定”为主要内容的政治纪律宣传力度，切实增强政治纪律刚性约束。严肃查处违反政治纪律和政治规矩的行为，特别是党员信仰宗教，党员干部追随十四世达赖集团分裂国家、破坏民族团结、参与非法组织活动、散布反动言论的案件。加强对党员干部遵守政治纪律和政治规矩情况的监督检查，坚决执行中央提出的“五个决不允许”。

（三）以零容忍态度惩治腐败。牢固树立不办案是失职、有案不查是渎职的意识，坚持有案必查，有腐必惩。坚决查办党员干部违反政治纪律、组织纪律、保密纪律的行为；坚决查办发生在领导机关和重要岗位领导干部中插手工程建设、土地出让、资源开发，侵吞国有资产、买官卖官、以权谋私、腐化堕落、失职渎职的案件；坚决查办发生在群众身边的贪污、挪用、截留惠民资金等损害群众利益的腐败问题；坚决查办因领导干部失职渎职、不作为慢作为乱作为导致群体性事件发生的案件。切实完善办案工作机制，拓宽问题线索反映渠道，强化问题线索管理，按照拟立案、初核、谈话函询、暂存、了结五类标准进行分类处置。依规依纪依法安全文明办案，规范办案程序、强化办案时效、提升办案能力、落实办案责任，建立办案数据库，制定配套的收结案月通报制度、超期限通报制度、质效与目标考核挂钩制度、司法机关及审计部门移送案件（线索）制度、区市县三级纪委与各部门案件检查工作组织协调制度等，集中力量查清违纪事实，该纪律处分的及时给予纪律处分，该组织处理的作出组织处理，该移送司法的按规定、按程序及时移送，对压案不查、搞攻守同盟、对抗组织审查的，将予以严惩。坚持抓早抓小，对党员干部身上的问题早发现、早处置，及时约谈函询诫勉，惩前毖后、治病救人。及时通报典型案件，开展警示教育，切实发挥案件查办工作的治本功能。

（四）切实发挥监督执纪问责职能。以落实惩防体系“《分工方案》”各项任务为重点，健全完善权力运行制约监督机制，构建行之有效的惩治和预防腐败体系。加强理想信念、党风党纪、组织纪律、道德品行、岗位廉政、案例警示等教育，筑牢党员干部拒腐防变的思想防线。严格落实党内监督各项制度，加强对领导干部的监督、管理，特别要加强对党政主要领导干部行使权力的制约和监督，明确“一把手”不直接分管人、财、物。以全面开展廉政风险防控为抓手，加强对具有决策权、审批权、处置权等重要部门和岗位行政权力的制约和监督，实现65个乡（镇）和所有县直单位风险防控“全覆盖”，把权力真正关进制度的笼子里。强化巡查工作，针对落实各项惠民资金、干部挤占截留挪用集体资金、矿区草场矛盾集中、群体性事件易发多发、基层干部失职渎职等热点难点问题深入开展专项巡查，进一步落实整改责任，实行整改情况“双公开”。规范公共资源交易中心运行管理，努力实现权力运行公开透明、动态监督、实时预警、全程留痕。提升派出（驻）机构履职能力。各派驻纪检组要充分发挥“派”的权威和“驻”的优势，着重加强对各部门领导班子及其成员和县处级干部的监督，健全派驻机构负责人与归口监督单位领导班子成员廉政谈话、约谈问责制度，积极探索对监管单位、部门有效监督的办法。2014年是落实“两个责任”的问责年，对履职不力的，不仅要追究当事人的责任，还要追究主要负责人的责任。3月，自治区将由省级干部带队对拉萨市落实党风廉政建设责任制进行考核验收，各县（区）、各部门要提前谋划，其中“党政主要领导是否亲自对辖区内落实党风廉政建设责任制情况进行自查”将作为一项硬性指标，各县（区）、各部门一定要做好迎接区党委考核验收的各项准备工作。

（五）坚决执行中央八项规定。以贯彻落实中央八项规定、区党委“约法十章”“九项要求”和市委“八项要求”及《党政机关厉行节约反对浪费条例》等法规制度为重点，横下一条心纠正“四风”，坚持发现一起查处一起点名道姓通报曝光一起，越往后执纪要越严，让“四风”无处藏身，让那些我行我素、依然故我的人付出代价。按照区、市党委开展党的群众路线教育实践活动突出问题专项整治的要求，严肃整治衙门作风、权力寻租、秩序涣散和干部办公用房、住房违规等问题，坚决遏制公款送礼、公款吃喝、奢侈浪费之风，坚决纠正领导干部利用婚丧喜庆、乔迁履新、就医治病等名义，收受下属及有利害关系单位和个人礼金的行为。对打折扣、搞变通，穿上“隐身衣”收受节礼年货、到私人会所活动和公款互相宴请、变相公款旅游等违规使用“三公”经费问题，及时查处。对整改不落实、歪风邪气问题依然严重的地方、部门和企事业单位，要严肃追究主体责任和监督责任。

（六）深化体制改革，打造一支忠诚、干净、担当的纪检监察干部队伍。进一步深化纪律检查体制改革工作。认真落实转职能、转方式、转作风要求，不断提升履职能力水平。各级纪检监察机关要切实找准定位，把握角色，突出主业，厘清职责，既要履行好协助党组织抓党风、组织协调反腐败职责，又要处理好工作中监督与监管的关系、行政监察与行政管理的关系，聚焦中心任务，坚守责任担当，把主要精力集中到查办案件和执纪监督上来；要抓紧建立全市纪检监察干部数据库，严把纪检监察干部入口关，建立纪委书记、副书记备用人选库及相应管理制度，推动纪委书记、副书记提名和考察工作具体化、程序化、制度化。

进一步加强纪检监察机关自身建设。各级纪检监察机关要充分认识“信任不能代替监督”的深刻含义，健全内部监督和纪律约束机制，对尸位素餐、碌碌无为的干部，坚决采取组织措施，该撤换的撤换、该调整岗位的调整岗位；对不敢抓、不敢管，监督责任缺位的干部坚决问责，真正防止“灯下黑”。打铁还需自身硬，正人先正己。广大纪检监察干部作为执纪者、监督者，要带头改进自身作风，巩固和拓展党的群众路线教育实践活动成果，深入开展“三严三实”和忠诚、干净、担当专项教育活动，严格对照自身在作风方面存在的突出问题，逐条加以整改，使作风建设落地生根、成为新常态；要增强中国特色社会主义道路自信、理论自信和制度自信，主动遵纪守法、廉洁自律，坚持铁面无私、真抓实干，养成严、细、深、实的工作作风，真正做到忠诚、干净、担当，自觉担负起党风廉政建设和反腐败斗争的历史使命。

各位委员、同志们，新的一年党风廉政建设和反腐败斗争任务更加艰巨，我们肩负的责任更加重大。我们要在区纪委和市委的坚强领导下，以猛药去疴、壮士断腕的决心，以专心致志、锲而不舍的干劲，以脚踏实地、埋头苦干的精神，全面开创拉萨市党风廉政建设和反腐败斗争新局面，为建设美丽家园幸福拉萨提供坚强的政治保证和纪律保障！

拉萨市中级人民法院工作报告

在拉萨市第十届人民代表大会第五次会议上

（2015年1月14日）

拉萨市中级人民法院院长 边巴拉姆

各位代表：

我代表拉萨市中级人民法院向大会报告工作，请予审议，并请市政协委员和其他列席人员提出意见。

2014 年主要工作

2014 年，全市法院在市委领导、市人大及其常委会监督、上级法院监督指导和市政府、市政协及社会各界的关心支持下，深入学习贯彻党的十八大及十八届三中、四中全会精神，紧紧围绕努力让人民群众在每一个司法案件中感受到公平正义目标，牢牢把握司法为民、公正司法工作主线，扎实开展第二批党的群众路线教育实践活动，狠抓审判质效提升和执行积案攻坚，强化法院自身建设，转作风、提效能、保稳定，为实施“五大战略”和创建平安拉萨做出了积极贡献。

一年来，全市法院共受理各类案件 6847 件，审执结 6190 件，结案率 90.4%，其中市中院受理 1886 件，审执结 1785 件，结案率 94.7%，全市法院和市中院收结案均同比持平。

一、履行审判职责，维护社会公平正义

全市法院以维护社会公平正义为已任，认真履行宪法法律赋予的审判职责。

依法开展刑事审判。全市法院受理刑事案件 526 件，审结 499 件，结案率 94.9%，收结案同比上升 2.1% 和 1%，判处罪犯 583 人。突出打击严重刑事犯罪，助推社会治安治理，审结了鲜李章等 15 人涉恶等一批大要案，审理故意杀人、故意伤害、强奸和“两抢一盗”犯罪案件 224 件，判处罪犯 316 人；审理合同诈骗、虚开用于抵扣税款发票等破坏市场经济秩序犯罪案件 29 件，判处罪犯 46 人；审理寻衅滋事及“黄赌毒”等妨害社会管理秩序犯罪 91 件，判处罪犯 115 人。坚持宽严相济、罚当其罪，判处五年以上有期徒刑、无期徒刑、死刑的 100 人，对 177 名被告人适用缓刑、管制、单处罚金、免予刑事处罚，依法裁定 1075 名罪犯减刑。依法保障人权，坚持罪刑法定、证据裁判，加强未成年人犯罪案件审判，为 14 名未成年犯封存前科记录。

依法开展民事审判。共受理各类民商事案件 3566 件，审结 3270 件，结案率 91.7%，诉讼标的 8.4 亿元，收结案同比上升 7.6 % 和 2.2%，继续贯彻调判结合的司法理念，通过调解、撤诉方式结案 1746 件，调撤率 53.4%，自动履行率 34%。维护市场经济秩序，保护诚实守信，制裁违约欺诈，审结合同纠纷案件 2804 件，破产案件 3 件。高度重视民生案件，审理婚姻家庭、劳动争议、追索劳动报酬案件 939 件，标的 5990 万余元。妥善处理重大涉企纠纷，坚持在市委政法委的领导协调下，积极应对张全贵等商品房买卖合同纠纷，兼顾法律效果与社会效果，认真研究全市多发的房屋租赁合同案件化解方案。坚持将矛盾纠纷化解在基层，完善推广诉非衔接机制，强化对基层调解组织的培训，加强对确认调解协议案件的审理，指导人民调解组织调处纠纷 111 件。

依法开展行政审判。共受理行政案件 10 件，审结 9 件，结案率 90%，进入庭审的行政案件行政首长出庭应诉率达到 80%，比上年增加 30 个百分点。改进行政审判方式，以审查具体行政行为合法性为主线，引导当事人及时正确举证质证。进一步健全《行政审判管理制度》《行政审判办案规范》等各项制度，创新与政府法制办举行联席会议和两级法院研讨疑难行政案件的工作方法。

依法开展执行工作。共受理各类执行案件 1640 件，执结 1310 件，执结率为 79.8%，收结案同比下降

10.2%和12%，为当事人实现债权2.46亿元，为生活困难的115名申请执行人发放执行救助资金119.7万元。大力解决“执行难”问题，保障群众胜诉利益，针对城关区法院、堆龙德庆县法院和市中院执行积案多、执行难度大的情况，积极争取自治区高院人财物支持，为市中院执行局提供100多万元资金和装备，从全区法院抽调干警7人，从7月启动“执行攻坚战”活动，清理自1995年以来的执行积案615件，前期已执结397件，清积率达到了65%，执结标的1.27亿元。建立实施失信被执行人“黑名单”制度，首次通过户外大屏幕对37名失信被执行人进行曝光，限制高消费。城关区法院对王冬晶等13个商户长期拒不履行生效判决、拒不搬离租期届满商铺的系列案件，采取邀请人大代表、政协委员、检察机关以及涉案房屋辖区派出所、社区等有关人员到场监督，新闻媒体现场记录的方式，坚决予以强制执行，取得了威慑一个、教育一片的社会效果。

二、承担维稳职责，促进拉萨平安和谐

全市法院自觉把各项工作置于“五大战略”中通盘考虑，积极服务“法治稳市”战略。

旗帜鲜明反对分裂。深化反自焚、反暴恐专项斗争，重拳打击追随十四世达赖集团的非法组织和重点人员，严惩煽动分裂国家、间谍、资助敌对势力等危害国家安全的犯罪，全力参与反分裂、反渗透、反颠覆斗争。

齐心合力参与综治。在认真履行审判职责的同时，积极参与值班带班、应急待命、巡逻执勤等维护稳定工作，共出动干警3822人次，车辆1943车次，投入经费52万余元，为“三无”、“三不出”目标的实现贡献了力量。共开展“法律七进”等普法宣传活动492次，发放宣传资料30万余份，受教育群众7万余人次。市中院法官文艺队“送法律送文艺巡演”活动针对乡村多发的交通肇事、婚姻家庭等纠纷，通过邀请人民陪审员、人民调解员参与模拟法庭的形式进行普法宣传。积极参与“8·09”特大交通事故、出租车整治、土地整治等中心工作，抽调25名干警参与“一车一警”工作，抽调的干警服从安排，讲政治、讲大局，出色完成工作任务，受到相关部门好评。

强基惠民稳定基层。全市法院认真开展“强基础惠民生”、“一对一”帮扶活动，与群众结亲戚交朋友，为群众办实事解难事，全市法院350余名党员与256户基层群众结交朋友，帮扶捐助资金94万余元，争取项目资金254万元，有效促进基层稳定发展。市中院协调有关部门为林周县三个结对乡村落实养殖、村委会建设、乡村道路路灯、购买收割机、拖拉机等5个项目，总投资115万元，受到人民群众和乡村干部的一致好评。

延伸职能促进发展。主动服务企业发展，与西藏高争集团、西藏金稞集团、拉萨公交公司等10家企业建立联系制度，定期开展送法进企业活动，帮助企业防范经营风险。发挥司法建议的补漏作用，向有关单位发送《关于对律师提供虚假委托材料进行处理的建议》《关于建筑工程领域违法分包行为的建议》等司法建议4件，均得到重视和采纳。

积极参与信访改革。保障群众合法权益，受理申诉、申请再审案件30件，审结27件。坚持标本兼治，“四定一包”，积极配合市委政法委、政府信访部门办理重大涉法涉诉信访案件22件，妥善化解14件。在市政法委的大力指导下，化解了罗桑土多合同诈骗等群访案件。认真研究涉诉信访工作特点和规律，积极参与涉法涉诉信访改革试点工作，探索诉访分离和涉法涉诉信访依法终结制度，大力加强涉诉信访工作长效机制建设，制定实施《涉诉信访案件流程管理细则》等有关制度，实现稳访控访处访的制度化、规范化、长效化。市中院举办第十一届全国少数民族自治区首府中院工作交流会，对涉法涉诉信访改革工作展开深入交流。

三、践行司法为民，狠抓司法公信建设

全市法院牢固树立司法为民理念，切实提高审判质效，丰富便民利民措施，展现拉萨法院新形象。

审判管理精细化。深化“三评查”长效机制，扩大评查覆盖面，实行问题通报、限期整改，以评查提质效。共评查裁判文书2056份，案件质量评查477件，庭审评查228次，梳理整改评查反馈的问题17项。市中院加快信息化建设步伐，实现网上办公办案，推进审判流程信息化管理，把2014年案件全部录入审判管理系统。实行收结案按月通报制度，统计分析审限内结案，警示提醒临审限案件，通报超审限案件，实现审限内结案率100%，一审服判息诉率上升17.1%，二审改判率下降21.9%。修改完善绩效管理制度，建立审判、行政分类管理考评体系，明确审判部门、行政部门及其人员的工作职责、考评目标、奖惩措施，使审判质效直接与目标考评挂钩。

服务网络便捷化。在全区率先探索推广统一名称、统一标识、统一规范职能设置、统一流程管理和工作用语的诉讼服务中心建设，通过发挥诉讼服务中心与社会沟通的平台作用，有效衔接法院诉讼服务的各项工作和机制，全方位实现诉讼服务、纠纷化解和纠纷分流三大职能。坚持“三个面向”和“两便”原则，致力于人民法庭为点、车载流动法庭为线、基层法院为面“点线面”三位一体的司法服务网络建设，为经济确有困难的当事人缓减免交诉讼费218万元，“车载流动法庭”受理案件875件，巡回开庭1188次，审结857件，行程3.9万余公里，并充分发挥车载流动法庭的优势，以案说法向农牧民群众普及法律常识。科学调整人民法庭布局，与政府发改委等部门协调将原先规划的17个人民法庭合并为13个，完成“十二五”规划5个项目投资4669万元。市中院在林周县江热夏乡成立女法官志愿者爱心巡回服务站，城关区法院在全区率先设立妇女维权合议庭。

司法信息公开化。推进司法公开三大平台建设，提高审务公开程度，落实裁判文书上网公开，向高院提交2697份裁判文书备选公开，已在“中国裁判文书网”公开539份，公开率20%。市中院率先在全区公开开庭审理“三类罪犯”的减刑案件，共公开开庭审理35件，为保障审判过程的公开与民主，邀请人民陪审员参与审理20件，邀请12名人大代表、政协委员、专家学者监督指导35件；严格审查减刑条件，依法裁定2名罪犯不予减刑。全面推进司法辅助工作，不断完善评估、拍卖、鉴定工作机制，共受理84件，办结65件。

司法民主全面化。大力实施人民陪审员“倍增计划”，注重从乡村普通群众中遴选人民陪审员，人民陪审员与法官比例达到1.3 ∶ 1，并加强人民陪审员的法律业务培训，保证人民陪审员参审率，共参审案件336件。主动接受人大机关监督，向市人大常委会专题汇报减刑假释工作及宽严相济刑事政策落实情况，自觉接受政协民主监督，加强与人大代表、政协委员的联络，向市人大、政协报送工作动态信息485期，在人大、政协等单位中新聘请廉政监督员8名；接受法律监督，与市检察院会签《民事执行监督实施办法（试行）》和《关于建立检察机关旁听制度的实施意见》，依法审理抗诉案件3件，改判1件，发回重审1件，维持原判1件。

四、坚定理想信念，全面增强队伍素质

全市法院自觉坚持党对司法工作的领导，着力打造信念坚定、执法为民、敢于担当、清正廉洁的法院队伍。

着力开展忠诚教育。加强思想政治建设，坚定理想信念，深入开展社会主义核心价值观、法治理念和反分裂斗争教育，通过理论中心组学习、交流心得、邀请党校教师授课等有效方式，学习党的十八届三中、四中全会精神，学习习近平总书记系列重要讲话精神，增强广大干警对中国特色社会主义的理论认同、感情认同、实践认同，自觉参与中国特色社会主义法治体系建设。狠抓机关党建，落实党建工作主体责任，加强基层党组织建设，发挥党支部的战斗堡垒作用和党员的先锋模范作用。

着力加强作风建设。在市委的正确领导和第一督导组的具体指导下，市中院组织全体干警参加第二批党的群众路线教育实践活动，组织23次中心组集体学习，5次专题讲座，16次专题观影活动，23次专题交流研讨。党组班子及成员认真查摆“四风”、“两问题”、“一薄弱”、“三不够”及联系服务群众“最后一公里”方面的突出问题，共征求到意见建议53条，归纳整理为27个问题，并把立查立改贯穿于各项司法工作中。建立健全各项规章制度，其中废止16项，修改完善37项，新建27项，保留35项。出台实施《关于加强党组自身建设的意见》和《关于加强司法政务建设的意见》，会议数量下降49%，印制文件减少18%；严格控制“三公”经费，开支下降16%。

着力培养司法能力。深刻找准队伍建设中存在的薄弱环节和突出问题，在解决“六难三案”方面出实招、求实效。针对干警责任心不强、担当不够，做群众工作能力不足的问题，通过思想政治教育解决认识问题，通过驻村、结对帮扶解决血肉联系问题，通过专业培训解决业务素质问题，通过横向纵向挂职锻炼解决基层经验问题。实施“三带工程”，举办藏语示范庭和院长开示范庭活动11次，并邀请人大代表、政协委员、一线法官等到庭旁听。积极选派干警参加各类业务学习培训142人次，鼓励支持干警参加学历教育、司法考试培训、职称晋级考试，协调落实人才、智力受援计划，向组织部门请示选派9名基层法院干警横向纵向挂职锻炼。

着力筑牢廉政防线。专题召开全市法院廉政工作会议，落实党组党风廉政建设主体责任，院党组成员述职述廉。市中院专门对办公设备、固定资产进行统计并指定专人管理，主动邀请审计局对财务状况进行审计，未发现违规使用经费情况。开展审务督查，通过明察暗访、突击检查，重点检查干警遵守政治纪律、组织纪律、工作纪律情况27次，继续保持

零违纪。市中院被最高法院评为"执行专项积案清理工作先进集体",被市委市政府评为"2014年度目标绩效争先一等奖"、"社会治安综合治理工作先进集体"等。

以上成绩的取得离不开市委坚强领导,人大有力监督,政府、政协及社会各界的大力支持,在此,我代表全市法院和全体干警向各位领导、人大代表、政协委员及社会各界表示衷心的感谢并致以崇高的敬意!

同时,我们也清醒地认识到全市法院工作中还存在不少困难和问题:一是新类型、敏感型、重大型的矛盾纠纷日益增多,影响司法的外部不利因素仍将持续,导致案件审理执行难度加大;二是个别干警担当意识、责任意识不强,工作质量、效率意识还不适应人民群众的期待和要求;三是"执行难"问题仍然是引发涉诉信访的重要因素;四是基层基础相对薄弱,一批年轻法官逐步成长,但素质能力和审判经验还不适应复杂的审判工作,由于任务重、要求高、压力大,保障不完善,出现人才流失等。对此,全市法院将在各方面关心支持下,切实采取措施,努力加以解决。

2015年工作思路

各位代表,党的十八届四中全会对依法治国作出了全面部署,区党委和市委对全区、全市的法治实践都作出了重大安排。根据新的形势和任务要求,我们将紧紧围绕市委八届六次全委会提出的"六大战略"目标,着眼于司法公正、高效、廉洁、为民,积极回应人民群众对司法工作的新期待。2014年全市法院工作的总体思路是:深入学习贯彻党的十八大及十八届三中、四中全会精神,高举中国特色社会主义伟大旗帜,以邓小平理论、"三个代表"重要思想、科学发展观为指导,深入学习贯彻习近平总书记系列重要讲话精神,严格落实维稳第一责任,以司法为民、公正司法为主线,以司法改革为动力,以推进司法公开为重点,以整治"六难三案"为突破口,强化审判管理,提高队伍素质,依法履行审判职责,自觉参与中国特色社会主义法治体系建设,为推动拉萨依法治市战略提供有效的司法支持。

*一是统一思想凝聚共识,继续深化对十八届四中全会精神的学习。*组织全市法院继续深入学习领会党的十八大、十八届三中、四中全会和区市党委八届六次全委会精神,贯彻落实市委《关于贯彻落实全面依法治国、依法治藏重大战略部署的实施意见》,深刻认识和把握新常态下全市稳定和发展中首府法院肩负的重要职责,切实把思想和行动统一到中央和区市党委贯彻落实十八届四中全会精神的重大决策部署上来。旗帜鲜明反对分裂,维护国家统一和民族团结。增强进取意识、机遇意识、责任意识,根据市委及政法委、自治区高院的司法改革具体部署,扎实开展司法改革前的准备工作,反映基层实际,为全区法院改革提供决策参考依据。

*二是发挥司法能动作用,创新服务依法治市战略的工作机制。*按照市委"六大战略"总体布局,发挥法律专业优势和案例资源优势,进一步拓展法院服务依法治市的广度和深度,积极参与党政机关及领导干部学法尊法守法用法和市民法治素养提升行动。发挥司法裁判导向作用,通过严格司法办案,总结审判工作经验,调查研究新情况、新问题,完善司法统计工作,为立法提出有价值的意见和建议。结合全市法院行政审判工作实际,树立大局意识,对司法审判中发现的行政执法不规范、行政管理不到位的情况,提出司法建议,促进法治政府建设。开展行政案件集中管辖的调研和探索,解决行政案件立案难、诉讼难的问题。

*三是大力加强公正司法,提升司法对社会公正的引领作用。*坚持依法独立公正行使审判权,真正做到以事实为根据、以法律为准绳,严格依法办事。坚持实体公正与程序公正相统一,严格落实罪刑法定、疑罪从无、非法证据排除、公开审判等法律原则和制度,全面贯彻证据裁判规则,防止冤假错案。坚持法律效果与社会效果有机统一,针对拉萨经济跨越式发展和维稳形势实际,引导法官自觉加强学习,加强对审判理论特别是法律适用问题的研究,正确处理从宽与从严、调解与判决、法理与人情、严格司法与文明司法等重要关系,努力使案件的处理既符合法律规定,又赢得群众认同。坚持办精品案和总结审判经验,统一法律适用标准,规范司法行为,办好法官论坛,不断提升司法公信力,努力让人民群众在每一个司法案件中感受到公平正义。强化涉法涉诉信访首问负责制,严格信访案件办理期限,做到不搁置、不拖延;探索推行第三方参与涉诉信访化解工作,力争不越级上访;完善信访责任考评制度,强化信访责任。

四是深化司法为民宗旨,切实把"六难三案"问

题整改落实到位。以满足群众司法需求为导向，管好用好诉讼服务中心，完善诉讼服务设施和文明接待规范，为群众提供休息空间、饮水器具、书写、复印等设备和服务，解决脸难看。正视当事人诉讼能力的差异，加强对当事人的诉讼指导和帮助，建立和推行法官全程全员释法制度，简化立案环节，变立案审查制为立案登记制，解决立案难、门难进。发挥"诉非衔接"矛盾纠纷调处机制，建设点、线、面三位一体的司法服务网络，解决诉讼难、事难办。规范执行行为，严厉整治消极执行和无正当理由延期划付执行款的行为，同时严格执行最高人民法院、最高人民检察院、公安部《关于开展集中打击拒不执行判决、裁定等犯罪行为专项行动有关工作的通知》，紧紧依靠市委及政法委领导和协调，加强与公安、检察的联动，对于拒不执行判决、裁定的追究刑事责任，让不讲诚信、无视法律、逃避执行者无处遁形，解决执行难。严格执行廉政纪律，落实法官办案责任制、过问案件留痕制，以零容忍的态度反对司法腐败，预防关系案、人情案、金钱案。积极构建开放、动态、透明、便民的阳光司法机制，扎实推进司法公开三大平台建设，加强人民陪审员培训，提高参审率。落实"谁执法、谁普法"要求，加强与媒体合作，开办以案说法栏目，向社会传递公正高效审判的正能量，提升全民守法意识。

五是完善法院自身建设，不断提高队伍素质和基层基础保障水平。坚持党对司法工作的领导，巩固扩大党的群众路线教育实践活动成果，以政治过硬、业务过硬、责任过硬、纪律过硬、作风过硬为标准，以党建为统领，切实履行党组书记抓党建第一职责，不断强化管党治党建设党的政治责任，坚决做到爱党自管自严、忧党真管真严、兴党敢管敢严、护党长管长严，坚定干警理想信念，确保法院队伍正确的政治方向。自觉接受人大及其常委会监督、政协民主监督、检察法律监督和社会舆论监督，继续加强与人大代表、政协委员的联络，健全监督问责、定期报告制度。在司法能力建设方面，依靠党委及组织部门的支持，缓解案多人少矛盾；以正规化、专业化、职业化为目标，加强教育培训，鼓励干警通过组织推荐、自学自考等渠道提高学历，通过实施"三带工程"、"请进来、走出去"、挂职锻炼等方式提高队伍能力素质。积极参与"依法行政、公正司法"示范点创建活动，切实提高公正司法的能力和水平；严格落实廉政党组主体责任，加强干警廉政教育，完善内外兼备的廉政监督机制，坚决净化法院队伍，确保风清气正。在基础建设方面，依靠党委政府的支持，全力做好"十二五"项目完成和"十三五"项目的准备工作，科学调整人民法庭布局，加强人民法庭工作，加快信息化建设。

各位代表，司法公正是社会公平正义的最后一道防线。我们决心团结在以习近平同志为总书记的党中央周围，在市委领导、人大监督和自治区高院监督指导下，为党为国奉公、全心全意为民、依宪依法履职，认真贯彻落实本次大会提出的各项任务，为拉萨实施"六大战略"提供坚强有力的司法保障！

拉萨市人民检察院工作报告

在拉萨市第十届人民代表大会第五次会议上

（2015年1月14日）

拉萨市人民检察院检察长 田建设

各位代表：

2014年，全市检察机关在区检院和市委的正确领导、市人大有力监督下，以邓小平理论、“三个代表”重要思想和科学发展观为指导，深入贯彻落实党的十八届三中、四中全会精神，习近平总书记系列重要讲话精神和中央、区市党委政法工作会议精神，全国、全区检察长会议精神，牢牢把握检察工作的新形势、新要求、新任务，紧紧围绕全市“五大战略”，以开展党的群众路线教育实践活动为主线，不断强化政治统领、明确职责定位、创新工作措施，扎实履行法律监督职责，为建设美丽家园幸福拉萨提供了有力法治保障。

一、深入贯彻落实党的十八届三中、四中全会精神，全面发挥检察职能，切实维护首府稳定

深刻理解拉萨作为西藏首府城市的特殊重要定位，紧紧围绕“三大任务”和市委“五大战略”，切实找准检察工作服务大局的切入点、着力点，依法打击各类严重刑事犯罪，努力维护国家安全和社会稳定，不断强化法律监督，切实维护社会公平正义，不断打牢拉萨稳定发展的根基。

*一是全力服务和支持党委政府工作大局。*全市检察机关坚决贯彻落实中央各项精神，认真按照区市党委和区检院工作部署，举全员之力，护大局、保大局、促大局，积极投入到党委、政府的工作大局中，为维护社会和谐稳定，作出了重要成绩，发挥了重要作用。全体检察干警积极参与重大事故处理、重大案件办理、重点领域治理等工作，两级检察院先后抽调（派）干警262人到相关党政机关、领导小组、一线治理机构和基层单位协助工作，累计开展工作达926个月（人均3.5个月），其中市院抽调（派）干警125人，累计工作达579个月（人均4.6个月），有力地支持了全市工作大局。

*二是严厉打击各类分裂破坏活动和危害国家安全犯罪。*全市检察干警坚决贯彻落实区市党委和区检院指示，主动出击、针锋相对，严厉打击十四世达赖集团、各类敌对势力的分裂破坏活动和各类危害国家安全犯罪，先后承担了多起重大复杂维稳专案的办理，对危害国家安全犯罪案件依法提起公诉8件18人（含专案），为全区维稳大局做出了重要成绩。同时，以确保“三不出”为目标，不断强化值班备勤和内部保卫工作，两级院班子成员积极参与当地维稳指挥部的值班备勤工作，全体检察干警坚持24小时值班备勤达8000余人次，做到了标准不降、力度不减、措施不松。

*三是严厉打击各类严重暴力和严重危害群众安全感的犯罪。*认真履行审查批准逮捕和审查起诉职责，全年共受理移送侦查机关提请批准逮捕案件427件602人，提起公诉451件645人。其中，批准逮捕严重暴力、多发性侵财等严重危害社会治安和公共安全的犯罪嫌疑人538人，同比下降5.3%；提起公诉576人，同比下降1.0%。一年来，全市检察机关通过严厉打击各类刑事犯罪，有力发挥了社会治理的底线守护功能，为经济发展和人民群众安居乐业营造了良好社会环境。

*四是严厉打击严重危害党风廉政和群众公正感的职务犯罪。*坚持有腐必惩，充分发挥反腐倡廉排头兵、主力军作用，扎实推进职务犯罪查办工作。积极查办中央第四巡视组、自治区纪委和自治区检察院交办的案件，共立案侦查职务犯罪案件13件21人，同比增长62.5%和162.5%。其中渎职案件4件4人，贪污贿赂案件9件17人。大案9件9人，要案

4件4人。全年无一起撤案、不起诉和无罪判决案件。共计为国家挽回经济损失1400余万元。中纪委通报的自治区盐业公司私设“小金库”一案，目前已经侦查终结；西郊客运站收费员黄仕海贪污票款112万元一案法院已经作出有罪判决。同时，结合近年来职务犯罪查办工作，进行了全面调研，并向自治区人大调研组进行了专题汇报。

五是严厉打击危害经济安全和破坏市场经济秩序的犯罪。一年来，检察机关把严厉打击经济领域犯罪置于维护区域经济安全，服务特色产业健康发展的重要措施，依法批准逮捕破坏市场经济秩序犯罪30件42人，提起公诉25件39人。按照公安部、税务总局督办意见，依法办理了涉及全区的“8·30”系列虚开增值税专用发票案。检察人员先后审查卷宗30余册，核对发票2000余份，查实6家公司账目，并与侦查人员赴内地核实并调取相关证据，把好了案件证据关、事实关、程序关，使犯罪嫌疑人受到了应有惩处，依法维护了我区税收管理秩序。

二、深入贯彻落实中央、区市党委政法工作会议精神，切实发挥法律监督职责，维护社会公平正义

习近平总书记在中央政法工作会议上指出，公平正义是政法工作的生命线，司法机关是维护社会公平正义的最后一道防线。检察机关作为法律监督机关，是“最后一道防线”的关键。2014年以来，全市检察机关在全年人员极度紧张的情况下（全年平均在岗率不足30%），紧密结合修改后“两法”实施，不断深化法律监督工作，延伸监督触角，加大监督力度，法律监督工作取得新进步。

一是强化刑事诉讼活动监督。全市检察机关把强化刑事诉讼活动监督作为维护司法公平，提升司法公信的关键，严格按照修改后刑诉法要求，依法全面履行监督职责，取得了一定成效。加强对各类刑事案件的证据和程序审查，强化对侦查活动的引导，促进了侦查机关的能力提升，确保了各类刑事案件的公正办理，有效减少了涉法涉诉问题的产生。全年共提前介入参与监督并引导侦查各类重大案件11件，向侦查机关发出《逮捕案件继续侦查取证意见书》336份，提出取证意见1088条，对证据不足案件退回补充侦查208件次，制作《补充侦查提纲》208份，提出补证意见1061余条，依法追加漏捕的犯罪嫌疑人8人，依法变更侦查机关移送起诉的不当罪名并提起公诉29人，依法追加侦查机关遗漏起诉的罪名并提起公诉7件。加强立案活动监督，对应当立案而未立案案件，依法通知立案11件。加强对侦查活动中违法行为的监督，对侦查活动中情节轻微的违法行为提出口头纠正意见82件次，对情节严重的违法行为发出《纠正违法通知书》8份。在审判监督中，对审判活动中的轻微违法行为，依法提出口头纠正9件次，对严重违法行为依法发出《纠正违法通知书》1件，对确有错误的判决支持抗诉1件（已改判）；两级院检察长列席审判委员会9次，参与讨论案件31件。同时，积极担当监督责任，在犯罪嫌疑人冯芳碧涉嫌故意伤害（致人死亡）一案中严格审查，依法作出不批准逮捕决定，并充分考虑案件可能引发的群众情绪，认真做好稳控工作，协调相关单位做出了妥善处理。

二是积极构建民事诉讼多元化监督格局，推进民行检察工作开展。结合修改后《民诉法》实施工作，主动加强与法院的工作协调和业务沟通，充分协商，多次酝酿，市检察院与市中法联合制定了《民事执行监督实施办法（试行）》，城关区检察院与城关区法院联合制定了《民事执行监督工作协议》。一年来，检察机关参与法院监督执行工作5次，涉及案款750万元，维护了群众利益，确保了执行工作的公正。不断加强民事审判活动监督，市检察院与市中法联合制定了《关于建立检察机关旁听民事审判法庭制度的实施意见》，全市检察机关对民事审判活动开展跟庭听审13次，尼木县院、达孜县院加强与法院工作沟通，对县法院全年受理的民事案件开展了监督检察，既强化了民事诉讼监督，又维护了审判权威。依法办理群众申诉，全年受理民事申诉案件14件15人，对符合立案条件的依法审查5件，作不支持监督申请2件，提请抗诉1件。结合修改后《民诉法》执行情况，向市人大进行了专题汇报，认真反映了当前拉萨民事行政诉讼监督工作中存在的问题，为推进民行检察工作开展统一了认识。

三是强化刑罚执行工作监督，重点开展了减刑、假释、暂予监外执行专项检察活动，回应了社会关切。强化事前监督，全年审查监狱部门报请减刑、假释、保外就医案件857件（次），审查降低减刑幅度29人，审查取消减刑资格12人（其中取消职务犯罪罪犯减刑资格7人，涉黑罪犯减刑资格3人），取消假释资格1人，保外就医2人。约见在押人员139人次，

建议进行羁押必要性审查8人。强化执行过程监督，认真开展日常监督检察和专项监督检察，全年两级院共对全市监所机构开展检查298次，发现并纠正问题28件。对职务犯罪、金融诈骗犯罪、涉黑犯罪、危安犯罪四类罪犯刑罚执行变更情况进行了全面审查，建立档案244份，并组织各监管场所对所有保外就医人员进行了体检复查，对保外就医条件消失的5人作出收监处理。强化对法院减刑案件审理、裁定活动的监督，依法派员监督法院开庭审理10次，纠正错误减刑裁定5人，确保了刑罚执行公开公平公正。

四是积极探索加强行政执法领域的法律监督。切实发挥《检察建议》促进行政执法规范化建设中的作用，全市检察机关结合办案工作，深入挖掘和发现行政执法和社会管理领域的突出问题，积极发出检察建议予以规范，不仅凸显了检察机关的法律监督作用，也促进了社会治理的规范化、法治化。2014年以来，全市检察机关结合案件办理工作共制发各类检察建议12件，督促有关管理机关和部门履行职能，强化管理。在市政府的大力支持下，开展了全市有毒有害食品典型案例通报会，市质监、工商等13家单位和人大代表、商户代表等80余人参加会议，发放宣传册150余份，促进了食品安全领域执法工作规范化，维护了人民群众切身利益。结合有毒有害食品案件查办工作，及时发出《检察建议》督促市工商局整顿拉萨市中小学附近“五毛市场”，依法取缔无照经营户17家，教育整顿25家，彰显了检察机关法律监督的有力效果。

三、以党的群众路线教育实践活动为主线，努力打造为民务实清廉的检察队伍，保障和促进人民群众安居乐业

以党的群众路线教育实践活动和全国政法系统“增强党性、严守纪律、廉洁从政”专题教育活动为主线，按照习近平总书记“五个过硬”总要求，狠抓检察队伍理想信念、监督能力、职业操守，不断坚定政治灵魂，强化担当意识，提升实际能力，铸造严明纪律，检察队伍在实践党的群众路线、服务广大人民群众上有了新气象。

一是检察机关党的群众路线教育实践活动取得阶段性成效。两级院班子、全体党员干警按照中央和区市党委要求，深入开展了党的群众路线教育实践活动，进一步深入学习和认真贯彻习近平总书记系列重要讲话精神，强化中央“八项规定”、区党委“约法十章”和市委“八项要求”的贯彻落实，针对“四风”、“两问题”、“一薄弱”、“三不够”等问题，广泛征求意见，重点聚焦、深入查摆、扎实整改，撰写心得体会1200余篇，两级院班子成员收集意见560余条，并进行了认真对照整改。党员干部“进村入户，结对认亲交朋友”，与131户贫困群众结对认亲，捐助扶贫物资39.7万余元。市院三个驻村工作队完成项目建设45个，累计投入资金147.98万元，帮助村“两委”健全完善各类规章制度、村规民约130个，进村入户查访576户，排查化解矛盾纠纷15件，开展新旧西藏对比、感恩教育和法治宣传88场次，受教育群众达12000余人次。全体检察干警接受了一次深刻的党内生活洗礼，理想信念进一步巩固，为民服务的宗旨意识进一步加强，检察职业道德、纪律素质进一步夯实，党风、检风进一步好转，取得了丰硕成果。通过扎实整改、建章立制，清理废止制度26项，修改完善制度147项，推动了检察工作规范化建设，巩固扩大了活动成果。

二是检察机关为群众提供的监督服务更加全面及时公正。积极开展下访、寻访工作，设立了柳梧新区派驻检察室和曲水县达嘎乡派驻检察室，运用电话、信件、网络等各类媒体，延伸监督服务触角，畅通群众诉求表达渠道。依法推进涉法涉诉信访改革工作，进一步完善信访案件导入机制、依法终结机制，全年共办理群众来信45件，接待来访81件（其中检察长接待9件）；办理刑事申诉7件7人，民事申诉14件15人，并认真开展了释法说理、说服教育和群众情绪稳控工作，得到了当事群众的普遍赞誉。积极开展矛盾纠纷排查化解工作，重点排查化解涉检信访案件，共排查化解各类矛盾纠纷20余件，依法妥善处理了钟嵘等7起涉检信访案件。积极做好刑事被害人救助工作，办理刑事被害人救助案件2件2人，救助资金38万元，切实解决了刑事被害人的实际困难。

三是检察机关法治宣传和预防服务工作得到社会各界普遍认可。在拉萨晚报、西藏法制报、西藏商报开办“检察官说法”等专栏，刊发各类说法类稿件127篇。检察人员深入学校、乡村、寺庙、工地开展法治宣传57次，发放宣传材料1.7万份，接受群众咨询170余次。全年开展国家重点项目同步预防3个，深入机关单位开展个案预防、系统预防和专项预防，为

600多名干部职工开展了警示教育讲座，发放警示教育宣传资料1300余套，开展预防咨询22次。城关区警示教育基地开展教育活动21批492人，得到了吴英杰常务副书记、齐扎拉书记、张培中检察长、张延清市长等区市领导的赞扬。深入开展预防工作调研，形成调研报告20余份，拉萨市院撰写的《2011—2013年拉萨市惩治和预防职务犯罪情况报告》被评为全国优秀年度报告。完善行贿犯罪档案查询工作，开展查询430次，涉及859家单位和861人，占全区查询数量的35%。丰富警示教育题材，结合实际案件，自编、自导、自演拍摄了微电影《重托》，既生动教育了广大干部群众，又很好展现了检察机关形象。

*四是检察队伍职业能力得到加强，职业素质得到提升，职业形象得到优化。*始终注意加强检察队伍业务能力建设，努力克服人员紧张的实际困难，选派43名检察干警参加了国家检察官学院和上级院组织的业务培训和学习，选派16名干警参加了党务和廉政培训，选派10名干警参加了司法考试培训，选派5名干警参加了对口援藏检察院岗位锻炼，组织20名干警参加了在职法硕学历教育。全市检察干警牢固树立政治意识、大局意识、责任意识，坚决服从党委政府的工作安排，勇于担当责任，积极服务大局，全市检察机关262名干警先后参与到全市维稳、信访、纪检、社会治理、重大案件办理等工作中，发挥了重要作用，得到了各级领导的好评。切实加强检察机关党风廉政建设，加强检务督察工作力度，市院党组全年部署开展检务督查23次，进一步严肃了检察职业纪律，促进了全体检察干警秉公执法、严格办案，全市检察干警一年来在执法办案中无一起违法违纪，检察职业形象进一步得到群众认可。

四、以贯彻落实区检院和市委重大部署为目标，大力推进首府城市检察院标杆建设

按照齐扎拉书记年初听取检察工作专题汇报时的指示和张培中检察长两次到拉萨调研时的指示，拉萨市院十分珍惜“龙头”地位，努力发挥“标杆”作用，坚持把强化自身各项建设作为永恒主题，始终做到政治建设在路上、作风建设在路上、业务建设在路上、队伍建设在路上，力争发挥好首府检察机关的标杆指引和示范引领作用。

*一是勇于担当、积极创新，努力发挥好业务工作领头羊作用。*拉萨市院和城关区检察院作为全区深入司法体制和工作机制改革试点单位，在区检院和市委的统一领导下，积极探索符合检察改革方向，符合拉萨和西藏检察工作实际的改革措施，积极推进案件管理体制改革、主任检察官办案责任制改革、控告申诉检察工作改革新模式。在案件管理改革中，制定完善了《案件管理实施办法》，率先推进运行统一业务应用系统运行，培养了20余名业务骨干，并指导培训了日喀则检察机关5名干警，为全区检察机关统一运行积累了经验。公诉等各项检察业务建设稳步处于全区前列，拉萨市院和城关区院被自治区检察院确定为全区公诉业务实训基地，目前已经为其他分市院实训干警7名。一年来，拉萨检察机关坚决贯彻上级领导指示，先后承担了自治区领导批示的“8·30”等在全区有重大影响的专案办理任务，有效发挥了业务领头羊作用。

*二是以统一业务应用系统运行工作为抓手，扎实推进业务规范化建设。*按照高检院、区检院部署，扎实推进统一业务应用系统运行工作，拉萨市院、城关区院在全区率先试行了网上统一受案、办案。全市检察机关涉密信息系统分级保护测评工作扎实推进，独立办案区建设、线路和机房改造、终端加固、边界防护、制度建设等准备工作已经全部完成，为全市检察机关统一业务应用系统正式上线运行奠定了坚实基础。强化案件管理工作，制定了《案件质量评查办法》和各项工作制度，案管工作逐渐步入正轨。下半年对全市检察机关办案工作开展了评查，共评查批捕、起诉、职务犯罪和民事申诉案件121件，归纳整理问题5类18项，深入解决了各类案件办理中的突出问题，促进了检察办案工作的规范化、精细化，提升了办案质量。结合统一业务应用系统运行工作，积极做好检察业务传统办案模式和信息化办案模式对接，对各条线工作制度、办案流程进行了认真清理，严格了办案流程，全面统一、规范精细的检察业务操作规程逐步形成。

*三是以新办公区搬迁为契机，狠抓检察基础现代化和信息化建设。*2014年，全市检察机关在区检院、市委市政府和援助省市的大力支持下，扎实推进基础技侦业务用房、五小工程建设。按照张培中检察长指示，对市院新址各项建设进行了全面规划，内部装修、五小工程、干警备勤房各项建设已经获得批准，预计明年7月将实现整体搬迁。堆龙、当雄、墨竹技侦业务用房和新址已经完成建设并投入使用，城关、尼木技侦业务用房和新址建设已经基本完工，

预计明年将实现搬迁，达孜、曲水、林周技侦业务用房和新址建设预计明年展开。全市检察机关基础设施落后的面貌已经得到有效改善，为拉萨检察机关发挥好龙头作用奠定了扎实物质基础。在大力推进基础设施建设的同时，全市检察机关放眼长远，着力推进科技强检，努力实施信息化建设工程，加强对网络工程、电子检务、保密信息系统的设计和投入力度，努力实现办公办案管理的信息化、专业化、现代化，努力开创检察工作和管理新模式。

五、2015 年的检察工作要点

总结 2014 年检察工作，取得了一些成绩，但也存在不少迫切问题。在 2015 年的工作中，全市检察机关将在区检院和市委的坚强领导下，认真解决好各项问题，努力克服困难，着力推进五项任务：

一是以十八届三中、四中全会精神为统领，全力推进依法治国和司法改革任务落实。深入贯彻落实习近平总书记系列重要讲话精神，切实把思想和行动统一到中央的决策部署上来，深刻认识依法独立公正行使检察权、设立跨区域检察院、建立检察机关提起公益诉讼制度、完善人民监督员制度等检察改革内容，坚持重大改革于法有据的原则，按照上级部署要求有序推进检察环节的改革任务，积极推进检察工作工作机制和制度创新，从改革规范中寻动力、添活力，切实推进拉萨检察工作稳步走向全区前列。

二是紧紧围绕全市“六大战略”和区检院工作部署，充分发挥检察职能，更加有效地服务拉萨工作大局。深入贯彻落实习近平总书记“治国必治边、治边先稳藏”的重要战略思想和俞正声主席“依法治藏、长期建藏”的指示精神，坚决打击分裂渗透破坏活动，严厉打击各类严重刑事犯罪，积极参与社会治理，全面保障和服务发展，切实保障人民群众安居乐业，努力为美丽家园幸福拉萨建设创造良好环境。

三是始终保持惩治职务犯罪高压态势，坚持有案必查、有腐必惩，切实推进廉洁政治建设。进一步提高查办和预防职务犯罪工作法治化水平，积极查办职务犯罪大要案，认真查办发生在群众身边的职务犯罪，推动健全权力运行制约和监督体系，努力营造清正廉洁的政务环境。扎实推进职务犯罪预防、预测、预警工作，积极防控廉政风险，努力铲除腐败滋生蔓延的土壤，回应人民群众新期盼，维护党的形象和地位。

四是加强诉讼法律监督，促进严格执法、公正司法，严守公平正义的生命线。坚决监督纠正执法司法领域突出问题，紧紧抓住人民群众反映强烈的执法不严、司法不公问题，敢于监督、善于监督、依法监督、规范监督，更好地维护执法司法公正。不断创新和强化立案监督、侦查活动监督、刑事审判监督、刑罚执行和监管活动监督、民事行政审判监督的工作机制，加大监督力度，切实发挥基层检察院在监督工作中的基础作用，努力发现和查办司法腐败背后的职务犯罪，努力形成全方位、规范化、有公信的监督格局。

五是大力加强自身建设，全面推进基础设施攻坚，努力打造拉萨检察“升级版”。全力推进“硬件升级”，改善办公办案条件，扎实推进检察工作现代化、信息化建设，强化科技对检察工作的支撑，着力打造现代化检察，提升首府检察形象；全力推进“软件升级”，坚持不懈地加强检察工作规范化建设，努力推进检察工作的制度化、标准化、流程化运作，大力推广阳光检务，建设开放型、服务型、亲民型检察，不断适应拉萨检察工作新形势；全力推进“能力升级”，切实发挥“龙头”作用，深刻认识首府城市检察院基本定位，狠抓推进工作水平和队伍素质提升，切实实现担重任、立标杆、树旗帜的要求，发挥好首府检察机关的示范引领作用。

特此报告。

拉萨市2014年国民经济和社会发展计划执行情况与2015年国民经济和社会发展计划的报告

在拉萨市十届人大第五次会议上

（2015年1月13日）

拉萨市发展和改革委员会

各位代表：

受市人民政府委托，现将2014年国民经济和社会发展计划执行情况与2015年国民经济和社会发展计划草案提请市人大十 届五次会议审议，并请政协各位委员和列席会议的同志提出意见。

一、2014年国民经济和社会发展计划执行情况

2014年，面对错综复杂的国内外形势，在市委的坚强领导下，在市人大的监督指导下，全市上下紧紧围绕"充分发挥首府城市首位度作用"和目标任务效能"三提速"的总要求，牢牢把握稳中求进、好中求快的总基调，坚守"两条底线"，国民经济在新常态下运行总体平稳、稳中趋升、稳中增效，顺利地完成了市十届人大四次会议审议确定的各项目标任务。预计全市实现地区生产总值353.7亿元，增长16%(现价，下同)，其中：第一产业增加值12.7亿元，增长8.5%；第二产业增加值132.2亿元，增长22.9%；第三产业增加值208.8亿元，增长12.5%。

（一）产业转型稳步推进

——农牧业平稳较快发展。以发展净土健康产业为契机，扎实抓好农牧业各项工作。狠抓稳粮保安全，实施提高粮食单产行动。落实标准化生产及高产创建示范田18万亩、种子田2.3万亩、测土配方施肥示范12万亩；示范推广"藏青2000"等新品种4.36万亩。全市粮油总产达到19.17万吨。狠抓畜牧兽医工作。改善基层兽医待遇，将全市694个兽医工资调整到600元以上；2013年草补奖励工作基本完成，兑现资金8273.42万元；虫草采集工作有序开展，共采集虫草1084.86公斤。狠抓净土健康产业发展。天然饮用水企业达到19家，预计产量15万吨，实现工业增加值20多亿元；成功举办首届净土健康产业优良奶牛竞赛活动，全市奶牛规模化养殖小区达19个，良种奶牛1700多头，存栏7.5万头；吞巴藏香、古荣糌粑成为国家级地理标志保护产品。

——工业经济整体实力逐步提升。大力实施"产业强市"战略，有力保障了全市工业经济整体实力逐步提升。实现工业增加值40亿元、增长30%，完成工业税收7.6亿元、增长30%，新增规上企业8家。积极组织拉萨市22家中小企业申报2014年拉萨市企业技改资金项目，上报项目资金1480万元。科技创新步伐加快。不断加大对科技创新的投入力度，有效促进了全市农业、环保、工业事业发展和农牧民增收，科技对全市经济和农牧业发展贡献率分别达到40.8%和46.8%。园区集聚效应明显。出台5个方面加快园区发展的支持政策，园区工业增加值、销售产值和税收分别增长30%、30%、63.3%。

——旅游业持续稳定增长。着力推进旅游服务业整体提升，旅游基础服务设施进一步完善，旅游市场环境得到进一步优化，旅游业正在成为拉动拉萨经济发展和促进就业的龙头产业。全年累计接待国内外游客925.74万人次，增长15.87%；实现旅游总收入111.67亿元，增长35.91%。

（二）投资消费平稳增长

——固定资产投资稳中提质。进入"十二五"规划实施后期，全市投资环境逐步改善，各种应对措施能量逐步释放，产业投资和房地产投资的贡献率持续上升，42个重点项目投资引领作用增强，拉动了投资较快增长。完成全社会固定资产投资490亿元，

同比增长30%。坚持固定资产投资“每月一督”、“每季一通报”，拉林高等级公路、拉日铁路、旁多水利枢纽工程，拉萨河城区段综合整治、迎亲大桥、群众文化体育中心等重点项目有序推进；城市供暖工程、中国西藏文化创意园、拉萨教育城、污水处理厂二期、垃圾填埋场二期等重点项目建设有效投资扩量；环城路、玻玛路二期等“十二五”规划项目前期工作基本完成；房地产业健康发展，房地产开发投资49亿元，是上年房地产总投资的6.8倍，成为拉动投资增长的新亮点。

——消费需求持续旺盛。积极举办消费促进月活动和以主要节假日、传统节日为平台的消费节活动，培育消费市场热点，不断扩大消费需求。实现社会消费品零售总额170亿元，增长18%。市场价格基本稳定，安排设立1000万元价格调节基金，以应对突发事件或市场供求关系发生重大变化而引发的重要商品价格异常波动，居民消费价格指数控制在4%以内。

（三）各项收入增势不减

——财政收支逐步扩大。实施积极的财政政策，全力组织财政收入，财政对宏观经济调控力度不断加大，在保增长、保民生、保稳定和城镇建设、生态环境建设等方面发挥了重要的保障作用。全市财政收入完成90亿元，增长52.72%，其中：公共财政预算收入达到64.8亿元，增长29.13%。

——税收收入完成情况良好。启动实施“税沐春风暖圣城”工程，出台《拉萨市国家税务局“12366纳税服务热线”纳税服务投诉受理督办通报制度（试行）》；全面推广预约服务，为纳税大户进行“一对一”个性化服务，推行同城通办业务和“无纸化”办证业务。完成各项税收收入49.8亿元，增长31.89%。

——居民收入继续提高。认真落实国家和自治区的惠民政策，不断拓展居民增收渠道，大力实施“四业工程”，促进就业和再就业，积极鼓励居民自主创业，居民收入保持稳定增长。城镇居民人均可支配收入达到23350元，增长9%；农村居民可支配收入达到9750元，增长18%。

（四）民生保障措施有力

——就业工作得到加强。紧紧围绕增加就业岗位的目标，“四业工程”扎实推进，把促进高校毕业生就业、控制失业率、开发就业岗位、落实再就业政策、加大职业培训力度作为重点，不断创新工作思路，狠抓落实。全市新增就业1.55万人，增长52.4%；开发就业岗位1.58万个，增长4%；3861名高校毕业生实现就业，就业率达80%以上，有就业愿望困难家庭高校毕业生就业率达100%；城镇登记失业率控制在2%目标任务以内。

——社会保障体系不断健全。社会保障工作以征缴扩面为重点，以基础管理为主线，城镇居民养老保险和新型农村养老保险合并为城乡居民社会养老保险。参保人员43.8万人，征缴4.4亿元、发放3.5亿元，五险覆盖率达到95%以上。加快推进保障性住房建设管理工作，新建3492套（户）保障房全面开工，续建保障性住房2195套（户）基本竣工，累计完成投资5.66亿元。

——教育优先发展得到强化。拉萨教育城一期占地面积4690亩，一期进驻单位15个；根据《拉萨市中心城区学校布局调整工作实施方案》，市三高、二高、八中、实验小学、海城小学完成搬迁工作并顺利开学；《拉萨市振兴教育教学质量三年行动计划》出台并实施，“三包”经费标准提高到年生均2900元。

——公共文化服务惠民成效显著。群众文化体育中心建成并投入使用，免费开放世界第一座以牦牛为主题的国家级博物馆，积极参与首届中国西藏旅游文化国际博览会。各种文艺活动丰富多彩，广场文化、节庆文化、社区文化等文艺惠民演出275场次，参与观众56万人次；新建乡镇综合文化站51个，实现全覆盖；《文成公主》实景剧接待观众32万余人次、创收1.1亿元，知名度和影响力不断扩大。

——粮食流通市场供需平衡。加强粮油市场的管控，进一步强化粮油购销，保障市场供给以及粮食流通领域的安全，满足广大居民的生活需求。国有粮食购销企业收购粮食50.2万公斤、采购粮食441.36万公斤、销售粮食512.93万公斤，粮食库存达到164.63万公斤。

（五）发展环境持续改善

——招商引资力度加大。完善招商引资项目库，重点加大对旅游产业、净土健康产业、城市建设及新能源建设等方面的招商引资力度。雪顿节期间召开了净土健康、旅游文化、城市综合开发专题推介活动，取得圆满成功；经贸洽谈会上签约86个项目，总投资466.65亿元；全市落实招商引资项目252个，实际到位资金207.1亿元，增长34.66%。

——生态环境逐步优化。全力打造舒适宜居的生态环境和高效快捷的发展环境，成功创建国家环境保护模范城市。积极推进生态村创建工作，结合

"美丽西藏、美丽拉萨"建设，申报创建自治区级生态村124个；扎实推进"暖入户"，全市664个居民小区及共建单位10.7万居民完成供暖工程建设，供暖覆盖率达98%；大力实施"树上山"，加快南北山绿化工程建设，全年完成造林绿化建设任务10万亩，城市绿化覆盖率达38%；继续抓好"河变湖"，加快推进拉萨河综合整治工程以及拉萨河谷生态建设，拉萨河3#闸投入使用。

——改革力度逐步加大。研究制定深化国有企业改革的实施意见，完善分类管理考核国有企业的实施细则；讨论通过《拉萨市农村土地承包经营权确权登记颁证工作实施意见（试行）》，合力推动农村改革工作；落实生态环境保护责任，将生态环境保护纳入领导干部考核内容，实行"一票否决"；制定出台"以奖代补"激励政策，探索建立"政府购买公共演出"的服务机制，实现政府从办文化向管文化转变；实施振兴教育教学质量三年行动计划，稳步推进中小学布局调整；在全区率先启动公立医院改革工作，建立全区首个婴儿住院救治绿色通道，并实行住院救治费用100%报销。

——受援工作扎实推进。认真贯彻中央援藏工作20周年会议精神，进一步完善全方位、多层次、宽领域受援格局，落实对口援藏资金6.54亿元，实施55个援藏项目。

二、2015年经济社会发展主要目标和措施

2015年，是全面深化改革的关键之年，是全面推进依法治市的开局之年，是全面完成"十二五"规划的收官之年，做好经济工作意义重大。全市上下要紧紧围绕"充分发挥首府城市首位度作用"的总要求，坚持稳中求进的总基调，以提高经济发展质量和效益为中心，深入实施"六大战略"，确保新常态下经济快速健康发展和社会和谐稳定，全面实现"十二五"规划目标任务。

2015年经济社会发展主要预期目标是：地区生产总值增长12%左右，财政收入增长20%以上（公共财政预算收入增长15%以上），全社会固定资产投资增长16%以上，社会消费品零售总额增长11%以上，工业增加值增长15%以上，农村居民人均纯收入增长15%以上，城镇居民人均可支配收入增长8%以上，居民消费价格指数控制在4%以内，城镇登记失业率控制在2.2%以内。围绕以上目标，我们要统筹安排，突出重点，着力抓好以下九个方面的工作：

（一）以净土健康产业为抓手，着力加快发展现代农牧业

——加快转变农牧业发展方式，走产出高效、产品安全、资源节约、环境友好的现代农牧业发展道路。农林牧渔业总产值增速保持在8.5%左右。一是稳定粮食产量。加大粮食主产区转移支付力度，改善农田水利，建立良种繁育基地，保障青稞为主的粮食生产安全。青稞播种面积稳定在25万亩以上，种植业标准化生产和高产创建示范24万亩，良种覆盖率和统供率分别达到95%、85%，粮食产量达到18万吨以上。二是优化农牧业结构。进一步优化种植业结构，加大玛咖等新品种培育、牧草新品种引进、畜禽优良地方品种提纯与改良，大力发展"四品"。以城关区为核心的奶牛养殖基地、曲水才纳国家级现代农业示范区、林周边角林现代农业示范园和堆龙德庆县花卉种植基地等为依托，推进奶牛、生猪、藏鸡等"九大产业"发展规模化，实现农牧业提质增效升级。蔬菜产量达到28万吨，肉、奶、蛋产量达到4.3万吨、5.7万吨、870吨。三是提高农牧业科技水平。大力推广良机作业，提高农牧业物资装备水平，力争综合机械化水平比2014年提高1个百分点。提高土地利用水平，推广测土配方施肥示范30万亩。四是大力推进农牧业产业化发展。实施农产品品牌战略，积极打造拉萨净土品牌，初步建立形成产地标识和质量追溯体系，提高农产品市场竞争力。按照新的特色产业带格局，大力培育、扶持、壮大农牧业产业化龙头企业，提供金融、土地使用的优惠政策。不断完善农牧业产业化经营服务体系，加快专合组织的扩面提标和组织优化，促使农牧民"抱团取暖"。

（二）以"六大产业"为主导，着力推动特色工业提质增效

——进一步发挥资源优势和比较优势，坚持用项目化的办法、产业化的途径、社会化的资金，走出一条科技含量高、经济效益好、资源消耗低、环境污染少的新型工业化路子。规模以上工业增加值、工业销售产值分别增长20%。一是发挥市场配置资源的决定性作用，以高原和绿色为核心品牌，培育壮大优势矿产业、新型建材业、高原绿色食（饮）品加工业、民族特色手工业、藏药业及新能源等特色产业，推动工业经济提质增效升级。建筑建材年产值增长15%以上。二是继续实施工业企业三年倍增计划和规模以上企业培育计划，力争新增规模以上工业企

业5家以上。贯彻落实《国务院关于扶持小型微型企业健康发展的意见》，积极申报贴息贷款、产业扶持和企业发展专项资金，加强政企互动和银企、电企对接，帮助企业解决困难、开拓市场、扩大销售、形成产值，促进非公经济和中小企业快速发展。实现工业税收增长20%。三是按照“拟建项目早开工、在建项目早竣工、建成项目早投产、投产项目早见效”的要求，加快推进西藏屋脊之宝饮料生产、藏缘青稞酒小麦深加工、西藏芝芝药业有限公司和西藏藏医学院藏药有限公司GMP改造投产，敦促年产120万吨新型水泥干法熟料生产线项目完成前期工作并具备报批条件。工业投入增长22%。四是充分运用规划引导、政策扶持、资金支持、考核激励，加快工业园区基础设施和服务体系建设，做好产业转移的承接工作，吸引企业向园区集中发展。园区工业增加值、销售产值分别增长30%以上。

（三）以可持续发展为动力，着力做大做强以旅游业为支柱的服务业

——把发展现代服务业作为产业结构优化升级的重点和经济增长点，大力改造提升传统服务业，提升服务业比重和水平。一是加快发展旅游业。依据旅游市场发展趋势和旅游产业要素配置要求，加快建立旅游人才市场机制，提高旅游人才综合素质。加大财政投入、政策性融资、旅游资源开发权置换等，持续完善旅游公路标示牌、停车场、旅游厕所等配套设施，加快建设自驾车休息站、露营基地和“三网一库”建设，努力提升便捷安全高效的旅游服务水平。旅游人数、旅游收入分别增长15%、18%。二是提升商贸流通业现代化水平。深入推进“万村千乡市场”工程，鼓励发展直营店，规范发展加盟店，积极拓展农家店服务功能。优化商业网点结构和布局，鼓励发展便利店、中小综合超市，大力发展社区生活服务业，规划建设设施先进、功能齐全、结构合理的城市商业综合体，构建便利消费、便民生活服务体系。进一步拓宽流通渠道，谋划筹建以拉百为中心的物流电商集团，鼓励流通企业开展网上交易、发展现代物联网，加快实现创新驱动发展，提升现代商贸流通水平。社会消费品零售总额达到188.7亿元。三是加快文化产业发展。充分挖掘民族特色传统文化资源，扎实推进文化旅游创意产业园区配套提升，加快古城申遗工作，建设蔡公堂艺术观赏村、吞弥岭藏艺文博园、尼木三绝技艺展示区，进一步加强传统文化保护开发。筹备组建拉萨文化传媒集团，以西藏会展中心、拉萨市群众文化体育中心为依托，推动会展业、体育产业健康发展，加快形成文化产业多元化发展格局，形成推动经济发展新的增长点。文化产业占GDP的比重达到3.5%。

（四）以项目建设为支撑，着力扩大有效投资

——切实发挥国家投资的“四两拨千斤”作用，加大引入社会资本投入力度，积极扩大有效投资，力争全社会固定资产投资达到569亿元。一是拓宽融资渠道。主动向自治区衔接汇报，力促落实“十二五”规划项目全部投资，积极争取提前启动“十三五”规划部分项目，争取国家投资较上年有所增长；紧扣经济社会发展阶段性任务，遵循市场化原则，充分发挥城投公司、置地公司融资平台作用，盘活资源，及时向银行推介一批基础设施、净土健康产业和民生改善等重点领域项目，争取金融机构的大力支持。创新重点领域投融资机制，充分发挥社会资本特别是民间资本的积极作用，鼓励和引导社会资本进入城市基础设施、交通、水利、社会事业等领域，服务全市生产力布局。招商引资实际到位资金244亿元，增长18%。二是扩大投资规模。狠抓在建项目进度，敦促项目责任单位利用冬季停工期，抓紧协调落实项目投资，积极创造用工、用料、用电和用水等建设条件，促使按期复工拉萨教育城、拉萨市污水处理厂二期等项目；加速推进柳东大桥等项目新开工，拉动投资较快增长；做深项目前期工作，以思路促规划、以规划带项目，加大前期经费投入，着力在深、细、实上下功夫，确保纳金水厂等一批“十三五”规划项目达到报批条件。高起点谋划大庆项目，积极衔接自治区统筹投资。三是创新管理方式。加快转变职能，把对项目审批转为事中、事后的监管，充分发挥拉萨市政府投资项目评审中心的咨询服务作用，坚持项目决策规则和程序，提高政府投资科学化、民主化水平。严格落实项目“五制”要求，加强工程安全生产管理，规范投资项目活动。进一步提高招投标代理机构的服务质量，规范政府投资项目的招投标行为。强化投资运行的监测分析，建立投资风险预警和防范体系。加强投资统计工作，稳步推进投资统计方法改革，及时、准确、全面地反映全市固定资产投资存量，为投资宏观调整提供科学依据。

（五）以增强自我发展能力为目的，着力深化改革开放

——围绕解决发展面临的突出问题，加快推进经济体制改革，构建开放型经济新体制。一是大力

推进国有企业改革。理顺国有资产监管体制机制，逐步建立和完善国资监管制度体系，坚持政企分开、政资分开、所有权与经营权分离和权力、义务、责任相统一以及管资产和管人、管事相结合的原则，筹备组建拉萨文化传媒集团，研究制定《拉萨市国有资产监督管理办法》。二是支持非公经济健康发展。积极研究非公经济发展的各项政策，全面贯彻落实《拉萨市关于加快推进非公经济跨越式发展的意见》，继续落实好支持非公有制经济发展的税收政策，引导和鼓励非公有制资本参与园区建设发展。三是深化金融财税体制改革。健全金融服务网络，组建地方金融机构，稳步推进机构网点建设；积极争取各级党政机关和相关部门的大力支持，引导和协助地方保险机构来拉萨设立分公司；完善大灾风险分散机制，探索建立巨灾保险制度；清理规范财政支出挂钩事项，逐步取消“三农”、教育、科技、文化等重点支出同财政收支和GDP的总量及增幅挂钩的机制。四是构建开放型经济体制。认真落实对口援助工作20周年座谈会精神，积极加强与北京、江苏对口援藏省市的联系，大力实施经济援藏、教育援藏、就业援藏、科技援藏、干部人才援藏，不断提高对口支援工作水平。

（六）以完善城镇功能为载体，着力推进新型城镇化发展

——以人口城镇化为核心，以提升产业支撑力和综合承载能力为支撑，有序推进农牧区转移人口市民化，走城镇群和小城镇协调发展的新型城镇化道路。城镇化率比上年提高1个百分点。一是坚持统筹规划、合理布局、完善功能、以大带小的原则，在充分考虑空间开发适宜性基础上，牢牢把握地域、民族和时代要素，优化行政区划设置，着力构建以城镇群为主体形态、特色小城镇为重要支点的城镇空间发展格局。二是完善公共服务供给，提高农牧业转移人口的社会福利和保障，推进基本公共服务向常住人口全覆盖。统筹布局学校、医院、文化设施等公共服务设施，开工建设拉萨医院、柳梧新区幼儿园、拉萨市荣军院、城关区统建社区棚户区和墨竹工卡县五保户供养服务中心，提高城镇基本公共服务水平。三是坚持“以城聚产、以产兴城”的产城深度融合，统筹产业规划和城市规划，提高农业产业化水平，打造国际旅游目的地形象，积极培育新兴产业，以工业化和城镇化带动农业现代化，促进生产要素在城乡间的自由流动。努力打造宜居环境，推动房地产业持续快速发展，房地产投资规模增长15%以上。四是充分发挥城市空间的关联效益，加大航空、铁路、公路建设力度，优先发展城市公交，加快推进拉萨机场、城市轨道交通项目的前期工作，开工建设北环路、拉墨铁路专线，改善城镇对外交通条件，加快推进区域内交通一体化。加快完善市政道路、供排水以及应急防灾能力等公共设施，开工建设东城区市政道路、拉萨市污水处理厂二期排水管网、当雄县城集中供热，努力构建安全高效的市政公共设施网络，增强城镇综合承载能力。力争城市基础设施新开工项目16个以上，投资规模达到60亿元以上。

（七）以创模成功为契机，着力优化发展环境

——以生态文明建设为引领，以“环境立市”为抓手，以成功创建“国家环保模范城市”为契机，促进污染总量持续减排、环境质量持续改善、环境风险持续降低、环境优化发展持续显现。一是优化生态环境。健全完善生态文明制度，统筹推进国家生态安全屏障保护工程，加强环保能力建设和环保人才配置，组建拉萨生态园林建设投资有限公司，严格落实环评和“三同时”制度，做到源头防范、过程严管、后果严惩。二是完善环境治理制度。深入开展环保专项行动，加强对规划和项目环评、重点建设项目环境监理、排污收费情况的稽查。加大竣工项目环保验收力度，重点加强矿产资源开发利用监督整治力度，把好生态环境关、产业政策关、资源消耗关，严禁“三高”项目进驻。续建垃圾填埋场二期、生活垃圾填埋场综合整治等项目，开工建设拉萨河生态功能保护区一期、拉萨周边湿地保护区和餐厨垃圾处理厂等项目，力争落实环资类项目投资6.6亿元。三是抓紧“树上山”，因地制宜植树造林，实施南北山和拉萨河流绿化工程，完成造林面积8.87万亩。抓好“河变湖”，深入推进拉萨河（城区段）综合整治工程，开工建设2 #闸、4 #闸，着力打造沿河景观带。抓实“暖入户”，做好安全运营工作，建立健全供暖后期管理长效机制。

（八）以新常态为引领，着力精心编制“十三五”规划纲要

——做好“十三五”规划编制工作，要主动适应新常态，努力做到观念上、认识上、方法上适应新常态，紧紧抓住规划编制的关键环节和重点领域，加强调查研究，强化规划深度，规范编制程序，切实提高规划编制的有效性。一是立足规划统领，做优总体规划。在研究重点调研课题的基础上，紧紧围绕促

进经济转型和创新发展模式，按照全市国民经济和社会发展的实际情况，科学确定总体思路，制定战略性、纲领性和综合性的总体规划。二是立足项目支撑，做实项目谋划。要从长远发展角度出发，谋划出高质量、高水平项目，要有充分论证，做深前期调研，形成最终上报项目，确保谋划项目质量，争取更多的规划储备项目纳入国家、自治区层面规划。三是立足细化落实，抓好做精行业专项规划。切实增强专项规划的针对性和可操作性，避免在空间布局、约束性指标方面相互冲突，科学合理编制农牧发展、工业和信息化、旅游、商务等专项规划。四是加强衔接沟通，确保编制质量。要与自治区各总体规划和专项规划相衔接，用改革的精神、创新的观念、法治的思维，保证“十三五”规划质量，确保经得起历史和实践的检验。

（九）以改善民生为出发点，着力全面发展社会事业

——坚持守住底线、突出重点、完善制度、引导舆论的思路，更加注重保障民生，提升基本公共服务均等化水平。一是鼓励创业带动就业。加强创业指导和服务，鼓励引导高校毕业生自主创业，探索“四业工程”与职业教育相结合，提高拉萨市第一和第二中等职业技术学校的培训质量，提升本地劳务品牌知名度，实现创业促进就业的倍增效应。城镇新增就业人数达到1.5万人，动态消除零就业家庭。二是提升社会保障水平。健全完善覆盖城乡居民的社会保障体系，逐步提高城乡居民最低生活保障标准，切实加大孤寡老人集中供养力度，五保户意愿集中供养率达到100%。完善定点医疗机构费用审核结算办法，维护医疗保险基金安全。加强养老金社会化发放管理，确保僧尼、城镇职工和居民、离退休人员老有所养。以非公有经济组织和灵活就业人员为重点，继续做好社会保险扩面征缴工作，实现城乡居民养老保险全覆盖。三是完善住房保障体系。全力抓好干部职工周转房、保障性住房建设和棚户区改造，进一步健全符合拉萨实际的住房保障供应体系。积极稳妥推进保障房准入和退出动态管理机制，实行廉租、公租、周转房“三房并轨”运行，提高保障房的入住率和投资效益。四是提升基本公共服务均等化水平。优先发展教育，深化教育教育体制改革，加快建设教育城，提升教育教学质量，调整优化学校布局，推进教育均衡发展。完善科技创新机制，扎实开展拉萨国家创新型城市建设各项准备工作，启动拉萨市企业工程技术研究中心，继续推进净土健康食用菌产业发展，开展科技特派员工作，增强科技服务经济社会水平。提升医疗服务，以县级公立医院改革为重点，继续深化医药卫生体制改革。夯实卫生基础设施，继续推进全民体检，完善先心病救治长效机制，加大重大传染病、地方病防治，提高公共卫生突发事件应急处置能力。抓好扶贫开发工作。坚持政策扶贫、项目扶贫、产业扶贫、社会扶贫、智力扶贫，实施30个扶贫项目，减少贫困人口2万人。

各位代表，经济社会发展改革任务光荣而艰巨，让我们在市委的坚强领导下，在市人大的有力监督下，深入贯彻落实科学发展观，贯彻落实党的十八届三中、四中全会以及区、市经济工作会议精神，大力实施“六大战略”，牢记使命，攻坚克难，团结进取，务实工作，为建设美丽家园幸福拉萨做出新的更大贡献！

拉萨市2014年财政预算执行情况和2015年财政预算（草案）的报告

在拉萨市第十届人民代表大会第五次会议上

（2015 年 1 月 13 日）

拉萨市财政局

各位代表：

受拉萨市人民政府委托，现将拉萨市 2014 年财政预算执行情况和 2015 年财政预算草案提请拉萨市十届人大五次会议审议，并请拉萨市政协各位委员提出意见。

一、2014 年财政预算执行情况

2014 年是全面贯彻落实党的十八届三中全会各项改革部署的第一年，也是实施“十二五”规划承前启后的关键一年。全市各级财政部门在市委的正确领导下，在各级人大的监督指导下，牢牢把握发展大势，坚持稳中求进的工作总基调，深化财政体制改革，创新工作思路和方式，全面落实稳增长、调结构、促改革、惠民生、保稳定、防风险等一系列政策措施，全力推进拉萨经济社会平稳较快发展，为顺利完成全年目标奠定了坚实基础，财政预算执行情况良好。

（一）2014 年预算执行总体情况

拉萨市十届人大四次会议批准的 2014 年度全市预算总财力为 121.18 亿元，其中：公共财政预算财力 113.87 亿元；政府性基金预算财力 7.31 亿元。

在年度预算执行过程中，根据财力变化情况，经市十届人大常务委员会第 18 次会议批准，全市总财力调整为 168.69 亿元，财政支出预算调整为 168.69 亿元。全市公共财政收入预算调整为 87 亿元，其中：公共财政收入预算 62 亿元；政府性基金收入预算 25 亿元。

经初步结算，2014 年全市公共财政结算总财力预计达到 169.54 亿元，比上年增加 37.55 亿元，增长 28.45%，比年初预算总财力 113.87 亿元增加 55.67 亿元，增长 48.89%，比经市十届人大常务委员会第 18 次会议批准的调整预算 168.69 亿元增加 0.85 亿元，增长 0.51%，其中：

上级财政补助收入 104.68 亿元，比上年增加 22.85 亿元，增长 27.93%。

公共财政预算收入达到 64.79 亿元，比上年增加 14.63 亿元，增长 29.17%（其中：税收收入 50.75 亿元，占总收入的 78.33%；非税收入 14.04 亿元，占总收入的 21.67%）；经济技术开发区收入达到 18.22 亿元，柳梧新区收入达到 7.4 亿元，除尼木县外，城关、堆龙、墨竹、达孜、曲水、当雄、林周等全市 6 县 3 区财政收入均上亿元。

全市公共财政决算支出预计达到 169.49 亿元，比上年增加 37.57 亿元，增长 28.48%，收支相抵后，净结余 500 万元。预计年内可实现收支平衡。

全市政府性基金预算收入完成 25.54 亿元，政府性基金预算支出完成 25.46 亿元，结余 800 万元。其中：市级政府性基金收入完成 15.19 亿元，政府性基金支出 15.19 亿元。

以上预计执行数与最终决算数将会有一些变化，待全市财政收支决算正式编制完成并经区财政厅审核批复后，将专题向市人大常委会报告。

（二）2014 年财政主要工作

1. 落实财政支农政策，促进农牧业持续发展。2014 年，全市农林水支出达到 121299 万元，比上年增加 26400 万元，同比增长 27.82%，一是大力支持农村基础设施建设，稳步推进社会主义新农村建设。整合资金 9213 万元，继续推进“八到农家”工程，完成 45 个行政村人居环境建设和环境综合整治。落实农田水利建设补助资金 5300 万元，实施 6 个小型农田（牧区）水利、6 个山洪灾害防治和 2 个乡村堤防建设项目。落实资金 23156 万元，实施 3 万亩土地开发项目和高标准农田建设项目。二是全面落实财政补贴政策，拓宽农牧民增收渠道。落实生产补贴资金5730万元，用于农作物和牲畜良种、农机具购置、粮食直补、农资综合补贴等。落实资金5858万元，培训农牧民12822人次，农牧民技能培训的针对性和实效性得到显著增强。落实资金1044万元，用于农业病虫害防治和生产救灾能力建设。落实保费补贴资金400.72万元，大力推进政策性涉农保险工作。三是加大农业综合开发力度，提升农牧业产业化经营水平。落实农业综合开发资金13779万元，实施6个土地治理和15个产业化经营项目。投入资金5000万元，大力支持净土健康产业发展。整合资金3100万元，大力扶持现代农业示范区和高原特色农牧业发展，建设蔬菜温室大棚和净土健康产业园。四是突出扶贫重点，深入推进财政扶贫工作。落实财政扶贫专项资金17142万元，实施整乡推进、产业扶贫、面上扶贫及以工代赈项目98个。五是规范农村土地管理，促进农业可持续发展。落实资金328.1万元，推进全市农村宅基地确权登记发证工作，启动农村集体土地所有权确权登记发证工作。

2. 突出项目带动作用，优化项目建设环境。充分发挥投资拉动作用，全市基建投资到位395759.37万元，其中：自治区财政317478.5万元、拉萨市财政78280.87万元。主要用于供暖工程、既有建筑节能改造、彭波灌区建设、次角林等景区旅游基础设施建设、“六城同创”、城市棚户区改造、公租房（周转房）建设、市政道路建设、冲赛康保护及展示工程、曲水聂当工业园污水处理工程建设、曲水县才纳乡小城镇基础设施建设、寺庙通水等，全市交通、水利、能源、通信、教育等基础设施建设取得重大突破。

3. 坚持扶优扶强原则，推动特色产业发展。积极支持节能环保型产业和净土健康产业，把资源和生态优势转化为推动拉萨经济社会发展的现实动力。整合本级财政资金2000万元，扶持中小企业、非公经济等特色优势产业27个；落实自治区资金5409.25万元，扶持企业项目36个。通过贴息、投资入股、以奖代补、设立基金等方式，扶持企业和产业发展，提高资金使用效率。2014年，落实招商引资工作经费230万元，成功举办9场招商引资活动。落实资金554.33万元，建设了展示馆并成功举办了首届藏博会，为本地企业走出去，外地企业引进来搭建平台。

4. 坚守生态保护底线，构建高原生态屏障。积极争取国家支持，落实资金2200万元，继续实施草原生态保护奖励机制。认真执行林业生态保护政策，落实资金416.22万元，在8个县实施森林生态效益补偿机制，国家重点公益林管护面积达到7440万亩。落实资金1338.16万元，继续支持退耕还林、天然林保护、重点区域造林、防沙治沙等工作开展。落实资金1055.82万元，开展水生态、湿地保护试点工作，保护水环境及生物多样性。落实南山绿化造林资金5000万元，加快推进“树上山”项目落实。落实市级造林资金2400万元，实施义务植树造林、烈士陵园、太阳岛绿化等项目。投入资金14000万元，加强城市维护管理，提升城市品位。落实资金23652万元，推进清洁能源建设，对城镇居民实施供暖补贴，推进城镇和农村水源地保护、污水处理、重金属污染防治及地质灾害治理等项目实施。

5. 完善社会保障制度，着力保障民生改善。积极筹措资金，办好社保、教育、医疗卫生等民生实事。2014年，全市社会保障和就业支出79874万元，比上年增加22200万元，增长38.49%，一是完善社会保险政策体系。连续第十年提高标准，企业退休职工养老保险基本养老金待遇达到月人均3320元。新型农村社会养老保险基础养老金从月人均105元提高至120元，实现城乡居民社会基本养老保险制度一体化。城镇居民基本医疗保险财政补助标准从人均300元提高至340元。完善工伤保险政策，将所有公务员和参照公务员法管理的事业单位、社会团体的工作人员纳入工伤保险保障范围。全民意外伤害保险政策平稳实施。二是完善社会救助政策体系。自治区年内两次提高城乡居民最低生活保障标准，城镇低保标准从月人均440元提高至540元，拉萨市在自治区提高城乡居民低保补助的基础上，再次提高标准50元/人/月，城镇居民低保标准达到590元/人/月，高于自治区标准50元/人/月。农村低保标准从年人均1750元提高至2150元，拉萨市在自治区提标的基础上再次提高标准100元/人/年，达到年人均2250元，高于自治区标准100元/人/年。农村五保户供养标准从每人每年2600元提高至3650元，拉萨市在自治区标准基础上再次提标，达到4620元/人/年，高于自治区标准970元/人/年。适时启动社会救助和保障标准与物价上涨挂钩联动机制，惠及城乡困难群众43000余人。继续为低收入群体发放“三大节日”一次性生活补助。加快推进五保集中供养和孤儿集中收养工作，落实资金10024.47万元，实施全市6个县（区）五保集中供养机构建设。

加强自然灾害救助工作，落实救灾储备物资资金及管理经费266.5万元；落实冬春自然灾害救助资金100万元，解决受灾群众基本生活困难问题。三是积极扩大就业。完善就业惠民政策，落实就业再就业专项资金615万元，支持高校毕业生到农牧区、企业工作，鼓励自主择业和自主创业，拉萨籍应届高校毕业生实现全就业。落实资金9813.28万元，确保全市4461个公益性岗位的工资及社保补贴支出。四是全面深化收入分配体制改革。住房按月补贴和住房公积金政策平稳运行。进一步提高标准，村支部书记主任、其他村干部的基本报酬和业绩考核奖励补助标准从年人均9126元、4568元分别提高至10404元、5208元，在自治区标准基础上，拉萨市对村（居）委书记主任补助4600元，村（居）委副书记副主任补助3400元、其他村干部补助2200元，村（居）干部误工补贴达到全区标准最高。将“三老”人员生活补助标准提高50元；干部职工取暖期内补贴标准从每月220元提高至250元。投入资金5800万元，配套干部职工住房公积金。五是推进公交事业发展。投入资金11550万元，加大公交车运营补贴，购置76辆新公交车。六是做好社会优抚安置工作。落实资金4554万元，确保自主择业军队转业干部、军队移交地方安置离退休人员、退伍义务兵的安置所需支出。

6. 支持社会事业发展，提升公共服务能力。一是大力支持教育优先发展。2014年，全市教育支出250125万元，比上年增加56525万元，增长29.2%，进一步提高“三包”经费保障标准，达到年生均2900元，惠及9.1万农牧民子女及城镇困难家庭学生。落实资金2063万元，实现义务教育农牧民子女营养改善计划全覆盖，惠及5.26万多名义务教育阶段农牧民子女学生。加快学前教育发展，落实资金12880万元，着力加强学前教育学校设备建设、配备及配套设施建设。落实资金11320万元，加快农村义务教育薄弱学校改造，高寒高海拔中小学“四有工程”全面完成。大力支持职业教育和特殊教育发展。二是大力支持医疗卫生事业发展。2014年，全市医疗卫生支出46090万元，比上年增加8128万元，增长21.41%，继续执行城乡居民和寺庙僧尼免费体检政策。提高医疗经费保障标准，农牧区医疗制度财政补助标准从年人均340元提高至380元，村医、兽医待遇标准从月人均300元提高至600元，基本公共卫生服务经费标准从35元提高至45元。先心病儿童筛查治疗常态化机制基本建立，疾病预防控制、妇幼卫生保健、食品安全监管等工作有序开展。三是基层文化建设进一步加强。2014年，全市文化体育与传媒支出21000万元，比上年增加7843万元，增长59.61%，安排文化产业项目10个，对民族手工业创新产品研发、原生态歌舞等项目进行了重点扶持。落实资金3612万元，加大重点寺庙和文物保护力度，鼓励非物质文化遗产的保护、传承与开发。支持广播电视事业发展，支持拉萨题材的文艺、影视作品创作，促进优秀文化作品走向荧幕。加大群众体育投入，组织CBA拉萨行活动，举办拉萨市首届篮球联赛，促进群众身体素质全面提升。

7. 推进人才强市战略，支持科学技术推广和人才引进。2014年，全市科技支出5544万元，比上年增加2726万元，增长96.74%，落实资金1380.74万元，加大应用技术研究与开发投入，开展农业科技成果转化、推进净土健康产业研发等工作。落实科技特派员生活补助资金293.5万元，充分调动农牧科技特派员的积极性。落实科普专项资金69.2万元，支持科学技术宣传教育与引导。落实资金2138万元，建立乡镇机关事业单位干部职工生活补贴制度，鼓励基层干部职工安心工作。落实资金250万元，加强师资培养，提高教师教学水平。落实资金370万元，加大乡村医护人员培训力度，提升乡村医护人员的服务水平。

8. 加强创新寺庙管理，落实利寺惠僧措施。落实爱国守法先进僧尼表彰经费，进一步引导广大僧尼提升爱国热情和法律意识。落实资金，对开展民族团结的先进集体和个人予以表彰。确保全市维护稳定支出，以支持城镇网格化管理、社会化服务为方向，健全维护稳定投入机制。落实“从优待警”政策，建立基层公安民警生活补助制度，完善辅警员待遇动态增长机制。全力支持强基惠民活动，落实强基惠民专项资金12075万元，确保了办实事、队员生活补贴及短平快项目实施的经费需求。支持“双联户”创建评选及表彰活动开展。妥善处置“8·09”、重特大交通事故善后工作，按照“两限一警”政策要求，落实资金保障旅游、客运、道路班线安全运营。

9. 加强财政制度建设，深化财税体制改革。加强政府全口径预算管理，明确四大预算的收支范围，探索建立将政府性基金和国有资本经营预算资金与一般公共预算的统筹机制。加强人员编制和资产管理，完善人员编制、资产管理与预算管理的衔接机制。规范结余结转资金管理，建立结余结转资金定期清理机制和预算编制与结余结转资金管理相结合的机制。开展国有资本经营预算和社保基金试编工作。进一步深化国库集中收付制度改革，推进资金支付电子化改革试点和财政票据电子化改革，公务卡改革和财税库银横向联网工作进展顺利。进一步完善预算执行动态监控机制。加强拉萨市级财政国库现金管理，清理收回财政借（垫）款、基本建设结余资金和预算单位应缴未缴收入及结余资金。全面规范税收优惠政策，配合财政部开展所得税专项检查工作。稳步推进“营改增”试点工作。加强政府债务管理，做好政府存量债务甄别工作，切实防范化解财政风险。

10. 严格执行财经纪律，控制和压缩一般性支出。依法行政，依法理财，自觉接受人大监督和社会各界的监督。规范理财行为，严格按照规范的程序和要求编报预决算，按规定用途拨付和使用财政资金，确保财政资金安全有效。严肃财经纪律，完善财政监管与内控机制，加大对财政资金的监督检查力度。牢固树立过紧日子的思想，严格执行中央八项规定、自治区约法十章和市委八项要求，大力压缩一般性支出，“三公”经费比上年压缩了22.1%，推进预算公开工作，在全市10家单位开展了预决算公开试点工作。绩效评价工作进一步推进。在每县（区）推进了1–2个绩效评价试点项目，并加大了对项目绩效评价结果的运用力度。

在肯定成绩的同时，我们也清醒地认识到，拉萨市财政预算管理仍存在一些矛盾和问题。一方面，受国内经济发展阶段性调整的影响，经济运行下行压力加大，政策性减收因素增多，加大了财政组织收入的难度，这一“新常态”将在相对长的一段时间内持续显现，财政收支矛盾依然十分突出；另一方面，预算管理和控制方式仍需完善，跨年度预算平衡机制尚未建立，预算约束力有待增强，预算资金的使用绩效有待提高，财经纪律仍有待加强。三是在组织收入，寻求新的经济增长点方面，办法不多、措施不足。我们要进一步采取措施，优化财政支出结构，改进和加强预算管理，严肃财经纪律，确保财政资金安全高效使用。

二、2015年财政预算草案

根据新《预算法》《国务院关于编制中央预算和地方预算的通知》（国发〔2014〕54号）的规定和要求，结合拉萨市实际，认真编制完成了2015年拉萨市财政预算草案。

（一）预算编制指导思想

高举中国特色社会主义伟大旗帜，坚持以邓小平理论、“三个代表”重要思想、科学发展观为指导，全面贯彻落实党的十八大和十八届三中、四中全会精神，贯彻落实习近平总书记系列重要讲话精神，特别是“治国必治边、治边先稳藏”的重要战略思想和“努力实现西藏持续稳定、长期稳定、全面稳定”的重要指示，贯彻落实俞正声主席“依法治藏、长期建藏、争取人心、夯实基础”的指示要求，贯彻落实中央第五次西藏工作座谈会、中央经济工作会议和区、市经济工作会议精神，坚持稳中求进工作总基调，主动适应经济发展新常态，不断深化改革创新，促进经济发展方式转变。按照“保运转、保民生、保增长、保稳定”的工作要求，突出“六大战略”，优化财政支出结构，加大“三农”、教育、社会保障和就业、医疗卫生、文化、科技、节能环保、公共安全、强基惠民、创新寺庙管理等重点环节、重点工作和关键领域的投入。从严控制一般性支出，严肃财经纪律。深化财税体制改革，健全政府预算体系，完善预算管理各项制度，加大预算统筹力度，切实推进预算公开透明。加强地方政府性债务管理，切实防范财政风险，促进经济持续健康发展。

（二）预算编制基本原则

1. 预算安排总体坚持量入为出，收支平衡。预算支出安排充分考虑财力可能，按照轻重缓急的顺序，优先考虑刚性及重点支出需求，确保年初预算编制收支平衡，不编赤字预算。

2. 收入预算安排坚持实事求是，积极稳妥。收入预算安排充分考虑国家及自治区政策调整因素，结合预算执行情况，既保证一定增幅，又确保与全市经济社会发展实际相适应。

3. 支出预算安排坚持勤俭节约，统筹兼顾。支出预算安排坚持有保有压、重点突出。按照《中共中央国务院〈关于印发厉行节约反对浪费条例的通知〉》精神，一方面，牢固树立过紧日子思想，严格控制各部门、各单位的机关运行经费和楼堂馆所等基本建设支出，“三公”经费在上年基础上压缩5%，另一方面，将财力更多地向“三农”、教育、社会保障和就业、医疗卫生、文化、科技、节能环保、维护稳定等重点领域倾斜，全力做好强基惠民、维护稳定、促进就业等重点工作的资金保障。三是进一步严肃财经纪律，完善财政监管与内控机制，加大对财政资金的监督检查力度。强化预算管理，提高预算执行的严肃性。

4. 预算编制工作力求全面完整，讲求绩效。将政府的收入和支出全部纳入预算管理。及时将自治区对下转移支付提前告知县区财政，将资金尽可能地落实到具体项目和单位。取消教育、科技、支农投入与其他指标的挂钩机制，以项目执行、使用方向、支出标准等为审核依据，据实安排项目支出预算。加大结余结转资金统筹力度，结合预算执行情况，统筹安排预算支出。继续强化部门预算执行主体责任，推进预算绩效管理工作，提高财政资金使用效益。

（三）2015 年预算安排总体情况

1. 公共财政预算财力情况

2015 年全市总财力安排 1612968.05 万元，比上年增加 401092.73 万元，增长 33.1%。其中：公共财政预算财力为 1397968.05 万元，比上年预算增加 259202.73 万元，增长 22.76%。政府性基金预算财力为 215000 万元，比上年增加 141890 万元，增长 194.08%。

2. 公共财政财力情况

（1）公共财政预算收入安排。2015 年公共财政收入预算安排考虑了以下因素：一是经济发展新常态下蕴含新的机遇，拉萨市从投资机会、消费需求增长、首府城市区位优势、拉萨市特有的资源禀赋、中央对西藏差异化的区域优惠政策、产业政策、税收政策等方面具有独特优势，拉萨市过剩产能少、结构调整阵痛低、减排压力小等，确定了拉萨市后发优势突出；二是根据新《预算法》要求，以后年度各级财政的超收收入不得在当年安排支出，只能用于弥补赤字或补充预算稳定调节基金；三是根据《西藏自治区企业所得税政策实施办法的通知》（藏政发〔2014〕51 号），2015 年～2017 年暂免征收我区企业应缴纳的企业所得税地方分享部分。四是国务院《关于清理规范税收等优惠政策的通知》（国发〔2014〕62 号），将进一步清理规范税收优惠政策。为进一步增强预算的科学性，缩小预决算差异，在安排 2015 年公共收入预算时，既考虑了一次性收入和政策性减收等因素，又考虑了拉萨市新经济增长点带来的后发优势，在 2014 年预计完成情况的基础上考虑了一定增长幅度，确保收入预算安排与拉萨市经济社会发展相适应。

按市委、市政府确定的 15% 增长比例测算，剔除 2014 年收入中不可比因素，2015 年收入预算安排为 50 亿元，同口径比较，增长 15%。

公共收入预算安排分级情况为：市本级为 125000 万元，按照决算可比口径计算，增加 17920 万元，增长 16%；县（区）为 375000 万元，按照决算可比口径计算，增加 47294 万元，增长 14%。

（2）自治区补助收入。2015 年，自治区补助收入为 897968.05 万元，比上年增加 179202.73 万元，增长 24.93%。主要有：税收返还 204520 万元，增加 94500 万元；体制补助 15708.4 万元；均衡性转移支付 150689 万元，增加 22459 万元；调整工资转移支付补助 75370.21 万元，增加 1151.76 万元；农村税费改革转移支付补助 2357.41 万元，增加 349.03 万元；县级基本财力保障机制奖补资金 3935 万元；重点生态功能区转移支付 4041 万元；其他一般性转移支付补助 149382.67 万元，增加 6622.12 万元；专项转移支付 291964.36 万元，增加 54417.82 万元，主要是自治区财政安排的公共安全、教育、文化、社会保障、医疗卫生、农林水、交通运输等专项转移支付资金。

（3）公共财政支出情况：

①拉萨市本级财力及支出安排

2015 年，市本级预算财力安排 407722.36 万元，比上年增加 67541.42 万元，增长 19.85%，占全市财力的比重为 29.17%. 市本级预算支出安排 407722.36 万元，比上年增加 67541.42 万元，增长 19.85%。

②县（区）财力及支出安排

2015 年，县（区）预算财力安排为 990245.69 万元，比上年增加 191661.31 万元，增长 24%，占总财力的比重为 70.83%。增加的主要因素有：县（区）公共收入预算安排 375000 万元，比 2014 年预算增加 80000 万元；自治区转移支付安排 615245.69 万元，增加 126661.31 万元，增长 25.92%。县（区）支出预算安排 990245.69 万元，比上年增加 191661.31 万元，增长 24%。

③ 政府性基金预算收支安排情况

2015 年，全市政府性基金预算财力为 215000 万元，政府性基金预算支出安排 215000 万元。其中：市本级政府性基金预算财力 180000 万元，政府性基金支出预算 180000 亿元。市本级政府性基金预算支出中安排征地拆迁补偿资金 9.48 亿元、保障性用房建设配套资金 2 亿元，偿还市发改委存量债务资金 1.5 亿元，城市基础设施建设支出 1 亿元，土地开发支出 3.5 亿元、规划编制经费 3200 万元、土地出让业务费 2000 万元。

（4）2015 年市本级预算安排的重点：

市本级安排的 407722.36 万元支出中，除优先保证人员工资发放和行政事业机构的正常运转外，重点支持全市各项中心工作有效开展，支持全市经济社会协调可持续发展，支持各项民生政策全面落实。

①加大基层组织经费投入，支持党建统市战略实施。安排资金 10300 万元，其中：强基惠民项目资金 3000 万元，强基惠民扶贫直通车资金 2000 万元，强基惠民生活补助资金 1700 万元，继续保障强基惠民工作的各项资金需求。安排优秀人才引进资金 1000 万元；安排精神文明建设资金 300 万元；安排党建工作经费 300 万元。安排资金 2000 万元，比上年增加 1000 万元，增长 100%，进一步提高村干部误工补贴标准，实施村（居）干部商业养老保险，提高村（居）运行经费。

②加大节能环保投入，支持环境立市战略实施。2015 年计划安排城乡社区建设及环境保护等支出 29000 万元，比上年同期增加 13000 万元，增长 81.25%。其中：安排城市维护经费 8000 万元；安排城市环境提升项目资金 5000 万元；安排"六城同创"资金 3000 万元；安排南山绿化经费 9000 万元，比上年增加 4000 万元，增长 80%. 大力支持城市绿化、美化、亮化，城市道路维护，城市交通标志标线维护，生活垃圾焚烧处理；加快推进拉萨周边和南北山、主干交通道路绿化建设，支持生态园林城市创建，进一步加强环境保护，建立拉萨生态屏障。

③加大社会事业投入，支持文化兴市战略实施。一是坚持教育优先发展。安排市级教育配套资金 22000 万元，继续推进教育城建设、加快学前教育和职业教育发展，加快义务教育薄弱学校改造，继续实施"三包"等教育优惠政策，继续关心关爱援藏教师生活。二是安排文化事业发展投入 6000 万元（其中：文化事业发展资金 3000 万元、文化产业发展资金 3000 万元）。提升拉萨特色文化的产业化水平，加大对非物质文化遗产传承开发和重点文物、寺庙的保护投入，鼓励文化创作。加快农村文化事业发展，继续实施文化体育场馆免费开放政策。加快县级有线电视数字化推广进程，增强基本公共文化服务保障水平。三是安排科技专项资金 1500 万元，比上年增加 500 万元，增长 50%。加大应用技术研究与开发、科学普及投入，促进科技创新与成果转化。

④加大产业扶持力度，支持产业强市战略实施。安排支持企业改革发展资金 8940 万元，其中：安排净土健康产业发展资金 5000 万元；安排企业改革发展扶持资金 1500 万元；安排非公经济发展资金 500 万元；安排商贸流通业发展资金 100 万元、安排工业企业奖励资金 100 万元；新增安排天然饮用水产业发展资金 100 万元。安排招商引资资金 400 万元、安排旅游发展资金 1000 万元、安排纳税大户奖励资金 240 万元。扶持特色优势产业发展，推动拉萨市新型工业化进程。

⑤加强民生资金投入，支持民生安市战略实施。计划投入专项资金 5.6 亿元，加强民生建设，重点实施教育、医疗、社会保障等民生政策，持续增进民生福祉，促进基本公共服务均等化。一是完善社会保障制度，确保城乡各项社会保险制度平稳运行。安排各项社会保险补助资金 2065 万元。其中：养老保险 600 万、城镇居民养老保险 100 万元、新型农村养老保险 400 万元、失业保险 160 万元，生育保险 250 万、工伤保险 285 万元、干部职工意外伤害保险资金 270 万元。二是健全社会救助和社会福利制度，让更多的特困群体享受改革成果。安排社会救助和社会福利投入 4875 万元。其中：城镇低保资金 2100 万元、农村低保资金 600 万元、孤儿生活补贴 290 万、高龄老人健康补贴 225 万、全民健康免费体检 1400 万元，军转干部取暖费 160 万元，物价联动机制价格补贴 100 万元。2015 年拟对城镇居民最低生活保障标准在自治区基础上每人每月再提高 50 元，农村低保标准在自治区基础上每人每年再提高 100 元。继续实施集中和散养孤儿生活补贴在自治区标准基础上每人每月增加 100 元。完善社会救助和保障标准与物价上涨挂钩的联动机制。建立经济困难的高龄、失能等老年人补贴制度和贫困残疾人生活及重度护理补贴制度，推动实现基本养老服务均等化，切实保障残疾人权益。三是全面落实各项就业优惠政策。安排政府购买公益性岗位补助资金 2000 万元。四是继续深化收入制度改革。安排资金 7500 万元，落实住房公积金政策。五是加大市场风险应急准备投入。安排实施民生项目资金 1000 万元，物价调节基金 1000 万元，积极应对市场风险。六是支持城市公共交通发展，安排公交车运营补贴资金 9800 万元，比上年增加 1800 万元，增长 22.5%。七是加快医药卫生体制改革进程，促进基本公共卫生服务均等化。安排医疗卫生专项资金 10960 万元，增加 1280 万元，增长 14.36%，安排职工医疗保险补助资金 9960 万

元、城镇居民医疗保险资金300万元、城乡医疗救助资金600万元、新型农村合作医疗100万元。

⑥加大维护稳定投入，支持依法治市战略实施。安排了公共安全专项资金。主要用于：社会治安综合治理、突发公共事件应急处置、消防部队专项经费、普法专项资金、社会矛盾纠纷化解、加强和创新寺庙管理、加强和创新社会治理等方面。

⑦加大强农惠农投入，促进城乡统筹协调发展。安排支农专项资金35151.39万元，其中：一是落实自治区财政安排的支农专项资金19751.39万元。二是安排市本级财政支农投入15400万元，其中：从2014年自治区下达政府债券资金中安排6000万元，继续实施安居工程建设。安排支农专项资金5400万元（其中：农业专项资金3400万元、林业专项资金1000万元、水利专项资金1000万元），进一步完善农牧业政策性补贴政策、实施农机具购置、化肥、牲畜良种、粮食直补、农资综合补贴等农牧业补贴，继续加强林业绿化及水利建设。安排"四业工程"资金4000万元，比上年增加1000万元，增长33.33%，进一步加大农牧民培训，增强农牧民转移就业能力。

⑧加大基础设施投入，夯实经济发展基础。安排基础设施建设投入31148万元。一是安排市本级基本建设投入6000万元。二是落实自治区安排的车辆购置税用于公路建设项目资金12265万元，农村公路养护资金383万元。三是落实自治区城镇主体功能建设资金12500万元，提升城市公共服务和吸纳就业能力。

⑨合理安排预备费。安排市本级预备费14500万元，占本级财力的比重为3.51%。

三、债务偿还情况

（一）2014年债务偿还情况

在拉萨市十届人大四次会议上报告2014年需由政府承担还款责任的债务为6.6亿元，其中：拉萨河城区段综合治理项目2.1亿元、老城区综合整治工程项目3.5亿元，市发改委项目贷款1亿元。

2014年还款情况：拉萨河城区段综合治理项目总投资5.55亿元，其中护岸工程2.6亿元已上报水利部水规总院，力争列入拉萨河干流整治项目国家投资中，其余2.95亿元资金，按照市委74号专题会议纪要精神，由置地投资开发有限公司出资回购。

老城区综合整治工程项目总投资13.21亿元，已落实国家和自治区投资12.35亿元，不足部分0.86亿元由市财政从城镇功能转移支付资金中安排。目前该项目已完成回购工作，所有债务全部清偿完毕。

市发改委贷款余额44974万元，具体为：2007年创建国家园林城市10000万元，2006年拉萨市项目前期工作经费500万元，2005年水利工作前期经费700万元，2008年林廓东路、金珠中路街景改造及药王山绿化5488万元、鲁定北路建设680万元、江苏大道西一路建设421万元、江苏大道征地拆迁3899万元，2006年当热路五条市政道路及管线入地支出23286万元等共计贷款44974万元。2014年市财政局已从政府性基金收入中调剂10000万元用于偿还鲁定北路及江苏大道西一路1101万元，偿还江苏大道征地拆迁3899万元，2008年林廓东路、金珠中路街景改造及药王山绿化3800万元和拉萨市项目前期、水利项目前期经费1200万元。偿还后，市发改委债务余额为34974万元。

（二）2015年债务偿还预算安排

2015年从政府性基金预算中安排1.5亿元，偿还市发改委存量债务。

各位代表，2015年是实施"十二五"规划的收官之年。我们将在市委的正确领导下，自觉接受人大代表的监督，虚心听取政协委员的意见和建议，以高度的责任感、使命感和改革创新精神，切实履行职责，加强协调配合，认真落实各项改革措施，努力推进预算管理制度改革，确保预算圆满完成，为实现2015年经济社会发展目标做出贡献！

专 文

齐扎拉同志在拉萨市深入开展党的群众路线教育实践活动动员大会上的讲话

（2014 年 1 月 23 日）

根据中央和区党委的统一部署，市委今天召开全市党的群众路线教育实践活动动员大会。主要任务是：认真贯彻落实中央和全区党的群众路线教育实践活动第一批总结暨第二批部署大会精神，特别是习近平总书记的重要讲话精神和陈全国书记的动员部署精神，结合拉萨市实际，就深入开展党的群众路线教育实践活动作出安排部署。一会儿，区党委第一督导组组长王亚蔺同志还要作重要讲话，大家一定要认真学习领会、抓好贯彻落实。

下面，我讲三点意见。

一、统一思想，充分认识开展教育实践活动的重大意义

围绕保持党的先进性和纯洁性，在全党深入开展以为民务实清廉为主要内容的党的群众路线教育实践活动（以下简称教育实践活动），是党的十八大作出的重要战略部署，是以习近平同志为总书记的党中央坚持党要管党、从严治党的重大决策。根据中央统一部署，教育实践活动自上而下分两批压茬推进。在第一批教育实践活动中，自治区省级领导班子和省级党员领导干部高度重视、加强领导，把教育实践活动作为一项重大政治任务来抓，陈全国书记模范带头、以上率下，省级党员领导干部主动参与、积极跟进，做到了高标准、严要求，取得了明显成效，为全区教育实践活动的扎实有力开展作出了榜样、树立了标杆。拉萨市秉着不等待、不观望的原则，先行一步、提前介入，从抓学习、抓调研、解民忧、照镜子 4 个方面先行开展相关准备工作，为开展第二批教育实践活动打下了坚实基础。市委教育实践活动领导小组先后召开两次会议、领导小组办公室先后召开 6 次会议研究部署相关工作。突出问题导向，按照“问题不能等到正式开展活动才去改”的要求，在全市范围内开展了历时 40 天的广泛调研，将调研中发现的 237 条问题归纳、梳理为即知即改、限期整改、长期整改三大类，按完成时限、责任主体划分到具体单位，突出抓好了“四风”整改、出租汽车行业整治、保持市场基本生活副食品（牛羊肉、酥油）价格稳定三件大事。深入开展“三进四同三一”活动，组织 589 名县处级以上干部住户 9740 天，为群众办实事好事 1369 件。

1 月 20 日，中央召开了教育实践活动第一批总结暨第二批部署大会，习近平总书记发表了重要讲话。讲话从战略和全局的高度，充分肯定了第一批教育实践活动的明显成效，系统总结了第一批活动的成功经验，深刻阐述了开展第二批教育实践活动的重要性、紧迫性，明确提出了活动的方针原则和目标要求，既高屋建瓴又系统深刻，既求真务实又生动感人，既有理论上的引领又有实践上的指导，具有很强的思想性、针对性和指导性，对于巩固扩大教育实践活动成果、确保活动扎实深入开展、推动党的建设新的伟大工程，具有十分重要的意义。今天上午，区党委召开了全区党的群众路线教育实践活动第一批总结暨第二批部署大会，陈全国书记作了重要讲话，为我们开展好第二批群众路线教育实践活动指明了方向。我们一定要认真学习、深刻领会，从充分发挥拉萨首府城市首位度作用、建设美丽家园幸福拉萨的高度，充分认识开展教育实践活动的重大意义，切实把思想和行动统一到习近平总书记、陈全国书记的重要讲话精神上来，确保拉萨市教育实践活动顺利启动、有序推进、取得实效。

第一，开展教育实践活动，是促进拉萨长治久安的现实需要。拉萨稳则西藏稳，西藏稳则藏区稳。拉萨的稳定事关党和国家工作全局。近年来，全市各级党组织和广大党员、干部始终坚持稳定压倒一切，把维护稳定作为硬任务和第一责任，认真落实中央部署和区党委、政府出台的十个方面维稳措施，谋长远之策，行固本之举，全市社会局势总体进入持续和谐稳定的新阶段。但西方敌对势力利用所谓“西藏问题”对我实施“西化”“分化”的战略意图没有改变，十四世达赖集团妄图把拉萨搞乱继而达到“核心突破、影响全局”的险恶用心没有改变，我们仍然面临着复杂的形势和严峻的挑战。开展教育实践活动，就是要教育广大党员、干部更加清醒地认识我们与十四世达赖集团斗争的长期性、复杂性、尖锐性，在强化维稳意识、落实维稳措施的同时，进一步把维稳工作与群众工作紧密结合起来，形成群策群力、群防群治的维稳格局，筑牢维护稳定的天罗地网和铜墙铁壁，努力实现全市社会局势持续稳定、长期稳定、全面稳定。

第二，开展教育实践活动，是推进拉萨跨越式发展的必然要求。发展是解决拉萨所有问题的关键。西藏和平解放以来，拉萨各族人民沐浴着党的民族政策的阳光雨露，走上了社会主义康庄大道，迈入了改革开放的新时代，创造了短短几十年跨越上千年的人间奇迹。近年来，在中央的亲切关怀和区党委、政府的坚强领导下，全市上下一心、团结拼搏，抢抓机遇、乘势而上，各项工作走在了全区、全国藏区和全国首府城市的前列，连续两年蝉联全国 38 个主要城市基本公共服务满意度排行榜第一名。但由于我们发展的基础差、底子薄、起步晚、欠账多，目前拉萨仍属欠发达地区，与全国平均水平的差距仍然较大，全面建成小康社会依然任重而道远。开展教育实践活动，就是要教育引导党员、干部自觉践行党的群众路线，团结带领全市各族群众聚精会神搞建设，切实加快增收致富奔小康的步伐，推动全市经济在科学发展的轨道上实现又好又快发展。

第三，开展教育实践活动，是巩固党在拉萨执政根基的有效途径。近年来，全市上下团结一心、真抓实干，取得了喜人成绩，为拉萨发展争得了机遇、赢得了主动、拓展了空间。在应对挑战、加快发展的过程中，我们的各级干部接受了锻炼、经受了考验，精神面貌发生了巨大的变化。应该说，当前拉萨市党员、干部的思想作风状况总体是好的，但也存在着一些与形势任务要求不相适应的问题。参加第二批教育实践活动的主要是市县领导班子和领导干部，市县直属单位，执法监管部门和窗口单位、服务行业，乡镇、街道和村、社区。习近平总书记对这四个群体存在的问题一一作了深刻画像，可谓惟妙惟肖、入木三分，振聋发聩、令人警醒。这些问题在我们拉萨的干部身上有没有？我看还是存在的。“四风”问题有的具有普遍性，有的具有特殊性，其表现形式、轻重程度在不同地区、不同单位、不同党员干部身上也不尽相同。对我们拉萨来说，不存在有没有的问题，只有多与少、轻与重的问题，可能在有的“地方病”上还更甚于内地。

在形式主义上，从市县领导班子和领导干部看，有的忽视理论武装，集中学习时应付场面，自主学习能力欠缺。有的学用严重脱节，说起来头头是道，做起来还是老一套。有的习惯先入为主、主观臆想，以为基层就那么回事，不愿意往基层跑。有的下去就是为了出镜头、露露脸，坐在车上转、隔着玻璃看，摸不准情况、看不清问题。有的拍脑袋决策，搞“一言堂”，容不下他人，听不得不同意见。有的不能“一张蓝图绘到底”，前任栽桃后任栽杏，思路年年变，口号时时新。有的不敢担当、不愿负责，当“太平官”、“逍遥官”，能应付则应付，能拖就拖。有的不讲大局、不顾长远，热衷搞劳民伤财的“形象工程”、“政绩工程”、广场洋房等。从市县直属单位看，有的用文件落实文件，用会议落实会议，会开了、文件发了，事情就没有人再管了，会议和文件就是工作成效和成果。有的追求轰动效应，热衷于造声势、出风头，把安排领导出场讲话、组织发新闻、上电视作为头等大事，最后工作却不了了之。从执法监管部门和窗口单位、服务行业看,有的单位工作人员不专业务,工作效率低,工作窗口办事慢、经常排长队。从乡镇、街道和村、社区等其他基层组织看,有的弄虚作假、欺上瞒下,哄骗上级、糊弄群众,不说实情、不讲真话,报喜不报忧,掩盖矛盾和问题。

在官僚主义上,从市县领导班子和领导干部看,有的把群众当麻烦,存在多一事不如少一事的心态,躲群众、怕群众,把进村入户当做受苦受累,想各种办法阻碍群众走进自己办公室。有的愿意做能出风头、易出成绩的"大"事情,不愿做艰苦细致、服务群众的"小"事情,不主动了解群众的疾苦和诉求。有的不相信群众,不会组织群众,做群众工作时要带上警力营造威慑。从市县直属单位看,有的工作"中梗阻",对上级交办的任务找客观原因顶着不办,对群众要办的事情找各种理由拖着不办。有的服务不主动,不作为、慢作为,只求过得去、不求过得硬。有的谋人不谋事,成日围着领导转,不怕群众不满意,就怕领导不注意,干一点事就希望得到"回报",刚刚提拔就琢磨"再上一个新台阶"。从执法监管部门和窗口单位、服务行业看,有的不落实"限时办结制"、"首问负责制"等制度,抓工作始终慢半拍,不催不办、不推不动,办事拖拉、推诿扯皮。有的"门难进、脸难看、事难办",对群众缺少耐心和引导,话不投机就冷眼看人,事不顺心就撂下不管。有的吃拿卡要、雁过拔毛,乱收费、乱罚款,收回扣、拿红包,甚至搞权力寻租、利益输送。从乡镇、街道和村、社区等其他基层组织看,有的对上吹吹拍拍、曲意逢迎,对下吆五喝六、横眉竖目,不关心群众冷暖,责任心不强。

在享乐主义上,从市县领导班子和领导干部看,有的把"岗位"等同于"地位",小到吃喝招待、大到用车住房,都搞特殊化。有把公共利益部门化,把部门权力个人化。有的斤斤计较个人待遇,整日围着票子、车子、房子、位子转,工作多做一点就觉得吃亏,待遇稍差一点就觉得委屈。有的工作没干多少,却想着名目利用公款组织过林卡。从市县直属单位和乡镇、街道等其他基层组织看,有的把公务员当做"铁饭碗",认为艰苦奋斗已经"过时",享乐安逸才是"现实"。有的心思不在工作上,一有机会就往内地跑,跑到内地后又拖拖拉拉难回来。有的心思不在单位,乡里的想往县里调,县里的想往市里调,市里的想往内地调,把精力都放在请客吃饭跑关系上。有的未老先衰,萎靡不振,在位不在岗,出工不出力,缺乏朝气和奋斗精神。有的迟到早退,四处串岗,上班时间玩游戏、看电影、逛淘宝、炒股票,有的甚至随意离开工作岗位外出溜达、上茶馆、喝甜茶。有的单位一到周五就找不着人,有的晚上加点班就喊累,但玩扑克、打麻将却通宵达旦。

在奢靡之风上,有的党员、干部借子女升学、亲属婚丧嫁娶等名目大操大办、收敛钱财。个别单位什么钱都花,多少钱都用,大到奢侈品、小到卫生纸都用公款报销,公务接待费用不降反增,并借开会、调研、考察之名,搞变相旅游。有的讲排场比阔气,喜欢比迎送的场面、比接待的规格、比招待的档次。还有的办公楼建了没几年就找理由拆旧建新,等等。

此外,在部分干部中还存在"两问题"(政治立场不坚定、作风漂浮懒散)、"一薄弱"(基层组织薄弱)和"三不够"(心浮气躁、沉事不够,但求无过、担当不够,按部就班、落实不够)的问题。比如,有的搞"上有政策、下有对策",对中央和区市党委的决策合口味的执行,不合口味的就拖拉不办。有的组织观念淡薄、纪律松弛,热衷于传播小道消息,想说什么就说什么,口无遮拦、毫无顾忌,等等。

基础不牢,地动山摇。市县领导机关、领导干部和基层单位同人民群众的联系更直接,其不良作风更容易侵害群众利益、伤害群众感情。对这些存在的问题,是保持清醒、认真解决,还是听之任之、放任自流,直接关系党在人民群众心中的形象,直接关系党在拉萨的执政基础和执政地位。开展教育实践活动,就是要坚持党要管党、从严治党,着力解决思想不纯、作风不实等突出问题,以思想作风建设促进党的各方面建设,净化党的肌体、净化党的队伍,始终保持党的先进性和纯洁性,使党在拉萨具有最广泛、最深厚、最可靠的群众基础。

二、落实中央和区党委关于开展教育实践活动的指导精神,把教育实践活动抓出实效

习近平总书记指出,开展第二批教育实践活动,要坚持主题不变、镜头不换,贯彻"照镜子、正衣冠、洗洗澡、治治病"的总要求,以严的标准、严的措施、严的纪律坚决反对"四风",推动思想认识进一步提高、作风进一步转变、党群干群关系进一步密切、为民务实清廉形象进一步树立、基层基础进一步夯实。结合拉萨实际,要坚持做到"四个贯穿始终",着力整治十个方面的突出问题,重点建立健全十项制度,抓好十四个方面的载体,确保全市教育实践活动取得群众满意的实效。

第一,要把加强学习教育贯穿活动始终。习近平总书记指出，“四风”问题的深层次原因，归根结底是理想信念和宗旨意识不坚定不牢固？是世界观、人生观、价值观这个“总开关”出了问题。解决“四风”问题，加强作风建设，最根本的还是要在加强学习教育、坚定理想信念上下功夫。习近平总书记强调，只有把道理真正弄懂了，行动才能自觉持久；只有行动上落实了，对道理的领悟才能更深入。要把教育实践活动作为党员、干部自我净化、自我完善、自我革新、自我提高的一次机会，深化对中国特色社会主义理论体系的学习，增强对中国特色社会主义的道路自信、理论自信、制度自信，做中国特色社会主义共同理想的坚定信仰者和忠实践行者，在思想上政治上行动上同以习近平同志为总书记的党中央保持高度一致；要真正从思想上解决“入党为什么、当‘官’做什么，身后留什么”和“为了谁、依靠谁、我是谁”的问题，牢记群众是我们的根、我们的本，带着深厚感情做工作，着力解决联系服务群众“最后一公里”问题；要树立强烈的担当精神，凡事先之劳之、冲在一线，做到无事深忧、有事不惧，遇到矛盾不回避，遇到困难不躲避，遇到风险不逃避，千方百计化解矛盾、战胜困难和风险；要把党性修养作为安身立命之本，树立正确的是非观、义利观、权力观、事业观，保持健康的生活情趣、高尚的道德情操，始终坚守共产党人的精神高地。

*第二，要把解决实际问题贯穿活动始终。*习近平总书记指出，开展第二批教育实践活动，必须着力解决发生在群众身边的腐败问题，认真解决损害群众利益的各类问题，切实维护人民群众合法权益。教育实践活动，顾名思义，要一手抓教育，一手抓实践。实践，关键在整改落实，把问题解决到位；既要解决“四风”、“两问题”、“一薄弱”、“三不够”上存在的问题，也要解决拉萨市改革发展稳定各项工作中出现的问题。树立问题意识很重要，这是我们认识世界、改造世界的一把钥匙。我们党领导中国革命、建设、改革的过程，就是一个不断回答和解决时代问题的过程。当前，拉萨正处于发展机遇期和矛盾凸显期，发展变化与时俱进，维稳形势错综复杂，群众期待新旧交织。我们只有勇于正视问题、不断发现问题、善于解决问题，才能顺应群众期待，破解时代课题，取得更大进步。“民有所呼我有所应，民有所求我有所为。”要坚持问题导向，从群众反映强烈的热点重点难点问题入手，找准问题，剖析根源，对症下药，认真解决具体问题，着力解决突出问题，统筹解决复杂问题，把即知即改的问题改彻底，把限期整改的问题改出成效，把长期整改的问题改出起色；特别是要按照陈全国书记的指示要求，着力整治政治立场不坚定的问题，着力整治大手大脚、奢侈浪费的问题，着力整治为政不廉、以权谋私的问题，着力整治心浮气躁、漂浮虚夸、工作不实的问题，着力整治精神懈怠、怕苦怕累、慵懒散的问题，着力整治不敢担当、不作为、乱作为的问题，着力整治脱离群众、门难进、脸难看、事难办的问题，着力整治敷衍拖拉、效率低下的问题，着力整治政治素质偏低、法律政策观念不强的问题，着力整治观念陈旧、改革创新意识差的问题，以解决问题的实际成效取信于民。纪检监察部门要把近年来的信访积案认真排一排，理出个清单来，看看哪些是正常的纠纷案件，哪些是因机关干部渎职失职、贪污腐化造成的，发现违法乱纪、与民争利现象，一律严肃查处、决不姑息。

*第三，要把强化制度约束贯穿活动始终。*习近平总书记指出，作风问题具有反复性和顽固性，既要立足当前、切实解决群众反映强烈的突出问题，又要着眼长远、建立健全促进党员干部为民务实清廉的长效机制。加强作风建设，搞好教育实践活动，一方面要坚持标本兼治、常抓不懈。既要善作善成打好“攻坚战”，更要善始善终打好“持久战”，善于运用法治思维和法治方式抓作风建设，把建章立制摆在更加重要的位置，与时俱进地修改和完善制度，从体制机制上堵住滋生不正之风的漏洞。制度的建立和完善要尽量细化量化、科学严谨，尽量把制度的笼子扎得紧一些、密一些，决不能“牛栏关猫”，让猫来去自如。特别是要按照陈全国书记的指示要求，建立健全理论学习制度，建立健全坚守工作岗位制度，建立健全请示报告制度，建立健全干部能上能下制度，建立健全党员进出制度，建立健全基层党员干部培训制度，建立健全直接联系群众制度，建立健全党内生活制度，建立健全责任追究制度，建立健全查办惩处制度。另一方面要坚持有章必依、执章必严。现在，一些党员、干部作风出问题，不是没有纪律、没有规章，而是因为讲面子、讲人情，纪律执行失之于宽、失之于软，结果规章制度成了“纸老虎”、“稻草人”。“令在必信、法在必行”。制度，不在“多”而在管用，不仅要“有”更要落实。要坚决维护制度的严肃性和权威性，坚持制度面前人人平等、执行制度没有例外，决不打擦边球，决不搞下不为例，对违规、违纪行为坚决做到“零容忍”。要及时严肃查处一批侵害群众

利益、利用公款大吃大喝、公务接待规格超标、国家工作人员上班时间泡茶馆、打麻将、玩游戏、上网聊天、网购炒股等行为，抓一批典型，警示一批人，教育一批人。

*第四，要把两手抓两促进贯穿活动始终。*习近平总书记指出，教育实践活动的根本目的，是为全面贯彻落实中共十八大精神、推进经济社会发展提供保障。我们不是为活动而活动，根本目的是通过活动转变作风，更好地服务发展、服务人民。2014年是深入贯彻落实党的十八届三中全会精神、全面深化改革的开局之年，是完成“十二五”规划目标任务的关键一年。各级各部门要把开展教育实践活动同做好当前改革发展稳定各项工作紧密结合起来，同完成本地区本部门本单位各项任务紧密结合起来，突出教育实践活动的实践特色，按照陈全国书记的指示要求，结合拉萨市实际，开展“党的十八届三中全会和习近平总书记系列重要讲话精神进万家”宣讲活动，开展“为了谁、依靠谁、我是谁”群众观点大讨论，开展弘扬“老西藏精神”专题教育，开展“党员干部进村入户、结对认亲交朋友”活动，深化干部驻村工作，深化干部驻寺工作，深化城镇网格化管理，深化“先进双联户”创建评选，开展藏汉“双语”学习教育，加强服务型基层党组织建设，开展“共产党员志愿者示范城”创建活动，深化共产党员民族团结先锋活动，深化“八看、一算账、一揭批、四增强”感党恩主题教育活动，深化“四业工程”。要在推进中心工作中深化活动，借活动之力破解工作难题，把全市党员、干部在活动中激发出来的工作热情和进取精神转化为做好工作的动力，用经济社会发展成绩检验活动成效。

三、强化措施保障，着力提升教育实践活动工作水平

习近平总书记强调，第二批教育实践活动涉及的单位和人员范围更广、领域更宽、数量更大，与群众联系更直接、更紧密，涉及的矛盾和问题更具体、更尖锐，群众期望值更高。因此，开展活动的力量要更充足、措施要更有针对性、方法要更灵活，努力做到不虚、不空、不偏、不走过场，确保教育实践活动善始善终、善作善成。关于第二批教育实践活动的具体安排，习近平总书记有明确指示，陈全国书记有明确部署，市委实施方案有明确要求，各级党组织要高度重视、迅速行动，精心部署、抓好落实。这里，我着重强调几个问题。

*一要更加注重加强组织领导。*市、县(区)、乡镇(街道)党委对教育实践活动承担直接责任，务必高度重视、认真负责，把活动摆上重要议事日程，在抓好本级班子教育实践活动的同时，抓好本地区教育实践活动。各村(居)党支部要负起具体责任，与驻村工作队一起，组织村组党员、入党积极分子开展好教育实践活动。各级党委(党组)主要负责同志要承担起第一责任人的责任，把教育实践活动紧紧抓在手上，深入一线、靠前指挥，把规定动作做到位，把自选动作做出成效。相关部门要明确责任、密切配合，形成良好的组织指导格局。各级领导小组及其办公室要充分发挥作用，当好参谋助手，加强分类指导，统筹活动开展。

*二要更加注重把握环节步骤。*这次教育实践活动分三个环节，每个环节之间不搞转段，目的就是把三个环节的要求贯通起来、衔接起来，贯穿于教育实践活动全过程。学习教育、听取意见环节是基础，要注重抓住党员、干部学习达到的广度，受教育触及的深度，听取意见的真诚度。查摆问题、开展批评和自我批评环节是关键，要注重抓住查摆问题是否能抛开面子、动真碰硬、触及灵魂，开展批评和自我批评是否敢于揭短亮丑，真正红红脸、出出汗。整改落实、建章立制环节是根本，要注重抓住每个部门、单位是否真正对突出问题进行整治，每名党员、干部是否真正对重点问题进行整改，做到作风明显改进、群众对活动比较满意。

*三要更加注重贯彻整风精神。*整风是我们党解决自身问题的一大创举。批评和自我批评是我们党的优良传统，是增强党组织战斗力、维护党的团结统一的有效武器。这次教育实践活动，我们一定要敢于拿起批评和自我批评的武器，开展积极健康的思想斗争，使批评和自我批评成为加强党的自身建设的锐利武器。尤其要开好专题民主生活会，按照“团结—批评—团结”的原则，深刻剖析和检查自己，开展诚恳的相互批评，既做到揭短亮丑、动真碰硬，防止对上级放“礼炮”、对同级放“哑炮”、对下级放“空炮”，又做到实事求是、出以公心，不发泄私愤，不搞无原则纠纷。

*四要更加注重领导带头示范。*敢于亮己才能无畏，敢于亮丑才会认真，敢于亮剑才有担当。正人必先正己，正己才能正人，领导干部的作风具有很强的导向性，必须坚持领导带头。全市各级领导班子成员是这次教育实践活动的组织者、推进者、监督者，

更是参与者，要坚持领导带头，特别是一把手带头，要带头学习、带头听取意见、带头谈心、带头撰写对照检查材料、带头开展批评和自我批评、带头进行整改、带头指导下级单位搞好活动，推动形成上级带头、领导示范、上行下效的良好局面。注重加强对一把手示范作用的考核评估、督促问责，对示范作用发挥好的要予以表扬和鼓励，对工作相对薄弱的要及时提醒和批评。

*五要更加注重开门搞活动。*干部作风怎么样，存在哪些问题，群众看得最清楚，也最有发言权。要更加注重发挥群众的积极性，集中学习请群众参与、查摆剖析请群众监督、整改问题请群众评议，切忌自说自话、自弹自唱，不搞闭门修炼、体内循环。要通过各种形式听真话、听实话，正确对待、虚心接受群众的意见和批评，有则改之、无则加勉。要自觉接受群众监督，无论是查摆问题、剖析问题还是解决问题，都要让群众把脉、让群众监督，整改任务书和时间表要向群众公示。要注意听取群众评价，适时组织党员群众对领导班子和党员领导干部解决问题、改进作风的情况进行民主评议，把群众满意不满意作为检验活动成效的重要依据。

*六要更加注重加强分类指导。*要坚持从实际出发，根据不同层级、不同领域、不同对象提出不同目标要求，有针对性地加强指导，防止“一锅煮”、“一刀切”。县以上领导机关、领导班子和领导干部要紧紧扭住解决“四风”、“两问题”、“一薄弱”、“三不够”不走神、不散光，在找准和解决突出问题上下功夫、见实效，着重解决政绩观不正确等问题。县以下单位要重点解决疏远群众、与民争利、方法粗暴等问题，在增强服务群众意识、拓宽联系群众渠道、提高服务群众能力上下功夫。政法、统战、教育、卫生、住建、环保等重要工作系统和关系群众切身利益的部门，既要在本地党委的领导下开展活动，又要根据本系统的工作特点丰富自选动作，注重发挥条条指导作用，上下联动开展专项整治，切实解决慵懒散、滥用职权、吃拿卡要等问题，纠正行业不正之风。

*七要更加注重抓好上下联动。*问题往往不是单方面的，许多问题仅靠一个地方、一个部门、一个单位很难解决，要注重上下联动、左右互动、整合资源，形成解决问题的合力。要在学习调研上上下联动、在征求意见上上下联动、在查摆问题上上下联动、在整改落实上上下联动、在组织构架上上下联动，以上带下、以下促上，持续用劲、步步为营。特别是在整改落实环节，上级机关要注意从下看上，将基层单位查找出来需要上级机关协调解决的问题纳入整改落实范围，对基层单位解决问题给予更多支持；基层单位对上级机关需要解决的涉及本地本单位的问题，要认真整改、抓好落实；部门单位之间应加强沟通协调，共同推动问题的有效解决。

*八要更加注重开展真督实导。*要在抓好活动安排部署的同时，切实加大督促检查力度，通过督导把中央、区市党委关于活动的总要求、聚焦点、规定动作、重要方法等，不折不扣地落实到活动的每个环节、每项工作。市委教育实践活动督导组已经成立，各督导组要紧紧依靠所督导地区、单位的党委（党组），切实履行好自身职责，做到尽职不越位、督导不包办。要明确督导要求，做到了解情况、提出建议，发现问题、督促解决，总结典型、广泛推广等。要把主要精力放在重点对象、重点要求、重点环节的督导上。对有不足之处的，要明确指出，帮助弥补；对问题较多、工作不力的，要责其纠正、加大工作力度；对走过场的，要严肃批评，令其重新进行，充分发挥好督导组的督导、指导作用。

*九要更加注重营造良好氛围。*要以群众喜闻乐见的形式，大力宣传中央、区市党委关于教育实践活动的重要精神和决策部署，宣传教育实践活动的工作进展和实际成效，宣传活动中的好经验、好做法，并及时反映社会各界的积极反响。要发挥典型的示范作用，发现、挖掘一批叫得响、立得住、群众公认的为民务实清廉的先进典型，加大报道力度，用身边事教育身边人。同时，要抓住一些带有普遍性、群众反映强烈的反面典型，通过媒体曝光、以案说法等方式，发挥好舆论监督的警示作用。要丰富报道内容，创新宣传方式，实现传播效应的最大化，积聚推动教育实践活动的正能量。

*十要更加注重认真搞活动。*要自始至终以严的标准、严的措施、严的纪律搞活动，坚决克服“差不多”、“过得去”、“搞疲了”、“应付应付”等错误心态，坚决防止以新的形式主义反对形式主义、以新的官僚主义反对官僚主义等错误做法，坚决纠正松松垮垮、装装样子、走走过场等错误态度，对教育实践活动的每一个一环节都严把质量关，切实做到思想认识上不去的不放过，查摆问题不聚焦的不放过，自我剖析不深刻的不放过，整改措施不到位的不放过，人民群众不满意的不放过。对教育实践活动走了过场的，要追究一把手的责任。

同志们，开展教育实践活动意义重大、影响深远。让我们更加紧密地团结在以习近平同志为总书记的党中央周围，以高度的政治责任感、良好的精神状态和扎实的工作作风，把教育实践活动组织好、开展好，为建设美丽家园幸福拉萨提供强大动力和有力保障！

春节、藏历新年将至，全市各级党组织要做好服务群众、访贫问苦工作，确保各族群众过上一个安乐、祥和、喜庆的节日。同时，全市党员、干部要做到自警自律，过一个风清气正的节日。最后，祝全市党员、干部和各族群众节日愉快、身体健康、阖家幸福、扎西德勒！

奋斗筑成就　发展换新颜

2014年拉萨市经济社会发展情况综述

拉萨市统计局
国家统计局拉萨调查队

2014年，在党中央、国务院的亲切关怀下，在北京、江苏两省市的无私援助下，在自治区党委政府的正确领导下，拉萨市委、市政府团结带领全市各族人民，高举中国特色社会主义伟大旗帜，以邓小平理论、“三个代表”重要思想和科学发展观为指导，全面贯彻落实党的十八大、十八届三中、四中全会精神，落实区市党委八届五次全会精神和区市经济工作会议部署，紧紧围绕“一个中心”“两件大事”“四个确保”，大力实施党建统市、环境立市、文化兴市、产业强市、民生安市、法治稳市的“六大战略”。实现了经济社会的平稳健康发展。

一、经济总量不断攀升，发展质量逐渐提高

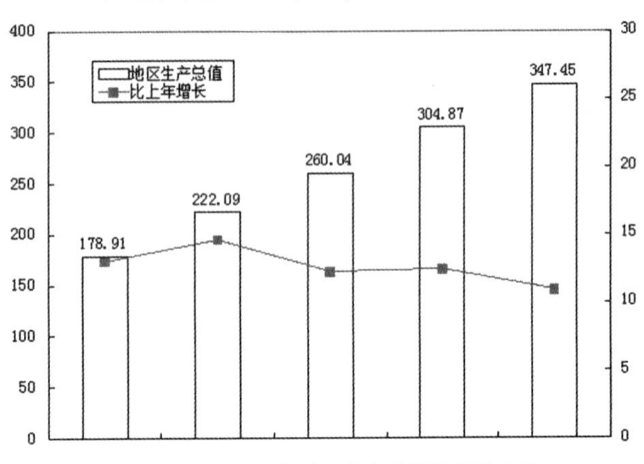

图1　2010~2014年地区生产总值及增长速度

初步核算，2014年全市实现地区生产总值（GDP）为347.45亿元，占全区总量的37.7%，同比增长10.9%，分别高于全国、全区3.5、0.1百分点。其中：第一产业增加值12.94亿元，增长6.4%；第二产业增加值127.75亿元，增长14.8%，其中，完成工业增加值39.56亿元，增长14.5%，完成建筑业增加值88.19亿元，增长14.9%；第三产业增加值206.77亿元，增长8.9%。发展的质量大幅度提高，以净土健康产业为代表的现代农业产业集群正在形成，以天然纯净水为代表的特色工业实力逐渐增强，以旅游服务为主题的消费经济正在不断升级转型。

二、农业基础地位更加巩固，净土健康助力转型升级

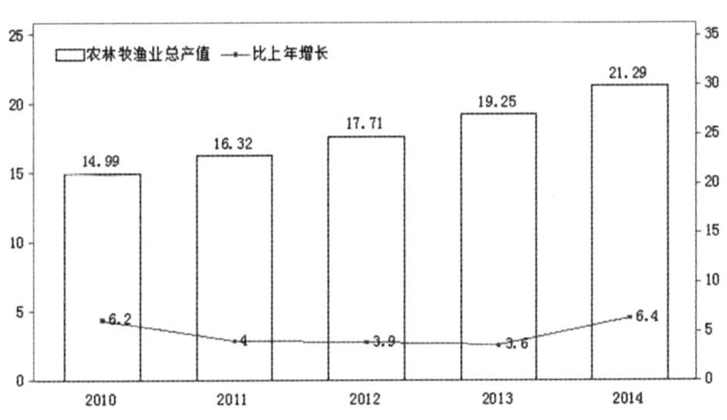

图2　2010~2014年农林牧渔业总产值及其增长速度

2014年全市农林牧渔业实现总产值21.29亿元，比上年增长6.4%。全市粮食生产实现了面积增、总量增及单产增的“三增”态势，全市粮食产量达17.86万吨，比上年增加0.25万吨，增长1.4%。拉萨净土健康产业产品逐步打入全国市场，吞巴藏香、古荣藏粑成为国家地理标志保护产品，实现从“产品”到“品牌”的重大跨越，企业数量达到了89家，总产值达到了36.6亿元。

三、工业经济平稳，科学技术支撑凸显

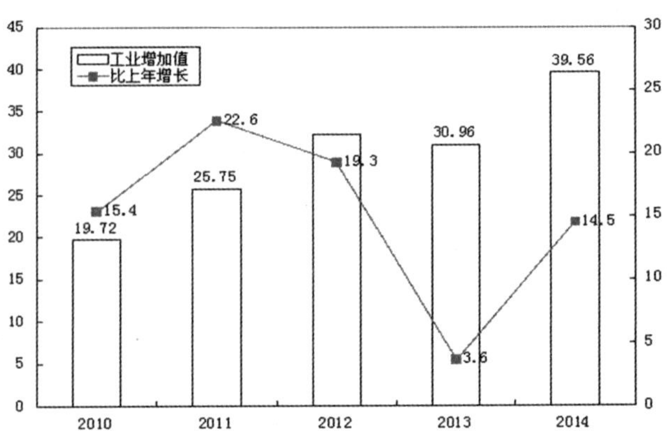

图3　2010~2014年工业增加值及增长速度

2014年全市完成工业增加值39.56亿元，同比增长14.5%，其中：实现规模以上工业增加值29.67亿元，同比增长21.0%，增速比上年提高了19.7个百分点，新能源、新材料、高原特色农畜资源深加工、精加工的产业快速发展壮大。年末新增加规模以上工业企业7家，总数达到了63家。

四、基础设施不断完善，房地产投资大幅增长

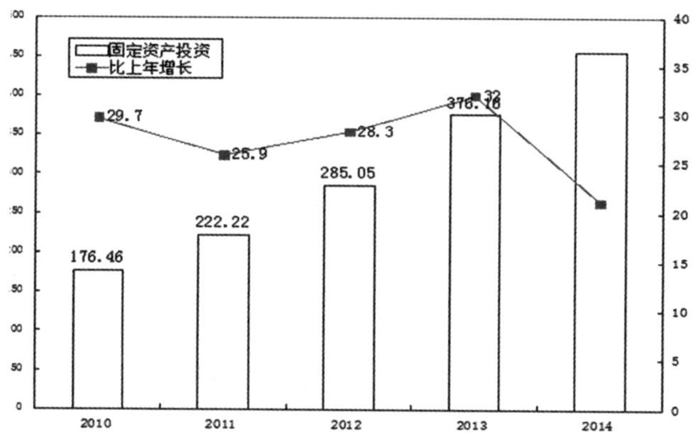

图4　2010~2014年固定资产投资及增长速度

2014年，全市完成全社会固定资产投资额为455.39亿元，占全区总量的40.7%，同比增长21.1%，增速比2013年回落10.69个百分点。以教育城、八廓街、慈角林中国西藏文化创意园、拉萨河综合整治工程为代表的系列重点工程，在改善城市基础设施的同时，不断拓展城市发展空间，优化市民居住环境，2014年全市房地产累计完成投资50.7亿元，同比增长6倍多。

五、消费经济稳步发展，消费市场逐步完善

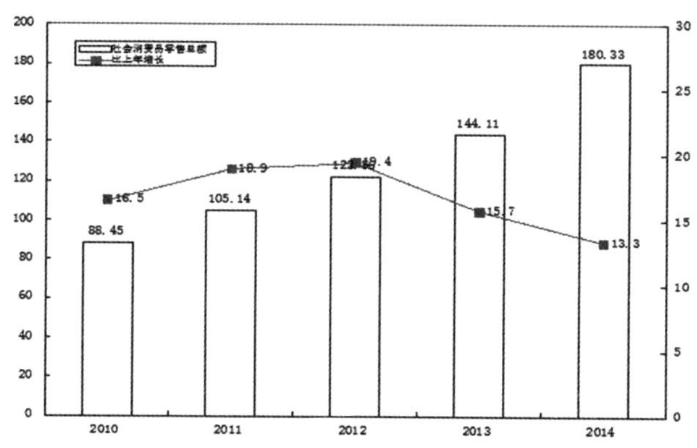

图5　2010~2014年社会消费品零售总额及增长速度

2014年，全市完成社会消费品零售总额180.33亿元，占全区总量的49.5%，同比增长13.3%，在逐渐完善传统消费市场的同时，以神力时代广场为代表的新型消费场所正逐渐投入运行，以洲际酒店、香格里拉酒店为代表的高端旅游接待中心正在提升拉萨市的旅游消费服务水平。从分地区看，城镇完成160.44亿元，增长13.8%；农村完成19.89亿元，增长9.9%。从分行业看，社会消费品批发零售总额为155.29亿元，增长14.1%；住宿餐饮总额为25.04亿元，增长8.8%。

六、进口高速增长，出口增速回落

12月末，全市完成进出口总额20.76亿美元，比上年下降35.2%，其中：出口完成19.96亿美元，下降36.9%，进口完成0.08亿美元，增长95.6%。

七、财税收入结构不断优化，民生支出不断增加

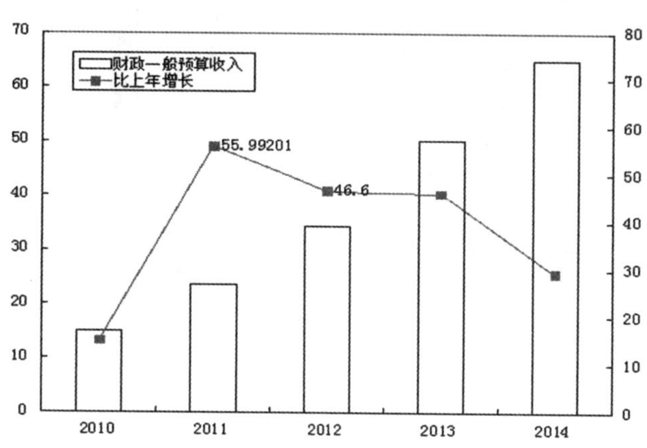

图6　2010~2014年财政一般预算收入及增长速度

2014年，全市实现公共财政预算收入64.79亿元，同比增长29.2%，为年初预算的154.3%，增速比上年回落16.8个百分点。其中，税收收入50.75亿元，增长24.5%，增速比上年回落12.6个百分点。其中，增值税、企业所得税、个人所得税分别增长66.4%、47.7%和5.5%。

2014年，全市公共财政预算支出169.49亿元，为年初预算的148.8%，同比增长28.5%，较2013年提高了5.1个百分点。其中：城乡社区事务支出增长34.2%；医疗卫生支出增长18.7%；社会保障和就业支出增长31.4%，节能环保支出增长374.6%。一般公共服务支出增长48.0%。

八、金融市场运行平稳，存贷增速同步提高

2014年12月末，全市金融机构人民币存款余额为1830.75亿元，比年初增加263.51亿元，比年初增长16.8%，增速较上年同期提高0.6个百分点。其中，单位存款1455.19亿元，比年初增加231.29亿元，增长18.9%；个人存款303.26亿元，比年初增加30.33亿元，增长11.1%；全市金融机构人民币贷款余额931.42亿元，比年初增加317.65亿元，比年初增长

51.8%，增速较上年同期提高17个百分点。其中：短期贷款余额194.84亿元，比年初增加55.34亿元，增长39.7%；中长期贷款余额616.65亿元，比年初增加199.75亿元，增长47.9%。

九、居民收入稳步增加，城乡差距逐渐缩小

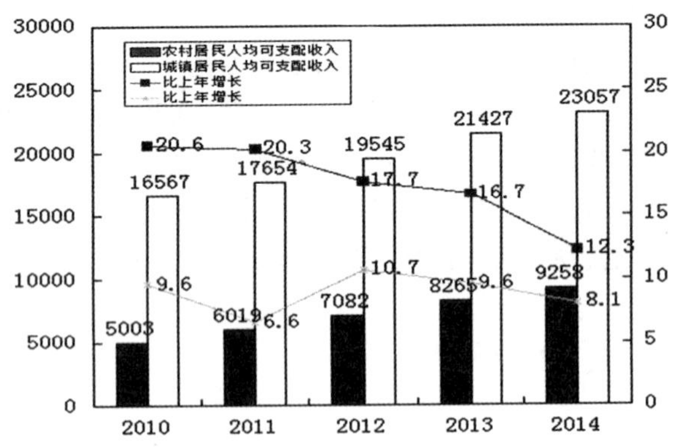

图7 2010~2014年城乡居民收入对比图

2014年，城镇居民人均可支配收入为23057元，同比增长8.1%；农村居民人均可支配收入为9258元，高出全区平均水平1899元，同比增长12.3%。城乡收入比进一步缩小，由2013年的2.59：1缩小为2014年的2.49：1。

十、社会事业稳步发展，公共服务不断加强

全市小学学龄儿童纯入学率达99.8%，巩固率达98.7%；初中生毛入学率达100.5%，巩固率保持在95.7%。高中阶段毛入学率为89.8%。

2014年末全市共有艺术表演团体12个，博物馆1个。全市广播综合人口覆盖率为98.0%，电视综合人口覆盖率为98.3%。

2014年末全市共有卫生机构475个（含村卫生室），医疗床位2709张。每千人拥有医疗床位4.33张。各类卫生技术人员3770人，其中：执业（助理）医师1718人。每千人拥有卫生技术人员6.02人。

展望未来，在以自治区党委常委、市委书记齐扎拉为班长的八届拉萨市委、市政府的正确领导下，拉萨各族人民正在扬帆起航，乘风破浪，埋头苦干，奋力进取，为建设美丽家园幸福拉萨做出新的更大贡献。

机构和负责人

中共拉萨市委员会

书 记 齐扎拉(藏族)
副书记 洛桑旦巴(藏族,11月免)
张延清(藏族)
陈 勇(援藏)
龙志刚(常务副书记,2月任)
马新明(援藏,彝族)
达 娃(藏族)
常 委 张才刚
龙志刚
诸伟敏(2月免)
斯朗尼玛(藏族)
袁训旺
王 晖(援藏)
周普国(农业部援藏)
次仁旺堆(藏族)
陈 军(2月任)
洪家志(援藏)
果 果(藏族)
占 堆(藏族)
彭祎涛(8月任)

市委办公厅

秘书长 袁训旺
常务副秘书长 张 慧
副秘书长 绕 登(藏族)
任道波
央 金(女,藏族)
钟传彬
曹恩宏
孙德康(援藏)

市人大常委会党组

书 记 洛桑旦巴(藏族)
副书记 达 瓦(藏族)
龚建彰
成 员 央金卓嘎(女,藏族)
谭树辉
平措朗杰(藏族)
觉 根(藏族)
许广林
梁小平

市人大常委会

主 任 洛桑旦巴(藏族)
副主任 桑颇·才旺桑配(藏族)
达 瓦(藏族)
龚建彰
央金卓嘎(女,藏族)
谭树辉
平措朗杰(藏族)
觉 根(藏族)
许广林
秘书长 梁小平

市人大办公厅党组

书 记 梁小平
成 员 张志文
次仁央宗(女,藏族)

市人大办公厅

秘书长 梁小平
副秘书长 张志文
次仁央宗(女,藏族)

法制委员会

主任委员 刘睿萍(女,藏族)
副主任委员 边巴扎西(藏族)
达瓦多吉(藏族,2月任)

财经委员会

主任委员 皮泽洪

教科文卫委员会

副主任委员 巴 次(藏族)
侯 凌(女)

市人民政府党组

书 记 张延清(藏族)

副书记 陈 勇(藏族)
成 员 斯朗尼玛(援藏)
王 晖(援藏)
洪家志(援藏)
周普国(援藏)
次仁央宗(女,藏族)
占 堆(藏族,3月免)
陈文强
刘志强(3月免)
孙晓南(援藏)
徐宗军(援藏)
杨安文
史本林
吴亚松(3月任)
江 华
朱梅品(4月任)

市人民政府

市长 张延清(藏族)
常务副市长 陈 勇(援藏)
斯朗尼玛(藏族)
王 晖(援藏)
洪家志(援藏)
副市长 周普国(援藏)
计明南加(藏族)
次仁央宗(藏族)
占 堆(藏族,3月免)
陈文强
刘志强(3月免)
孙晓南(援藏)
徐宗军(援藏)
杨安文
史本林
吴亚松(3月任)

市政府办公厅党组

书 记 江 华(藏族)
副书记 (缺职)
成 员 张长祥
虢洪志
米玛次仁(藏族)
彭飞跃
扎西平措(藏族,7月免)
尼玛普芝(女,藏族)
何寿孙(援藏)
卢炜升(女)
刘小斌
廖子美(布依族)

市政府办公厅

秘书长 江 华(藏族)
常务副秘书长 缺 职
副秘书长 张长祥
虢洪志
米玛次仁(藏族)
彭飞跃
扎西平措(藏族,7月免)
尼玛普芝(女,藏族)
何寿孙(援藏)
卢炜升(女)
刘小斌
廖子美(布依族)

政协拉萨市委员会党组

书 记 诸伟敏
副书记 刘长富(满族)
谢廷锡
次旦朗杰(藏族)
成 员 次仁平措(藏族)
刘惠兴(回族)
刘全保
安央金(女,藏族)

政协拉萨市委员会

主 席 诸伟敏
副主席 拉宗卓嘎(女,藏族)
刘长富(满族)
亚 古(回族)
谢廷锡
次旦朗杰(藏族)
次仁平措(藏族)
刘惠兴(回族)
刘全保
安央金(女,藏族)

市政协办公厅党组

书 记 王守强

成 员 肖强伟

市政协办公厅

秘书长 王守强

副秘书长 旺 堆(8月免)

肖强伟

提案委员会

副主任委员 尼玛次仁(藏族)

副主任委员 德 吉(藏族)

文史民族宗教法制委员会

副主任委员 王树华(8月免)

副主任委员 达瓦次仁(藏族)

经济资源环境社教科文卫委员会

主任委员 旺 杰(藏族)

调研员 达 瓦(藏族)

张志武(8月免)

唐登田(8月免)

德 军(8月免)

任恩祥(8月免)

市政协办公厅正县级干部 杨汉元(8月免)

市政协办公厅副县级干部 羊 征(8月免)

拉萨警备区

司令员 韩志宏

政治委员 肖光富

市纪律检查委员会

书 记 彭祎涛(8月任)

副书记 周俊杰

顿珠多吉(藏族)

拉巴次仁(藏族)

刘汝鹏

龙惠华(女)

常 委 旺 堆(藏族)

李海云

苏新勇(藏族)

调研员 黄文红(女)

黄晓艳(女)

格桑巴珠(藏族)

仁增卓玛(藏族)

巴 琼(藏族)

市监察局局长 周俊杰

副局长 旺 堆(藏族)

李海云

苏新勇(藏族)

市中级人民法院党组

书 记 边巴拉姆(女,藏族)

副书记 任卫东

张 瑜

成 员 蒋建平

拉巴旺堆(藏族)

陈 杰

胡欣宁(援藏)

旦增努布(藏族)

赵 军

赵彩娥

市中级人民法院

院 长 边巴拉姆(女,藏族)

副院长 任卫东

张 瑜

蒋建平

拉巴旺堆(藏族)

陈 杰

胡欣宁(援藏)

旦增努布(藏族)

政治部主任 赵彩娥

纪检组组长 赵 军

审判委员会专职委员 布 琼(藏族)

田红霞(女)

市人民检察院党组

书 记 田建设

副书记 塔 青(藏族)

次仁多吉(藏族)

成 员 桑 杰(藏族)

李 卫

王红军(援藏)

德吉卓嘎(女、藏族)

晓 红(藏族)

市人民检察院

检察长 田建设

副检察长 塔 青(藏族)

次仁多吉(藏族)

王 红 军（援藏）
德吉卓嘎（女、藏族）
格桑巴珠（藏族，5月免）
晓　红（藏族）
正县级干部　桑　杰（藏族）
政治部主任　李　卫
调 研 员　卓　越
专职检委会委员　大尼玛次仁（藏族）
小尼玛次仁（藏族）
副调研员　杨 立 峰
次旺欧珠（藏族）
刘 玉 梅（女）
王 建 英
张　军
肖 化 平
强巴阿旺（藏族）

市检察院2014年度领导干部免职情况：

党组成员、纪检组组长
格桑巴珠（5月免，藏族）
司法警察支队支队长
次仁多吉（大）（5月免，藏族）
侦监二处处长
米玛次仁（7月免，藏族）

市委组织部

部　长　龙 志 刚（2月免）
陈　军（2月任）
副 部 长　张 义 泉（组织部副部长，人社局局长）
冯 毓 强（7月免）
达　瓦（组织部副部长、老干局局长、藏族）
扎西平措（7月任组织部副部长，编办主任，藏族）
李 连 华
张 允 永
袁 国 军
部务委员　李 艳 红（女）
赵　亚
市委老干部局局长　丁 琼 英（女）
普布旺堆（藏）

市委宣传部

部　长　马 新 明（彝族，援藏，2月免）
占　堆（藏族，2月任）
常务副部长　索朗次仁（藏族）
副 部 长　张 碧 芳（女）
王　巍
戴 修 军（江苏援藏）
李 文 华（北京援藏）
文化执法支队支队长　丁　剑
网信办主任副主任　李 章 辉
外宣局局长　拉　珍（女，藏族）
调 研 员　刘　斌（7月退休）
副调研员　格桑卓玛（女，藏族）

市委统战部

部　长　达　娃
常务副部长　许 兴 成
副 部 长　次仁占堆（藏族）
公 保 太
苏 士 勇
邹 守 忠
市宗教工作领导小组办公室副主任、副县级干部
沈 宗 志

市委政法委

书　记　张 延 清（藏族）
第一副书记　次仁旺堆（藏族）
副 书 记　陈 文 强
边巴拉姆（女，藏族）
田 建 设
常务副书记　和 平 志
副书记、市维稳办主任　江安次仁（藏族）
副书记、市综治办主任　赵 铁 岭
副 书 记　罗 明 安
马　俊
解 维 克
综治办副主任　赵 春 林
扎西多吉（藏族）
维稳办副主任　曾 四 红

市直属机关工作委员会

书 记 袁训旺(兼任)
副书记 王浩堂(8月离)
格桑措姆(女,藏族)
刘正山(8月离)
副调研员 方 凯

市委党校党组

书 记 许广林
成 员 杨洪荣
德庆央吉
顾国爱(北京援藏)
刘期彬(5月任)
江 多(5月任)
刘晨光(11月任,西部博士服务团)

市委党校

校 长 龙志刚
副校长、副院长 杨洪荣
副校长 德庆央吉
顾国爱(北京援藏)
刘期彬(5月任)
江 多(5月任)
刘晨光(11月任、西部博士服务团)

市行政学院

院 长 洪家志
副院长 杨洪荣

市档案局(馆)

局(馆)长 马荣清(女,回族)
副局(馆)长 刘淑娟(女)

市总工会党组

书 记 白玉福(哈尼族)
副书记 余 刚
成 员 格桑罗布(藏族)
刘苓霞(女)
措 姆(女,藏族)

市总工会

主 席 余 刚
副主席 白玉福(哈尼族)
格桑罗布(藏族)
刘苓霞(女)
措 姆(女,藏族)
副调研员 拉巴卓嘎(女,藏族)

团市委党组

书 记 洛 色(藏族)
副书记 任映绮
慈旦德吉(女,藏族)

市妇联党组

书 记 王秀梅(女,藏族)
副书记 赵金花(女)
成 员 向巴彩喜(女,藏族)
和继香(女,纳西族)

市妇联

主 席 赵金花(女)
副主席 王秀梅(女,藏族)
向巴彩喜(女,藏族)
和继香(女,纳西族)
副调研员 洛桑玉珍(女,藏族)

市工商联党组

书 记 次仁占堆(藏族)
副书记 格西哈姆(女,藏族)
成 员 杜凤斌
朱 军(援藏)
车向宇(援藏)
次仁顿珠(藏族)

市工商联

主 席 格西哈姆(女,藏族)
副主席 次仁占堆(藏族)
杜凤斌
朱 军(援藏)
车向宇(援藏)
次仁顿珠(藏族)

拉萨师范高等专科学校党委

党委书记 范春文
党委副书记 黄晓曦(援藏)
江 白(藏族)
委 员 拉巴旺堆(藏族)
舒宗荣

拉萨师范高等专科学校

校　　长　黄晓曦（援藏）
副 校 长　范春文
　　　　　拉巴旺堆（藏族）
　　　　　舒宗荣
常务副校长　江　白（藏族）

拉萨经济技术开发区管委会党工委

书　记　黄羽天（10月免）
副书记　郑丰才（藏族）
委　员　尼玛卓嘎（女，藏族）
　　　　倪　夙
　　　　杨建林
　　　　华建男
　　　　魏远丽（女）
　　　　旺　林（藏族）

拉萨经济技术开发区管委会

主　任　郑丰才（藏族，2月任）
副主任　尼玛卓嘎（女，藏族）
　　　　倪　夙
　　　　杨建林
　　　　华建男
　　　　魏远丽（女）
规划建设局局长　于秀春（女，11月免）
经济发展局局长　达娃卓嘎（女，藏族）
财政所所长　陈晓英（女，藏族）
办公室主任　旺　林（藏族）
办公室副主任　谢永杰
副调研员　汤翠花（女）

柳梧新区管委会党工委

书　记　石文江
副书记　陆从福
委　员　陈小兵
　　　　平措次仁（藏族）
　　　　黄礼群（援藏）
　　　　杨新宇（援藏）
　　　　唐　兴（藏族）

柳梧新区管委会

主　任　陆从福（1月任）
副主任　陈小兵
　　　　平措次仁（藏族）
　　　　黄礼群（援藏）
　　　　杨新宇（援藏）
　　　　唐　兴（藏族）

达孜工业园区管委会

副县长、工业园区管委会主任、德庆镇党委书记
　　　　王旭光
副主任（副县级　援藏）　李　军
副主任、工业和信息化局局长　王斌忠

堆龙德庆县工业园区管委会

副县长、主任　闫　涛
副　主　任　许　毅（4月任职）
　　　　　　德　吉（4月任职）

曲水县雅江工业园区管委会

主　任　冯　林
副主任　杨鹏涛
　　　　刘　波

市发展和改革委员会党组

书　记　赵亚萍（女）
副书记　达　娃（女，藏族）
成　员　武保林
　　　　赵克风（援藏）
　　　　张　腾（援藏）
　　　　德吉卓嘎（女，藏族）
　　　　侯成君
　　　　李英春

市发展和改革委员会

主　　任　刘志强（3月免）
　　　　　达　娃（女，藏族，3月任）
副 主 任　武保林
　　　　　赵克风（援藏）
　　　　　张　腾（援藏）
　　　　　德吉卓嘎（女，藏族）
　　　　　侯成君
　　　　　李英春

市粮食局

局　长　宗金贤

副局长 边巴卓玛（女，藏族）

市法制办党组

书 记 郭龙贵（布依族，7月免）
王守强（7月任）
成 员 邱秀兰（女）
洛桑多吉（藏族）

市法制办

副主任 王守强（7月任）
邱秀兰（女）
洛桑多吉（藏族）

八廓古城管委会党工委

书 记 多 吉（藏族）
副书记 闫卫东
委 员 施裕忠
巴桑卓嘎（藏族，女，6月退）
曹鹏程
拉巴次仁（藏族）

八廓古城管委会

主 任 闫卫东
副主任 施裕忠
巴桑卓嘎（藏族、女、6月退）
曹鹏程
拉巴次仁（藏族）

市统计局

局 长 蔡 岷
副局长 仓 琼
黄树春
张秀兰

国家统计局拉萨调查队

队 长 蔡 岷
副队长、调研员 次 仁（藏族）
副 队 长 陈建琼（女）

市工信局（国资委）党组

书 记 江 嘎（藏族）
副书记 刘雨林
成 员 刘洪涛
成建华
彭叶清
陈 强

市工信局（国资委）

局 长 刘雨林
副局长 江 嘎（藏族）
刘洪涛
成建华
彭叶清
陈 强

市教育局（体育局）党委

书 记 康娜美朵（女、藏族）
副书记 张 勤（7月离）
中楚成（7月任）
委 员 普布卓嘎（女、藏族）
郝 峰（援藏）
姬云鹏（援藏）
龚晓堂
向 宗（女、藏族）

市教育局（体育局）

局 长 张 勤（8月离）
副局长 中楚成（主持行政工作）
康娜美朵（女、藏族）
普布卓嘎（女、藏族）
郝 峰（援藏）
姬云鹏（援藏）
龚晓堂
向 宗（女、藏族）

市科技局党组

书 记 何 镛
副书记 黄前敏（女，藏族）
成 员 王铁山（援藏）
李信群（女）
李文军（援藏）

市科技局

局 长 黄前敏（女，藏族）
副局长 何 镛
王铁山（援藏）
李信群（女）
李文军（援藏）

市民宗局党组

书　记　刘 惠 兴（回族）
副书记　孙 宝 祥（藏族，5 月任）
　　　　春　　新（藏族）
成　员　次仁罗布（藏族）
　　　　陈　　虹（女）

市民宗局

局　　长　孙 宝 祥（藏族）
副 局 长　春　　新（藏族）
　　　　　陈　　虹
副调研员　次旺旺久（藏族）

市公安局党委

书　记　次仁旺堆（藏族）
副书记　陈 文 强
　　　　马　　军
　　　　郑 玉 成
成　员　唐　　凌
　　　　高 新 军（援藏）
　　　　尼玛次仁（藏族）
　　　　代 利 刚
　　　　拉　　珠（藏族）
　　　　李　　斌
　　　　张 文 卫
　　　　邓　　俊（援藏）
　　　　田 献 琴
　　　　付 银 昌

市公安局

局　　　长　陈 文 强
常务副局长　马　　军
副　局　长　唐　　凌
　　　　　　高 新 军（援藏）
　　　　　　尼玛次仁（藏族）
　　　　　　代 利 刚
　　　　　　拉　　珠（藏族）
　　　　　　李　　斌
　　　　　　张 文 卫
　　　　　　邓　　俊（援藏）
　　　　　　田 献 琴
　　　　　　付 银 昌

市公安消防支队

支队长　扎西多吉（藏族）
政　委　刘 庆 永

武警拉萨市支队

支队长　孙明华
政　委　罗德礼

市森林大队

大队长　王 世 利
教导员　边巴罗布（藏族）

市民政局党组

书　记　何 春 林
副书记　白玛玉珍（女）
成　员　央金卓嘎（女）
　　　　强巴德勒（2 月 16 日因病去世）
　　　　拉姆卓玛（女）
　　　　柴 珠 峰（北京援藏干部）
　　　　苏 建 设

市民政局

局　长　白玛玉珍（女，藏族）
副局长　何 春 林
　　　　强巴德勒（2 月 16 日因病去世）
　　　　柴 珠 峰（北京援藏干部）
　　　　拉姆卓玛（女）
　　　　苏 建 设
副县以上非领导职务　钟　鸣（女）（副调研员）

市司法局党组

书　　记　蔡　严　林
副 书 记　次　　培（藏族）
党组成员　达　　娃（藏族）
　　　　　陈　小　同（援藏）
　　　　　小边巴次仁（藏族）
　　　　　大边巴次仁（藏族）
　　　　　陈　　莉（女）

市司法局

局　　长　次　　培（藏族）
副 局 长　蔡　严　林
　　　　　陈　小　同（援藏）

小边巴次仁（藏族）
大边巴次仁（藏族）
陈　莉（女）
副调研员　王　晓（女）

阳光公证处

达　娃（藏族）
邸海青（女）
阿旺拉姆（女，藏族）

市财政局党组

书　记　刘全保
副书记　扎西白珍（女，藏族）
成　员　任玉萍（女）
乔　俊（江苏援藏）
杨　力（北京援藏）
列　桑（藏族）
王　君（女）

市财政局

局　长　扎西白珍（女，藏族）
副局长　任玉萍（女）
乔　俊（江苏援藏）
杨　力（北京援藏）
列　桑（藏族）
王　君（女）
副调研员　尼玛桑珠（藏族）

市国土局党组

书　记　强巴江才（藏族）
副书记　索朗慈仁（藏族，8月任）
成　员　朱万江（援藏）
徐安海
宋玉璋

市国土局

局　长　索朗慈人（藏族，8月任）
副局长　强巴江才（藏族）
朱万江（援藏）
徐安海
宋玉璋

市城乡规划局党组

书　记　宋留柱
副书记　李　嵘（藏族）
成　员　米玛次仁（藏族）
胡建平
曹国华（援藏）

市城乡规划局

局　长　李　嵘（藏族）
副局长　宋留柱
米玛次仁（藏族）
胡建平
总规划师　曹国华（援藏）
监察支队队长　姚玉娥
副调研员　宁桂兰

市人力资源和社会保障局党组

书　记　彭丽华（女，藏族）
副书记　张义泉
成　员　马百胜
果　刚（满族，援藏）
仁乃旺堆（藏族）
贺能晟

市人力资源和社会保障局

局　长　张义泉
副局长　彭　华（女，藏族）
马百胜
果　刚（满族，援藏）
仁乃旺堆（藏族）
贺能晟
副调研员　李春儒
德　央（女，藏族）
罗桂芳（女，藏族）

市住房和城乡建设局党组

书　记　张贵国
副书记　格桑平措（藏族）
成　员　次　达（藏族）
刘朝晖（援藏）
于新华（援藏）
刘　阳
刘英俊
戴凤霞（女，满族）

市住房和城乡建设局

局　　长　格桑平措
副 局 长　次　　达（藏族）
　　　　　刘 朝 晖（援藏）
　　　　　于 新 华
　　　　　刘　　阳
　　　　　刘 英 俊
　　　　　戴 凤 霞（女，满族）
副调研员　金　　永（女，藏族 7 月离）
　　　　　宜 春 玲
　　　　　刘 小 平

市交通运输局党组

书　记　杨　　林
副书记　胡 士 权
成　员　何 晓 玲（8 月免职）
　　　　丁 志 群（援藏）
　　　　杜 志 强

市交通运输局

局　长　贡扎曲旺
副局长　杨　　林
　　　　胡 士 权
　　　　何 晓 玲（8 月免职）
　　　　丁 志 群（援藏）
　　　　杜 志 强
　　　　熊　　晨（5 月任命，挂职）

市水利局党组

书　记　韩 云 栓
副书记　欧阳莉萍（女）
成　员　霍 晓 露
　　　　觉　　旦（藏族）
　　　　滕 宝 亭（藏族）
　　　　王　　建（江苏援藏）

市水利局

局　　长　欧阳莉萍（女）
副 局 长　霍 晓 露
　　　　　觉　　旦（藏族）
　　　　　滕 宝 亭（藏族）
　　　　　王　　建（江苏援藏）
副调研员　罗布次仁（藏族）

市农牧局党组

书　记　其美旺姆（女，藏族）
副书记　刘 俊 博
成　员　白玛德吉（女，藏族）
　　　　吴 宏 亚（援藏）
　　　　支 建 辉
　　　　宋 四 海
　　　　左 春 伟

市农牧局

局　长　刘 俊 博
副局长　其美旺姆（女，藏族）
　　　　白玛德吉（女，藏族）
　　　　吴 宏 亚（援藏）
　　　　支 建 辉
　　　　宋 四 海
　　　　左 春 伟
副县以上非领导职务
　　　　央　　吉（女，藏族，7 月退）
　　　　辜 正 强
　　　　晋　　美

市商务局党组

书　记　旺　　杰（藏族）
副书记　范 红 英（女）
成　员　申 延 福
　　　　何 怀 东（7 月任，援藏）
　　　　谢 玉 梅（女，2 月任）
　　　　纪 伟 师

市商务局

局　　长　范 红 英（女）
副 局 长　旺　　杰（藏族）
　　　　　申 延 福
　　　　　何 怀 东（援藏，7 月任）
　　　　　谢 玉 梅（女，2 月任）
副调研员　纪 伟 师

市文化（新闻出版、文物）局党组

书　记　王 德 隆
副书记　多吉次仁
　　　　平措旺堆
成　员　曹　　兰（7 月 23 日退）

于 占 平（7月23日退）
格桑顿珠

市文化（新闻出版、文物）局

局 长 多吉次仁
副局长 王 德 隆
平措旺堆
曹 兰（7月23日退）
于 占 平（7月23日退）
格桑顿珠
副县级以上非领导职务
劲 永 春

市卫生局党组

书 记 杨 如 军（藏族，7月免）
冯 毓 强（7月任）
副书记 扎西德吉（女，藏族 ）
成 员 加永登巴（男、藏族，7月退）
潘 睿（江苏援藏）
申 豫 东
吴珠旺姆（女，藏族，7月退）
尹 美 玲

市卫生局

局 长 扎西德吉（女、藏族）
副局长 杨 如 军（7月免）
冯 毓 强（7月任）
加永登巴（男，藏族，7月退）
潘 睿（江苏援藏）
申 豫 东
尹 美 玲
宋 碧 玉

市审计局党组

书 记 史 勇
副书记 次 旦（藏族）
成 员 彭 多（女，藏族）
格桑平措（藏族）
黄 益 强（江苏援藏）
扎西拉姆（女，藏族）

市审计局

局 长 次 旦（藏族）
副局长 史 勇
彭 多（女，藏族）
格桑平措（藏族）
黄 益 强（江苏援藏）
扎西拉姆（女，藏族）
经济责任审计处处长 曲 松（藏族）

市外事办党组

书 记 杨 如 军
副书记 朗杰卓玛（女，藏族）
成 员 朱 亚 林

市外事办

主 任 朗杰卓玛（女，藏族）
副主任 杨 如 军
朱 亚 林

市广电局党组

书 记 索 群（女，藏）
副书记 范 跃 平（2月任职）
成 员 罗 红 卫（女，藏，7月离职）

市广电局

副局长 范 跃 平（2月任职）
索 群（女，藏）
罗 红 卫（女，藏，7月离职）

拉萨晚报

总 编 辑 王 巍
副总编辑 格桑多吉（藏族）
仲 曦（援藏）
傅 力（援藏）
陈 友 珍（女）
马 克 尼
冯 继 红（女）
扎 平（藏族）

市工商局党组

书 记 王 军 义（藏族）
副书记 孙 远 国（7月免）
姜 有 胜（7月任）
成 员 王 万 新（援藏）
李 达 明（7月任）
罗 永 宏（藏族）

惠 秀 娟(女)
拉巴次仁(藏族)

市工商局

局　　长　孙 远 国(7月免)
局　　长　姜 有 胜(7月任)
副 局 长　王 军 义(藏族)
王 万 新(援藏)
李 达 明(7月任)
罗 永 宏(藏族)
惠 秀 娟(女)
拉巴次仁(藏族)
副调研员　晋　　美(藏族)
扎西朗杰(藏族)
张 兄 英(女,7月任)
扎西桑旦(藏族,7月任)

市林业绿化局党组

书　记　占　　堆(藏族)
副书记　樊 锋 旭
成　员　曹 桂 荣
尼　　玛(藏族)
胡 巧 立
陈 卫 中

市林业绿化局

局　长　樊 锋 旭
副局长　占　　堆(藏族)
曹 桂 荣
尼　　玛(藏族)
胡 巧 立
陈 卫 中

市旅游局党组

书　记　董 天 林
副书记　旦增曲扎(藏族)
成　员　姜　　岭(援藏)
王　　平
马　　健(援藏)
扎西顿珠(藏族)

市旅游局

局　长　旦增曲扎(藏族)
副局长　姜　　岭(援藏)
王　　平
马　　健(援藏)
扎西顿珠(藏族)

市环保局党组

书　记　多 布 青(藏族)
副书记　李 维 生
成　员　郭 光 亮(8月免)
谢 志 宽(援藏)
德吉央宗(女,藏族)
王 军 敏(援藏)
贺 桂 芹(女)
普布次仁(藏族,8月免)

市环保局

局　长　李 维 生
成　员　郭 光 亮(8月免)
谢 志 宽(援藏)
德吉央宗(女,藏族)
王 军 敏(援藏)
贺 桂 芹(女)
拉鲁湿地管理局局长　普布次仁(藏族)

市质量技术监督局党组

书　记　次仁卓嘎(女,藏族,5月任)
成　员　杨 雪 锋
西　　绕(藏族)
陈 振 平(援藏)
王 步 顺(援藏)
次　　珍(女,藏族,2月任)

市质量技术监督局

局　　长　次仁卓嘎(女,藏族,5月任)
副 局 长　杨 雪 锋
西　　绕(藏族)
陈 振 平(援藏)
王 步 顺(援藏)
次　　珍(女,藏族,2月任)
副调研员　翟 喜 玲(女,2月任)

市安全生产监督管理局党组

书　　记　白 玉 峰
副 书 记　孙 文 斌

成 员 拉巴次仁(藏族,7月退休)
何虎啸(援藏)
蔡卫旗(回族)

市安全生产监督管理局

局 长 孙文斌
副局长 白玉峰
拉巴次仁(藏族,7月退休)
何虎啸(援藏)
蔡卫旗(回族)

市信访局党组

书 记 彭朝晖(7月23日退休)
副书记 尼玛普芝(女,藏族)
成 员 李春梅(女)
扎西顿珠(藏族,7月23日退休)
法德玛(女,回族)

市信访局

局 长 尼玛普芝(女,藏族)
副局长 彭朝晖(7月退)
李春梅(女)
扎西顿珠(藏族,7月退)
法德玛(女,回族)
副调研员 李秀莲(女)

市政市容管理委员会党组

书 记 杨革峰
副书记 索朗江村(藏族)
张文卫
党组成员 李金雄(女)
肖 明
舒瑞清
陈 文

市政市容管理委员会

主 任 索朗江村(藏族)
副主任 杨革峰
李金雄(女)
肖 明
舒瑞清
陈 文
调研员 李金雄(女)
肖 明
副调研员 石大庆(藏族)

洛桑扎西(藏族)
普布次仁(藏族)

市自来水公司

总经理 普布次仁(藏族)
副总经理 普 布(藏族)
吴 辉(藏族)

市扶贫开发领导小组办公室党组

副书记 拉巴顿珠
成 员 拉巴顿珠
庞 飞(援藏)
次 仁
张晓林
次仁德吉(女)

市扶贫开发领导小组办公室

主 任 拉巴顿珠
副主任 庞 飞(援藏)
次 仁
张晓林
次仁德吉(女)

市编译局党组

书 记 久阿拉姆(女,藏族)
成 员 旦 曲(藏族)
米玛旺堆(藏族)

市编译局

局 长 久阿拉姆(女,藏族)
副局长 旦 曲(藏族)
米玛旺堆(藏族)
副调研员 德吉卓玛(女,藏族)

市地震局党组

书 记 边巴卓玛(女,藏族)
副书记 朱希瑞

市地震局

局 长 边巴卓玛(女,藏族)
副局长 朱希瑞

市民服务中心党组

书 记 岳国红(女,藏族)
副书记 苗永霞

成　员　徐　波
　　　　昌　拉（女，藏族）

市民服务中心

主　任　徐宗军（援藏，12月任）
副主任　岳国红（女，藏族）
　　　　苗永霞（女）
　　　　徐　波
　　　　昌　拉（女，藏族）

布达拉宫广场管理处党组

书　记　王　奋
副书记　普　布（藏族）
成　员　吴　冰
　　　　向巴索朗（藏族）
　　　　旺　拉（藏族）

布达拉宫广场管理处

处　长　普　布（藏族）
副处长　王　奋

市八一农场党委

书　记　达瓦顿珠（藏族）
副书记　毛玉军
委　员　沈道国
　　　　多布杰（藏族）
　　　　明　玛（藏族）

市八一农场

场　长　毛玉军
副场长　达瓦顿珠（藏族）
　　　　沈道国
　　　　多布杰（藏族）
　　　　明　玛（藏族）

市人民防空党组

书　记　格　列（7月离）
成　员　宣利民
　　　　牛小平（7月离）

市人民防空

主　任　格　列（7月离）
副主任　宣利民
副调研员　牛小平（7月离）

市残联

理事长　央金卓嘎（女，藏族）
副理事长　格桑平措（藏族）

市城市建设投资经营有限公司党组

书　记　多吉旺久（藏族）
副书记　陈建平
成　员　陈建平
　　　　丁素琼（女）
　　　　金祝明
　　　　强　久

市城市建设投资经营有限公司

董事长　多吉旺久（藏族）
总经理　陈建平
副总经理　丁素琼（女）
　　　　金祝明
　　　　韦　勇（援藏）
　　　　强　久（藏族）

市暖心燃气热力有限责任公司

董事长　劳明伟
副总经理　泽　永
　　　　李新堂
　　　　胡晓冬
　　　　荀志国

拉萨布达拉旅游文化集团有限公司党委

副书记　扎西江村（藏族）
委　员　胡　玺
　　　　邓增罗布（藏族）
　　　　德吉卓玛（女，藏族）

拉萨布达拉旅游文化集团有限公司

董事长、总经理　扎西江村（藏族）
副总经理　胡　玺
　　　　包维明（援藏）
　　　　郑　盈（援藏）
　　　　邓增罗布（藏族）
　　　　德吉卓玛（女，藏族）

拉萨置地投资开发有限公司

董事长　包庆雨
总经理　索朗多吉（藏族）

副总经理 扎西顿旦（藏族，10月免）
王吉祥
潘 睿（援藏）
韩 勇（援藏）
普布卓嘎（女，藏族）

西藏圣城集团

董事长、总经理 陈佰顺
副总经理 雷 华

市公共交通集团总公司

董事长 曹志明
总经理 泽 兵（藏族）
副总经理 苟明平
陈常军
丹 旺（藏族）
徐春林（女）

市国税局党组

书记 珠 加（藏族）
副书记 葛程蓉（汉族，女，9月免）
副书记 孙清明（藏族，9月任）
成员 扎西旺堆（藏族）
栾铁栓
次仁曲珍（藏族，女）
谭志雄
扎西次仁（藏族）
刘 奎

市国税局

局长 葛程蓉（汉族，女，9月免）
孙清明（藏族，9月任）
副局长 珠 加（藏族）
扎西旺堆（藏族）
栾铁栓
次仁曲珍（藏族，女）
谭志雄
纪检组长 扎西次仁（藏族）
总经济师 刘 奎
调研员 蔡贵平（藏族）
冯开源（藏族）
贡觉加措（藏族）
洛桑克珠（藏族）

市气象局党组

书记 杨政兴（3月免）
王 伟（3月任）
副书记 陈友珍（女，藏族，3月任）
纪检组长 次仁达瓦（藏族）
成员 次仁达瓦（藏族）
胡 军（女、藏族）
卓连根（援藏）

市气象局

局长 杨政兴（3月免）
王 伟（3月任）
副局长 陈友珍（女、藏族）
胡 军（女、藏族）
卓连根（援藏）
副调研员 格烈曲扎（藏族）
尼玛次仁（藏族）

市电业局党组

书记 郎 琼（女，藏族，6月任）
副书记 龚东昌
委员 张格萍
黄丽英
徐红金
沈桂城
刘 超

市电业局

总经理 龚东昌
副总经理 郎 琼（女，藏族，6月任）
副总经理 徐红金
沈桂城（6月任）
刘 超
刘光辉（6月任）

西藏邮政拉萨分公司党委

书记 易水源
成员 普布扎西（藏族）
姚 建
刘众清

西藏邮政拉萨分公司

总经理 易水源
副总经理 普布扎西（藏族）
姚 建

刘 众 清

中国电信拉萨分公司

党委书记 丁 建 涛
总 经 理 土登穷穷（藏族）

中国移动拉萨分公司

党委书记、总经理 郭 文 权

中国联通拉萨分公司

党支部书记、总经理 楚 光

市第一中等职业技术学校党委

党委书记 詹 晓 圣
党委委员 穷 达
次仁多吉

市第一中等职业技术学校

校 长 穷 达
副 校 长 次仁多吉

市第二中等职业技术学校党委

书 记 吕 贵 声（回族，12月离）
副书记 耿 进 利
委 员 乡 琼（藏族）
李 林（女，藏族）

市第二中等职业技术学校

校 长 耿 进 利
副校长 乡 琼（藏族）
李 林（女，藏族）

城关区

书 记 果 果（藏族）
副书记、区长 刘 亮
人 大 主 任 马 永 青（藏族）
政 协 主 席 李 怀 伟

堆龙德庆县

书 记 陈 献 森
县 长 安 央 金（女，藏族）
人大主任 达娃次仁（藏族）
政协主席 郭 志 锋

墨竹工卡县

书 记 严 应 骏
县 长 林 生（藏族）
人大主任 洛 桑（藏族）
政协主席 魏 东 飞

当雄县

书 记 张 正
县 长 旦增尼玛（藏族）
人大主任 康 加 贵
政协主席 周 雅 林

达孜县

书 记 徐 申 锋（援藏）
县 长 阿努次仁（藏族）
人大主任 达 娃（藏族）
政协主席 郝 静（女）

曲水县

书 记 彭 袆 涛
县 长 孙 宝 祥（藏族）
人大主任 罗 桑（藏族）
政协主席 王 增 升

林周县

书 记 赵 涛（藏族）
县 长 次仁顿珠（藏族）
人 大 主 任 边 巴（藏族）
政协副主席 张 林 保

尼木县

书 记 范 永 红（援藏）
县 长 普 穷（藏族）
人大主任 洛桑赤列（藏族）
政协主席 余 凤 萍（女）

大 事 记

1 月

1日 西藏自治区党委书记陈全国前往拉萨市金珠中路、昆仑能源西藏有限公司拉萨天然气站、大昭寺广场、八廓街看望慰问节日期间坚守岗位的工人和各界群众。自治区党委常委、市委书记齐扎拉陪同。

▲ 拉萨市公共安全服务有限公司成立。

5日 中共拉萨市第八届委员会第五次全体会议召开。会议听取了自治区党委常委、市委书记齐扎拉所作的《深入贯彻落实党的十八届三中全会精神 奋力推进拉萨跨越式发展和长治久安》工作报告,审议了《中共拉萨市委员会关于贯彻落实〈中共中央关于全面深化改革若干重大问题的决定〉的实施意见(讨论稿)》和《中共拉萨市第八届委员会第五次全体会议关于市委常委会工作报告的决议》。市委领导洛桑旦巴、张延清、陈勇、马新明、达娃出席会议,市委委员、候补委员、市纪委委员,不是市委委员、候补委员和市纪委委员的拉萨市中共十八大代表、拉萨市十二届全国人大代表、拉萨市地级领导及各县(区)、市直各单位党政负责人列席会议。

6日 全市经济工作会议召开。会议贯彻落实中央和自治区经济工作会议精神,总结2013年经济工作,研究部署2014年经济工作,表彰2013年度县(区)域经济发展争先进位先进单位、维护社会稳定争先进位县(区)和先进集体。会议明确了2014年全市经济社会发展要重点抓好11个方面的工作。参会的有关领导围绕不同的主题作了大会发言。

7日 全市2013年度优秀正县级领导干部表彰大会召开。会议宣读了《中共拉萨市委员会关于表彰2013年度优秀正县级领导干部的决定》,自治区党委常委、市委书记齐扎拉主持并讲话。市领导张延清、陈勇、马新明、达娃出席会议。

9日 拉萨市政府与北京中地种畜股份有限公司举行“拉萨中地生态牧场”项目合作框架协议签字仪式。市委常委、常务副市长洪家志主持仪式。双方签订了《拉萨市人民政府与北京中地种畜股份有限公司建设“拉萨中地生态牧场”项目合作框架协议》《拉萨中地生态牧场股东投资协议书》。

11日 拉萨市举行“行走日光城”新闻发布会暨拉萨市形象大使任命仪式,演员陈坤被聘为拉萨城市形象大使。

12日 “行走日光城”城市行走活动在宗角禄康公园启动,1500名参与者进行了10公里的行走活动。

15日 拉萨市政府与中国农业银行股份有限公司西藏分行全面合作框架协议签约仪式举行。市委副书记、市长张延清与中国农业股份有限公司西藏分公司领导出席签约仪式。

17日 全市“双联户”总结表彰大会召开。会议宣读了《关于表彰2013年度“先进双联户”和创建评选工作先进集体的决定》《关于表彰2013年度“双联户”工作村(居)委会和联户代表的决定》,并对获奖代表进行表彰。自治区党委常委、市委书记齐扎拉出席会议,市委副书记、市人大常委会主任洛桑旦巴主持会议。

21日 全市农村工作会议召开。会议对2013年“三农”工作进行总结,分析当前工作面临的形势,安排总署2014年工作任务。自治区党委常委、市委书记齐扎拉出席并讲话,张延清主持会议。市领导洛桑旦巴、达娃出席会议。

22日 国家宗教局副局长陈宗荣到拉萨教育城

调研，察看拉萨教育城规划用地和各项目进展情况。市委副书记、宣传部长马新明陪同。

23 日　拉萨市深入开展党的群众路线教育实践活动动员大会召开。区党委常委、市委书记、市委党的群众路线教育实践活动领导小组组长齐扎拉对全市深入开展党的群众路线教育实践活动进行全面部署。自治区党委第一督导组有关领导出席大会，并介绍督导工作原则、程序、方法、目标任务及活动要求。市领导洛桑旦巴、张延清、马新明、达娃、龙志刚、斯朗尼玛、袁训旺、次仁旺堆、果果出席会议。

25 日　区党委副书记、自治区主席洛桑江村前往达孜县社会福利院和拉萨市儿童福利院，看望慰问五保老人和福利院儿童。

26 日　拉萨市城市供暖工程总结大会召开。会议总结了 2013 年度拉萨市城市供暖工程建设工作，表彰城市供暖工程建设中涌现出的先进集体和先进个人。

27 日　自治区党委常委、市委书记齐扎拉前往当雄县联系点调研，指出要体察民情、反映民意，多为当地农牧民群众办实事，解难事。

30 日　区党委副书记、自治区主席洛桑江村前往墨竹工卡县，看望慰问结对户、寺庙僧人、驻村驻寺干部和基层干部群众。

▲　拉萨市净土产业投资有限公司正式注册成立。公司首期注册资金 5 亿元。

31 日　区党委书记陈全国前往布达拉宫广场，看望慰问驻藏人民解放军指战员、武警和公安现役部队官兵、民兵预备役人员。区党委副书记、自治区主席洛桑江村前往区公安厅指挥中心、拉萨市一线指挥部和德吉北路、八一南路便民警务站，看望慰问节日值班人员。

2　月

2 日　区党委书记陈全国，区党委副书记、自治区常务副主席邓小刚前往布达拉宫便民警务站，看望慰问节日期间坚守在一线的公安民警。

3 日　自治区党委常委、市委书记齐扎拉看望慰问四川省甘孜州、阿坝州，甘肃省甘南州、天祝县，云南省迪庆州，青海省驻拉萨市联络点的工作人员，并致以节日祝福。

4 日　自治区党委常委、市委书记齐扎拉前往拉萨国家级经济技术开发区 B 区群众搬迁安置一期工程现场调研。

7 日　区党委常务副书记、区党委党的群众路线教育实践活动领导小组常务副组长吴英杰前往拉萨市检查指导拉萨市党的群众路线教育实践活动开展情况。张延清主持汇报会。市委副书记、统战部长、市委党的群众路线教育实践活动领导小组常务副组长达娃汇报了拉萨市党的群众路线教育实践活动开展情况。

13 日　张延清赴拉萨市市民服务中心调研，听取基础设施建设情况、市民服务中心改造工程意见和建议的汇报。他指出要把市民服务中心建成凝聚民心的施政窗口、办事窗口、形象窗口和文明窗口。

13 日～3 月 3 日　市委、市人大、市政府、市政协开展藏历新年慰问活动。有关领导分别带队看望城关区部分困难企业低保户代表，慰问驻村工作队及退休老干部、困难职工群众、贫困残疾人员，到曲水县才纳乡、堆龙德庆县桑木村、雄色寺、嘎东寺看望慰问结对认亲户、驻村工作队队员和寺管会人员等。

14 日　区党委常委、区政协副主席、区党委统战部部长公保扎西率工作队深入拉萨市林周县达龙寺、热振寺督导调研，检查指导寺庙管理工作，看望慰问驻寺、驻村干部和寺庙僧人。

17 日　区党委常务副书记吴英杰前往青藏铁路拉萨段加入护路中队、高天护路大队，考察青藏铁路沿线护路联防工作。

18 日　区党委常委、自治区常务副主席丁业现前往拉萨至林芝高等级公路拉萨段施工现场，调研工程建设和施工进度等情况。

20 日　自治区党委常委、市委书记齐扎拉前往曲水县茶巴拉乡巴拉村光伏电站建设点考察并网光伏电站项目前期工作开展情况，实地检查部分寺庙党的群众路线教育实践活动落实措施。

21 日　市委理论学习中心组召开 2014 年度第二次集中学习会暨“为了谁、依靠谁、我是谁”专题讨论交流会。传达学习区党委书记陈全国在“为了谁、依靠谁、我是谁”专题讨论会上的讲话精神，并围绕这一主题进行交流讨论。区党委第一督导组全体成员出席会议并指导，市委常务副书记龙志刚主持会议。

▲　张延清前往色拉寺，对“色拉崩坚”沿线进行实地查看，看望慰问管委会工作人员、执勤民警和部队官兵，并召开专题会议。

22～24 日　政协第十届拉萨市委员会第三次会议召开。会议应到委员 278 人，实到 243 人。会议听取和审议《政协第十届拉萨市委员会常务委员会工作报告》《关于政协十届二次会议以来提案工作情况的报告》,听取并讨论《政府工作报告》和其他报告,增选政协第十届拉萨市委员会主席、常务委员,审议通过政协第十届委员会第三次会议政治决议及其他决议,学习贯彻党的十八届三中全会及市委八届五次全委会、全市经济工作会议精神,表彰优秀提案、提案办理先进集体、先进个人。

23～25日　拉萨市第十届人民代表大会第四次会议召开。会议应到代表253名,实到210名。会议通过了《政府工作报告》《拉萨市人民代表大会常务委员会工作报告》《拉萨市2013年国民经济和社会发展计划执行情况与2014年国民经济和社会发展计划报告》《拉萨市2013年财政预算执行情况和2014年财政收支预算报告》和《拉萨市中级人民法院工作报告》《拉萨市检察院工作报告》的决议草案。审议通过了拉萨市人民政府关于拉萨市十届人大三次会议代表方案、建议、批评和意见办理情况的报告。

25日　区党委常务副书记吴英杰前往北京市援助建设的德吉罗布儿童乐园和拉萨市群众文化体育中心,就项目公共服务效益和建设情况进行考察调研。齐扎拉、丁业现等领导陪同。

26日　齐扎拉前往市政工程养护管理处看望慰问环卫工人,代表市委、市政府向环卫工人致以节日的问候。张延清陪同。

▲　区党委第一督导组成员分别前往拉萨市尼木县和拉萨经济技术开发区管委会、市政市容管委会、市发改委、市国土局等单位,就党的群众路线教育实践活动开展情况督导检查。

▲　《拉萨晚报》报道:拉萨市国家税务局荣获"全国税务系统先进集体"荣誉称号。

3　月

1日　自治区党委常委、市委书记齐扎拉与人民日报海外版、新华社、中央电视台等16家中央媒体记者举行座谈,感谢中央媒体对拉萨经济社会发展、民风民俗等方面的宣传报道。马新明等市领导出席座谈会。

2～6日　拉萨市深入开展党的群众路线教育实践活动。市委常委、常务副市长、市委第一督导组组长洪家志赴当雄县督导党的群众路线教育实践活动开展情况,听取当雄县相关部门就民生工作开展情况的汇报;5日,龙志刚前往城关区吉日街道办事处八朗学社区、纳金乡嘎巴村、格日寺开展"进村入户、结对认亲交朋友"和征求意见活动;5日,市委常委、秘书长袁训旺前往当雄县羊八井镇拉多村看望慰问结对贫困户、基层干部和困难群众;6日,市政协主席诸伟敏一行赴城关区丹杰林社区开展"进村入户、结对认新交朋友"活动。

4日　央视财经频道发布《CCTV经济生活大调查(2012～2013)》调查结果,拉萨市蝉联中国最幸福城市称号。

6日　区党委副书记、自治区常务副主席、区党委政法委书记邓小刚前往达孜县看望慰问结对户、贫困户、寺庙僧人、驻村驻寺干部和基层干部群众,送去藏历新年的祝福。

▲　《西藏日报》报道:达孜县章多乡恰村获2013年自治区村级优秀"双联户"荣誉称号。

8日　自治区党委常委、市委书记齐扎拉前往拉萨市人民医院妇产科、市公安局监管支队、自治区"五好文明家庭"晋美家中、自治区"三八红旗手标兵"索朗曲珍家中,城关区格日寺看望慰问节日期间坚守岗位的妇女工作者、杰出妇女代表和寺庙僧众,向全市广大妇女同胞致以节日问候。市委副书记、统战部长达娃等陪同。

▲　拉萨市墨竹工卡县人民法院、拉萨市公安局特警支队七号安检站荣获西藏自治区"三八"红旗集体荣誉称号,拉萨市园林局职工索朗曲珍芝荣获西藏自治区"三八"红旗手标兵荣誉称号,拉萨市环卫局环卫清扫员索朗卓嘎、拉萨市达孜县塔杰乡巴嘎雪3组村民卓玛央宗荣获西藏自治区"三八"红旗手荣誉称号;拉萨市妇联荣获自治区"平安家庭"创建工作先进集体荣誉称号,拉萨市曲水县人民法院伟色一家、拉萨市尼木县尼木乡日措村索朗旺姆一家荣获自治区"平安家庭"创建工作先进家庭荣誉称号。

11日　自治区党委常委、市委书记齐扎拉主持召开市委理论学习中心组2014年度第四次集中学习会,学习贯彻区党委活动办《关于认真查找和解决"四风""两问题""一薄弱"方面突出问题的通知》和新修订的《党政领导干部选拔任用工作条例》。

18日　自治区党委常委、市委书记齐扎拉赴城关区和堆龙德庆县实地调研、察看武警西藏总队有关建设用地情况。

▲　市委副书记、市长张延清会见由云南省迪庆

州人民政府副州长蔡武成为团长的考察团一行。

19 日　拉萨市召开民族团结进步座谈会召开。参加座谈会的藏、汉、回、维吾尔族代表以基层干部、退休老干部、普通群众等不同行业不同界别的身份从经历的社会变迁、生产生活变化与各民族友好相处中感悟维护民族团结、维护社会稳定、维护祖国统一的重要性。自治区党委常委、市委书记齐扎拉出席并讲话，达娃主持会议。

22 日　拉萨市“共产党员志愿者示范城”创建活动正式启动。活动旨在引导和动员全市共产党员充分发挥共产党员在群众工作中的主体作用，更好地践行群众路线。

25 日　中国共产党第八届拉萨市纪律检查委员会第四次全体会议召开。会议主要任务是总结 2013 年全市党风廉政建设和反腐败工作，安排部署 2014 年党风廉政建设和反腐败工作，表彰 2013 年度先进集体及个人。自治区党委常委、市委书记齐扎拉出席并作讲话。

▲　自治区党委常委、市委书记齐扎拉实地调研拉萨教育城建设情况，并主持召开座谈会。会议要求要加快相关配套设施建设，确保把教育城建设成为集学前教育、义务教育、高中教育、职业教育、师资培训、教师园丁苑等于一体的多功能现代化教育城区。市长张延清，市委副书记、常务副市长陈勇，市委常委、秘书长袁训旺，市委常委、城关区委书记果果一同调研。

26 日　自治区党委常委、市委书记齐扎拉接受由新华社甘肃分社、青海分社、西藏分社采编人员组成的调研报道团采访。采访主要围绕宗教信仰自由、历史文物保护、环境治理、民生改善等方面。

28 日　拉萨市举行“升国旗、唱国歌”仪式，纪念西藏百万农奴解放 55 周年。自治区领导吴英杰、邓小刚、齐扎拉、梁田庚、多托、王瑞连、王拥军，市领导龙志刚、马新明、达娃等与全市各族干部群众代表一同参加仪式。自治区党委常委、市委书记齐扎拉致辞，市长张延清主持仪式。

29 日　自治区党委常委、市委书记齐扎拉赴城关区调研党的群众路线教育实践活动开展情况。要求认真聚焦“四风”“两问题”“三不够”，转变工作作风，解决人民群众关注的难点、热点问题。市委常委、秘书长袁训旺，市委常委、组织部部长陈军，市委常委、城关区委书记果果一同调研。

30 日　自治区党委常委、市委书记齐扎拉赴当雄县调研指导党的群众路线教育实践活动开展情况。要求把农牧民群众满意作为开展好教育实践活动的出发点和落脚点。市委副书记马新明，市委常委、秘书长袁训旺，市委常委、组织部部长陈军一同调研。

4　月

1 日　拉萨市“治国必治边、治边先稳藏”专题讨论交流会暨征求意见座谈会召开。自治区党委常委、市委书记齐扎拉主持并讲话。诸伟敏、马新明、达娃、张才刚、斯朗尼玛、袁训旺、王晖、次仁旺堆、陈军等市领导出席。

2 日　自治区党委常委、市委书记齐扎拉主持召开市委党的群众路线教育实践活动“学习焦裕禄、争做好公仆”专题学习研讨会。学习长篇通讯《县委书记的榜样——焦裕禄》，并围绕学习弘扬焦裕禄精神作讨论交流。

4 日　自治区党委书记陈全国在拉萨市调研第二批党的群众路线教育实践活动，指出要认真贯彻习近平总书记关于教育实践活动的一系列重要讲话和指示精神特别是在兰考调研时的重要讲话精神。自治区党委常委、市委书记齐扎拉陪同调研。

▲　自治区党委常委、市委书记齐扎拉主持召开“学习焦裕禄、践行三严三实”专题学习研讨会。学习《自觉践行“三严三实”深入推进作风建设》，并围绕“学习焦裕禄精神，自觉践行‘三严三实’”，结合各自工作实际作讨论交流。

5 日　陈全国、白玛赤林、洛桑江村、吴英杰和齐扎拉、张延清、龙志风、达娃等自治区及拉萨市领导与拉萨市各界干部群众、青少年学生在拉萨市烈士陵园参加清明烈士公祭活动，缅怀为西藏革命和建设事业建立不朽功勋的革命先烈。

▲　张延清赴蔡公堂乡实地调研地表水源地建设选址情况，并现场办公，对水源地前期工作进行安排部署。

8 日　陈全国、白玛赤林、洛桑江村、吴英杰，许勇、公保扎西、齐扎拉、董云虎、梁田庚、丁业现、王瑞连等自治区领导与拉萨市干部群众、部队官兵在拉萨河南岸参加义务植树活动。

10 日　自治区党委常委、市委书记齐扎拉主持召开“学习焦裕禄、争做好公仆”专题研讨电视电话会议，与会人员围绕“学习焦裕禄、争做好公仆”，结合各自工作、思想、作风等方面实际，聚焦“四风、两问题、一薄弱、三不够”分别作交流发言。

12日 第二届中国文化旅游品牌建设与发展峰会暨“影响世界的中国文化旅游知名品牌”发布，拉萨市荣获“影响世界的中国文化旅游名城”称号。

16日 区党委书记陈全国在拉萨市城关区和经济技术开发区调研经济运行情况。

19日 开国将军谭冠三纪念园开园。纪念园位于拉萨职业技术学院内，占地800余平方米，被命名为拉萨市爱国主义教育基地和国防教育基地。

21～23日 以自治区党委常委、市委书记齐扎拉为团长的拉萨市党政代表团赴北京市访问考察。21日，中共中央政治局委员、北京市委书记郭金龙会见代表团一行，自治区党委常委、市委书记齐扎拉就近年来拉萨经济社会发展和受援工作情况做简要介绍；召开北京·拉萨人才援藏工作座谈会，就北京市智力援藏工作开展情况进行交流。22日，到北京市西城区和北京经济技术开发区参观考察，并与西城区政府就下一步对口援助和开展合作等情况进行座谈。23日，到北京市海淀区和中关村国家自主创新示范区参观考察，并与海淀区政府和中关村管委会就经济社会发展、创新发展情况和开展合作等进行座谈。

21～22日 张延清在达孜县德庆镇桑珠林村走村入户调研指导党的群众路线教育实践活动开展情况，并与当地农牧民群众交谈，要求大力开展基层访、网络访、专题访、交叉访、重点访等“五访”主题实践活动。

23日 拉萨市城关区人民检察院被授予“全国模范检察院”称号。

24～25日 以自治区党委常委、市委书记齐扎拉为团长的拉萨市党政代表团前往江苏省进行访问考察。24日，江苏省委书记、省人大常委会主任罗志军，省委副书记、省长李学勇分别会见代表团一行，自治区党委常委、市委书记齐扎拉就近年来拉萨市经济社会工作开展情况、受援工作情况进行简要介绍，并对今后对口支援工作提出建议；代表团一行在南京市参观考察，了解学习南京市在新区建设、新兴产业发展等方面的经验。25日，到镇江市参观考察新兴企业生产经营情况，并交流经验。

26日 《西藏日报》报道：拉萨市墨竹工卡县甲玛乡赤康村入选中国传统村落名录。

5 月

1日 “平安拉萨”政务微博开通上线。旨在加强和创新社会管理，拓宽警民汇通交流渠道。

4日 拉萨市2014年幸福拉萨规范舞群众性文化活动启动。市委常委、城关区委书记果果，市委常委、宣传部部长占堆参加了启动仪式。

5日 区党委副书记、自治区主席洛桑江村到拉萨市调研县级医院标准化建设和基层医疗服务等情况。

6日 区党委常务副书记吴英杰赴拉萨市调研党的群众路线教育实践活动及维稳工作开展情况，并看望慰问基层单位。自治区党委常委、市委书记齐扎拉陪同。

7日 拉萨市召开创建国家环境保护模范城市技术评估再动员大会，通报自治区环保厅对拉萨市创模工作的检查结果，并对相关工作进行部署。龙志刚出席会议并讲话。

8日 自治区党委常委、市委书记齐扎拉主持召开拉萨市城乡规划建设委员会第九次会议。听取并研究《拉萨市城乡规划委员会议事规则》等事宜。市委领导张延清、斯朗尼玛、袁训旺、王晖、果果出席会议。

8～10日 自治区纪委调研组一行赴拉萨市调研指导党委落实党风廉政建设责任制主体责任、纪委（纪检组）落实督导责任情况。听取市委、市政府党组落实党风廉政建设主体责任基本情况和主要领导个人履行党风廉政建设“第一责任人”职责情况，以及落实监督责任情况。

10日 市委副书记、市长张延清会见美亚电力有限公司赴藏考察团，就双方在水电项目领域的进一步合作进行座谈。市委常委、常务副市长斯朗尼玛陪同会见。

11日 市委常委会班子党的群众路线教育实践活动“学习教育、听取意见”环节工作情况通报会召开。自治区党委常委、市委书记齐扎拉主持会议并就开展好第二环节的工作提出要求。区党委第一督导组成员及市委领导张延清、陈勇、龙志刚、马新明、诸伟敏、张才刚、斯朗尼玛、袁训旺、周普国、陈军、果果出席会议。

17日 市委副书记、市长张延清会见以北京市委副秘书长、支援合作办主任秦刚为团长的北京市对口支援工作考察代表团一行。市委领导马新明、占堆参加会见。

19日 区党委常委、自治区常务副主席丁业现到拉萨经济技术开发区、堆龙德庆县工业园区调研企业基础设施配套建设、生产经营和自治区相关扶持政策落实执行情况。

24日　区党委书记陈全国暗访拉萨市便民警务站。

26日　自治区党委常委、市委书记齐扎拉会见北京市文联党组书记、常务副主席陈启刚率领的首都艺术家代表团一行。马新明、占堆等市领导参加会见。

27日　由拉萨市城关区联合新华社西藏分社打造的“拉萨·城关掌上通”正式上线，标志着城关区党政机关服务社会、服务人民开始迈入“新媒体”时代。自治区党委常委、市委书记齐扎拉出席启动仪式并讲话，市领导马新明、果果、占堆和新华社西藏分社领导出席仪式。

28～31日　由北京市投资促进局和北京援藏指挥部共同组织的“驻京中外知名企业投资拉萨活动”举办。马新明及区县相关领导、28家驻藏企业代表参加活动。活动期间，举办了“驻京中外知名企业投资拉萨行项目推介会”，拉萨市堆龙德庆县、尼木县重点推介青稞深加工、太阳能光伏开发、纯净水开发、景区综合开发、中高档汽车4S店、产业园区建设开发等19个招商领域和项目。

30日　区党委书记陈全国前往拉萨市吉崩岗小学，与小朋友共同庆祝“六一”儿童节，向全区各族少年儿童表示节日祝贺。

▲　拉萨市净土健康产业发展推进大会召开。自治区党委常委、市委书记齐扎拉出席并对全市净土健康产业发展提出要求。市领导洛桑旦巴、张延清、陈勇、龙志刚、张才刚、王晖、周普国、陈军、果果出席。

6　月

1日　区党委副书记、自治区主席洛桑江村前往拉萨SOS儿童村与小朋友欢度“六一”儿童节，向全区各族少年儿童表示节日祝贺。

3日　区党委常委、组织部长梁田庚赴当雄县调研指导教育实践活动第二环节相关工作。市领导龙志刚、陈军陪同调研。

5日　拉萨市城市少数民族流动人口服务管理体系建设试点工作在城关区扎细街道办事处启动。市领导洛桑旦巴、斯朗尼玛出席仪式。

6日　拉萨市召开创建国家环保模范城市技术评估汇报会。国家环保部“创建国家环保模范城市”技术评估专家组一行对“创模”26项技术指标达标情况进行评估。

12日　由中央组织部干部一局、人力资源社会保障部工资福利司有关领导率队的联合调研组与拉萨市有关部门座谈，了解拉萨市干部人才援藏工作、干部职工工资待遇等情况。

15日　自治区党委常委、市委书记齐扎拉会见中国驻尼泊尔大使吴春太一行。市委领导袁训旺、占堆陪同会见。

20日　区党委副书记、主席洛桑江村前往尼木县实地检查矿山“三条底线”落实情况。要求把安全生产、生态保护、和谐稳定作为自治区繁荣进步的红线、底线和高压线。

▲　拉萨市净土健康产业招商引资项目推介会暨招商引资项目签约仪式在南京市举行。拉萨市委副书记、常务副市长、江苏省对口支援拉萨市前方指挥部总指挥陈勇出席并致辞，江苏省商务厅、经信委、农委和南京市工商联有关领导出席推介会。

23日　自治区党委常委、市委书记齐扎拉前往曲水县调研农村改革工作，指出要扎实做好农村改革各项工作，推动农村经济快速健康可持续发展。市委常委、秘书长袁训旺，市委常委、副市长周普国陪同。

▲　市委副书记、市长张延清会见由文化部组织的当代美术名家走进西藏代表团一行。市领导马新明、占堆参加会见。

▲　《拉萨晚报》报道：由人民网主办的“2014年城市发展质量论坛暨全国民生典范城市发布会”发布，拉萨市获评“全国首批民生改善典范市”和“全国首批生态文明建设典范基地”。

24日　自治区党委常委、市委书记齐扎拉前往城关区蔡公堂乡阳宫寺、公堂寺检查指导寺庙文物保护工作，要求切实保护好寺庙珍贵文物，让广大僧人和信教群众满意。市领导达娃、果果陪同检查。

▲　自治区党委常委、市委书记齐扎拉赴城关区调研城关区社会福利院运行情况。市领导达娃、果果陪同。

▲　区妇联在拉萨市城关区木如社区建立首个自治区妇女信访代理员示范点，并对99名妇女信访代理员进行岗位培训。

25日　自治区党委常委、市委书记齐扎拉会见尼泊尔驻拉萨总领馆总领事哈里·普拉萨德·马道一行，双方就共同关心的问题进行交流。市委副书记、市长张延清，市委常委、秘书长袁训旺陪同会见。

29日　自治区党委常委、市委书记齐扎拉前往拉萨河南岸恰拉山检查指导南山造林绿化工程推进情况。市领导斯朗尼玛、袁训旺陪同。

30日　拉萨市纪念中国共产党建党93周年暨“书记讲党课”专题报告会召开。自治区党委常委、市委书记齐扎拉作题为《讲忠诚、勇创新、尽责任、敢担当》的专题报告。市委副书记、市人大常委会主任洛桑旦巴主持会议，市委领导张延清、马新明、达娃、诸伟敏、张才刚、斯朗尼玛、袁训旺、次仁旺堆、果果、占堆出席会议。

7　月

1日　自治区党委常委、市委书记齐扎拉会见北京援藏指挥部第一批、第二批（含学校管理团队）专职干部，就进一步推进对口援藏工作交换意见。市领导洛桑旦巴、张延清、陈勇、马新明、袁训旺、洪家志陪同会见。

2日　全国政协常委、中国佛教协会副会长班禅额尔德尼·确吉杰布在拉萨市开展系列佛事活动，并与在拉萨的全国政协委员座谈。

4日　拉萨市2014年上半年和谐模范寺庙暨爱国守法先进僧尼表彰大会召开。会议宣读了《中共拉萨市委员会　拉萨市人民政府关于是表彰2014年上半年和谐模范寺庙暨爱国守法僧尼、先进寺庙管理委员会和优秀驻寺干部的决定》，并为获表彰代表频奖。市委领导洛桑旦巴、达娃、斯朗尼玛、周普国、陈军、果果出席会议。

14日　中国戏剧家协会梅花奖艺术团在拉萨市举行慰问演出。自治区领导陈全国、吴英杰、齐扎拉、董云虎、王瑞连及中国剧协有关领导等同各族各界干部群众一起观看演出。

16日　由文化部组织的考察组到拉萨市考察拉萨市申报国家级拉萨河文化生态保护实验区建设工作，并召开座谈会。

17～23日　中共中央政治局委员、中央政法委书记孟建柱前往拉萨市和山南地区调研。

18日　拉萨一小分校揭牌仪式在原海淀小学举行，这是拉萨市首所小学分校。

19日　由拉萨市政府、农业部优质农产品服务中心、中国优质农产品开发服务协会、中国农产品市场协会、农民日报社主办的“强农兴邦中国梦·品牌农业中国行——走进拉萨”活动开幕。活动旨在促进拉萨产业转型升级，推动拉萨净土健康产业区域产品公共品牌建设大发展。同日，举行“强农兴邦中国梦·品牌农业中国行—走进拉萨”净土健康产业项目推介会。

20日　拉萨市2013年度深化全国文明城市创建工作总结表彰暨2014年度迎接测评动员部署大会召开。会议表彰了69家先进单位、149名先进个人。自治区党委常委、市委书记齐扎拉出席并讲话。市领导洛桑旦巴、张延清、陈勇、达娃、张才刚、斯朗尼玛、王晖、果果出席会议。

▲　拉萨市经济运行情况通报暨部署会议召开。齐扎拉、洛桑旦巴出席会议，张延清主持会议并作总结讲话。市领导陈勇通报全市经济运行情况，斯朗尼玛通报老城区工程资金运行情况，王晖通报八廓商城资金运行情况，果果通报供暖工程资金运行情况，计明南加通报教育城资金运行情况和拉萨市区学校布局调整情况，次仁央宗通报澎波灌区、拉萨河干流整治、三号闸建设等水利项目资金运行情况，吴亚松通报西藏文化旅游创意园区资金运行情况。

21日　以“新形势下，人大如何在加强民族团结中发挥重要作用”为主题的全国五民族自治区首府城市人大工作经济交流会第二十八次会议在拉萨市召开。自治区党委常委、市委书记齐扎拉出席并讲话，洛桑旦巴致辞，张延清等领导出席会议。

▲　中央党校党建研究联系点在墨竹工卡县揭牌。这是中央党校在全国民族地区的第一个联系点。

22日　拉萨市净土健康产业科技研发专题招商活动在北京市举行。

25日　自治区党委常委、市委书记齐扎拉会见国家农业部赴藏调研专家组一行。市委常委、副市长周普国，市委常委、城关区委书记果果陪同。

▲　自治区党委常委、市委书记齐扎拉主持召开供暖工程专题会议，听取供暖入户情况和供管网设计、建设情况汇报。果果出席会议。

▲　拉萨市委、市政府有关领导与那曲地区党政考察团一行举行座谈会。自治区党委常委、市委书记齐扎拉出席并讲话，市委副书记、常务副市长陈勇主持会议并介绍了拉萨经济社会发展情况，市委常委、常务副市长王晖介绍了拉萨市在科学编制城乡规划、创新城乡规划审批机制、加强建设项目规划监督、提高管理水平等方面的具体做法，市委常委、副市长周普国介绍了拉萨市净土健康产业发展和招

商引资工作情况。

29日　区党委副书记、自治区常务副主席、区党委政法委书记邓小刚前往达孜县指导达孜县委常委班子专题民主生活会。

31日　堆龙德庆县柳梧乡委托柳梧新区管委会管理交接仪式在柳梧乡政府举行，堆龙德庆县政府负责人与柳梧新区管委会负责人签订柳梧乡整体移交协议。马新明出席并讲话。

8　月

1日　拉萨市在城关区蔡公堂乡科技示范园举行"菜篮子"工程惠民平价蔬菜直销车发放仪式，标志着在全市启动"菜篮子"工程惠民平价蔬菜直销车推广应用工作。工程共为7县1区配备174辆蔬菜直销车。

7日　自治区党委常委、市委书记齐扎拉会见以北京市西城区考察团一行。市领导洛桑旦巴、马新明、袁训旺参加会见。

9日　自治区党委常委、市委书记齐扎拉会见中央党校赴藏支援拉萨市开展"五大战略"课题调研组一行。市领导袁训旺、许广林、次仁央宗、杨安文、吴亚松参加会见。

11～12日　中央组织部赴藏调研组深入拉萨市基层、社区、便民服务中心等地，就基层党建工作和党的群众路线教育实践活动开展情况展开调研，并召开座谈会，广泛听取了党员干部和群众对基层党建工作和党的群众路线教育实践活动开展情况的意见建议。市领导马新明、陈军、许广林参加调研。

13日　全国人大常委会副委员长向巴平措率全国人大常委会民族地区经济社会发展情况专题调研组深入拉萨市便民警务站、学校、社区、老城区、寺庙等，就拉萨市经济社会发展和民族区域自治法贯彻落实情况进行调研，并看望慰问基层干部群众。全国人大常委会有关领导和区市领导白玛赤林、齐扎拉、洛桑旦巴、张延清、陈勇、马新明、达娃一同调研。

14日　中国人民大学"千人百村"社会调研团队赴曲水县才纳村开展调研活动，看望慰问了正在才纳村实施"千人百村"社会调研活动的大学生，并为样本村揭牌。

15日　2014年8月15日，拉萨至日喀则铁路正式开通运营，全长253公里，设13个客运站（有人车站5个，无人车站8个）。

20日　自治区党委常委、市委书记齐扎拉与"北京网络媒体红色故乡·西藏行"媒体团一行座谈。

24日　自治区党委常委、市委书记齐扎拉与北京市教委慰问考察团一行进行座谈。

25～31日　2014年中国拉萨雪顿节举行，期间全市累计接待海内外游客140.88万人，组织雪顿节开幕式，展佛、藏戏大赛暨藏戏展演、唐卡艺术博览会等九大项13个小项目。

26日　自治区党委常委、市委书记齐扎拉赴墨竹工卡县尼玛江热乡章达村实地调研农牧民搬迁后的生活居住情况。市领导袁训旺、次仁央宗参加调研。

28日　"中国农科院拉萨曲水净土健康产业示范基地"挂牌仪式在拉萨市净土健康产业示范园举行。自治区党委常委、市委书记齐扎拉和中国农业科学院有关领导出席并为基地揭牌。市委常委、副市长周普国主持仪式。

9　月

1日　自治区党委常委、市委书记齐扎拉会见中国东方航空股份有限公司赴藏调研组一行，双方就拉萨航空市场的开拓和航线优化等相关事宜进行交流。市委领导达娃、袁训旺、果果参加会见。

2日　自治区党委常委、市委书记齐扎拉会见湖北省黄石市委书记、市人大常委会主任周先旺率领的湖北省黄石市党政赴藏考察团一行。

▲　在拉萨第一中学举行湖北省黄石市党政代表团拉萨公益活动捐助仪式。市委副书记、市长张延清出席仪式并讲话，市领导达娃、袁训旺、洪家志、果果出席仪式。

4日　在北京市举办的2014年品牌农业发展国际研讨会暨品牌农业发展大会上，自治区党委常委、市委书记齐扎拉作了《让世界共享拉萨净土健康产品》的主题演讲，并推介"拉萨净土"区域公用品牌。

5日　国家质检总局地理标志产品保护技术审查会在拉萨市举行。拉萨市"古荣糌粑""尼木藏香"两个产品通过国家地理标志保护产品技术审查。

7日　自治区党委常委、市委书记齐扎拉赴林周县调研重点水利工程建设和净土健康产业发展情况。要求林周县推进种植业、特色养殖业、奶牛养殖业发展，加速农牧业产业化进程，增加农牧业生产经营效益，探索出一条以农促工的新型发展道路，提升县域经济实力，有效带动农牧民群众增收致富。市领导斯朗尼玛、袁训旺陪同调研。

9～15日 自治区党委常委、市委书记齐扎拉主持召开全市党的群众路线教育实践活动第五单元六场专题学习活动。学习领会习近平总书记系列重要讲话精神，围绕“文化兴市”战略、全面推进“产业强市”战略、全面推进“民生安市”战略、全面推进“法治稳市”战略、建设“美丽家园·幸福拉萨”等主题进行专题讨论。进一步统一全市各级领导干部思想行动，为全面实施“五大战略”，努力建设美丽家园幸福拉萨凝聚强大动力。自治区第一督导组副组长刘莎到会指导，市领导洛桑旦巴、张延清、马新明、达娃、斯朗尼玛、袁训旺、次仁旺堆、陈军、洪家志、果果、占堆、彭祎涛等分别参加学习讨论会。

14日 拉萨市召开党的群众路线教育实践活动“整改落实、建章立制”环节工作推进会。会议的主要任务是认真落实习近平总书记重要讲话精神和陈全国书记指示精神，扎实做好整改落实、建彰立制环节各项工作，持续推进教育实践活动取得实效。自治区党委常委、市委书记齐扎拉出席并讲话。市领导洛桑旦巴、马新明、达娃、诸伟敏、斯朗尼玛、袁训旺、次仁旺堆、陈军、果果、占堆出席会议。

15日 由中共中央政治局委员、广东省委书记胡春华和广东省委副书记、省长朱小丹率领的广东省党政代表团就进一步加强对口支援西藏工作赴藏考察。考察团一行到拉萨市城市规划建设展览馆参观，详细了解拉萨市城市规划建设工作。自治区领导陈全国、洛桑江村、齐扎拉、丁业现陪同，市领导洛桑旦巴、斯朗尼玛、袁训旺参加考察。

18～20日 十届全国人大常委会副委员长热地到拉萨市林周、墨竹工卡县及拉萨城区进行考察调研，了解拉萨各项事业发展情况，看望慰问种族干部群众。市领导齐扎拉、洛桑旦巴、龙志刚、达娃、斯朗尼玛、袁训旺、陈军、洪家志、果果、占堆、彭祎涛陪同。

24日 拉萨市2014年度民族团结进步模范表彰大会召开。会议表彰了在全市各行各业、各条战线中涌现出来的36个民族团结进步模范集体、75名模范个人和20个模范家庭。

26日 拉萨市政府与中国农业发展银行西藏分行战略合作签字仪式举行。双方签定了《战略合作备忘录》，合作内容主要包括大力支持粮食保障体系建设、现代农牧业产业体系建设等方面。

30日 拉萨市举行庆祝中华人民共和国成立65周年“爱国歌曲大家唱”活动。

▲ 自治区党委常委、市委书记齐扎拉主持召开市委常委班子成员及各县(区)委书记、县(区)长个人教育实践活动整改清单公示会。

10 月

1日 在布达拉宫广场举行“升国旗、唱国歌”仪式，庆祝中华人民共和国成立65周年。区市领导白玛赤林、吴英杰、邓小刚、公保扎西、齐扎拉、梁田庚、多托、丁业现、王瑞连，洛桑旦巴、张延清、龙志刚、达娃、袁训旺、次仁旺堆、陈军、果果、占堆、彭祎涛等与各族各界干部群众参加仪式。

▲ 自治区党委常委、市委书记齐扎拉看望慰问节日期间值班的环卫工人和新闻工作者。市领导张延清、袁训旺、果果陪同。

▲ 拉萨河整治工程项目推进会召开。自治区党委常委、市委书记齐扎拉宣布3号闸项目正式下闸蓄水，并与洛桑旦巴共同启动下闸按钮。

2日 区党委常务副书记吴英杰实地调研拉萨教育城学校教育管理工作。市领导齐扎拉、王瑞连陪同。

4日 自治区党委常委、市委书记齐扎拉赴曲水县和柳梧新区考察调研农村土地确权颁证、寺庙文物保护、拉萨市德央生态科技谷选址等工作开展情况。市领导龙志刚、袁训旺、占堆参加考察。

5日 区党委常务副书记吴英杰看望北京市、江苏省援藏干部，齐扎拉陪同。

6日 首届拉萨篮球联赛在拉萨市群众文化体育中心篮球馆举行开幕仪式。

10日 拉萨—江苏青少年科技馆开馆暨科普大篷车捐赠仪式举行。

12日 拉萨市召开北京市、江苏省科协对口支援拉萨市科协工作座谈会，并签订战略合作协议。

13日 拉萨市党的群众路线教育实践活动总结大会召开。会议的主要任务是学习习近平总书记重要讲话精神，贯彻中央、自治区党的群众路线教育实践活动总结大会精神，总结全市学教活动取得的成绩，对巩固扩大学教活动成果、落实从严治党要求作出部署。自治区党委常委、市委书记齐扎拉出席会议并讲话，市领导洛桑旦巴、张延清、陈勇、马新明、次仁旺堆、陈军、果果、占堆、彭祎涛出席会议。

▲ 市委副书记、市长张延清在江苏援藏公寓会见以镇江市副市长雷志强为团长的镇江党政代表团一行。市委副书记、常务副市长陈勇参加会见。

14日 拉萨市政府与东风汽车公司战略合作构

架协议签订仪式举行。自治区党委常委、市委书记齐扎拉与东风汽车公司有关领导出席并致辞。张延清主持签订仪式。

15～18日　中共中央政治局委员、北京市委书记郭金龙率北京市代表团到藏考察指导对口援藏工作。代表团考察了拉萨市区及当雄县、尼木县、堆龙德庆县，并召开北京·西藏自治区工作交流座谈会。区党委书记陈全国，区党委副书记、自治区人大常委会主任白玛赤林，区党委副书记、主席洛桑江村，区党委常务副书记吴英杰，区党委副书记、常务副主席、政法委书记邓小刚，自治区党委常委、市委书记齐扎拉陪同考察并出席座谈会。

20日　拉萨市与昌都地区调研组举行座谈会，围绕人员编制、拉萨市与城关区事权财权、城市建设及管理等方面进行了交流。洛桑旦巴主持会议并讲话。

22日　中国人民解放军77561部队“全国民族团结进步创建活动示范单位”挂牌仪式举行。

23日　拉萨市创建民族团结进步示范市“七进”试点单位推进会召开。会议宣读《中共拉萨市委员会　拉萨市人民政府关于确定拉萨市民族团结进步创建活动“七进”试点单位的决定》，并对《拉萨市“七进”试点单位测评硬指标》及相关事项进行说明。洛桑旦巴出席并讲话。

26日　拉萨市第二个环卫工人节庆祝大会举行。市领导张延清、果果出席并与环卫工人们一同观看文艺演出。

▲　中央和国家机关第七批援藏干部自我管理小组第八组到曲水县南木乡小学开展“关心关注西藏基础教育”主题党日活动，为南木乡小学赠送价值18万余元物资及维修费。

30日　区党委常务副书记吴英杰前往堆龙德庆县乃琼镇岗德林村、羊达乡通嘎村，调研指导村（居）“两委”换届工作。区党委常委、组织部部长梁田庚，区党委常委、秘书长王瑞连陪同。

11　月

2日　自治区党委常委、市委书记齐扎拉主持召开拉萨河（城区段）综合整治工程专题会议，听取拉萨河（城区段）综合整治工程2号、4号闸项目进展情况及2号闸项目初步设计报告。市领导斯朗尼玛、袁训旺、王晖、果果出席会议。

5日　自治区党委常委、市委书记齐扎拉前往尼木县调研指导村（居）“两委”换届工作和净土健康产业发展，并召开座谈会，听取尼木县村（居）“两委”换届工作情况汇报。市领导陈军、洪家志、占堆陪同调研。

6日　自治区党委常委、市委书记齐扎拉到大昭寺、清政府驻藏大臣衙门旧址、布旦康萨等地，调研老城区文物保护维修情况，并听取相关工作汇报。

13日　自治区党委常委、市委书记齐扎拉会见国家环境保护模范城市考核验收组一行。双方就拉萨市创建国家环境保护模范城市进行交流。市领导张延清、龙志刚参加会见。

13～16日　国家环境保护模范城市考核验收组一行对拉萨市市容市貌、环境保护工作开展情况时行检查。拉萨市各项指标达到考核要求，通过考核验收。

18日　拉萨市创先争优强基惠民生活第三批驻村（居）工作总结表彰暨第四批驻村（居）工作动员大会召开。会议总结了全市第三批驻村工作的主要做法，动员部署第四批驻村工作，并为53个先进单位、134个先进个人颁奖。自治区党委常委、市委书记齐扎拉出席并讲话。市领导张延清、龙志刚、洪家志、果果、占堆、彭祷涛出席会议。

19日　自治区党委常委、市委书记齐扎拉调研迎接大桥建设进展情况。市委领导斯朗尼玛、王晖、果果陪同。迎接大桥是连接拉萨市城南片区、中国西藏文化旅游创意园区之间的一座藏式廓桥，全长654.5米，桥宽29.12米。下午，自治区党委常委、市委书记齐扎拉前往教育城调研拉萨市第二中等职业技术学校工作开展情况，及市委党校新址建设进展情况。拉萨市第二中等职业技术学校为三年制中等学历教育，于2013年9月在柳梧新区红军小学内成立，2014年整体迁入教育城。新建的学校占地面积375平方米，建筑面积12.4万平方米，共开设24个专业，现有师生2686人；市委党校新址位于教育城才集路北侧，规划占地面积75平方米，于2013年6月动工建设。

20日　张延清赴拉萨公交集团公司就城市公共交通基础设施建设、干部职工生活生产等情况进行调研并召开座谈会，听取公交公司发展状况、存在困难和下一步工作重点。市领导斯朗尼玛陪同。

25日　拉萨市2014年下半年和谐模范寺庙暨爱国守法先进僧尼表彰大会召开，19座和谐模范寺庙、1658名爱国守法先进僧尼、54名宗教执事人员、19个先进管管会、67名优秀驻寺干部、14名宗教工作优秀干部受表彰。市领导龙志刚、达娃、斯朗尼玛、洪家志、果果、占堆、彭祎涛出席。

26 日　自治区党委常委、市委书记齐扎拉赴小昭寺、色拉寺检查指导加强和创新寺庙管理及文物保护工作。市领导达娃、果果陪同检查。

28 日　区党委常务副书记吴英杰前往拉萨市嘎玛贡桑道路改造施工现场和市公共资源交易中心，对拉萨市践行党的群众路线、改进公共服务管理有关工作情况进行调研。自治区党委常委、市委书记齐扎拉和自治区党委有关领导陪同调研。

12　月

2 日　《西藏岁月系列丛书》首发座谈会召开。自治区党委常委、市委书记齐扎拉出席并讲话。自治区人大常委会、区政协有关领导和市领导马新明、袁训旺出席座谈会。

5 日　为纪念首个国家宪法日，市政府在宇拓路开展主题为："弘扬宪法精神，建设法治中国" 的法制宣传活动，堆龙备庆县等 7 县区也同步开展宣传活动。共发放文字资料 117 种 13000 余份。市领导马新明、袁训旺参加了现场活动。

11 日　区党委副书记、区人大常委会主任白玛赤林率部分全国人大代表、自治区人大代表调研拉萨市部分建设项目。先后考察了拉萨市群众文化体育中心、拉萨河（城区段）综合整治工程、南山绿化工程建设情况，参观了拉萨第二中等职业技术学院、拉萨北京实验中学、拉萨江苏实验中学实验楼等。市领导齐扎拉、陈勇、马新明、洛桑旦巴、斯朗尼玛、袁训旺陪同调研。

▲ "依靠科技进步推动藏医特色产业经济跨越式发展" 成果展示会暨西藏牦牛乳生物工程技术研究中心、拉萨市高原奶业工程技术研究中心揭牌仪式在西藏高原之宝牦牛乳业股份有限公司举行。

13 日　城市基本公共服务满意度评价理论研讨会暨《公共服务蓝皮书（2014）》发布会召开。

14 日　拉萨市 2014 年度 "先进双联户" 创建活动总结表彰大会召开。曲水县等 21 个县（区）、乡（镇、街道办）、村（居）委会被授予 "先进双联户" 创建评选工作先进集体称号，62 个联户单位的 797 户家庭被授予 "先进双联户" 荣誉称号，曲水县、墨竹工卡县、尼木县、城关区代表获奖单位在会上作交流发言。张延清出席并讲话。市领导马新明、周普国、次仁旺堆、果果出席。

17 日　自治区党委常委、市委书记齐扎拉会见美国驻成都总领事馆领事艾立仁一行。齐扎拉向艾立仁一行介绍了拉萨市基本情况，双方就进一步增进友谊、加强合作互助进行交流。张延清陪同会见。

18 日　拉萨市召开江苏省对口支援西藏拉萨 2014 年新闻媒体勇气会，市直相关单位和达孜县、林周县、墨竹工卡县、曲水县及拉萨师专、江苏实验中学的第七批援藏干部进行汇报总结。2014 年，江苏省共安排对口支援资金 3.94 亿元，比上年增长 7.95%。实施援建项目 24 个，建成拉萨江苏实验中学、东城区人民医院、拉萨综合展馆、拉萨市人民医院医技楼等工程；支持受援单位的物资设备共计 2346.223 万元，双向指导培训、交流合作共 209 批次 2558 余人次。

20 日　由《求是》《小康》杂志社主办的 "2014 第九届中国全面小康论坛" 发布，拉萨市获 "2014 中国全面小康特别贡献城市" 奖。

24 日　市委召开县（区）委书记、有关行业系统党工委书记抓基层党建工作述职评议电视电话会议。自治区党委常委、市委书记齐扎拉出席并讲话。市领导张延清、龙志刚、达娃、张才刚、袁训旺、周普国、陈军、洪家志、果果、彭祎涛出席会议。

26 日　北京市援藏指挥部召开 2014 年总结会，总结 2014 年援藏工作，安排部署 2015 年工作。市委副书记、北京援藏指挥部总指挥马新明出席并讲话，市委常委、常委副市长、指挥部副总指挥洪家志主持。2014 年，江苏投入援藏资金 41259 万元。建成墨竹工卡县实验小学二期和扎西乡南京希望小学二期、达孜县中心小学和农牧科技示范园配套设施、林周县苏州中路和太湖南路、曲水县现代农业示范基地等一批援藏项目，加快推进墨竹工卡县巴日卡道路、达孜县民族手工艺创业基地和唐嘎乡奶牛养殖示范小区、林周县苏州北路和县群众文化体育活动中心、曲水县中小企业孵化基地和柏林村核桃种植基地等一批援藏项目建设。

2014 年，全市实现地区生产总值 353.7 亿元，同比增长 16%。其中第一产业增加值 12.7 亿元，同比增长 8.5%；第二产业增加值 132.2 亿元，同比增长 22.9%；第三产业增加值 208.8 亿元，同比增长 12.5%。实现工业增加值 40 亿元，同比增长 30%；完成工业税收 7.6 亿元，同比增长 30%；新增规模以上企业 8 家。全年累计接待国内外游客 925.74 万人次，同比增长 15.8%；实现旅游总收入 111.67 亿元，同比增长35.91%。完成固定资产投资490亿元，同比增长30%；实现社会消费零售总额170亿元，同比增长18%。公共财政预算收入62.78亿元，同比增长25.15%；各项税收收入49.8亿元，同比增长31.98%。农村居民人均可支配收入达9750元，同比增长18%；城镇居民人均可支配收入23350元，同比增长9%。新增就业15550人，同比增长47.3%；城镇登记失业率控制在2.2%目标任务以内。城乡居民养老保险参保人数20.6万人，参保率达到99.27%。全市落实招商引资项目252个，项目总投资626.58亿元，同比增长11.45%。落实受援资金6.54亿元，实施55个援藏项目。

中国共产党拉萨市委员会

综　述

2014年，在区党委的领导下，市委团结带领全市各族人民，围绕区党委书记陈全国对拉萨市提出的要“充分发挥首府城市首位度作用”的工作要求，一心一意谋发展、聚精会神抓党建、全力以赴保稳定，深入实施“五大战略”，奋力推进美丽家园幸福拉萨建设，全市改革发展稳定工作和党的建设各项事业取得了新进展、新突破、新成绩。中国社科院发布的2014年《公共服务蓝皮书》显示，拉萨市基本公共服务满意度连续三年位列全国38个主要城市之首，公共交通、公共安全、基础教育、社保就业、医疗卫生、城市环境、文化体育、公职服务8项指标排名第一。

一、坚定政治立场、严肃政治纪律，全面贯彻落实中央精神和区党委决策部署

市委高举中国特色社会主义伟大旗帜，坚持以邓小平理论、“三个代表”重要思想、科学发展观为指导，贯彻落实中共十八大和十八届三中、四中全会精神，贯彻落实中央民族工作会议精神、对口支援西藏工作20周年电视电话会议精神，贯彻落实习近平总书记系列讲话精神特别是“治国必治边、治边先稳藏”的战略思想和“努力实现西藏持续稳定、长期稳定、全面稳定”的重要指示，贯彻落实全国政协主席俞正声“依法治藏、长期建藏、争取人心、夯实基础”的原则，贯彻落实区党委八届五次全委会精神，贯彻落实书记陈全国和区党委一系列决策部署，讲政治、讲党性、讲大局，坚定不移地在思想上政治上行动上同以习近平为总书记的党中央保持高度一致，执行党的路线方针政策、贯彻党中央和区党委各项决策部署，坚决维护党中央和区党委的权威。

二、践行群众路线、切实转变作风，全市教育实践活动取得成果

按照中央和区党委的统一部署，市委把开展党的群众路线教育实践活动作为首要的政治任务抓在手中，认真研究部署，周密组织实施，从2013年8月提前介入开始，到2014年10月13日全市第一、二批教育实践活动基本结束。活动开展以来，市委坚持党要管党、从严治党的要求，把中央精神和区党委部署与拉萨实际紧密结合，既着眼解决“四风”“两问题”“一薄弱”的共性问题，又着重解决“三不够”的地方病；既严格抓好区党委10个活动载体，又设计出符合拉萨实际的4个“自选动作”。在整个活动中，市委常委会班子成员以身作则、率先垂范，带头重学习、查问题、抓整改。全市各级党组织和广大党员干部理想信念有新升华，公仆意识有新增强，党内生活有新气象，工作作风有新转变，干群关系有新加强，制度机制有新完善，发展稳定有新局面。

三、坚持依法治市、创新社会治理，全市社会大局保持稳定

贯彻落实中共十八届四中全会精神，特别是习近平总书记报告、说明和中央全面推进依法治国的决定精神，坚持把维护稳定作为硬任务和第一责任，出台《关于创新社会治理体制的意见》，完善立体化社会治安防控体系，提升情报信息收集研判能力，着力构建维护稳定长效机制，社会局势更加和谐稳定。

深入开展社会治理，健全四省藏区流动人口服务管理机制，初步形成具有拉萨特色的城镇、寺庙和农牧区三大服务管理模式。以“联户平安、联户增收”为主要内容的“双联户”工作基本实现全覆盖，更新完善自主设计的“双联户”信息数据管理系统。妥善排查化解矛盾纠纷，建立涉法涉诉依法终结制度，推行领导包案化解和分级受理办结制度。

四、加强民族团结、依法管理宗教事务，党的民族宗教政策全面落实

坚持把宗教工作、寺庙工作、民族团结进步事业作为重要的群众工作来抓，不断推进宗教和睦、佛事和顺、寺庙和谐，切实巩固发展平等团结互助和谐的社会主义民族关系，营造维护社会和谐稳定的良好环境。持续巩固民族团结。坚决贯彻中央民族工作会议精神，全面贯彻落实党的民族政策，切实加强“三个离不开”教育，严格执行《拉萨市民族团结进步条例》，扎实推进民族团结示范市创建工作，民族团结进步月、进步节氛围浓厚，广泛开展共产党员民族团结先锋活动和共青团团员、少先队员民族团结“闪光”“牵手”行动，评选表彰63个民族团结进步模范集体和95名民族团结模范个人，平等团结互助和谐的民族关系得到进一步巩固和发展。依法管理宗教事务。和谐模范寺庙暨爱国守法先进僧尼创建评选活动扎实开展，以“爱国爱教、遵规守法、弃恶扬善、崇尚和谐、祈求和平”为主题的法制宣传教育更加深入人心。切实完善寺庙基本公共服务，“六建”工作不断巩固，“六个一”活动常态开展，“9+5”工程基本完成，各项利寺惠僧政策全面落实。

五、全面深化改革、坚持稳中求进，全市经济社会发展实现提速跨越

按照中央关于全面深化改革的战略部署和区党委关于全面深化改革的工作安排，制定《中共拉萨市委员会关于贯彻落实〈中共中央关于全面深化改革若干重大问题的决定〉的实施意见》，稳妥推进以农村承包土地确权登记颁证改革试点工作为重点的7个领域改革工作，实现全面深化改革元年的良好开局，推动全市经济社会持续健康发展。2014年，完成地区生产总值353.7亿元，增长16%，占全区经济总量的38.2%；全市财政收入完成90亿元，增长52.72%，其中，公共财政预算收入64.8亿元，增长29.13%，占全区总量的54%；固定资产投资490亿元，增长30%，占全区总量的44.5%；社会消费品零售总额170亿元，增长18%，占全区总额的52.5%；工业增加值40亿元，增长30%，占全区总量的60.7%；农村居民人均可支配收入9750元，增长18%，高出全区平均收入2279元；城镇居民人均可支配收入23350元，增长9%，高出全区平均收入1324元。

六、加强环境保护、严守生态底线，全市生态环境持续良好

生态环境更加优美宜居。落实生态环境保护责任，将生态环境保护纳入领导干部考核内容，实行“一票否决”。建立完善建设项目准入制度，严把生态环境关、产业政策关、资源消耗关。持续推进“树上山”，深入开展城区南山绿化工程，城市建成区绿化覆盖率达38%，人均公共绿地面积达9.6平方米。实施“河变湖”，加快推进拉萨河综合整治工程，总体规划内3#闸顺利建成并发挥效益。推进“暖入户”，拉萨市城市供暖工程完成，供暖覆盖率达98%，结束了祖祖辈辈靠烧牛粪取暖御寒的历史，实现了西藏历史上具有划时代里程碑意义的“供暖革命”。发展环境更加优越宜业。以改进政府工作为重点，进一步加大简政放权力度，行政审批项目精简调整率达64.68%；市民服务中心运行机制不断优化，对重点项目审批开辟绿色通道。新增200辆出租汽车和76辆公交车，试点运行新能源公交车，自行车租赁服务试点扎实推进，实现城市公交车、出租车、自行车的有效衔接。

七、推动文化发展、提升城市品质

以高度的文化自觉和文化自信，推动社会主义文化大发展大繁荣，使文化软实力成为发展硬支撑。培育和践行社会主义核心价值观，在全国136个重点城市“图说我们的价值观”网络测评中取得第16名的好成绩；深入开展“八看、一算账、一揭批、四增强”感党恩主题教育活动，广大干部群众反对分裂、维护稳定，共同团结奋斗、共同繁荣发展的思想基础进一步夯实。广播电视覆盖率和安全播出水平不断提升，文化市场综合执法力度不断加大。全民阅读活动深入开展，群众性文化活动丰富多彩，民间艺术团体不断涌现，“幸福拉萨”规范舞全面推广普及并形成常态；大型仪式歌舞“甲玛谐钦”入选自治区非物质文化遗产，全市拥有非物质文化遗产项目达到76项，传统优秀文化得到充分保护、传承和发展。拉萨市群众文化体育中心建成并投入使用，向公众免费开放世界第一座以牦牛为主题的国家级博物馆，举办2014年CBA西藏行大型赛事活动，足球、篮球、围棋等群众性体育赛事广泛开展。参与首届中国西藏旅游文化国际博览会，全方位、多角度地展示拉萨、宣传拉萨、推介拉萨。推进中国西藏文化旅游创意园建设，对慈觉林村的历史文化、民俗风情进行挖掘，大型实景剧《文成公主》改版升级并实现常态演出，成为拉萨乃至全区新的文化旅游产业新名片。在“一县一特”发展战略的引领下，全市文化产业发展势头强劲，城市文化软实力彰显出推动发展的硬支撑。

八、做强特色产业，优化产业结构，全市经济发展提质增效

从抢占经济发展制高点的高度出发，深化经济体制改革，做大做强特色产业，着力优化产业结构。经济体制改革扎实推进，坚持以市场为导向，大力调结构、创特色、树品牌，完善分类管理考核国有企业的实施细则，确定1名地级以上党员干部联系指导1家国有企业或改制企业、民营企业，以净土健康和文化旅游两大产业的大发展，促进经济结构更加优化，实现有速度、有质量、有效益的“造血式”发展。民营经济活力增强，完善《拉萨市关于加快推进非公有制经济跨越式发展的意见》，私营企业达到4338家，非公经济注册资本是2013年同期的2.48倍，非公经济税收占全市税收的96%。工业经济提质增效，“两区四园”建设不断完善，园区集聚效应明显增强，产城互动格局初步形成，实现工业增加值40亿元、增长30%。国有企业保值增值。城投公司、净土公司、公交集团、暖心公司等一批国有公司有效覆盖投融资、基础设施、旅游文化等关系国计民生的重要领域，市属国有企业资产总额达到214.72亿元，比2011年增长269.7%，国有资本收益对公共财政的贡献率不断提高。净土健康产业高位发展，净土健康企业达到89家，净土健康产业实现从“产品”到“品牌”的重大转变，“拉萨净土”区域公用品牌形成，进入全国市场，总产值达到36.6亿元。文化旅游产业深度融合，围绕国际精品旅游目的地建设，以旅游与文化融合发展为引领，全面推进以“优化结构、转型升级、提质增效”为主线的旅游改革发展，倾力打造旅游精品，加大冬季旅游营销力度，强化行业协会监管，市场秩序更趋规范。对口援藏工作全面推进。认真贯彻中央援藏工作20周年会议精神，注重援藏资金向农牧区、民生项目倾斜，实施全面援藏，实现均衡发展，2014年落实对口援藏资金6.54亿元、实施项目55个。

九、持续改善民生、推动成果共享，全市社会公共服务事业全面进步

始终把保障和改善民生作为全市工作的出发点和落脚点，2014年民生事业投入61亿元，为各族人民办好区党委确定的“十件实事”，保证改革发展成果更多、更公平地惠及全市各族群众，荣获“2014年中国全面小康特别贡献城市”“全国首批民生改善典范市”称号。全面落实“三包”政策从幼儿园到高中15年全覆盖，出台《拉萨市振兴教育教学质量三年行动计划》，中小学布局更趋合理，城乡办学条件不断改善；教育城建设扎实推进，北京、江苏援建实验示范中学实现入学招生，农牧民孩子不出拉萨就可以享受到与内地同样的优质教育；成立拉萨市第一、第二中等职业技术学校，职业教育取得新突破。城乡居民就业更加稳定。以业育人、以业安人、以业管人、以业富人“四业工程”扎实推进，实现农牧区剩余劳动力培训转移就业20954人次，创收5.47亿元。实现拉萨籍应届大学生全部就业、往届大学毕业生基本就业，动态消除“零就业”家庭，城镇失业率控制在2%左右。医疗卫生保障更加完善。在全区率先启动公立医院改革工作，建立全区首个婴儿住院救治绿色通道，并实行住院救治费用100%报销。在全区率先建立城乡医疗救助“一站式”即时结算服务平台，实现与医疗保险、农村合作医疗制度的衔接配套。城乡居民、寺庙僧尼免费健康体检率分别达到99.9%和100%。在全区率先提高城镇低保标准和高龄老人健康补贴标准，孤残弃儿童集中供养率和五保老人意愿集中供养率达100%。人居环境更加舒适。廉租房、公租房、周转房建设和村容村貌综合整治工作扎实推进；在金盾苑、乐业苑、城馨苑等三个小区试点开展干部职工住房改革。扶贫开发更加精准。按照精准识别的原则，投资1.62亿元，实施93个扶贫开发项目，受益贫困户8373户，帮助2.3万贫困人口越过帮扶线。

十、坚持从严治党、夯实基层基础，全市党的建设事业得到全面加强

把加强和改进党的建设作为重大政治责任，把握加强党的执政能力建设、先进性和纯洁性建设这条主线，聚精会神抓党建，不断提高党的建设科学化水平。全年共市委常委班子开展6个单元、26场次、58个学时的专题理论学习。组织开展“三进四同三一”活动，把群众观点、群众立场、群众路线、群众工作贯穿于一切工作的始终，保持党同人民群众的血肉联系。开展创先争优强基惠民活动，完成好建强基层组织、维护社会稳定、拓宽致富门路、开展感党恩教育、办好实事好事等重点任务。完成村（居）“两委”换届工作，群众测评满意率达到99%。村（居）党支部第一书记、驻村工作队、大学生村官和“两委”班子发挥作用，基层党组织建设不断加强。稳妥推进干部人事制度改革，干部选拔任用工作步入程序化、制度化和规范化。“每月一课”学习教育活动常态开展，试点建设“人才管理改革试验区”，引进具有硕士学位和副高职称以上的高素质人才13人。“两新”组织党建工作取得突破，实现规模以上非公经济组织党组织全覆盖。强化管党意识、落实管党责任，开展县乡党委书记、行业系统党工委书记抓基层党建述职评议考核工作，形成重党建、抓基层、强基础的导向。落实党风廉政建设责任制，履行市委的主体责任和市纪委的监督责任，落实中央“八项规定”和自治区“约法十章”及市委“八项要求”。

（桑荣瑞）

重要会议

【中共拉萨市委八届五次全体会议召开】 1月5日，中共拉萨市第八届委员会第五次全体会议召开。会议审议通过了自治区党委常委、市委书记齐扎拉代表市委常委会所作的《深入贯彻落实党的十八届三中全会精神 奋力推进拉萨跨越式发展和长治久安》的工作报告、《中共拉萨市委员会关于贯彻落实〈中共中央关于全面深化改革若干重大问题的决定〉的实施意见》和《中共拉萨市第八届委员会第五次全体会议关于市委常委会工作报告的决议》。

【全市经济工作会议召开】 1月6日，全市经济工作会议召开，传达贯彻中央和自治区经济工作会议精神，总结2013年经济工作，研究部署2014年经济工作，表彰2013年度县（区）域经济发展争先进位先进单位、维护社会稳定争先进位县（区）和先进集体。会议明确年度全市经济工作重点：着力深化改革开放，推进项目建设，加强基础设施建设，推进城镇化建设，做强特色产业，壮大民营经济，加快培育国有企业，构建生态安全屏障，保障改善民生，维护社会和谐稳定，凝聚起做好经济工作的强大力量。确定2014年发展的主要预期目标：地区生产总值增长16%以上，公共财政收入增长35%以上，社会固定资产投资增长30%以上，社会消费品零售总额增长20%以上，工业增加值增长30%以上，农牧民人均纯收入、城镇居民人均可支配收入分别增长18%、9%以上，城镇登记失业率控制在2.2%以内。

【召开经济运行情况通报暨部署会议】 7月20日，拉萨市召开经济运行情况通报暨部署会议。上半年，预计实现地区生产总值137.83亿元，同比增长10.3%。净土健康产业（工业）实现产值11亿元，占工业总产值的48%；落实招商项目322个，到位资金88.25亿元；公共预算财政收入完成23.5亿元，税收收入完成21.05亿元；全社会固定资产投资完成163亿元，同比增长24%；实现社会消费品零售总额77.81亿元，居民消费价格指数同比上涨3%；实现非公有制收入20.25亿元，占税收收入的96.2%。自治区党委常委、市委书记齐扎拉出席会议并讲话。

【召开深入开展党的群众路线教育实践活动动员大会】 1月23日，拉萨市召开深入开展党的群众路线教育实践活动动员大会，传达贯彻中央、自治区党的群众路线教育实践活动第一批总结暨第二批部署大会精神，习近平总书记讲话精神和自治区党委书记陈全国的动员部署要求，安排部署拉萨市深入开展党的群众路线教育实践活动工作。自治区党委常委、市委书记、市委党的群众路线教育实践活动领导小组组长齐扎拉出席并讲话，自治区党委第一督导组常务副组长、自治区环保厅党组书记王亚蔺介绍督导工作原则、程序、方法和目标任务，市委副书记、统战部部长、市委党的群众路线教育实践活动领导小组常务副组长兼办公室主任达娃主持动员大会。

【召开党的群众路线教育实践活动总结大会】 10月13日，全市党的群众路线教育实践活动总结大会召开。总结全市学教活动取得的成绩，对巩固扩大学教活动成果、落实从严治党要求作出部署。自治区党委常委、市委书记齐扎拉出席会议并讲话，区党委第一督导组全体莅临会议，市委领导洛桑旦巴、张延清、陈勇、马新明、次仁旺堆、陈军、果果、占堆、彭祎涛出席会议。

【全市净土健康产业发展动员大会召开】 1月7日，全市净土健康产业发展动员大会召开，传达贯彻党的十八大、十八大三中全会和中央第五次西藏工作座谈会精神，贯彻落实区市八届五次全委会和区市经济工作会议精神，安排部署拉萨市净土健康产业发展工作。明确全市净土健康产业发展的重点工作：推动一体化发展，提升两个动力，坚守四条底线，强化四种意识，坚持六项原则，打造六个基地。

【召开民族团结进步模范表彰大会】 9月24日，拉萨市召开2014年度民族团结进步模范表彰大会，36个民族团结进步模范集体、75名模范个人和20个模范家庭获得了表彰。

【召开和谐模范寺庙暨爱国守法先进僧尼表彰大会】 7月4日，拉萨市举行2014年上半年和谐模范寺庙暨爱国守法先进僧尼表彰大会，18座寺庙、1943名僧尼、14个寺庙管理委员会、64名驻寺干部受到表彰。

【召开和谐模范寺庙暨爱国守法先进僧尼表彰大会】 11月25日，拉萨市2014年下半年和谐模范寺庙暨爱国守法先进僧尼表彰大会召开，19座和谐模范寺庙、1658名爱国守法先进僧尼、54名宗教执事人员、19个先进管委会、67名优秀驻寺干部、14名宗教工作优秀干部受表彰。

【召开创建国家环保模范城市评估汇报会】 6月6日，拉萨市召开创建国家环保模范城市技术评估汇报会。中国科学院地理科学与资源所研究员梁涛率领的国家环保部“创建国家环保模范城市”技术评估专家组一行对“创模”26项技术指标达标情况进行评估。自治区党委常委、市委书记齐扎拉出席会议并讲话，区党委第一督导组相关成员莅临大会，市委领导陈勇、马新明、袁训旺出席会议。

【拉萨市创建环境保护模范城市通过考核】 11月14日，国家环境保护模范城市考核验收组一行，对拉萨市市容市貌、环境保护工作开展情况进行检查。16日，召开反馈会，确定拉萨各项指标达到考核要求，通过考核验收；18日，拉萨市召开通过创模考核验收后整改工作部署会，通报《拉萨市创建国家环境保护模范城市考核验收意见》，安排部署对环保部评估专家组指出的问题进行整改。

【召开城市供暖工程总结大会】 1月26日，拉萨市城市供暖工程总结大会在琅赛花园召开，总结2013年度拉萨市城市供暖工程建设工作，表彰先进集体和先进个人。自治区党委常委、市委书记齐扎拉出席并讲话，自治区环保厅、住建厅、发改委、国土厅领导参加会议。

（桑荣瑞）

重要活动

【十届全国人大常委会副委员长热地在拉萨考察调研】 9月18日至20日，十届全国人大常委会副委员长热地考察调研拉萨各项事业发展情况，看望慰问各族干部群众。

【全国人大常委会副委员长向巴平措在拉萨考察调研】 8月13日，全国人大常委会副委员长向巴平措率全国人大常委会民族地区经济社会发展情况专题调研组考察调研拉萨市经济社会发展和民族区域自治法贯彻落实情况，并召开座谈会听取拉萨市经济社会发展情况及市人大常委会工作情况汇报。

【中央政法委书记孟建柱在拉萨考察调研】 7月17日至23日，中共中央政治局委员、中央政法委书记孟建柱在拉萨市调研“双联户”创建工作情况。

【北京市领导在拉萨考察调研】 10月15日至18日，中共中央政治局委员、北京市委书记郭金龙率北京市代表团考察指导对口援藏工作。期间，召开北京·西藏自治区工作交流座谈会，听取援藏工作汇报。

【广东省委领导在拉萨考察调研】 9月15日，由中共中央政治局委员、广东省委书记胡春华和广东省委副书记、省长朱小丹率领的广东省党政代表团考察调研拉萨市城市规划建设工作开展情况。

【中央组织部和人社部在拉萨考察调研】 6月12日，由中央组织部干部一局和人力资源社会保障部工资福利司组成的联合调研组与拉萨市有关部门座谈，听取拉萨市干部人才援藏工作情况、干部职工工资待遇等情况汇报。

【国家宗教局领导在拉萨考察调研】 1月22日，国家宗教局领导考察调研拉萨教育城规划用地和各项目进展情况。

【全国人大办公厅领导在拉萨市考察调研】 5月28日，全国人大办公厅研究室领导考察调研拉萨市人大工作开展情况。

【国家土地督察成都局领导在拉萨考察调研】 6月29日，国家土地督察成都局督导组在拉萨市开展土地督察和调研工作，并召开座谈会，听取拉萨市2014年上半年土地审批及征收情况汇报。

【班禅额尔德尼在拉萨开展佛事活动】 7月2日，全国政协常委、中国佛教协会副会长班禅额尔德尼·确吉杰布在拉萨开展系列佛事活动，并与在拉萨的全国政协委员座谈。

【自治区领导检查指导拉萨市群众路线教育实践活动开展情况】 2月7日，区党委常务副书记、区党委党的群众路线教育实践活动领导小组常务副组长吴英杰前往拉萨市检查指导党的群众路线教育实践活动开展情况。

【中国人民大学社会调研团在拉萨考察调研】 8月14日，中国人民大学“千人百村”社会调研团队在曲水县才纳村开展调研活动，并看望慰问实施“千人百村”社会调研活动的大学生。

【昌都地区调研组在拉萨考察调研】 10月20日，昌都地区调研组考察调研拉萨市人员编制、与城关区事权财权、城市建设及管理等各项工作开展情况，并与拉萨市座谈听取昌都撤地立市各项工作开展的意见和建议。市委副书记、市人大常委会主任洛桑旦巴，人大昌都地区工委党组书记、主任贡秋江村出席会议并讲话。

【那曲地区党政考察团在拉萨考察调研】 7月25日，那曲地区党政考察团考察调研拉萨市经济社会发展情况，并与拉萨市座谈交流经验。拉萨市领导齐扎拉、陈勇、王晖，那曲地委副书记、组织部部长普布顿珠及考察团成员出席座谈会。

【拉萨市党政代表赴北京市考察】 4月21日至23日，自治区党委常委、市委书记齐扎拉率拉萨市党政代表团赴北京访问考察，中共中央政治局委员、北京市委书记郭金龙会见代表团一行。期间，召开北京·拉萨人才援藏工作座谈会，就北京市智力援藏工作开展情况进行交流沟通。

【拉萨市党政代表赴江苏省考察】 4月24日，自治区党委常委、市委书记齐扎拉率拉萨市党政代表团赴江苏省访问考察，江苏省委书记、省人大常委会主任罗志军，省委副书记、省长李学勇分别会见代表团一行。期间，召开座谈会，就江苏省援藏工作开展情况进行交流沟通。

【表彰优秀20名正县级领导干部】 1月7日，全市2013年度优秀正县级领导干部表彰大会召开，对2013年度20名优秀正县级领导干部进行表彰奖励。

【第四批拉萨市创先争优强基惠民活动启动】 11月18日，拉萨市创先争优强基惠民活动第三批驻村（居）工作总结表彰暨第四批驻村（居）工作动员大会召开，总结全市第三批驻村工作的主要做法，动员部署第四批驻村工作，并为53个先进单位、134个先进个人颁奖。自治区党委常委、市委书记齐扎拉出席并讲话，市委领导张延清、龙志刚、洪家志、果果、占堆、彭祷涛出席会议。

【“共产党员志愿者示范城”创建活动启动】 3月22日，拉萨市“共产党员志愿者示范城”创建活动正式启动。旨在引导和动员全市共产党员充分发挥共产党员在群众工作中的主体作用，更好地践行群众路线。自治区党委常委、市委书记齐扎拉出席并讲话。

【拉萨市蝉联中国最幸福城市】 3月4日,央视财经频道发布《CCTV 经济生活大调查(2012~2013)》调查结果,拉萨市再次蝉联中国最幸福城市。

【拉萨市获"2014 年中国全面小康特别贡献城市"荣誉称号】 12月20日,由《求是》《小康》杂志社主办的"2014 年第九届中国全面小康论坛"发布,拉萨市获"2014 年中国全面小康特别贡献城市"奖。市委副书记马新明出席论坛和颁奖活动。

【拉萨市净土产业投资有限公司成立】 1月30日,拉萨市净土产业投资有限公司注册成立,公司首期注册资金5亿元,实际到位资金1亿元。

【拉萨市净土健康产业招商引资项目推介会在南京举行】 6月20日,拉萨市净土健康产业招商引资项目推介会暨招商引资项目签约仪式在南京举行。推介会共推出276个招商项目,总投资达2036亿元。其中,拉萨市共有32个签约项目,总投资154.38亿元;正式签约项目10个,总投资7.26亿元;意向签约项目22个,总投资147.12亿元。江浙沪签约企业约15家,总投资约49亿元,正式签约额为4亿元。

【拉萨市净土健康产业科技研发专题招商活动在北京举行】 7月22日,拉萨市净土健康产业科技研发专题招商活动在北京举行。拉萨市共推出276个招商项目,总投资约为2040亿元。其中,涉及净土健康产业项目70个,投资约199亿。

【"强农兴邦中国梦·品牌农业中国行—走近拉萨"活动启动】 7月19日,"强农兴邦中国梦·品牌农业中国行—走进拉萨"活动启动。国务院参事室特约研究员、农业部原党组成员、农业部市场协会会长张玉香,拉萨市委副书记、常务副市长陈勇出席并讲话。

【"驻京中外知名企业投资拉萨活动"举办】 5月28日至31日,由北京市投促局和北京援藏指挥部共同组织的"驻京中外知名企业投资拉萨活动"在拉萨举办,28家驻藏企业参加活动。

(桑荣瑞)

拉萨市党的群众路线教育实践活动

【综 述】 年内,根据中央精神和区党委部署,拉萨市贯彻落实习近平总书记系列讲话精神,围绕为民务实清廉主题,按照"照镜子、正衣冠、洗洗澡、治治病"的总要求,聚焦作风建设,以"抓铁有痕、踏石留印"的精神推进党的群众路线教育实践活动,全市教育实践活动达到了预期目的。根据区党委第一督导组分别对拉萨市8县(区),40个乡镇(街道),91个市、县直部门开展的教育实践活动群众满意度测评结果显示:拉萨市教育实践活动总体评价"好"的占总测评票数的95.37%、"较好"的占4.13%、"一般"的占0.47%、"差"的占0.03%。

【第二批教育实践活动实现全覆盖】 1月23日,全市第二批教育实践活动在全区地市率先启动,市"四大班子"、8个县(区)、65个市(区)直单位、65个乡镇(街道)、227个行政村、40个社区、267个驻村(居)工作队、50个非公经济组织和社会组织、168个驻寺庙点、186个便民警务站参加活动,覆盖到全市121个党委、59个党总支、1533个党支部、40602名党员,实现了全市党组织和党员干部的全覆盖。

【中央第十巡回督导组听取教育实践活动汇报】 9月15日,中央第十巡回督导组在拉萨市实地调研并听取市委关于教育实践活动开展情况汇报后,任务拉萨市教育实践活动贯彻中央的部署要求,联系本地实际,精心谋划、周密组织,高起点开局、高标准开展、高质量推进,取得了明显的成效。呈现出"党委高度重视、主要领导同志带动有力,准备充分、起步比较早,态度认真、工作到位,自选动作抓得实、接地气,立说立行、边查边改成效明显"的工作特点。

【成立市委教育实践活动领导小组】 年内,成立了以自治区党委常委、市委书记齐扎拉为组长、副书记和常委为副组长、有关部门主要领导为成员的市委教育实践活动领导小组,抽调110名优秀干部组成领导小组办公室和市委督导组,由市委常务副书记任领导小组办公室主任,由7名市委常委担任市委督导组组长。参加活动的部门单位也分别成立相应的领导班子和工作机构，制定工作方案，分层级成立90个活动督导组，加强组织协调和督促检查，形成一级抓一级、层层抓落实的工作格局。

【制定拉萨市党的群众路线教育实践活动实施方案】 年内，制定《拉萨市党的群众路线教育实践活动实施方案》，该方案对活动总体要求、重点任务、活动载体、活动范围、方法步骤、组织领导等方面作出了明确规定。把中央和区党委的部署要求与拉萨实际紧密结合，既着眼解决"四风""两问题""一薄弱"的共性问题，又着重解决"三不够"的地方病；既贯穿总要求，又贯穿"高标准、强红线、明目标、重领域、严要求"的具体原则；既严格抓好区党委10个活动载体，又设计出符合拉萨实际的4个"自选动作"，全市教育实践活动充分体现中央精神、符合西藏实际、突出拉萨特色。

【抓好各项任务的落实】 年内，把握中央和区党委确定的方法步骤、目标要求，采取行之有效的措施，狠抓各项任务的落实。党员干部开展了马克思主义群众观点教育，广泛征求群众意见，解决了一批群众反映强烈的突出问题、以整风精神召开了专题民主生活会和组织生活会、集中力量打好专项整治攻坚战、落实了各项整改任务、下大力气解决"一薄弱"问题、制定了一批以转作风、改作风为重点的工作制度。市委以"讲认真"的精神、"有担当"的行动，带领全市各级党组织以严的措施、严的标准、严的纪律查摆和解决问题，以"钉钉子"精神反"四风"，出重拳、下气力，标本兼治、扶正祛邪，推动作风建设取得成效。

【加强学习教育】 年内，集中学习、个人自学、专题讨论、实践参观等形式深入学习习近平总书记系列重要讲话精神和教育实践活动规定的21个篇目及拉萨自选篇目。全市党员干部累计开展集中学习5896场次、总人数达到126326人次、撰写体会77242篇，党组织书记讲党课828场次，观看专题教育和廉政教育警示片1811场次，参观爱国主义教育和廉政教育基地1069次，党员参学率达100%。组织贯穿活动始终的6个单元"读原文、学原著、悟原理"集中学习活动，学习研讨习近平总书记系列讲话精神特别是"治国必治边、治边先稳藏"的重大战略思想和全国政协主题俞正声"依法治藏、长期建藏"的指示。把学习弘扬焦裕禄精神与争当人民好公仆结合起来，制定《全市党员干部学习焦裕禄争做好公仆实施方案》，分领域开展系列研讨活动3000场次，突出学习红线；立足实践，强化学习实效。组建市委讲师团、县（区）宣讲组、驻村工作队和寺庙工作组4个层面的宣讲小组528个，开展形式多样的宣教活动，累计深入乡镇、村居、学校、寺庙、军营、机关和企事业单位开展巡回宣讲5000余场次，印发各类藏汉文学习宣传资料3.5万余册，手机短信平台60期，受众达到60余万人，教育实践活动家喻户晓、人人皆知。

【调动群众参与】 年内，党员干部开展"三进四同三一"活动，边学边查边改，推动学习成果转化为直接联系服务群众的实际行动，全市64名地厅级干部、1072名县处级干部、6251名乡科级干部，共结对认亲交朋友8249户，平均在群众家中入住7天，办好事实事3816件、涉及资金390.15万元。全市地级以上党员干部在联系指导1县（区）、1乡（镇、街道）、1村（居）、1寺庙、2—3户农牧民群众的基础上，分别增加1家国有企业或改制企业、民营企业为联系点。持续深化驻村、驻寺、选派机关干部到村（居）任职第一书记工作，建立完善网格化、双联户社会服务管理模式，着力将教育实践活动推进到寺庙管委会、驻村工作队、网格和联户单元中。17名常委班子成员结合各自联系点和分管工作，先后45次深入基层一线，连续驻县进村召开村级班子座谈会26场次，深入联系点均在7次以上。市人大、市政协深入一线开展人大代表、政协委员大走访问需问计，市政府到基层群众中开展"五访活动"关注民生发展。广大党员干部深入社区、寺庙、企业、农牧区认真调研，面对面听取基层党员群众意见建议，撰写民情日记8450余篇、调研报告7300余份。

【广泛征求意见】 年内，采取座谈会、民主评议、调查问卷、设置意见箱、督导组反馈、媒体平台、交友谈心等形式征集群众意见，各单位各部门普遍开展了5轮次以上的征求意见建议活动，累计召开征求意见座谈会8000余场次，直接参与提出意见建议的群众达数10万人，梳理归纳各类意见建议3740条。发挥2000多名驻村驻寺干部、186个便民警务站、636个网格、17009个"联户单元"和500多名"第一书记"、大学生村官作用，面对面、心贴心地听取基层群众意见，并逐一梳理归纳，征求意见工作不漏村不漏户、不漏行业不漏人。组织开展交叉巡回、异地征求意见活动，征集对市“四套班子”、交叉县（区）、交叉单位领导班子及班子成员的意见建议347条，意见建议广泛真实。从过去三年各级人大代表、政协委员的建议和提案中梳理出群众反映强烈的问题125个，征求意见工作横向到边、纵向到底。对照中央教育实践活动办梳理的37条问题和区党委活动办列举的关于“四风”“两问题”“一薄弱”等方面问题，按照“六查”“三看”要求，共查摆出全市各级领导班子及成员的问题42085条，找准找实了全市各级党员干部作风方面的突出问题。

【批评与自我批评不走过场】 年内，按照“四必谈”的要求，用1个月左右时间，开展了4轮以上谈心谈话，达到了“六个谈透”的目的；对照检查材料按照中央提出的具体标准进行撰写修改，做到了见人见物见思想，有深度、像自己，市委常委班子对照检查材料进行了8轮次大的修改，自治区党委常委、市委书记齐扎拉对照检查材料修改了13稿，县级党委（党组）班子和成员的对照检查材料普遍都修改了10稿以上。以中央政治局和区党委常委会为榜样，全市65名省、地级干部联系指导了县级党委（党组）班子专题民主生活会，565名地县级干部指导了专题组织生活会。各级党组织以整风精神召开了专题民主生活会和组织生活会，提意见开诚布公、相互批评不留情面，敢于揭短亮丑、真刀真枪、见筋见骨，点准了穴位，戳到了麻骨，开出了辣味，起到了脸红心跳、出汗排毒、治病救人、加油鼓劲的作用。市委常委班子专题民主生活会，每名班子成员都接受了20条左右的批评意见，各单位、各部门专题民主生活会和组织生活会平均每人自我批评20条以上、批评他人3条以上。专题民主生活会结束后，各级党组织均及时召开情况通报会，在一定范围内向干部群众进行了通报，市委还以文件形式向全市通报了会议情况。制定机关和企事业单位，村（居）和非公有制经济组织、社会组织，窗口单位和服务行业，执法监管部门等4类民主评议党员测评表，围绕发挥先锋模范作用、遵守党的纪律、履行党员义务、履行岗位职责等开展党员评议工作，覆盖率达到100%。结合民主评议情况和平时掌握的党员实际表现对每名党员提出了评定意见，全市评定为好、一般、差的党员分别占71.66%、28.28%、0.06%。

【落实整改责任】 年内，按照“四个回应”要求，全市各级党组织制定“两方案一计划”和为民办实事好事清单1753份，全部党员制定了个人整改清单，做到可整改、可监督、可检查。市委常委班子明确了32项整改落实任务、32项专项整治任务、16个方面制度建设计划、45件为民办实事好事，并率先在拉萨市电视台等媒体进行了公示，各单位各部门整改落实方案、整改清单均按照要求在一定范围进行了公示。对中央确定的21项专项整治任务和区党委明确的10个方面整治要求，打出“组合拳”，刹住了“四风”蔓延势头。全市会议同比减少21.2%，文件同比减少43.5%，评比达标表彰活动同比减少9.1%；“三公经费”同比减少33%；取消行政审批事项14项、下放行政审批事项111项；严肃查处“吃拿卡要”问题1起、处理1人，查处“慵懒散拖”问题36起，涉及工作人员108人；清理清退公务用车30辆、调整清理办公用房5355.05平方米，全面叫停已批准但尚未开工建设的楼堂馆所项目；减少收费、罚款项目134项，查处乱收费、乱罚款、乱摊派问题1起5人，涉及金额24.24万元，清理吃空饷人员2人，清理违规在企业兼职党政领导干部54名，党员干部的作风明显改进。抓住“长”“常”二字，坚持立破并举，抓好了制度废、改、立、建工作，在承接中央和区党委制度的基础上，进一步研究了16个方面的制度建设计划，并分解落实到市委班子成员和具体责任部门，督促各单位各部门制定好配套制度，做好上下衔接，用制度进一步密切同群众的血肉联系，党员干部按规矩办事用权意识逐步增强。全市累计废止制度99项，修订完善制度1591项，新建制度739项，拟建制度810项；强化制度执行，坚决正风肃纪。截至2014年9月15日，严肃查处违反中央八项规定的违纪行为13起、给予处理20人；受理群众信访举报73件次，给予党纪政纪处分25人，收缴各类违纪资金297.78万元；开展督导检查808次，共督查单位6717个（次），现场发现并纠正问题139起，受理办结作风效能方面的投诉举报9件，制度执行力和约束力得到增强。

【解决基层组织薄弱问题】 年内，市委把解决“一薄弱”问题作为教育实践活动任务，在调研摸底基础上，对99个软弱涣散基层党组织（其中，村（居）党支部40个）进行了集中整顿，调整村（居）“两委”班子成员53名，选派62名优秀年轻机关干部到村（居）

任职，培养村级组织后备干部1957名，对10名违法违纪的村(居)干部进行了处理，转化升级率100%，群众满意度达到96.7%以上。市委召开会议，制定换届工作意见，安排部署，逐级成立了换届工作领导小组，对684名县乡两级干部进行换届业务知识培训工作，完成了城关区当巴社区、达孜县尊木采村和当雄县堆灵村3个试点村换届工作，全市村(居)"两委"换届工作进展顺利；夯实基层工作基础。坚持工作重心下移，推动人财物向基层流动，全市各县(区)整合资金4000多万元，改造新建村级组织活动场所12座，在乡村两级建立综合性便民服务点130个。市县两级财政增加投入942.71万元用于提高村(居)干部误工补贴，农牧区村级组织运行经费每年达到2万元以上，城市社区运行经费每年达到20万元以上，为村级组织正常运转提供支持。

【活动有亮点接地气】 年内，落实区党委要求，深化十项载体。全市各级党组织贯彻落实区党委的工作要求，用好10个活动载体，推进联系服务群众制度化长效化。干部驻村驻寺、网格化管理、"先进双联户"创建评选工作进一步深化，广大干部联系服务群众能力得到提升。累计开展各类学习宣讲活动9613场次、参与群众达94156人，结对群众16116户，投入资金1.18亿元，为群众办实事21733件，基层服务型党组织建设得到全面加强。持续深化开展"共产党员志愿者示范城创建""四业工程""民族团结先锋""八看、一算账、一揭批、四增强"4项活动。成立66支党员志愿服务队、发放便民服务卡6万张，开展了1万余场次志愿服务活动。培训农牧民群众16944人次，劳务输出13.69万人、收入达到3.6亿元。2万余名党员与群众结成民族团结对子20044对，投入9164万元办实事9397件，促进民族团结进步事业发展；在农牧区开展集中宣讲活动800多次，引导群众听党话感党恩跟党走市委突出问题导向，对全市党员干部在作风方面的问题进一步聚焦，抓住要害解决全市党员干部存在的心浮气躁、学习不够，但求无过、担当不够，按部就班、落实不够"三不够"问题；按照党员干部转作风、提能力的目标，提升党员干部"三严三实"、引领群众、创新奋进、求是务实、依法治理"五个能力"；结合推进拉萨跨越式发展和长治久安的繁重任务，点准穴位，明确要求全市党员干部尽到维护稳定、保护生态、引领发展、繁荣文化、勤政为民、加强党建的责任，夯实党的执政基础；延伸工作手臂，创新两项活动。制定《关于在教育实践活动中开展"五心教育"的实施方案》，以"五心教育"为实践载体，组织开展大力弘扬焦裕禄精神专题讨论、承诺践诺等活动358场次，区党委陈全国书记对"五心教育"活动作出重要批示。组织邀请240名区直机关和其他地市地厅级离退休老干部和全市1200名离退休老干部代表开展"看新貌、作对比、讲党性"开展为期2周的学习教育实践活动，发挥老干部密切联系群众的独特作用。

【做好督导工作】 年内，在教育实践活动中，市委派出7个督导组，县乡两级派出73个督导组，各级督导组坚持严的标准，采取严的举措，围绕关键环节、重点工作，深入督导单位、基层一线，随机调研、明察暗访，实地了解情况、听取意见，发现问题、督促整改，深入被督导单位在200次以上。强化分类指导，印发了《关于在党的群众路线教育实践活动中进一步加强分类指导的通知》，制定了政法、教育卫生、企业、监管执法、基层农牧区、"两新组织"等6个分类指导实施方案，按照不同层级、不同领域、不同对象把分类指导工作具体化，同时，组建了27个行业系统和窗口服务单位督导组加强工作指导。在活动中层层压紧每一个环节的工作任务，坚持一步一回头、一步一检查，集中开展了4轮次"回头看"活动，确保活动实效。把教育实践活动与维护稳定工作、村(居)"两委"换届工作紧密结合起来，把"三项任务"的督导责任统一起来，形成督导工作合力，以教育实践活动的成效巩固了社会的稳定局面和换届的顺利推进。

【营造教育实践活动氛围】 年内，全方位宣传中央精神和区市党委工作部署，宣传习近平总书记系列讲话精神、党的十八大和十八届三中全会精神、中央关于教育实践活动的部署要求，大力宣传教育实践活动的重大意义、进展情况、成功做法、先进经验，宣传区市党委教育实践活动安排部署，用正确的舆论导向引导活动深入开展。制定《拉萨市深入开展党的群众路线教育实践活动新闻宣传工作方案》，召开中央驻藏、区直新闻媒体协调会，拉萨市媒体联席会，借助各类媒体平台扩大宣传效果。在《西藏日报》、拉萨电视台、《拉萨晚报》、党建手机报等主流媒体，全程开设了《教育实践活动进行时》《牢记为民宗旨、践行群众路线》《率先垂范转作风》等专题专栏，形成每天有报道、每周有评论、每月有综述的宣传工作格局。总结推广丹杰林社区“五心教育”、当雄县政务服务大篷车进牧区等好经验好做法，促进各县(区)各单位工作经验交流；宣传报道优秀驻村工作队员阿旺卓嘎、救人英雄强巴曲扎等优秀共产党员践行党的群众路线、为民务实清廉的先进典型事迹；开展拉萨市第一届“最美人民警察”评选活动，对60名候选人进行广泛宣传，树立社会新风。活动开展以来，驻藏中央媒体、区直媒体共刊发报道拉萨市教育实践活动新闻稿件250篇、撰写评论员文章25篇，市属媒体共(播)发新闻报道2862条。人民日报刊发的《畅通渠道听意见、纠建并举接地气》、中央人民广播电台刊播的《拉萨市以群众满意指数促整改》、西藏日报刊登的《用真诚打开群众参与的大门》等宣传拉萨市教育实践活动的相关报道。

【抓好思想建设】 年内，全市各级各部门以教育实践活动为契机，抓好思想理论建设，突出抓好理想信念教育，着重抓好党性教育，努力抓好道德建设，强化习近平总书记系列讲话这条主线，开展学习5896场次、撰写心得体会77242篇，制定了《2014~2018拉萨干部教育培训规划》，广大党员干部在思想上提了“神”，在精神上补了“钙”。

【提升群众工作能力】 年内，在教育实践活动中，全市4万余名党员干部基层，真诚倾听群众呼声，创新联系群众方法，对市情民意有了更深刻的理解。15186名党员干部走进农牧区认“家门”与16116户困难家庭结成帮扶对子，组织1549个培训班开展藏汉双语学习，提高了做好群众工作的本领。全市新增服务中心99个，实现了市县乡村四级便民服务的基本覆盖，各单位各部门普遍制定了密切联系服务群众的机制和措施，进一步增进了同群众的感情，拉近了同群众的距离。

【严明党的政治纪律】 年内，全市各级党组织把党员干部政治立场坚定、政治纪律严明作为贯彻落实党要管党、从严治党的举措，作为贯彻落实党的政治纪律、财经纪律、廉政纪律的重要内容，作为培养、选拔、任用干部的第一标准，坚决贯彻落实中央关于教育实践活动的精神要求和安排部署，查处了党员干部违反中央八项规定和区党委“约法十章”“九项要求”及市委八项要求的一批违纪问题。

【密切党群干群关系】 年内，各级党组织边学边查边改，完成了全市32项专项整治任务，对作风之弊、行为之垢进行了大排查大扫除，建立了一大批抓作风促工作、抓工作强作风的规章制度，扎紧了制度笼子，强化了对不良作风的刚性约束。党员干部弘扬党的优良作风和“老西藏精神”。全市超过80%的干部主动放弃了年休假，以“白加黑”“五加二”工作精神，坚守工作岗位。

【做好突出问题整改】 年内，把解决群众反映强烈的突出问题作为重点任务，抓好落实，着力打通联系服务群众的“最后一公里”，形成了工作资源服务群众的良好导向。出租车、公交车营运管理混乱问题整改，色拉天葬台周边环境整治，流浪狗无人管理的问题的解决，以政府补贴形式平抑牦牛肉、酥油、蔬菜等生活必需品物价，购置200辆平价蔬菜直销车进社区活动，制定实施《拉萨市振兴教育教学质量三年行动计划》，全面加快拉萨教育城建设，江苏、北京援建实验学校实现入学招生，在全区率先开展的“先诊疗、后结算”和“一卡通”试点工作、建立预防接种规范门诊，推进针对群众反映强烈的城关区嘎玛贡桑社区“明年路”建设，实施老城区保护工程，对老城区7条街区进行风貌保护，对56座古建大院进行保护性修复，对157处违法违章建筑进行综合整治，群众支持率、满意率均达100%。等全面实施的“树上山”“河变湖”“暖入户”“四业工程”等一系列惠民工程。

【自治区主要领导调研拉萨市党的群众路线教育实践活动开展情况】 4月4日，自治区党委书记陈全国在拉萨市调研第二批党的群众路线教育实践活动，指出要贯彻习近平总书记关于教育实践活动的一系列讲话和指示精神，特别是在兰考调研时的讲话精神，按照中央的部署要求，开展好第二批教育实践活动。

（张玉虎）

创先争优强基础惠民生活动

【概　况】　年内，由市、县（区）派驻247个的工作队和区（中）直派驻的20个工作队，按照区市党委、政府的总体部署和区市创先争优强基础惠民生活动领导小组的具体安排，围绕中心抓任务、突出重点强部署、创新载体求实效、深化措施重落实，将创先争优强基惠民活动与区市党委、政府的重点工作同部署、同推进，做到常规工作讲规范、重点工作有亮点、难点工作有突破，全市创先争优强基惠民活动第三批驻村工作取得了阶段性成效。

【推进第三批驻村工作】　年内，全市各级强基惠民活动办、各驻村工作队派驻单位、各驻村工作队深刻领会自治区党委书记陈全国关于第三批驻村工作六个方面的任务要求和自治区党委常委、拉萨市委书记齐扎拉在全市第二批驻村工作总结表彰暨第三批驻村工作动员大会上的讲话精神，发挥职能优势，明确工作方向，紧扣活动主线，深化对驻村工作的认识，把科学谋划和狠抓落实结合起来，围绕强基惠民活动"五项重点任务"，做了大量工作，推动了全市驻村工作向纵深拓展。

【做好业务指导服务】　年内，市强基惠民活动办围绕市委、市政府的中心工作，突出各时期各阶段的工作重点，制发《拉萨市创先争优强基础惠民生活动第三批驻村工作方案》《关于结合党的群众路线教育实践活动进一步深化驻村工作的通知》等各类文件82份，从深化内容、创新形式等方面对全市活动进行全面指导。做好同自治区强基惠民活动办、全市各县（区）强基惠民活动办、市党的群众路线教育实践活动办、市文明办以及各驻村工作队的沟通协调工作。通过活动简报、短信平台等载体，先后发送活动动态信息28万多条次，发挥"一网一报两台"作用，发布活动进展情况、交流工作做法、总结驻村经验。定期集中督查和临时随机督查相结合，深入各县（区）强基惠民活动办和驻村工作队中开展督查1081次，及解两项活动开展情况，听取对活动深入推进以及构建结对帮扶长效机制的意见建议，提出相应指导性意见，并督促各县（区）活动办做好辖区内的督查工作。

【建强基层组织基础】　年内，各驻村工作队以为驻在村（居）留下一支"永不走的工作队"为目标，坚持壮大党员队伍与提高党员素质并举，协助当地党委政府和村（居）"两委"抓好基层党员队伍的发展、教育、管理和监督。协助村（居）建立健全各项制度，推进基层组织的规范化、制度化建设；开展党建带团建妇建活动，壮大基层的群团力量，发挥群团组织在联系群众、服务群众、教育群众、维护群众合法权益等方面的作用。在村（居）"两委"换届工作中，各驻村工作队协助驻地乡（镇）党委积极营造换届良好氛围、完善基层干部后备人才库、培训选举工作人员业务技能、指导和监督村（居）严格按照程序开展选举工作。自第三批驻村工作开展以来，全市各驻村工作队共帮助村（居）"两委"建立完善相关制度1859项，组织村（居）"两委"学习4997次，召开党员大会2340次；帮助村（居）党组织培养入党积极分子2124名，发展新党员1372名，把318名致富能手培养成党员，把303名优秀党员培养成致富能手，把239名党员致富能手培养成村组干部；发展团员527人，开展团建活动633次，开展妇建活动626次，基层党组织的战斗堡垒作用进一步增强，基层党员的先锋模范作用进一步发挥。

【做好联防管控】　年内，各驻村工作队树立"稳定压倒一切"的意识，发挥驻村工作队覆盖范围广，直接面对群众、联系群众的优势，协助并会同驻在村（居）"两委"研析社会综合治理中出现的新情况、新问题、新矛盾，不断强化网格化服务管理和"双联户"工作模式，探索维护基层社会局势和谐稳定的长效机制和治理体系，努力从源头上化解矛盾、维护稳定、促进和谐，确保驻在村（居）"三不出"和"三无"目标的实现。在"三大节日"、三月维稳敏感时期以及萨嘎达瓦节、阿里地区"塔尔钦"宗教活动期间，各驻村工作队坚持全员全时在岗，24小时值班备勤。自第三批驻村工作开展以来，全市各驻村工作队共指导村（居）"两委"制定完善维稳制度1670条，制定完善应急处突预案2994份，召开维稳宣讲大会3145场次，组织维稳演练926次，化解和妥善处理各类社会矛盾1615件。

【开展教育引导活动】 年内,各驻村工作队在群众中宣传党的十八大、十八届二中、三中全会精神,习近平总书记系列讲话精神以及党和政府关于农业农村、民生改善、社会治理等方面的改革措施,让群众全面知晓党和国家的大政方针和富民惠民政策,真正明白惠在何处、惠从何来。结合“六五”普法规划,利用案例开展法制宣传教育,选择群众身边的一些重大典型案例,以案说法、以案释法,警示违法后果,引导群众学法、懂法、守法,用法律维护自己的合法权益。自第三批驻村工作开展以来,全市各驻村工作队共发放党的十八届三中全会资料79106份,专题宣讲1630场次,开辟专题宣传栏944期,举办新旧图片展725次,举办专题讲座472场次,普法教育615次,播放爱国主义电影588场次,举办各类文体活动699场次,群众的公民意识、爱国意识、爱党意识、国家安全统一意识和民主法制意识得到了进一步增强。

【帮助发展经济】 年内,各驻村工作队帮助驻在村(居)找准发展定位、理清发展思路、发掘资源优势、打造致富产业,促进群众增收致富。部分工作队组织基层干部群众赴区内外考察学习,开阔基层干部群众的视野,帮助他们进一步解放思想、转变观念、增强能力。各驻村工作队发挥项目在推动村域经济发展、带动群众增收致富等方面的作用,在调研论证的基础上,帮助村(居)认真梳理上报强基惠民“短平快”项目。各相关部门争取自治区强基惠民活动计划外资金和项目。自第三批驻村工作开展以来,全市各驻村工作队帮助驻在村(居)整理发展思路572条,制定、完善、实施经济发展规划316项;帮助驻在村(居)劳务输出15636人次;开展农牧民培训8580人次,组织外出参观学习4177人次;全年落实“短平快”项目272个,涉及资金7950万元,计划外争取项目336个,涉及资金1亿多元。

【解决群众困难】 年内,各驻村工作队深入基层、深入群众,坚持讲真话帮群众释疑解惑,拿真心换群众支持信任,动真情系群众安危疾苦,用真诚为群众排忧解难。进一步加强对中央和区市惠民政策落实情况的监督,确保各项补贴奖励政策落到实处,补贴资金、帮扶物资及时足额发放到群众手中,低保补助真正用于城乡困难家庭。继续从群众最关心的热点难点问题抓起,从群众最希望做的事情做起,配合推动落实各级党委、政府出台的惠民举措,着力解决住房、就业、社会保障、教育、医疗、生态环境、食品药品安全、安全生产、社会治安等关系群众切身利益的民生问题,解决五保户、贫困户、“三老”人员和受灾群众的生产生活困难。自第三批驻村工作开展以来,全市各驻村工作队为群众办实事好事2138件,投入资金达2946万元;帮助群众解决就业、再就业2108人次;开展送科技、送技术、送卫生、送信息、送服务活动2064次,投入资金139万多元;慰问五保户、贫困户和困难群众30757人次,发放慰问金和慰问品价值达847万元;慰问“三老”人员1637人次,涉及资金达99万元,以实际行动进一步密切了党群干群关系,赢得了群众的广泛信任和大力支持。

【践行群众路线】 年内,各驻村工作队把深入开展教育实践活动作为深化强基惠民活动、密切联系基层群众、改善党群干群关系的契机,按照第二批教育实践活动的总体要求,全程参加驻在村(居)的教育实践活动。结合驻在村(居)实际,同村(居)“两委”班子一道,进一步明确目标要求、细化活动方案,悬挂、张贴开展教育实践活动的横幅、标语,开设教育实践活动宣传专栏,不断扩大宣传覆盖面、提高群众知晓率和参与率。按照活动方案要求,开展学习教育、听取意见,查摆问题、开展批评,整改落实、建章立制各个环节的工作。在春节、藏历新年期间,各驻村工作队广泛开展走访慰问送温暖、结对认亲交朋友、干群共建和谐村(居)等活动,力所能及地帮助群众解决生产生活上的具体困难和实际问题,以实际行动诠释了党的群众路线,进一步提升了工作队员的能力素质、改进了工作作风,真正做到了干部受教育、群众得实惠。

【突出抓好“八看、一算账、一揭批、四增强”主题教育】 年内,各驻村工作队根据市委深入开展“八看、一算账、一揭批、四增强”感党恩主题教育活动的总体要求,创新教育载体、拓展活动空间、丰富宣传内容,引导群众对比自身衣、食、住、行、文、教、医、位等方面的变化,使群众通过视觉、亲身感受等方式进行体验,增强爱党意识、国家意识、民族团结意识和法制意识。利用现有资源,收集历史资料,将新旧西藏的变化通过图片、文字等方式对比体现出来,开设长期固定的展览室进行展示,供群众随时参观。以“3·28”百万农奴解放纪念日、西藏和平解放60周年、建党节、拉萨市民族团结进步节、国庆节等节日为平台，通过向普通群众发放中央赠送的纪念品、国旗、领导人集体画像等，进一步加强对群众的感党恩教育，引导群众自发地将家庭、学校、村（居）活动场所全都插上了国旗，在室内醒目处悬挂了领袖画像。发挥老干部余热，邀请退休干部以自己亲身经历向群众现身说法，宣讲党的利民富民政策，并制作成视频资料，通过农牧区远程教育平台，为群众播放。此做法深受群众喜爱，纷纷索要光碟观看学习。在全市各村（居）巡回展播爱国主义电影，使群众在丰富精神文化生活的同时，从中受到教育。

【抓好“四业”工程】 年内，各驻村工作队根据市委、市政府《关于进一步加强农牧民技能技术培训和劳动力转移工作的决定》要求，坚持以人为本，将促进群众安居乐业作为强基惠民活动头等大事来抓，协助市“四业工程”办公室整合全市资源力量，实施以业育人、以业安人、以业管人、以业富人工程。各驻村工作队通过对所在村（居）劳动力状况进行调查，了解群众就业意愿，结合市“四业办”提供的市场用工信息，会同有关部门制定农牧民职业技能培训计划，组织本村18—55岁年龄段农牧民群众进行转移就业培训，培养造就有文化、懂技术、会经营的新型农牧民，促进农牧民增收，提高群众生活水平和质量，推进全市城镇化、工业化、现代化进程。

【加强和创新社会管理】 年内，各驻村工作队充分发挥驻村工作队覆盖范围广、直接面对基层群众的优势，将加强和创新农牧区和社区服务管理作为强基础的重要内容，借鉴城关区较为成熟的网格化服务管理模式，指导村（居）“两委”采取党员、致富带头人、村组干部、大学生村官对口联系互助等方式，大力开展“联户平安、联户增收”工作和网格化管理模式，按照在城镇以5户为单位、农牧区以10户为单位，从联户单位中推举联户代表。全市广大农牧区和城镇居民社区共划分联户单位17009个，其中城镇社区4303个，农村牧区5591个，机关单位、商住小区、出租房屋等7115个，共推选联户代表17009人，吸纳家庭近16万户60余万人。

【抓好“三进四同三一”活动】 年内，各驻村工作队按照《中共拉萨市委员会关于进一步做好新形势下群众工作的意见》的总体部署，结合开展党的群众路线教育实践活动，在驻村工作中全面开展“进基层、进村居、进农户，与群众同吃住、同劳动、同学习、同提高，交一户农牧民朋友、做一件好事、写一篇民情日记”的实践活动，围绕农牧民住房改造、农牧民饮水安全、农村五保户集中供养、基层群众免费健康体检、先天性心脏病儿童免费救治等做好相关工作，解决好群众最关心最直接最现实的利益问题。

【抓好净土健康产业工作】 年内，各驻村工作队响应市委打造净土健康产业品牌的部署，发挥开展驻村工作的有利条件，结合驻在村（居）实际，引导和组织驻在村（居）群众实施食用菌、藏红花、郁金香、玛咖、黑枸杞、藏药材等特色经济作物种植和奶牛、藏香猪、藏鸡养殖项目，扶持和壮大农牧民专业合作组织、农牧业龙头企业。全市拥有净土健康产业企业89家，其中新引进企业41家（落地20家、正在接洽21家），年产值过亿的净土健康企业有7家，产值过5000万元的企业有5家；全市标准化奶牛养殖小区已达19个，共引进高产奶牛825头，存栏7.3万头；饲草种植面积达到7.3万亩；标准化生猪养殖基地已达23个，生猪存栏4.3万头；标准化藏鸡养殖基地已达26个，藏鸡存栏24.6万只。在新型作物引进和实验方面，拉萨市重点引进了玛咖、食用玫瑰、油用牡丹、赤霞珠葡萄、郁金香、香水百合等新型经济作物，都取得成功，其中玛咖、郁金香种球等作物的品质均优于全国其他产区。藏红花、金银花等藏药材的人工种养试验成功，并取得经济效益，褐色双孢菇等西藏特色的食用菌驯化成功。

（王忠九）

四业工程

【概　况】 年内,全市“四业工程”工作实现观念认识更加统一,培训就业更加相适,服务管理更加有效,致富途径更加多样,支撑发展更加有力。

【成立“四业工程”领导小组】 年内,市委、市政府把“四业工程”作为保障和改善农牧民生产、生活的民生工程,作为执政为民、造福一方的德政工程,作为强基惠民、联系群众的一号工程。市委副书记、市长、市委政法委第一书记张延清任“四业工程”工作领导小组组长,10月,市委常务副书记龙志刚接任“四业工程”工作领导小组组长,市人大、市政府分管农牧、财政等部门的副主任、副市长任“四业工程”工作领导小组副组长,市人大常务委员会副主任龚建彰任“四业工程”领导小组办公室主任,各县(区)委书记、市直各责任单位党政“一把手”任成员。各县(区)成立了“四业工程”工作领导小组,调整充实了领导成员和工作人员,建立和完善了党政“一把手”负总责,分管领导具体抓的工作机制。

【开展培训工作】 年内,投入培训经费1977.69万元,城乡劳动力培训116期,培训人数20954人。其中实用技术培训52期14584人,合格率达90%;转移就业培训51期5134人,就业率达80%;创业培训11期175人,成功率达72%;其他培训2期1061人。在达孜县职教中心举办的全市新增出租车驾驶员岗前培训,400名驾驶员全部实现就业。曲水县曲水镇俊巴渔村皮具加工制作协会通过“以岗代训”的方式,吸纳当地30名农牧民就业,增加现金收入。

【新增转移就业15550人】 年内,全市新增转移就业15550人;消除零就业家庭14户14人,保持零就业家庭动态消零;全市城镇登记失业率控制在2.2%以内;开发就业岗位15794个;开展职业介绍14781人,成功8918人;开展职业技能鉴定1034人;组织农牧区劳动力劳务输出36262人次,组织机械及车辆输出1718台次,全市城乡劳动者得到充分就业。

【组织培训特殊人群1862名】 年内,全市各级党政组织培训特殊人群1862名,驾照升级培训3人,保安培训687人,装挖机操作技术培训411人,烹饪技术培训761人,就业1352人。

【城乡劳动力实现增收】 年内,全市城乡劳动力通过参与“四业工程”培训普遍提高了一产收入,增收2亿多元;新增转移就业实现增收1.74亿元;劳务输出创收1.85亿元,机械及车辆输出增收2200万元。

【做好调查研究】 年内,市、县(区)两级“四业工程”办公室深入实际、深入基层,开展城乡劳动力状况及技能培训需求调研60余次,调查统计人数90000余名,了解技能培训需求30余项,建立和完善了劳动力资源台账,完成了《拉萨市“四业工程”农牧民增收致富调研报告》、《拉萨市农牧区劳动力转移就业和城镇居民就业调研报告》和《拉萨市“四业工程”工作调研报告》等。

(向　巴)

拉萨河(城区段)综合整治工程

【概　况】 年内,根据《拉萨市城市总体规划(2009~2020)》,遵循现有城市机理,结合地形地貌,依据水利的挡水栏河闸及治导工程建设规范,以生态建设为基础,以城市结构为依据,规划新建4个拦河闸挡水工程,整体规划已完成并通过自治区水利厅审查。4个拦河闸挡水工程均为Ⅰ等大(1)型工程,挡水建筑物按100年一遇洪水设计,按200年一遇洪水校核,闸坝下游防冲消能力按100年一遇洪水设计,河道治导工程按20年一遇洪水设计。永久性主要建筑物为1级,次要建筑物为3级,临时建筑物为4级。

【3#拦河闸工程建设】 该项目自2013年3月25

日开工建设，土建工程于2014年6月底完工，金属结构和机电安装于9月底完工，整体工程于10月全面竣工且具备下闸蓄水条件。该项目最宽挡水宽度581.0米，最多孔数30孔，最大单孔跨度16.0米；采用拦河闸与治导工程结合、拦河闸与桥梁结合形式，同时满足河道整治、景观蓄水及河道两岸交通连接等综合要求，运用治导工程技术改善河道水流条件，使用液压启闭机，运用门顶溢流技术。以多种渠道带动农牧民增收致富，累计为当地农牧民创收达3100多万元。拉萨河（城区段）综合整治工程3#闸项目位于太阳岛下游约1.04千米、柳梧大桥上游约1.4千米、青藏川藏通车纪念碑处。建设内容由闸兼桥、非溢流土石坝及上、下游辅助建筑物组成。坝顶全长851米，闸顶高程3646.80米，闸顶交通桥高程3646.10米，最大闸高9.8米。3#拦河闸河道治导工程轴线布置为上起太阳岛卡口河段，下至3#拦河闸闸址，并向闸下游延伸400米，中间以圆滑曲线相连接，并配合河道清淤疏浚。上、下游治导工程，左岸总长度为2192.363米，右岸总长度为2011.963米，两岸合计轴线长度为4204.326米。由于太阳岛卡口河段控制，治导工程形成的拉萨河主槽宽度最小为220米，最大为851米。河道中心线回水长度约2380米，平均水深2.5米，回水面积93.16万平方米，工程总投资为5.56亿元。

【推进2#拦河闸橡胶坝前期工作】 截至年底，该项目的立项、可研已批复，项目通过技术咨询和初步设计报告审查，其余项目前置审批环节全部已开展。拉萨市拉萨河城区段综合整治工程（2#闸）为拉萨市拉萨河（城区段）综合整治规划自下而上的第2座拦河建筑物，位于柳梧大桥下游1.53千米处，2#拦河闸由橡胶坝、调节闸、分流岛、充排水泵房、导流堤及上下游河道等组成。

（达杰次仁）

组织工作

【概　况】 年内，全市组织系围绕新常态下服务首府城市首位度作用要求，坚持组织工作围绕中心、服务大局，突出从严治党主线、落实管党治党责任，以开展党的群众路线教育实践活动为契机，从严抓思想教育、真正做到知行合一，从严抓干部管理、培养选拔优秀干部，从严抓作风建设、营造良好政治生态，从严抓组织建设、建强基层战斗堡垒，从严抓制度治党、稳步推进制度改革，从严抓责任落实、全面抓好党建工作，为“四个全面”布局和“六大战略”实施提供坚强的组织保障、干部保障和人才支撑。

【加强援藏教师医生管理】 1月，在征求各单位和北京、江苏意见的基础上，起草《关于拉萨北京示范学校援藏教师选派相关事项的函》和《关于拉萨江苏示范学校援藏教师选派相关事项的函》，明确援藏教师援藏时间、需求、待遇。3月，完成江苏援藏医生轮换工作。8月，完成北京、江苏98名教师进藏及任职前培训工作；完成北京市援藏医生轮换工作。

【开展共产党员志愿者示范城创建活动】 3月22日，“共产党员志愿者示范城”创建活动正式启动，按照“全面覆盖、重点开展、有序推进”的原则，形成以拉萨市城区重点开展，各县（区）积极参与，由拉萨市城区带动、辐射各县（区）的党员志愿服务工作格局。截至年底，全市共有党员志愿服务队66个，已登记队员（党员）11976名，确定每月第三个星期六为“党员志愿服务活动日”，发放便民服务卡6万余张，开展各类志愿服务活动1万余场次。

【开展第二批党的群众路线教育实践活动】 年内，市委把中央精神和区党委部署与拉萨实际结合，既着眼解决“四风”“两问题”“一薄弱”共性问题，又着重解决“三不够”地方病；既贯穿总要求，又贯穿高标准、强红线、重领域的原则；既严格抓好区党委10个活动载体，又设计出符合拉萨实际的4个自选动作。全年全市各级领导班子和班子成员完成整改任务8000多项，“废改立建”制度1400多项，为群众办好事实事1万余件，推动在全市党员干部形成了讲政治、懂规矩、守纪律的优良作风。《用真诚打开群众参与的大门》做法入选人民网、中国组织人事报、党建文汇杂志社三家媒体联合评选的全国100个群众工作经典案例。

【推进党的建设制度改革】 年内，按照市委安排部署，坚持系统完备、简便易行、管用有效的原则，着眼于加强和改善党的领导、提高党的执政能力、巩固党的执政地位，研究制定《拉萨市党的建设制度改革2014年工作要点》，围绕深化党的组织制度、干部选拔任用制度、干部管理监督制度和基层组织建设制度，提出了一系列党的建设制度改革重点任务，提高科学执政、民主执政、依法执政的水平结合党的群众路线教育实践活动，对党内法规和规范性文件进行全面清理。

【完成村（居）“两委”换届工作】 年内，市委贯彻落实中央精神和区党委决策部署，自治区党委常委、市委书记齐扎拉挂帅研究部署全市换届工作，县乡党委书记担负第一责任。按照“标准不降、程序不减、职数不超、秩序不乱”要求，坚持市县乡村四级联动，规范选举程序，严肃工作纪律，严格人选标准，层层审核把关，广泛遴选后备干部，全市267个村（居）完成选举，产生新一届村（居）“两委”班子成员2214名。其中，中共党员100%，具有初中及以上文化程度占51%。群众测评满意率达99%。

【加强基层党建考核】 年内，坚持书记抓、抓书记，健全基层党建工作考评体系，实行市县乡三级基层党建工作“联述联评联考”，把抓基层党建工作情况作为县乡党委和部门党组（党委）领导班子、领导干部考核的内容，强化党组织管党意识。实行村（居）“两委”班子成员绩效考核，每年投入160万元奖励先进村（居）“两委”班子成员，激发村级组织争先进位意识。全年对全市基层党组织实行末位倒排，常态抓后进基层党组织整顿，健全基层党组织晋位升级长效机制。集中整顿全市软弱涣散基层党组织99个，100%实现转化升级。

【深化社区党建工作】 年内，贯彻落实全国社区党建工作座谈会精神，在社区建立综合便民服务中心，实现就业指导、法律咨询、证件办理一站式服务。通过采取从机关下派、招聘公益性岗位、招考社区工作者和选聘退休干部职工等措施办法，配强城市社区基层工作力量达28人。依托共产党员志愿者示范城创建，积极开展党员示范岗、责任区，推行在职党员社区报到，实现由“单一”的社区干部服务主体向“多元”的党员服务团体转变。投入170多万元在全区率先创办《拉萨市党建手机报》，宣传党的方针政策、党务工作知识和党建工作典型做法，拓宽党员教育渠道。

【加大基层经费投入力度】 年内，坚持财力向基层倾斜，把基层党组织打造成坚强的战斗堡垒。截至年底，全市每年每个社区运行和服务群众经费达到45万元，每年每村运行经费达到2万元。建立健全村（居）干部待遇稳步增长机制，全市村（居）“两委”班子成员误工补贴达每人每年2万元。按照“新建一批、改（扩）建一批、修缮一批”的思路，多方筹集资金推进村级组织活动场所提档升级。完善党内激励帮扶制度，全年帮助农牧民党员128名。

【建强基层执政骨干队伍】 年内，配齐配强乡镇（街道）党建工作专职副书记、专职纪委书记和纪检专干，从市县乡机关事业单位选派398名优秀干部到村（居）任职。制定《拉萨市选派到村（居）党支部任职干部管理办法（试行）》，明确下派干部工作任务、职责定位和管理权限。加大在农牧区、维稳一线和“两新”组织中发展党员工作力度，全年发展党员3408名。针对部分农牧区基层党组织存在的发展党员程序不规范问题，专人逐村督查整改，健全党员发展工作台账，探索建立党员退出机制。开展从优秀村（居）党支部书记中选拔乡镇公务员工作，全年选拔录用乡镇公务员14名。

【贯彻落实《党政领导干部选拔任用工作条例》】 年内，以理论中心组、每月一课、远程教育为载体，组织各县区组织部长、副部长，市直各单位党组书记、政工人事科长160余人开展《党政领导干部选拔任用工作条例》专题培训。制定出台《拉萨市科级干部选拔任用流程图》，建立县级干部实绩档案、改进民主推荐、民主测评办法，适当增加领导班子、分管领导推荐干部权重，发挥党组织在动议、推荐、沟通协商和讨论决定等环节的领导把关作用，调整县级干部中具有基层或寺庙经历的占80%以上。开展各县（区）和市直各单位、党政正职约谈工作，了解掌握各县（区）各单位领导班子运行、后备干部推荐等情况。

【做好干部抽调挂职共工作】 年内，把基层一线、发展一线、维稳一线和重大专项工作，作为培养锻炼干部的平台，全年抽调1100余名干部参与全市重大专项工作。其中抽调各级干部119名参与出租车治理后续工作，选派1名地级干部和4名县级干部到江苏和北京进行为期一年的挂职锻炼，组织30名年轻干部赴北京市、江苏省和西藏拉萨经济技术开发区、市柳梧新区部分企业园区进行为期8个月的挂职锻炼，选派9名干部到市信访局挂职锻炼。尼木县8·09交通事故发生后，从市直各单位抽调154名县级干部和科级干部参与善后工作。

【加强干部监督管理】 年内，制定下发《拉萨市市、县两级组织部长公开接访制度》拓宽干部监督管理渠道。推行干部选拔任用“跟进式”监督检查，对全市3个县（区）、15个市直单位提任150余名科级干部的相关情况进行了审核。开展领导干部个人有关事项报告抽查核实，建立由市委组织部牵头，全市13家单位经常性联系机制，对全市893名县级领导干部个人有关事项报告信息录入管理系统，抽查核实30名县级领导干部填报的个人有关事项报告。全面清理裸官、吃空饷、党政领导干部在企业兼职（任职）、领取报酬和退（离）休干部在社会团体兼职现象。

【开展选人用人专项检查】 年内，制定《拉萨市关于贯彻落实严禁超职数配备干部的实施方案》，对全市县处级、乡科级干部配备“三超两乱”情况进行全面自查，9月通过中组部结合巡视工作开展的选人用人工作专项检查。抓好“带病提拔”领导干部选拔任用过程集中倒查工作，联合市纪委对2013年3月至12月期间领导干部“带病提拔”情况进行排查。抓好市委常委会、8个县（区）党委常委会及54个市直单位党组（党委）2013年度干部选拔任用“一报告两评议”工作。3月至8月，完成拉萨市符合“64号文件”离退休人员的申报、审批、落实待遇等工作。

【开展公务员选录工作】 年内，完成2014年自治区从高校毕业生中考录的516名人员分配派遣工作，其中公务员311名，事业单位工作人员205名。完成自治区为拉萨市引进人才18名，拉萨市自主引进人才40名人员的派遣工作。组织完成2014年度拉萨市从非公务员身份驻寺人员中考录公务员工作，录用111名公务员。

【培训各级各类干部10560人次】 年内，干部教育培训工作紧扣全市中心工作，创新干部教育培训方式、拓宽干部教育培训渠道，聚焦经济发展干部、专业技术人才、政法维稳队伍和乡镇村居干部等重点对象，抓好干部思想观念更新、知识结构转变、综合素质提升，着力培养培训一支高素质的干部队伍。培训各级各类干部10560人次，其中党政干部9996人次，专业技术人员2509人次，企业队伍564人次。实施学分制管理，把干部培训情况与干部评先评优结合起来，明确要求每名干部每年学习培训应取得120学分及以上，强化干部教育培训针对性和实效性。

【成立青稞育种人才基地和团队】 年内，依托江苏拉萨合作实施的青稞育种项目，整合项目组中中国工程院院士、国务院特殊津贴专家、江苏省“333”人才培养对象、科研技术骨干等优势人才资源，邀请中国工程院程顺和院士出席，在市农业技术推广总站挂牌成立了青稞育种人才基地，设立了1个院士工作室、1个特殊津贴专家工作室、3个人才团队和1个人才培养示范点，推进农村实用人才基地建设，人才基地和团队在科技攻关、人才培养中的积极作用逐步显现。

【开展“百名专家下基层服务活动”】 年内，围绕净土健康产业、教育、卫生、政策法规4个领域，从自治区、相关省市和市直单位聘请91名水平高、威信高的专家学者，开展以送科技、送教育、送医疗、送政策“四下基层”为主题的“百名专家下基层服务”活动，组织专家们深入全市所有200个食用菌大棚、20个种植基地、22个养殖基地、19个天然饮用水企业、21个基层学校、28个医院（卫生院），引进推广技术技能3项，引进落实项目6个，帮助基层解决实际困难65项，惠及基层人才、群众9857人。

【引进急需紧缺人才】 年内，开展人才需求普查，编制覆盖23个领域的人才需求目录，开展“企业引才行动”，从区外为6家国有企业和12家非公企业引进拥有发明专利、具有相关资格证书或工作经验的实用人才45名。在机关事业单位开展“百名急需紧缺专业人才支撑工程”，与110名区外人才签订引进协议，引进17名优秀高校毕业生和331名西部志愿者。积极做好引进人才服务工作，拨付20.9万元专项资金，对已到岗引进人才发放了安家费和交通费。

【抓好人才培养培训】 年内，把人才和智力援助作为培养拉萨人才的重要方式，投入1100万元实施培训项目22个，以集中培训、岗位锻炼、插班培训等方式培养培训人才4000余人次。设立40万元的短期援藏资金，开展北京江苏邀请业务骨干进藏开展短期帮带活动，采取"团队式"援藏方式，从北京江苏选派107名管理人员和骨干教师到拉萨开展教育援藏工作（其中，北京市52名，江苏55名）。推进科研合作工作，推动市妇幼保健医院等单位与首都儿科研究所建立教育培训、疾病诊疗和科研合作平台。

【推进政府职能转变和机构改革】 年内，围绕中央和自治区关于政府职能转变和机构改革有关精神，深入市直重点部门和县（区）调研，了解评估各部门职能运行情况，梳理各层级间、部门间职能交叉重复及体制机制不顺等情况，重点对城市管理、旅游发展、国资监管、政务服务、招商引资等体制机制进行专题研究论证。借鉴内地经验做法，结合拉萨实际，拟订了市政府机构改革初步方案，在政府工作部门机构限额、重点职能下放等方面积极争取自治区编办支持，做好改革各项前期准备工作。

【深化行政审批制度改革】 年内，研究制定《拉萨市深入推进行政审批制度改革工作方案》，明确摸底核实、优化审批流程、规范审批行为；梳理自治区尚未下放拉萨市行政审批事项；清理取消非行政审批事项；调研审批工作问题，拟定工作措施；建立"权力清单"制度；强化县（区）承接能力建设；清理整顿行政性收费项目；规范年审年检制度；加强事中事后监管；开展县（区）部分权力下放乡镇（街道）试点工作；全面推行重大项目联审代办制。

【开展事业单位登记管理和模拟分类】 年内，按照《事业单位登记管理暂行条例》，做好全市事业单位履职及运行情况监督，审查事业单位法人登记、变更、年检等申报材料，确保登记年检工作合法规范有序。全年共完成事业单位登记或变更14家，办理年检54家。4至6月，按照社会功能分类的原则，开展全市事业单位模拟分类，明确分类原则、分类范围、方法步骤，初步完成全市市县乡三级626家事业单位模拟分类，为推进事业单位分类改革奠定了基础。

【优化机构编制资源配置】 年内，围绕市委、市政府中心工作，优化机构编制资源配置。服务教育事业发展，完成拉萨北京、江苏两所实验中学、拉萨市第一、二中等职业技术学校等机构组建和人员编制核定。完成柳梧乡托管后柳梧新区管委会机构编制调整，梳理西藏文化旅游创意园区管委会发展定位及主要职责，争取西藏文化旅游创意园区机构编制。加强全市文化体育事业发展，向自治区申报并批复拉萨文化体育中心机构编制。统筹各县（区）地域、人口、承担工作量及编制基数等实际因素，完成了拉萨市县、乡两级第二批事业编制的分配落实工作。按照"控制总量，盘活存量，优化结构，增减平衡"的要求，重点对水利、财政、发改、民政、环保等系统机构编制进行研究调整。

【强化机构编制监督检查】 年内，加强与财政部门的协调约束机制，集中利用2周时间，完成各单位上下编工作，开具人员编制情况和实有人数证明，为财政部门编制部门年度预算提供依据。协助做好事业单位设岗定责工作，核准所涉及事业单位机构编制。执行进人用编审核制度，完成2014年度公开考录、区外引进亟需人才计划及人员调动审编工作。4月，为严肃机构编制和组织人事纪律，开展机关事业单位"吃空饷"调查摸底工作，对市直22家单位进行抽查。

【全面推行实名制管理】 年内，按照机构和人员编制核查全面推行实名制管理工作"四清两对应"目标要求，严把"机构编制、职数配备、实有人员信息、编外人员、过程监督、数据汇总"六个关口，抓好"材料初审、联合审核、修改完善、实地核查、复查公示、检查验收"六个环节，完成对市直406个机关事业单位核查。在机构编制核查基础上，完成了全市机构编制实名制信息系统1400多个单位、2.4万余人员的信息录入工作。

【关心关爱老干部】 年内，"三大节日"期间，对全市3820名离退休干部进行慰问，共发放慰问金592.03万元，寄发慰问信3800余册；春节、藏历年前夕，市领导分别对拉萨市居住在区内外的21名离休、十八军以及地级、县级退休干部代表进行慰问；协调自治区人民医院，为拉萨市居住在拉萨的43名地级退休老领导办理"诊疗一卡通"；组织4批250余人次的离退休干部，在区内外开展参观考察学习活动。5月，开始举办离退休干部小型趣味活动，每月的15日定为活动日，共举办活动6场次，涉及离退休干部1200余名。

【发挥老干部作用】 年内，组织全市82名退休干部校外德育辅导员，开展感党恩等主题教育活动55场次，受教育学生达1.2万余人次；组织156名退休干部代表参加党的群众路线教育实践活动等全市各类征求意见会及活动24场次。组织拉萨市的1200名离退休干部党员和240名区直机关及其他六地市居住在拉萨的地厅级以上离退休干部党员开展“看新貌、作对比、讲党性”学习教育实践活动，使离退休党员干部普遍受到了一次群众路线的再教育。

【开展民族团结先锋活动】 年内，开展共产党员民族团结“进机关、进农村、进社区、进学校、进企业、进部队、进寺庙”系列主题活动，全年全市各级各部门共举行民族团结主题宣讲1500余场次，近20万人受到教育，2万余名党员与群众结成民族团结对子20044对，投入4000余万元办实事好事4595件，促进民族团结进步事业发展。在农牧区开展集中宣讲活动800多次，引导群众听党话感党恩跟党走。

（孙林华）

宣传工作

【概　况】 年内，在市委的领导和区党委宣传部的指导下，全市宣传思想工作围绕中心、服务大局，坚持团结稳定鼓劲、正面宣传为主的方针，全面贯彻中共十八大、十八届三中和四中全会精神和习近平总书记系列讲话精神，特别是“治国必治边，治边先稳藏”的战略思想和“努力实现西藏持续稳定、长期稳定、全面稳定”的重要指示，贯彻落实全国政协主席俞正声“依法治藏、长期建藏、争取人心、夯实基础”的重要原则，以及自治区党委书记陈全国对拉萨提出的充分发挥首府城市首位度作用的工作要求，在推动全市经济社会跨越式发展、促进社会局势和谐稳定、巩固民族团结、深入推进“五大战略”等方面，取得了成绩。

【强化理论武装工作】 年内，市委理论学习中心组发挥示范带动作用，集中学习10次，其他各级党委（党组）集体学习平均达12次以上。围绕习近平总书记系列讲话精神、中共十八届三中和四中全会、党的群众路线教育实践活动、纪念江孜抗英斗争110周年、培育和践行社会主义核心价值观、对口援藏20周年等专题，深化对干部职工、农牧民群众、企业职工、学校学生、寺庙僧人的理论教育引导，开展巡回宣讲听众达50余万人次。征订发放《理论热点面对面（2014）》《习近平总书记系列重要讲话读本》等藏汉文学习资料3万余册（份）。

【开展主题教育活动】 年内，培育和践行社会主义核心价值观，在全市范围内开展“中国梦”“八看、一算账、一揭批、四增强”“3·28”百万农奴解放纪念日、“纪念西藏百万农奴解放55周年——升国旗、唱国歌”、国庆65周年“爱国歌曲大家唱”等感党恩及民族团结主题教育活动。

【命名7处拉萨市级爱国主义教育基地】 年内，命名清政府驻藏大臣衙门旧址陈列馆、西藏牦牛博物馆、尼木藏文字主题博物馆等7处场所为拉萨市级爱国主义教育基地，并实行规范化管理免费对外开放，为主题教育活动搭建了新平台。

【加大舆论宣传力度】 年内，舆论宣传工作围绕中心，在做好中共十八届三中、四中全会等重大活动宣传报道的同时，突出做好净土健康产业、教育城建设、供暖工程等重民生工程的宣传报道。适应新形势下新闻舆论工作要求，推出拉萨电视台《晚间新闻》节目，拉萨电视台藏语综合频道上直播星传输获国家新闻出版广电总局批准，《拉萨晚报》加大基层宣传报道工作力度，推出了魅力城关、多彩曲水、今日墨竹等专版。“拉萨河纪行”大型系列采访活动成果之书籍《幸福在这里流淌》、画册《幸福河畔“幸福歌”》、视频集《寻找“幸福源”》三项采访报道成果编辑出版。中央驻藏新闻单位、自治区主要新闻媒体全年宣传报道拉萨稿件总数达20755条，比上年稿件总数5477条增长279%。

【建立新闻宣传制度规定】 年内，印发《关于进一步改进和规范拉萨市重要会议和领导同志公务活动新闻报道工作的规定》,对全市会议、领导公务活动、外事活动以及其他公务活动等报道作出具体要求和规定。印发《全市新闻稿件审签制度》,对全市各类新闻稿件的审签事宜和责任划分追究作出了具体规定。建立健全“新闻通气制度”“全市新闻线索汇集机制和新闻联络员制度”“新闻媒体宣传月报制度”和新闻宣传制度执行情况督查机制,不断满足新常态下新闻工作的新要求。

【全国文明城市创建成果得到巩固】 年内,全国文明城市创建工作通过中央文明委复查测评,拉萨市继续保留“全国文明城市”荣誉称号。在全市未成年人中组织开展认星争优、做美德少年、优秀童谣传唱、中华经典诵读等15个类别的主题活动,60万余人次参与;开展道德讲堂活动756场次,直接受教育群众4万余人次;参与第四届自治区道德模范评选推荐,1人被评为道德模范,7人获得提名奖。开展第二届拉萨市道德模范评选表彰活动,共评选表彰道德模范11名;举办“道德的力量”颁奖晚会;组织拉萨市全国道德模范与“身边好人”巡讲巡演14场;在全市设立善行义举好人榜;组织开展“3·5”学雷锋、“我们的节日”等系列主题活动。

【推动文化事业发展】 年内,拉萨市群众文化体育活动中心及牦牛博物馆建成并投入使用,乡(镇)文化站建设项目实现全覆盖,全民阅读活动深入开展,幸福拉萨规范舞全面推广普及并形成常态。举办了中太城市广场2015“你好拉萨”跨年演唱会;策划了庆祝民族团结月情景歌舞《民族团结大院里的欢歌》、2014雪顿节开闭幕式、两路通车多媒体音画诗《高原之路》等文艺晚会;启动《幸福拉萨文库》图书出版工程;完成电视连续剧《金城公主传奇》剧本大纲创作和审读工作;林周县农牧民舞蹈《阿谐》受邀参加由国家民委主办、康巴卫视承办的2015年《中华一家亲》——全国少数民族元旦迎新暨首届少数民族优秀节目展演展播;拉萨老年艺术团参加第四届全国老年舞蹈大赛并获得金奖,并应邀参加上海东方卫视2015年《幸福中国》第七届全国中老年春节联欢晚会;拉萨电视台春节藏历新年电视联欢会质量先后在CCTV4、北京卫视、西藏卫视展播。

【做好文化遗产保护工作】 年内,拉萨古城申报世界文化遗产工作启动,曲水绝鲁、墨竹工卡“甲玛谐钦”分别入选国家和自治区非遗名录,尼木县吞巴乡入选“中国民间文化艺术之乡”;曲水贡布拉康维修工程等4个文物保护项目开始实施;《拉萨古籍目录》《拉萨古籍珍贵图录》和《拉萨舞蹈艺术》完成编撰。

【推进文化产业】 年内,中国西藏文化旅游创意园区被文化部评为第五批国家级文化产业示范(试验)园区。大型实景剧《文成公主》改版升级并常态演出,经济社会效益良好,荣获旅游卫视“中国旅游金途奖·年度最佳旅游演出奖”。《拉萨市文化传媒集团组建方案》经市委常委会研究通过,组建工作有序推进。

【提升互联网管理水平】 年内,加强网络党组织建设。全年分三批次登记、审核、备案市属企事业单位和个人网站354家,成立市、县政府门户网站党支部5家,民营网站党小组57个,为民营及个人网站指派党建指导员147人。出台《党员干部职工网络行为规范》等系列规章制度,进一步规范党员干部职工网络行为。成立市委网络安全和信息化领导小组、中共拉萨市互联网工作委员会、市县两级网评中心;加强市县两级网信办建设,配强网信干部,进一步壮大兼职网评员队伍。拓展政务公众平台,在全区首家实现综合查询和网办业务——“平安拉萨”政务微信基础上,开通“拉萨交警”“拉萨旅游”“城关掌上通”“微墨竹”等新媒体发布平台和网信干部QQ群、网评员QQ群等交流管理平台。邀请国内专家学者赴拉萨举办互联网宣传管理工作培训,选派网评员赴成都参加“网络舆情处置及新闻发言人高级研修班”,赴江苏学习考察网络宣传管理工作先进经验。处置“阿里塔尔钦宗教活动”“平措旺杰语录”“站在香炉台上的游客”“8·09尼木特大交通事故”“旅游大巴一车一警”等1217条负面评论,发表原创网评文章126篇,组织2000余人次正面引导性跟帖、发帖、转载49600余条;全年共编写专报32期,上报建议删除帖文300余条,编写网言网语1500余条,网络空间进一步得以净化。

【扩大对外宣传】 年内,接访国内外媒体记者共7批90人次,《CCTV4远方的家——江河万里行》拉萨段系列节目于2014年10月6日正式播出。与中宣部人权事务局合作策划拍摄《夏日纪事——雪顿节》纪录片。启动《拉萨故事》系列丛书编撰工作。与中新社合作，在尼泊尔喜马拉雅电视台、新闻24小时电视台先后分五集播放了《老城区保护记忆》，反映老城区保护修缮过程。主动回应社会关切，围绕社会关注热点、重点问题，举办拉萨“两会”“行走日光城”“城市绿化条例”“教育城建设情况”中国拉萨雪顿节“美丽家园・幸福拉萨”“CBA拉萨行”等10场新闻发布会。举办“美丽家园・幸福拉萨”——首届中国网络媒体拉萨行大型采访活动。拉萨市新闻中心建成。

【开展党的群众路线教育实践活动】　年内，组织“学习焦裕禄、争做好公仆”“为了谁、依靠谁、我是谁”“老西藏精神”等系列专题学习活动169次，组织观看各类教育影片51部，撰写各类心得体会621篇，交流发言材料216篇，调研报告33篇；聚焦“四风”“两问题”“一薄弱”“三不够”方面存在的问题，深入查摆、深挖根源、认真撰写对照检查材料，并召开专题民主生活会及民主评议党员大会，做到了“红红脸、出出汗、加加油、鼓鼓劲”，达到了“团结—批评—团结”的目的；对“改善干部职工住房困难、公车私用、加大广播影视行业执法力度”等119项整改任务进行了认真整改。

【加强党风廉政和机关作风建设】　年内，制定下发《市委宣传部2013~2017年度关于推进惩治和预防腐败体系建设暨落实党风廉政建设责任制工作实施意见》；贯彻落实中央“八项规定”、自治区“约法十章”和拉萨市“八项要求”，研究制定《市委宣传部2014年度机关作风效能建设工作思路和目标任务》；结合党的群众路线教育实践活动，在全市宣传思想文化系统深入开展“作风建设年”活动，按照“严、细、深、实、新”的要求，整治干部庸懒散浮、推诿扯皮、不作为等不良现象。按照干部人事工作的相关要求，完成了“一报告、两评议”，领导干部个人有关事项报告、领导干部廉政档案等工作。

【为县级综合文化活动中心增编6人】　年内，对各县（区）对同级部门编制平均数进行了重新统计，为堆龙德庆县、曲水县、当雄县、尼木县、墨竹工卡县、达孜县6个县各增加事业编制6名，用于加强县级综合文化活动中心（文化馆或文化室）、新华书店、民间艺术团等的队伍建设。

【做好驻村工作】　年内，市委宣传部驻尚日村创先争优强基惠民工作队，围绕“五项任务”，贯彻落实各项工作要求，结合尚日村实际开展工作，。拉萨市委宣传部被市委、市政府评为“强基惠民驻村工作队优秀组织奖”。驻村工作队在开展好建强基层组织、维护社会稳定、拓宽致富渠道、进行感恩教育等工作基础上，实施了尚日村“康巴龙”水源地建设和农机购置两个项目。“康巴龙”水源地建设项目投资7.5万元，在尚日村原有人畜饮水工程的基础上，引入新的优质水源，解决了尚日村米珠通门林寺僧人及尚日村173户800多人、5000多头（只）牲畜饮水困难的问题。农机购置项目总投资62.07万元，为尚日村购买85台微耕机和50台收割机。争取资金为尚日村购买皮卡车一辆，方便村“两委”班子开展日常工作。

（王靖元）

统战工作

【概　况】　年内，落实习近平总书记“治国必治边、治边先稳藏”战略思想和全国政协主席俞正声“依法治藏、长期建藏、争取人心、夯实基础”的指示要求，按照全国和区市统战民族宗教工作会议的部署要求，紧扣大团结、大联合主旨，围绕全市中心工作和“五大战略”，以深入开展党的群众路线教育实践活动为契机，坚持“重改革、促深化，抓落实、求实效，强服务、聚人心，提素质、转作风”的工作思路，凝聚人心促发展，汇聚力量保稳定。

【全市统战民族宗教工作会议召开】　2月17日，召开全市统战民族宗教工作会议，市宗教工作领导小组各成员单位有关负责人，各县（区）分管副书记、副县长，统战部部长、民宗局局长、宗教办主任、副县级以上寺庙管委会负责人，市属寺庙管委会负责人，市委统战部、市民宗局、市工商联、市佛协科级以上干部共120余人参加了会议。市委副书记、市人大常委会主任洛桑丹，市委副书记、统战部部长达娃，市委常委、常务副市长斯朗尼玛，市政协副主席、市民宗局党组书记刘惠兴等领导出席。

【加强寺庙管理】　年内，层层完善和落实领导干部责任制，建立健全党委政府主要领导对宗教工作述职述责机制和各级领导干部联系寺庙长效机制。进一步明确了市、县、乡镇（街道）、村（居委会）“四级”责任，理顺了寺庙管理体制；全面推广“联创联帮”工作模式，结合实际丰富了“联创”“联帮”工作机制和创帮内涵。在全市规模以上168座寺庙基本实现了“9+5”全覆盖的基础上，进一步加强寺庙基础设施建设，全市共实施涉宗项目149个，涉及资金2.605亿元；将全市寺庙僧舍维修纳入保障性住房建设规划，自治区投入维修改造补助专项资金2344万元，各县（区）落实配套资金4352.7万元，寺庙自筹资金1086.3万元，维修改造了僧舍4688间。完成了4089名僧尼的免费健康体检并建立了健康档案。

【继续深化“六个一”活动】　年内，全市驻寺干部以“一对一”“一对多”的形式同4486名僧尼结对交友。全市驻寺干部开展家访次数达5807次，家访人数达3899人，为寺庙、僧尼及僧尼家庭办实事1567件，投入资金1210.519万元。

【培训驻寺干部616名】　年内，会同组织部门对驻寺干部教育、培养、选拔、管理进行了严格规范；通过选送驻寺干部赴内地学习锻炼、到自治区党校和社会主义学院专题培训以及自主培训等方式，全年共培训驻寺干部616名，占2014年现有驻寺干部的80%以上。

【完善工作机制】　年内，实施“拉萨市高僧大德培养工程”，制定细化了培养方案和备案登记表，建立了僧才培养库。制定出台《关于向藏传佛教寺庙现任堪布、格贵、翁则、经师和获得格西拉让巴（拓然巴）学位的僧尼发放僧职补贴和学位补贴的意见》，进一步健全“爱国守法僧尼卡”管理，完善了涉宗、公安部门工作联系机制，激励广大僧尼自觉守法、遵规、持戒。制定实施了《关于依法加强藏传佛教活佛转世工作的意见》，成立了拉萨市藏传佛教活佛转世工作领导小组。进一步完善《关于切实做好经政府认定藏传佛教活佛教育管理服务工作的意见》，对活佛教育培养的具体做法、管理服务的具体措施进行了明确和细化。协助市民宗局、市佛协，开展2014年在编僧尼自然减员补充学经新僧尼两批共200名的招收、审核等相关工作。

【完善统战宗教工作制度】　年内，落实《中共中央关于加强新形势下党外代表人士队伍建设的意见》，完善同党外人士政治协商和征求意见制度，定期召开党外人士座谈会，鼓励党外人士积极建言献策；进一步健全寺庙人事、财务、佛事、治安、消防等一系列管理制度，在驻寺机构建立由驻寺干部、僧尼代表共同参与的会议议事制度，对寺庙人事、财务、佛事、治安等工作进行集体研究，使广大僧尼自觉接受政府行政职能部门的管理和监督。

【开展创建评选表彰工作】　年内，开展和谐模范寺庙暨爱国守法先进僧尼创建评选表彰工作，县、市共表彰和谐模范寺庙121座次，爱国守法先进僧尼7358人次，先进寺庙管委会73个，优秀驻寺干部317人次，优秀宗教执事人员54人次，宗教工作优秀干部14人次，兑现奖金1198.1万元。

【开展寺庙法治宣传主题教育】　年内，开展“爱国爱教、遵规守法、弃恶扬善、崇尚和谐、祈求和平”法治宣传教育主题活动和“中共十八大精神”“中国梦”“民族团结”“综治维稳”等宣传教育活动，全市各涉宗部门和寺管会共组织各类宣讲1830场次，发放宣传资料12000余册，宣讲光碟500余张，召开座谈会86场次，播放爱国影片210场次，张贴宣讲图片1100余张，僧尼参学率宣讲覆盖面均达到98%。

【开展民族团结宣传教育工作】　年内，开展多领域、多层次的宣传教育活动，组织全市各族各界召开民族团结座谈会，大力宣传民族团结先进事迹，进一步形成了常态化、深入化的民族团结宣传教育机制。为充分发挥统战部门表率作用，作为市委、市政府确定的民族团结进步示范创建试点单位，把民族团结宣传教育放在突出位置，加强日常教育，干部职工撰写民族团结心得体会20余篇，制定民族团结行动计划40余条。结合共产党员民族团结先锋活动，深入结对村开展了“话民族团结情、筑幸福生活梦”为主题的民族团结宣传交流活动，取得良好成效。

【加强与党外人士的联系交流】 年内，把学习宣传贯彻中共十八大和十八届四中、五中全会精神摆到首要位置，结合统战工作实际，组织统战干部和广大统一战线成员，通过集中学习、集中宣讲、召开座谈会等形式，学习宣传党的十八大和十八届四中、五中全会精神，学习宣传习近平总书记、俞正声讲话精神，专题学习宣传区市党委各项决策部署特别是“六个西藏”和“五大战略”内涵，进一步打牢同心同德、同心同向、同心同行的思想政治基础；结合“藏历新年”“3·28”“5·23”“9·17”和召开政治协商会议等时机，组织各族各界代表人士召开座谈会和征求意见会，征集对拉萨发展稳定工作的意见建议。

【促进非公经济发展】 年内，完成《拉萨市非公有制经济中长期发展规划纲要（2011~2020）》编制工作，非公党建、非公经济人士培训、非公经济扶持力度加大，招商引资工作成效明显，非公经济发展势头良好，上缴税收占税收总额的96%。

【做好藏胞接待服务工作】 年内，加强了归国定居藏胞日常管理，与定居藏胞居住点的办事处、居委会联系，走访藏胞家庭，了解定居藏胞各方面情况，并尽一切努力帮其解决生活中的困难。经中央、自治区党委统战部安排，完成对瑞士、列支敦士登两国藏胞的慰问演出任务。对归国探访藏胞核查录入，进一步做好境外藏胞工作，完成拉萨市境外藏胞数据库的录入工作。

【统战民族宗教理论调研工作】 年内，制定出台了工作报告和定期研讨交流制度，定期组织部务会成员和各科（市）负责人围绕全年目标任务，结合拉萨统战宗教工作实际研讨交流，听取意见建议，共同商讨工作思路。为推进新形势下全市寺庙管理长效机制建设提供了第一手资料，部机关共形成有分析、有对策建议的调研报告18篇，指导各县（区）统战部和各级寺管会完成调研报告86篇。

【开展党的群众路线教育实践活动】 年内，按照中央和区市党委关于开展党的群众路线教育实践活动的各项安排部署，部务会及干部职工共开展集中学习52场次，撰写体会80余篇，结合工作撰写思考文章20余篇，深入基层10次，召开专题座谈会8次，个别访谈80余人次，发放收集征求意见调查问卷150余份，共征求到各类意见建议48条，部班子及成员共查摆突出问题158条；进一步发扬了民主，班子成员共开展谈心活动92人次，机关党员干部共开展谈心106人次，召开了高质量的班子民主生活会和党支部专题组织生活会，每名班子成员和党员干部都接受了10条以上的批评意见，完成了学习教育实践活动各项任务。

（次仁央吉）

党校教育

【概　况】 年内，市委党校（行政学院）在市委、市政府的领导下，坚持科学发展，贯彻落实中共十八大、十八届三中和四中全会，中央“八项规定”、区党委“约法十章”、市委“八项要求”，以打造全区一流党校为奋斗目标，坚持“深入两项活动、推进三个工作、抓好四项建设”的总体工作思路，开展全市干部教育培训各项工作；被评为“拉萨市创先争优强基惠民活动优秀组织单位”，获得“拉萨市2014年度目标绩效进位奖”；下派城关区加措社区工作队荣获“自治区级创先争优强基惠民活动优秀工作队”等荣誉称号。

【春季开学典礼举行】 4月19日，中共拉萨市委党校、拉萨市行政学院举行2014年春季开学典礼。拉萨市委常务副书记、党校校长龙志刚出席并作题为《解放思想 敢于担当 全面开创拉萨经济社会发展新局面》主题报告。130人参加开学典礼。

【秋季开学典礼暨现场教学基地授牌】 9月24日，中共拉萨市委党校、拉萨市行政学院举行2014年秋季开学典礼。龙志刚出席并作题为《发挥作用 开拓创新 建设“美丽家园 幸福拉萨”》讲话。90人参加开学典礼对达孜工业园区、拉萨市规划建设展览馆、堆龙德庆县东嘎镇东嘎村、拉萨市廉政教育基地等十个现场教学基地进行了现场授牌仪式。

【人才培养与对外交流】　年内，为提高党校教师队伍、行政管理人员队伍素质水平，市委党校共选派近20名领导干部及教职员工分赴江苏、北京、西部省市党校及四川、甘肃、内蒙古等地进行交流学习和挂职锻炼。近30余人参加区、地（市）各种业务知识培训。

【培训各级各类干部2000人】　年内，围绕中共十八大、十八届三中全会、党的群众路线教育实践活动、拉萨市"五大战略"及净土健康产业发展等方面的特色教学内容，设置了33个专题，共举办19期班次，培训各级各类干部2000人。下基层，进机关、企事业单位宣讲92场次，受教育人数12393人次。协同市委组织部举办"拉萨市每月一课"10期，参训人员达19870人次。

【实施科研本土化战略】　年内，围绕"科研工作为推动党的理论创新服务，为提高教学质量服务，为市委、市政府中心工作服务，为社会主义物质文明、政治文明、精神文明服务"的要求，市委党校（院）以对拉萨市经济、政治、文化、社会发展等问题进行课题调研为出发点，实施党校科研本土化战略。同中央党校、国家发改委环境研究所及北京市社会科学学院合作申报实施了《拉萨市"五大战略"研究》课题研究，市委党校自身成功申报了市发改委研究课题《经济转型下拉萨主导产业发展研究》和自治区发改委研究课题《西藏农牧民向城镇转移流动人口路径研究》课题。出版了《拉萨社会科学》四期。

【做好首都经济贸易大学拉萨函授站学历教育】　年内，市委党校依托首都经贸大学师资力量和办学平台，加强沟通协作，完成了首都经济贸易大学拉萨函授站2012、2013、2014届专升本、高起专123名学员的授课、年考、毕业等工作；同区考试院对接，实施完成了下一年函授站招生计划公告刊登、组织考试、招生录取等工作。

【开展群众路线教育实践活动】　年内，通过召开座谈会、设立征求意见箱、发放调查问卷、交叉征求意见、组织"我为党校献一策"活动、深入基层调研以及党委深查细摆等形式，畅通民意表达渠道，征求市直单位、兄弟党校、学员代表、退休老干部、在职干部职工、基层干部群众对校（院）班子及成员意见建议。按照立说立改，立行立改，对查摆出的问题不等不拖不靠，及时改正了基层党校教师培训不够、干部培训教育联系拉萨实际不强等20个问题。针对"四风""两问题""一薄弱""三不够"和联系服务群众"最后一公里"等方面存在的19个问题，提出并实施了12项专项整治和15项防范措施；细化落实了10项制度、废除了2项不合时宜的规章制度、修改完善了8项现有制度，建立了5项新的规章制度。有效解决了我校在"四风、两问题、一薄弱、三不够"方面存在的问题。

【强基惠民活动】　年内，市委党校（院）驻村（居）两个工作队，深入村（居）开展社情民意走访调研工作，先后开展了基层走访调研、入户宣讲、捐资助孤、志愿者服务活动等形式多样化的惠民活动，入户走访率100%。落实了农村农田灌溉水渠建设、藏红花示范种植基地建设、玛卡种植示范基地建设、小型藏毛毯卡垫编织基地建设等项目，着力为民办实事、解难事，切实改善了民生。规范和完善了村（居）党建、村务及村规等方面的日常性工作机制，强化基层党组织建设，完成了村（居）"两委"换届选举工作。

（索朗丹增）

中共拉萨市委直属机关工作委员会

【概　况】　年内，市直机关工委以机关党建走在基层组织建设前头为工作目标，完成各项工作任务。截至年底，市直机关工委辖56个直属机关，其中49个党组，8个基层党委，11个党总支；192个党支部，4031名党员。56个市（中）直单位中应建团组织10个，已建团组织10个，2个团总支，10个团支部，89名团员。

机关党建

【召开市机关党建工作会议】　3月28日，召开2014年拉萨市（中）直机关党建工作会议，全面总结回顾2013年机关党建工作，安排部署2014年度机关党建工作，对市委办公厅、市纪委等24家机关党建工作和党内统计工作先进单位进行表彰。

【制定《2014拉萨市直机关党建工作要点》】　年内，根据市委八届五次全会和《2014年全区机关党建工作要点》，明确2014年机关党建工作要点，确定以组织建设、队伍建设、制度建设、载体建设、自身建设为机关党的重点工作任务，并对任务进行逐条逐项分解。

【发展新党员57名】　年内，举办培训班2次，培训党支部书记、党务工作者、入党积极分子200人次，发展新党员57名。

【设置基层党组织指导换届工作】　年内，指导机关党组织做好名称变更、隶属关系调整、划转或撤销等工作，进一步理顺党组织关系。新成立机关党委2个，党支部12个（退休党支部3个），撤销党总支1个。督导34家单位36个党支部开展基层党组织换届工作，确保党建工作不断档、不脱节。

【对120名老党员、困难党员进行走访慰问】　年内，在"三大节日"期间，抽调专人组成节前慰问工作组，分赴22家市直机关、企事业单位，对120名老党员、困难党员进行节前走访慰问，送去6万元的慰问金。

【开展基层软弱涣散组织整顿】　年内，对工委系统6个后进软弱涣散支部坚持"整改工作一盘棋"的思想，帮助和指导基层党组织布好"棋局"、下好"关键棋"，6个后进软弱涣散党支部在组织建设、班子建设、制度建设、作用发挥等方面都取得长足进步，在发挥支部的战斗堡垒和党员的先锋模范作用取得进展，都已晋位升级。

【开展庆祝建党93周年系列活动】　年内，开展"迎七·一开展党的群众路线教育实践活动"知识竞赛，市直56家单位3697名党员参加活动；开展评选表彰"身边的优秀共产党员"活动，对市直56家单位中评选出的77名"身边的优秀共产党员"进行表彰。

机关团建

【开展送温暖慰问活动】　年内，在"三大节日"期间，开展"邻里一家亲"慰问单亲母亲、残疾人、空巢老人和外来务工人员活动，慰问5户对象，共计发放3000元慰问金。

【开展市（中）直机关志愿者服务活动】　年内，制定《市直机关"拉萨是我家文明靠大家"志愿服务活动实施方案》，组织市（中）直机关志愿者在市区主要路口、公交站点，开展站点清洁卫生和宣传、引导文明乘车出行、劝阻不文明行为等活动5次，市（中）直机关志愿者100多人次参加活动。

【创先争优强基础惠民生驻村工作】　年内，工委第三批工作队进驻当雄县纳木湖乡色德村以来，开展强基惠民各项工作。广泛征求意见，制订工作计划，明确了工作重点，培养发展了10名新党员。集中宣讲10次，听讲群众1790多人（次）；入户走访调研203户，入户率100%。走访慰问83户老党员、困难党员和贫困群众，发放了3.6万元慰问金和价值10万元的物品。全年召开维稳会议15次，集中入户排查4次，确保色德村维稳工作实现"三无""三不出"。帮助解决贫困（无畜）户"借畜还畜"项目和农村人居环境整治项目，项目资金235万元。

【组织参加各类政务活动】　年内，组织市（中）直机关党员干部职工3000多人次先后参与庆祝"百万农奴翻身纪念日""升国旗、唱国歌"仪式、2014年中国拉萨雪顿节、2014年CBA西藏行（拉萨）、庆祝国庆65周年、"党员志愿者"文明交通劝导活动等大型活动。

【开展党的群众路线教育实践活动】　年内，制定《市直机关工委深入开展党的群众教育实践活动实施方案》和《工委开展教育实践活动日程安排表》，开展学教活动，切实整改单位和党员干部职工在"四风""两问题""一薄弱""三不够"等方面存在的不足，达到工作学习"两不误、两促进"。活动共开展集中学习22次、206人（次）参加学习，专题辅导讲座1次、13人参加，学习讨论交流12场、参加98人（次），上党课1次，开展党员志愿服务活动8次、参加76人（次），观看教育片12场次，实地参观6次，开展集中调研3次，党员干部撰写心得体会47篇、调研报告3份，完善23项规章制度，新建5项规章制度。

（葛同荣）

拉萨市人民代表大会常务委员会

综　　述

【综　述】 2014年,拉萨市人大常委会以贯彻落实中共十八大和十八届三中、四中全会精神为主线,围绕市委中心工作,履行宪法和法律赋予的职责,进一步加强和改进了立法、监督、代表工作和自身建设。年内,常委会审议地方性法规案2件,通过1件;审查备案政府规章和规范性文件4件;配合全国人大常委会和自治区人大常委会开展了3件法律法规意见的征求工作;协助自治区人大常委会开展各种执法检查、立法调研6次;新制定地方立法办法4件;开展各类调研活动18次;依法任免国家机关工作人员40人(次),依法罢免涉及违纪案件的人大代表3名。

（罗　梅）

重要会议与决议、决定

【拉萨市十届人大常委会第十三次会议】 2月13日,拉萨市十届人大常委会举行第十三次会议。会议听取了市委副书记、市长、市委政法委第一书记张延清所作的关于2013年拉萨市政府的主要工作汇报;市人大常委会委员围绕2013年市政府工作进行了提问。

【拉萨市十届人大常委会第十四次会议】 2月17日,拉萨市十届人大常委会举行第十四次会议。会议审议通过了拉萨市人大常委会工作报告;拉萨市人民政府工作报告;计划工作报告;财政工作报告;拉萨市人民政府关于拉萨市第十届人大三次会议代表议案、建议、批评和意见办理情况的报告;拉萨市中级人民法院工作报告;拉萨市人民检察院工作报告;拉萨市十届人大常委会代表资格审查委员会关于十届人大代表资格的审查报告。表决通过了拉萨市人大常委会关于召开拉萨市第十届人民代表大会第四次会议的决定;会议审议通过了拉萨市十届人大四次会议主席团和秘书长建议名单、主席团常务主席建议名单、分组执行主席建议名单、副秘书长建议名单、各代表团正副团长建议名单、在主席台就座的人员名单、列席人员名单、会议议程(草案)、常委会委员补选候选人名单(草案),会议总监票人、监票人、总计票人、计票人建议名单和会议选举办法(草案);会议审议通过了拉萨市人民政府关于拉萨市2013年公共财政预算收支变化情况的报告;关于2012年拉萨市本级财政预算执行和其他财政收支的审计报告;市人大财经委员会关于拉萨市2013年公共财政预算收支变化情况的审查报告。表决通过了拉萨市人大常委会关于批准拉萨市2013年公共财政预算变更的决议;会议审议通过了拉萨市人大常委会关于《拉萨市城市绿化条例(草案二审稿)》及修改情况报告、《地方立法评估工作办法(草案)》的议案及说明。表决通过了《拉萨市城市绿化条例(草案)》和《地方立法评估工作办法(草案)》。会议表决通过了刘亮同志的辞职报告和常委会关于接受刘亮辞去拉萨市第十届人民代表大会常务委员会委员职务的决定。会议表决通过市政府关于徐宗军等任免职的议案、市人大常委会关于达瓦多吉任职的议案,并为被任命人员颁发任命书。

【拉萨市十届人民代表大会第四次会议】 2月23日上午,拉萨市第十届人民代表大会第四次会议举行,出席会议的代表210人。大会期间,听取并审议了张延清作的《政府工作报告》;书面审议了拉萨市人民政府关于2013年拉萨市国民经济和社会发展计划执行情况及2014年国民经济和社会发展计划的报告、拉萨市人民政府关于2013年拉萨市财政预算执行情况及2014年财政预算的报告;听取并审议了市人大常委会主任洛桑旦巴作的《拉萨市人大常委会工作报告》;听取并审议了拉萨市中级人民法院院长边巴拉姆作的《拉萨市中级人民法院工作报告》,拉萨市人民检察院检察长田建设作的《拉萨市人民检察院工作报告》,并表决通过了上述报告的各项决议。会议还书面听取了拉萨市人大法制委员会工作报告、拉萨市人大财经委员会工作报告、拉萨市人大教科文卫委员会工作报告。会议补选了拉萨市十届人大常委会委员,张才刚、洛色当选为拉萨市人大常委会委员。

【拉萨市十届人大常委会第十五次会议】 3月18日,拉萨市十届人大常委会举行第十五次会议。会议表决通过了拉萨市十届人大常委会第十五次会议表决办法;会议听取和审议了拉萨市人民政府关于提请占堆等任免职的议案;会议听取和审议了拉萨市中级人民法院关于提请干部任免职的议案,并为被任命人员颁发了任命书。

【拉萨市十届人大常委会第十六次会议】 8月12日,拉萨市十届人大常委会举行第十六次会议。会议审议通过了拉萨市人大法制委员会关于对拉萨市中级人民法院开展减刑、假释工作的执法检查报告及对拉萨市检察院民事行政诉讼监督工作的执法检查报告;会议审议通过了拉萨市政府关于拉萨市“十二五”时期国民经济和社会发展规划纲要实施中期情况评估报告;会议审议通过了拉萨市人大财经委员会关于拉萨市“十二五”时期国民经济和社会发展规划纲要实施中期情况评估报告的审查报告;会议审议通过了拉萨市政府关于近三年来拉萨市住房和城乡建设工作报告;会议审议通过了市人大财经委员会关于近三年来拉萨市政府住房和城乡建设工作报告的审议意见;会议审议通过了拉萨市政府关于拉萨市2013年财政收支决算和2014年上半年财政预算执行情况的报告;会议审议通过了市人大财经委员会关于拉萨市2013年财政收支决算和2014年上半年财政预算执行情况报告的审议意见;会议表决通过了拉萨市人大常委会关于批准拉萨市2013年财政决算的决议。会议表决通过市政府关于张勤等任免职的议案、市人民检察院关于次旺晋美任职的议案,并为被任命人员颁发任命书。

【拉萨市十届人大常委会第十七次会议】 10月21日,拉萨市十届人大常委会举行第十七次会议。会议听取和审议了市人大法制委员会关于检查《拉萨市市容环境卫生管理条例》实施情况的报告、拉萨市人大财经委员会关于对拉萨市经济综合部门民生工作的专项调研报告、《拉萨市政府关于拉萨市2014年上半年国民经济和社会发展计划执行情况与下半年国民经济和社会发展计划安排的报告》和市人大财经委员会关于对《拉萨市2014年上半年国民经济和社会发展计划执行情况与下半年国民经济和社会发展计划安排的报告》的审议报告、《拉萨市政府关于农牧区基本医疗制度执行情况专项报告》和市人大教科文卫委员会关于对《拉萨市农牧区基本医疗制度执行情况的专项报告》的审议意见、市人大教科文卫委员会关于拉萨市贯彻实施职业教育法律法规情况执法检查报告、市人大教科文卫委员会关于对拉萨市贯彻实施科学技术进步法律法规情况执法检查报告,会议表决通过了上述各类报告及审议意见。

（罗　梅）

立法工作

【修订《拉萨市绿化条例》】 年内，随着拉萨向“国家生态园林城市”目标不断迈进，原《拉萨市城市绿化条例》已难以适应拉萨市城市绿化事业发展的需要。常委会经过征求意见、反复修改、论证，采取“立新废旧”的立法形式对老条例《拉萨市城市绿化条例》进行全面修订，并报常委会会议审议。该条例经拉萨市第十届人民代表大会常务委员会第十四次会议审议通过，并经西藏自治区第十届人大常委会第九次会议批准，于7月1日起正式实施。

【制定《拉萨市地方立法评估办法》】 年内，为进一步推进科学立法、民主立法，提高立法质量，完善立法工作机制，常委会在经过多方论证、征求意见、借鉴内地相关制度建设经验、召开座谈会等形式，审议了《拉萨市地方立法评估工作办法（草案）》。该《办法（草案）》已于2月17日经拉萨市第十届人大常委会第十四次会议通过，自3月1日起施行。

【制定《拉萨市人大立法工作联系会议制度》】 年内，为强化地方立法协调推进工作，明确年度立法工作责任、任务、要求，确保立法计划顺利实施，常委会制定了《拉萨市人大立法工作联系会议制度》，该制度已于8月5日经拉萨市第十届人大常委会第十五次主任会议通过，自9月1日起施行。

【制定《拉萨市地方性法规实施情况报告办法》】 年内，为完善立法工作机制，常委会制定了《拉萨市地方性法规实施情况报告办法》，该办法已于下年1月4日经拉萨市第十届人大常委会第十九次主任会议通过，自下年2月1日起施行。

【制定《拉萨市人大立法咨询专家库管理办法》】 年内，为进一步重视和加强立法人才队伍建设工作，提高立法质量，充分发挥专家学者在地方立法中的作用，常委会制定了《拉萨市人大立法咨询专家库管理办法》，该办法已于8月5日经拉萨市第十届人大常委会第十五次主任会议通过，自9月1日起施行。常委会还首批聘请了25名在全区经济、科技、文化、社会、法律等领域具有较强影响力的法律专业人才，成立市人大立法专家咨询委员会。

【对《拉萨市物业管理条例（草案）》进行初审】 年内，根据市十届人大常委会五年立法规划的工作，市人大财经委员会作为《拉萨市物业管理条例（草案）》初审主体，在收到《条例》（草案）后，立即启动初审程序，制定初审计划，并与市人大法制委员会、市政府法制办、市住建局沟通协调。通过召开拉萨市相关部门、业主及业主委员会代表、物业管理服务企业代表、建设单位代表、城关区街道居委会代表征求意见座谈会等形式对《条例》（草案）不断进行修改，同时召集人大代表、政协委员及法律专家对《条例》（草案）征求意见进行初审，认真吸纳不同的意见建议，最终形成《条例》（草案）修改稿及初审意见报告上报人大常委会。

（罗　梅）

监督工作

【围绕民生开展监督工作】 年内，常委会组织开展了《中华人民共和国妇女权益保障法》《中华人民共和国职业教育法》《中华人民共和国科学技术进步法》《中华人民共和国未成年人保护法》《中华人民共和国大气污染防治法》等7部法律法规实施情况执法检查。在执法检查过程中，注重把群众关注的热点和法律法规实施难点作为检查重点。针对检查中发现的问题，提出了审议意见，交政府办理，并对落实情况进行跟踪检查。依法对政府报备的《拉萨市出租车汽车管理办法》《拉萨市城市照明管理办法》《拉萨市城市道路挖掘管理办法》等4件政府规范性文件进行了备案审查。

【围绕审判、检察开展监督工作】 年内，为推动司法公正，常委会对市中级人民法院的减刑、假释和市人民检察院监督民事行政诉讼案件等方面的工作开展专项监督检查，针对法院减刑、假释案件审判场所问题、检察院民事行政诉讼案件监督不到位等问题提出整改意见建议，要求“两院”在审判、执行工作和检察监督案件中，切实做到公开透明，发挥人民监督员的作用。

【围绕经济发展开展监督工作】 年内，常委会关注全市经济运行发展情况，听取和审议了《拉萨市2014年上半年国民经济和社会发展计划执行情况报告》《拉萨市“十二五”时期国民经济和社会发展规划纲要实施中期评估报告》。围绕“十二五”规划纲要中一些指标完成情况不理想等问题，提出了调整产业结构、转变发展方式，注重项目建设、保障和改善民生，注重改革开放、不断优化发展环境的意见建议。进一步加强预算执行监督工作，听取和审议了《拉萨市2013年财政决算及2014年上半年财政预算执行情况的报告》《2013年度拉萨市本级预算执行和其他财政收支的审计工作报告》；审议了《拉萨市2014年财政预算收支变化情况的报告》，作出了2014年财政预算收支部分变更的决议。提出认真落实财税改革，切实加强财政管理，认真落实中央“八项规定”、区党委“约法十章”、市委“八项要求”，坚决压缩“三公经费”和一般性支出，确保预算年度收支平衡，确保民生项目顺利实施的意见建议。

（罗　梅）

代表工作

【扎实办理代表议案、建议】 年内，市人大十届人大四次会议通过的代表议案、建议、批评和意见112件，市人大常委会、市政府多次召开会议，督促承办单位、有关部门积极与代表沟通联系。截至年底，这些议案和批评、建议、意见全部在规定期限内办复，办复率达100%。

【注重发挥人大代表作用】 年内，常委会邀请市人大代表列席市人大常委会会议，参加专题调研、执法检查、视察等活动，拓宽代表参与常委会工作的渠道，吸纳代表建议；建立常委会组成人员与基层人大代表联系制度；安排人大代表参加市直各部门党的群众路线教育实践活动动员大会、专题民主生活会，全程参与村（居）“两委”换届工作，使代表的监督作用得到充分发挥。

（罗　梅）

维稳和宣传工作

【扎实做好维稳工作】 年内，常委会服从市委统一安排部署，抽调得力干部，做好各重大节日、重要节点的维稳安保工作。根据市委的要求，安排6名地级领导分别到林周、曲水、尼木、达孜等县驻点开展维稳工作，并长期轮流在市维稳一线指挥部带班；安排6名地级领导参与村（居）“两委”换届工作；安排5名地级领导长期分别分管市“强基办”、“四业工程办”、供暖办、“信访联席会议办公室和群众工作部”、支铁办等工作。全年，常委会共收到并转交有关部门妥善处理的群众来信来访15件，并及时进行了跟踪、查办、督办，直至结案。

【加强人大宣传力度】 年内，以《拉萨人大》杂志、人大制度宣传专栏、《人大信息》专刊、《拉萨市人大常委会公报》为平台，宣传人民代表大会制度和《民族团结进步条例》，为内地离退休支部订阅《西藏日报》、《拉萨晚报》等报纸杂志，同时做好主任会、常委会、人代会、其他会议及日常工作的宣传工作，使广大人民群众深化对人民代表大会制度的认识，了解人大工作进展，强化对人大工作的监督，增强人民群众的法律意识，增强参与管理国家事务、行使当家做主权利的自觉性和积极性。7月，举办了全国五民族自治区首府市人大工作经验交流会第二十八次会议，进一步加强了对外联系和交流，促进了工作，宣传了西藏和拉萨。

（罗　梅）

自身建设

【强化思想政治教育】 年内,市人大常委会组成人员及机关干部职工学习了中共十八届三中、四中全会、习近平总书记系列讲话以及中央对西藏工作的一系列指示和区市党委的会议精神,先后开展了“为了谁、依靠谁、我是谁”、弘扬“老西藏精神”“学习焦裕禄、争做好公仆”大讨论,“党员干部进村入户、结对认亲交朋友”、深化共产党员民族团结先锋活动、“共产党员志愿者示范城”活动、“创先争优、强基惠民”等主题活动。

【抓好党风廉政建设】 年内,常委会把落实党风廉政建设责任制作为贯彻落实党的群众路线和人大领导班子建设的内容之一,把反腐倡廉摆在突出位置,严格执行廉洁自律各项规定,落实中央八项规定、区党委“约法十章”和市委八项要求,严控“三公经费”支出,与上年同期相比,“三公经费”支出下降40%。党风廉政建设的各项目标责任得到了有效落实,从源头上预防和防止了腐败现象的发生,切实加强人大机关党风廉政建设。

【开展党的群众路线教育实践活动】 年内,按照区市党委的统一部署,常委会及其办公厅开展了党的群众路线教育实践活动,并抽调4名地级领导,参与市委群众路线教育实践活动办工作。活动期间,为33户贫困家庭协调解决30余件实际困难和问题,资助钱、物约合20万元;为林周县春堆和当杰两村争取水渠维修、照明工程等项目15个,落实资金266.1万元,为结对帮扶户送去生活必需品和慰问金,折合资金5万余元。

【出台加强人大工作若干事项的意见】 年内,常委会配合区人大开展乡(镇)人大工作调研,向市委汇报存在的突出问题,市委下发了《中共拉萨市委员会关于加强人大工作若干事项的意见》,明确了基层人大班子建设和经费保障相关事宜。

(罗 梅)

拉萨市人民政府

综　述

2014年，贯彻中共十八大、十八届三中和四中全会精神，落实区市党委八届五次全会精神和区市经济工作会议部署，以率先在全区全面建成小康社会和建设美丽家园幸福拉萨为目标，凝聚全市各族人民的智慧和力量，全力推进“五大战略”，努力实现“三个提速”，经济健康发展、民生持续改善、生态环境良好、民族宗教和睦、社会和谐稳定，全面完成市十届人大四次会议确定的各项目标任务。完成地区生产总值353.7亿元，比上年增长16%；全社会固定资产投资490亿元，增长30%；社会消费品零售总额170亿元，增长18%；财政收入突破90亿元大关，增长52.72%，其中公共财政预算收入64.8亿元、增长29.13%，政府性基金预算收入25.2亿元、增长286.36%；城乡居民人均可支配收入23350元、9750元，分别增长9%、18%；城镇登记失业率控制在2%左右；基本公共服务满意度位列全国38个主要城市之首，荣列“2014中国全面小康特别贡献城市”“全国首批民生改善典范城市”。

产业发展实现新突破，净土健康产业全面推进。确立种植业“两区八带”、养殖业“一区二带三板块”的发展格局，培育壮大九大主导产业，宣传推介“拉萨净土”区域公用品牌，拉萨净土健康产品进入全国市场，吞巴藏香、古荣糌粑成为国家地理标志保护产品，净土健康产业实现从“产品”到“品牌”转变，企业数量达到89家，总产值达到36.6亿元。曲水农村综合改革实验区取得新突破，农村土地承包经营权颁证工作全面铺开，流转土地1.63万亩，才纳、林周现代农业示范区建设经验在全区推广；新增专业合作组织146家、龙头企业5家，3家农民专业合作社被评为国家示范社，粮油总产19.17万吨、蔬菜总产27万吨、牲畜出栏45.33万头，认证无公害农产品生产基地13个、无公害农畜产品73个。投入1972万元实施10个新能源、新材料、高原特色农畜资源精深加工等新兴特色产业研发项目，用18天时间建成拉萨市特色产业展示馆，科技对全市经济和农牧业发展贡献率分别达到40.8%、46.8%。出台5个方面加快园区发展的支持政策，园区工业增加值、销售产值和税收分别增长30%、30%和63.3%，园区集聚效应明显增强，产城互动格局初步形成。“四个一百”工程稳步推进，投资158.38亿元完成161个产业项目，高原天然水、大昭圣泉、卓玛泉、天佑德青稞白酒等项目建成投产，西藏屋脊之宝饮料、新希望集团有机饲料等项目基本建成，实现工业增加值40亿元、增长30%，新增规上企业8家。规范完善旅游公共服务，突出旅游宣传促销，推动观光游向体验游、休闲游发展，成功举办雪顿节，配合举办首届藏博会，接待游客925.74万人次、增长15.87%，实现收入111.67亿元、增长35.91%。香格里拉大酒店、圣地天堂洲际大饭店、西藏会展中心、八廓商城等建成运营，总投资182.8亿元的76个商贸项目顺利实施。落实产业链招商项目252个，到位资金207.11亿元、增长34.66%。民营企业4632家，个体经营40327户，注册资金218.96亿元，从业人员18.35万人，上缴税收48亿元、占总税收的96%。实施55个援藏项目,受援资金6.54亿元,围绕"五大战略"开展产业、旅游、交通等7个方面的基础性调查研究,初步形成"十三五"规划思路。完成投资245亿元,实施特警支队二期、儿童福利院、海淀小学改扩建等重点项目42个,旁多水利枢纽4台机组发电,组建公共交通集团、净土产业公司,市属国有企业资产总额214.72亿元。

统筹推进新型城镇化建设。完成《城市总体规划(2013~2020)》修改工作,完成2个特色村庄规划。城市建成区供暖供气入户率达到98%,节能改造市政路灯1.6万余盏,安全供水1.2亿吨,日处理污水4.3万吨,建成运行流浪犬收养中心,顺利通过全国文明城市综合测评。城乡交通完成投资4.75亿元,建成乡村公路320.72公里,乡镇通畅率100%,行政村通路率85.4%;出租汽车完成改制,实现公车公营,新增运力200台;落实公交"七个优先"政策,推广清洁能源公交,新增3条线路、76辆公交车。取缔关闭8家小作坊小企业,停产停建2家涉矿企业;创卫进入综合评审,成功创建国家环保模范城市。南山绿化560亩,植树造林10.16万亩,城市建成区绿化覆盖率38%,森林覆盖率18.3%,创建自治区生态村124个,拉鲁湿地周边29户居民房屋、9处鱼庄如期搬迁,拉萨河3#闸投入使用,全年空气质量优良率97.6%以上。

民生投入大幅增加。民生事业投入61亿元,孤儿基本生活补助、城乡最低生活保障在自治区标准基础上分别提高100元、50元和100元。健全培训考核、资金分配机制,投入1977.69万元培训2.09万人,新增就业1.55万人次、增长52.4%,开发岗位1.58万个,继续保持零就业家庭动态清零,3861名高校毕业生实现就业。参保人员43.8万人,征缴社保资金4.4亿元、发放3.5亿元,五险覆盖率达到95%以上。孤残弃儿童集中供养率和五保老人意愿集中供养率达100%;发放残疾人特殊生活补贴261万元、康复补贴194.4万元,残疾人托养康复服务中心一期工程基本完工。学龄儿童入学率99.82%,初中毛入学率100.47%,职普比3.5 : 6.5,年人均"三包"经费提高至2900元;教育城一期投入使用,北京、江苏实验中学实现开学。率先在全区启动县级公立医院改革,农牧区基本医疗补助提高至380元,大病统筹报销最高6万元;城乡居民免费健康体检率100%,孕产妇和婴幼儿死亡率分别下降到51.8/10万、12.3‰。建成保障性住房5687套,改造棚户区1394户10.46万平方米;新开工商品房225万平方米、增长196%,销售90万平方米、增长104%。启动拉萨古城申遗,曲水雄色绝鲁入选国家非遗名录,尼木吞达村荣膺第六批中国历史文化名村。新建乡镇综合文化站51个,实现全覆盖;广播电视综合人口覆盖率达到98%以上,公共文化设施全部免费开放。群众文体中心投入使用,牦牛博物馆建成开馆,《文成公主》实景剧接待观众32万余人次。投资2083万元建设体育设施5处。投资1.62亿元,实施93个扶贫开发项目,受益贫困户8373户,帮助2.3万贫困人口越过帮扶线。异地调运牦牛肉1600多吨,平价销售酥油21吨,投入3200万元购置投放100辆"菜篮子"工程直销车,设立1000万元价格调节基金,居民消费价格指数控制在3.5%以内。投入2000万元建设完善殡葬基础设施。

加强民族团结,创新社会治理。巩固深化"1+5+X"管理模式和"双联户"运行模式,推选联户代表1.7万人,吸纳家庭近16万户;实施"六五"普法,推进"法律七进",受教育群众超70万人次。完善寺庙基本公共服务,评选37座和谐模范寺庙、3601名爱国守法先进僧尼。受理群众来访1527件,办结1467件,办结率96%。对道路交通、非煤矿山等13个重点领域开展拉网式排查治理,严格执行客运车辆"两限一警"政策,消除安全隐患5800余处。完善应急体系,处理"8·09"道路交通事故,处置墨竹工卡、林周洪水险情。

加强自身建设,坚持依法行政。办理人大建议议案112件、政协提案122件,办结率、满意率均达100%。加强和改进立法工作,向人大报送1件地方性法规草案,颁布4件政府规章。扎实开展党的群众路线教育实践活动,严格贯彻"八项规定""约法十章""八项要求",创新开展"五访"活动,着力解决"四风""两问题""一薄弱""三不够"等突出问题,工作作风明显转变。

(张玉虎)

政务工作

【处理“8·09”特别重大交通事故】 8月9日14时37分许，在拉萨市尼木县境内318国道西藏圣地旅游汽车有限公司旅游客车与拉萨志远汽车租赁有限公司越野车均因超速行驶相撞，导致旅游客车仰翻坠落至11米深的山崖，造成车内42人死亡、8人受伤，越野车2人死亡，2人受伤，直接经济损失3900余万元。事故发生后，国务院副总理马凯，国务委员杨晶、郭声琨、王勇等先后作出批示，要求全力抢救伤员，查明事故原因，做好善后处位置工作，吸取教训，加强旅游客车安全管理，落实好交通运输各项措施，严防重特大事故发生。拉萨市曲水县和尼木县启动应急预案，公安、卫生等部门先后赶到现场，迅速开展现场救援、交通指挥疏导等工作。西藏自治区、拉萨市党委、政府迅速启动二级应急响应，有关领导亲临一线组织开展事故救援和前期勘察工作。国家安全监管总局、交通运输部、公安部工作组赶到事故现场，指导事故调查和善后处理工作。20时50分，事故现场救援基本结束，交通秩序恢复正常。8月10日，报请国务院批准，成立由国家安全监管总局、公安部、监察部、交通运输部、全国总工会、旅游局和西藏自治区人民政府相关负责人组成的国务院西藏拉萨“8·09”特别重大道路交通事故调查组，邀请最高人民检察院派员参加，并聘请车辆技术、公路工程、公安交管、交通事故处理等领域专家参加事故调查工作。通过现场勘验、调查取证、检测鉴定和专家论证，查明事故发生的经过、原因、人员伤亡和直接经济损失情况，认定事故性质和责任。拉萨市委市政府根据事故调查组提出意见，根据相关法律法规对有关责任单位和责任人进行处理，并针对事故原因及暴露出的突出问题，制定实施事故防范措施。

【开展党的群众路线教育实践活动】 年内，开展党的群众路线教育实践活动，征求意见建议252条，走访慰问30余次，走访群众120户360人，为群众解决难题200余件。开展“基层访、网络访、专题访、重点访、交叉访”等“五访”活动，征求意见建议680条，研究制订专项整治方案和整改方案，建立整改台账，采取边整改、边公示的原则，对征求到的意见进行全面整改。截至年底，所有整改任务全部完成，公示群众无意见后销号。对后勤服务、财务管理、网络建设等14个方面的19项现行制度进行了梳理评估，分别提出了修订完善和新建意见，19项制度中，保留9项、修订完善10项，另外新制定了市政府秘书长办公会议制度、市政府办公厅财务经费及国有资产管理制度、市政府办公厅内部督查工作制度等11项制度。

【编写调研文章20篇】 年内，围绕拉萨经济社会发展宏观战略、领导关注的热点问题、市政府重大决策，共开展调研40余次，撰写《拉萨市民生保障与改善现状调研报告》《拉萨市旅游业发展现状及对策建议》《拉萨市人民政府关于进一步理顺旅游交通行业管理体制的报告》《拉萨市农牧业产业化龙头企业发展情况调查报告》《关于市政府办公厅机构编制有关情况的报告》《关于“十三五”政策建议情况的报告》等调研文章20篇。

【编辑发行《拉萨政报》6期】 年内，编辑发行《拉萨政报》6期，对外交流1800余份。

【做好办文办会工作】 年内，严格执行《党政机关公文处理工作条例》《西藏自治区党政机关公文处理办法》，共办理公文5538件，与2013年相比，发文总数减少398件，同比减少10%；共组织政府各类会议489余次，参会人员达7000余人次。

【整理档案550卷9078件】 年内，共整理档案550卷9078件（其中：永久163卷1417件，长期276卷4229件，备用105卷3372件，短期6卷60件），销毁登记360件，提供利用68人次，查找复印600件。

【做好信息工作】 年内，共收到各县（区）、市直各部门信息25698条，采用（含自采）信息7376条，采用率达34.84%；收集、整理、校对、编辑《政务信息综合》236期3560条《政务信息专报》187期187条，《政务信息特报》46期46条，《政务信息快报》37期41条；统计、整理、编辑《内部情况通报》12期；整理、编辑《政务信息汇总》24 期 461 条；编辑《政务信息要情》4 期 15 条；下发约稿通知书 31 份。全年被自治区政府信息处采用信息 213 条，累计得分 886 分，提前、超额完成了全年达标分(300 分)，达标率 100%，全区政务信息考核中继续排名第一。

【做好电子政务工作】 年内，完成《拉萨市政府政务公开制度》《拉萨市政府门户网站管理制度》和《网络信访办理工作制度》制定，规划全市未来五年电子政务建设工程，完善构建政府 OA 系统使用。更新网站信息，截至年底，共发布各类信息 11690 条，其中工作动态类信息 9868 条、视频信息 344 条，政务公开 319 条。办理市民来信 448 件，信件答复率达 99.3% 以上。网站点击量达 103.2 万人次，日均点击量 2881 人次，历史最高点击量为 10 月 21 日的 5438 人次。公开全市 169 项行政办事事项及 30 多项便民服务事项的具体办理流程和办理指南。举办 3 期在线访谈、4 期网上调查、7 期意见征集等活动。

【开展各类督查 460 次】 年内，共开展各类督查 460 次，形成督查专报、简报、领导批示、通报、通知等各类督查材料 682 期。重点对拉萨市关闭和挂牌督办限期整改企业(项目)整改工作情况(每月 1 次)、城市供暖试点工程进展情况、城市出租车运力投放及专业整治情况、流浪犬收养中心管理运行情况、拉鲁湿地国家级自然保护区三期工程建设情况、拉日铁路附属设施建设情况、拉林高等级公路建设情况、“8·09”交通事故后续处理情况、全市创模工作及“禁白”工作、“六城同创”工作开展情况等重点工作实行定期督查通报，对市政府常务会议、市长办公会、政府专题会议等议定事项及时督办并编发《督查通报》通报贯彻落实情况。对旅游车辆报废补偿工作进行调研摸底、制定政策方案。在全市维稳工作督查中，坚持“联合督查、突出重点”原则，采取明察暗访、日常和突击检查并重方式，加强对区(中)直各单位、市直各单位、各驻村工作队等的不间断督促检查。全年共办理议案、政协委员提案 360 件，办结办复率均达 100%。

【完善应急预案】 年内，建立完善《拉萨市边界纠纷调处应急预案》《拉萨市辐射事故应急预案》《拉萨市重度污染天气应急预案》《拉萨市防汛和抗旱预案》《拉萨市燃气安全事故应急处置预案》，颁布实施《拉萨市应急信息报送制度》，加强应急平台建设和管理，妥善处置“8·09”重特大交通事故。

【办公厅“三公”经费支出减少 30%】 年内，按照《中央八项规定》、自治区“约法十章”、市委“八项要求”，严格执行《党政机关厉行节约反对浪费条例》《党政机关国内公务接待管理规定》，压缩接待经费 20%，取消 93 头政府专用号牌，取消县级副职公务专车。2014 年度办公厅“三公”经费支出比上年减少 30%，公款出国(境)或内地学习培训、考察、交流等费用同比上年下降 42%，公车购置、运行费用支出比上年下降 21%。

【做好金融支持服务】 年内，为教育城二期、城市供暖、纳木错景区开发等一批项目实施提供金融支持与服务。截至年底，与各大金融机构达成意向资金支持 120 亿元，用于支持拉萨基础设施、特色产业、实体经济发展。

【加强机关效能建设】 年内，加强干部培训教育力度和轮岗交流力度，建立常态学习制度，将每周四下午定为党团学习日，集中开展学习和组织活动。全年共提拔、调整干部近 60 人，组织各县(区)和市直各单位跟班学习培训干部 40 余人次，研究制定《拉萨市人民政府办公厅 2014 年度机关作风和行政效能建设工作思路主要目标及工作任务分解》《拉萨市人民政府办公厅绩效考核办法》。继续落实好强基惠民“五项任务”完成 2014 年堆灵村“两委”班子换届选举工作；帮助建堆灵立村产业发展合作社；帮助堆灵村注册组建当雄县念青唐古拉畜牧产品营销有限公司，注册资金 100 万元；工作队争取拉萨市残联扶持残疾人创业就业项目资金 39.8 万元，在 109 国道处实施鲁姆牧场助残项目；争取到自治区图书馆 2000 元的资助；为宁中乡第二中心小学赠送价值 3500 元的 50 余种。截至年底，驻村工作队开展维稳宣讲大会 20 场，参会 3265 人次；帮助争取惠民项目 13 个，到位资金 633.7 万元；自筹资金，慰问残疾人、“三老人员”，投入经费 4.4 万元。

【完成接待 416 批次】 年内，完成接待 416 批次，6840 人次(含随行人员)，比上年同期增加 57 批次，938 人次。其中，完成二级接待任务 3 批次，149 人次；

接待部(省)级(含中央部委各类综合检查、督查,内地省部级考察团,自治区党委、人大、政府、政协各类综合检查、督查)26批次,512人次;接待厅(局)级(含中央部委、省级各部门、其他地(市)主要领导)及党政代表团214批次,3855人次;接待外国友人,重要客商173批次,2324人次。在接待量增加的同时,接待经费同比下降20%。

（张玉虎）

拉萨市人民政府驻北京联络处

【概　况】 年内,在市委、市政府的领导下,坚持以中共十八大精神和"三个代表"重要思想为指导,践行科学发展观的同时,开展群众路线教育活动,围绕拉萨市发展稳定的作大局,不断解放思想、开拓创新、真抓实干,广泛的搭建了交流合作平台,更好地发挥了联络处的桥梁纽带作用,各项工作取得了新成绩。

【贯彻执行党的各项方针政策】 年内,围绕为拉萨又好又快发展这个中心开展工作,积极履行各项职责,一切从实际出发,贯彻执行党中央、区、市党委、政府关于深化改革、扩大开放、促进发展的一系列决策和部署。用科学发展观武装头脑、指导实践、解决问题、推动工作,求真务实抓落实。使干部职工在反分裂斗争中,能够保持清醒的政治头脑,立场坚定,旗帜鲜明,坚定不移维护祖国统一和民族团结,在思想上、政治上,行动上与党中央、区党委、市委保持了高度一致。

【抓好党风廉政建设】 年内,将党风廉政建设和反腐败斗争摆到联络处突出位置,把反腐倡廉工作纳入年度工作计划,与其他业务工作一起部署,同步推进。切实加强党风廉政建设教育,在廉政建设上始终坚持高标准、严要求,将"八项规定"作为联络处的行动指南,做好干部廉洁自律,勉励党员干部职工要自重、自省、自警、自励、弘扬正气。领导班子继承和发扬艰苦奋斗的光荣传统,反对铺张浪费,反对奢侈腐败。在日常工作和生活中,不断加强党员党性修养和党性锻炼,提高政治敏锐性和政治鉴别力,坚定理想信念,坚定政治立场,坚持为民宗旨,做到理论上清醒、政治上坚定、行动上自觉,确保干部职工在政治上绝不偏离正确的方向,不折不扣地贯彻执行党的路线方针政策和市委、市政府工作部署。

【明确联络处各职能部门工作职责】 年内,通过深化内部管理,进一步明确了联络处各职能部门的工作职责,理顺了工作关系,规范了运作程序,健全和完善了文件制发、信息处理、财务管理、车辆管理、食堂管理、接待服务管理等多项规章制度,使联络处各项工作更加程序化、规范化、制度化。特别是财务管理,做到了既保障各项正常开支,又不欠账、不透支。

【开展党的群众路线教育实践活动】 年内,学习了办公厅关于群众路线教育实践活动的有关材料及文件,体会到群众是党和政府的衣食父母,是国家和社会的主人。通过党的群众路线教育实践活动,干部职工的思想境界得到了进一步升华和提高,特别是党员领导干部,时刻把坚定的共产主义理想信念放在首位,作为自己的立身之本、奋斗动力和行为坐标。坚持个人利益永远服从于党和人民的利益,牢固树立马克思主义祖国观、民族观、宗教观、文化观和马克思主义唯物论、无神论,努力践行"三个代表"重要思想,始终坚持群众路线,深入开展调查研究,勤勉敬业,真抓实干,形成了务实的工作作风和严谨的生活作风。

【拓展联络渠道】 年内,完成市里交办的各项工作任务以及和北京方面协调联络工作,把围绕服务拉萨市社会经济发展这个大局作为行动指南,把搞好组织协调作为成事之道,提出联络处工作要"围绕中心、规范运作、提高效率、做好服务、办好事务",使联络处各项工作不断迈上新台阶。配合相关部门与国家发改委、财政部、建设部、农业部、林业局和北京市政府等建立了良好的联系,对于市里到京人员都能够做到热情接待,主动服务,提供信息,尽最大努力联系相关部门,帮助做好项目协调工作。充分发挥干部职工积极性,在原有的基础上,利用一切机会和时机,不断拓展新的联络渠道,进一步拓宽了与国家相关部委以及北京市各委办局和各大医院的良好的联系渠道,打开了新的工作局面。

【配合相关部门开展工作】 年内，驻京联络处在工作中调整思路，把接待工作逐步向服务项目、服务创城、服务考察学习倾斜，力争通过联络处的努力配合，使各项工作能够收效更快。针对拉萨市创卫生城市活动和新建医院一事，配合拉萨市领导、卫生局在京活动；主动协助市净土产业办二次在京开展的产品推介和拉萨净土健康产业（北京）展示厅揭牌仪式暨产品发布会活动；为拉萨市供气供暖考察组进行协调服务提供必要的服务；协调联系考察了北京职业技术学校，为拉萨市创办职业技术学校取经；协助拉萨市参加中央电视台《CCTV2013~2014 经济生活大调查》发布晚会，副市长徐宗军以获奖城市代表的身份出席并领奖；派人参加由北京市经协办牵头召开工作协调会研究对拉萨市选派燃气、供暖专家赴拉萨参与供暖初步验收工作会议；与北京盛世纵横企业顾问有限公司磋商，组织国内百名知名企业家 9 月到拉萨进行投资考察；为市里南北山绿化工作，拉萨河堤整治项目服务提供保障。

【接待来京人员 450 人次】 年内，共接待来京开会、学习申报项目、招商引资、看病就医等人员约 450 人次（其中副地级以上干部 50 余次）；服务天数达 320 余天；机场接送 200 余次；火车站接送 46 次；行程 6 万公里，出车服务千余次；订购火车票 50 余张、机票 150 余张。

拉萨市人民政府驻成都办事处

【概　况】 年内，拉萨驻成都办事处在市委、市政府的正确领导下，围绕市委、市政府中心工作，围绕办事处中心工作，本着服务大局，改进作风，立足办事处实际，发挥办事处“窗口、桥梁、纽带”作用，统筹兼顾、科学安排，以深入开展党的群众路线教育实践活动为主线，把党风廉政建设工作抓到实处，切实做好党风廉政建设工作，将开展活动与办事处各项工作落实紧密结合，同步推进，做到两不误两促进，完成了本年度各项工作任务。

【为来京团队提供服务】 年内，来京开展招商引资、产品推介、申请创建卫生城市、南北山绿化、智慧城市等团队就达 10 余个，团队总人数达两百余人。在接待各个团队前首先对团队的活动方案进行分析，根据团队要求结合北京实际再制定联络处的具体接待方案，从联系、协调、住宿、用车服务、用餐安排、购票、接机送机、陪同服务等方面逐一落实，责任到人，力争做到高标准、严要求，全方位，确保各个代表团在京活动的顺利进行。

【为来京看病人员做好服务】 年内，驻京联络处为中央党校、国家行政学院和在北京市各委办局挂职锻炼以及在北京市委党校培训人员达 50 余人，来京就医体检的 16 人，协助联系医院 8 家，从预定宾馆、接送机、联系医院、医生等等，全方位的为来京人员做好保障服务，为他们解决困难。

【组织开展拉萨市离退休老干部慰问活动】 年内，《2014 年元旦、春节、藏历新年期间拉萨市慰问活动方案》的要求，陪同市委副书记、宣传部部长马新明慰问拉萨市在京离退休老干部。每到一位老干部家，都亲切地询问了他们的身体健康情况以及离退休后的生活状况，在京的离退休老干部们感受到了党和组织给予的关怀，感谢市委、市政府领导对他们的关心。

（张星亮）

【向离退休干部通报拉萨市工作】 8 月，市委在成都召开了居住成都离退休干部工作通报会，通报了上半年拉萨市经济运行、维稳工作和全市党的群众路线教育实践活动有关工作情况，在成都居住的 120 名拉萨离退休干部参加了会议，其中地级干部 18 人、县级 38 人、高级职称 10 人、科级干部 54 人。每季度还利用拉萨安居苑院内板报向离退休干部职工及时通报拉萨市重大决策和成果展示，以图文并茂的形式展现拉萨的经济发展状况，让退休老干部职工共享了拉萨市改革发展成果。

【加强学习党的路线方针和政策】 年内，办事处组织学习党的各项路线、方针和政策，中共十八大、十八届三中全会精神，以纪律教育学习月活动为契机，开展“严纪律、正作风、促廉洁”主题教育活动，筑牢防腐拒变堤坝，促进健康和谐发展。重点学习了《论群众路线主要论述摘编》《党的群众路线教育实践活动学习文件选编》和《厉行节约反对浪费主要论述摘编》等书籍，加深全体工作人员对中央、自治区、市委关于加强党风廉政建设的理解，增强贯彻落实“八项规定”等相关要求的责任感、紧迫感，提高了贯彻落实上级有关要求的自觉性，并联系工作实际重点查摆“四风”在自身的突出表现，对存在的问题原因进行了深层的剖析和整改。通过学习，进一步统一了思想，提高了认识，切实把思想和行动统一到中央、自治区和市委的要求部署要求上来，确保各项规章制度落到实处。

【完成接待4118人次】 年内，办事处始终做好各类接待服务工作。根据《党政机关国内公务接待管理规定》的要求，完成了4118人次（含要客、地级以上547人次，县级领导3261人次，协助干部体检就医310人次）的接待任务；完成了35名拉萨市离退休干部职工在蓉期间的参观考察学习任务。

【接待保健服务307人次】 年内，加强与四川华西医院、四川华西口腔医院、成都363医院和自治区成办医院等各类医疗单位的沟通和协调，尽可能为领导提供便利、快捷的就医渠道和体检服务。截至年底，共接待保健服务307人次。

【做好接待保障工作】 年内，坚持“接待无小事”原则，做好进出藏干部，包括对口支援省市代表团，以及其他相关人员的进出藏接待服务工作；办事处与酒店、民航售票处、火车站等相关单位维持了良好的合作关系。在接待过程中高标准、严要求，全年安全行车总里程123174公里，车辆完好率基本达到良好状态。

【建立健全退管中心各项工作制度】 年内，办事处为做好老干部服务工作提供组织保障，为切实做到政治上重视、思想上关心、生活上照顾离退休干部，根据区、市党委、政府关于进一步做好离退休老干部工作的有关文件指示精神和会议精神，依照《市委办公厅关于进一步加强和改进离退休干部职工的意见》《西藏自治区离退休干部职工党员管理办法试行》和《拉萨市离退休干部住院探视及逝世丧事办理工作暂行规定的通知》等文件精神及要求，从建立健全完善制度入手，做好各项工作。进一步组织离退休干部深入学习，使老同志能在第一时间掌握中央和区、市党委的最新精神。

【建立“常问和重访”联系慰问制度】 年内，针对当前离退休干部职工居住分散、流动性大、龄大身体多病行动不便的特点，办事处建立了“常问和重访”联系慰问制度，通过电话和重点干部职工走访的形式，，关怀老干部的生活、关爱干部的健康，加强了与老干部的沟通交流，增进相互理解与支持，带去党和政府的关怀和温暖。陪同市委组织部完成了8名居蓉离休和十八军进藏老干部的春节节前慰问；受老干部局委托对住院探视及逝世丧事进行了慰问共计5人，其中丧事2人；走访干部职工30余人次。

【组织住蓉离退休干部职工参观考察】 年内，根据《中共拉萨市委办公厅关于进一步加强和改进离退休干部职工工作的意见》精神，按照市委老干部局地总体部署，组织了住蓉离退休干部职工于7月和9月先后在成都蜀南竹海和陕西延安进行了参观考察。两次活动共参加人员共计130人（陕西30人），其中地级干部8人（陕西2人），县级以上干部23人（陕西19人），高级职称24人（陕西9人），一般干部75人。

【推进离退休党支部工作】 年内，贯彻落实《西藏自治区离退休干部职工党员管理办法（试行）》，加强对离退休干部的政治教育、政治要求和政治管理。引导他们“离岗不离党、退休不褪色、永远跟党走”，在成立拉萨安居苑党支部的基础上，按照由近到远的原则，进一步推进了成都周边和公安系统党支部的建立。截至年底，共有离退休党支部5个，其中正式2个，即安居苑和公安系统退休党支部，临时党支部3个，即双流县、犀浦县、新津县临时退休党支部。5个党支部共计管理党员近160人。

【确保安居苑物管工作运行】 年内，办事处围绕离退休干部职工服务管理中心工作，加强安居苑住宅区保安、绿化、卫生、水电、消防等各方面的安全管理，参与社会治安综合治理，确保实现零事故的目标。每逢节假日通过挂灯笼、挂彩灯、插彩旗、拉彩带布置鲜花盆栽等形式为院落营造出喜庆祥和的节日气氛，加固围墙防盗铁丝网和监控设施。新增宣传栏，坚持每季度更换板报，张贴和发放健康教育宣传材料等。严格财务管理制度，坚持以收定支，量入为出的原则，做到了收支平衡。

【在蓉居住离退休干部职工538人】 截至年底，在蓉居住离退休干部职工共计538人，其中：地级25人、县级98人、高级42人、科级101人、一般干部106人，相关专业技术人员166人。成都市区314人占总居住人数的62%。

（丁　昭）

政府法治

【概　况】 年内，以贯彻落实国务院《全面推进依法行政实施纲要》《关于加强市县政府依法行政的决定》和《国务院关于加强法治政府建设的意见》为重点，以推进“依法治市、法治稳市”战略、建设法治政府为目标，抓好政府立法工作和化解行政争议、推进行政权力公开透明运行，提高处理仲裁案件效率等重点工作，认真履行政府法制机构在推进依法行政方面的参谋、助手和法律顾问的职责。

【加强地方立法工作】 年内，加强立法工作，科学制定立法计划，把加强生态文明建设、历史文化遗产保护、促进经济转型升级、保障和改善民生、加强和创新社会治理等方面的立法项目，优先列入立法计划。通过征求各县(区)、各部门意见，制定《拉萨市人民政府2014年立法计划》并经市政府常务会议审议通过。完成地方性法规项目1件《拉萨市物业管理条例》，已经市政府常务会议审议通过报市人大审议。完成政府规章2件：《拉萨市出租汽车管理办法》7月1日施行；《拉萨市城市照明管理办法》12月1日施行。

【召开立法工作推进会】 年内，为推进立法工作进度，组织召开立法工作推进会。与17家承担立法项目的部门针对立法工作中存在的困难和问题进行了交流探讨，确保立法工作任务能如期完成，同时要求各家单位研究筛选在“十三五”期间需要立法的项目。

【收到行政复议案件5件】 年内，加大政府法制监督力度，依法解决行政争议。法制办认真贯彻执行《中华人民共和国行政复议法》，继续推进审理方式的改革，综合运用调解、和解等方式，使得办案水平得到进一步提高。收到行政复议案件5件，均已办结：1件维持原决定；1件申请人撤回申请；3件不予受理。

【加强行政执法证件发放和管理】 年内，继续加强行政执法证件的管理和发放，市直各单位执法证件已全部发放完毕。并对全市行政执法情况进行了摸底调查，拉萨市现有市级法定行政执法部门33个，法律法规授权组织5个，依法受委托的组织1个，各县(区)共有行政执法部门77个，全市持有《西藏自治区行政执法证》的行政执法人员4600余人。

【参加法治宣传活动】 年内，参与全市安全生产日和“12·4”法制宣传日普法工作，发放行政复议宣传资料500余份，解决相关咨询20余次。

【受理仲裁案件21件】 年内，拉萨仲裁委共受理仲裁案件21件，案件类型有劳务纠纷、建设工程施工纠纷、机械租赁纠纷、借款纠纷等，涉案标的2500余万元，已审结10件，占受理案件的47%，其中裁决9件，撤回1件，未结案11件正在审理中。在案件审理过程中，做好审理各个环节的衔接，要求仲裁庭负责审理每起案件，公正裁决；严把组庭关，强调职业与专业结构的合理搭配。进一步细化相关措施，在仲裁员的选定上，将其自身特点，办案策略和技巧，以及当事人、代理人、选定的仲裁员之间的回避、披露关系等情况纳入综合考虑因素，进一步完善和保证仲裁庭的组成结构和质量。

【增聘11名仲裁员】 年内，为保证仲裁工作的正常开展，根据仲裁人员工作变动情况，拉萨仲裁委员会对仲裁员进行了调整，从全市法律专业队伍中增聘了11名仲裁员。

【提供法律服务】 年内，坚持事前防范风险、事中控制风险、事后化解风险的原则，通过各种方案对比，提出切合实际的解决办法，处理政府涉法事务，为领导处理问题提供法律意见。完成自治区和拉萨市发来市法制办征求意见《西藏自治区实施〈中华人民共和国献血法〉办法》《拉萨市城乡妇女小额担保财政贴息贷款实施细则》等30余件征求意见稿，提供各类法律意见和建议20余次。在参与过程中市法制办做了大量的调研、协调工作，提出切实可行的措施。

【创先争优强基础惠民生工作】 年内，在“三大节日”期间，市法制办驻村工作队出资5万元，会同村“两委”班子对村里的困难群众及全村村民进行了慰问，根据古荣村群众白天放养牲畜对村里树木造成损坏的实际，驻村工作队筹集资金2.85万元购买网围栏，建成4000米的网围墙保护树木，争取上级项目资金108万元，实施水渠建设、油菜籽加工坊以及林卡围墙、停车场维修项目3个。在“两节”期间、三月维稳敏感期和“萨嘎达瓦”宗教活动期间，市法制办加强驻村力量，并要求驻村队全员全时在岗，确保社会局势持续稳定。

【开展党的群众路线教育实践活动】 年内，按照市委党的群众路线教育实践活动的统一安排部署，制定了《拉萨市人民政府法制办党的群众路线教育实践活动实施方案》，按照方案有计划有步骤的完成各项工作。主要通过集中学习、集中观影、集体参观、集体讨论等形式，学习相关文件精神，做好读书笔记、撰写心得体会。开展“三进四同三一”活动，市法制办13名党员干部与26户贫困户家庭形成了“一对一”的结队帮扶关系，并自费为26户贫困户家庭增送1.83万元的物质。召开专题民主生活会，开展批评与自我批评，解决了存在的问题，增进了班子的团结。按照“四个回应”的要求和“可整改、可监督、可检查”的标准，出台了解决“四风”问题的《整改落实方案》《专项整治方案》及《制度建设计划》，明确整改方向和思路，确定12项整改落实任务、14项专项整治任务，19项的制度建设计划，年内，按时完成做好了销号台账。

（高子茗）

八廓古城管理

【概　况】 年内，八廓古城管委会在上级党委、政府领导下，发挥自身的职能作用，强化联动，协调市直、城关区相关部门、老城区3个街道及15个社区与管委会之间的工作，完成了上级党委、政府和相关业务部门赋予的各项维稳和城市管理等任务，确保了老城区社会局势稳定，社会秩序良好。

【做好老城区维稳工作】 年内，管委会结合老城区维稳工作实际，制定了《2015年度维稳防控总体方案》《2015年第一、二季度维稳防控工作方案》等10个方案。管委会全体干部职工，放弃所有的双休日、节假日，以“五加二、白加黑”的工作方式与老城区3个办事处、15个社区居委会、古城公安局、派出所联合做好各个敏感时段、重要节点的维稳工作。处理好老城区摊位搬迁的后续工作，华侨旅游市场、民贸商场等4家商场的商户上访，八廓商城3031家商户的思想工作，和长期对老城区1.33平方公里内101多条大街小巷，对有影响社会治安好转、影响城市管理的强买强卖、尾随兜售、流动商贩、地摊、店外店等现象进行综合整治。

【提高管委会职工执法能力】 年内，八廓古城管委会把专题教育与老城区的日常综合治理和城市管理等工作紧密结合，强化学习国家宪法、法律和《拉萨市老城区保护条例》（以下简称《条例》）等法规，提高管委会全体干部职工的法治意识、综合执法水平和执法能力。熟记掌握法律法规的章节、条款内容，摸索总结执法技巧和工作中的方式方法，做到既文明执法，又依法维护城市管理。

【探索成立综合治理新方式】 年内，八廓古城管委会围绕维护老城区社会稳定，加强社会治安综合治理、城市管理探索出“堵、劝、巡、清、整”的工作方式。按照工作需要，八廓古城管委会针对老城区的工作特点、难点，把全体干部职工分布在老城区的内外圈，实行常年管理、每日白天晚上不间断的管理。管委会与老城区11个公安安检口的协调联动，每个安检口安排一名工作人员，堵住进入老城区核心区的机动车、非机动车，防止携带危险物品进入老城区核心区，限制一切货车在早上8：00～晚上22：00之间进入老城区核心区。管委会工作人员在早上9：30～

晚上22∶00之间，加强对进入老城区核心区的自行车、电动车主的劝说，责令其下车、沿街推行，防止骑行引发事端，发生不测事件；对强买强卖、尾随兜售、流动商贩、地摊、店外店、占道经营、遮阳伞等行为给予劝阻，防止引发纠纷，防止别有用心的人借机炒作，或滋生事端。八廓古城管委会全体干部职工，放弃双休日、节假日，每天工作13个小时以上，加强老城区101条大街小巷的巡逻巡查。在日常巡逻清理整治中，对那些屡教不改、屡劝不听的行为，集中力量强制清劝出老城区的核心保护区。联合公安、办事处、社区居委会等相关部门，整治人民群众反映强烈的冲赛康商场治安消防隐患问题，整治冲赛康、小昭寺周边影响社会治安好转的违法行为，整治老城区一些可能对社会治安带来潜在隐患的场所、部位、路段，整治一些其他不文明的行为。

（次仁曲尔扎）

信访工作

【概　况】　年内，全市信访工作在市委、市政府的领导下，在自治区信访局的指导下，贯彻落实中共十八届三中、四中全会和习近平总书记系列讲话精神，特别是习近平总书记“治国必治边，治边先稳藏”战略思想和“努力实现西藏持续稳定、长期稳定、全面稳定”的指示，贯彻落实全国政协主席俞正声“依法治藏、长期建藏、争取人心、夯实基础”的原则，贯彻执行区市党委、政府关于信访工作的一系列指示要求，坚持依法行政、为民执政的理念，提升信访工作效能和公信力，全力维护群众合法权益。

【选派13名干部入驻联合接访中心】　7月，在市委组织部支持下，继续从全市13个单位选派13名干部入驻联合接访中心，加强了信访力量。

【制定源头治理预防减少信访突出问题实施办法】10月，制定出台了《拉萨市加强源头治理预防和减少信访突出问题实施办法》，对工程建设、市场交易、医疗卫生、市政管理、房屋租赁、征地拆迁、企业改制、安全生产、执法司法等易发生矛盾纠纷领域，从审批到监督等各个环节做了详细规定。

【制定规范信访事项受理办理程序】　10月，为进一步强化属地责任，提高信访工作效能，推动信访事项及时就地解决，制定出台了《拉萨市关于进一步规范信访事项受理办理程序，引导来访人依法逐级走访实施细则》，明确了信访事项的受理、登记和办理程序。

【市长热线受理群众投诉402件】　年内，群众通过市长热线反映诉求呈明显上升趋势，受理群众投诉402件，占信访总量23.6%，办结率100%。

【受理初信初访1621件3659人次】　年内，按照“旧的不搁置、新的不积累”的要求，落实信访事项首办负责制，协调县（区）和相关部门及时解决问题，防止信访事项“空转”；督促县（区）和职能部门落实“谁主管、谁负责”的要求，承担起化解本领域职责范围内信访问题的责任，依法按政策处理信访事项，提高初信初访一次性办结率。全年受理初信初访1621件3659人次，办结1595件，办结率98.3%。

【推进领导包案信访事项】　年内，共排查梳理涉及人员多、案情复杂、群众反映强烈、诉求时间超过两个月以上的重点难点信访事项49件，33名地级领导干部分别进行包案。本着“措施成熟一个，研究一个，化解一个”的原则，通过接访、下访等多种措施先后召开60余次专题会议进行研究。市长张延清召集各相关部门先后10次召开信访联席会议，为重点疑难信访事项的化解和推进提供了坚强有力的指导，39件疑难信访事项得到妥善化解，使用信访疑难资金405万元。八县（区）对本辖区内的45件重点、难点信访事项落实县级领导包案，全部得到化解，维护了上访群众的合法权益。

【做好领导干部和信访干部接访下访】　年内，安排“市长接待日”9次，9名地级领导对50件信访事项面对面接访、听诉求，109名县级领导对105件信访事项开展了接访工作，96名信访干部对89件矛盾纠纷下访94次。

【提高矛盾纠纷化解效率】 年内，市信访局把加大矛盾纠纷排查调处力度作为提高化解实效的途径。各县（区）在开展矛盾纠纷大排查大化解过程中，发挥县、乡、村、驻村工作队、网格长、联户代表等基层组织的作用，突出重点问题排查，对排查出的矛盾纠纷发现一起调处一起，将矛盾纠纷化解在了基层。为维护好国庆、十八届四中全会等重大活动期间社会稳定，在全市范围内开展了3次拉网式矛盾纠纷排查工作。各级各部门全年共排查矛盾纠纷300件，调处287件，调处率达96%。

【对382件信访事项督查督办467次】 年内，拉萨市处理信访突出问题及群体性事件联席会议办公室安排专人对信访事项责任主体单位通过电话督办、书面督办、实地督办、约谈督办等方式，每周进行一次督查督办，共对382件信访事项督查督办467次，回访396次。

【规范信访秩序】 年内，贯彻中央《关于依法处理涉法涉诉信访问题的意见》，推进涉诉信访与普通信访分离制度。信访部门将案情复杂、涉案证据较为齐全的信访事项，引导上访人通过诉讼途径解决诉求，引导45件信访事项通过司法途径解决。按照中央、区市党委关于引导群众依法逐级走访的指示精神，细化措施，广泛宣传，开展集中培训，各级各部门积极引导群众依法逐级走访，群众逐级走访的意识逐步增强，全年越级访数量下降7%。为维护群众正常的信访秩序，处置非正常上访行为，公安部门主动配合信访部门，加大执法力度，对信访活动中的违法行为依法予以处置，全年对31件缠访、闹访、以访牟利以及不听劝告、长时间在重点部位滞留聚集的上访人员依法进行处置，投入警力182人次。

【受理群众来信来访来电1701件4822人次】 截至年底，全市共受理群众来信来访来电1701件4822人次，办结1651件，办结率达97.1%。实现了“零”进京上访、无个人极端事件、无群体性事件的工作目标。

（冯　林）

藏语文工作（编译局）

【概　况】 年内，拉萨市藏语文工作委员会办公室（拉萨市编译局）编制18人，其中县级编制3人，科级编制8人；内设综合科、语管科、校审科、翻译科。全市藏语文工作按照《中华人民共和国民族区域自治法》《西藏自治区学习、使用和发展藏语文若干规定》《拉萨市社会用字管理办法（试行）》等法律法规要求，开展各项工作，加快推进拉萨市藏语文工作与经济增长协调发展，促进社会用字的规范性。

【规范社会用字】 年内，召开专题会议总结上年全市藏语文社会用字检查整改工作情况，安排部署下一步工作，以市政府名义下发《关于进一步做好拉萨市藏语文社会用字检查整改工作的实施方案》，开展拉萨市社会用字检查整改工作。采取日常巡查、突出检查、集中检查、联合检查等形式，分别在城西片区、柳梧新区、太阳岛、火车站、罗布林卡、布宫广场、哲蚌寺、色拉寺、八郭街等旅游景点、八大人行天桥交通安全提示牌和重点部位开展了为期40多天的藏语文社会用字检查整改工作，检查单位和各种商户门牌、路标、广告牌、LED显示屏共计50000余处，存在问题的有400余处，即知即改的280余处，发放《拉萨市藏语文社会用字管理办法（试用）》2000多份，下发整改通知书420多份，大部分存在问题的商户已在“雪顿节”之前进行了整改，全年检查督导单位和商户共12423个，规范程度达到95%以上。市编译局作为雪顿节组委会成员单位，负责雪顿节期间的各项宣传材料和领导讲话的翻译工作。年底到成都协助录制和翻译藏历新年联欢晚会。

【4名专职翻译人员进行职称评定】 年内，为充实完善拉萨市专业翻译人员职称评审委员会，召开职称评定会专题会议，对拉萨晚报、拉萨电视台的4名专职翻译人员进行职称评定，3名评为初级职称，1名申报为中级职称。

【翻译各类文件材料80多万字】 年内，配合拉萨市第二批党的群众路线教育实践活动，拉萨市藏语委办（编译局）联合拉萨市党的群众路线教育实践活动领导小组办公室翻译出版《党的群众路线教育实践活动学习读本》共三本9万多字。完成全市"两会"的各种材料的翻译；市委、市府文件及领导讲话，信访、铁路、园林、供暖工程、道路交通等工作办法、制度、条例，各企业及商户送来的社会用字翻译及校审工作，拉萨市出租车整治工作相关材料、全市双联户表彰工作相关材料，涉及30多个部门，全年翻译量达到80多万字。结合党的群众路线教育实践活动，在市民服务中心设立"翻译服务窗口"，便民服务窗口已为1600多人提供免费的翻译服务。

【强基惠民驻村工作】 年内，选派4名驻村工作队员，为林周县甘曲镇觉布村争取项目资金70多万元，为觉布村落实羊毛加工厂、乡村公路改（扩）建、农田灌溉水渠等项目。

【递交充实各县（区）编译部门工作机构和人员编制的请示】 年内，为建强基层翻译队伍，在了解七县一区编译队伍的基本情况后向上级有关部门递交了《关于充实加强各县（区）编译部门工作机构和人员编制的请示》。

（丹增旺姆）

市民服务中心

【概 况】 年内，中心共受理项目166773件（其中行政审批项目51584件，占总办件量的31%，便民项目共115189件，占办件总量的69%），按时办结率99.98%。获得"2014年西藏自治区民族团结模范集体""拉萨市2014年度民族团结进步模范集体""2014年社会管理综合治理工作先进单位"等多项荣誉称号，并被列为国家级政务服务标准化试点单位。

【行政审批和便民项目进入服务中心】 8月1日，全市共29家行政审批单位169项行政审批项目和市公交公司、市编译局、市人社局等部门的12项便民项目进驻到中心，分布在2个楼层共57个窗口。29名首席代表和116名A、B岗工作人员，进驻市民服务中心为广大群众提供服务。城关区民政局、卫计生2个部门的5个项目也已入驻市民服务中心办理。

【对行政审批和便民项目进行公开】 年内，对进驻中心的169项行政审批项目和12项便民项目的流程图和服务告知全部进行了梳理规范。建立公开、透明的告知制度，实行"进驻单位、项目名称、设立依据、申报条件、申报材料、办理时限、收费依据及标准、联系电话"八公开，在市政府门户网站公示项目服务告知，并印制服务告知单放在柜台，方便办事群众查阅。

【减少审批环节压缩审批时限】 年内，为提高办事效率，以第二批项目进驻为契机，狠抓审批环节减少、审批时限压缩工作。143个法律规定有明确时限的行政审批项目，审批时限压缩率达47.36%，审批效率大幅度提高；12个便民项目中，7个项目已办结，其余5个便民项目平均在4个工作日内办结。

【加强窗口管理】 年内，为加强对窗口工作人员的监督，在电视、报刊上公开了市纪委，中心督查科的投诉电话，主动、公开接受社会公众的评价和投诉；优化了现有网络监督系统，对服务大厅监控探头进行了重新调研布局，实现了窗口工作人员工作纪律和服务效率监控全覆盖；实行大厅主任值班制度，现场接待群众投诉，解决群众遇到的困难和问题。截至年底，中心受理来电、来人咨询320起，每起都给予满意的答复，避免了上访、投诉事件的发生；在服务大厅设置4个填单台，并制作了规范的意见簿，对群众提出的意见建议进行收集，对合理的意见、建议，按照"件件都落实、条条有答复"的原则进行处理；在大厅安装了窗口工作人员综合评价仪，指定一名咨询员负责引导办事群众对窗口工作人员服务态度、服务效率进行综合评价，评价结果以月报形式向市委、市政府和市纪委、派出单位进行了上报和反馈；实行了电话回访制度，重点回访群众办事过程中存在问题和意见建议，并梳理了办事群众反馈的意见建议；开展了党员亮牌活动，重新制作了窗口工作人员上岗证，向群众公开姓名、岗位、职务、党员身份、服务电话等信息，方便群众监督。

【开展国家政务服务标准化建设试点工作】 年内，根据《关于下达2013年国家级服务业标准化试点项目的通知》，市民服务中心被列为2013年国家级政务服务标准化建设试点单位。为确保此项工作顺利开展，成立政务服务体系标准化建设领导小组，并下设办公室，具体负责标准化试点建设日常事务，制定《拉萨市市民服务中心标准化建设实施方案》，抓好各阶段工作，确保标准化建设工作开展并取得实效。其间，先后召开政务服务标准化建设试点专题会议，重点安排部署标准体系框架图、编写文本等相关工作；组织中心各进驻单位首席代表（分管领导）和科室负责人召开了国家级政务服务标准化试点建设推进会议，并对标准化建设基本知识进行了培训。

【开展党的群众路线教育实践活动】 年内，党的群众路线教育实践活动开展后，共组织各种形式学习教育39次，学习讨论时间累计超过91个学时。撰写学习心得体会70余篇，领导干部和各科室形成调研报告5篇，组织观看主题教育影片6场。利用拉萨现有的红色教育资源，先后分批组织90余人次进行实地参观，开展警示教育活动。通过召开座谈会、发放征求意见函、开通手机短信、与聘请的社会监督员座谈，落实“四必谈”等方式，畅通收集、反馈意见渠道，征求干部群众和上级组织的意见建议。共征求到意见建议361条，其中在拉萨市范围内通过短信征求到意见建议231条，谈心谈话征求到意见建议125条，和市公安局、广电局交叉征求到意见建议5条，经梳理、归纳和总结，清理出涉及市直其他相关单位的意见建议164条，在向市委活动办第六督导组汇报后，已由市委活动办印发至相关部门整改落实。涉及中心的67条意见建议，经梳理归纳汇总为26条。按照即知即改的要求，26条意见建议已全部完成整改并进行了公示。

【开展政务服务培训】 9月9日至9月15日，根据市委组织部《关于印发〈2014年度北京市对口支援拉萨市人才和智力援助计划〉的通知》精神，邀请中国行政管理学会、国家行政管理学院专家及北京市西城区综合行政服务中心业务专家在拉萨市开展了政务服务培训，全市约1000余人参加了培训。11月3日至10日，由市民服务中心分管领导带队，市政市容管委会、市住建局、市公安局、市水利局首席代表组成的学习考察组一行8人，前往内蒙古呼和浩特市政务服务中心、呼和浩特市赛罕区市民服务中心、托克托县政务服务中心进行了实地学习考察。11月21日，拉萨市市民服务中心组织召开到呼和浩特市学习培训汇报会，交流学习考察体会。

【加大对县区和乡镇政务中心建设工作指导力度】 年内，按照市政府下发的《拉萨市加快推进各级政务服务中心建设的实施意见》精神，中心发挥业务指导职能作用，加大对县区和乡镇政务中心建设工作的指导力度。截至年底，堆龙、当雄、曲水、墨竹、林周均已建设县级政务服务中心，全市63个乡（镇），已有44个乡（镇）政务服务中心挂牌运行，面积约22至100平方米，设置4至11个窗口，主要办理与群众生产生活关系密切的服务事项。

（魏晨光）

布达拉宫广场管理处

【开展党的群众路线教育实践活动】 年内，按照市政府办公厅关于开展教育实践活动的有关要求，管理处安排每周二、四下午为集中学习时间，在学习过程中，坚持理论学习有计划、有资料、有体会，在群众路线教育实践活动中的参学率达到了100%。开展征求意见活动，向所有干部职工和临时工发放征求意见表，共收集到意见和建议7条，并落实整改。

【开展设施维护工作】 年内，专门组织技术人员对广场西面的涌泉地面喷洒石灰，防止水藻生长，减少水质污染；组织广场科全体人员，利用10天的时间对广场两侧36根中华灯的灯罩进行了大面积更换，修复损坏地埋灯、景观灯30处；配合市住建局开展对广场湖心亭文物的维修工作，提高建筑的安全性。

【开展环境整治】 年内，对广场内干枯植被进行了全面的补栽，对市园林局在2013年7月移交的布宫南墙广场北侧绿地的东区绿蓠进行了补栽和养护，补栽面积19464.8平方米；补栽了五彩花池90平方米的红叶小苞，并对广场绿蓠全部进行了修剪，对绿地杂草垃圾进行全面清除。加强公共卫生间卫生的清洁，缩短清洁时间间隔，确保无垃圾、无异味。

【明确照相收费标准】 年内，针对游客对广场照相从业人员的投诉，管理处召集广场照相经营公司负责人对全体从业人员进行了教育整顿，并制定了相关规章制度，对照相收费由物价部门明码标价并公示，投诉明显下降。

【强基惠民工作】 年内，工作队拿出1.61万元为社区安装投影仪，强化甲玛林卡办公硬件。在“三大节日”期间，工作队还慰问了贫困户和居委会生活困难人员。协调市强基办、城关区强基办为居委会购置办公车辆，解决实际困难。

（格桑德吉）

拉萨市出租汽车行业治理工作

【概　况】 年内，为促进拉萨市出租汽车行业健康稳定发展，树立城市窗口形象，提高文明服务质量，扎实推进党的群众路线教育实践活动，拉萨市委市政府统筹考虑，作出决策，安排部署，以优先发展城市公共交通为契机，决定对出租汽车行业全面开展治理。此项工作自2013年11月1日开始，于2014年1月10日顺利结束，实现了行业治理预期目标。

【做好行业治理组织保障】 2013年11月6日，成立由市长张延清任组长，其他部分地级领导任常务副组长、副组长，市直各相关单位主要负责人为成员的行业治理工作领导小组。下设综合协调组（领导小组办公室）及摸底调研组、宣传工作组、情报研判组、群众工作组、社会面管控组、应急处置组、资金筹措组、公司组建组、监督检查组等10个专项工作组，群众工作组再设7个专项工作组，分别对应7家出租汽车公司，每个专项工作组均由地级领导担任组长成立工作专班，实行统一集中办公开展政策制定、摸底调研、正面宣传、情报研判、资金筹措、公司组建等行业治理前期各项实质工作。市委政法委、市委宣传部、市公安局等单位提前介入、同步开展社会风险评估、正面舆论宣传、应急处突准备等各项前期工作，情报研判组同时跟进、随时掌握利益群体最新的思想动态。市委常委会专题研究行业治理工作目标、具体措施、发展方向，先后2次听取行业治理工作进展情况，研究解决存在的问题；市政府多次召开专题会，就相关细节问题作出具体安排部署。

【开展深入摸底调研】 2013年11月8日，利用5天时间，从市直各单位抽调70名人员，分别深入7家出租汽车公司，掌握出租汽车公司经营现状、经营权管理、经营权有偿出让、顶灯有偿转让和拍卖、出租汽车数量、行业从业人员基本情况及其思想动态，形成《行业经营现状调研报告》。各专项工作组还把核实前期摸底情况作为一项重要内容，逐一进行核实确认，准确全面客观的摸底情况，为制定各种行业治理政策方案提供了第一手基础依据、决策依据、补偿依据。

【制定实施拉萨市出租汽车行业治理工作方案】 2013年底，起草制定《拉萨市出租汽车行业治理工作方案》，并配套形成10个子方案，分别是《补偿方案》《国有出租汽车公司组建方案》《行业从业人员安置方案》《资金筹措方案》《宣传方案》《群众工作方案》《政策宣传提纲》《社会稳定风险评估报告》《突发事件应急预案》《出租汽车行业调研报告》。2013年12月12日市委常委会审定通过《行业治理工作方案》后，领导小组正式启动行业治理各项工作，市政府印发实施工作方案。根据工作方案的目标要求，结合行业治理工作所需，在依法依规、科学全面的基础上相继起草《出租汽车所有人和顶灯持有者补偿安置办法》《公司补偿安置办法》，并配套形成10个协议合同。出租汽车行业治理领导小组3天召开6次专题会议，研究部署明确每个阶段的重点工作，实现了“一个步调推进到底、一个口径宣传到底、一把尺子补偿到底”，保证了工作方案和补偿安置办法一以贯之地得以严格操作、严格执行、严格落实。

【召开9个意见征询会】 2013年12月18日至12月20日，行业治理领导小组相继召集人大代表、政协委员、离退休老干部代表、基层群众代表、出租汽车企业管理层代表、车辆所有人代表、顶灯持有者代表、驾驶员代表、旅游公司代表等不同群体,分别召开9个意见征询会,分层面分群体征询意见。

【召开出租汽车行业治理工作动员部署大会】 2013年12月21日,召开出租汽车行业治理工作动员部署大会,号召参与此项工作的全体人员积极行动起来,统一思想认识,明确职责分工,齐心协力配合,迅速推进各项工作。并要求各群众工作组以组为单位分别对参与行业治理工作的580名干部职工进行培训,统一步调口径,吃透政策方案,确保参与工作的每一位干部职工都能全面准确把握此次工作内容,有针对性地了解群众思想和利益诉求,确保行业治理各项工作顺利推进。

【按期筹措资金】 2013年11月15日开始,与建设银行、民生银行、中国银行、工商银行等金融单位对接协调,建设银行主动提出愿意降低贷款门槛,缩短资金放贷时间,同意给予每家公司3亿元的借贷资金,所借贷资金于2014年1月2日通过银行授信审批,所贷6亿元资金分4批下放,每批资金1.5亿元,每批下放时间大约间隔5天左右,截至2014年1月13日已到位3亿元。

【签订补偿协议】 2013年12月21日起,各小组按照“1人2车”的比例,分别分成若干工作小组,将任务分解到每个人员上,将人员固定到每个车辆上,实现权责对应、任务对应、一一对应。坚持以人为本,按照先个人后公司、先易后难的顺序,先与出租汽车所有人、顶灯持有者逐一签订补偿协议,再与出租汽车公司签订协议,用4天就全部完成签订,截至2013年12月26日下午6:30前,协议签订率达100%,签订协议20000余份。

【兑现补偿资金】 年内,指定专人负责统筹协调,做好银行、群众工作组、新组建公司、原出租公司之间联系,在最短时间内、以最快速度测算补偿资金、办理银行卡、核对开户信息、开展资金兑现,累计发放银行卡1232张,实际兑现补偿资金284183668元(其中向补偿对象当场支付现金254813.4元),整个资金兑现工作实现了“零差错、零失误、零出入”。

【检测移交车辆】 年内,签订补偿协议后,开展车辆检测、违章处理、车险退赔、车辆交接等各项后续工作。车辆检测按照检测流程,设2个检测点,分“外观检测、硬件检测、配套检测、出具报告、再次核实、抽样检查”6步具体实施,2天时间全部完成1160辆出租汽车检测工作;交警部门加班处理234起出租汽车原有车辆违章记录;2家新组建公司与驾驶员签订奖励期协议2447份;车辆交接与车辆检测同步进行,现场办理相关交接手续。

【组建2家出租车公司】 从2013年12月18日开始,行业治理领导小组和新组建公司积极对接,有关县区和市直部门特事特批、特事特办,开辟绿色通道、提供便利条件,2家新组建公司在10天时间里全部完成相关注册手续,分别为拉萨市公交出租汽车有限公司、恒安出租汽车有限公司,两家公司的性质为政府出资并由国有资产监督管理部门实施监督管理的国有独资企业。

【做好宣传深报道】 年内,行业治理启动阶段,市委市政府明确提出宣传要求,市委宣传部负责牵头开展舆论宣传工作。工作集中推进阶段,宣传工作组负责牵头,市委宣传部、市广电局、拉萨电视台、拉萨晚报等单位和媒体积极支持配合,完成了意见征询会、动员部署大会、群众工作等各个阶段各项宣传报道任务,共开展新闻宣传20余次,发布新闻稿件16篇。宣传奖励政策阶段,通过电视、报纸、网络等媒体,广泛公告《致广大市民朋友和全体出租汽车驾驶员的一封信》,以宣传单形式累计散发4万余份。为出租汽车驾驶员办理服务监督卡,与其签订《出租汽车驾驶员承诺书》,逐步规范不文明行为,提高行业服务水平。

【抓监管重落实】 年内,行业治理领导小组及时制定政策措施,全面整合行业监管力量,成立由市公安局、市交通运输局、联动执法支队、市交警支队、市运管分局、国有新公司共同组成的联动稽查执法队伍,采取有力有效举措,加大行业监管力度,提升行业服务水平。鼓励社会公众积极参与,设立举报电话,确保做到全方位受诉、全方位查处、全方位处理。拼客、宰客、甩客、不按规定使用计价器、服务态度蛮横等不文明行为明显减少。

(王 震)

流浪狗清理整治专项工作

【概　况】 年内,全市开展流浪狗集中清理整治工作,拉萨市公安局会同有关部门,采取多种有效措施,加大工作力度,确保此项工作取得实实在在的效果。

【成立联合工作组】 年内,拉萨市公安局专门成立了由副局长为组长,市委督查处、市政府督查处、市政市容管委会、城关区城市管理综合执法局、市公安局治安管理支队、特警支队和辖区派出所等部门负责人为成员的联合工作组,集中进行流浪狗清理整治。4月4日,拉萨市公安局召开专题会议,就集中清理整治流浪狗专项工作进行部署安排。

【办理犬证(犬牌)3273个】 年内,为正确引导养犬市民提高文明养犬素质、增强自律意识为重点,拉萨市公安局工作组白天深入城关区各办事处,对辖区市民进行宣传,争取广大群众对流浪狗集中整治工作的理解、支持与参与。发动广大市民、社区民警、交通民警、基层治保力量,就流浪狗集中活动区域、活动时间进行了解掌握,划定重点区域;夜晚在夜深人静之际,在避免发生不安全事故的情况下,对流浪狗活动的重点区域进行集中清理,办理犬证(犬牌)3273个。发放宣传册26166份。

【捕捉流浪犬4615只】 年内,拉萨市公安局要求各县区公安局专门组织民警参与此项活动,每晚携带抓捕器,深入市区城乡接合部、重点旅游景区、林廓路沿线、市区重点路段、居民小区等处对流浪狗开展集中清理行动。截至年底,共动警力3516人次、出动车辆1240台次、捕捉流浪犬4615只。

(关卫华　廖智灵)

中国人民政治协商会议拉萨市委员会

综　述

【综　述】 2014年,在市委的领导下,在自治区政协的指导下,在市政府和社会各界的支持下,市政协常委会高举中国特色社会主义伟大旗帜,把握团结和民主两大主题,依靠和团结带领全体政协委员,围绕全市中心工作,履行政治协商、民主监督、参政议政职能,求真务实,开拓创新,积极作为,发挥了协调关系、汇聚力量、建言献策、服务大局的作用,为推进拉萨市改革发展稳定、建设美丽家园幸福拉萨做出了贡献。

【强化课题调研新成果】 始终坚持把搞好调查研究作为履行政协职能的基础性工作和衡量政协工作成效的重要标志,精心选择净土健康产业发展、节能环保新型建筑材料推广应用、建立和完善社会救助体系、物流业发展、高中德育工作现状、曲水县农村综合改革试验区运行情况、巩固"禁白"成果工作、在编僧尼免费健康体检及健康档案建立情况等课题进行专题调研。根据调研过程中发现的问题,充分发挥各界别小组和全体委员的聪明才智,分别以常委会议、主席会议、专委会会议和界别小组会议等形式协商论证。全年共形成较高质量的调研报告7篇,及时向市委、市政府及有关部门报送,并力促成果转化。这些调研报告为促进拉萨市党政部门科学决策、改进工作发挥了积极作用。协助中国社科院、自治区政协就拉萨市社会文化建设、天葬台管理、西藏佛学院分院工作开展情况、拉萨市城市管理长效机制建设、生态安全屏障保护与建设、自治区政协2014年度重点提案办理等工作开展了调研。

【构筑民主协商新平台】 为增加协商密度,提高协商成效,充分借鉴全国政协双周协商座谈会和自治区政协双月协商座谈会的成功做法,结合自身实际,制定出台了《政协拉萨市委员会季度协商座谈会工作办法》。2014年12月25日,围绕"环境立市"、进一步巩固"禁白"成果这一主题,召开了市政协首次季度协商座谈会,与市委、市政府和相关部门进行沟通协商,为保护和改善拉萨市生态环境提出了具有科学性、针对性和可操作性的意见建议。根据市委指示,由市政协牵头,26家市直单位参与,从2014年9月28日起,开展了为期3个多月的进一步巩固"禁白"成果专项整治活动,取得了阶段性成果。

【探索民主监督新途径】 制定出台了《政协拉萨市委员会委派民主监督员工作暂行办法》。向市公安局交警支队车辆管理所、市住建局、市民服务中心、市人民医院4个首批试点单位委派民主监督员25名。民主监督员通过参加受派单位的有关会议和活动,开展专题调研、专项检查评议,提出口头或书面意见建议等形式进行民主监督、协商议政,有效促进了受派单位及其工作人员转变作风、履职尽责。

【拓展社情民意新渠道】 制定出台了《拉萨市政协委员反映社情民意信息工作暂行办法》。在市直部分单位、县(区)设立社情民意征集点21个,特邀信息员 37 名，不断拓宽信息来源渠道，规范信息反映程序，提升了社情民意信息征集工作制度化水平。及时将特邀信息员反映的情况，以《社情民意专报》形式报送市委、市政府及有关部门，市领导高度重视，市委、市政府督查室共同督办，相关单位认真参考采纳信息员的建议，并以书面形式反馈答复，社情民意信息办理满意率达 100%，畅通了党委、政府与人民群众的沟通联系。

【创新提案办理新方法】 按照《拉萨市关于进一步加强和改进提案办理工作的实施意见》要求，在狠抓提案催办、督办的基础上，创新提案办理新方法，采取主动面商、联合视察、专题协商、跟踪问效等方式，提升了提案工作的协商实效。市政协十届三次会议以来，共收到提案 128 件，立案 37 件，作为意见建议的 91 件。截至年底，提案办复率达 100%，满意或基本满意率为 95 %。

【服从大局，参与全市各项工作】 2014 年，市政协主席、3 名副主席全程参加了市委党的群众路线教育实践活动督导工作和指导村（居）“两委”换届工作，3 名副主席参与了供暖供气工程包片督查及天然气价格调研论证工作，1 名副主席参与了“8・09”特大交通事故善后处置工作。这些工作，在谋划思路，解决实际问题，推动全市有关工作有效落实方面发挥了积极作用。

【沟通协调，凝聚各界力量】 通过走访、视察、调研、联谊等方式，加强与委员的联络和沟通，增进了思想共识。邀请各族各界代表人士参加新年茶话会、“3・28”西藏百万农奴解放纪念日座谈会、“9・17”民族团结进步节座谈会等活动，组织各族各界代表人士参加相关活动，认真听取他们的意见建议，支持和保障他们充分利用政协平台参政议政，营造出和谐共事的良好氛围。

【全力以赴，主动参与维稳工作】 市政协积极引导各族各界政协委员带头为维护社会和谐稳定贡献力量，并通过走访慰问等活动，做好与民族宗教界人士、归国藏胞和爱国统战人士的经常性沟通。6 名副主席全年参加维稳一线指挥部带班和面上巡查工作，1 名副主席受市委委派参加了阿里“塔尔钦”维稳工作，2 名副主席积极参与宗教领域维稳工作。广大政协委员始终按照维稳工作没有局外人的要求，充分发挥自身优势，积极协助党委、政府维护社会稳定。工商经济界委员组织企业员工认真学习区市党委维稳工作会议精神，主动开展企业内部维稳工作。民族宗教界委员大力加强与宗教界人士的联系和沟通，全面正确宣传党的民族宗教政策，引导宗教界人士和信教群众维护社会和谐稳定，较好地发挥了委员在维护社会稳定中的重要作用。

【全力服务保障和改善民生】 始终把保障和改善民生作为政协履行职能的根本出发点和落脚点，进一步完善“让群众走进政协、政协委员走近群众”制度，落实政协领导联系委员、联系群众的“双联系”制度，倾听民声、反映民意，围绕城区交通安全隐患、职工周转房立项、乡村医生队伍建设、增加缺少劳力农户收入、整治学校周边流动小商贩等问题，通过调研、视察、提案、社情民意信息等形式，建言献策。

【积极为群众解难事办实事】 扎实推进创先争优强基础惠民生工作。市政协第三批驻墨竹工卡县日多乡怎村和拉龙村工作队，积极配合驻村点顺利完成“两委”换届，协助建立完善规章制度 12 项，帮助争取和申报项目 9 个，协调投入资金 300 余万元，有力地促进了两村经济健康发展和社会和谐稳定。市政协班子成员及机关副科级以上干部通过“三进四同三一”活动，深入联系点结对认亲 23 户，通过“双联户”活动与困难职工、委员遗属遗霜结对认亲 15 户。慰问群众、离退休干部职工、僧尼、驻会委员 200 余人次，帮助群众协调解决子女就学等实际问题。

【做好服务委员工作】 主动增强服务委员意识，结合委员的实际情况和特点，从委员需求多样性出发，有针对性地采取不同方法服务委员。安排 2 名专职人员为驻会委员服务，对领取生活补助的驻会委员和爱国统战人士，按时足额发放补助金，并将其纳入“三大节日”走访慰问对象，尽力帮助他们解决生活中的实际困难。同时，还通过举办形势报告会、政情通报会、专题讲座等，帮助委员及时掌握政策、知晓民意。认真做好委员提案、社情民意信息办理工作，最大限度地关注和重视委员的呼声愿望，以各种方式取得委员所在单位的支持，为委员参加政协组织的会议和活动提供方便。

【以开展党的群众路线教育实践活动为契机，切实改进工作作风】 根据中央和区市党委统一部署，市政协两级党组按照“照镜子、正衣冠、洗洗澡、治治病”的总要求，以“为民务实清廉”为主题，扎实开展了党的群众路线教育实践活动，着力解决“四风”“两问题”“一薄弱”“三不够”和关系群众切身利益、联系服务群众“最后一公里”的问题。以重点突破推动工作作风整体好转，注重从体制机制上解决问题，用制度改进作风，靠机制巩固整改成效。通过开展教育实践活动，形成了以践行党的群众路线新举措推动政协工作新发展的思想共识，在牢固树立宗旨意识、切实改进工作作风方面取得了阶段性成效。与2013年相比，2014年市政协的文件数量、三公经费支出均明显下降。

【有效发挥专委会和界别委员的作用】 按照《“一府两院”领导向政协委员定期进行工作通报制度》的要求，在市政协十届九次常委会上，“一府两院”相关领导向政协常委们通报了拉萨市2014年前三季度经济运行情况和“两院”工作情况；支持各专委会与界别委员开展履职活动。2014年，各专委会组织80余名委员参加了12项专题调研，有力地激发了委员履职尽责的动力。文史委完成了《老城史话》藏汉文合订本校对工作，完成了《回忆西部大开发史料（西藏卷）》“拉萨篇”资料征编报送工作，藏族传统计算技艺“迪孜”申遗工作正在进行中。

【加强委员培训，提升履职素质】 举办了市政协委员和各县（区）政协主席学习培训班，邀请市委、市政府有关领导、自治区政协及北京相关专家就拉萨市经济社会发展及当前中国宏观经济形势及全面深化改革等方面进行了专题辅导，110名委员和8名县（区）政协领导以及市政协机关干部职工参加了培训；举办了1期基层委员提案撰写培训班，受到基层委员的欢迎和好评。通过学习培训，提升了委员的素质，增强了委员做好工作的使命感和责任感。

【加强县（区）政协联系，指导工作开展】 为加强与县（区）政协的联系，切实指导工作开展，形成“大政协”格局，市政协建立了主席、副主席联系县（区）政协工作制度。全年主席、副主席联系县（区）政协指导工作20余次，其间形成的《关于拉萨市8县（区）政协编制及目前人员配备情况的调研报告》得到市委高度重视。同时，办公厅还大力支持县（区）政协工作，为曲水、墨竹工卡、达孜等县政协委员培训派出授课人员。

【加强政协机关建设，提高工作效率】 围绕创建服务型机关，不断加强制度建设，坚持制度约束、规范管理、照章办事，从内部管理制度入手，修订和完善了财务、用车、接待、考勤、领导带班值班等制度，制定出台了《坚守工作岗位制度》《支部党员干部培训制度》《机关后勤服务工作制度》等规章，使各项工作更加规范，更具操作性，提高了工作效率。

（刘俊艳）

重要会议

【十届三次会议】 2月22日至24日，中国人民政治协商会议第十届拉萨市委员会第三次会议在拉萨召开。会议应到委员278人，实到243人。会议听取审议《政协第十届拉萨市委员会常务委员会工作报告》《政协第十届拉萨市委员会常务委员会关于政协十届二次会议以来提案工作情况的报告》；表彰了政协第十届拉萨市委员会第一次会议以来优秀提案、提案办理先进集体、提案办理先进个人；列席拉萨市第十届人民代表大会第四次会议，听取并讨论一府两院报告及其他报告；审议通过《政协第十届拉萨市委员会第三次会议提案审查情况报告》；审议通过《政协第十届拉萨市委员会提案委员会关于政协十届三次会议提案审查情况的报告》《中国人民政治协商会议第十届拉萨市委员会第三次会议政治决议》《政协第十届拉萨市委员会第三次会议关于常务委员会工作报告的决议》《政协第十届拉萨市委员会第三次会议关于政协十届二次会议以来提案工作情况报告的决议》；传达学习了党的十八届三中全会、市委八届五次全委会、全市经济工作会议精神；增选了部分政协第十届拉萨市委员会常务委员；增选了政协第十届拉萨市委员会主席。

【十届常务委员会第五次会议】　2月19日，政协第十届拉萨市委员会常务委员会第五次会议召开。市政协党组书记诸伟敏，副主席亚古、次旦朗杰、次仁平措、刘惠兴、刘全保、安央金出席会议。应出席常委50名，实际出席43名。部分工商经济界委员、各县(区)政协主席、市人社局、市农牧局、市住建局、市发改委、市民政局有关负责人及市政协机关全体干部职工列席了会议。会议通报了市政协十届三次会议筹备工作情况；审议通过了关于召开市政协十届三次会议的决定、市政协十届三次会议议程、日程安排、《政协第十届拉萨市委员会常务委员会工作报告》和报告人、《政协第十届拉萨市委员会常务委员会关于政协十届二次会议以来提案工作情况报告》和报告人；协商增选和辞免市政协十届委员；审议通过了关于表彰优秀提案工作的决定、《政协拉萨市委员会委员履职考核暂行办法》。市委副书记、市长、市委政法委第一书记张延清通报了2013年政府工作开展情况和2014年政府工作安排，与会政协常委和委员就政府相关工作进行座谈。市政协副主席谢廷锡主持，副主席刘长富讲话。

【十届常务委员会第六次会议】　2月23日，政协第十届拉萨市委员会常务委员会第六次会议在拉萨召开。市政协副主席刘长富、亚古、次旦朗杰、次仁平措、刘惠兴、刘全保、安央金出席了会议。市政协副主席谢廷锡主持。应出席常委50名，实际出席39名，市委组织部有关负责人列席了会议。会议听取了对增选政协第十届拉萨市委员会主席、常务委员有关情况的说明；审议通过了《增选政协第十届拉萨市委员会主席、常务委员建议名单》《大会选举办法》。

【十届常务委员会第七次会议】　2月23日，政协第十届拉萨市委员会常务委员会第七次会议在拉萨召开。市政协副主席亚古、谢廷锡、刘惠兴、刘全保、安央金出席了会议。市政协副主席刘长富主持。应出席常委50名，实际出席42名。会议审议通过了《常委会工作报告决议》《政协第十届拉萨市委员会第三次会议关于政协十届二次会议以来提案工作情况报告的决议》《政协第十届拉萨市委员会第三次会议提案审查委员会关于提案审查情况的报告》《政协第十届拉萨市委员会第三次会议政治决议》及总监票人、监票人建议名单。

【十届常务委员会第八次会议】　4月28日，政协第十届拉萨市委员会常务委员会第八次会议在拉萨召开。市政协党组书记、主席诸伟敏，副主席拉宗卓嘎、亚古、次仁平措出席了会议。市政协副主席谢廷锡主持。应出席常委50名，实际出席38名。各县(区)政协主席或副主席、市政协干部职工列席了会议。会议邀请了自治区党校李宏教授作中共十八届三中全会精神专题辅导，书面传达学习了全国“两会”精神；审议通过了《政协拉萨市委员会委派民主监督员工作实施办法》《拉萨市政协委员反映社情民意信息工作办法》；协商确定了各界别小组2014年度集体调研课题。

【十届常务委员会第九次会议】　2月10日，政协第十届拉萨市委员会常务委员会第九次会议在拉萨召开。市政协党组书记、主席诸伟敏出席会议并讲话，副主席拉宗卓嘎、谢廷锡、安央金出席会议，市政府副市长次仁央宗、市中级人民法院副院长蒋建平、市人民检察院副检察长次仁多吉应邀出席会议。市政协副主席亚古主持会议。应出席常委50名，实际出席35名。各县(区)政协主席或副主席、市政协干部职工列席了会议。会议听取了市政府副市长次仁央宗、市中级人民法院副院长蒋建平、市人民检察院副检察长次仁多吉分别代表“一府两院”所做的2014年度前三季度工作开展情况通报。会议协商讨论了提案委员会《拉萨市政协关于社会救助体系建设的调研报告》、经济资源环境社教科文卫委员会《关于曲水县农村改革试验区工作情况的调研报告》《关于拉萨市“禁白”工作开展情况的调研报告》《关于拉萨市节能环保新型建筑材料推广应用情况的调研报告》《关于拉萨市开展净土健康产业推进情况的调研报告》。

(刘俊艳)

专门委员会工作

【**提案委员会**】 年内，市政协十届三次会议期间共收到委员提案128件，经提案审查委员会审查立案37件，作为意见建议处理的91件。于5月12日移交市委、市政府督查室。截至11月，128件提案全部办理完毕，回复率达100%。全面梳理了政协第十届拉萨市委员会第一次会议以来委员提案，按年份分类别进行了整理。

【**经济资源环境社教科文卫委员会**】 根据市委指示，9月28日以来，由市政协经济资源环境社教科文卫委员会牵头，26家市直单位参与，在全市范围开展了为期3个多月的巩固“禁白”成果专项活动，截至年底，此项工作取得阶段性成果。

【**文史民族宗教法制委员会**】 年内，加强古籍经典和文史资料保护工作，重新审查、补充、校对了《老城史话》文稿。完成了《老城史话》藏汉合订本校对工作，藏族传统计算技艺“迪孜”申遗工作正在进行中，完成了《回忆西部大开发史料（西藏卷）》“拉萨篇”的材料征编报送工作。

（刘俊艳）

重要活动

【**承办全市2014年春节、藏历新年团拜会**】 1月27日，市政协承办全市2014年春节、藏历新年团拜会。自治区党委常委、市委书记齐扎拉，市委副书记、市人大常委会主任洛桑旦巴出席。市委副书记、市长、市委政法委第一书记张延清在团拜会上致辞。市委副书记、统战部部长达娃主持。拉萨市委、人大、政府、政协所有在家地级领导人；市中级人民法院、市人民检察院、拉萨警备区、柳梧新区的负责人；武警拉萨市支队、拉萨市公安消防支队主官；各县（区）、市（中、区）直单位的主要负责人；驻市解放军、武警部队代表，社区居民代表，爱国统战人士代表，宗教界代表，文艺界代表，政法战线代表，教育体育界代表，卫生界代表，科技界代表，离退休老干部代表，退休工人代表，劳模、在职工人代表，工商（企业）界代表，妇女代表，复退转业军人干部代表，文化界代表，全国道德模范代表，执勤武警官兵代表，驻寺工作组干部代表，驻村工作队代表，农牧民代表等参加了团拜会。

【**举行政协拉萨市委员会社情民意信息征集工作启动仪式**】 5月23日，在市政协会议中心举办社情民意信息征集工作启动仪式。市政协主席诸伟敏主持并讲话。市政协常委、市政协秘书长、副秘书长、各专委会主任、副主任，21个社情民意征集点负责人、37名特邀信息员；各县（区）政协主席，市政协办公厅调研员、各科室负责人参加了启动仪式。

【**举办政协第十届拉萨市委员会委员培训班**】 7月2日至4日，在拉萨市政协会议中心举办了十届委员培训班。邀请了自治区政协副秘书长陈海、拉萨市委副书记、常务副市长陈勇及拉萨市委常委、常务副市长斯朗尼玛，拉萨市委常委、政法委副书记、市公安局党组书记次仁旺堆，拉萨市委常委、宣传部部长占堆，拉萨市副市长杨安文、北京方正富邦基金管理公司投资研究总监沈毅分别围绕政协办会、拉萨市“五大战略”、当前中国宏观经济形势及全面深化经济体制改革进行了授课。市政协党组书记、主席诸伟敏出席开班和结业仪式并讲话。

【**举办藏语专题提案培训班**】 8月19日，市政协举办了为期一天的藏语专题提案培训班。市政协主席诸伟敏出席开班仪式并讲话。邀请了自治区政协提案委原副主任、西藏社会主义学院客座教授普旺和自治区党委宣讲团成员、市委党校讲师格次为委员们授课，旨在让委员把握撰写提案的方法、内容，准确理解和掌握提案的基础性性、普遍性、典型性、可操作性和规范性，提高委员围绕服务中心，履行职责的能力。

【**召开委员提案办理工作座谈会**】 8月21日，市政协组织召开委员提案办理工作座谈会。市政协主席诸伟敏出席并讲话。市委督查室、市政府督查室、市政协提案委及相关部门负责人参加了会议。会议由市政协党组成员、办公厅党组书记张勤主持。

【召开拉萨市在编僧尼免费健康体检工作座谈会】 11月25日下午,市政协召开拉萨市在编僧尼免费健康体检工作座谈会。市委统战部、市卫生局、市人民医院、市财政局的负责同志,哲蚌寺管委会、色拉寺管委会、甘丹寺管委会、大昭寺管委会、楚布寺管委会、小昭寺管委会、仓姑寺管委会的有关负责同志、僧尼代表,城关区、达孜县、林周县、堆龙德庆县相关部门负责人应邀参加了座谈会。

【开展季度协商座谈】 年内,为增加协商密度,提高协商成效,借鉴全国政协双周协商座谈会和自治区政协双月协商座谈会的成功做法,结合自身实际,制定出台了《政协拉萨市委员会季度协商座谈会工作办法》。12月25日,围绕"环境立市"、进一步巩固"禁白"成果这一主题,召开了市政协首次季度协商座谈会,与市委、市政府和相关部门进行沟通协商,为保护和改善拉萨市生态环境提出了具有科学性、针对性和可操作性的意见建议。

【委派25名民主监督员】 年内,制定出台了《政协拉萨市委员会委派民主监督员工作暂行办法》。5月21日,在市政协会议中心举办政协拉萨市委员会2014年委派民主监督员工作启动仪式。市委常委、常务副市长斯朗尼玛出席启动仪式并讲话。市政协主席诸伟敏,副主席拉宗卓嘎、谢廷锡出席启动仪式。受派单位市市民服务中心、市公安局交警支队、市人民医院、市住建局负责人,各县(区)政协主席,25名民主监督员,市政协秘书长、副秘书长、各专委会主任、副主任、办公厅调研员、各科室负责人参加启动仪式。民主监督员通过参加受派单位的有关会议和活动,开展专题调研、专项检查评议,提出口头或书面意见建议等形式进行民主监督、协商议政,促进了受派单位及其工作人员转变作风、履职尽责。

【拓展社情民意新渠道】 年内,制定出台了《拉萨市政协委员反映社情民意信息工作暂行办法》。在市直部分单位、县(区)设立社情民意征集点21个,特邀信息员37名,拓宽信息来源渠道,规范信息反映程序,提升社情民意信息征集工作制度化水平。将特邀信息员反映的情况,以《社情民意专报》形式报送市委、市政府及有关部门,市委、市政府督查室共同督办,相关单位认真参考采纳信息员的建议,并以书面形式反馈答复,社情民意信息办理满意率达100%。

【提案办复率达100%】 年内,按照《拉萨市关于进一步加强和改进提案办理工作的实施意见》要求,在狠抓提案催办、督办的基础上,创新提案办理新方法,采取主动面商、联合视察、专题协商、跟踪问效等方式,提升了提案工作的协商实效。市政协十届三次会议以来,共收到提案128件,立案37件,作为意见建议的91件。截至年底,提案办复率达100%,满意或基本满意率为95%。

【促进社会和谐稳定】 年内,贯彻落实中共中央习近平总书记"治国必治边,治边先稳藏"的战略思想和全国政协主席俞正声"依法治藏、长期建藏、争取人心、夯实基础"的原则,把团结和民主两大主题贯穿于政协工作的全过程,发挥政协独特优势,团结各族各界人士,促进社会和谐稳定。

【参与全市各项工作】 年内,市政协主席、3名副主席全程参加了市委党的群众路线教育实践活动督导工作和指导村(居)"两委"换届工作,3名副主席参与了供暖供气工程包片督查及天然气价格调研论证工作,1名副主席参与了"8·09"特大交通事故善后处置工作。

【凝聚各界力量】 年内,通过走访、视察、调研、联谊等方式,加强与委员的联络和沟通,增进了思想共识。邀请各族各界代表人士参加新年茶话会、"3·28"西藏百万农奴解放纪念日座谈会、"9·17"民族团结进步节座谈会等活动,组织各族各界代表人士参加相关活动,听取他们的意见建议,支持和保障他们充分利用政协平台参政议政,营造出和谐共事的良好氛围。

【主动参与维稳工作】 年内,市政协引导各族各界政协委员带头为维护社会和谐稳定贡献力量,并通过走访慰问等活动,做好与民族宗教界人士、归国藏胞和爱国统战人士的经常性沟通。6名副主席全年参加维稳一线指挥部带班和面上巡查工作,1名副主席受市委委派参加了阿里"塔尔钦"维稳工作,2名副主席积极参与宗教领域维稳工作。广大政协委员按照维稳工作没有局外人的要求,充分发挥自身优势，积极协助党委、政府维护社会稳定。工商经济界委员组织企业员工学习区市党委维稳工作会议精神，主动开展企业内部维稳工作。民族宗教界委员大力加强与宗教界人士的联系和沟通，全面正确宣传党的民族宗教政策，引导宗教界人士和信教群众维护社会和谐稳定，较好地发挥了委员在维护社会稳定中的重要作用。

【推动保障和改善民生】 年内，把关注和改善民生、联系和服务群众作为履行职能的重点，自觉践行党的群众路线，引导群众与党和政府同心同德，为基层群众排忧解难，努力推动保障和改善民生。

【全力服务保障和改善民生】 年内，把保障和改善民生作为政协履行职能的根本出发点和落脚点，进一步完善“让群众走进政协、政协委员走近群众”制度，落实政协领导联系委员、联系群众的“双联系”制度，倾听民声、反映民意，围绕城区交通安全隐患、职工周转房立项、乡村医生队伍建设、增加缺少劳力农户收入、整治学校周边流动小商贩等问题，通过调研、视察、提案、社情民意信息等形式，建言献策。

【为群众解难事办实事】 年内，市政协第三批驻墨竹工卡县日多乡怎村和拉龙村工作队，配合驻村点完成“两委”换届，协助建立完善规章制度12项，帮助争取和申报项目9个，协调投入资金300余万元。市政协班子成员及机关副科级以上干部通过“三进四同三一”活动，深入联系点结对认亲23户，通过“双联户”活动与困难职工、委员遗属遗孀结对认亲15户。慰问群众、离退休干部职工、僧尼、驻会委员200余人次，帮助群众协调解决子女就学等实际问题。

【做好服务委员工作】 年内，增强服务委员意识，结合委员的实际情况和特点，从委员需求多样性出发，有针对性地采取不同方法服务委员。安排2名专职人员为驻会委员服务，对领取生活补助的驻会委员和爱国统战人士，按时足额发放补助金，并将其纳入“三大节日”走访慰问对象，尽力帮助他们解决生活中的实际困难。通过举办形势报告会、政情通报会、专题讲座等，帮助委员及时掌握政策、知晓民意。做好委员提案、社情民意信息办理工作，最大限度地关注和重视委员的呼声愿望，以各种方式取得委员所在单位的支持，为委员参加政协组织的会议和活动提供方便。

【切实提升履职水平】 年内，重视加强政协自身建设，主动适应改革发展新形势新任务对政协工作提出的新要求，不断夯实履职基础，提升履职实效。

【开展党的群众路线教育实践活动】 年内，根据中央和区市党委统一部署，市政协两级党组按照“照镜子、正衣冠、洗洗澡、治治病”的总要求，以“为民务实清廉”为主题，开展了党的群众路线教育实践活动，着力解决“四风”“两问题”“一薄弱”“三不够”和关系群众切身利益、联系服务群众“最后一公里”的问题。以重点突破推动工作作风整体好转，注重从体制机制上解决问题，用制度改进作风，靠机制巩固整改成效。通过开展教育实践活动，形成了以践行党的群众路线新举措推动政协工作新发展的思想共识，在牢固树立宗旨意识、切实改进工作作风方面取得了阶段性成效。与2013年相比，2014年市政协的文件数量、三公经费支出均明显下降。

【发挥专委会和界别委员的作用】 年内，按照《“一府两院”领导向政协委员定期进行工作通报制度》的要求，在市政协十届九次常委会上，“一府两院”相关领导向政协常委们通报了拉萨市2014年前三季度经济运行情况和“两院”工作情况；支持各专委会与界别委员开展履职活动。各专委会组织80余名委员参加了12项专题调研。文史委完成了《老城史话》藏汉文合订本校对工作，完成了《回忆西部大开发史料（西藏卷）》“拉萨篇”资料征编报送工作，藏族传统计算技艺“迪吾”申遗工作正在进行中。

【举办市政协委员和各县（区）政协主席学习培训班】 年内举办了市政协委员和各县（区）政协主席学习培训班，邀请市委、市政府有关领导、自治区政协及北京相关专家就拉萨市经济社会发展及当前国家宏观经济形势及全面深化改革等方面进行了专题辅导，110名委员和8名县（区）政协领导以及市政协机关干部职工参加了培训；举办了1期基层委员提案撰写培训班。

【指导县（区）政协工作开展】 年内，为加强与县（区）政协的联系，切实指导工作开展，形成“大政协”格局，市政协建立了主席、副主席联系县（区）政协工作制度。全年主席、副主席联系县(区)政协指导工作20余次,其间形成的《关于拉萨市8县(区)政协编制及目前人员配备情况的调研报告》,得到市委重视。同时,办公厅还大力支持县(区)政协工作,为曲水、墨竹工卡、达孜等县政协委员培训派出授课人员。

【加强政协机关建设】 年内,围绕创建服务型机关,不断加强制度建设,坚持制度约束、规范管理、照章办事,从内部管理制度入手,修订和完善了财务、用车、接待、考勤、领导带班值班等制度,制定出台了《坚守工作岗位制度》《支部党员干部培训制度》《机关后勤服务工作制度》等规章,使各项工作更加规范,更具操作性。

【开展第二批党的群众路线教育实践活动】 年内,拉萨市政协两级党组围绕"为民、务实、清廉"这一主题,按照"照镜子、正衣冠、洗洗澡、治治病"的总要求,聚焦整治"四风"、"两问题"、"一薄弱"、"三不够",以整风精神抓好各个环节的工作。按照自治区党委第一督导组的要求和市委的决策部署,成立了市政协两级党组党的群众教育实践活动领导小组及办公室,制定并推进落实活动方案,科学统筹、精心组织,整个活动做到了规定动作不打折、活动标准不降低、多措并举抓覆盖、实践载体做扎实,较好地实现了树立群众观点、弘扬优良作风、解决突出问题、保持清廉本色的目标要求,达到了预期目的。市政协党组成员率先垂范,带头学习党的群众路线重要文献文章、领导讲话等,全程参加了市委组织的5轮集中学习,撰写学习体会文章35篇,做学习交流发言35次。两级党组组织学习交流、专题辅导、座谈研讨和大讨论等活动30余次,集中观看了《焦裕禄》《周恩来的四个昼夜》《孔繁森》等影视片60次。市政协党组成员及机关县处级以上领导干部深入各自联系点、联系寺庙等,结对认亲23户,通过双联户形式与困难职工、委员遗属遗孀结对认亲15户,慰问群众、退休干部职工、僧尼1000余人,帮助协调解决了群众存在的一些实际困难和问题。两级党组班子成员把"面对面"与"背靠背"结合起来,把"个别听"与"集体谈"结合起来,把"走进群众听"与"组织群众评"结合起来,通过召开座谈会、设立征求意见箱、发放征求意见函、开展结对认亲交朋友活动、开展谈心活动、深入基层调研、交叉征求意见、党组深查细摆等形式,征求各面对市政协党组意见建议。针对查摆出的具体问题和群众反映强烈的突出问题,按照从实际出发、出实招、求实效的要求,两级党组分别认真制定了《党的群众路线教育实践活动整改落实方案》《党的群众路线教育实践活动专项整治方案》和《党的群众路线教育实践活动制度建设计划》,按照"两方案一计划"狠抓整改。

【深入开展强基础惠民生活动】 年内,拉萨市政协驻墨竹工卡县日多乡怎村和拉龙村围绕"一个目标"、"五项任务"认真开展各项强基惠民活动。配合村"两委"顺利完成换届工作。其中,拉龙村作为全县试点,起到了良好示范作用。帮助建立完善规章制度12项,争取和申报项目9个,协调投入资金300余万元。

【组织调研活动】 5月12日至14日,由市政协副主席带队,市政协经济资源环境社教科文卫委员会组织部分工商经济界委员和市直相关部门负责人在全市范围内开展专题调研,了解和掌握拉萨市推广应用节能环保新型建筑材料的相关情况,形成了《关于拉萨市节能环保新型建筑材料推广应用情况的调研报告》。5月15日至27日,由市政协副主席带队,市政协经济资源环境社教科文卫委员组织部分区、市政协常委、委员和市直相关部门负责人组成联合调研组,深入拉萨市药王山农贸市场、八一路农贸市场、城关区亿鑫废品回收有限公司、娘热路向阳农贸市场、圣洁医药超市、圣美佳超市,通过明察暗访、随机采访消费者、与相关部门对口座谈等方式开展了"禁白"工作专题调研,形成了《关于拉萨市"禁白"工作开展情况的调研报告》。5月29日至6月15日,由市政协副主席带队,市政协经济资源环境社教科文卫委员会组织部分工商经济界委员和相关部门负责人组成联合调研组深入拉萨市曲水县、达孜县、市农牧局、市科技局、市净土健康产业投资开发有限公司等部门通过听取情况介绍、座谈交流、实地考察等方式对拉萨市净土健康产业推进情况进行了专题调研,形成了《关于拉萨市开展净土健康产业推进情况的调研报告》。6月3日至5日,市政协提案委组织12名中共界委员深入市民政局、市人社局、市残联、城关区、墨竹工卡县,对拉萨市社会救助体系建设情况进行了专题调研,形成了《拉萨市政协关于社会救助体系建设的调研报告》。8月15日至11月3日,由市政协副主席带队,市政协经济资源环境社教科文卫委员会组织20余工商经济界委员及10家物流企业负责人深入市商务局、市发改委、市国土资源规划局、市工商局、市工信局、市交通运输局、市邮政局和西海冷链物流、昆仑商贸、圣旺经贸3家物流企业对全市物流业发展状况进行专题调研,形成了《拉萨物流业发展状况分析和对策》的调研报告。8月29日至9月9日,市政协经济资源环境社教科文卫委员会组织部分政协委员和市直相关部门负责人组成联合调研组,深入曲水县农村改革试验区,通过明察暗访、随机采访消费者、与相关部门对口协商等方式开展了曲水县农村改革试验区工作情况专题调研,形成了《关于曲水县农村改革试验区工作情况的调研报告》。10月13日至24日,由市政协党组书记、主席诸伟敏带队,组织10名教育界政协委员,深入拉萨市6所高中和2所职业技术学校,向160余名学生代表、160余名教师代表、80余名家长代表发放问卷,通过查阅资料、分析问卷、走访座谈、听取汇报等方式对拉萨市高中德育工作进行了较为全面的调研,形成了《拉萨市高中德育工作调研报告》。协助中国社科院、自治区政协就拉萨市社会文化建设、天葬台管理、西藏佛学院分院工作开展情况、拉萨市城市管理长效机制建设、生态安全屏障保护与建设、自治区政协2014年度重点提案办理等工作开展了调研。

(刘俊艳)

重要提案

编号	提案人姓名	提案人单位(地址)	案由(提案内容)
014	旦　增	拉萨吉日街道铁崩岗居委会	老城区物价涨幅过快致使居民群众生活压力大
031	耿进利	第一职业技术学校	实行校长、教师“市管校用”政策,均衡配置优质教育资源,促进城乡统筹、推动教育均衡发展
080	李志清	拉萨城关区亿鑫废品回收有限公司	建设规范可再生资源回收网点
083	贡扎曲旺	市交通运输局	急需改造嘎玛贡桑石板路
103	格西哈姆	市工商联	非公有制企业在净土健康产业发展中发挥更大作用
107	张　奇	拉萨圣洁商贸有限公司	政府主导社会参与,积极打开拉萨“禁白”工作

纪检·监察

综 述

2014 年，全市各级纪检监察机关和广大纪检监察干部贯彻中央和区、市党委关于加强党风廉政建设和反腐败工作各项重大决策部署，坚持标本兼治、综合治理、惩防并举、注重预防方针，聚焦中心任务、突出主业主责，以完善惩治和预防腐败体系为重点，以加强党员干部廉洁自律为主线，以落实“两个责任”为着力点，持续抓好“转职能、转方式、转作风”各项工作，全市党风廉政建设和反腐败工作呈现出重点突出、措施有力、成效明显的良好局面。

（何 平）

纪检工作

【拉萨市纪律检查委员会第四次全体会议召开】 3月25 日，中国共产党第八届拉萨市纪律检查委员会第四次全体会议召开。总结 2013 年全市党风廉政建设和反腐败工作，安排部署 2014 年党风廉政建设和反腐败工作，表彰先进。自治区党委常委、市委书记齐扎拉出席并作讲话，自治区纪委有关领导出席会议。

【开展专项督查】 年内，按照维稳督查长效机制安排，分系统、分片区对各县(区)、市直各单位、寺庙管委会、驻村(居)工作队、便民警务站、公安检查站等重要部门、重点部位深入开展专项督查。在元旦、春节、藏历新年、三月敏感期、“萨嘎达瓦”等重要节点共开展督导检查 863 次，检查单位 7213 家(次)，现场发现并纠正问题 147 起，因维稳工作落实不力给予党政纪处分 9 人。对 2012 年以来的全市党员干部和国家公职人员违反党的政治纪律情况进行全面梳理，共查处参与境外达赖集团举办的“法会”、支持和参与地下非法组织、参与造谣传谣的党员干部和公职人员 24 名。

【纠正“四风”】 年内，查处顶风违纪行为，各级纪检监察机关扭住落实中央八项规定精神不放，抓住一个个具体问题，坚持一个节点一个节点地抓，由浅入深、由表及里，积小胜为大胜。市纪委多次下发通知，提出严禁用公款购买赠送礼品、廉洁过节等纪律要求，通过重要节日检查与日常检查相结合、综合检查与专项检查相结合、突击检查与常规检查相结合的方式，全年共组织 656 组次、2624 人次，对市区 244 家餐饮娱乐场所、92 家机关单位、551 辆公车开展明察暗访或专项检查，共查处违反中央八项规定精神案件 21 起，处理 29 人，给予党政纪处分 16 人，有效遏制了党员干部参与赌博、公款吃喝、公车私用等不正之风。

【落实党风廉政建设主体责任】 年内，市委重视党风廉政建设主体责任落实工作，调整充实党风廉政建设责任制领导小组和反腐败工作协调小组，在第85次常委会上专题研究通过《中共拉萨市委员会关于贯彻落实〈区党委关于落实党风廉政建设党委主体责任和纪委监督责任的实施意见（试行）〉的意见》，学习传达了自治区党委党风廉政建设主体责任电视电话会议精神。按照“一把手”负总责、“谁主管谁负责”原则，市纪委对全市党风廉政建设工作任务进行层层分解，召开各级党委（党组）负责人落实主体责任工作会议。自治区党委常委、市委书记齐扎拉主持召开了拉萨市落实党风廉政建设党委（党组）主体责任“第一责任人”述责大会。12月，自治区党委常委、市委书记齐扎拉单独约谈八县（区）委书记，常务副书记龙志刚及市纪委主要负责人分别对67家市直单位党委（党组）书记或行政“一把手”进行全覆盖约谈，督促各级各部门把党风廉政建设主体责任抓在手上、扛在肩上、记在心上。各县（区）委相继制定落实“两个责任”具体意见，约谈下级党委（党组）书记，层层传导压力，层层明确责任。为确保党风廉政建设责任制落到实处，自治区党委常委、市委书记齐扎拉、市长张延清分别担任党风廉政建设责任制检查考核小组组长，对全市各县（区）、市直各单位进行考核验收。严肃问责党风廉政建设主体责任落实不力行为，对达孜县个别领导干部失职渎职，导致尊木采村群众群体性越级上访的问题予以立案调查，并对相关责任人进行问责处理。

【推进惩防体系建设】 年内，印发《拉萨市贯彻落实〈西藏自治区建立健全惩治和预防腐败体系2013~2017年工作规划实施办法〉分工方案》（以下简称“《分工方案》”），将工作任务分解为17个方面94项具体任务。出台《关于加强廉政风险防控机制建设的实施方案》，根据30家牵头单位和57家协办单位所承担的工作任务，明确具体标准和完成时限。深化廉政宣传教育，在委局机关制作“廉政文化走廊”，开展形式多样的廉政文化宣传活动，全年共开展党风廉政和反腐败教育149场次、受教育人数8302人。筹建拉萨市廉政警示教育基地，基地总投资1170万元、展厅面积3400多平方米。

【严厉惩治腐败】 年内，市纪委以查办案件为中心，加强反腐败工作的组织协调，地县联合、纪检组全力以赴、县乡村全覆盖，整合办案资源，集中力量突破大案要案，有的县纪委实现多年来查办案件“零突破”。遴选借调干部充实办案队伍，推进办案队伍专业化建设。成立案件线索排查分析小组，市纪委三位副书记、机关85%的干部投入办案工作，每周末召开案情分析研判会议，做到一案一整改、一案一警示，形成了主动办案、善于办案的局面。全市纪检监察机关共受理群众举报208件，比2013年增长163%，其中了结95件、正在初核66件、立案47件，立案件比2013年增长422%；给予党政纪处分61人，同比增长306%，其中县处级干部9人、乡科级干部18人、一般干部7人、村组干部16人、其他人员11人。严格办案程序，成立案件审理小组，完善和细化初核、立案等制度。开展警示教育，做到有问题早发现、早提醒、早纠正、早查处，及时将查办的典型案例上报区纪委和中央纪委进行通报曝光，对所有了结件的相关人员进行约谈，为其澄清事实、促其引以为鉴。坚持以案督改，指导协助案发单位深入查找原因、建章立制，定期进行案后回访，检查整改落实情况，防止类似问题再次发生。

【推进纪律检查体制改革】 年内，市委将纪律检查体制改革纳入全市深化改革领导小组总体布局，同步安排、统筹推进。理顺内设机构职能，经区纪委和市编办批复同意，整合内设机构3个、重组2个、增设1个，监督执纪人员占委局机关编制总人数的68%。强化派驻纪检组职能，将5个纪检组负责人高配为正县级，同时增加了10个人员编制；印发执行《中共拉萨市纪律检查委员会拉萨市监察局派出纪检组（监察室）工作规则（试行）》，依据系统和职能对60个负责监督的市直单位进行了重新划分，每个纪检组负责监督12个市直单位。加强基层纪检监察组织建设，市委常委会明确要求，各县（区）纪委人员编制不得少于10个，截至年底，有2个县（区）达到了要求，其中当雄县纪委达到13人；印发《中共拉萨市委员会办公厅关于加强拉萨市乡（镇、街道）纪检监察工作的意见》，从组织建设、作风建设和能力建设等方面有效加强了基层纪检监察工作，全市65个乡（镇、街道办事处）全部配备了1名分管纪委工作的党委副书记、1名专职纪委书记和1名专职纪检干部。

【开展第二批党的群众路线教育实践活动】 年内，围绕“为民、务实、清廉”的总要求，“一把手”负总责、亲自抓，制定委局机关实施方案，及时修改完善7项不适用或存在冲突的制度，制定出台9项欠缺疏漏的制度。截至年底，班子整改落实任务和专项整治任务完成率达80%以上，规章制度已由过去的19项增加至现行的22项，各项工作的制度化、科学化水平得到进一步提高，群众测评满意率达到100%。

【加强自身建设】 年内，各级纪检监察机关落实监督责任，召开纪委书记（纪检组长）履行监督责任述责评议大会。在城关区嘎玛贡桑社区和当雄县曲登村分别选派20名干部参加第三、四批强基惠民驻村工作，围绕“五项任务”实施办实事好事项目5个。选派71人次参加中央纪委和区纪委举办的各类业务培训；将10月、11月定为纪检监察干部“素质提升月”，利用晚上及周末时间举办全市纪检监察实务培训班及“互动式”办案专题培训班；采取以老带新、以案代训的方式，锻炼提升办案人员的能力和水平。加强干部纪律作风建设，按照“忠诚、干净、担当”要求，制定并严格执行《拉萨市纪检监察干部行为规范》，要求纪检监察干部带头执行中央八项规定、区党委“约法十章”“九项要求”和市委“八项要求”，模范遵守“六带头、六不准、六严禁”，坚决防止“灯下黑”，树立纪检监察干部良好形象。

（何　平）

监察工作

【规范权力运行】 年内，执行党政主要领导“三谈两述”、个人重大事项报告、干部任前廉政谈话等制度，并及时抽查、核实落实情况，对7批88名新提拔使用县级领导干部进行了任前廉政谈话。配合区党委巡视二组完成对曲水县、尼木县、堆龙德庆县、当雄县和城关区的巡视工作，开展了对达孜县、林周县、墨竹工卡县3个乡镇的巡查工作。市纪委五个纪检组认真履行监督职责，主动作为，进一步加强了对市直各部门“三重一大”事项、领导班子及成员履职情况的监督。清理议事协调机构，将原来纪委监察局参与的73项议事协调机构精简为24项，清理率67%，各县（区）也按要求开展了此项工作。

【加大执纪监督力度】 年内，筹建拉萨市公共资源交易中心并正式运行，将市政建设、道路交通、水利项目、产权交易、国土资源、政府采购、医药采购等公共资源项目纳入交易中心进行集中交易，参与监督招投标项目241个，作出废标处理16次，对6个项目进行流标处理，废止5家企业的串标行为，处理1家招投标代理机构。加强对政府采购行为的监督，共参与监督政府统一采购行为176批次，对市委党校办公设备政府采购招投标违纪问题予以立案审查。

【推进各类专项整治】 年内，共取消行政审批事项14项，下放行政审批事项111项，查处“庸懒散拖”问题36起，涉及工作人员108人；清理清退公务用车30辆，取缔“6”字头专段号牌758副，调整清理超标办公用房5355平方米，减少收费项目134项，查处乱收费、乱罚款、乱摊派问题1起5人。

【开展惠民资金使用情况专项检查】 年内，成立由市委主要领导任组长、相关部门负责人为成员的拉萨市惠民资金管理使用专项检查工作领导小组，组成4个联合检查组、1个案件线索处置组，重点对八县（区）2010年至2014年涉农、林、水、安居、“三老”、教育、扶贫、民政等领域的惠民资金管理使用情况进行专项检查，共提出整改意见116条，发现并查办违纪违法问题线索9起，立案10件18人。

（何　平）

对口援藏

北京援藏

【加强援藏班子建设】 年内，建立并完善指挥部党委会、办公会、周例会、支部书记会制度，坚持“三重一大”集体研究制度。；完善了《党委议事规则》《援藏项目管理规定》《援藏资金使用和审计规定》等10余项规章制度；继续完善援藏项目集体决议机制，充分听取每个人的意见建议，高效地推进援藏项目建设；完善督查工作机制。加强督查落实党委会、办公会、周例会等会议上决定的事项。根据人员变动情况，调整职责分工，实行专兼职制度、分工负责制度，细化各部室职责，充分发挥五部一室的职能作用，充分调动援藏干部积极性，营造了想干事、能干事、干成事的氛围。

【健全援藏服务管理机制】 年内，指挥部党委根据工作性质和地域特点进行重新编组，设立10个党支部，把援藏干部、专职干部及服务团队共110名人员纳入支部管理，强化党支部的教育管理作用。成立了学习、文体、生活、医疗、安全等5个自我服务小组，完成了第一、二批援藏专职干部，第七批第一、二期援藏医疗团队及驻站记者、首旅服务团队共35人的交接轮换工作，首批拉萨北京实验中学52名援藏教师团队入藏，23名西部计划志愿者加入北京援藏工作团队中。指挥部坚持“既关心爱护，又严格要求”的原则，强化对援藏干部的服务与管理。指挥部积极沟通协调，加强工作衔接，保证轮换人员和工作顺利交接。注重轮换人员培训，使新到岗的干部了解熟悉自治区区情和拉萨市市情、民族工作特点及相关工作情况，尽快融入当地、投入工作状态。

【加强团队建设】 年内，每周组织开展“三学”（藏语、藏歌、藏舞），每月开展“两课”（西藏历史文化课、政治理论学习课）学习活动。同时，动员援藏干部参加藏民族史研究生课程班学习，提高文化素质和工作能力；精心安排服务，改善生活条件。开展了CBA拉萨行活动，与北京首钢篮球队中秋节联谊。强化干部管理，全面深入贯彻中央“八项规定”的要求，纠正苗头性的问题，确保援藏干部政治、经济、生活、身体、交通等安全。保证财务、资金、公文、会议、车辆管理高效运转。加强《北京援藏工作简报》采编工作，全年编发72期；同时编撰出版了北京援藏20周年可以报告《丰碑》以及北京援藏20周年工作掠影《雪域长歌》等书籍；拍摄了《援藏20周年》宣传片；制作了一首援藏歌曲；举办了《北京援藏20周年》成果展；组织北京媒体团赴拉萨采访北京援藏20周年成果。

【做好援藏项目规划建设】 年内，北京市共投入援藏资金近8亿元，其中1‰援藏资金2.6亿元，安排了31个援藏项目，截至年底，实现项目开工率95%，完工率68%。完成了文体中心建设和2拉萨北京实验中学的建设。结合拉萨市中心工作和需求，科学合理调整十二五援藏规划，并启动“十三五”规划的编制工作；抓好前期。建立健全北京援藏项目生成机制、中介机构遴选机制、项目协调调度机制、项目快速审批机制、项目调整机制，确保援藏项目快速有序推进。在推进北京援藏项目中，坚持质量第 一，加强监理和现场管理。按照拉萨市提出的提速跨越发展的要求，统筹施工建设力量和资源，加快群众文体中心竣工决算审计工作，保证提前或如期完成工作。建立项目安全责任机制，强化现场全程安全管理，确保安全生产。

【拉萨北京实验中学投入使用】 9月，总投资2.5亿元援建的拉萨北京实验中学于投入使用，选派了一批管理教学优秀的骨干教师到学校援教，招收了西藏学生2536人。协调北京市教委开发建设并开通运行了全国第一个综合性教育对口支援与合作服务平台—北京教育对口支援与合作网。

【协调解决西藏籍大学生毕业生就业】 年内，与北京市人社局配合，协调北京64家用人单位提供了152个工作岗位，落实解决西藏籍大学毕业生就业，招聘意向200多人，现场达成意向60人，现场签约4人。

【开展医疗卫生援助】 年内，援藏医生在各自岗位上发挥“传帮带”作用，参与医院管理和学科建设，提高诊疗技术和服务能力，深入基层单位，为藏族同胞看病就诊，使当地患者得到及时治疗。北京援藏医生组织义务下乡巡诊36场次，诊治病人275人次，免费发放价值约3.5万元的药品。开展先心病患儿免费救治工作，在京成功治愈100多例患者。

【加强文化交流援助】 年内，北京文化援藏工作注重改善公共文化设施，突出京藏人民交流，丰富人民的精神生活，营造践行和弘扬社会主义核心价值观的氛围。第三届“共话京藏情，同筑中国梦”品牌文化援藏活动举办。北京艺术家代表团深入到拉萨社区、农村、学校、援建项目工地、解放军和武警部队以及驻西藏公安、边防部队，举办了30多场文艺演出和书画交流笔会。牦牛博物馆正式向公众免费开放大型实景剧《文成公主》继续上演，“幸福拉萨·中鹰黑森林慈善演唱会”在文体中心上演，CBA西藏行在拉萨举办。群众文化体育中心全部竣工并通过验收。

【加强交流交往交融】 年内，北京市团委、市广电局、西城区、石景山区代表团到拉萨进行实地考察调研，研究确定援助计划。拉萨市卫生局、教体局等单位也先后到北京市教育、卫生、文化和科技等有关对口单位进行沟通联系，对接洽谈对口支援事宜。发挥社会资源优势，开展捐资助学、扶贫济困、结对帮扶等活动，捐助了700多万元。指挥部组织实施了首都艺术家拉萨行、首都媒体团拉萨行、首都企业家拉萨行、京藏青少年夏令营活动、免费救治先心病儿童、京藏手拉手读书活动、北京拉萨商品大集、“双百工程”等援藏活动。

【产业援助取得实效】 年内，制定了《北京援藏指挥部关于进一步推进产业援藏工作机制的意见》，完成商业网点、电子商务、物流、县域经济等6个产业规划。设立产业支持专项资金，加大奶牛养殖基地、绵羊育肥基地、藏鸡养殖基地、设施农业、工业园区等对净土健康产业的扶持力度，帮助农牧民增收致富。开展首都企业家拉萨行活动，洽谈对接投资合作项目30多个，达成了20多个投资意向。截至年底，已在北京设立了三家西藏拉萨净土健康产品展示厅，在京东网上开设了产品展示馆。

【树立干部良好形象】 年内，每一位援藏干部自觉把自我管理、自我约束、自我监督摆在突出位置，实施《北京援藏干部行为规范》，明确规定“八要八不”行为准则。严格执行中央“八项规定”和厉行节约的要求，主动自觉模范遵守各项纪律。加强财务收支管理，厉行节约、保证重点、讲究效益，严格预算执行管理，强化内部控制，细心做好年终决算，确保了指挥部收支平衡。严格遵守党的政治纪委组织纪委和个人生活纪律。建立定期谈话制度，及时纠正苗头性的问题，确保援藏干部政治、经济、生活、身体、交通等安全。在招标和采购工作中，严格执行各项规定，采取分权、量权、制权措施，实施阳光作业，防止负面情况的发生。

（宗　昊）

江苏援藏

【概　况】　年内，江苏省援藏前线指挥部按照江苏省委、省政府关于“江苏援藏工作要走在全国前列”的总要求，以经济援藏、干部援藏、人才援藏、科技援藏为主要途径，支援拉萨经济社会建设，完成了年度援藏目标任务。安排落实援藏项目资金3.94亿元，建成拉萨江苏实验中学、东城区人民医院、拉萨综合展馆、拉萨市人民医院医技楼等一批精品示范工程。江苏各后方支援单位援藏干部个人争取支持受援单位的资金、物资设备共计2346.23万元，指导培训、交流合作共209批次、2558余人次。

【启动三年援藏行动计划】　3月1日，江苏援藏前线指挥部召开全体援藏干部大会，安排部署2014年援藏工作，全面启动、推进三年援藏行动计划，实施经济援藏、教育援藏、科技援藏和干部人才援藏，完善全方位、多层次、宽领域的江苏对口支援拉萨工作格局。

【加快推进援藏项目】　年内，江苏前线指挥部下发实施2014年援藏项目计划的通知，要求各县区及相关市直单位抓紧开展项目前期工作，确保项目及时开工。采取统计报表、电话查询、现场调研等方式，对计划落实、项目实施、资金拨付等情况进行全过程指导把关。共安排援藏资金投资计划39396万元，完成实物投资量41259万元，实际完成实物投资量47137万元。在当年的24个援藏项目中，当年开工17个，开工率71%，建成项目6个。所有年度续建项目均于3月复工建设，新建项目均按计划推进。建成墨竹工卡县实验小学二期和扎西岗乡南京希望小学二期、达孜县中心小学和农牧科技示范园配套设施、林周县苏州中路和太湖南路、曲水县现代农业示范基地等一批援藏项目。墨竹工卡县巴日卡道路、达孜县民族手工艺创业基地和唐嘎乡奶牛养殖示范小区、林周县苏州北路和县群众文化体育活动中心、曲水县中小企业孵化基地和柏林村核桃种植基地等一批援藏项目均在加快建设。

【加强援藏项目质量管理】　年内，以“交钥匙”项目为抓手，以指挥部项目组为主体，协调工程监理部、工程项目部作为项目实施的管理核心，严格各项管理制度和安全生产责任制，运行全面质量管理体系。参照《江苏省文明工地管理办法》，把省级文明工地的创建标准、实施要求和考核指标发到每个施工现场，加强施工过程和细节中的质量管理，落实监理例会和月报制度，要求现场监理部严格执行工序报验、材料报验制度，关键部位和主要工序实行旁站监理。指挥部经常对施工现场进行检查，对不符合规范要求的项目及存在安全隐患的部位强制要求立即整改。通过采取上述措施，江苏省援建的“交钥匙”工程质量和进度、现场文明安全施工水平得到明显提高。

【拉萨江苏实验中学开始招生】　3月，指挥部成立办学筹备工作领导小组，领导小组下设五个工作组，分别为教师选派组、工程基建组、设备采购组、综合协调组和设备收验组，抽调7名援藏干部负责此项工作，制定工作方案，明确各工作组职责和各项任务完成节点，建立了工作例会、工作周报、工作协调三项制度，实行倒排工期、挂图作战，确保各项办学筹备工作按时保质快速推进。4月上旬，指挥部派专人赴江苏，会同江苏省教育厅装备中心的专家，专程考察镇江第一中学、第一外国语学校和常州西藏民族中学的教学设施设备的配备情况。委托省教育厅装备中心做好教学设施的援配工作，按照国内一流的标准编制了配置方案及预算，共涉及教学设备、后勤保障、弱电系统等7大类、2万多个品目。加强与省财政厅、省政府采购中心、省教育厅装备中心等单位的对接，争取后方支持，落实了办学建设资金，先后在省政府采购中心通过公开招标、专项询价等方式，组织实施采购项目12个，预算价3700万元，涉及具体采购品目3000余个，确定供货厂商8个，中标金额2381万元，通过政府采购节约资金1300余万元。指挥部与各厂商签订了责任状，并多次会同质监、专家技术人员深入厂家现场监督、催办，对各中标厂商的备货、生产、运输以及安装调试等环节进行全过程实时跟踪监控。6月10日，江苏省选派了5名学校管理人员先期进藏工作。7月17日，省委组织部、省教育厅、省人社厅联合下发了《关于做好拉萨江苏实验中学援藏教师选派工作的通知》，明确在徐州、南通、淮安、盐城、扬州、泰州共选派援藏教师50名，援藏时间1年。8月19日，择优选派的50名具有丰富教育教学经验的援藏教师全部进藏工作。指挥部会同拉萨相关部门，做好援藏教师的迎接、安排等服务保障工作，组织围绕教育教学形势、拉萨学情进行岗前培训。9月1日，拉萨江苏实验中学实现招生，近3000名中学生进入这所现代化、标准化、规范化的花园式校园上学和生活。

【实施卫生医疗援藏】 年内，江苏省投入400万元，对拉萨市疾控中心和墨竹工卡、达孜、林周、曲水县的11个乡镇开展拉萨市儿童计划免疫规范化门诊建设和基本设备配备工作。组织3批共20名江苏卫生医疗专家赴藏，开展医疗卫生体制改革和医院管理、基本公共卫生服务、基层卫生管理共12个专题培训，培训当地医技人员200余人次。首次建立起江苏对拉萨的卫生监督工作对口援助机制，江苏省卫生监督所先后选派3名专业技术人员到藏开展为期2个月的理论教学和现场带教，共开展专项培训20余场，培训拉萨卫生监督技术人员120余人次。3月，新一批江苏援藏医疗队15名医生进藏工作后，开展医疗巡回义诊，共接诊1万余例，开展各类手术500余台次，专题管理培训会议200余场次，培训当地卫技人员1500余人次，创新开展新项目和新手术30项。协调江苏拉萨两地继续实施儿童先心病救治，组织江苏医疗专家10余人次赴藏开展儿童先心病复查和诊治工作，将3名符合手术条件的先天性心脏病、先天性髋关节脱位和先天性食管闭锁患儿送至江苏实施免费治疗，直接免除医疗费用和患者家庭食宿费20余万元。

【开展人才智力援藏工作】 年内，发挥江苏科教大省优势，搭建培养培训、交流合作、产业振兴、基础建设、表彰奖励、就业创业六大人才智力援助平台，通过人才培养，将江苏先进的发展理念融入拉萨的经济社会发展中。根据指挥部制定的《江苏省对口支援拉萨市人才和智力援助计划(2013~2015年)》，投入援藏资金1425万元，直接下拨到各受援单位，专门用于对当地干部和技术人员的业务技能培训，共实施人才和智力援助项目62个。由江苏援藏干部主导安排本单位或受援县当地干部、技术人员赴内地培训共86批次、1621余人次；后方支援单位领导或专业技术人才、干部赴拉萨合作交流、指导培训共123批次，935余人次。江苏省科协投入援藏资金300万元，援建了拉萨市青少年科技馆和2辆科技“大篷车”。为提高拉萨市特种设备安全监察的有效性，江苏省质监局安排昆山市质监局与拉萨市质监局合作共建，选派2名中层干部赴拉萨市质监局挂职，援助建设拉萨市特种设备安全监察动态监管平台。6月上旬，镇江市住建局选派3名污水处理专家赴拉萨市现场指导污水处理运行管理及“创模”工作，保证了拉萨市污水处理厂顺利通过国家环保部组织的“创模”专家技术评估。7月下旬，江苏省商务厅与拉萨市商务局签署了《商务交流合作与对口支援备忘录》，明确将在人才培训、市场开拓、招商引资、资金援助等方面进一步加大对拉萨市商务局的支持力度。10月下旬，首届拉萨市环保系统局长培训班在江苏南京开班，来自拉萨七县一区的环保局长和市环保局部分科级以上干部共20人参加了培训，有效提高了他们的理论水平和业务技能。组织38名学生参加了南京青奥会、学生夏令营，开展江苏拉萨之间全方位、多层次的交流互访活动，增进了藏汉民族友谊。

【加大产业援藏力度】 年内，围绕拉萨市经济社会发展大局，按照统筹兼顾、突出重点的原则，以激发拉萨市社会经济活力为基础，发挥“苏拉工作平台”优势，推进产业援藏，谋求共赢发展。4月中旬，指挥部领导专程赶赴南京接洽苏果集团，促成苏果集团与拉萨城投公司签署了《西藏拉萨净土健康产品项目合作意向书》，拉萨净土健康产品在苏果超市的部分门店上市销售。支持西藏江苏商会发挥作用，帮助江苏籍企业家在拉萨投资兴业，设立“苏拉企业产业扶持资金”，当年投入1000万元，重点扶持江苏省和拉萨市两地企业投资发展矿泉水、藏药、牦牛、青稞等高原特色优势产业。6月20日，在南京举办拉萨市净土健康产业招商引资项目推介会，雨润集团、江苏柯菲平医药、南京中科集团等30余家江苏省重点企业、70余家江浙沪企业及部分行业商会负责人参加了推介会，共推出276个招商项目，总投资达2036亿元，主要涉及净土健康产业、文化旅游、商贸服务等领域，拉萨市有关部门与江浙沪15家企业签订32个合作项目，总投资154.38亿元，正式签约项目10个，总投资7.26亿元，意向签约项目22个，总投资147.12亿元。

【推动县域经济社会事业发展】　年内，江苏省对口支援四县援藏干部履行职责，把握工作主动，加快推进县域经济和社会事业发展墨竹工卡县完成地区生产总值23.18亿元，同比增长22.71%；农牧民人均可支配收入10502.55元，同比增长20.94%；财政预算收入预计完成3.3亿元，同比增长43%，固定资产投资73.56亿元，同比增长33.86%；引进贵州久联民爆、安徽凤形耐磨、江苏振发公司等7家企业，签约资金达19.2亿元。推进矿产资源整合开发，9月，甲玛乡孜孜荣村176户1047人全部完成搬迁(《西藏日报》2014年12月24日第七版，甲玛乡孜孜荣村152户975人巨龙搬迁安置房建设完工)，群众对搬迁安置满意度达100%。投资500万元注册成立旅游文化公司，统筹整合开发、宣传推介和市场服务，以直贡梯寺、甲玛景区、日多温泉小镇等特色旅游点辐射推动藏毯、藏香、藏式等民族特色旅游资源优势向产业优势、经济优势转变，吸引国内外游客87万余人次，同比增长77.8%，旅游收入达到1391万余元，同比增长22.56%。达孜县工业园区入驻企业341家，实体型企业71家，注册型企业270家；实现销售产值16.7亿元，同比增长59.3%；进园务工达孜籍农牧民达4000余人，人均年工资收入达2万多元；成立了达孜县净土产业投资开发有限公司，注册资金1.5亿元，前期注入资金1500万元。引进扶持壮大江苏籍企业投资扩产，镇江恒顺醋业有限公司与西藏正和吉玛科技有限公司合作研发青稞醋，试验品已研制成功，各项指标符合相关要求；西藏昊泰气体设备科技有限公司投入1100万元，进行技术研发和厂房、生产线建设；西藏延长医疗器械第三方物流有限公司投入2500万元进行厂房建设。林周县加大招商引资力度，正式签约高争山泉饮用水、恒天光伏等5个项目，总投资11.9亿元；结合苏州发展经验，利用拉萨新机场选址落户林周的契机，4月正式成立鹏博健康产业园党工委、管委会和林周城投公司，已有总投资4.9亿元的4个项目落户园区；主持修编《林周县旅游发展总体规划(2009~2020)》，形成了《拉萨市林周县旅游发展总体策划》，为林周发展旅游经济提供了规划，打造热振国家森林公园和旁多水利枢纽观光旅游目的地。曲水县利用拉萨市净土健康生物产业金字招牌，依托曲水县国家级农村改革试验区和才纳乡国家级现代农业示范区的政策优势，投入4000余万元用于完善园区基础设施建设；截至年底，已签约项目16个，实际到位资金4.35亿元，所涉领域涵盖了建材加工、食用菌、食品加工、矿泉水、生态牧场、生态燃料等方面。前三季度，雅江园区完成工业总产值6.9亿元，同比增长31%，预计全年完成税收将达4500万元。各受援县以保障和改善民生为重点，把促进农牧民增收、农牧业增效放在首位，加快新农村建设，实施民生项目和乡村安居工程，推进“四业工程”，加大劳动力技能培训和转移，提高了农牧民就业和收入水平。

【强化援藏干部管理教育】　年内，全体援藏干部参加拉萨市第二批教育实践活动，按照“照镜子、正衣冠、洗洗澡、治治病”的总要求，对照贯彻落实中央“八项规定”“四风”、工作作风飘浮懒散、“三不够”、关系群众切身利益和联系服务群众“最后一公里”等方面，深入查找自身存在的问题，剖析产生问题的原因，进一步明确了今后的努力方向和改进措施，并积极快速地进行整改。根据拉萨市和援藏工作实际，指挥部专门制定下发了《关于进一步严肃有关工作纪律的通知》，明确要求全体援藏干部要坚决执行中央八项规定和区党委“约法十章”“九项要求”及拉萨市委“八项要求”，坚守纪律底线，严格廉洁自律，严守指挥部各项规章制度，树立江苏援藏干部良好形象。通过定期或不定期召开全体援藏干部大会、支部学习会、举办援藏干部高原讲堂、不定期个别谈心谈话等方式，统一援藏干部思想，激励援藏干部更好地投身援藏工作。倡导营造健康向上、和谐友爱的江苏援藏文化氛围，组织开展了义务植树和摄影比赛、乒乓球比赛、斯诺克比赛、趣味体育比赛等一系列文体活动，进一步丰富了援藏干部的业余文化生活。结合拉萨市开展的“三进四同三一”活动，全体援藏干部深入各自驻村点，走访慰问结对农牧民，了解生产生活状况，帮助解决实际问题，每名援藏干部结对帮扶一名特困藏族大学生，个人捐赠慰问金、助学金和慰问品约17.2万余元，协调、帮助解决实际困难260多个；启用援藏干部公寓，进一步加强对援藏干部的管理和服务，制定出台了《援藏干部公寓管理规定》《援藏干部公寓服务保障人员聘用管理规定》《保安人员工作职责》《援藏干部公寓日常管理须知》和《援藏干部值班内容和要求》等相关制度规定，规范援藏干部职责和行为，确保了指挥部整体工作的运转。

（王铁山）

群众团体

拉萨市总工会

【概　况】 年内,全市基层工会组织922个(其中机关单位279个、农民工组织71个、事业单位32个、非公企业492个),职工72202人,会员总数66059人(其中农民工20426人、机关单位17231人、事业单位9343人、非公企业11518人),已建会企业职工入会率达81.68%。共有专(兼)职工会干部575人(其中专职工会干部95人)。拉萨市已建会的公有制企业厂务公开、职工代表大会建制率达到100%,非公企业厂务公开、职工代表大会建制率达到70%。

截至年底，新建工基层工会25个，发展会员759人。举办藏餐烹饪、装载机操作等技能培训班各1期，有55名困难职工家庭子女、困难农（牧）民工参加培训，实现就业、灵活就业50人。“三大节日”期间，全市各级工会慰问困难职工（农牧民工）、困难劳模、驻寺干部670户，共发放慰问金63.97万元（其中八县区困难职工336户，发放慰问金30.24万元）。为拉萨市39名困难职工发放（重）大病救助及生活救助金27.9万元，发放2014年助学金126万元，资助377名困难职工子女上学。组织推荐评选全国五一劳动奖章1人、全国五一劳动奖状1家、自治区劳模15人、先进工作者4人。共走访慰问劳模111人，发放劳模补助金25.55万元。组织开展以“弘扬企业安全文化，加强班组安全管理”为主题劳动竞赛，全市参赛企业19家，参赛职工500余人。推动落实工会劳动保护管理工作，全市参加“安康杯”竞赛活动参赛单位57家，参赛班组292个，参赛职工5129人。推进女职工特殊权益保护工作，把《女职工劳动保护特别规定》内容纳入集体合同之中,为70名困难女职工进行“两癌”筛查，发放免费体检卡50000张，投入资金3.5万元。先后开展5次法律宣传活动，向职工群众发放《中华人民共和国工会法》《全民所有制工业企业职工代表大会条例》《中华人民共和国劳动法》等法律法规宣传手册1万余册。深入开展创先争优活动，为驻村群众办实事、办好事、解难事，落实项目14个，共投入资金54万元。加大工会干部教育培训力度，先后选派100余名工会干部参加工会干部培训。

【开展“三大节日”送温暖系列活动】 1月16日,市总工会组织全市各级工会开展“三大节日”送温暖活动,其间分别在拉萨市七县一区、市直国有(国有改制)企业,非公企业的670户困难职工(农牧民工)、困难劳模、驻寺干部中开展慰问活动,涉及覆盖68个企、事业单位,共发放慰问金63.97万元(其中八县区困难职工336户,发放慰问金30.24万元)。

【庆祝“3·28”西藏百万农奴解放纪念日群众文艺演出】 3月28日,市总工会驻嘎巴村工作队主办、村“两委”承办的农牧民群众庆祝“3·28”西藏百万农奴解放纪念日群众文艺演出在村委会活动中心举行。拉萨市委常务副书记龙志刚等领导出席活动。

【邀请市委党校讲师讲课】 4月1日，市总工会召开理论中心组扩大学习会，邀请市委党校讲师孙亚洁讲课。孙亚洁就中国梦、西藏梦、中国特色社会主义、深化改革、党的执政理念等方面进行理论讲解。

【举办2014年度工会干部综合素质强化培训班】 4月21日，市总工会举行“2014年度工会干部综合素质强化培训班开班典礼”。此次培训为期5天，参训人员分别来自全市各级工会干部，共计93人次。

【召开十届二次全委会】 5月8日，市总工会在拉萨神湖酒店召开拉萨市总工会十届二次全委会。会议由市总党组成员、副主席格桑罗布主持。市总党组副书记、主席余刚，市总党组成员、副主席刘苓霞，市总副调研员、法律保障部部长拉巴卓嘎，市总兼职副主席陈丽彬，以及来自拉萨市八县（区）总工会主席和拉萨市产业系统、企业工会委员会委员参加会议。市总工会主席余刚代表市总工会作《团结动员广大职工在全面深化改革中充分发挥主力军作用》的工作报告，总结2013年工作、部署2014年全市工会工作主要任务。

【开展“安全生产月咨询日”宣传活动】 6月16日，市总工会5名工作人员参加“安全生产月咨询日”宣传、咨询、服务一条街活动。重点对群众讲解安全生产、法律维权的重要性，发放《工会法》等宣传册2500余册，累计接待行人200人次。

【开展庆祝建党93周年系列活动】 7月1日，拉萨市总工会机关党支部——嘎巴村党支部庆祝建党93周年系列活动在纳金乡嘎巴村隆重举行。29名新党员进行入党宣誓，光荣地加入中国共产党。17名五星党员受到表彰。市总工会18名党员干部和嘎巴村18名党员群众开展“一对一”结对子活动，为结对群众每人送去500元慰问金，并进行联谊活动。

【提出“四大战略”“五大品牌”思路】 7月28日，余刚主持召开干部职工大会，会议就“四大战略”“五大品牌”进行研究讨论。提出发展壮大工会的“四大战略”“五大品牌”：即人才振会、产业强会、品牌兴会、管理严会四大战略，大力推进“劳模、建会、竞赛、维权、帮扶”五大品牌。

【开展道德模范进企业巡讲活动】 8月14日，市总工会联合市人社局组织开展道德模范、“身边好人”进企业巡讲、巡演活动。本次活动地点设在拉萨市远大建材有限公司，该公司50余名员工参加活动。

【开展关爱劳模活动】 9月11日，市总工会对24名获得全国五一劳动奖章的劳模和53名自治区劳模发放专项补助金共138600元，对9名全国劳模发放“十一”慰问金共18000元，对8名全国劳模发放生活困难补助金和特殊困难补助金共71900元。12月1日和2日，组织拉萨市11名全国劳模在西藏武警医院参加健康体检，以每人1000元的标准，所有体检费用由市总工会集中结算。

【开展“第24个民族团结宣传月”活动】 9月16日，以民族团结和政策宣传为主题，开展“第24个民族团结宣传月”活动。发放宣传资料2000余册，接待行人100余人。

【全国总工会赴藏工作组调研工作】 9月16日，全国总工会保障工作部副部长陈杰平和保障工作部办公室主任弭鉴到市总工会调研2015～2018年工会系统对口援藏项目工作。提出2015～2018年工会对口援藏项目的申请制定要紧密结合本地区实际工作需要，既要可行又要有可操作性，要着眼长远规划，立足于西藏的跨越式发展，提高工会服务基层和广大职工的能力。

【召开党的群众路线教育实践活动总结大会】 10月15日，市总工会召开党的群众路线教育实践活动总结大会。党组书记、教育实践活动领导小组组长白玉福代表会党组作了市总工会党的群众路线教育实践活动总结，市委第三督导组副组长苏建设作重要讲话。

【开展劳动竞赛】 10月16日，市总工会前往达氏集团西藏瓶胚瓶盖开发有限公司参加该公司职工技能大赛。20余名员工参加竞赛，市总工会为获奖选手发放3000元奖金。

【开展“两癌”免费体检活动】 11月11、12日，市总工会组织公交公司、宗角禄康公园、远大建材有限公司、圣城集团、市旅游公司、城关区非公企业、市园林局的70名一线女职工在拉萨阳光妇产医院开展“两癌”（乳腺、宫颈）免费体检关爱活动。

【开展庆祝西藏工会成立50周年宣传活动】 11月27日，拉萨市工会系统一行10余人在宇拓路步行街开展纪念西藏工会成立50周年宣传活动。

【召开援藏工作会议】 12月9日，组织八县（区）总工会主席及负责人和市总工会援藏工作相关人员就北京、江苏省总工会对口援藏工作进行安排部署。

【开展困难职工医疗救助活动】 12月10日，举行困难职工（农牧民工）大病救助和生活救助的发放仪式。为14人发放救助金，其中医疗救助9人，生活救助5人，共计发放资金9.1万元。12月21日，为69户困难职工子女发放救助金23.4万元。

（张兆鑫）

共青团拉萨市委员会

【概　况】 2014年，通过组织宣讲团、报告会、座谈会、主题团日、社会实践等形式，利用各种载体组织开展学习党的十八大和十八届三中、四中全会精神300余次，受教育30000余人次，发放各类宣传资料10000余份。制定《拉萨市2014年共青团员民族团结闪光行动工作方案》，部署开展六大行动。开展爱国主义教育、反分裂斗争教育1000余场次，覆盖农牧区、中小学青少年50000余人。开展“美丽家园幸福拉萨·我的梦”主题教育实践活动60余场次，覆盖青少年10000余人；建立微信公众平台拉萨团委，并通过微信公众平台等新媒体加大“中国梦”的宣传力度。有333名大学生西部计划志愿者。46016名注册志愿者，年均服务总时达30万小时以上。首次组建“拉萨平安志愿者服务队”，下沉至社区居委会网格中，协助居委会、网格长共开展矛盾纠纷调处30处，治安巡逻300余次，网格数据录入1000余条，流动人口服务管理10余次，法制宣传30余场。2000名青少年参与保护母亲河行动——解放军青年林项目，组织环保志愿者3250人次全面参与禁白等环境保护行动。对口支援西藏工作会召开，确定北京、江苏两地对口支援拉萨工作项目共6类34项，计1373.8万元。深化预防青少年违法犯罪工作，开展自护教育105场次，87000余人次的未成年人参与活动。“五四”时举办“奋斗的青春最美丽”拉萨分享会。开展“红领巾相约中国梦”系列主题活动30场次，覆盖面达30000余人。整合各类资源，发放助学金100万元，帮助190名贫困学生圆大学梦。全市现有14~28岁青年101893人，其中团员29438人，团青比例为28.89%；团干部1161人，其中专职团干部33人、兼职团干部1128人。全市共有各级团组织915个（团委96个、团总支49个、团支部770个）；全市8个县（区）、65个乡（镇、街道）团组织书记配备率和267个村（居）团支部书记进“两委”班子率均达100%。组织全市各县（区）、各乡（镇、街道）的31名专兼职团干部和各学校29名少先队辅导员在西藏青少年教育实践基地开展拉萨市“青马工程”第十期团干部暨第四期少先队辅导员培训班。选派4名县（区）团委主要负责人分别赴江苏、上海两地参加为期4个月的挂职锻炼。先后选派委机关、县（区）、乡（镇、街道）20余名团干部赴全国团干部教育培训基地等培训点参加不同的团务知识培训班。选派一名班子成员和县区团委主要负责人赴团中央挂职1~2年。通过流动团校等方式对168名新任村（居）团支部书记进行岗前培训，培训率达63%。以群众路线为契机，开展“走进青年，转变作风，改进工作”大调研。

【“四项举措”贯彻中共十八届三中全会精神】 1月2日，团市委召开拉萨共青团学习贯彻十八届三中全会精神专题部署会，会议提出2014年在全市各级团组织和广大团员青年中，以开展十八届三中全会精神宣讲行动、开展中共十八届三中全会精神学习行动、开展中共十八届三中全会精神实践行动、开展中共十八届三中全会精神传播行动“四项举措”推进共青团学习贯彻中共十八届三中全会精神专题活动。团市委党组书记、书记洛色主持，委机关各部室、各县（区）团委、市直相关团组织负责人参加会议。

【团市委领导参加团中央十七届二中全会】 1月10日至11日，共青团中央十七届二中全会在北京召开，洛色作为共青团十七届中央委员会委员出席此次会议。会议听取和审议了秦宜智作的关于2013年全团工作情况及2014年工作思路和任务的报告。洛色就全面深化改革进程中共青团工作五年发展纲要（草案）和关于团中央委员、候补委员卸职递补的确认案（草案）作了发言。

【安排部署“三大节日”期间维稳工作】 1月10日，团市委副书记任映绮主持召开专题会议，传达近期维稳工作相关文件精神，安排部署“三大节日”期间维稳工作，要求认真扎实做好第一季度维稳工作，确保团市委“三不出”。

【助力拉萨城市行走——“行走日光城”主题活动】 1月12日，由市政府主办，市旅游局承办，东申童话公司和团市委协办的拉萨城市行走——“行走日光城”主题活动举行。团市委组织105名西部计划志愿者、西藏大学学生以及社会志愿者参与此次行走日光城志愿服务活动。

【团中央领导赴拉萨调研指导共青团工作】 1月13日至14日，团中央农村青年工作部副部长赵宝东一行调研组赴拉萨团市委、墨竹工卡县开展为期2天的调研基层团组织建设活动。团区委工农部部长泽仁扎西、副部长秦琳和团市委副书记任映绮陪同调研。

【拉萨市寒假青少年自护教育活动走进福利孤儿院】 1月17日，市预青办组织城关区法院、城关区团委、拉萨电视台少儿栏目在拉萨市福利孤儿院开展青少年自护教育活动。共150余名孤儿院青少年参加活动。

【拉萨市寒假青少年自护教育活动走进社区】 1月27日，由市预青办主办，团市委、城关区团委、城关区少年法庭与扎细居委会团支部共同协办的，以拉萨市困难家庭子女、社会闲散青少年、外来务工人员子女为主的重点青少年群体寒假自护教育活动在城关区扎细居委会举办。共有150余名青少年参与此次活动。

【召开党的群众路线教育实践活动动员大会】 2月12日，洛色主持召开党的群众路线教育实践活动动员大会，对团市委开展党的群众路线教育实践活动进行全面动员和部署，拉萨市第三督导组常务副组长次旦朗杰参加动员会并发表讲话。督导组副组长巴珠出席会议，机关全体党员干部、市青少年活动中心全体干部职工和离退休老干部党员代表参加会议。

【开展创业致富交流活动】 2月13日，团市委组织拉萨市七县一区团委和致富带头人代表开展以“我话创业致富”为主题的交流活动。先后前往八廓商场、清政府驻藏大臣衙门遗址及根堆群培纪念馆参观，简要了解西藏历史、经济和文化的大发展。围绕自身的创业历程、成效和困难进行简要发言和交流。

【“心灵阳光”行动之关爱留守儿童】 2月14日，团市委组织堆龙德庆县21名孤儿、留守儿童以及贫困家庭子女参观爱国主义教育基地西藏博物馆、游览拉萨市青少年活动中心、观看爱国主义影片，并在德克士餐厅共用午餐。为他们送上书包、笔袋、铅笔、彩笔等爱心礼物。

【开展2014春运志愿服务】 2月18日至21日，团市委组织12名志愿者在拉萨火车站、西郊客运站和东郊客运站开展“我们的节日·春节”志愿者服务春运活动，为乘客提供道路指引、秩序维护、人群疏导、行李帮提、检票协助等多种形式的志愿服务。火车站共发送车辆12次、接待出行旅客8640人、到达旅客13629人；东郊和西郊客运站共发送汽车130辆，接待旅客3500余人。

【开展“党员干部进村入户、结对认亲交朋友”活动】 2月19日，团市委以党的群众路线教育实践活动为契机，深入对口扶贫点当雄县乌玛塘乡郭尼村开展“党员干部进村入户、结对认亲交朋友”活动。16名进村入户干部在委党组的带领下，逐家逐户走访32户联系户，了解生产生活状况，熟悉和掌握基本情况，听取意见建议。送去价值2万元的糌粑、清油、大米、面粉、砖茶等生活用品。

【开展“五下乡”暨“幸福拉萨 健康同行”送医送药下乡主题活动】 2月20日，团市委深入当雄县郭尼村开展文化科技卫生法律爱国爱教宣传服务“五下乡”暨“幸福拉萨 健康同行”送医送药下乡主题活动。向郭尼村21名“两委”班子成员及村组干部、11户贫困户、8名“三老”人员、31名优秀学生及1座嘎巴寺送去节日慰问品和慰问金共计6万余元。并组织西藏甘露藏药股份有限公司医务工作者(专家)为当地群众进行免费义诊,发放2万余元的常规药品,覆盖村民1000余人。

【开展贫困助学活动】 2月20日,团市委联合市少工委为郭尼村在区外就读的18名大学生发放贫困助学金1.8万元,区外就读的11名高中生发放贫困助学金8800元,区内就读的4名高中生和初中生发放贫困助学金2000元,并发放优秀作品书籍、科普知识读本、法律知识读本300余册,发放衣物1000余套。

【开展慰问空巢老人志愿服务活动】 2月24日,团市委组织10名大学生志愿服务西部计划志愿者组成志愿服务队,先后前往城关区吉日居委会和蔡公堂乡白定村开展以"中国梦·家乡情——'心灵阳光'行动之慰问空巢老人"为主题的志愿服务活动。详细询问老人的生活、健康及需求,帮助老人清理环境卫生,并送上节前的慰问品。

【召开老干部迎新座谈会】 2月26日,团市委党组成员慈旦德吉主持召开2014年老干部迎新座谈会,传达学习《中共拉萨市委办公厅 拉萨市人民政府办公厅关于严密防范拉萨市人员出境参加十四世达赖集团"法会"的通知》精神,与全体退休干部职工签订严禁出境参加"法会"保证书。进行党的群众路线教育实践活动民主测评。

【开展"五下乡"主题实践活动】 2月27日,团市委协同团区委到达孜县德庆镇新仓村开展"中国梦、青春行"西藏共青团春风送暖"五下乡"主题实践活动。活动为新仓村30户贫困家庭和50名农民工子女赠送了慰问品和慰问金,并对3户空巢老人进行入户慰问。

【传达贯彻全区维稳工作会议精神】 2月27日,洛色主持召开维稳专题会议,传达贯彻全区维稳工作会议精神,安排部署团市委3月敏感期及全国两会期间各项维稳工作。

【组织开展中学红色电影周活动】 2月,团市委组织各县(区)团委动员中学生积极参与红色电影周活动,组织观看《雪山泪》《杨善洲》《孔繁森》《建党伟业》等系列红色电影。参与人数达4000余人。

【组织参与藏历新年文艺汇演活动】 2月,团市委组织各县(区)团委积极动员农牧区青少年参与藏历新年文艺汇演活动。参与人数达10000余人次。

【召开拥军优属座谈会】 3月9日,团市委召开拥军优属座谈会,简要传达新修订的《中华人民共和国兵役法》《军人抚恤优待条例》和《退役士兵安置条例》,安排部署团市委2014年拥军优属活动。

【开展"共产党员志愿者示范城"创建活动】 3月13日,团市委组织20名党员干部职工在西藏青少年宫参加了西藏自治区平安建设志愿服务总队成立仪式,与140名平安志愿者一同到各街道办事处、社区重点围绕矛盾纠纷排查调处、安全检查工作、重点人员走访教育、流动人口服务管理、人员聚集区域引导疏散等开展志愿服务工作。

【开展"我们的节日·清明"纪念活动】 3月26日至4月10日,团市委联合市教体局积极组织拉萨市各中小学校开展"我们的节日·清明"纪念活动,共5000余名学生参加活动。

【开展"护蕾行动"】 3月上旬,团市委组织各县(区)团委联合教育局、公安局、卫生局、工商局等相关部门,开展校园周边社会环境"护蕾行动",重点检查中小学周边的食品安全情况和网络场所健康情况。

【开展"学习焦裕禄,争做好公仆"系列学习活动】 4月13日至4月22日,团市委开展为期10天的"学习焦裕禄、争做好公仆"系列专题集中学习活动。坚持每天集中学习时间不少于两小时,每次参与讨论的人数不少于5人,每次参与学习必须有学习笔记和心得体会,集中学习阶段结束后每人结合学习并对照自己的工作至少写一篇学习感想或体会。

【组织召开民族团结"闪光行动"座谈会】 4月21日,团市委组织各县区团委负责人,拉萨师专、市教体局、市直机关工委团委负责人就关于《拉萨市2014年共青团员民族团结闪光行动工作方案》落实情况召开交流座谈会。

【解放军青年林落户拉萨】 5月1日，由共青团中央拨资200万，市林业绿化局配套504万，总面积达4000亩的“保护母亲河行动——西藏拉萨解放军青年林”项目在城关区蔡公堂乡次角林村朋布日山西侧正式启动，西藏生态建设志愿者服务总队也同时成立。拉萨市委副书记、统战部部长达娃出席启动仪式，各级团组织、广大青少年代表、武警、部队官兵及驻市各青年文明号单位代表共计1000余人。

【举办“奋斗的青春最美丽”分享会】 5月4日，团市委举办第二届拉萨青年五四奖章颁奖暨“奋斗的青春最美丽”分享会，市委副书记、统战部部长达娃，团区委副书记王晓辉，市委常委、组织部部长陈军，市人大常委会副主任达瓦，市政协副主席亚古出席会议。拉萨市社区青年代表、机关青年代表、学生代表、青年文明号单位代表、西部计划志愿者代表等300余人参加会议。

【参与开展“5·12”防灾减灾日宣传活动】 5月12日，团市委积极组织6名干部职工参与在宇拓路开展的“5·12”防灾减灾日宣传活动。共发放未成年人自我保护知识读本、防震减灾宣传单等宣传材料共计1000余份，其中解答群众咨询40余人次。

【团中央领导督导检查工作】 5月27日至29日，团中央预防青少年违法犯罪专项检查督导组来到拉萨市，就拉萨市重点青少年群体服务管理和预防犯罪工作进行第一轮督导检查。团区委专项办公室负责人泽仁扎西、区高法审判委员会专职委员桑布、团市委书记洛色、副书记慈旦德吉全程陪同督导检查工作。

【举办少儿才艺大赛】 6月1日，2014年西藏拉百商贸有限公司第十一届“拉萨百货杯美丽家园·幸福拉萨”少儿才艺大赛决赛落幕。这次大赛是为迎接第63个国际儿童节，在市委党的群众路线教育实践活动的统一部署下，结合团市委党群路线活动开展的。

【安全生产宣传咨询日活动】 6月16日，团市委积极组织5名干部职工在宇拓路开展安全生产宣传咨询日活动。利用发放宣传手册、悬挂横幅等方式，共发放青少年自护教育读本和法律知识读本500余份，解答群众咨询30余人次。

【关爱在押青少年慰问活动】 6月24日，拉萨市预防青少年违法犯罪领导小组办公室联合拉萨市法院、检察院、司法局、公安局、民政局等预青成员单位，在市看守所举办以“纪念建党93周年暨‘学党史 知党情 感党恩’”为主题的关爱在押青少年慰问活动。赠送水果、体育器材及涉及法律知识、民族团结、心理辅导、中外名著等优秀图书100余册，共计价值10000余元

【开展“红领巾相约中国梦”主题教育活动】 6月，团拉萨市委组织动员各县（区）团组织，在“六一”期间，开展“红领巾相约中国梦”主题系列活动，在广大青少年当中深入推进社会主义核心价值观教育。

【调研基层少先队组织建设】 6月下旬到7月上旬，由拉萨市少工委主任、团市委学少部副部长和少先队总辅导员带头，组织动员各县（区）少工委和教体局德育科分管少先队工作相关人员，到各中小学校，进行为期半个多月的蹲点调研工作。

【举办法治教育活动】 7月1日，由市预青办牵头，组织团市委、市中法、市检察院，在市看守所举办“青春与法同行 法律助我成长”法制宣传教育活动。捐赠青少年自护手册、法律知识读本等相关书籍，举办法律知识讲座。发放青少年自护手册、法律知识读本200余册，现场咨询法律知识100余次。

【举办禁毒教育宣传活动】 7月9日，市预青办组织团市委、禁毒支队，在市看守所以知识讲座、观看教育影片和图片展览、发放宣传资料等方式举办“关爱生命 远离毒品”为主题的禁毒教育宣传活动。

【民族团结进步教育夏令营开营】 7月30日上午，市少工委、市青少年儿童活动中心和武警拉萨森林大队联合举办的“红领巾相约中国梦”素质拓展暨民族团结进步教育夏令营在武警西藏森林支队隆重开营，全市共有52名青少年儿童参加此次夏令营活动。

【大学生西部计划志愿者考核工作结束】 7月，西部计划志愿者考核工作结束。32名西部计划志愿者考核成绩合格，评选出6名优秀西部计划志愿者，总结

志愿者管理经验，找到西部计划志愿者服务体系的漏洞。

【召开大学生西部计划志愿者欢迎会】 8月2日，团市委召开2014年大学生西部计划志愿者欢迎会。各用人单位负责人及2014年全体大学生西部计划志愿者参加，305名大学生志愿服务西部计划志愿者开始奔赴各自的服务岗位并开展工作。

【配合中国人民大学“千人百村”调研】 8月7日，中国人民大学“千人百村”社会调研团队在党委书记靳诺的带领下首次奔赴西藏，采取田野调查、入户调查、深度访谈、资料搜集等多种形式，围绕农业生产、农民物质与文化生活、农村社会管理等方面进行5天的调研活动。共完成调查问卷65份，其中入户调查33份，村委会调查23份，茶馆调查6份，驻村工作队3份。挂牌西藏自治区第一块“千人百村”，自治区党委常委、拉萨市委书记齐扎拉指示团市委要认真对待此项工作，团市委党组书记、书记洛色亲自参与，全力配合“千人百村”社会调研活动，表态坚决用好实践育人与社会服务高地。

【召开民族团结闪光行动第三阶段总结会议】 8月8日，团市委召开共青团员民族团结闪光行动第三阶段性总结会议，听取各单位在近段时间来开展民族团结闪光行动的情况汇报，对各县（区）开展民族团结闪光行动工作当中存在的问题进行分析并提出对策。

【香港专业教育学院（沙田）师生参观交流】 8月12日，香港专业教育学院（沙田）师生共计20余人，在团市委领导的陪同下参观团市委及市青少年儿童活动中心，就青少年教学经验进行交流。

【完成雪顿节志愿者培训工作】 8月19日，团市委完成2014年雪顿节志愿者培训工作。招募的50名青年志愿者，主要参与雪顿节开（闭）幕式、净土产业项目招商引资洽谈会、珠穆朗玛摄影展等十余种系列活动，负责礼仪、引导、讲解及其他辅助工作。

【团中央领导慰问大学生西部计划志愿者】 9月9日，共青团对口支援西藏工作会议开幕前夕，共青团中央书记处第一书记秦宜智一行专程前往拉萨市城关区两岛街道仙足岛社区看望2014年进藏的部分大学生西部计划志愿者代表。团中央书记处书记罗梅，区党委常委、市委书记齐扎拉，区党委常委、组织部部长梁田庚，市委副书记、统战部部长达娃，市委常委、城关区委书记果果，以及区市两级共青团组织负责人陪同看望慰问。

【组织开展CBA志愿者服务活动】 9月10日，CBA北京首钢男篮队和八一双鹿电池男篮队在拉萨市群众文化活动中心举行职业篮球对决赛。根据拉萨市委关于组织赛事志愿者的要求，团市委召集100名志愿者为此次活动提供志愿服务。

【团中央领导调研西部计划志愿者工作】 9月15日，团中央志工部部长杨松、志工部组织培训处处长张俊虎一行到拉萨，分别在堆龙德庆县和城关区开展为期两天的大学生志愿服务西部计划西藏专项工作调研。团市委党组书记、书记洛色，团区委相关负责人及团市委西部计划志愿者拉萨市项目办负责人全程陪同调研。

【中国流动科技馆“拉萨站”开馆试展】 9月15日，中国流动科技馆“拉萨站”首次在市青少年活动中心开馆试展。根据拉萨市科协的需求，团市委专门组织6名志愿者组成讲解小组，针对所有展品进行全面详细的学习。

【开展民族团结进步月宣传活动】 9月16日，团市委结合本地实际，开展“9·16平安西藏宣传日暨9月民族团结进步月”宣传活动。通过悬挂“维护民族团结，捍卫祖国统一”宣传横幅，摆放《青少年法律知识读本》《未成年人自我保护知识读本》等宣传资料，对过往群众尤其是青少年进行民族团结宣传、咨询服务，共发放各类宣传资料1000余份。

【举行希望工程圆梦行动助学金发放仪式】 9月23日，团市委举行《拉萨市中（小）学生民族团结知识读本》（藏汉双语版）及希望工程圆梦行动助学金发放仪式，市委副书记、统战部部长达娃出席仪式并作重要讲话，市民族团结先锋办、市民宗局、团区委统战部领导出席仪式。

**【启动“走进青年、转变作风、改进工作”大宣传大调研活动】 9月28日～29日，团区委党组成员、副书记巴塔，团市委党组书记、书记洛色，自治区青少年活动基地主任拉巴热杰一行到拉萨市林周县、达孜县、尼木县开展“走进青年、转变作风、改进工作”大宣传大调研活动。

【开展民族团结手拉手活动】 9月底，在援藏20周年之际，以迎接国庆65周年为契机，应北京市团委邀请，26名拉萨市少数民族少先队员、团员代表赴北京参加“民族团结见证辉煌 少年圆梦牵手北京”活动。参加了十一天安门升旗仪式，参观了故宫、抗日战争纪念馆、北京大学、北京一汽生产线，并与北京海淀小学少先队员一同在海淀小学、玉渊潭公园参加结对交友活动。

【组织志愿者开展交通文明劝导活动】 10月14日～16日，团市委组织46名志愿者走上街头在宇拓路康昂多南路路口、江苏路康昂多南路路口、江苏路朵森格路路口、江苏路林廓东路路口、神力时代路口、自治区人民医院“120”急救中心路口等15处路口开展文明交通劝导活动。

【举办第四期少先队辅导员培训班】 10月17日～21日，团市委在西藏青少年教育实践基地开展拉萨市“青马工程”第十期团干部暨第四期少先队辅导员培训班。来自全市各县（区）、各乡（镇、街道）的31名专兼职团干部和学校29名少先队辅导员参加了此次培训。

拉萨市妇女联合会

【概　况】 年内，全市妇联组织612个，妇联干部1537名，其中市（县）妇联组织9个，专职妇联干部52名；市（县）直机关妇委会184个，妇联干部530名；乡（办）妇联65个，兼职妇联干部255名；村（居）妇代会267个，村（居）妇代会主任267名，100%进“两委”班子；“两新组织”妇委会53个，妇委会干部241名；寺管会妇委会34个，妇委会干部192名。

【组织志愿者参加拉萨市社区志愿服务站授牌仪式】 11月28日，拉萨市社区志愿服务站授牌仪式在城关区纳金乡藏热社区举行，市委常委、宣传部部长、市文明委副主任占堆发表重要讲话，市委宣传部副部长、市文明办主任张碧芳宣读《拉萨市社区志愿服务方案》，大学生志愿服务西部计划志愿者参加此次活动。

【举行北汽爱心助学金发放仪式】 12月8日下午，北汽爱心助学金发放仪式在拉萨市城关区第二小学举行，来自城关区二小的50名困难小学生和50名家长代表参加发放仪式。共发放2014年北京市“希望之星（1+1）奖学金”50700元。

【调研市首届青年创新创业电视大赛参赛项目】 12月9日至19日，团市委一行深入到拉萨市七县一区调研拉萨市首届青年创新创业电视大赛参赛项目，实地了解各县（区）农牧民青年创新创业项目的基本情况，针对性地提出指导性建议。

【组织开展“百位共产党人百篇小传”朗诵活动】 年内，团市委组织拉萨市各县（区）18所小学，近20000名小学生开展形式多样、精彩纷呈的“百位共产党人百篇小传”朗诵活动。

【年度奖项】 年内，团市委先后被评为拉萨市创先争优强基础惠民生活动先进驻村（居）工作队、民族团结进步模范集体、巩固全国文明城市创建成果工作先进单位。

（栾　天）

【搭建妇女创业就业平台】 年内，为205名农牧民妇女贷款1033万元，解决农牧民妇女在运输、小商店经营、种养殖等方面创业发展的资金瓶颈问题，拓宽农牧区妇女创业就业的渠道。

【强化妇女就业技能培训】 年内，依托“四业工程”多种渠道争取项目资金164.2万元，重点围绕SYB创业、家政、手工编织等内容，开展转移就业培训、创业技能培训、引导性培训及实用技术培训52期，培训农牧民妇女2079人，培训就业率达到80%。

【争取项目带动妇女发展】 年内，各级妇联提供政策、资金、项目等服务，争取“大地之爱·母亲水窖”项目资金24.38万元，争取“全国巾帼现代农业科技示范基地”——城关区次角林养牛基地建设资金5万元，争取西藏首批自治区级“三八绿色工程”示范基地建设（曲水县茶巴拉乡色麦村“三八绿色工程”基地建设）资金12.35万元，重点扶持4个市级“妇”字号基地，投入资金40万元，带动100名当地农牧民妇女实现就业。

【开展寻找“最美家庭”活动】 年内，全市各级妇联开展寻找“最美家庭”活动。推荐候选“最美家庭”116户，推荐评选出“全国最美家庭”1户、“全国最美家庭提名奖”2户、“自治区最美家庭”24户、“市级最美家庭”30户。以“展示家庭美德·树立良好家风”为主题，开展“好家风好家训”主题宣传展示活动，面向群众征集到“好家风好家训”116条。

【开展寻找西藏“最美格桑花”活动】 年内，全市各级妇联以“感党恩、听党话、跟党走”为主题，从各行各业妇女中推荐出品德高尚、事迹突出、社会形象好、群众认可度高的“最美格桑花”候选人75名，其中13名荣获自治区级“最美格桑花”。

【促进维权与维稳有效结合】 年内，各级妇联组织坚持维权与维稳并重，开展多种形式的“平安家庭”创建活动，八县（区）共创建34户县级“平安家庭”；坚持开展矛盾纠纷排查调处，为妇女儿童提供信访、法律援助、人民调解、心理咨询“四位一体”的维权服务，2014年，拉萨市各级妇联接待来信来访266件，信访调解率100%，调解成功率98%。

【推进维权工作社会化】 年内，在拉萨市城关区法院成立全区首个“妇女维权合议庭”；在城关区木如社区建立全区首个妇女信访代理员示范点，确立99名妇女信访代理员，对其进行岗前培训，发放补助费2.97万元；在拉萨市153个便民警务站，挂牌成立妇女儿童维权服务岗，落实维权工作经费50万元；依托“妇女之家”“12338”维权热线等重要载体，向妇女儿童和家庭提供便捷的服务和帮助，健全维权网络和社会化工作机制。

【做好尼姑宣传教育服务工作】 年内，市妇联联合自治区妇联举办全区第十期（拉萨市）尼姑暨驻寺女干部培训班，培训了26名尼姑、4名驻寺女干部。

【开展妇女儿童公益活动】 年内，重点加大“蓝天春蕾”“两癌救助”“母亲邮包”“贫困儿童营养改善”等妇联关爱品牌项目的推进工作。为208名“蓝天春蕾”女童发放资助金25.04万元；为19名贫困母亲“两癌”患者发放救助金19万元；落实“母亲邮包”1406件，总价值28.12万元；推进“贫困儿童营养改善”试点项目工作，发放营养包8.07万袋。联合拉萨现代妇产医院在城关区四乡八办开展以“践行党的群众路线 关爱妇女健康”为主题的免费义诊活动，受益妇女达940余人，投入资金27万余元。

【关注基层群众生活】 年内，结合创先争优强基惠民和党的群众路线教育实践活动，为基层群众办实事、做好事，为驻在村群众办实事、解难题20件涉及资金26.29万元；争取到总投资187万元的基础设施和生产发展项目8个；走访慰问老党员、贫困户和村干部、贫困群众48人次，党员结对子28对；“三八”妇女节期间，各级妇联组织及妇委会，面向维稳一线妇女，基层寺庙尼姑，驻寺、驻村工作队妇女干部，弱势、困难妇女，开展送温暖、献爱心、送医送药等慰问服务活动，发放慰问金和慰问品33.47万元。

【强化基层组织建设】 年内，各级妇联以村（居）两委换届为契机，做好村级妇女组织换届选举工作。换届后，全市村党组织成员总数1799名，其中女委员395名，占总数的22%，比上届提高5.9%；村委会成员总数1667名，其中女委员334名，占总数的20%，比上届提高5.5%；巩固了“两个100%”的目标，即100%的村（居）妇代会主任进入村（居）“两委”班子、100%的村（居）妇代会主任为女性。

【加强阵地建设】 年内，在城关区仓姑寺挂牌成立自治区级首个尼姑寺庙“妇女之家”，投入经费3万元；在拉萨市冲赛康社区挂牌成立“儿童之家”，捐赠价值5万元的设备。

【加强干部队伍建设】 年内，联合市委组织部，举办拉萨市村（居）党支部女第一书记领导力培训班，培训了39名村（居）党支部女第一书记。

（冉龙平）

拉萨市工商业联合会

【概　况】　截至年底，市工商联会员总数1271个，其中直属企业会员144个，团体会员5个868人（拉萨市美容美发协会480人、糖酒饮品协会70人、信息技术商会86人、土特产品协会140人、自治区地毯出口协会92人）。

【调研活动】　4月至5月，与自治区工商联组成联合调研组，对拉萨市100家实体经济融资难有关问题进行专项调研，发放调查问卷100余份；深入17家非公企业车间、厂房、仓储、办公区，了解企业的财务及经营状况、物资流转、资金运动等情况，了解企业负责人对贷款、融资问题和其他问题的建议、意见和看法。收集到意见建议11条。5月，在市工商联会议室召开2次座谈会，形成《百家特色产业实体经济贷款难融资难调研报告》，上报自治区党委政府、拉萨市委、市政府，反映企业贷款诉求。在党的群众路线教育实践活动中，受市委活动办的委托，深入非公企业调查了解企业发展过程中遇到的困难和问题，征求对市“四大”班子和两级工商联的意见建议，形成专题报告上报市委、市政府，反映企业人才匮乏、电力不足等问题，提出13个方面的对策建议。

【设立非公有制企业净土健康新产品展示厅】　8月25日，由市总商会牵头，依托北京对口援藏机制，在北京设立3家拉萨净土健康产品展示厅（北京新发地展示厅、北京华联商城上地店和北京百荣世贸商城），并在京东商城电子商务平台上建“西藏馆”和“拉萨净土健康产业馆”。截至年底，线上线下销售额已达2000余万元。

【举办拉萨净土健康产品发布会】　9月27日，市工商联（总商会）与相关部门共同在京举办拉萨市净土健康产品北京展示厅揭牌仪式暨项目发布会。发布会邀请在京商会、大中型企业、商超以及主流新闻媒体代表500余人出席。拉萨市22家非公企业提供西藏特色产品100余种参加宣传活动。

【完成非公有制经济中长期规划编制工作】　9月，市工商联编制的《拉萨市非公有制经济中长期发展规划纲要（2011~2020年）》通过专家学者及市政府分管领导的终审，完成编制规划纲要任务。

【全市非公有制经济市场主体达44959户】　年内，全市非公有制经济市场主体达44959户（占全区33%），其中非公有制企业4632户，个体工商户40327户。非公经济组织注册资金218.96亿元，从业人员18.35万人，上缴税收48亿元，占税收总额的96%。

【参加招商引资推介会】　年内，市工商联参加了民建中央在贵州毕节市黔西县专门为西藏举办的招商引资项目推介活动、净土健康产业南京招商引资项目推介会、“西博会”等5场推介会。

【以商招商活动】　年内，通过以商招商引资项目，引进2家企业投资近3亿元，已到位资金1.2亿元，成都众和联投资公司改扩建拉萨山泉饮料公司水项目，已到位资金8000万元；西藏睿健净土生物科技有限公司和曲水县签订2亿元的投资协议，已到位资金4000万元，种植玛咖面积近2000亩。

【落实“四业工程”培训资金】　年内，市工商联完成非公企业岗位需求的抽样调查统计工作，提供岗位600多个，帮助2家企业申请到订单式培训计划，落实资金20多万元。

【申报区市非公经济扶持资金】　年内，市工商联为13家非公企业申报自治区非公有制经济发展专项资金达2799万元。为7家非公有制净土健康产业企业（合作社）争取并拨付拉萨市非公有制经济专项资金500万元。

【工商联干部和会员企业培训】　年内，在拉萨举办“北大总裁培训班”邀请国内知名专家教授为拉萨市100余名企业家进行互联网金融、品牌打造等操作性强的培训；通过北京智力援藏项目，组织各县（区）工商联主席、市工商联不驻会副主席、全市非公经济组织部分党支部负责人、全市非公净土健康企业负责人在北京举办“全市工商联系统净土健康产业暨非公经济党组织负责人培训班”,共36人参加培训。组织36名非公企业高层管理人员参加在经开区举办的“清华大学市场营销”培训班;组织全市工商联系统主管会员工作负责人和工作人员参加“全国工商联发展会员的视频会议及会员工作培训”;根据区工商联安排,市工商联派出1名干部到河南省工商联挂职锻炼3个月;市工商联领导参加全国工商联举办的“学习贯彻十八届三中全会精神主题培训班”;与西藏四川商会联合举办“藏香猪养殖培训班”,专门邀请农业部和西藏大学的养殖专家授课。与市委组织部和市委党校联合举办“非公经济组织支部书记专题培训班”和“入党积极分子培训班”,共计90人参加培训。

【光彩事业活动】 年内,以光彩事业实施20周年纪念活动为契机,市工商联联合市民政局、市慈善协会举办“书画义卖捐赠活动”,16家非公企业参与,二月田园、拉萨通泰集团、西藏卓玛医院、西藏涌泉实地4家企业捐资14万元;组织会员企业开展重大节日慰问活动,“三大节日”期间,组织全市10余家非公企业参与扶贫慰问,涉及资金近100万元。拉萨军达绿化向市儿童院捐赠70万元,川渝香辣蟹餐饮向市儿童福利院捐赠15万元,并购置价值3万元的棉被;城关区娘热乡农机修理厂慰问驻地娘热乡仁钦蔡村委会15户贫困户,送去价值3万元的慰问品,并为该村委会捐赠价值7000余元的环保用具;“八·一”建军节期间,组织拉萨山泉饮品有限公司、拉萨市糖酒饮料副食品协会前往当雄县格达乡看望慰问54旅官兵,送去矿泉水、饮料等价值2万多元的慰问品。开展助学活动,西藏冉穆珠扎商有限公司出资20万元,两次组织西藏大学品学兼优的26名学生和6名教师到内地学习交流。

【荣获奖项】 年内,经过市工商联的推荐和协调,21名非公经济人士分别荣获国家级、自治区级和拉萨市级各类表彰。其中拉萨军达绿化工程有限公司荣获由中华全国工商联、国家林业局、中国光彩事业促进会联合颁发的第五届“光彩事业国土绿化贡献奖”。西藏冰川矿泉水等4家公司荣获自治区民族团结模范先进集体,拉萨城关区亿鑫废旧回收有限公司等4家企业荣获拉萨市级民族团结模范先进集体。西藏月王生物科技有限公司荣获拉萨市第七届科技进步奖。拉萨二月田园等10家企业推荐为第二届西藏自治区中国特色社会主义建设者。推荐拉萨军达绿化工程有限公司董事长詹大军同志增补为拉萨市政协委员。

【党的群众路线教育实践活动】 年内,按照区市党委部署,依据“照镜子、正衣冠、洗洗澡、治治病”的总要求,在市工商联深入开展党的群众路线教育实践活动。本着边整边改,立行立改的要求,突出“实字当头、服务为先”理念,切实树立服务非公有制企业和非公有制经济人士的“大群众观”,健全完善规章制度,帮助企业排忧解难,将教育实践活动真正落到实处。

【非公党建工作】 年内,非公党工委以扩大党建工作覆盖面为引领,着力健全非公有制经济组织管理体系,把抓组织覆盖作为加强非公有制经济组织的首要环节,通过单独组建、联合构建等形式,大力推进党建覆盖网建设。2014年10月底,全市非公有制企业党支部76个(含拉萨经济技术开发区、柳梧新区),共有党员464人。其中,2014年新建党组织6家,党员人数22人。15名积极分子转为预备党员。

【强基惠民工作】 年内,“三大节日”期间,市工商联主要领导亲自带队组织会员企业慰问甲玛村困难群众,送去价值3万多元的大米、面粉等慰问物资和慰问金。市工商联驻甲玛村工作队落实办实事经费15万元,共为群众办实事好事11件,帮助甲玛村兴办实体经济1个,向县强基办申请“短、平、快”项目资金29.16万元,实施甲玛二组人畜管道饮水项目工程,解决甲玛二组37户,257人的饮水困难。

【落实援藏资金】 年内,北京、江苏两省市工商联各选派1名干部,到市工商联工作,填补了西藏自治区地市工商联系统无援藏干部的空白。通过资金援藏、智力援藏、项目援藏等手段,北京市工商联落实资金80万元,北京援藏指挥部支持培训经费16.5万元,北京航天宏宇科技有限公司无偿捐赠价值200万元的弥散式制氧设备;江苏省工商联落实援藏资金48万元,并协助在南京成功举办拉萨净土健康产业推介会等活动。

(张正鹏)

法　制

综　述

2014年，拉萨市贯彻落实中共十八大和十八届三中、四中全会精神，贯彻落实习近平总书记系列重要讲话精神，特别是“治国必治边、治边先稳藏”的重要战略思想和“努力实现西藏持续稳定、长期稳定、全面稳定”的重要指示，贯彻落实主席俞正声“依法治藏、长期建藏、争取人心、夯实基础”的重要原则，发挥首府城市首位度作用，实施党建统市、环境立市、文化兴市、产业强市、民生安市、依法治市“六大战略”，始终把提升人民群众安全感和满意度作为各项工作的根本出发点和落脚点，坚持系统治理、依法治理、综合治理、源头治理，健全工作机制，强化工作措施，夯实基层基础，确保人民安居乐业、社会安定有序。中国社科院发布的2014年全国38个重点城市公共服务指数测评中，拉萨公共安全感再度排名第一，连续四年荣登榜首。围绕实现“国家治理体系和治理能力现代化”的总目标，结合实际、突出重点，有序推进社会治理创新工作。创新实有人口服务管理。强化服务与管理并重的工作理念，适应城乡发展一体化进程，探索符合拉萨市情的落户迁移举措，扩大面向流动人口的公共服务和社会保障覆盖面，提升实有人口服务管理工作的科学化、法治化、精细化水平。开展少数民族地区流动人口服务管理试点工作，选取鲁固社区等4个试点村（居），健全工作机制，完善服务管理措施，实现有效管控和良好服务的有机统一。创新开展以业育人、以业安人、以业管人、以业富人的“四业工程”，并将特殊人群纳入其中，提供技能培训、就业安置、生活帮扶等服务，帮助他们顺利融入社会。全市累计投入培训资金6707万元，实现农牧区剩余劳动力转移就业21.35万人次，创收5.47亿元。

预防化解矛盾纠纷。组建评估专家库，全面实施重大决策社会稳定风险评估，拉萨未发生一起因实施重大项目导致社会稳定风险的事件。按照“属地管理、分级负责，谁主管、谁负责”的工作原则，有效将各类矛盾纠纷发现、化解在萌芽阶段。截至年底，全市共建立人民调解组织424个、乡（镇、街道）调解委员会65个，配备人民调解员近3000人，调解组织覆盖率为100%。将疑难信访事项化解工作列入常委会议事日程，由市委常委包案化解，确保每一起群众诉求都得到回应，每一名群众合法权益都得到保护。设立涉法涉诉信访联合接访中心，对涉法涉诉信访案件进行分类甄别、分流处理。加强涉法涉诉疑难信访案件化解，落实政法委员会地级领导包案制度，逐案研究，逐件化解。全市共受理涉法涉诉案件123件，涉及标的2.3亿余元，涉及人数5200余人，已投入救助资金4200万元，成功化解115件，化解率93.5%。

开展社会治安整治。以影响群众安全感的严重暴力犯罪和“两抢一盗”等多发性侵财案件为重点，开展治安重点地区排查整治和夏秋社会治安专项整治行动，破获一批违法犯罪案件，依法惩治一批违法犯罪分子，全市刑事、治安案件发案率连续三年呈下降趋势。

加大专项整治工作力度。集中开展道路交通安全大检查大整治专项行动,在交通事故多发、易发地段设置固定交通检查站,预防各类交通事故的发生。加强危险品和易燃易爆物品安全管理,实行危险品和易燃易爆物品登记审批管理制度,强化公共安全监管。开展扫黄打非专项行动,加强文化市场管理,维护意识形态领域安全。实施“食品安全放心工程”,集中开展“四打击四规范”专项整治行动,开展食品药品安全专项整顿行动。建立校园警务室,组建义务护校队、义务处突队、义务安检队、义务交通队“四支队伍”,强化校园安全防范,确保校园安全。

不断深化平安创建工作。扩大平安创建工作覆盖面，建立平安单位摘牌制度，建立起“分层次、分系统、分责任”的平安创建工作责任体系。开展驻市各单位、各行业、各领域的平安创建申报审核工作。截至年底，全市共创建市级平安县（区）和单位 558 个。

始终坚持劲往基层使、人往基层走、钱往基层花，健全完善工作机制。深化“网格化”管理工作。结合拉萨实际，探索推行“网格化”服务管理模式。创立城镇社区网格化、农村牧区扁平化、寺庙综合精细化服务管理模式，根据地域划分工作网格，整合社区协管员、村组干部、治保员、社区民警等工作力量，逐人、逐地、逐事明确工作任务，责任到人，做到精确定位、精选定人、精准定责，实现网格全覆盖、工作无缝隙。创立街面防控警务网格化服务管理模式,全市 189 个 110 便民警务站以“爱民、为民、便民、利民、安民”为宗旨，全面履行“治安巡控、接警处警、交通管理、受理求助、动态掌控、法制宣传、备勤处突”等职责，形成“警务综合化、防控全时化、警力街面化、覆盖网格化、服务便捷化”的核心区域 1 分钟，其他区域 3 分钟警务圈。

推行“双联户”社会治理模式。以“邻里守望、互助合作”为工作思路，以调动公众参与社会治理的积极性、主动性和创造性为着力点，将相邻家庭划分为一个联户单位，联户家庭相互制约、相互帮扶，共同开展矛盾纠纷联排联调、安全隐患联防联控、困难弱户联帮联扶、发展成果联创联享等 10 项职责任务，形成“联户平安、联户增收”的新型社会治理模式。形成“解决问题一通到底、社情民意一传到顶”的社会治理体系。截至年底，全市共划分联户单位 17009 个，推选联户代表 17009 人，吸纳家庭近 16 万户 60 万余人，实现全区域、多层次的广泛覆盖。

中共十八届四中全会提出加快推进社会治理体制创新法律制度建设，提高社会治理法治化水平。拉萨市超前谋划，提出“依法治市”战略，以打造依法治藏的“示范区”为目标，探索以法治县（区）创建为主体、以行业法治示范点创建为支撑、以基层民主法治创建为基础的法治创建活动体系，开展“民主法制示范村（社区）”“依法行政、公正司法”示范点和“诚信守法企业”创建活动，全面提高社会治理法治化、规范化、长效化能力和水平，为全面推进拉萨跨越式发展和长治久安打下坚实基础。结合拉萨法治建设现状，探索具有中国特色、西藏特点，符合拉萨实际的边境少数民族地区法治建设道路。

开展法治宣传教育。全面推进法律“七进活动”（进社区、进农牧区、进机关、进学校、进寺庙、进企业、进军营），建成农牧区“法治书屋”“法治图书角”332 个、寺庙“法治书屋”286 个。建立政法机关、执法部门普法宣传制度，广泛开展“车载流动法庭”、以案释法等活动。在全区率先开展基层民主法制创建活动，作为全国首家首府城市发布《法治发展报告》蓝皮书。

推进执法司法公正。正确行使职权，坚持不干预个案，不打招呼，支持政法机关依法独立行使职权。加强对政法机关执法司法工作的监督，加大群众反映强烈问题的督办，促进政法机关依法办事，严格执法、公正司法。加大涉稳案件协调处理，确保实现法律效果、政治效果的统一。

加快地方立法进程。重点推进社会关注高、条件相对成熟、实践急需的立法项目，确保事事有章可循、有法可依。相继出台《拉萨市老城区保护条例》《拉萨市民族团结进步条例》等一大批具有地方特色的法规规章。《拉萨市供热供气管理办法》等 40 余项法规规章正按立法程序抓紧推进中。坚持立“新法”与改“旧法”并重，共清理、修订和废止与当前实际不协调、不统一的规章和规范性文件 80 余项。

（辛　雷）

公　　安

【概　况】 2014年，全市各级公安机关认真贯彻落实十八届三中、四中全会精神，习近平总书记、俞正声主席系列重要讲话精神和中央政法工作会议、全国公安厅局长会议精神，在区市党委政府、区市维稳指挥部和区公安厅的坚强领导下，洞悉拉萨市敌情社情动态，明确主体责任，攻坚克难，忠诚履职、秉公执法、锐意进取，不断提升反分裂反自焚、反恐防暴、服务管理群众、驾驭复杂局势、舆论引导等“五项能力”；通过深入践行党的群众路线教育实践活动和公安机关执法检查“回头看”活动，进一步强化公安队伍管理，努力提升民警队伍正规化、执法规范化能力水平，切实为“平安拉萨、法治拉萨、和谐拉萨”建设做出积极贡献。

【开展“110宣传日”宣传活动】 1月10日，市公安局积极组织开展以“110·守护您的平安”为主题的“110宣传日”活动。期间，区市领导格桑次仁、何文浩、张延清、吴荣富、陈文强到活动现场进行检查指导。共发放宣传资料31000份，展示了拉萨市110警务工作运行15年来的发展历程，同时也彰显了拉萨市公安机关心系维稳、敢打敢拼的坚定信念和心系民生、爱民为民的忠诚情怀。

【2014年春运交通安全管理工作】 1月16日至2月24日全国春运，市公安局交管部门以“降事故、保安全、建秩序、保畅通”为中心工作目标，狠抓道路交通安全管理工作，积极排除各类交通安全隐患，强化路面管控，严查交通违法，全力以赴确保春运期间全市道路交通安全畅通。期间，启动执法服务站231个，设置临时检查点417个，设置宣传提示牌101块，开展便民服务293次，发放宣传资料38500余份，查处各类交通违法行为7216余起，依法行政拘留9人，依法扣留机动车142辆，依法扣留驾驶证（行驶证）127本。

【召开尼泊尔常住拉萨市的侨民普法宣传会】 1月16日，市公安局在拉萨市市民服务中心召开尼泊尔常住拉萨市的侨民普法宣传会，40余名侨民代表参会。进一步加大对新颁布实施的《中华人民共和国出境入境管理法》宣传力度，提升对境外人员服务管理工作的能力与水平，确保拉萨市涉外环境的持续和谐平稳。

【2014年春节期间维稳防控工作】 春节期间，市公安局以“防自焚、反自焚”为核心，以“三无、三不出”为工作目标，组织社会面防控力量8762名，通过共同奋战、不懈努力，始终确保了拉萨市社会局势的持续全面稳定，为全市各族人民群众欢度新春佳节创造了一个安定、和谐、喜庆的节日环境。

【开展旅馆业清查整治行动】 2月1日，市公安局治安部门持续开展了为期15天的旅馆业治安问题集中整治专项行动，采取常规检查和突击检查相结合的方式，加大对旅馆业督导检查力度，并取得了阶段性成效。期间，查了15次，整改各类安全隐患12处，停业整顿2家，限期整改4家。

【2014年拉萨市“两会”安保工作】 2月21日至25日，拉萨市第十届人民代表大会第四次会议和政协第十届拉萨市委员会第三次会议在拉萨市隆重召开。市公安局高度重视，精心组织，周密部署，全警动员，全力以赴，狠抓社会面防控、交通管理、会场、代表委员驻地安全保卫等各项工作，确保了拉萨市“两会”的安全、顺利进行，确保了全市社会面的持续平稳正常。

【开展农村地区交通违法集中整治统一行动】 2月25日至3月11日，为做好农村道路交通管理工作，减少道路交通事故的发生，市公安局各级交警部门通过加强路面管控、强化宣传教育、规范执勤执法等工作措施，在全市范围内扎实开展农村地区交通违法行为集中整治统一行动。期间，出动警力1140人次，车辆240台次，检查车辆723辆，查处交通违法行为235起，涉牌5起，无证2起，开展进村入户宣传4次。

【完成“色拉崩坚”活动安防任务】 2月26日，“色拉崩坚”宗教活动在色拉寺举行，信教群众72000余人次参加了活动。市公安局以“三无”、“三不出”和

“九防”为工作目标，采取军警民联勤联防、分段分片包干、责任落实到人的工作方式，共投入执勤力量名，圆满完成了色拉崩坚”安全防范任务，确保了现场秩序良好和社会面平稳正常，确保了“三满意”。

【完成藏历新年期间安防任务】 圆满完成藏历二十九古突活动、藏历三十暨初一信教群众朝拜、乃琼祭神、拉萨大桥桥头烧香等佛事活动，期间共投入现场执勤力量2861名，分社会面防控组、秩序维护组、寺庙安防组、情报信息组、重点人员管控组、交通管控组、应急处突组等20个工作小组，积极协同武警、执勤部队、消防、基层治保等各方安防力量，全方位地展开了各项安防工作。

【开展集中清理清查行动】 3月5日，市公安局组织刑警支队、禁毒支队、经侦支队联合各辖区派出所、社区警务室深入全市桑拿洗浴中心、酒吧、网吧等娱乐场所和居民小区、施工工地等刑事、治安案件多发区域和流动人口聚集区域持续深入开展集中清理清查行动。期间，清查出租房249户440余人；查获吸毒人员2名，收缴毒品8小包，收缴管制刀具2把，弓弩1把；查获了6个国家保护动物头颅，其中盘羊头颅2个，藏羚羊头颅3个，鹿类头颅1个。

【开展应急处突拉动演练活动】 3月13日，市公安局组织开展了大规模维稳应急处突拉动演练活动，区市领导齐扎拉、赵正修、王亚蔺、张延清、次仁旺堆、陈文强等出席活动现场。期间，出动警力150人、警车29辆、消防官兵150人、消防车16辆、武警官兵50人、军车7辆。

【召开2014年全市县(区)公安局长会议】 4月11日，2014年全市县区公安局长会议在拉萨市政府会议中心隆重召开。会议学习贯彻习近平总书记在中央政法工作会议上的重要讲话精神，全面总结2013年公安工作，深入分析当前公安维稳工作形势，对2014年全市公安重点工作进行研究部署。

【开展全市道路交通安全大检查大排查大整治专项行动】 4月20日至10月31日，为认真贯彻落实西藏自治区人民政府《关于进一步强化安全生产工作的紧急通知》(藏政发【2014】89号)精神和市政府《全市安全生产大检查大排查大整顿专项行动方案》(拉政发【2014】118号)精神，全市各级交管部门紧紧围绕“降事故、保安全、保畅通”的工作目标，高度重视、精心组织、周密部署、强化措施，全面开展全市道路交通大检查大排查大整治工作。期间，全市各级公安交通管理部门共拘留110人，扣车604台，扣证5675本，罚款4989848元，查处各类交通违法行为73031起。

【市公安局书画摄影协会成立】 5月4日，市公安局成功举办拉萨市公安局书画摄影协会成立暨首届民警书画摄影作品展。本次书画摄影作品展共收集了全市公安机关名家、爱好者共200余幅作品，集中体现了广大民警的专业水平和艺术素养。

【完成2014年高考期间的安保工作】 6月7日至9日，2014年全国高等院校招生录取考试在拉萨中学、拉萨市北京高中等全市7个考点进行，拉萨市6700余名学生参加了此次考试。市公安局坚持以“防暴恐、反自焚、防自焚”为工作核心，以“三无”、“三不出”、“六个严防”为工作目标，采取强有效措施为高考提供全程外围交通服务、全方位现场安全保卫服务、全时段视频监控服务，切实做到各类措施到位、力量到岗、责任到人。期间，共投入执勤力量1505人次，圆满完成了高考期间的各项安全保卫工作。

【“完成萨嘎达瓦”宗教活动安防工作】 5月29日至6月27日，“萨嘎达瓦”宗教活动期间，市公安局高度重视、超前谋划、精心部署、严密防范，以“防暴恐、反自焚、防自焚”为工作核心，以“三无”、“三不出”、“六个严防”为工作目标，在“林廓”、“八廓”、“孜廓”转经沿线和老城区部署专门力量2424名，分转经路沿线防范组、社会面安全防范组、联勤联控组、情报信息搜集研判组、重点人员管控组、“护城河”查控组等16个专门工作组全面开展工作，圆满完成“萨嘎达瓦”宗教活动期间的安全防范工作。

【国务院侨务办公室主任裘援平到市公安局视察】 6月21日，自治区党委书记陈全国陪同国务院侨务办公室主任裘援平到大昭寺广场便民警务站视察工作，自治区党委常务副书记吴英杰，拉萨市市委副书记、市长、市委政法委第一书记张延清，局党委委员、副局长代利刚及110便民警务支队相关负责人等同志陪同视察。

【积极开展"国际禁毒日"宣传活动】 6月25日是全国第27个国际禁毒日。市公安局禁毒部门在市区繁华路段开展"远离毒品、健康生活，拥抱美好人生"为主题的毒品预防宣传教育活动，现场增设了禁毒志愿者报名点，调动群众参与禁毒工作的积极性和主动性。期间，共发放各类禁毒宣传资料20000余份，宣传纪念品共3000余份，受到了区市两级领导的充分肯定和群众的一致好评。

【开展户口登记管理专项清理整顿工作】 年初，市公安局按照区公安厅统一部署和要求，精心组织，周密部署，狠抓落实，深入细致地推进户口登记管理专项清理整顿工作。全年，全市累计共核查20487户，核查人员68900人，发现重户1421人，已注销户口1194户，采集人像28713人，采集指纹24622次，清理纠正户口登记项目差错1013个，纠正人像错误1037张。

【公安部执法规范化建设阶段成效检查验收组到市公安局检查指导工作】 7月14日，公安部执法规范化建设阶段成效检查验收组组长刘林华副巡视员一行9人，在区公安厅党委委员、副厅长李杰祥及区公安厅法制总队总队长阿桑等领导的陪同下到市公安局，对公安机关执法规范化建设阶段性成果进行考核验收。

【孟建柱调研布达拉宫广场便民警务站】 7月18日，中共中央政治局委员、中央政法委书记孟建柱调研布达拉宫广场便民警务站。在查看安防设备和单警装备后，孟建柱向执勤民警详细了解了治安状况和便民服务举措，并希望他们牢固树立服务意识，寓管理于服务之中，拓展管理平台、延伸服务触角，努力通过一个个问题的解决、一件件实事的办理，真正让群众感受到平安和谐就在身边、党和政府的温暖就在身边。

【完成孟建柱一行赴藏考察调研期间勤务安保工作】 7月17日至23日，中央政治局委员、中央政法委书记孟建柱一行在拉萨市活动。市公安局以"安全第一"为指导思想，以"六防"为工作目标，坚持"统一指挥、属地管理、内紧外松、点面结合、确保重点"的工作原则，超前谋划，精心部署，突出重点，强化措施，狠抓落实，扎实有效地开展了各项勤务安保工作，全力确保了孟建柱同志一行在拉萨市活动期间的绝对安全，有力实现了孟建柱一行在拉萨市调研期间的万无一失，并且达到了预定的工作目标。

【2014全市"6"字头专号牌取缔工作】 经市公安局党委研究，决定集中开展取缔全市"6"字头车辆号牌专项工作，从8月5日起，将清理取缔全市的"6"字头专段车辆号牌，各级公安机关公务车辆今后一律悬挂原号牌和属地地方普通号牌，彻底解决冒领、串挂、挪用、转借和使用"6"字头专段号牌等突出问题，消除特权思想，以作风建设的新成效取信于民。

【妥善处置8·09特别重大交通事故】 8月9日，拉萨市尼木县境内国道318线发生一起特别重大交通事故，一辆旅游大巴、一辆越野车、一辆皮卡车连环相撞，事故造成44人遇难，11人受伤。事故发生后，市公安局立即组织特警、交警、刑警等精干警力第一事件赶赴现场开展事故救援、调查等相关共工作。

【开展"两限一警"工作】 "8·09"特别重大交通事故发生后，市公安局坚持全警动员、全员上岗、全力以赴，切实深化拉萨市旅游客运、班车客运、机场客运大巴、校车等大型营运车辆管理工作，严格落实"两限一警"（限制车辆载客数量、监督限制行车速度以及每车配备一名警察）工作措施，坚决确保了区市党委、政府在非常时期采取的非常措施落到实处。自2014年8月19日至12月31日，拉萨市共投入"两限一警"跟车警力23317人次，日均派遣跟车民警173人次，一趟旅游车平均跟车3至4天。

【深入推进"护校安园"专项行动】 9月份以来，市公安局结合治安形势特点、职能定位要求及护校安园重点，以强化责任管理、排查整治和宣传教育为措施，进行层层动员部署，持续不断深入推进"护校安园"专项行动，并取得实实在在的成效。期间，共增设安装减速带100余处、增配安防设备200余件、增加安保力量500余人次，发放道路交通宣传资料6000余份、受教育群众5000余人次，督导检查治安复杂场所（书屋、网吧、出租屋等）700余家次。

【北京市公安局西城分局送教上门活动】 北京市公安局西城分局党委副书记、政委张毅带队的教官团一行16人，在拉萨市公安机关开展了为期8天的送教上门活动。期间,以视频教学的方式举行精品课程专题讲座6场次、现场实战教学2场次,全市公安机关2800余人次聆听了讲座,并帮助培训民警250余人次,受到了广大民警的一致好评。

【推进“百城禁毒会战”专项行动】 9月,市公安局深入打击涉毒违法犯罪活动,全面整治毒品突出问题,采取超常措施,超常力度,超常手段,持续不断加大涉毒管理、缉毒执法、禁毒宣传力度,迅速在全市范围内掀起禁毒斗争新高潮,并取得显著成效。期间,共破获毒品违法犯罪14起,抓获涉毒人员16人,缴获毒品146.17克(其中海洛因2.23克,冰毒143.94克),查获吸毒人员54人。

【开展“六打六治”打非治违专项行动】 10月,市公安局积极采取“全覆盖、零容忍、严执法、重实效”措施,持续深入全市范围内的建筑施工领域、非煤矿山领域、油气和消防领域、烟花爆竹和民爆物品等领域,全面开展了“六打六治”打非治违专项行动。期间,共检查建筑施工企业87家,调解建筑工地纠纷21起,组织大清查44次,督促办证147人,审批炸药685.573吨、导爆管176160发、导爆索4000米,审批民爆使用单位21家,检查加油站100家次。

【邓小刚慰问跳河救人民警白玛桑珠】 10月7日,一名老人在拉萨河不慎落水。闻讯后,德吉南路110便民警务站民警白玛桑珠和辅警扎西杰布不顾个人安危,迅速跳进冰冷的拉萨河中,奋力将老人救起。8日,区党委副书记、自治区常务副主席、区党委政法委书记邓小刚专程前往德吉南路110便民警务站,看望慰问舍己为人、勇救落水老人的公安民警白玛桑珠和辅警扎西杰布。

【推进打黑除恶专项行动】 10月,全市公安局紧紧围绕“三无”、“三不出”的刚性目标,牢牢把握“打早打小、除恶务尽”的工作要求,进行多警联动,多措并举,多管齐下,严厉打击,严密防范,严格管理,持续深入地开展了声势浩大的打黑除恶专项斗争,掀起专项斗争的又一轮新高潮。期间,全市打掉恶势力犯罪团伙1个,抓获犯罪嫌疑人5人,破获案件3起,缴获子弹9发、手榴弹1枚、弩4把,管制刀具626把、冰毒145克、麻古9粒,扣押和没收非法资产680余万元。

【党的群众路线教育实践活动总结大会】 10月13日,市公安局召开党的群众路线教育实践活动总结大会。次仁旺堆代表局党委全面总结回顾了市公安局党的群众路线教育实践活动取得的主要成效和经验做法。

【全国公安机关依法使用武器警械专项训练省际互检小组到市公安局开展互检活动】 10月20日,全国公安机关依法使用武器警械专项训练省际互检小组组长司廷俊一行,在公安厅政治部人事训练处副处长彭智彬等领导的陪同下,到市公安局开展依法使用武器警械专项训练省际互检活动。期间,检查组一行还观摩特警支队处置驾车冲撞暴恐事件演练,了解了支队武器装备管理、基础设施建设等方面的情况。

【完成塔尔钦安保工作】 2014年4月至11月,市公安局特警支队到阿里地区开展了为期7个多月的跨区域拉动增援安保工作。在执勤条件艰苦、后勤保障不足、通讯装备匮乏、协作机制不全等情况下,拉萨特警攻坚克难、扎实工作,圆满完成了增援阿里“塔尔钦”宗教活动维稳安保各项工作。

【开展2014年度“全国交通安全日”宣传活动】 12月2日是我国第三个“全国交通安全日”,市公安局以“抵制七类违法,安全文明出行”为主题,超前谋划、周密部署,全警动员、全力以赴,扎实开展了道路交通安全宣传工作,进一步加深了广大市民的道路交通安全观念。期间,发放各类交通安全提示宣传资料10000余份,发放宣传物品1000余份。

【市公安局车管所正式成为全国第三家机动车检测远程监管系统单位】 12月8日,拉萨市公安局车管所正式成为全国第三家正式建成“机动车检测远程监管”系统单位,有效减少了人为因素的影响,规范了业务管理秩序,杜绝车辆不到现场和查验、检测数据不真实等违规问题,实现公平公正执法和杜绝违法乱纪事件以及打击非法中介行为作用。

案例举要

【破获“1·29”特大诈骗案】 1月29日,市公安局抓获犯罪嫌疑人呷某,破获一起特大诈骗案。经查实，呷某先后以各种名义从多名被害人手中诈骗价值达981万元人民币的九眼石、土地、珊瑚、汽车、现金、房权证等各类财产，并用于个人挥霍的犯罪事实。

【破获何治权特大职务侵占案】 3月15日，市公安局破获何某特大职务侵占案。经审查，主犯何某对利用职务便利将公司364.5万元占为己有的犯罪事实供认不讳。

【破获“4·08”特大贩卖毒品案件】 4月8日，市公安局成功破获杨某特大运输毒品一案，收缴冰毒273.64克。抓获其同伙李某、唐某、程某、李某、张某等5名犯罪嫌疑人，经审讯，6名犯罪嫌疑人均交代了伙同杨某运输毒品的全部犯罪事实。

【破获四起特大非法转让、倒卖土地案件】 6月，市公安局接到拉萨市土地工作整治小组移交案件，拉萨市香嘎村、蔡公堂乡等地的村民将国家土地非法转让、倒卖，从中非法牟取利益共计400余万元。抓获犯罪嫌疑人4名，犯罪嫌疑人次某、拉某、扎某、泽某对其非法转让、倒卖土地的犯罪事实供认不讳。

【破获“7·05”特大毒品运输案件】 7月5日，市公安局在拉萨市金珠路破获一起特大运输毒品案，抓获涉毒犯罪嫌疑人张某（女）、夏某，当场收缴冰毒189.6克；冰毒片剂187粒，经审讯二犯罪嫌疑人交代了运输毒品的全部犯罪事实。

【破获拉萨市某水疗会所组织卖淫案】 为净化拉萨市社会环境，消除各类治安隐患，8月2日，市公安局在前期工作摸排的基础上，迅速出击，一举查封拉萨市某存在卖淫的水疗会所，抓获各类违法犯罪嫌疑人58名。

【破获“10·27”故意杀人案】 10月27日，拉萨市巴尔库村出租房2楼14号房内发现一具尸体，经法医鉴定被害人系机械性窒息死亡，确定为他杀。案发后，市公安局立即启动命案侦破机制，并于当日将犯罪嫌疑人平某抓获，成功破获此案。

【破获“11·29”特大毒品运输案件】 11月29日，市公安局与民航公安处联合破获一起特大运输毒品一案，当场抓获涉嫌运输毒品的犯罪嫌疑人姚某、陈某，收缴冰毒387.38克。

【破获“12·31”入室抢劫案】 12月31日，塔玛小区18栋1单元4–2号发生一起入室抢劫案，嫌疑人以维修暖气名义进入室内，抢走现金2700余元以及部分金银首饰。当日21时，将犯罪嫌疑人刘某抓获，并追回被抢所有财物。

（关卫华　廖智灵）

检　察

【概　况】 2014年，全市检察机关贯彻落实中共十八届三中、四中全会精神，习近平总书记系列重要讲话精神和中央、区市党委政法工作会议精神，全国、全区检察长会议精神，把握检察工作的新形势、新要求、新任务，紧紧围绕全市“五大战略”，以开展党的群众路线教育实践活动为主线，强化政治统领、明确职责定位、创新工作措施，履行法律监督职责。全体检察干警坚持24小时值班备勤达8000余人次，两级检察院先后抽调（派）干警262人到相关党政机关、领导小组、一线治理机构和基层单位协助工作，累计开展工作达926个月（人均3.5个月），其中拉萨市院抽调（派）干警125人，累计工作达579个月（人均4.6个月），有力地支持了全市工作大局。

【城关区检察院再次荣获“全国模范检察院”荣誉】 4月23日，最高人民检察院在北京举行全国检察机关队伍建设电视电话会议，城关区检察院作为西藏自治区唯一获奖集体，再次荣获“全国模范检察院”这一检察机关最高集体荣誉。

【主持召开全市有毒有害食品案例通报会】 5月9日，在拉萨市江苏生态园召开食品安全领域案例通报会。质监、工商、公安等13个全市食安委成员单位部门负责人、部分市人大代表、市政协委员、商户代表代表80余人参加。院党组副书记、副检察长次仁多吉通报了最高人民检察院印发的食品安全领域典型案例。市人民政府副秘书长虢洪志作了指示。

【曲水县检察院派驻达嘎乡检察室揭牌】 5月28日，曲水县检察院派驻达嘎乡检察室正式揭牌成立，这是拉萨检察机关首个乡镇派驻检察室。主要任务是配合当地党委、政府做好维护基层和谐稳定、巩固基层政权、落实党的支农惠农政策等工作，结合检察职能开展预防职务犯罪、接受群众控告举报申诉、维护群众利益、化解矛盾纠纷等工作。

【向市人大副主任汇报全市民行工作】 6月3日，市人大副主任央金卓嘎率领市人大法制委员会监督检查组一行到拉萨市检察院，对全市民行工作开展情况进行检查监督。田建设检察长就市检察院2014年上半年各项检察工作开展情况以及下半年主要工作安排作了汇报，常务副检察长塔青从近年来开展民事案件监督工作情况、遇到的问题困难以及对民事案件监督工作的具体意见三个方面作了汇报。央金卓嘎对拉萨市民行工作表示肯定，并提出希望。

【完成统一业务应用系统培训及配置测试工作】 6月3日至6月20日，拉萨市检察院案件管理办公室会同技术处对各基层院集中开展统一业务应用系统的初始培训、配置测试工作，为系统在全市检察机关全面上线运行奠定基础。

【与市中法举行民事执行监督与庭审旁听制度会签座谈会】 6月，检法两家举行《拉萨市中级人民法院 拉萨市人民检察院民事执行监督实施办法（试行）》与《拉萨市中级人民法院 拉萨市人民检察院关于建立检察机关旁听制度的实施意见》的会签座谈会。

【与北京市检察院举行援藏工作座谈会】 8月9日，市检察院与北京市人民检察院举行援藏工作座谈，共商检察援藏工作发展大计，双方举行援助资金捐赠仪式。

【批捕起诉工作】 年内，共受理移送侦查机关提请批准逮捕案件427件571人，经审查批准逮捕349件497人，不批准逮捕74人；受理移送审查起诉案件472件704人，审结提起公诉397件661人，不起诉17人，正在审查26人。办理二审刑事案件26件44人。

【职务犯罪查办和预防工作】 年内，共立案侦查职务犯罪案件18件18人（查办的案件数和人数分别是上年的138%），其中渎职案件5件4人（以事立案1件），贪污贿赂案件13件14人。大案9件9人，要案4件4人。侦查终结移送审查起诉11件12人。共计为国家挽回经济损失1300余万元。

【打击危害经济安全和破坏市场经济秩序的犯罪】 年内，依法批准逮捕破坏市场经济秩序犯罪26件37人，提起公诉24件32人。按照公安部、税务总局督办意见，依法办理涉及全区的“8·30”系列虚开增值税专用发票案。检察人员先后审查卷宗30余册，核对发票2000余份，查实6家公司账目，并与侦查人员赴内地核实并调取相关证据。

【强化刑事诉讼活动监督】 年内，共提前介入参与监督并引导侦查各类重大案件11件，向侦查机关发出《逮捕案件继续侦查取证意见书》336份，提出取证意见1088条，对证据不足案件退回补充侦查208件次，制作《补充侦查提纲》208份，提出补证意见1061余条，依法追加漏捕的犯罪嫌疑人8人，依法变更侦查机关移送起诉的不当罪名并提起公诉29人，依法追加侦查机关遗漏起诉的罪名并提起公诉7件。

【加强立案活动监督】 年内，对应当立案而未立案案件，依法通知立案11件。对侦查活动中情节轻微的违法行为提出口头纠正意见82件次，对情节严重的违法行为发出《纠正违法通知书》8份。在审判监督中，对审判活动中的轻微违法行为，依法提出口头纠正9件次，对严重违法行为依法发出《纠正违法通知书》1件，对确有错误的判决支持抗诉1件（已改判）；两级院检察长列席审判委员会9次，参与讨论案件31件。

【构建民事诉讼多元化监督格局】 年内，市检察院与市中法联合制定《民事执行监督实施办法（试行）》，城关区检察院与城关区法院联合制定《民事执行监督工作协议》。年内，检察机关参与法院监督执行工作5次，涉及案款750万元。对民事审判活动开展跟庭听审13次。受理民事申诉案件14件15人，对符合立案条件的依法审查5件，作不支持监督申请2件，提请抗诉1件。

【刑罚执行和监管活动监督工作】　年内，审查监狱部门报请减刑、假释、保外就医案件857件（次），审查降低减刑幅度29人，审查取消减刑资格12人（其中取消职务犯罪罪犯减刑资格7人，涉黑罪犯减刑资格3人），取消假释资格1人，保外就医2人。约见在押人员139人次，建议进行羁押必要性审查8人。共对全市监所机构开展检查298次，发现并纠正问题28件。

【探索加强行政执法领域的法律监督】　年内，全市检察机关结合案件办理工作共制发各类检察建议12件。结合有毒有害食品案件查办工作，及时发出《检察建议》督促市工商局整顿拉萨市中小学附近“五毛市场”，依法取缔无照经营户17家，教育整顿25家。

【开展党的群众路线教育实践活动】　年内，开展党的群众路线教育实践活动，撰写心得体会1200余篇，两级院班子成员收集意见560余条，并认真对照整改。党员干部“进村入户，结对认亲交朋友”，与131户贫困群众结对认亲，捐助扶贫物资39.7万余元。拉萨市院三个驻村工作队完成项目建设45个，累计投入资金147.98万元，帮助村“两委”健全完善各类规章制度、村规民约130个，进村入户查访576户，排查化解矛盾纠纷15件，开展新旧西藏对比、感恩教育和法治宣传88场次，受教育群众达12000余人次。通过扎实整改、建章立制，清理废止制度26项，修改完善制度147项。

【为群众提供监督服务】　年内，共办理群众来信45件，接待来访81件（其中检察长接待9件）；办理刑事申诉7件7人，民事申诉14件15人。共排查化解各类矛盾纠纷20余件，依法妥善处理了钟嵘等7起涉检信访案件。做好刑事被害人救助工作，办理刑事被害人救助案件2件2人，救助资金38万元。

【检察宣传工作】　年内，在拉萨晚报、西藏法制报、西藏商报开办“检察官说法”等专栏，刊发各类说法类稿件127篇。深入学校、乡村等开展法治宣传57次，发放宣传材料1.7万份，接受群众咨询170余次。全年开展国家重点项目同步预防3个，深入机关单位开展个案预防、系统预防和专项预防，为600多名干部职工开展了警示教育讲座，发放警示教育宣传资料1300余套，开展预防咨询22次。城关区警示教育基地开展教育活动21批492人。完善行贿犯罪档案查询工作，开展查询430次，涉及859家单位和861人，占全区查询数量的35%。

【推进业务规范化建设】　年内，推进统一业务应用系统运行工作，拉萨市院、城关区院在全区率先试行了网上统一受案、办案。强化案件管理工作，制定《案件质量评查办法》和各项工作制度。下半年对全市检察机关办案工作开展评查，共评查批捕、起诉、职务犯罪和民事申诉案件121件，归纳整理问题5类18项。

【召开党风廉政建设和反腐败工作专题部署会】　年内，召开党风廉政建设和反腐败工作专题部署会。总结了2013年度市检察院党风廉政建设和反腐败工作，安排部署2014年度党风廉政建设和反腐败工作，并宣读《拉萨市人民检察院2014年党风廉政建设和反腐败工作任务分解实施方案》。各县（区）院检察长分别作了述职述廉报告，围绕一年来的主要工作和廉政建设情况，查摆问题，提出努力方向。会议最后，检察长田建设与各县区院检察长签订2014年度党风廉政建设责任书和队伍建设责任书。

【城关区检察院法治教育基地完成升级改版工作】　年内，城关区检察院先后收集100多个展板素材，通过逐级汇报、广泛征求意见、查漏补缺等方式，对整个教育基地的展板布局、内容进行完善和更新。改版后的教育基地分为五篇，分别是：使命篇、职务犯罪预防篇、普通刑事犯罪预防篇、检务公开篇、维稳篇。

【完成全市检察机关第一部微电影的拍摄制作】　年内，市检察院完成拍摄制作全市检察机关第一部微电影——《重托》。

【获得“优秀年度报告”荣誉】　年内，在首届全国检察机关惩治和预防职务犯罪年度报告评选中，市检察院的年度报告获得“优秀年度报告”荣誉，同时该报告被自治区检察院评为全区检察机关“五佳”年度报告。

案例举要

【黄某涉嫌贪污一案侦查终结】　犯罪嫌疑人黄某，男，42岁，四川省达州市人，西藏广宇站务有限公司拉萨西郊客运站收费员。2013年9月至10月，黄某利用职务便利以现金不入账的方式，在不到一个月的时间内贪污车票款112万余元。犯罪嫌疑人黄某的行为触犯了《中华人民共和国刑法》第三百八十二条之规定，涉嫌贪污罪。侦查期间，市检院反贪局侦查人员赴重庆市，山东省济南市，四川省成都市、宜宾市等多地调查取证，并通过发送协查函的方式，共收集各类证据50余份，追缴赃款72万余元。

【依法对一名涉嫌诈骗罪犯罪嫌疑人作出批准逮捕决定】　犯罪嫌疑人吴某，男，藏族，48岁，文盲，甘肃省武威市天祝藏族自治县人，经商，刑拘前逃往新疆哈密市，经网上追逃，于2014年11月17日被押解回拉萨。2014年2月至9月期间，犯罪嫌疑人吴某为了偿还赌债，虚构事实，隐瞒真相，自称是拉萨市市长的表弟，可以通过关系帮助被害人仁某以招商引资的方式购买位于拉萨市朵森格路“群艺馆”的地皮，先后从仁某手中骗取人民币200万元，另以自己儿子出车祸为由骗取人民币5万元，共计诈骗被害人仁某205万元后外逃。公安机关通过网上追逃，在新疆哈密市将其抓获归案。犯罪嫌疑人吴某以非法占有为目的，冒充市委领导的亲戚，骗取被害人仁某205万元，数额特别巨大，在社会上造成了恶劣的影响，其行为触犯了《中华人民共和国刑法》第二百六十六条之规定，涉嫌诈骗罪，11月27日，拉萨市人民检察院院对犯罪嫌疑人吴某依法作出了批准逮捕决定。

（欧雪梅　战红才）

审　判

【概　况】　截至年底，市法院共受理各类案件6847件，审执结6190件，结案率90.4%，其中市中院受理1886件，审执结1785件，结案率94.7%。

【审结刑事案件499件】　年内，共受理刑事案件526件，审结499件，结案率94.9%。判处罪犯583人。审结了鲜李章等15人涉恶等一批大要案，审理故意杀人、故意伤害、强奸和“两抢一盗”犯罪案件224件，判处罪犯316人；审理合同诈骗、虚开用于抵扣税款发票等破坏市场经济秩序犯罪案件29件，判处罪犯46人；审理寻衅滋事及“黄赌毒”等妨害社会管理秩序犯罪91件，判处罪犯115人。判处五年以上有期徒刑、无期徒刑、死刑的100人，对177名被告人适用缓刑、管制、单处罚金、免予刑事处罚，依法裁定1075名罪犯减刑。为14名未成年犯封存前科记录。

【审结民商事行政案件3279件】　年内，共受理各类民商事案件3576件，审结3270件，结案率91.7%，诉讼标的8.4亿元，审结合同纠纷案件2804件，破产案件3件。审理婚姻家庭、劳动争议、追索劳动报酬案件939件，标的5990万余元。年内共受理行政案件10件，审结9件，结案率90%，进入庭审的行政案件行政首长出庭应诉率达到80%，比上年增加30个百分点。

【案件调解】　年内，通过调解、撤诉方式结案1746件，调撤率53.4%，自动履行率34%。指导人民调解组织调处纠纷111件。

【执结案件1310件】　年内，共受理各类执行案件1640件，执结1310件，执结率为79.8%，收结案同比下降10.2%和12%，为当事人实现债权2.46亿元，为生活困难的115名申请执行人发放执行救助资金119.7万元。为市中院执行局提供100多万元资金和装备，从全区法院抽调干警7人，从7月启动“执行攻坚战”活动，清理自1995年以来的执行积案615件，前期已执结397件，清积率达到了65%，执结标的1.27亿元。建立实施失信被执行人“黑名单”制度，首次通过户外大屏幕对37名失信被执行人进行曝光，限制高消费。

【法治宣传】　年内，共开展“法律七进”等普法宣传活动492次，发放宣传资料30万余份，受教育群众7万余人次。参与“8·09”特大交通事故、出租车整治、土地整治等中心工作，抽调25名干警参与“一车一警”工作。

【强基惠民】 年内，全市法院350余名党员与256户基层群众结交朋友，帮扶捐助资金94万余元，争取项目资金254万元，市中院协调有关部门为林周县三个结对乡村落实养殖、村委会建设、乡村道路路灯、购买收割机、拖拉机等5个项目，总投资115万元。

【涉诉信访】 年内，受理申诉、申请再审案件30件，审结27件。坚持标本兼治，"四定一包"，配合市委政法委、政府信访部门办理重大涉法涉诉信访案件22件，妥善化解14件。化解了罗桑土多合同诈骗等群访案件。研究涉诉信访工作特点和规律，参与涉法涉诉信访改革试点工作，探索诉访分离和涉法涉诉信访依法终结制度，加强涉诉信访工作长效机制建设，制定实施《涉诉信访案件流程管理细则》等有关制度。

【审判管理】 年内，深化"三评查"长效机制，扩大评查覆盖面，实行问题通报、限期整改，以评查提质效。共评查裁判文书2056份，案件质量评查477件，庭审评查228次，梳理整改评查反馈的问题17项。市中院实现网上办公办案，推进审判流程信息化管理，实行收结案按月通报制度，统计分析审限内结案，警示提醒临审限案件，通报超审限案件，实现审限内结案率100%，一审服判息诉率上升17.1%，二审改判率下降21.9%。

【服务网络便捷化】 年内，市中院在全区率先探索推广统一名称、统一标识、统一规范职能设置、统一流程管理和工作用语的诉讼服务中心建设，致力于人民法庭为点、车载流动法庭为线、基层法院为面"点线面"三位一体的司法服务网络建设。年内，为经济确有困难的当事人缓减免交诉讼费218万元，"车载流动法庭"受理案件875件，巡回开庭1188次，审结857件，行程3.9万余公里。调整人民法庭布局，原先规划的17个人民法庭合并为13个，完成"十二五"规划5个项目投资4669万元。市中院在林周县江热夏乡成立女法官志愿者爱心巡回服务站，城关区法院在全区率先设立妇女维权合议庭。

【司法信息公开化】 年内，向高院提交2697份裁判文书备选公开，已在"中国裁判文书网"公开539份，公开率20%。市中院率先在全区公开开庭审理"三类罪犯"的减刑案件，共公开开庭审理35件，邀请人民陪审员参与审理20件，邀请12名人大代表、政协委员、专家学者监督指导35件；依法裁定2名罪犯不予减刑。共受理评估、拍卖、鉴定84件，办结65件。

【司法民主全面化】 年内，实施人民陪审员"倍增计划"，注重从乡村普通群众中遴选人民陪审员，人民陪审员与法官比例达到1.3∶1，加强人民陪审员的法律业务培训，保证人民陪审员参审率，共参审案件336件。接受政协民主监督，加强与人大代表、政协委员的联络，向市人大、政协报送工作动态信息485期，在人大、政协等单位中新聘请廉政监督员8名；接受法律监督，与市检察院会签《民事执行监督实施办法（试行）》和《关于建立检察机关旁听制度的实施意见》。

【增强队伍素质】 年内，市中院组织全体干警参加第二批党的群众路线教育实践活动，组织23次中心组集体学习，5次专题讲座，16次专题观影活动，23次专题交流研讨。党组班子及成员认真查摆"四风""两问题""一薄弱""三不够"及联系服务群众"最后一公里"方面的突出问题，共征求到意见建议53条，归纳整理为27个问题，并把立查立改贯穿于各项司法工作中。建立健全各项规章制度，其中废止16项，修改完善37项，新建27项，保留35项。出台实施《关于加强党组自身建设的意见》和《关于加强司法政务建设的意见》，会议数量下降49%，印制文件减少18%；严格控制"三公"经费，开支下降16%。举办藏语示范庭和院长开示范庭活动11次，并邀请人大代表、政协委员、一线法官等到庭旁听。选派干警参加各类业务学习培训142人次，鼓励支持干警参加学历教育、司法考试培训、职称晋级考试，协调落实人才、智力受援计划，向组织部门请示选派9名基层法院干警横向纵向挂职锻炼。

【筑牢廉政防线】 年内，专题召开全市法院廉政工作会议，落实党组党风廉政建设主体责任，院党组成员述职述廉。市中院专门对办公设备、固定资产进行统计并指定专人管理，邀请审计局对财务状况进行审计，未发现违规使用经费情况。开展审务督查，通过明察暗访、突击检查，重点检查干警遵守政治纪律、组织纪律、工作纪律情况27次，继续保持零违纪。最高法院评为"执行专项积案清理工作先进集体"被市委市政府评为"2014年度目标绩效争先一等奖”“社会治安综合治理工作先进集体”等。

（贡　曲）

案例举要

【谢某编造虚假恐怖信息案】　2014年9月17日，被告人谢某与其男朋友刘某准备一同乘机前往三亚，二人因琐事发生争执，刘某先行去机场，谢某未能赶上登机。为了能让刘某留下，谢某用号码为1855161**** 三星白色手机拨打“110”报警电话，编造虚假信息称当日从拉萨飞往重庆的MF8468航班上的乘客刘某携带有炸药。拉萨贡嘎机场随即启动紧急预案，为排查险情耗费大量人力物力，造成部分航班备降、顺延、取消等后果。侦查人员于当日15时30分在机场高速临时设卡点将谢某抓获。

检察机关指控被告人谢某2014年9月17日与其男朋友刘某约定一同乘机前往三亚，因两人发生争执，刘某单独前往机场，谢某赶到机场时已延误登机时间，于是谢某用其手机号码为1855161**** 拨打“110”报警电话，称从拉萨飞往重庆的MF8468航班上乘客刘某携带炸药。致使当天贡嘎机场多架飞机航班延误起飞、返航、盘旋、备降、取消、乘客滞留、退票，造成厦门航空有限公司损失126736元，四川航空股份有限公司损失444291.95元，经审讯，被告人谢某对犯罪事实供认不讳。被告人谢某在机场高速距柳梧检查站8公里处临时设置的检查站被抓获。辩护人辩称：对公诉机关指控的罪名没有异议，但对量刑情节有如下意见：①公诉机关指控的损失金额缺少客观方面的证据，不应采信；②被告人谢某系自首途中被抓获，应认定为自首；③被告人当庭认罪，系初犯、偶犯。综上，应对被告人谢某从轻处罚。

法院认为，被告人谢某编造虚假恐怖信息，造成部分航班备降、顺延、取消的严重后果，严重扰乱了社会秩序，其行为已构成编造虚假恐怖信息罪，依法应予惩处。公诉机关指控的事实和罪名成立，法院予以支持。鉴于被告人谢某归案后如实供述自己的罪行，当庭认罪、悔罪，具有坦白情节，依法可以从轻处罚。对于被告人谢某的辩护人所提公诉机关指控的损失金额不应采信的辩护意见，经查，该案中厦航、川航出具的损失情况，缺少相关的票据、资费标准等予以佐证，故该辩护意见法院予以采纳；被告人谢某具有自首情节的辩解意见，与查明的事实不符，法院不予采纳。其余的辩护意见法院酌情予以考虑。依照《中华人民共和国刑法》第二百九十一条、第六十七条第三款、第六十四条和《最高人民法院关于审理编造、故意传播虚假恐怖信息刑事案件适用法律若干问题的解释》第二条（二）项、第三条（一）项的规定判决：一、被告人谢某犯编造虚假恐怖信息罪，判处有期徒刑一年零六个月；二、作案工具手机（三星白色）一部，予以没收。

【房屋租赁合同纠纷案】　2010年4月20日，昌盛公司与万某（元亨公司法定代表人）签订一份《房屋及土地使用权租赁合同》，约定昌盛公司将位于拉萨堆龙德庆县和平路以西面积为8400平方米的土地使用权及地上房屋（建筑面积4700平方米的七层大楼）、附属物租赁给万某使用，但因该土地使用权中有2800平方米已对外出租给西藏力禾机械有限公司（以下简称力禾工）与程某，到期时间为2013年8月31日，故在该土地租赁期满后，昌盛公司同意租赁给万某。租赁期限自2010年7月1日至2022年6月30日止，并约定租金的计算方式、支付方式及相关的权利义务。2010年6月7日，昌盛公司与元亨公司、万某达成一致意见，将2010年4月20日昌盛公司与万某签订的《房屋及土地使用权租赁合同》的相对方变更为昌盛公司与元亨公司。在该合同履行过程中，昌盛公司与元亨公司双方发生争议，起诉至堆龙德庆县人民法院，经堆龙德庆县人民法院调解作出［2011］堆民二初字第17号民事调解书，该调解书中昌盛公司与元亨公司达成一致意见，双方继续履行2010年4月20日签订的《房屋及土地使用权租赁合同》，力禾公司与程某所租赁的土地及房屋待力禾公司与程某退出后交与昌盛公司租赁使用，元亨公司从2012年4月1日起向昌盛公司支付租赁费，并对原合同部分条款进行了修改，对未作更改部分，双方仍按照原合同履行。元亨公司已对该大楼第5、6、7、层房屋及大楼外墙进行装修。［2012］堆民二初字第11号民事判决书、［2012］拉民二终字第80号民事判决书中认定，力禾公司租赁昌盛公司的场地面积为1567.07平方米、程某租赁昌盛公司的房屋面积为140平方米，该案于2012年12月25日经堆龙德庆县人民法院执行局执结，昌盛公司于2013年1月25日向元亨公司交付，并由元亨公司的工作人员杜某出具交接清单。昌盛公司于2013年9月18日办理该房屋所有权证。昌盛公司多次向元亨公司和万某催要租金，并于2013年5月7日以邮件的方式向元亨公司和万某送达律师函催要租金无果，遂起诉至法院。

审理法院认为：2010年4月20日签订的《房屋及土地使用权租赁合同》，经昌盛公司、元亨公司与万某三方确认，该合同主体变更为昌盛公司与元亨公司。该合同系双方的真实意思表示，且未违反法律法规的禁止性规定，故合法有效。

审理法院认为，2011年12月7日，元亨公司与昌盛公司就涉案的房屋及土地达成[2011]堆民二初字第17号民事调解书，对双方签订的《房屋及土地使用权租赁合同》进行了部分条款变更，作废了昌盛公司和元亨公司签订的《关于拉萨昌盛服务有限公司补充合同》。故认定昌盛公司和元亨公司在租赁涉案房屋及土地中谁违约的事实，应以双方签订的《房屋及土地使用权租赁合同》与[2011]堆民二初字第17号民事调解书为据。审理法院认为，[2011]堆民二初字第17号民事调解书中没有约定昌盛公司何时将力禾公司和程志宏租赁的土地及房屋交给元亨公司，也没有约定元亨公司从2012年4月1日向昌盛公司支付租赁费的前提是昌盛公司将全部租赁房屋及土地交付给元亨公司。且依据2011年10月24日力禾公司出具给元亨公司的文书及[2012]堆民二初字第11号民事判决书和[2012]拉民二终字第80号民事判决书，元亨公司以昌盛公司与力禾公司已签订的合同，否认其应支付的租赁费用，没有事实和法律依据。根据《中华人民共和国合同法》第二百二十七条之规定，审理法院认为昌盛公司主张解除合同，要求元亨公司搬离租赁土地及房屋的诉讼请求符合法律规定，审理法院予以支持，同时审理法院对元亨公司要求昌盛公司按照合同约定履行交付租赁房屋义务，并承担违约责任赔偿经济损失500000元的反诉请求未予支持。

对昌盛公司要求元亨公司支付违约金791735元的诉讼请求，昌盛公司主张以《房屋及土地使用权租赁合同》第三条第4款的约定计算租金，因金额过高主动放弃部分违约金，审理法院认为，《房屋及土地使用权租赁合同》第三条第4款的约定为“如乙方逾期不交纳租金，甲方向乙方每天收取年租金的千分之三的违约金；如逾期超出十个工作日，则甲方有权解除合同，一切损失由乙方承担，并有权要求乙方承担违约责任”，现昌盛公司已主张解除合同，违约金应按照该合同第十二条约定的“如一方违约，另一方解除合同时，有权要求对方承担当年租金30%的违约责任”进行计算，故审理法院认为，元亨公司应向昌盛公司支付违约金285000元，对超出部分审理法院未予支持。

对昌盛公司要求元亨公司支付2012年4月1日至2013年6月30日的租金791735元的诉讼请求。审理法院认为，通过庭审查明的事实，元亨公司应向昌盛公司支付2012年4月1日至2013年1月24日土地及房屋面积为3892.93平方米的租金477587元（950000元 ×5600平方米 ×365天 ×3892.3平方米 ×264天 = 477587元）及2013年1月25日至2013年6月30日土地及房屋面积为5600平方米的租金403 425元（950000元 ×365天 ×155天 =403425元），综上，扣除民事调解书中第二条约定退回元亨公司335 000元，元亨公司应向昌盛公司支付租金546 012元，对超出部分审理法院未予支持。

对昌盛公司要求元亨公司支付拖欠的水费16206元、电费91943.2元的诉讼请求，审理法院认为，昌盛公司为主张元亨公司拖欠的水电费所提交的证据，不能证明元亨公司使用水电的具体情况，亦不能证明元亨公司应当承担的水、电费金额，故审理法院对昌盛公司的该项诉讼请求未予支持。

审理法院判决：一、解除昌盛公司、元亨公司于2010年4月20日签订的《房屋及土地使用权租赁合同》，元亨公司于判决生效之日起一个月之内搬离拉萨堆龙德庆县和平路以西的土地及房屋；二、元亨公司于判决生效之日起十日内向昌盛公司支付租金546012元及违约金285000元；三、驳回昌盛公司的其他诉讼请求；四、驳回元亨公司的全部反诉请求。

（杨德智）

司法行政

【概 况】 年内,拉萨市各级司法行政部门以中共十八大和十八届三中、四中全会精神为指导,紧紧围绕市委、市政府中心工作和上级司法行政部门要求,不断强化职能,发挥优势,履职尽责,真抓实干,提高服务保障水平,完成既定工作目标。

【法治宣传教育】 年内,全市司法行政机关和普法工作机构以在全社会培育法治信仰为目标,推进法治宣传教育工作。市、县两级和驻市中直部门、企事业单位共投入资金 310 余万元,举办各类法治讲座 374 场(次),开展集中法治宣传服务活动 551 次,举办各类法治培训班 19 期,印发各类宣传资料、法律读本(光盘)19 万余份(册),受教育人数超过 70 万人(次),实有人口法律常识普及率达到 80% 以上,户籍人口普及率连续 25 年保持 100%。城关区制作《日常法律知识图解》等 5 种实用型宣传资料,配发给各乡(办),并组织开展"农牧民法律常识有奖竞赛";林周县重点开展"爱国爱教宣传服务下乡、入寺"专项宣传;曲水县推行"机关干部先学一步"工作模式;当雄县借助"赛马文化节"平台,推进法治文化建设;堆龙德庆县组织专门力量,分赴各乡(镇)、学校、寺庙、企业集中开展"法治宣传月"集中宣讲活动。2014 年,司法部、全国普法办再次授予拉萨市"全国法制宣传教育工作先进城市"荣誉称号。堆龙德庆县荣获"全国法制宣传教育工作先进县"荣誉称号,市委组织部荣获"全国法制宣传教育工作先进单位"荣誉称号,拉萨市普法办获"全区先进普法办"荣誉称号,邸海青、阿旺拉姆等 14 名工作人员受到全国普法办和自治区普法办表彰。

【人民调解】 年内,统一规范人民调解基础设施,印发《关于开展人民调解组织整顿建设工作的实施方案》,并划拨专项经费 6 万元,推进人民调解组织"六统一"标准建设。截至年底,全市 65 个乡镇人民调解组织已统一配置标牌、标识、印章等。年内,各级人民调解组织共受理各类纠纷 623 件,成功调解 607 件,调解率 100 %,调解成功率 97.4%。纠纷涉及当事人 3293 人,协议涉及金额 239 万余元。排查纠纷 614 次,预防矛盾纠纷 86 件。

【刑释解教人员安置帮教和特殊人群服务管理】 年内,全市在册刑满释放人员 541 人,帮扶率 100%,安置率 95%,重新违法犯罪率为 0。调整充实刑满释放人员安置帮教领导小组成员,安置帮教组织、队伍进一步健全,实现刑满释放人员属地组织的全覆盖。对困难刑释解教人员进行走访慰问,以送温暖、送就业信息、开展培训等多种方式,为困难刑满释放人员自谋职业助力,助其走出生活困境。组织召开 2014 年度拉萨市综治委特殊人群服务管理工作专项组联席会议,制定并下发实施《拉萨市特殊人群管理服务工作机制》,逐步形成相关部门各负其责、齐抓共管的良好格局。截至年底,拉萨市共有刑释解教、社区矫正、"3·14"非罪处理、社会流动从事民间宗教活动、吸毒等特殊人群 7087 人,均得到有效管控。

【社区矫正】 年内,接收社区服刑人员 54 人,解除矫正 24 人、移交 8 人。建立司法行政工作人员、公安派出所民警、村居委会成员、双联户长和亲属对社区矫正人员的"五对一"管教模式,并做好社区服刑人员衔接工作,社区服刑人员重新违法犯罪率为 0,未出现社区服刑人员脱管、漏管现象。对违反社区矫正相关制度的社区服刑人员,按照《社区矫正实施办法》给予口头警告或书面警告,并对一名社区服刑人员撤销缓刑,提请收监执行。坚持以"教育、感化、挽救"为方针,创新教育管理模式,多次组织社区服刑人员集中参观博物馆、雪城监狱等。以组织有劳动能力社区服刑人员到养老院义务劳动、举办献爱心助学活动等多种形式,引导社区服刑对象服务社会,增强社会责任感。

【办理法律援助案件 829 件】 年内,做好"1+1"法律援助志愿者和志愿律师服务各项工作。建立全区第一家"看守所法律援助工作站"。办理政府、信访督办案件 35 件。为农民工开辟绿色通道,快捷办理追索劳动报酬案件,为区内外流动人口挽回经济损失两千余万元。截至年底,全市办理法律援助案件 829 件,为当事人代写法律文书 2 万余份。

【法律服务】 年内,制定《关于建立拉萨市律师协会的实施方案》，开展律师协会建立筹备各项工作。落实律师办理重大敏感案件请示报告制度。截至年底，全市律师事务所14家，执业律师78人。市属律师事务所共办理诉讼事务674件，非诉讼事务137件，承接法律顾问172家。鼓励律师参与社会公益活动，开展“一对一”贫困大学生帮扶活动，帮扶资金达5万余元。办理公证8141件，收取公证费用596万余元。

【反腐倡廉】 年内，分层次签订《2014年度司法局党风廉政建设责任书》，打造廉政建设文化走廊，悬挂张贴领导讲话摘要、廉政漫画以及改进工作作风、学风等内容宣传画框60幅；在党的群众路线教育实践活动中，组织参观主题教育基地7次（个）、观看纪录片、励志片20（部）次，集中学习讨论30次、开展十八届三中全会精神宣讲5场次，参学参教人数近2000人次，县级领导干部参加市委中心组学习研讨26次，学习必读与自读篇目近100篇。召开专题民主生活会和党组织专题组织生活会，制定针对性强、操作性高的“两方案、一计划”。活动开展以来，共为农民工、困难弱势群体、驻村群众、退休干部职工办实事、解难事、做好事389件，开展关爱活动39场次，结对认亲74户，帮扶资金20余万元。大力加强作风建设，坚决落实中央八项规定、自治区“约法十章”“九项要求”、市委“八项要求”，三公经费支出大幅下降。

【维护稳定】 年内，先后派出52人次，参与全市出租车整治、“8·09”重特大交通事故善后处理、全市非法买卖集体土地专项整治、旅游班线整治和预防未成年人犯罪及关爱青少年活动等专项工作组。

（伍玉梅）

档案·党史·地方志

档　　案

【概　况】 年内,市档案局(馆)深入贯彻落实科学发展观、中共十八大和十八届三中和四中全会以及区市党委八届五次全委会精神,紧紧围绕市委、市政府工作中心开展各项工作,为拉萨市经济发展和社会稳定提供优质档案服务。

【新馆搬迁】 年内,根据西藏自治区档案局将拉萨市作为数字化档案馆建设试点的总体部署,在完成286万元的中心机房建设和前期综合布线等硬件设施建设的基础上,完善数字化档案馆建设规划,向市财政申报了数字化档案馆建设第二期项目建设预算和方案。

【县级国家综合档案馆建设】 年内,按照县级国家综合档案馆建设标准,曲水县、林周县档案馆开工建设。截至年底,曲水、林周县档案馆已竣工验收并投入使用。同时,城关区、堆龙德庆、达孜、墨竹工卡、尼木、当雄六县(区)档案馆建设被列入2015年县级国家档案馆建设项目计划。

【档案业务监督检查】 年内,组织人员深入堆龙德庆县、当雄县等县(区)和市检察院、市科技局等20多家单位分别从领导重视、档案基础设施建设、档案制度建设、档案规范化整理、档案安全等方面对全市档案工作开展情况进行抽查,重点查看了党的群众路线教育实践活动、创先争优强基础惠民生活动文件材料收集归档工作,并就检查中存在的问题,提出整改要求。以自治区档案局党组副书记索朗为组长的全区档案工作检查组一行2人重点对当雄县、尼木县、城关区和市档案局(馆)、市工商局等单位进行检查指导。

【入驻市民服务中心工作】 年内,选派熟悉业务的窗口工作人员2名和首席代表1名,负责行政审批的具体事务,并撰写并上报《拉萨市市民服务中心档案窗口服务告知单》《拉萨市市民服务中心档案窗口行政审批项目办理流程》等相关前期手续,同时制作了《拉萨市档案局行政审批一次性告知制度实施细则》和相关申报表格、受理通知书等制度和规范文本,并于8月正式入驻市民服务中心综合窗口开展《机关文件材料归档范围和文书档案保管期限表》审批业务。

【加强北京市对口援藏档案工作】 年内,市档案局(馆)选派3名业务骨干前往北京市档案局学习,并利用14天时间和北京市对口援藏指挥部档案员共同整理档案和校对归档目录,使985卷对口援藏档案通过北京市档案局的验收并移交北京市档案馆。

【拉萨市珍贵资料存档清单收集工作】 年内,市档案局(馆)与市文物局联系,收集保护拉萨珍贵古籍图典(初稿)1份,藏汉对照拉萨古籍目录(初稿)1份,拉萨古籍目录2本,拉萨珍贵古籍图录2本。

【农村土地承包经营权确权登记颁证档案工作】　年内，根据全市农村工作领导小组的总体安排部署，开展农村土地承包经营权确权登记颁证档案工作，面向八县（区）下发《关于做好农村土地承包经营权确权登记颁证档案工作的通知》，对农村土地承包经营权确权登记颁证相关档案明确了归档范围和保管期限、提出保证档案形成质量、科学分类、规范整理和确保档案保管安全的具体要求，并制定《拉萨市农村土地承包经营权确权登记文件材料归档范围及保管期限表》，对县、乡、村3级组织在农村土地承包确权登记过程中产生的综合、确权登记、纠纷调处等5类24种文件档案的存档范围和归档期限进行具体规范。

【党的群众路线教育实践活动档案工作】　年内，市档案局（馆）加强和市委党的群众路线教育实践活动领导小组的联系与沟通，联合行文转发了区党委党的群众路线教育实践活动领导小组《关于做好党的群众路线教育实践活动文件材料收集归档工作的通知》，并对做好拉萨市党的群众路线教育实践活动档案文件材料（包括纸质文件材料、活动照片、音像材料、电子文件等）的收集归档提出具体要求，以确保相关文件材料的齐全完整。市委党的群众路线教育实践活动档案已收集进馆。截至年底，林周县、堆龙德庆县已完成教育实践活动的归档工作，其中林周县文书档案152卷4560件、照片档案8573件、光盘档案96张；堆龙德庆县文书档案234卷5676件、照片档案51件、光盘1张。城关区、尼木县等县（区）也在陆续开展此项工作。

【档案业务培训工作】　年内，以岗代训、现场指导、选派业务骨干前往内地省市学习交流等培训方式，为市住建局、市农开办、市科技局、市财政局等单位培训档案工作人员80余人（次），提升档案工作人员的思想观念和档案业务水平。同时，根据基层档案工作现状，选派4名业务骨干先后到当雄、堆龙德庆、林周、墨竹工卡等县开展档案业务知识专题讲座，累计培训364名档案人员。

【档案提供利用服务】　年内，先后为区党委组织部、市直各单位、林芝地区文化丛书总编室和社会各界人士提供档案6870卷（次）5776件（次），接待档案利用者660人（次）。林芝地区政协副主席、文化丛书总编室副总编多吉携工作人员一行4人到拉萨市档案局（馆）查阅档案资料后，专程为市档案馆赠送了一面书写“查本溯源完林芝历史，热忱敬业展行业风采”的锦旗，以表谢意。

【创先争优强基础惠民生活动】　年内，市档案局（馆）第三批驻村工作队结合党的群众路线教育实践活动，紧紧围绕“五项任务”，在完成规定动作的同时创造性地开展“自选动作”，深化“八看”“一算账”“一揭批”“四增强”感党恩主题教育。通过先后走访调研群众622户，广泛征求意见、调查了解群众生产生活中困难，开展节前慰问、走访慰问五保户、看望患病村民，涉及资金2.36万元。同时，立足群众要求，积极申报惠民项目，着力改善群众生产生活条件，拓宽群众增收渠道，落实项目2个，项目资金134.84万元。第三批驻村工作队开展党的感党恩教育活动在3月30日全市开展党的群众路线教育实践活动和创先争优强基惠民活动座谈会上进行了交流发言。驻村工作也得到了区、市电视台等新闻媒体的关注和4次新闻报道。2014年，市档案局（馆）驻村工作队荣获拉萨市级先进驻村工作队称号，3名驻村干部分别荣获区、市、县级优秀驻村工作队员称号。

（刘淑娟）

党史研究

【编纂出版《中共拉萨党史大事记》】　1月，印制《中共拉萨党史大事记》清样呈送市委领导、区党委党史研究室、拉萨市部分离退休老干部审阅，征求审改意见。根据征集到意见，再次进行修改，形成53万字的终审稿。图片征集工作同步启动，从最初征集到的100余幅图片中，根据主题需要，最终选用67幅图片。12月，形成《中共拉萨党史大事记》。

【出版发行《拉萨党史》刊物】　年内，《拉萨党史》增刊扩版，改为季刊，每刊48页。按照党史工作“七进”（进机关、进农村、进社区、进学校、进企业、进寺庙、进部队）要求，《拉萨党史》发放到各县（区）中小学校、各乡镇、村委会。

（桑荣瑞）

地方志

【概 况】 截至年底，拉萨市地方志出版综合年鉴9部，拉萨市年鉴1部，县（区）年鉴8部。有6部志书出版，2部志书已形成初稿。8月，邀请北京地方志专家与拉萨市地方志七县（区）地方志举办年鉴交流会。

【学习培训】 7月18日，拉萨市地方志办派人参加在北京举办的地方志“中华人民共和国国史研修班”培训，在研讨班培训中与各省市地方志进行交流学习。

【举办年鉴交流会】 8月11日，北京市地方志办与拉萨市地方志办召开年鉴交流会，会上就全市第二轮修志工作进展情况和年鉴存在的问题、八县（区）年鉴开展情况和存在的困难进行交流。

【配合自治区做好全区年鉴工作】 9月，拉萨市地方志办张玉虎随同自治区地方志办到日喀则为全市各部门进行年鉴撰稿人培训。

【召开《拉萨年鉴（2014）》评审会】 10月24日，召开《拉萨年鉴（2014）》评审会，会议邀请自治区党史（地方志）办公室主要负责人，拉萨警备区、市档案馆、市公安局，武警拉萨支队、市统计局，市保密局、市民宗局、市委党史办等对《拉萨年鉴（2014）》的数据、保密、文字等进行审查和核实，各参会人员对年鉴提出修改意见和建议。

【发挥年鉴工具书作用】 年内，《拉萨年鉴（2014）》内容新增机构负责人名录，记载2013年全年各机构主要负责人名单、职务和任免时间。

【出版综合年鉴9部】 年内，拉萨市地方综合年鉴出版9部，分别为《拉萨年鉴（2014）》《拉萨城关年鉴（2014）》《堆龙德庆年鉴（2014）》《墨竹工卡年鉴（2014）》《曲水年鉴（2014）》《当雄年鉴（2014）》《达孜年鉴（2014）》《林周年鉴（2014）》《尼木年鉴（2014）》。

【读志用志】 年内，共接待来访者十多次，为中国社科院和专家、学生、单位、个人提供咨询服务。与各个省、市地方志办进行年鉴、志书的交换。

（张玉虎）

拉萨市、县（区）地方志工作机构情况一览表

市、县（区）	机构情况	挂靠单位	工作人员数
拉萨市	常设	市政府办公室	2
城关区	临时机构	县政府办	2
堆龙德庆县	临时机构	县委宣传部	3
达孜县	临时机构	县政府办	2
墨竹工卡县	临时机构	县政府办	1
林周县	临时机构	县委宣传部	2
曲水县	临时机构	县政府办	2
当雄县	临时机构	县编译局	2
尼木县	临时机构	县政府办	2

民　　族

综　　述

2014年，市民宗局坚持以科学发展观为指导，切实按照习近平总书记“治国必治边，治边先稳藏”的重要战略思想和俞正声主席“依法治藏，长期建藏、争取人心、夯实基础”的工作原则，紧紧围绕市委、市政府工作中心，全面贯彻落实党的民族宗教方针政策，创新工作载体、整合各种资源，民族工作“抓发展、创特色、促团结”，宗教工作“抓管理、促和谐、保稳定”，成效显著。

【概　况】 根据全国第六次人口普查数据，全市常住人口84万人，其中藏族人口占87%，汉族、回族、蒙古族、傣族、门巴族、珞巴族、夏尔巴人和僜人等38个民族占13%。在全市七县一区中，常住人口中藏族人口比重较高，城关区低于全市水平，为58.67%；七县的藏族人口比重均达85%以上。其中，当雄县97.96%，尼木县97.4%、林周县97.24%、墨竹贡卡县96.96%、达孜县95.89%、曲水93.83%、堆龙德庆县85.68%。

【流动人口】 截至年底，通过务工经商流入拉萨人口占流入总人口的70.03%，随迁家属占6.75%，学习培训占5.85%，其他原因占17.37%。在全部流入人口中，藏族人口为3.57万人，占31.92%；汉族人口7.00万人，占62.53%；其他民族人口为0.62万人，占5.55%。

【民族团结】 经自治区人大审议批准，颁布了《拉萨市民族团结进步条例》，确定每年9月17日为拉萨市“民族团结进步节”，认真开展“民族团结进步模范”表彰活动，大力推进民族团结教育活动进机关、进企事业单位、进部队、进学校、进乡村、进社区、进寺庙、进家庭。在全市共产党员中深入开展“民族团结先锋”活动，在广大团员青年中开展“民族团结闪光”活动，在少先队员中开展“民族团结牵手”活动和56个民族形象代表“民族情·雪域行”活动，充分展示了拉萨各族人民群众共同创建民族团结典范城市的浓厚氛围。

【开展党的群众路线教育实践活动】 年内，开展下基层调研走访慰问活动。对照为民务实清廉的要求，以优良的作风凝心聚力，打造“五型”机关，即相互尊重、关系和谐的“团结型”机关；爱岗敬业、奋发有为的“进取型”机关；勇于开拓、充满活力的“创新型”机关；公道正派、清正廉洁的“表率型”机关。

【提高服务群众促进发展的能力】 年内，市民宗局共选派两批8名干部职工赴尼木县卡如乡赤朗村开展驻村工作，驻村工作队累计投入资金80万元，实施了一系列民生项目、产业项目。争取自治区民宗委的促进少数民族地区经济社会发展的资金，投入资金818万元，实施17个少数民族发展资金建设项目。

【表彰 2014 年民族团结进步模范集体、模范个人】 年内，按照“自下而上、层层评选、全面审核、客观公正、注重实绩”的评选原则，对 2014 度涌现出的拉萨市民族团结进步模范集体 63 个（其中包括民族通婚模范集体 2 个），民族团结进步模范个人 95 名（其中包括民族团结进步模范家庭 20 户）进行表彰，并首次将自治区单位纳入表彰的范围。

【争取少数民族发展资金 1645 万元】 年内，编发《拉萨市财政扶贫少数民族发展资金项目（兴边富民行动）工作指南》。截至年底，共争取少数民族发展资金 1645 万元、项目 29 个，争取资金 300 万元，实施 3 个少数民族特色村寨建设，帮助 8 家民贸民品企业争取贴息贷款 100 万元、补助资金 165 万元。

【民族团结进步创建活动】 年内，以创建全国民族团结进步示范市为契机，制定《拉萨市创建全国民族团结进步示范市“七进”工作实施意见》及《测评指标体系》，在全市确定了新一批创建试点单位。制定《拉萨市少数民族流动人口服务管理体系建设试点工作实施方案》，在河坝林社区居委会等 4 个社区居委会先行开展少数民族流动人口服务管理体系建设试点工作。

【推进创建全国民族团结进步示范市工作】 年内，拉萨市全面开展创建全国民族团结进步示范工作，并成立领导小组，起草完成《拉萨市创建全国民族团结进步示范市三年规划（2013~2015）》《拉萨市创建全国民族团结进步示范市工作方案》《拉萨市创建全国民族团结进步示范测评指标体系》《拉萨市创建全国民族团结进步示范“七进”工作实施意见》《拉萨市创建全国民族团结进步示范市“七进”工作测评指标》等文件。

【启动少数民族流动人口服务管理体系建设试点工作】 年内，根据国家民委办公厅《关于开展第五批城市少数民族流动人口服务管理体系建设试点工作的通知》精神，结合拉萨市实际，起草了《拉萨市少数民族流动人口服务管理体系建设试点工作实施方案》，并将流动人口较多、外来朝佛人口较多、穆斯林群众较集中、外来务工人员较集中的社区居委会作为试点单位，先行开展少数民族流动人口服务管理体系建设试点工作。6 月 5 日，正式启动拉萨市少数民族流动人口服务管理体系建设试点工作。

【落实各项利寺惠僧政策】 年内，全面落实“六个一”“9+5”“一覆盖”“一教育”“一工程”“三保一低”免费健康体检、意外伤害保险等各项利寺惠僧政策的同时，以“联寺健康、联寺平安”活动为载体，协调卫生部门在寺庙开展巡回义诊活动，共发放 15 万元的药品。争取资金 7783 万元对全市 172 座有寺有僧寺庙僧舍进行维修或重建，争取资金 1735.53 万元，对全市 20 座“十二五”规划重点宗教活动场所进行维修。

【做好 2014 年拉萨市朝觐工作】 年内，根据《关于做好 2014 年度朝觐名额分配及有关事项的通知》精神，按照属地管理的原则，会同相关部门按照《中国穆斯林出国朝觐报名排队办法》规定（试行），20 名穆斯林信徒赴沙特朝觐。

【开展“古尔邦节”慰问活动】 年内，在伊斯兰教传统的“古尔邦节”来临之际，拉萨市民宗部门对穆斯林群众进行慰问、组织召开座谈会。自治区人大常务委员会副主任马如龙参加。

（次旺旺久）

宗　　教

综　　述

【概　况】　拉萨市民主要信仰的宗教为藏传佛教。少数人信奉苯教、伊斯兰教、天主教，其中信仰伊斯兰教的约2228人（2008年）、信奉天主教的约600人。市境由宗教活动场所260余处，其中寺庙145座，拉康75座（小佛堂），日追27座（无僧人，修行闭关人的住所），嘎巴9处（人死后举行葬礼的场所，当雄县牧区较多）。全市在编僧尼5783人，其中僧人4162人、尼姑1621人。藏传佛教最大的教派格鲁派的六大寺中有3座在拉萨市，分别为哲蚌寺、甘丹寺和色拉寺。藏传佛教五大派在拉萨市都有自己的寺院，其中格鲁派183座，噶举派49座，宁玛派13座，萨迦派14座，综合经堂1座（大昭寺），教派混合2座。市属寺庙11座，包括格鲁派三大寺，大、小昭寺，仓姑寺，上、下密宗院，大、小清真寺，楚布寺等。

【宗教活动】　拉萨宗教团体组织有传召大法会、浴佛等各种宗教活动。1. 小传召：藏历每年二月下旬举行，为期10天。法会期间拉萨三大寺僧侣在大昭寺参加辩经，选拔二等格西，规定规模小于传召大法会，故名。2. 浴佛节。又名佛诞节。每年的农历四月初八日，是佛教徒纪念佛祖释迦牟尼诞辰的一个重要节日。佛教徒将寺院打扫一新；殿堂佛像擦拭一净。寺院幢幡宝盖遍布，香花灯饰及各色供品林立。香花丛中的几案上安放一个铜盆，盆中注满紫檀、郁金、龙脑、沉香、麝香、丁香等配制成的香汤，汤中立有释迦太子像。寺院主持率领全寺僧众礼赞诵经，随后持香跪拜、唱浴佛偈或念南无本师释迦牟尼佛，僧众和居士们一边念一边依次拿小勺舀汤浴佛。浴完佛像后再用一点香汤点浴自己，表示洗心革面、消除灾难。若参加的人多，则由僧人手持杨枝蘸浴过佛得净水为信众点浴。3. 伊斯兰教的节日主要有：“斋月节”和“古尔邦节”。“斋月节”，指伊斯兰教历的9月，阿拉伯语教“赖迈丹”。按照伊斯兰教教义，斋月是伟大、喜庆、吉祥和尊贵的月份。因为安拉是在这个月把《古兰经》降示给穆斯林的。在斋月里，每天东方刚刚开始发亮至日落期间，除了患病者、旅行者、乳婴、孕妇、哺乳妇、产妇、月经期妇女及作战的士兵外，成年的穆斯林男女必须严格“把斋”，不吃不喝、不吸烟不饮酒、不行房事等。直到太阳西沉，人们才进食。“宰牲节”，也称“忠孝节”或“献牲节”，是穆斯林最盛大的节日，在伊斯兰教历每年十二月十日举行。主要内容有：①举行会礼。穆斯林群众聚集在大清真寺或公共场所，举行盛大的礼拜、演讲仪式和庆祝活动；②宰牲。牲口必须要健康、五官端正，主要有骆驼、牛、羊，根据家庭经济情况而定，宰杀后的肉分成三份，分别留作自用、赠送亲友以及施舍给穷人。

【政策落实情况】　西藏和平解放后（1951年），拉萨市贯彻落实国务院《宗教事务条例》，并于2006年5月18日经西藏自治区人民政府第11次常务会议通过，发布了《西藏自治区实施（宗教事务条例）办法》（试行），落实宗教信仰自由政策。“文化大革命”期间(1966年至1976年),拉萨宗教信仰自由政策遭到破坏,宗教活动场所及设施受到严重损失。“文化大革命”结束后(1976年),拉萨市贯彻宗教信仰自由政策,相继恢复和新成立了宗教工作机构,恢复了一批传统的民族宗教节日,新增了众多宗教场所。国家拨出专款用于维修大昭寺、哲蚌寺、色拉寺、甘丹寺。并投资5500万元,历时五年维修布达拉宫;资助专款670万元、黄金111千克、白银2000余千克及大量珠宝,维修五世至九世班禅灵塔、祀殿。

【寺庙设施】 截至年底,拉萨市除有寺无僧的寺庙未列入9+5活动中之外全市寺庙通路达85.3%,通水达57%,通电达91.7%;全市所有寺庙的国旗、领袖像、报纸、电影(电视)、文化书屋实现了全覆盖;在全市寺庙管委会中正在落实和基本落实“5有”工作达80.4%,其中建造垃圾池为97%、洗澡堂为86%、温室为78%、集体食堂为56%、卫生员为85%,并根据拉萨市寺庙是否设立健身器材场地及周边群众是否一同受益等实际,向自治区民宗委申请解决了哲蚌寺、色拉寺、甘丹寺、达孜县桑阿寺、林周县杰堆寺、墨竹工卡县曲龙寺、当雄县羊八井寺和康玛寺、城关区曲桑寺等9个寺庙健身器材的配备,其中哲蚌寺和色拉寺已基本完成安装,并投入使用。

【巩固“六建”工作、“9+5”工程成果】 年内,强化“9+5”工程推进措施,全市寺庙实现有国旗、领袖像,报纸、电影、文化书屋和广播电视实现全覆盖,水、电、路基本实现了保通目标,寺管会综合业务用房建设项目工程接近完成。

【实施“联创平安、结对帮教”工作模式】 年内,通过开展“交一个朋友、进行一次家访、办一件实事、建一套档案、畅通一条渠道、形成一条机制”的“六个一”活动,建立了驻寺干部与僧尼“一对一、多对一”的联系、谈话、交友工作新模式,畅通了寺管会与僧尼家庭、僧尼所在基层组织之间的沟通联系渠道,形成维稳工作联抓联管、矛盾纠纷联排联调、安全隐患联防联控、平安创建联创联享、学习教育共帮共助、交心谈心共信共行、排忧解困共衷共济的工作机制。

【开展马年“塔尔钦”宗教活动专项工作】 年内,坚持源头防范和应急处置“两手抓”,对全市涉宗领域反自焚专项斗争提出了八个方面的意见,并随时掌握和了解全市僧尼动态,严防持证僧尼不请假前往阿里地区参加“塔尔钦”活动。以落实“四个严防”和“十项维稳措施”为重点,强化属地管理责任,加强对重点寺庙、重点人员的管控,以落实“四个严防”和“十项维稳措施”为重点,强化属地管理责任,加大相关管控工作,做到防患于未然、组织有力,职责分工明确。

【全面落实社会保障制度】 年内,根据《西藏自治区寺庙僧尼参加社会保险暂行办法》,不断完善持证僧尼社会保障落实措施,全市持证僧尼实现了养老保险、医疗保险、最低生活保障、人身意外伤害团体险全覆盖。协调有关部门,进一步完善全市在编持证僧尼的健康档案,使寺庙僧尼病有所医、老有所养。

【加强对“四证”的管理服务工作】 年内,及时对5座宗教活动场所的藏传佛教宗教场所登记证、藏传佛教宗教场所法人代表证进行了变更,对漏登、错证、丢失的774人的藏传佛教教职人员证书和3人的藏传佛教活佛证进行了更换。同时,要求市属各寺管委会、各县(区)民宗局尽快结合各自的实际制定具体的“四证”管理长效机制,进一步发挥“四证”在规范宗教事务管理,建立藏传佛教正常秩序中的作用。

【开展教职人员登记备案工作】 年内,开展宗教教职人员登记备案工作,建立健全寺庙管理长效机制,完善教职人员管理制度,提高藏传佛教事务管理规范化、法制化水平,维护宗教秩序和寺庙的和谐稳定,维护宗教活动场所和教职人员的合法权益。

(次旺旺久)

外　事

综　述

2014年，全市外事（侨务、港澳事务）工作紧紧围绕市委、市政府中心工作，配合国家总体外交和侨务工作、港澳事务工作大局，坚持以“外事为民”“以人为本，为侨服务”和为港澳同胞服务为宗旨，充分体现“亲、诚、惠、容”的周边外交工作理念，严谨细致地开展外事接待、涉外项目管理与服务、因公出国（境）管理与服务、友城友协、领事、侨务、港澳事务等各项工作，为推进拉萨市对外开放事业和服务于拉萨市经济社会发展以及社会局势稳定大局作出了努力。

（旦增卓嘎）

外事接待

【概　况】 截至年底，拉萨市独立和协助接待的外国党宾、国宾、外交官、记者及内宾共36批425人次。其中外国党宾、国宾、外交官、记者共31批339人次，来自美国、加拿大、澳大利亚、尼泊尔、印度、不丹、韩国、瑞士、西班牙、丹麦、比利时、荷兰、巴西、捷克、俄罗斯、新西兰等国家。参观、访问内容涉及宗教、商务、旅游、安居工程建设、民生、企业、教育、文化等多个领域。

【尼泊尔政要访问拉萨市】 5月2日至5日，尼泊尔联合尼共（毛）主要领导人、尼泊尔前总理巴布拉姆·巴特拉伊一行4人访藏。该团在拉萨市参观了大昭寺、拉萨市城市规划建设展览馆、拉萨啤酒厂、自治区藏药厂，游览了八廓街。自治区人民政府副秘书长叶银川、自治区外侨办主任巨建华、拉萨市副市长徐宗军等领导陪同参观。

【捷克驻华大使访问拉萨市】 5月20日至25日，捷克驻华大使塞奇卡前来自治区参观访问，在拉萨市参观了大昭寺、游览了八廓街，大昭寺管委会副主任边巴、自治区外侨办礼宾处副处长次央等领导陪同参观。

【摩尔多瓦驻华大使访问拉萨市】 6月15日，摩尔多瓦驻华大使阿纳托利·乌列基安一行4人来藏参观访问。在拉萨市期间，参观了大昭寺、色拉寺，游览了八廓街。

【欧洲侨务公共外交人士代表团一行访问拉萨市】 6月20日至26日，欧洲侨务公共外交人士代表团一行19人访问拉萨市，其间参观了大昭寺、清政府驻藏大臣衙门旧址陈列馆，游览了八廓街。

【新西兰驻华使馆副馆长访问拉萨市】 6月22日至27日,新西兰驻华使馆副馆长范达文一行4人赴藏考察。在拉萨市期间,参观了大昭寺,游览了八廓街。

【英国驻华使馆一秘访问拉萨市】 6月23日至27日,英国驻华使馆一秘孟加思前来拉萨市参观访问。孟一行参观了大昭寺、清政府驻藏大臣衙门旧址陈列馆、色拉寺、自治区藏药厂、拉萨啤酒厂,同时还到拉萨市普通农户家中进行了走访。

【中东欧十六国总统总理府高级官员团访问拉萨市】 7月12日至16日,中东欧十六国总统、总理府高级官员团访藏。该团在拉萨市访问期间,参观了大昭寺、清政府驻藏大臣衙门旧址陈列馆、堆龙德庆县羊达现代设施农业示范园、堆龙德庆县柳梧乡柳梧村农牧民安居点、拉萨市实验幼儿园、纳木错,游览了八廓街,观看了文成公主大型实景剧。参观、访问内容涉及宗教、民生、教育、文化、环境保护、世界文化遗产保护等多个领域。

【韩国驻华使馆参赞一行访问拉萨市】 7月16日至18日,韩国驻华使馆参赞河炳弼一行3人前来自治区参观访问。在拉萨市,河炳弼参观了大昭寺,游览了八廓街。

【不丹王国外交大臣一行访问拉萨市】 7月29日至31日,不丹王国外交大臣仁增·多吉(正部级)一行10人前来自治区参观访问。仁增·多吉先生在拉萨市参观了小昭寺、大昭寺和拉萨市城市规划建设展览馆。

【澳大利亚华人专家学者参访团访问拉萨市】 7月31日至8月6日,澳大利亚华人专家学者参访团一行8人前来自治区参观访问。参访团在拉萨市参观了大昭寺、清政府驻藏大臣衙门旧址陈列馆,游览了八廓街和纳木错。

【尼泊尔主流媒体干部考察团一行前来拉萨市采访】 8月11日至19日,尼泊尔主流媒体干部考察团一行10人在尼泊尔媒体委员会主席博尔纳·巴哈杜尔·卡尔基带队下,前来自治区采访。该考察团由尼泊尔电视台、尼泊尔广播电台、尼泊尔《坎蒂普儿日报》的高级记者和摄影师组成,在拉萨市采访、拍摄了大昭寺、清政府驻藏大臣衙门旧址陈列馆、拉萨城市规划建设展览馆、自治区藏药厂和拉鲁湿地。

【尼泊尔前总理一行访问拉萨市】 8月25日至31日,尼泊尔前总理、尼共(联)高级领导人尼帕尔一行5人前来自治区进行友好访问。尼帕尔一行在拉萨市参观了大昭寺、八廓街,考察了甘露藏药厂、拉萨啤酒厂、农牧民安居工程点、拉萨城市规划建设展览馆,观看了《文成公主》大型实景剧。

【外国驻华武官团访问拉萨市】 9月14日至17日,外国驻华武官团一行117人前来拉萨市参观访问。参观了大昭寺,游览了八廓街,前往纳金乡嘎巴村访问了农牧民安居点。

【尼泊尔北部地区跨党派议员考察团访问拉萨市】 9月15日至18日,尼泊尔北部地区跨党派议员考察团在金德拉·普拉萨德·潘迪率领下访藏。在拉萨期间,考察团前往纳木错进行了参观,游览了八廓街。

【尼泊尔副总统一行访问拉萨市】 9月24日至29日,尼泊尔副总统贾阿一行10人在驻尼泊尔大使馆政务参赞程霁陪同下前来自治区参观访问。来访团在拉萨市访问期间,参观了大昭寺、西藏大学新校区,游览了八廓街。

【荷兰驻华大使访问拉萨市】 10月10日至15日,荷兰驻华大使贾高博及翻译杨安前来自治区参观访问。贾一行在拉萨市参观了大昭寺、色拉寺,游览了八廓街。

【丹麦驻华大使一行访问拉萨市】 10月13日至16日,丹麦驻华大使裴德盛一行3人前来拉萨市参观访问。裴一行在拉萨市参观了大昭寺、拉萨城市规划建设展览馆、拉萨青稞啤酒厂。

【印度驻华大使一行访问拉萨市】 10月18日至26日,印度驻华大使康特一行4人前来自治区参观访问。大使一行在拉萨市访问期间,参观了大昭寺、色拉寺,游览了八廓街。

【尼泊尔副总理兼内政部长高塔姆一行访问拉萨市】 10月18日至19日,尼泊尔副总理兼内政部长高塔姆一行16人前来自治区参观访问。高塔姆一行在拉萨市参观了大昭寺和拉萨城市规划建设展览馆。

【加拿大驻华使馆公使一行访问拉萨市】 12月6日至10日，加拿大驻华使馆唐兰公使一行7人前来自治区访问。在拉萨市访问期间，公使一行参观了大昭寺、色拉寺，游览了八廓街。

【美国驻成都总领馆领事一行访问拉萨市】 12月17日至18日，美国驻成都总领馆领事艾立仁一行2人来藏进行公务访问。在拉萨市艾立仁参观了堆龙德庆县羊达乡现代设施农业示范园、大昭寺、八廓街、清政府驻藏大臣衙门旧址陈列馆和仓姑寺。自治区党委常委、拉萨市委书记齐扎拉会见并宴请艾立仁一行。市委副书记、市长张延清，市委常委、秘书长袁训旺，副市长陈文强参加了会见、宴请活动。

（旦增卓嘎）

涉外管理与服务

【概　况】 年内，拉萨市外事办公室根据自治区党委常委、拉萨市委书记齐扎拉的重要批示精神，进一步依法加强对在拉萨市开展活动的境外非政府组织的管理与服务工作。

【对境外非政府组织及中方雇员情况进行梳理备案】 年内，对在拉萨开展项目活动的境外非政府组织及中方雇员情况进行梳理备案。截至年底，在拉萨市开展项目活动的境外非政府组织共13家，其中10家与自治区相关单位签署了合作协议，并在拉萨市范围内开展活动；3家与拉萨市相关部门签署了合作协议，分别为国际SOS儿童村、瑞典西藏文化教育协会(中瑞友好学校)、杰素丹珍保育院。根据属地管理原则，对比利时达米恩基金会与自治区卫生厅续签协议情况进行了了解。协调相关市直合作单位，对在拉萨市开展项目活动的境外非政府组织中方雇员情况进行了再次统计。

（旦增卓嘎）

因公出国(境)管理与服务

【概　况】 截至年底，全市因公出国(境)团组总计30批44人次，其中地级领导7人次、县级领导17人次、专业技术人员13人次、科级及以下干部6人次。出访国家及地区有奥地利、美国、加拿大、丹麦、尼泊尔、韩国和中国香港等，出访任务涉及友好访问、学习交流、参加培训或会议等。

【拉萨SOS儿童村代表赴奥地利研讨交流】 3月26日，应国际SOS儿童村总部邀请，中国拉萨SOS儿童村村长拉姆卓玛和翻译李华赴奥地利因斯布鲁克的国际SOS儿童村格迈纳尔学院参加了为期5天的研讨交流会。此次研讨会的重要内容之一是让参会人员通过讲故事来深入了解自身工作，从而分享经验学识。

【市政府代表团访问友城加德满都市】 12月18日至22日，市委副书记、市政府常务副市长陈勇率团对拉萨市友城—尼泊尔加德满都市进行友好访问。访问期间，代表团拜会了中国驻尼泊尔大使馆领导、看望了拉萨市在加都的留学生，与加都市市长和有关部门负责人进行了友好会谈并深入探讨了两市在商务领域开展合作的事项。同时，代表团还调研了尼泊尔手工艺业发展、加都市城市规划建设情况，学习尼泊尔在文物古迹保护方面的成功做法。

（旦增卓嘎）

领事工作

【市委主要领导会见尼泊尔驻拉萨总领馆总领事】 6月26日，自治区党委常委、拉萨市委书记齐扎拉会见了尼泊尔驻拉萨总领馆总领事哈里·普拉萨德·巴道一行。齐扎拉指出，中尼建交以来，无论国际风云如何变幻、两国国内形势如何变化，中尼关系始终保持健康、稳定发展，已成为大小国家平等相待、友好相处、互利合作的典范。中尼是好邻居、好朋友、好伙伴，这一观念已在两国民众中深入人心。感谢尼泊尔政府在涉及中国核心利益的问题上始终一如既往地给予中方支持。长期在拉萨居住、生活、经商的尼泊尔侨民在巩固中尼传统友谊、加强西藏自治区与尼泊尔交流合作、促进拉萨市经济社会发展等方面作出了积极努力，有关部门要切实做好对在拉尼侨的服务工作。哈里·普拉萨德·巴道表示，尼泊尔始终奉行"一个中国"政策，认为西藏自治区是中华人民共和国不可分割的一部分，绝不允许任何势力在尼泊尔领土范围内从事损害中国国家利益的活动。同时，巴道还对中共拉萨市委、拉萨市人民政府多年来对尼泊尔驻拉萨总领馆和长期在拉萨居住的尼泊尔侨民的关心、帮助、支持表示由衷的感谢。

（旦增卓嘎）

友城工作

【概　况】 年内，拉萨市在友城工作方面继续创新工作思路，主动创造机会出访，打开工作局面。在友城具体工作思路和工作方法上，拉萨市从以往的高层交往为主向多层次交往转变，从以往的单纯巩固关系为主向主动寻求合作、谋求共同发展转变。

【市政府代表团出访博尔德市】 11月10日至14日，副市长次仁央宗率领拉萨市友好代表团访问了拉萨市友城--美国科罗拉多州博尔德市。代表团参观了科罗拉多州大学和野外山地保护区，听取友方介绍了"保护自然生态发展旅游产业，旅游发展带动经济反哺自然生态建设"的经验。代表团重点结合拉萨市历史、文化、民俗、宗教情况对拉萨市旅游资源进行推介，并表达了同博尔德市在旅游领域开展合作的意愿。

【市政府代表团访问加德满都市】 12月18日至22日，市委副书记、常务副市长陈勇率团对拉萨市友城—尼泊尔加德满都市进行友好访问。访问期间，代表团拜会了驻尼泊尔大使馆领导、看望了拉萨市在加都的留学生，与加都市市长和有关部门负责人进行友好会谈并深入探讨两市在商务领域开展合作的事项。同时，代表团还调研了尼泊尔手工艺业发展、加都市城市规划建设情况，学习尼泊尔在文物古迹保护方面的成功做法。

（旦增卓嘎）

侨务工作

【组织召开在拉尼侨座谈会】 6月29日，拉萨市外事办公室组织相关单位分管领导与在拉尼侨代表召开座谈会。座谈会上，副市长陈文强代表市委、市政府对在拉尼侨表示问候，简要回顾了中尼友好交往历史。尼侨代表在座谈会中提出了工作、生活中存在的一些困难并对拉萨市的发展提出了宝贵意见和建议。根据市领导批示精神，拉萨市外事办公室协同拉萨市公安局出入境管理支队及时对尼侨提出的意见、建议进行了反馈、落实。

【海外青年华商"西藏行"代表团访问拉萨市】 9月26日，由国侨办联合自治区侨办组织的海外青年华商"西藏行"代表团一行15人在拉萨市进行了参观考察活动。在拉萨市，代表团参加了首届“中国西藏旅游文化国际博览会”，考察了两家具有西藏特色的企业：西藏藏之梦藏毯公司和坎巴嘎布卫生用品有限公司，还前往大昭寺、八廓街进行了参观。

（旦增卓嘎）

港澳事务

【香港驻成都经济贸易办事处代表团访问拉萨市】 5月26日至28日，香港特别行政区驻成都经济贸易办事处主任刘锦泉率领香港特别行政区驻成都经济贸易办事处代表团访问拉萨市。该团一行参观了大昭寺、八廓街等历史文化景点，考察了拉萨市经济贸易发展情况。

【港澳青年英才访藏团访问拉萨市】 6月9日至14日，港澳青年英才访藏团一行23人访问拉萨市。该团一行在拉萨市参观了大昭寺、八廓街等历史文化景点。

（旦增卓嘎）

2014年度来访外国党宾、国宾团统计表

表1

序号	来访团组名称	人数	来自国家地区	来访内容	接待时间
1	尼泊尔前总理巴布拉姆·巴特拉伊及其家人	7	尼泊尔	友好访问	5月8日至13日
2	捷克驻华大使塞奇卡一行	2	捷克	友好访问	5月20日至25日
3	巴西驻越南大使一行	1	巴西	友好访问	5月28日
4	摩尔多瓦驻中国大使阿纳托利·乌列基安一行	4	摩尔多瓦	友好访问	6月15日
5	新西兰驻华使馆副馆长范达文一行	4	新西兰	友好访问	6月22日至27日
6	英国驻华使馆一等秘书孟加思一行	1	英国	友好访问	6月23日至27日
7	中东欧十六国总统、总理府高级官员团	22	中东欧十六国	友好访问	7月12日至16日
8	“文化中国·知名华人书画家西藏行”采风团	18	美国、英国、泰国、澳大利亚、加拿大	采风	7月14日至20日
9	加拿大记者团	7	加拿大	采访	7月14日至18日
10	韩国驻华使馆参赞河炳弼一行	3	韩国	友好访问	7月16日至18日
11	俄罗斯国家杜马第一副主席梅利尼科夫一行	3	俄罗斯	友好访问	7月16日至18日
12	不丹外交大臣仁增·多吉一行	10	不丹	友好访问	7月29日至31日
13	澳大利亚华人专家学者参访团	15	澳大利亚	友好访问	8月2日
14	尼泊尔财政部长马哈特一行	6	尼泊尔	友好访问	8月10日至12日
15	尼泊尔主流媒体干部考察团	10	尼泊尔	采访、拍摄	8月11日至19日
16	澳大利亚、巴西驻尼泊尔大使一行	2	澳大利亚、巴西	友好访问	8月15日至19日
17	尼泊尔前总理尼帕尔一行	6	尼泊尔	友好访问	8月26日至31日
18	外国驻华武官团一行	117	美国、英国等45国	友好访问	9月16日
19	尼泊尔北部地区跨党派议员考察团	10	尼泊尔	友好访问	9月16日至18日
20	尼泊尔副总统贾阿一行	10	尼泊尔	参加“藏博会”	9月24日至29日
21	荷兰驻华大使贾高博一行	2	荷兰	友好访问	10月10日至15日

序号	来访团组名称	人数	来自国家地区	来访内容	接待时间
22	丹麦驻华大使裴德盛一行	3	丹麦	友好访问	10月13日至16日
23	印度驻华大使康特一行	4	印度	友好访问	10月18日至26日
24	尼泊尔副总理高塔姆一行	16	尼泊尔	友好访问	10月18日至19日
25	尼泊尔北部地区议员参访团	20	尼泊尔	友好访问	10月23日
26	比利时外侨局长费雷迪·罗斯蒙一行	2	比利时	友好访问	10月27日
27	瑞士驻华大使戴尚贤一行	4	瑞士	友好访问	10月28日至29日
28	加拿大驻华使馆唐兰公使一行	7	加拿大	友好访问	12月6日至10日
29	西班牙驻华使馆政务参赞雷伯耀一行	2	西班牙	友好访问	12月10日至17日
30	美国驻成都总领馆领事艾立仁一行	4	美国	友好访问	12月17日至18日
31	尼泊尔旅游代表团一行	17	尼泊尔	友好访问	12月24日至28日

说明：共计31批339人次，来自美国、加拿大、澳大利亚、尼泊尔、印度、不丹、韩国、瑞士、西班牙、丹麦、比利时、荷兰、巴西、捷克、俄罗斯、新西兰等国家。

2014年度因公来访内宾统计表

表2

序号	来访团组名称	人数	组织单位	来访内容	接待时间
1	香港特别行政区驻成都经济贸易办事处代表团	14	国务院港澳办	友好访问	5月26日至28日
2	港澳青年英才访藏团	23	国务院港澳办	考察、调研	6月9日至14日
3	欧洲侨务公共外交人士代表团	19	国务院港澳办	考察、调研	6月20至26日
4	外交部驻外使节团	26	外交部	考察、调研	9月15日至20日
5	西安外办代表团	4	西安外办	考察交流	10月23日至26日

说明：共5批86人次

拉萨市2014年度地厅级领导干部因公出国（境）情况统计表

表3

序号	姓 名	民族	工作单位	职务	出访国家、地区	出访时间	出访任务	在外停留时间
1	计明南加	藏	市政府	副市长	中国香港	5月15日至29日	培训	15天
2	次仁央宗	藏	市政府	副市长	美国	11月10日至14日	访问友城	5天
3	张延清	藏	市政府	市长	美国	11月30日至12月7日	交流	8天
4	刘惠兴	回	市政协、市民宗局	市政协副主席、市民宗局党组书记	土耳其、沙特阿拉伯	12月26日至30日	参加议会交流	5天
5	陈勇	汉	市政府	常务副市长	尼泊尔	12月18日至22日	援助物资、经贸洽谈	5天
6	孙晓南	汉	市政府	副市长	尼泊尔	12月18日至22日	援助物资、经贸洽谈	5天

说明：总计6人次。

拉萨市 2014 年度县级领导因公出国（境）情况统计表

表 4

序号	姓 名	民族	工作单位	职务	出访国家、地区	出访时间	出访任务	在外停留时间
1	尼玛卓嘎	藏	拉萨经开区管委会	副主任	尼泊尔	1 月 18 日至 22 日	商务洽谈	5 天
2	拉姆卓玛	藏	拉萨 SOS 儿童村	村长	奥地利	3 月 26 日至 4 月 2 日	参加研讨会	7 天
3	舒宗荣	汉	拉萨师范高等专科学校	副校长	丹麦	4 月 24 日至 29 日	交流合作	6 天
4	拉巴旺堆	藏	拉萨师范高等专科学校	副校长	中国香港	5 月 15 日至 20 日	学习交流	6 天
5	洛桑赤列	藏	尼木县人大常委会	主任	日本、韩国	8 月 28 日至 9 月 4 日	访问	8 天
6	达瓦	藏	市公安局交警支队	支队长	美国	9 月 6 日至 26 日	培训	21 天
7	王平	汉	市旅游局	副局长	法国	9 月 22 日至 26 日	参加法国国际旅游交易会	5 天
8	平措次仁	藏	柳梧新区管委会	副主任	中国香港	9 月 18 日至 22 日	培训	5 天
9	普布次仁	藏	市佛协	会长	加拿大	11 月 1 日至 9 日	文化交流	9 天
10	韩云栓	汉	市水利局	党组书记	加拿大	12 月 28 日至 17 日	参加培训	21 天
11	江华	藏	市政府	秘书长	美国	11 月 10 日至 14 日	出访友城	5 天
12	旦增曲扎	藏	市旅游局	局长	美国	11 月 10 日至 14 日	出访友城	5 天
13	扎西白珍	藏	市财政局	局长	美国	11 月 10 日至 14 日	出访友城	5 天
14	杨如军	汉	市外事办	党组书记	美国	11 月 10 日至 14 日	出访友城	5 天
15	华建男	汉	拉萨经开区管委会	副主任	尼泊尔	12 月 18 日至 22 日	援助物资、进行商务洽谈	5 天
16	纪伟师	藏	市商务局	副调研员	尼泊尔	12 月 18 日至 22 日	援助物资、进行商务洽谈	5 天
17	朱亚林	汉	市外事办	副主任	尼泊尔	12 月 18 日至 22 日	援助物资、进行商务洽谈	5 天

说明：总计 17 人次。

拉萨市 2014 年度科级及以下干部因公出国（境）情况统计表

表 5

序号	姓 名	民族	工作单位	级别	出访国家、地区	出访时间	出访任务	在外停留时间
1	李华	汉	拉萨 SOS 儿童村	–	奥地利	3 月 26 日至 4 月 2 日	参加研讨	7 天
2	普旦	藏	堆龙德庆县委	正科	中国香港	5 月 15 日至 20 日	交流访问	6 天
3	旦巴加措	藏	城关区教体局	正科	中国香港	5 月 15 日至 20 日	交流访问	6 天
4	晋美扎巴	藏	市外事办	正科	韩国	6 月 16 日至 23 日	交流访问	8 天
					美国	11 月 10 日至 14 日	翻译	5 天
5	索朗多吉	藏	市政府	副科	加拿大	11 月 2 日至 6 日	文化交流	5 天
6	旦增卓嘎	藏	市外事办	科员	尼泊尔	12 月 18 日至 22 日	翻译	5 天

说明：总计 7 人次。

拉萨市2014年度专业技术人员因公出国（境）情况统计表

表6

序号	姓 名	民族	工作单位	职务	出访国家、地区	出访时间	出访任务	在外停留时间
1	王琦	汉	拉萨师专	副教授	丹麦	4月24日至29日	教育交流合作	6天
2	张洁	汉	拉萨师专	教师	丹麦	4月24日至29日	教育交流合作	6天
3	江克红	汉	拉萨师专	副教授	丹麦	4月24日至29日	教育交流合作	6天
4	杰布	藏	拉萨师专	副教授	丹麦	4月24日至29日	教育交流合作	6天
5	肖金和	汉	拉萨师专	学生	中国香港	5月15日至20日	学习交流	6天
6	索朗次仁	藏	拉萨师专	学生	中国香港	5月15日至20日	学习交流	6天
7	罗珍	藏	林周县中学	学生	中国香港	5月15日至20日	学习交流	6天
8	格桑曲珍	藏	墨竹工卡县中学	学生	中国香港	5月15日至20日	学习交流	6天
9	琼珍	藏	尼木县中学	学生	中国香港	5月15日至20日	学习交流	6天
10	索朗措姆	藏	当雄县中学	学生	中国香港	5月15日至20日	学习交流	6天
11	贡布旦增塔尔杰	藏	拉萨市第三中学	学生	中国香港	5月15日至20日	学习交流	6天
12	尼玛次仁	藏	大昭寺	僧人	日本	11月15日至18日	参加佛事活动	4天

说明：总计12人次。

武　装

拉萨警备区

【概　况】 2014年，警备区部队认真学习贯彻习近平总书记系列重要讲话精神，紧紧围绕党在新形势下的强军目标，“着眼‘三个绝对’强军魂，聚焦能打胜仗强能力，扭住作风建设强队伍”的工作思路，狠抓各项工作落实，部队建设保持了全面发展、稳步推进的良好势头。

【开展第二批党的群众路线教育实践活动】 2月至10月，拉萨警备区开展了第二批党的群众路线教育实践活动。共收集梳理工作指导、战备训练、教育管理、日常保障4类66条意见建议，研究制定党委机关纠“四风”、正作风23条措施，形成作风建设的长效机制。经过教育实践活动，下发文电同比下降近40%，各类会议压减36%，行政消耗性开支下降18%。

【“牢记强军目标、献身强军实践”主题教育】 2月至10月，拉萨警备区开展“牢记强军目标、献身强军实践”主题教育。采取集中上大课、分层搞辅导的形式进行专题学习教育。共撰写心得体会5800余篇，编印资料80余册，编写下发教案70余份，制作板（墙）报60余块、灯箱宣传画和横幅20余幅（条）。

【开展征兵工作】 4月10日至8月5日，组织全市适龄青年进行网上兵役登记和应征报名。根据拉萨市实际，采取网上报名与现场报名相结合的方式进行。6月17日至7月20日，分别在西藏大学、藏医学院、师范学院、职业技术学院、体育学校设置宣传点进行入校宣传，每个校区宣传为7天，主要讲解2014年征集政策和相关优抚待遇等问题，共发放宣传资料8000余份，现场报名登记的大学生有458名，其中应届毕业生41人，在校生161人，新生256人。8月4日至8月10日，在全市各高校、人流量大的街道、广场等，共设立20个征兵宣传咨询点，摆放国防教育展板159块、悬挂宣传横幅188条，出动征兵宣传车250余台次在北京东路、北京中路、朵森格路、江苏路、林聚路、金珠路、火车站和中和国际城等范围内进行流动宣传，发放征兵宣传资料30000余份，在拉萨电视台和拉萨晚报连续7天播放刊登征兵通告。8月15日，市征兵办公室协调军区总医院统一组织报名人员进行身体复审。8月25日至8月30日，各征兵办公室统一组织对报名人员进行政治考核，并将考核结果录入“全国征兵网”。8月31日至9月3日，按照基层推荐、征兵办公室初定、领导小组审定的程序审定新兵，确定新兵去向。对定兵人员进行7天的公示，各级征兵办公室同步将定兵情况录入“全国征兵网”。

【开展专武干部培训】 4月，警备区利用8天时间，对全市七县一区48个乡、9个镇、8个办事处专武干部和8个县（区）人武部副部长（军事科参谋）共计73人进行基层武装工作和军事技能的集中培训。

【组织民兵高炮分队野外驻训】 5月19至6月28

日，拉萨市堆龙德庆县人武部组织本县民兵高炮分队85人，在堆龙德庆县乃琼镇组织了为期40天野外驻训，这是西藏民兵首次成建制独立组织的野外驻训活动。6月18日，进行了“民兵高炮分队野外驻训结业仪式”，拉萨警备区和堆龙德庆县党政主要领导出席活动，各乡镇党委书记、专武部长、县直机关部分民兵代表共116人参加结业仪式。活动中全体参训民兵汇报演示了高炮指挥与操作，防暴操和防暴队形应用，56式半自动步枪射击等科目。

【开展“双拥”活动】 7月23日，在54旅礼堂组织军地联谊晚会。25日，在堆龙德庆县东嘎镇会堂组织镇全体干部和群众200人进行“自觉遵守群众纪律、维护军人良好形象”的专题教育；深入寺庙及敬老院进行走访慰问。警备区人武部深入各个寺院进行走访慰问和宣传党的路线方针政策，为邱桑寺等寺院修建围栏1200多米，并指导其种植技术。到古荣乡加入村敬老院、高天营区等进行走访慰问。8月1日，走访慰问了老干部、转复军人、特困户和孤寡老人。

【抢险救灾】 9月，林周县普降暴雨，造成彭波河下游两乡一镇河道告紧，严重威胁到人民群众生命财产安全。人武部先后派出官兵14人次，冲在抢险救灾最前沿7公里左右的河道上，组织各乡镇应急民兵513余人昼夜奋战，加高河坝、加固河堤、封堵缺口、排水引流、排除险情40余次，封堵缺口300米左右、排泄口20道，并由人武部干部带队，昼夜组织险情民兵巡逻队巡逻，将灾害损失降到了最低点。

【协助地方转移受困群众】 12月6日，警备区牵头协调组织部队、拉萨市政府、林周县政府等四家单位有关人员到林周县旁多乡宁布村热荣组进行勘察，确定搬迁方案。12月22日至25日，完成了搬迁任务。此次任务共出动部队人员53人，拉萨市林周县民兵20人，各种车辆6台、各型车机11台(艘)。12月23日10时展开作业，分别在旁多水库南北两岸各构筑临时码头1座，开设40吨漕渡门桥漕渡转运物资。共转运车辆26台，各类物资及生产资料20余吨。

【思想政治建设】 年内，抓好以“牢记强军目标、献身强军实践”主题教育为重点的各项教育，建设雪域特色军营文化，开展“强军风采”系列文化活动。5次组织文艺骨干下基层、进乡村、进演习场慰问演出，开展扶贫帮困、捐资助学、科技助民、医疗义诊等为民服务和“双进共创”活动。与地方政府一道深入做好羊八井地区部队驻训演习中的群众工作，历年驻训演习没有发生任何军民纠纷。

【作风建设】 年内，推进第二批党的群众路线教育实践活动，开展“讲党性、立规矩、治歪风、树正气”专题教育，对照两级军区9个分项治理要求，逐一制订专题整治方案，重点围绕住房、用车等8个方面问题深入开展自查自纠。做好“立、改、废”的工作，结合实际，研究制定了党委机关纠“四风”、正作风23条措施，制定《警备区党委机关加强作风建设措施》8项规定措施，形成了作风建设的长效机制。下发文电同比下降近40%，各类会议压减36%，行政消耗性开支下降18%，干部调整，士兵考学、提干，均做到公平公正。经测评，官兵对教育实践活动满意率达92%。

【抓基层打基础】 年内，持续开展“学纲要、知纲要、用纲要”活动，定期召开基层建设形势分析会，安排两批56人次下连当兵、蹲连住班，重点帮助基层建强“一个班子”“两支队伍”，规范“四个秩序”。选送41名干部入校深造，举办两期新任职干部、党支部正副书记和一线带兵人集训，并开展野外驻训、干部轮训等活动。结合机关对口帮带和教育实践活动收集的意见建议，拟制下发《领导机关为基层办实事工作计划》，逐项兑现承诺。年内，筹措200余万元为基层解决训练器材缺乏、文化活动单一等23个实际问题，清理超占兵员和超占超配人员，整改腾退超面积办公室10间，受到官兵好评。经测评，基层官兵对警备区党委班子及成员兑现承诺满意率达97%。

【抓安全保稳定】 年内，突出“六个管好”，落实“六项制度”，正规“四个秩序”，开展“条令学习月”和“警示教育周”活动，组织条令知识竞赛和安全常识普考，以“安全你我他、工作靠大家”为主题，展开群众性安全大讨论。定期组织安全大检查和安全形势分析，以开展“三互”“三责”活动和倾向性问题整治为抓手，盯住“四部”“两角”，抓住“两个以外”，突出人车枪弹密，管好小散远直差，先后制定了人员外出、车辆派遣、信息保密等管理细则，对酗酒赌博、涉足不健康娱乐场所、违规使用手机和赊欠账、高消费、乱交往、不假外出等不良倾向进行了集中整治，公开处理违规违纪人员。

【加强国防后备力量建设】 年内，整组基干民兵588人，并突出基本知识、基本技能、基本专业，开展民兵专业分队训练，组织城关区60名应急民兵常驻训练基地训练和备战。将拉萨市1200名出租车司机纳入民兵队伍，组织400名出租车驾驶员进行国防教育和军事训练，完成堆龙德庆县人武部85名高炮分队民兵为期1个月野外驻训和65名基层专武干部集训，对各民兵武器装备仓库进行规范整改。完成新兵征集任务。

【维稳执勤技能创新】 年内，为适应藏区维稳新情况，拉萨警备区根据担负的职能任务将反恐维稳针对性训练重点调整为防刀斧砍杀、防车辆冲撞、防纵火焚烧、防突袭爆炸等，瞄准实战抓训练、练精兵，融合传统武术、散打搏击、盾棍术、应急棍、刺杀操等多套拳（棍）术，研训了一套防暴恐袭击攻防术。包括刺杀搏击术、匕首搏击术、防抢夺搏击术三部分。

（王智旭）

武警拉萨市支队

【概　况】 中国人民武装警察部队西藏自治区总队拉萨市支队（旅级）（简称拉萨市支队），2005年5月24日，由原第一支队和原拉萨市支队合编而成。

【市委主要领导看望慰问官兵】 1月29日，拉萨市市委副书记、市长、市委政法委第一书记张延清一行深入武警拉萨市支队看望慰问官兵。

【自治区领导看望慰问官兵】 3月7日，自治区党委副书记、自治区常务副主席、政法委书记邓小刚，看望慰问支队六大队29中队青藏铁路羊八井一号隧道执勤点全体官兵。

【图书进警营活动】 4月26日，自治区新华书店工作人员携带涵盖军旅、励志、文学、科普等万余册图书走进拉萨市支队机关，开展优秀图书进警营售书活动。这次活动，支队官兵共购买了价值5500余元、约600本优秀图书。

【强军战歌文艺晚会】 6月30日，支队携手西藏军区文工团，举行“强军战歌献给党”专题文艺晚会。总队领导、共建单位、用兵单位领导、支队在家常委，全体官兵及家属通过现场和视频形式观看了演出。

【抢险救灾】 7月24日，尼木县吞吧乡吞达村景区发生山体滑坡泥石流自然灾害。尼木县中队中队长带领官兵携带抢险救援工具和急救药品前往灾害事故现场参与抢险救灾工作。经过三天的连续奋战，中队官兵共排除险情3处，清淤量达800余立方米，基本恢复当地群众生活生产和景区秩序。

【庆八一、促六共】 7月30日，在总队的统一指导下，支队分别在某中队和堆龙县乃琼镇乃琼村举行驻拉萨片区部队维稳群众工作警地“六共”活动推进会及维稳群众工作“六共”活动推进仪式。仪式结束后，武警西藏总队文工团和堆龙县民间艺术团联合开展了文艺演出，武警西藏总队医院、拉萨支队组织开展了义诊、理发、维修、卫生整治等便民服务活动。

【“中国梦·强军梦·我的梦”演讲比赛】 8月23日，支队举行“中国梦·强军梦·我的梦”主题演讲比赛。演讲内容紧紧围绕党在新形势下的强军目标，选手们讲身边人、讲身边事。十中队战士王艺、二十二中队战士周家华、六中队战士杨润武分别获得一、二、三等奖。

【“五个一”活动】 10月16日，支队根据“四进”挂钩帮建对象的实际情况，有针对性地选择慰问点、慰问对象，支队领导到夺底乡走访慰问困难群众，为他们送去大米、面粉等慰问品；其他在家常委亲自带队，机关、基层同步展开各项活动。

（杨佩佩）

拉萨市公安消防支队

【概 况】 年内，拉萨市公安消防支队执行二级以上战备290余天，完成公务执勤1684项，投入执勤车辆2610辆次，出动警力1.2万余人次。

【召开第一次党员代表大会】 10月28日至29日，拉萨市公安消防支队召开第一次党代表大会，听取和审议支队党委、纪委工作报告，总结近年来的工作成绩和经验，分析面临的形势，部署今后五年的奋斗目标和主要任务，选举产生支队第一届党委和纪委。

【发生火灾47起】 年内，全市共发生火灾47起，支队出动车辆188辆，出动警力994人，死亡0人，抢救被困人员2人，疏散被困人员145人，抢救财产价值158万元。同比上年，火灾起数上升了34.28%，直接财产损失上升了51.92%，死亡人数下降100%。

【消防部队接警1873起】 年内，拉萨市消防部队接警1873起(其中，扑救火灾47起，抢险救援81起，公务执勤1684次，社会救助61次)，出动1873次，出动车辆3032辆次，出动警力14794人次，抢救被困人员210人，疏散被困或受灾人员394人，打捞和取出尸体共61具(含318国道拉萨市尼木县境内“8·09”特大交通事故抢险救援时搜救出的44具遇难者遗体)。

【加强党风廉政建设】 年内，支队出台《拉萨消防支队“九个严禁和九个一律”》等规定，清退上交财物共计54020元，个人健身卡、会员卡、购物贵宾卡3张(无金额)，组织支队重点单位和重要岗位签订廉政责任书80份，廉洁承诺书231份，签订率100%。主动派出督察警力93人次，开展明察暗访30次，督促整改问题23个，在干部任免、战士考学、招投标项目、大宗物资采购等工作上实现全程监督。

【重大火灾隐患政府挂牌督办】 年内，实施重大火灾隐患政府挂牌督办，提请市政府组织召开全市重点商场、市场消防工作会议和木如宁巴寺火灾隐患治理工作协调会，贯彻落实市委市政府关于加强商场、市场火灾防范各项措施，推动寺庙文物古建筑火灾隐患排查整治，提升社会面重点单位和文物建筑抵御火灾能力。截至年底，市政府共挂牌督办重大火灾隐患单位6家，整改工作有序推进。

【深化“清剿火患”专项活动】 年内，支队共检查社会单位6711家次，发现火灾隐患或消防安全违法行为2892处，督促整改2805处，下发《责令改正通知书》1721份《行政处罚决定书》74份，临时查封单位22家，责令“三停”单位16家，罚款31.3万元，拘留1人。

【完成国务院消防工作组考核】 年内，根据公安部《关于认真做好国务院对省级政府2013年度消防工作考核协调准备工作的通知》的要求，支队对全市消防工作欠账问题进行集中清理，并提请市政府牵头督办，完成国务院消防工作第十考核组对拉萨市消防工作的考核，并受到了考核组的高度评价。同时根据考核组反馈意见，支队向市政府上报专题报告，就今后如何进一步加强消防工作提出建议和计划。

【装备建设实现梯次增长】 年内，协调市委、市政府投入专项经费10547.81万元，购置登高平台车、涡喷排烟车、灭火消防车、举高消防车、抢险救援车、战勤保障车、灭火机器人共5类37辆消防车及个人防护、侦检、破拆、堵漏、灭火、通信等共6类13731件(套)器材，支队装备实现科学配合和梯次增长。

【基层建设稳步推进】 年内，支队应急救援指挥中心建设项目开展建设工作；寺庙大队探亲用房、东嘎消防中队、战勤保障中队、白淀消防中队、供暖建设工程在有序建设中。截至年底，所有建设工程完工并开展附属建设工作；羊达消防站、柳梧二级消防站已完成征地工作，正在争取建设经费。

【处置“7·10”柴油油罐车泄漏】 7月10日15时55分，拉萨市“119”指挥中心接到曲水县公安局转警：曲水县聂当乡发生交通事故，一辆柴油油罐车侧翻至318国道南侧，导致柴油泄漏，无人员被困，急需救援。接警后，119指挥中心先后调集特勤三中队、堆龙中队、柳梧火车站中队、特勤一中队、曲水大队共4辆泡沫消防车、5辆水罐消防车、2辆抢险救援车、1 辆动中通通信指挥车，共 66 名官兵赶往现场处置。16 时 02 分，消防官兵到达现场后指挥员命令：立即划分警戒区域，协调交警部门对事故路段实施临时交通管制，隔绝现场火源、电源，严防无关人员进入现场；在事故车辆上风向设置水枪阵地，单干线出两支水枪不间断对车辆进行冷却，稀释泄漏油蒸汽。同时，利用泡沫管枪对泄漏柴油进行覆盖；侦检小组着轻型防化服，携带侦检设备，实时检测事故现场气体浓度；协调事故车辆所在公司，立即调派技术人员到场协同处置，并调集 1 辆空油罐车和大吨位吊车到场。21 时 52 分现场街区及事故车辆处置完毕，未造成人员伤亡和次生灾害。

【完成“8·09”特大交通事故抢险救援】　“8·09”特大交通事故发生后，拉萨市“119”调度指挥中心接警，根据事故灾害类型，一次性调集尼木县大队、曲水县大队、特勤大队共 4 辆抢险救援车、2 辆水罐消防车，30 名官兵赶赴现场救援，支队全勤指挥部 1 辆作战指挥车、1 辆动中通通信车，7 名官兵到场组织指挥救援工作，同时调集社会应急救援联动单位 31 辆社会救援车、200 余人及大量救援装备。抢救出 11 名被困者，清理出44具遇难者遗体，完成抢险救援任务。

【处置“11·17”纳金乡家具加工厂火灾】　11 月 17 日 04 时 27 分，拉萨市“119”指挥中心接到群众报警：纳金路纳金乡嘎巴村一家具加工厂发生火灾，火势燃烧迅猛，蔓延迅速，现场无人员被困。接警后，“119”指挥中心一次性调集 17 辆消防车、141 名官兵赶往现场扑救，支队全勤指挥部闻讯遂行出动 1 辆动中通指挥车、6 名官兵前往现场指挥火灾扑救工作。同时，支队向总队指挥中心和市维稳一线指挥部报告情况，通过市维稳一线指挥部调集现场附近便民警务站、交警支队、市环卫局 6 辆洒水车，4 辆大型推土机到场协助扑救火灾。消防官兵到达现场后，现场指挥员立即下达作战命令：划定现场警戒，协调便民警务站民警维持现场秩序、交警对道路实施局部管制，通知电力部门切断现场电源；4 辆主战灭火车出 8 支水枪、1 门移动水炮分别从三个大门和便道分割、堵截火势，后方 5 辆供水车、3 台手抬机动泵河流取水，形成 2 条供水干线远距离向主战灭火车接力供水；组织后续到达的供水车占据河流取水，形成 2 条供水干线向前方主战消防车及柳梧火车站中队高喷车供水；供水任务完成后，组织力量到前方增设 10 支水枪，全力灭火；柳梧火车站中队高喷车停于南侧公路适当位置，对火势进行强力压制；动中通指挥车负责现场通信保障和视频图像转输，空呼充气车全力保障火场空气呼吸器需要。作战任务下达后，支队全勤指挥部命令各战斗小组立即展开战斗，形成对火灾合围之势，并于 06 时 10 分有效控制火灾，08 时现场明火被扑灭。13 时 55 分，支队确认现场绝对安全后，陆续组织部队撤离现场。

（李　旭）

武警拉萨市森林大队

【概　况】　2014 年，大队按照《军队基层建设纲要》的要求，对各类库室进行规范统一和调整，支出经费数十万，对营区进行改造修缮；配合拉萨市林业绿化局开展防火宣传和执勤活动。

【警民共建】　1 月 30 日，大队到拉萨市特殊教育学校慰问师生，并送去慰问品。7 月 31 日，拉萨市特殊教育学校来队慰问。

【林政检查】　2 月 20 日至 24 日，大队配合市林业局到拉萨市有林县进行防火宣传，检查林政工作；教育群众 3000 余人。

【开展军训与国防教育】　3 月 22 日，二中队到拉萨市儿童福利院进行“国防教育”。7 月 30 日，教导员边巴罗布带领大队 55 名官兵，参加拉萨市团委与大队共同举办的“红领巾相约中国梦”素质拓展暨民族团结教育夏令营活动开营仪式，大队选派 6 名官兵作为教官，对营员进行军训和国防教育。9月 2 日，教导员边巴罗布带大队 6 名官兵，到拉萨市特殊教育学校为 140 名学生进行军训。

【春季义务植树】　4 月 3 日至 4 月 22 日，大队参加自治区植树造林工程。4 月 8 日，大队 26 名官兵前往总队集合，到拉萨大桥南端南山林子参加拉萨市义务植树活动。5月1日，大队出动50名官兵，前往蔡公堂乡次角林村朋布日山西侧，参加“保护母亲河，美丽中国梦”西藏生态建设志愿者服务总队成立暨保护母亲河行动——西藏拉萨解放军青年林启动仪式，并挖树坑300个，植树200棵。

【参加清理环境卫生活动】 5月9日，大队11名官兵前往黑龙潭公园，参加林业局组织的清理环境卫生活动。

【见义勇为】 6月18日上午11时50分，拉萨大队教导员边巴罗布带大队5名官兵在林业局门口路段清整路面垃圾，并实地排查营区周边安全隐患。行至林业局桥上发现一妇女落水，经被水流向下游冲去，情况紧急，大队战士张晨迅速跳入水中，快速游向落水妇女，经过近10分钟努力营救，最终落水妇女成功获救。

【野外驻训】 6月，大队出动50名官兵开展为期13天的“两化训练”。

【防火检查】 11月24日，大队长带领4名官兵，前往拉萨市各有林县开展防火检查。

【执勤工作】 年内，大队2名官兵全年担负自治区林业厅防火办值勤任务；5月15日，大队11名官兵，前往拉萨市西郊农科院对面，协助林业局拉运市林业公安收缴的木材。8月25日，大队61名官兵参加“雪顿节”执勤任务，进行演练警戒和疏导群众。

（李　坤　全雨渲）

人民防空

【概　况】 2014年市人防办始终坚持“三个代表”重要思想，以科学发展观为指导，全面贯彻第六次全国人民防空会议精神，区、市两级八届五次全会精神及经济工作会议精神，紧紧围绕全面贯彻落实党的教育实践活动，坚持走自身特点、拉萨市人防特色的发展路子，重点开展教育实践活动、人防工程审批工作、国防宣传工作、拉萨市基本指挥所工作，逐步推进拉萨人防工作。

【开展党的群众路线教育实践活动】 2月8日，市人防办制定《拉萨市人民防空办公室党的群众路线教育实践活动实施方案》，召开动员会，启动党的群众路线教育实践活动。在开展教育实践活动期间，市人防办6名党员参学，参学率达100%。组织集中学习29次、自学56次，开展基层慰问调研、结对帮扶、征求意见建议，组织专题讨论剖析会，观看教育片，组织召开专题民主（组织）生活会，制定“两方案一计划”和个人整改清单。截至年底，整改突出问题11条，整改专项问题8条，制定制度28项。

【国防宣传教育】 3月和6月，中学开展国防教育活动。向拉萨市所有初级中学发放“三防”知识教材，并选取9所学校举行发放仪式。9月，在拉萨市主要街道及人口密集的场所进行国防宣传教育和防空警报试鸣活动。此次宣传向过往群众发放《西藏自治区实施〈中华人民共和国人民防空法〉办法》手册和简易购物袋等300份。向市民讲解如何区别预先警报、空袭警报、解除警报。在空袭来临时，如何进行自救、如何及时躲避、如何识别人防掩蔽标识。

【参加全国人防培训】 7月，组织人员参加在北京举办的人防空人防信息技术研修班，主要学习了和掌握人防信息化战争空袭与防空袭、重要经济目标地位作用及防护对策等内容。

【拉萨人防基本指挥所项目】 年内，继续实施拉萨市基础指挥所工程建设项目前期工作。3月，完成地勘和环评工作。8月，总参工程兵第四设计院完成基本指挥所施工图初设计方案。9月29日，在自治区人防办召开拉萨市人防基本指挥所项目设计评审会。市国土部、市规划、市住建、市发改委按照该项目的设计方案提出一些切实可行的意见，主评审中建三局浙江建筑设计院副院长李文玲进行总评审，大家从建筑、结构性、暖通、给排水、电气五方面提出18条意见。根据市直各单位和主评审的意见对设计方案作进一步的修改完善。同时，与国土局协商征地补偿等工作的事宜，与塔玛村委会，协商居民搬迁问题。

【人防地下室审批】 1月和4月，根据甘南藏族自治州人民政府驻拉萨办事处和西藏中太恒源实业有限公司关于提供地下人防设计条件的申请，按照人防相关法律法规对甘南藏族自治州人民政府驻拉萨办事处修建人防地下室项目和中太城市广场修建地下室的项目进行审批，对以上两个项目防空地下室的战时功能和防护等级提出具体要求，批准他们修建防空地下室建筑，并进行人防地下室初步设计。

【强基惠民】 年内，市人防办驻次角林工作队开展党的群众路线教育实践活动，向次角林的群众宣传党的惠民富民优惠政策，制作发放便民服务卡，使群众有事找驻村工作队更加便利，走访慰问困难群众，为群众办实事好事。在春节及藏历新年、“六一”儿童等节来临前，驻村工作队对11名三老人员、10名重病困难户、68名在校大学生和次角林教学点进行慰问，送去价值6.25万元的牦牛肉和酥油、学生用具等慰问品，以及给予资金上帮助他们解决生产生活方面的困难。为了解决次角林失地群众就业困难，自身没有一技之长的问题，驻村工作队联系驾校，为了10名困难群众报名解决了驾驶培训共计3.24万元。还对各村民小组活动室内搭建堆放村民活动用品和杂物的简易房，以及三户困难群众解决修缮房屋资金短缺的困难，共计花费3.6万元。按照村委会要求及现次角林村的现状，向上级部门争取到短平快项目“次角林村农家乐”共计38万余元。市人防办驻村工作队针对次角林村处于城乡接合部和春节、藏历新年、“五一”劳动节、三月敏感月、“萨嘎达瓦”宗教节日、阿里“塔尔钦”宗教活动、十四世达赖集团第33届“时轮金刚法会”等重要时期维稳工作任务艰巨的特点，依照村干部的分工，采取分片包干、责任到人、走访入户、传达会议、法律教育、维稳值班、签订责任书等形式开展次角林村的维稳工作。加强流动人口清查登记工作，建立信息报送制度，对疑点人员及时向相关部门或警务室反映。驻村工作队协助村委会发放了对全村低保款、征地补偿款、青苗补偿款。帮助村党支部加强领导班子和党员队伍建设，完善各项规章制度，配合上级党委严把村两委班子候选人的提名和选举。

【入驻市民服务中心】 年初，按照市政府工作安排，组织人员开展入驻市民服务中心准备工作，及时上报了A、B岗人员和首席代表人员。7月，市人防办完成人防审批事项流程图和人防告知单制作，及时报市民服务中心制作成册。8月，市人防办正式入驻市民服务中心，开展结合地面建筑修建的战时可用于防空的地下室和人防工程设计审查审批工作。

（蘧智超）

经济综合管理

发展和改革事务

【概　况】　年内，完成地区生产总值353.7亿元，比上年增长10.9%；全社会固定资产投资达455.39亿元，增长21.1%；社会消费品零售总额突破180.33亿元，增长13.3%；公共财政预算收入64.79亿元，增长29.2%。各项经济指标的总量和增速均居七地市首位。

【宏观经济管理】　年内，地区生产总值完成347.45亿元，同比增长10.9%，占全区经济总量的37.7%。编制年度发展计划。年初，精心编制《拉萨市2013年国民经济和社会发展计划执行情况与2014年国民经济和社会发展计划的报告》，并提交市十届人大四次会审议通过。发挥经济运行联席会议机制作用，完成季度经济运行分析、重点项目月调度、产业项目不定期调度等工作，确保全市经济企稳回升和固定资产投资较快增长。加强对推进新型城镇化、经济体制改革、"十三五"规划编制等重大问题的分析研究。针对枯水季节工业用电价格高的问题，召集市电业局、工信局召开专题会，分析探讨解决方案，向上级部门提出利用光伏、光热技术缓解用电紧张，降低工业用电成本的参考建议。

【"十三五"规划基本思路编制及重大项目储备】　6月9日，召开全市"十三五"编制工作会议，成立设在市发改委的拉萨市"十三五"规划编制办公室。8月4日，市政府批转《拉萨市"十三五"规划编制工作安排意见》，安排部署规划编制工作。截至年底，形成规划基本思路（征求意见稿），7个规划前期重点课题承担单位已形成初稿。22个专项规划和县（区）规划同步启动。与此同时，做好"十三五"规划项目的储备工作。研究提出基础设施、产业发展、民生改善、生态环保、社会管理等领域重大项目。市政府前后三次召开专题会议，多次下发文件督促项目申报工作。

【项目建设与管理】　年内，坚持抓项目促投资、以投资促发展。全年固定资产投资490亿元，增长30%，占全区总量的44.5%。抓好项目前期工作。3月，市重点办下发《关于加快推进2014年拉萨市重点项目建设工作的通知》，确定全年重点建设项目42个，分解落实相关任务，督促项目单位加快开展项目前期工作。深化项目审批制度改革，抓好项目的申报和衔接，确保项目早落地、资金早到位。着力抓好拉萨新机场、拉萨市既有建筑节能改造工程、曲水县茶巴拉并网光伏电站、柳东大桥、拉萨市现代有轨电车（示范线）、拉萨市北环路等17个重点项目前期工作。重点项目有力推进，42个重点项目建设进度较快，有效拉动投资较快增长。拉林高等级公路、拉日铁路、旁多水利枢纽工程，拉萨河城区段综合整治、迎亲大桥、群众文化体育中心等项目有序推进；城市供暖工程、中国西藏文化创意园、拉萨教育城、污水处理厂二期、垃圾填埋场二期等项目建设有效投资扩量；房地产开发投资49亿元，是2013年房地产总投资的6.8倍。制定《拉萨市2014年重点建设项目监督检查工作方案》，坚持“每月一督”、每季度一通报，重点检查项目进展和投资完成情况，协调解决项目推进过程中存在的问题和困难。协同区发改委稽查组对城关区检察院技侦业务用房、师范高等专科学校等9个项目开展稽查。同时，严格执行建设项目招标投标管理，协助有关部门处理招投标中出现的问题。

【产业引导和项目支持】 年内，向市委、市政府提出支持工业经济发展、“产业强市”战略实施意见、天然饮用水产业发展等相关的产业发展建议，起草《拉萨市支持企业改制上市办法（试行）》。协调推进西藏中材祁连山水泥有限公司120万吨新型干法水泥生产线、甲玛铜多金属矿二期工程、墨竹工卡驱龙铜多金属矿采选工程、墨竹工卡邦浦钼铜多金属矿采选工程等重点矿采项目前期工作。为落户曲水聂当工业园的西藏光伏动力产业园项目创造良好条件。争取光伏建设项目。通过争取自治区发改委，西藏启迈太阳能热电有限公司柳梧新区1MWp分布式聚光太阳能发电项目、广东瑞德兴阳光伏科技有限公司尼木县10MWp高倍聚光光伏发电项目、西藏嘉天新能源投资开发有限公司当雄羊易村30MWp光伏电站项目等项目落户拉萨市。申报信息惠民国家示范城市。召开专题协调会，编制完成《拉萨市信息惠民国家示范城市创建工作方案》和《拉萨市信息惠民国家试点城市建设工作方案要点》，助推拉萨市被成功列为建设信息惠民国家试点城市。

【价格监测和物价稳控】 年内，落实价格应急协调机制，严格价格监测和物价检查，确保市场价格基本稳定，价格涨幅控制在全国平均水平以下。密切关注生活必需品价格，进一步加大对粮油、牛羊肉、猪肉、酥油、糌粑等与群众生活密切相关的商品价格监测力度。安排1000万元价格调节基金，应对市场供求关系发生重大变化而引发的重要商品价格上涨态势。以收费许可证年审为切入点，着力解决群众关心的教育乱收费等价格问题。召集拉萨市出租车运价调整听证会，出台出租车调价方案。以“12358”价格举报电话为平台，受理各类价格举报和投诉案件172起，并快速准确调解处理。

【拉日铁路开通运营】 8月15日，拉日铁路通车运营。年内建设期间，协调完成拉日铁路协荣、曲水、尼木站等站点建设。配合开展拉林铁路前期工作，完成该项目初步设计等前期工作。

【经济体制改革】 年内，成立以常务副市长陈勇为组长的经济体制改革专项小组，专项小组办公室设在市发改委，具体负责对全市经济体制改革的统筹协调、整体推进、督促落实。年初，制定实施方案和2014年工作要点。推进国有企业改革，起草《关于进一步巩固和加强国有企业发展的意见》《拉萨市企业国有资产监督管理办法》等文件。对全市国有企业、规模以上非公有制企业资本结构、经营状况等企业基本情况进行调研，在此基础上，研究制定《促进混合所有制经济体制改革的实施意见》。支持非公有制经济健康发展，贯彻落实《拉萨市关于加快推进非公有制经济跨越式发展的意见》，引导非公有制资本进入国家允许进入的所有行业和领域。提出财政扶持非公有制经济发展专项资金逐年加大合理化建议。探索搭建小微企业互助担保基金等形式的融资平台。加快土地确权工作，成功颁发第一批《中华人民共和国农村土地承包经营权证》。

【强基惠民活动】 年内，单位驻林周县阿朗乡嘎列村、阿布村两个工作队不畏艰苦、积极作为，全面落实“五项任务”，带领村民增收致富。争取项目3个，涉及资金530万元，其中巴杂水渠维修整治项目资金100万元。协助单位完成48户困难家庭的结对认亲工作，捐助各类物资2.8万元。科学安排驻村工作经费，主要开展扶贫慰问、维修小桥涵、维修饮水管道等。协助驻在村完成两委班子换届。

【自身建设】 年内，市发改委坚持推进党的群众路线教育实践活动与推进发改业务工作相结合，通过学习研讨、征求意见、召开民主生活会、整改落实等，进一步树好形象、提振精神、凝心聚力。加强干部队伍建设。秉持“抓队伍、提素质、促发展”理念，不断创新管理方式，打造廉洁型、实干型、效能型团队。严格按照干部任用程序，及时提拔、调整19位干部。利用60天时间，邀请江苏方对拉萨市四个县发改系统工作人员进行业务传帮带，重点围绕经济运行分析、项目包装申报、工程管理、城镇化规划发展等专业知识进行辅导讲座。狠抓机关作风效能建设。健全《服务承诺制》《责任追究制》《政务党务公开制》《首问负责制》等一系列规章制度。廉政建设取得实效。坚持惩防腐败制度建设和业务工作同部署同考核，强化干部廉洁自律教育，坚决执行中央“八项规定”、区党委“约法十章”“九项要求”和市委“八项要求”，严格执行办公用房、公务接待等新规定，坚决杜绝吃拿卡要、奢侈浪费等不良现象。

（吕文治）

财　政

【概　况】 2014年，全市财政收入完成90.32亿元，比上年增加31.37亿元，增长53.22%。其中一般公共财政预算收入完成64.79亿元，比上年增加14.63亿元，增长29.16%。2014年全市财政支出达到197.29亿元，比上年增加54.51亿元，增长38.18%。

【教育支出241162万元】 年内，全市教育支出241162万元，比上年增加60973万元，增长33.84%。进一步提高“三包”经费保障标准，达到年生均2900元，惠及9.1万农牧民子女及城镇困难家庭学生；落实资金2063万元，实现义务教育农牧民子女营养改善计划全覆盖，惠及5.26万义务教育阶段农牧民子女学生；加快学前教育发展，落实资金12880万元，着力加强学前教育学校设备建设、配备及配套设施建设；落实资金11320万元，加快农村义务教育薄弱学校改造，高寒高海拔中小学“四有工程”全面完成。

【医疗卫生支出46914万元】 年内，全市医疗卫生支出46914万元，比上年增加7401万元，增长18.73%。继续执行城乡居民和寺庙僧尼免费体检政策；提高医疗经费保障标准，农牧区医疗制度财政补助标准从年人均340元提高至380元，村医、兽医待遇标准从月人均300元提高至600元，基本公共卫生服务经费标准从35元提高至45元；先心病儿童筛查治疗常态化机制基本建立，疾病预防控制、妇幼卫生保健、食品安全监管等工作有序开展。

【基层文化建设支出25292万元】 年内，全市文化体育与传媒支出25292万元，比上年增加8769万元，增长53.07%。安排文化产业项目10个，对民族手工业创新产品研发、原生态歌舞等项目进行重点扶持；落实资金3612万元，加大重点寺庙和文物保护力度，鼓励非物质文化遗产的保护、传承与开发；支持广播电视事业发展，支持拉萨题材的文艺、影视作品创作，促进优秀文化作品走向荧幕；加大群众体育投入，组织CBA拉萨行活动，举办拉萨市首届篮球联赛。

【落实就业再就业专项资金615万元】 年内，落实就业再就业专项资金615万元，支持高校毕业生到农牧区、企业工作，鼓励自主择业和自主创业，拉萨籍应届高校毕业生实现全就业。落实资金9813.28万元，确保全市4461个公益性岗位的工资及社保补贴支出。

【完善社会保障】 年内，连续第十年提高标准，企业退休职工养老保险基本养老金待遇达到月人均3320元。新型农村社会养老保险基础养老金从月人均105元提高至120元，实现城乡居民社会基本养老保险制度一体化。城镇居民基本医疗保险财政补助标准从人均300元提高至340元。完善工伤保险政策，将所有公务员和参照公务员法管理的事业单位、社会团体的工作人员纳入工伤保险保障范围。

【完善社会救助】 年内，在自治区两次提高城乡居民低保补助的基础上，拉萨市再次提高城镇居民低保标准50元/人/月，达到590元/人/月；再次提高农村低保标准100元/人/年，达到年人均2250元；再次提高农村五保户供养标准，达到4620元/人/年，高于自治区标准970元/人/年。适时启动社会救助和保障标准与物价上涨挂钩联动机制，惠及城乡困难群众43000余人，继续为低收入群体发放“三大节日”一次性生活补助。加快推进五保集中供养和孤儿集中收养工作，落实资金10024.47万元，实施全市6个县（区）五保集中供养机构建设。加强自然灾害救助工作，落实救灾储备物资资金及管理经费266.5万元；落实冬春自然灾害救助资金100万元，解决受灾群众基本生活困难问题。落实资金4554万元，确保自主择业军队转业干部、军队移交地方安置离退休人员、退伍义务兵的安置所需支出。

【收入分配体制改革】 年内，进一步提高村支部书记主任、其他村干部的基本报酬和业绩考核奖励补助标准，从年人均9126元、4568元分别提高至10404元、5208元，在自治区标准基础上，拉萨市对村（居）委书记主任补助4600元，村（居）委副书记副主任补助3400元、其他村干部补助2200元，村（居）干部误工补贴达到全区标准最高。将“三老”人员生活补助标准提高50元；干部职工取暖期内补贴标准从每月220元提高至250元；投入资金5800万元，配套干部职工住房公积金。

【加大强农惠农富农力度】 年内，全市农林水支出138994万元，比上年增加45219万元，同比增长48.22%。整合资金9213万元，继续推进“八到农家”工程，完成45个行政村人居环境建设和环境综合整治；落实农田水利建设补助资金5300万元，实施6个小型农田（牧区）水利、6个山洪灾害防治和2个乡村堤防建设项目；落实资金23156万元，实施3万亩土地开发项目和高标准农田建设项目；落实生产补贴资金5730万元，用于农作物和牲畜良种、农机具购置、粮食直补、农资综合补贴等；落实资金5858万元，培训农牧民12822人次，农牧民技能培训的针对性和实效性得到显著增强；落实资金1044万元，用于农业病虫害防治和生产救灾能力建设；落实保费补贴资金400.72万元，大力推进政策性涉农保险工作；投入资金5000万元，大力支持净土健康产业发展；整合资金3100万元，大力扶持现代农业示范区和高原特色农牧业发展，建设蔬菜温室大棚和净土健康产业园；落实农业综合开发资金13779万元，实施6个土地治理和15个产业化经营项目；落实财政扶贫专项资金17142万元，实施整乡推进、产业扶贫、面上扶贫及以工代赈项目98个；落实资金328.1万元，推进全市农村宅基地确权登记发证工作，启动农村集体土地所有权确权登记发证工作；继续实施草原生态保护奖励机制，森林生态效益补偿机制，支持退耕还林、天然林保护、重点区域造林、防沙治沙、湿地保护等工作；落实资金7400万元，推进“树上山”、城市绿化等工作。

【基建投资到位39.57亿元】 年内，基建投资到位39.57亿元，其中：自治区财政31.74亿元、拉萨市财政7.83亿元。主要用于供暖工程、既有建筑节能改造、彭波灌区建设、次角林等景区旅游基础设施建设、“六城同创”、城市棚户区改造、公租房（周转房）建设、市政道路建设、冲赛康保护及展示工程、曲水聂当工业园污水处理工程建设、曲水县才纳乡小城镇基础设施建设、寺庙通水等，全市交通、水利、能源、通信、教育等基础设施建设进一步得到提升。

【支持重点工程建设】 年内，以基础设施、创新社会管理、产业发展、新农村建设等领域为重点，共向上级财政争取专项资金24.03亿元。按照市委、市政府确定的年度目标任务，围绕中心服务大局，财政部门对城市供暖供气、老城区综合保护、拉萨河三号闸、南山绿化、迎亲大桥、重点项目前期工作、教育城建设等全市重点项目建设给予重点保障；促进城乡建设快速发展，东嘎新区、柳梧新区、东城新区加快建设，城镇公共服务基础设施不断健全，县、乡镇规划全面实施；全市保障性住房建设完成投资2.33亿元，棚户区改造1394套，新建公共租赁住房1180套，周转房318套，维修改造周转房600套。

【投入资金1.86亿元扶持特色产业】 年内，全市投入资金1.86亿元扶持特色产业发展。其中安排拉萨净土健康产业发展和注册资金9000万元，落实科技发展资金1380.74万元，助力拉萨市净土健康产业迅速发展和科技创新进步；提升发展软环境，落实资金838.3万元，加大招商引资力度，以首届藏博会和雪顿节为抓手，引进国内知名企业和重大项目到拉萨落地开花发展兴业；发挥财政扶持杠杆作用，落实资金7409.25万元，支持63个中小企业发展项目，支持全市中小企业结构调整、增强发展能力。

【深化财税体制改革】 年内，探索合理界定地方政府间的事权和支出责任。深入贯彻落实《中共中央关于全面深化改革若干重大问题的决定》，研究市、县（区）政府之间事权和支出责任划分现状、存在的问题，提出合理划分各级政府间事权和支出责任的建议；全面完成税收优惠政策清理工作，密切关注企业纳税动态，加大税收返还有关问题的处理力度，全面规范各县（区）和各开发区制定的税收优惠政策，切实规范招商引资行为。

【加强预算管理】 年内，加快预算支出进度，增强预算执行的实效性和均衡性，完善本级支出预算均衡拨款，健全预算支出进度定期分析与通报制度，完善支出归口管理责任制，建立预算执行进度情况约谈、督办机制，加强对县（区）预算执行管理的指导。规范结余结转资金管理，严格按照财政结转结余资金管理相关规定，审核、清理上年结转，压缩结余结转资金规模，敦促和指导县（区）进一步建立健全结余结转资金管理制度。先后出台《拉萨市财政文化专项资金绩效考评办法》《拉萨市财政局内部监督管理办法》《拉萨市财政涉农专项资金绩效考评办法》《拉萨市财政强基惠民专项资金绩效考评办法》等4项制度。推进部门预算公开，稳步推进预算公开试点工作，主动向社会公开10家市直单位部门预算和三公经费。组织各县（区）和市直各单位举办七期不同内容的财政、财务管理培训班。

【深化财政国库管理制度改革】 年内，市县国库集中支付实现全覆盖；财税库银横向联网工作稳步开展，公务卡改革进展顺利；完成市直132家用票单位换证及清理工作，并已成功上线。

【强化财政监督】 年内，全面开展监督检查工作，完成对各县（区）民生政策兑现、村级公益事业“一事一议”奖补资金、草原生态保护补助资金、财政扶贫资金使用和部分市直单位创建文明城市资金、科技资金及开展贯彻执行中央八项规定严肃财经纪律和“小金库”专项治理检查等8项检查任务，下达处理决定3份，下达整改通知5份。严格执行中央八项规定、区党委“约法十章”和市委“八项”要求，从严控制市直各单位“三公”经费支出；加强公务用车配备管理；起草《拉萨市本级行政事业单位公务车辆管理办法》，已由市委、市政府办公厅批转执行；严格控制公务接待支出；出台《拉萨市关于进一步规范参加区外各类会议考察学习等活动经费的规定》；严格公费出国（境）经费审批；全市“三公”经费治理工作取得显著成效，全市“三公”经费同比压缩22.1%。

（肖伟利）

工业和信息化

工　业

【概　况】 年内，全市工业企业完成工业增加值39.59亿元，占全区工业增加值的59.79%，同比增长14.5%；完成工业税收7.6亿元，同比增长30%；实现工业总产值92.29亿元，增长30%。产值超1亿元的工业企业19家，新增产值超5000万元的工业企业16家。全市新增规模以上企业7家，规模以上企业从56家发展为63家。轻重工业比重为54.3∶45.7，分别增长39.4%和7.1%，工业结构进一步优化。

【召开园区发展推进工作会议】 3月12日，在市政府320会议室组织召开园区发展推进工作会议，市委副书记陈勇，自治区工信厅副厅长周虎，市政府副市长杨安文等出席会议，市直相关部门、各园区管委会、园区规模以上工业企业、驻市金融机构、市电力公司负责人60余人参加。会议总结2013年园区发展建设工作，安排部署2014年工作，表彰先进园区，杨安文代表市政府与各园区签订2014年发展目标责任书。

【召开全市工业经济发展工作会议】 3月21日，在市政府视频会议室组织召开全市工业经济发展工作会议，副市长史本林，自治区工信厅副厅长周虎等出席会议，市直相关部门、各县（区）政府、各县（区）工信局、全市规模以上工业企业、驻市金融机构、电信运营公司、电力公司负责人共计130余人参加。会议总结2013年全市工业和信息化工作，安排部署2014年工作，表彰先进集体和先进个人，并与各县（区）签订2014年工业经济发展目标责任书。

【实施加快园区发展的意见】 4月23日，《拉萨市人民政府关于加快园区发展的意见》正式颁布实施。意见对各园区进行产业布局和功能定位，推行错位发展，同时更加明晰了园区工作重点、加快园区发展的主要政策及保障措施，具有很强的针对性和操作性。

【建立净土健康企业信息库】 4月，对全市涉及净土健康产业的企业基本情况进行梳理统计，按照饮品、食品、药品、饰品四个类别，建立净土健康企业信息库。通过汇总，全市净土健康产业的企业共89家。其中，饮品类企业19家，食品类生产企业31家，药品类企业12家，饰品类企业27家。

【开展净土健康科技研发项目自主招商活动】　7月22日，组织市商务局、农牧局、各县（区）招商部门，在北京开展净土健康科技研发项目自主招商活动。此次活动邀请到了中国农业大学科学技术发展研究院、中国农业科学院等科研机构负责人和北京京粮集团、北京燕京集团、北京同仁堂药材参茸投资集团有限公司、北京光明健能乳业有限公司等80余家知名研究院所和企业负责人，正式签约9个项目，总投资达15.88亿元。

【净土健康产业实现产值36.6亿元】　年内，净土健康产业实现产值36.6亿元，占全市工业总产值的40%，同比增长69%。企业数量达到89家，其中产值超亿元9家。高原之宝牦牛乳业、天佑德青稞酒、高原天然水等企业陆续在经开区投产，产值分别为5.5亿元、3.4亿元和1.7亿元。雪顿节期间，净土健康产业签约项目53个，总投资248.1亿元。天然饮用水企业达到19家，产量15万吨，实现工业增加值3亿元。

【"两区三园"累计注册企业3326户】　年内，"两区三园"累计注册企业3326户，比上年同期净增1409户；其中，工业企业185户，比上年同期净增17户。实现工业总产值33.9亿元，同比增长32.6%，占全市工业总产值的36.7%；实现工业增加值13.2亿元，同比增长31.2%，占全市工业增加值的33%；完成税收总额64亿元，同比增长19%，其中工业税收3.67亿元，同比增长63.3%，占全市工业税收47.8%。完成固定资产投资106亿元，同比增长49%。园区内规模以上企业达到30家，其中产值过亿元企业达到8户，产值过5000万元企业10家。

【开展企业服务年活动】　年内，结合党的群众路线教育实践活动，开展"企业服务年"活动。通过向企业发放调查问卷、开展企业大走访、召开征求意见会和座谈会等形式，全面了解企业发展现状和存在的突出问题，帮助企业解决了一批实际困难；建立地级领导联系企业制度，由全市42名地级领导联系百家重点企业，集全市之力，帮助企业解决在生产经营中存在的困难和问题；市信用担保公司为25家企业融资担保1.2亿元。

【破解企业生产用电瓶颈】　年内，形成《关于拉萨市工业电力紧缺情况的调查报告》。6月5日，自治区党委副书记、常务副主席、政法委书记邓小刚，自治区党委常委、常务副主席丁业现主持召开电价调整专题会议，对因电力紧缺、电价高昂给企业生产经营带来的困难等问题进行研究部署。

【加大企业扶持力度】　年内，共为33家企业上报项目资金7013万元。其中申请以奖代补项目24个，申请金额4785万元；偿还性资助项目6个，申请金额1800万元；贷款贴息项目3个，申请金额428万元。组织全市中小企业申报2014年中小企业发展专项资金服务体系和融资环境项目，共为4家企业申报项目资金1365万元。同时，市本级财政拿出1500万元，为17家中小微企业发放拉萨市中小企业扶持资金。

【开展品牌建设工作】　年内，推荐林周县绿林农产品综合开发有限公司、西藏圣央水资源开发有限公司两家企业为自治区名牌企业；按照开展产业集群区域品牌建设试点示范的工作要求，推荐西藏嫫拉饼艺生物科技有限公司为产业集群区域品牌建设试点企业。

信息化建设

【概　况】　年内，拉萨市工业和信息化局以建设公共服务综合应用平台和推进工业企业实现信息化和工业化（简称"两化"）融合为着力点，坚持把公共服务综合应用平台和"两化"融合作为推动产业优化升级的重要抓手，探索符合拉萨市发展实际的信息化发展道路，采用信息技术提升传统产业，不断提升全市产业创新能力、发展水平和综合竞争力，全面推进信息化工作实现新突破。

【公共服务综合应用平台项目开始建设】　年内，市工信局起草《拉萨市公共服务综合应用平台项目建设方案》。方案得到市政府批准。市工信局成立了项目建设工作推进小组，项目可研编制、电商注册等前期工作已经完成。

【两化融合课题通过验收】　年内，市工信局成立拉萨市两化融合课题组，对全市重点企业进行两化融合发展水平专题调研。通过调研，全面了解掌握了拉萨市两化融合现状、问题和思路，并形成《拉萨市信息化和工业化融合对策研究》。该研究报告通过了专家评审。

【加强农村综合信息服务工作】 年内，加强对拉萨市农村综合信息服务站（一、二期）90 个站点的管理，完成 90 个站点的无线数据卡换发工作，解决了农村综合信息服务站（一期、二期）在运行过程中出现的网络信号不稳定、带宽和流量达不到电信服务协议要求以及信号弱或欠费无法连接等不能满足服务站工作需求等问题。开展农村综合信息服务站（三期）工程，对农村综合信息服务站（三期）工程 90 个站点以实地检查、发放验收表、抽样验收的方式进行了验收，合格率达 95%；验收组责成相关单位按照整改要求对存在问题的站点进行限期整改，整改后 90 个站点全部符合要求。

【信息化项目有序推进】 年内，市工信局积极组织全市信息化企业申报 2014 年电子信息产业发展资金项目。西藏珂尔信息有限公司、西藏万达华波美信息技术有限公司等两家企业申报项目通过了审核，两个项目总投资 2500 万元，其中申请资助 1200 万元。

国有资产监管

【概 况】 年内，市属国有企业资产总额达到 214.7 亿元，净利润 5500 万元，国有资本和国有企业实力进一步增强。市属国有企业增加至 17 家。其中，政府管理企业（拉萨市国资委委属监管企业）9 家，部门监管企业 8 家，17 家国有企业涉及的行业为其他农副加工 1 家，农垦企业 1 家，瓶（罐）装饮用水制造 1 家、其他土木工程建筑 1 家、担保业务 1 家、燃气供应 1 家、其他水利管理业 1 家、自来水生产 1 家、电影放映 1 家、文化艺术业 1 家、食用植物油加工 1 家、粮油零售 1 家、公交业 1 家、公共服务 1 家、设计院 1 家、城市投资 2 家。

【深化国资国企改革工作】 7 月 9 日，市委书记齐扎拉在市国资委主持召开全市国资国企工作座谈会。根据会议精神，为进一步加强市委、市政府对全市国资国企工作的领导，经市委、市政府批准，拉萨市成立深化国有企业改革发展工作领导小组，并草拟拉萨市深化国企改革路线图。同时，按照十八届三中全会的精神，参考内地相关省市国资国企改革先进经验，结合拉萨实际，起草了《关于进一步深化国资改革 促进国企发展的意见》《拉萨市国资委监管企业负责人经营业绩考核试行办法》和《拉萨市国资委监管企业负责人薪酬管理试行办法》等国资国企改革的方面的意见和办法。

【国有资产监管】 年内，市国资委做好每月全市国有企业报表收集、汇总、上报工作，加强对履行出资人职责的企业及其下属企业国有产权转让、重大资产处置、国有资产评估项目及国有产权重新登记情况进行了综合检查。根据租赁企业租金收缴管理办法，结合各企业与市国资委签订租赁合同实际，制定《租赁企业租金收缴管理办法》。全年，租赁企业上缴租金 1537.16 万元。对签订《目标管理实施方案》的八一农场，通过专项考核和对影响经营业绩的各项因素进行分析，兑现了奖惩，加大对企业领导人员及职工奖金的调控力度，合理规范其标准，对不合理的薪酬和收入项目进行规范和纠正。指导圣康医药股份有限公司公开、公平、合法的开展股权转让工作，促使该公司股权转让工作，在“公开、自愿、透明”三个基本原则和“确保合法合规，确保职工利益不受损”两个基本要求下稳妥推进。

【提高国有企业党建工作】 年内，深入开展党的群众路线教育实践活动。2 月 14 日，市企业党工委、工信局（国资委）系统党的群众路线教育实践活动正式启动，市企业党工委、工信局（国资委）系统分别成立活动领导小组和 5 个督导组。抓好机关和企业党风建设和反腐倡廉工作。严格按照党风建设和反腐倡廉工作的总体要求，全面落实党风廉政建设责任制，局党组与机关各科室、各监管企业负责人签订《2014—2016 年党风廉政建设目标责任书》，把党风廉政建设与经济建设、党建工作一起部署，形成齐抓共管工作局面。

【解决国有改制企业职工“40、45”提前退休问题】 年内，市企业党工委、市国资委结合党的群众路线教育实践活动，将国有改制企业反映的“40、45”提前退休问题上报市委、市政府和市委党的群众路线教育实践活动领导小组。市政府作为解决国有企业改制历史遗留问题的民生项目，由政府财政拿出专项资金解决了此问题。

【帮助企业职工解决住房困难】 年内，为监管企业

81户（128人）低收入困难家庭申报2014年度城镇低收入困难家庭租赁住房补贴，补贴总额达39.2万元；针对部分国有独资公司职工住房困难问题，做好政策宣传、解释工作，并协调住建部门为职工申请公租房。

（孟凡涛）

工商行政管理

【概　况】 2014年，全市市场主体达46761户，注册资金274.61亿元，同比分别增长5%、203%。全市私营企业4632户，注册资金193.79亿元，同比分别增长38%、197%；个体工商户40327户，注册资金20.42亿元，同比分别增长1%、5%；农牧民专业合作社514户，注册资金4.74亿元，同比分别增长74%、36%。非公经济从业人员达到18.34万人。非公经济税收达48亿元，同比增收12亿元，同比增长34.78%，占全市税收总额的96.5%。

【商事制度改革】 年内，下放企业登记权限，5个工商分局全面启动企业登记注册工作，在达孜、柳梧实行“先照后证”试点工作。促进企业（个体）年报公示进度，推行“8项申报举措”，到2014年底，全系统完成企业（个体）信息公示57.92%。推进工商注册制度便利化，实行工商营业执照、组织机构代码证和税务登记证“三证合一”登记制度。贯彻落实国务院前置改后置审批项目相关通知，10月1日，执行31项工商登记前置审批事项改为后置审批的决定；12月4日，执行82项工商登记前置审批事项改为后置审批的决定。

【商标注册广告监管】 年内，送达《商标注册建议书》10份，引导申请注册商标73件，注册商标66件，获得驰名商标3件，著名商标13件。截至年底，拉萨地区累计注册商标1862件，获得驰名商标11件，著名商标47件，地理证明商标1件。广告经营户286户，从业人员958人，注册资本3317万元，经营额824万元，纳税额114万元。

【查处各类经济违法违章案件1272件】 年内，全市工商系统查处各类经济违法违章案件1272件，案值491.78万元，罚没款319.44万元，分别占全区37.7%、35.4%和75%。共查处反不正当竞争案件30件，罚没款44.5万元。开展“红盾护农”行动，建立农资市场监管机制，发放《农资市场索证索票备查制度》《农资进货、销货台账》《农资商品销售信誉卡》各82本，签订《农资诚信经营承诺书》82份。新办《食品流通许可证》1285户，食品经营户已达6883户，共查处食品类案件43件，罚没款31.31万元。共抽检样品9大类15个品种1927个批次，所检样品检测指标均符合国家标准。共查处商标侵权案件46件，罚没款48.97万元，审批户外广告435个，查处违法广告51件，罚没款42.22万元。

【规范市场秩序】 年内，成立专项领导小组，制作《各类行业商户摸底调查表》《流动商户摸底调查表》，利用双休日、节假日对10个行业1156户经营户进行登记造册。统一制作拉萨市各类商品交易市场基本数据统计表，对农贸市场、商场、超市、家具、家用电器、旧货等专业有形商品交易市场的基本情况、市场类型、市场规模等内容进行统计、汇总和建档。截至年底，全市共有各类商品交易市场119个，从业人员24082人，投资总额45亿元。

【消费维权】 年内，围绕“新消法、新权益、新责任”年主题，结合“3·15”“3·26”“4·26”等主题宣传日，通过各类媒体广泛宣传新《消费者权益保护法》，制作悬挂宣传横幅120余幅、制作电子显示屏560余条、制作宣传栏50个，发放宣传资料16000余份。扩大“12315”维权网络覆盖面，建立投诉站12个，维权联络点112个。开展驻点式维权服务，在大型商场、超市、农贸市场设立12个工商“12315”监督服务常驻点，实现消费纠纷不出市场、不出店门，共接咨询、举报、投诉电话2779件，为消费者挽回经济损失118万元。

【队伍建设】 年内，以党的群众路线教育实践活动为契机，结合整改阶段要求，注重建章立制，新建立14项制度。推进基层党组织建设，各级党组织集中学教活动10次以上，开展党风行纪监督15次。组织系统党员干部、非公经济党员开展党的群众路线教育实践活动知识竞赛及歌咏比赛。主动联系自治区血库中心，组织150多名党员开展爱心献血2次。组织系统党员及非公人士向对口扶贫点捐助9.7万余元救济款。推进非公党建工作，发展党员87名，培养入党积极分子20名，指导组建党组织29个。认真开展“强基惠民”活动，2个驻村工作队，为民办实事好事70件，投入资金51.8万元。贯彻落实中央“八项规定”、区党委“约法十章”、市委“八项要求”及区局《若干规定》精神，改进文风会风，公车运行费用同比下降38%，公务接待费同比减少66%。先后2次在各大媒体就公正执法、廉洁行政向全社会进行了庄严承诺。推行“局长接待日”制度，为群众解决实际问题。按照“六五”普法工作要求，认真组织宣传、发放工商法律法规宣传资料、媒体曝光典型经济违法案例等多种形式开展法制宣传教育活动。截至年底，评审案卷300余份，组织干部培训270人次。

（王　琳）

税　务

【概　况】 截至年底，累计入库49.82亿元，同比增收12.06亿元，增长31.95%，完成目标的124.55%。

【规范执法】 年内，实行简政放权，清理规范并公开85项涉税行政审批项目。推进“营改增”试点、资源税征收方式等改革，“营改增”纳税人达到2746户。落实税收优惠政策，扶持小微企业发展，暂免征收部分小微企业增值税和营业税，建立小型微利企业汇算清缴操作手册，规范减免税台账和享受减半征收企业所得税操作流程，办理小微企业城镇土地使用税退税审批，2014年，各项减免税额达4236万元。修改完善初步形成农副产品收购专用发票管理及农产品增值税进项税额核定扣除实施办法，并在各管局试行。丰富税宣载体，制作展板、开辟专栏、借助媒体，持续扩大税收影响。规范自由裁量权，加强执法检查与监察，深入开展专项检查及打票行动，截至年底，实现查补收入7213万元。

【风险管控】 年内，以风险管理为导向，开展虫草销售、二手房交易等专题调研，重点加大“两头在外”商贸企业、投资咨询企业等风险税源管控力度，开展高风险行业专项检查。出台《人力资源行业税收征管意见》，从资料审核、价款结算、核查评估和日常管理等方面为规范行业管理提供了依据。梳理解读风险指标，开展风险管理培训，对区局推送的风险纳税人做好分析应对，及时补征税款。突出重点税源管理，针对年纳税额50万元（不含代扣代缴税款）以上的企业，建立大税源巡查制度，共检查企业169户，查补入库各项收入7400余万元，完成面达47%。强化以票控税，推广应用税控收款机，全年通过税控票表比对补征税款9728万元。

【便民办税】 年内，响应总局“便民办税春风行动”，创新启动“税沐春风暖圣城”工程。建立定点联系企业制度，开展大走访，召开征纳座谈会，开设培训课堂，畅通征纳沟通渠道。实行“每月一改”，在959户纳税人中推行网上申报，累计网上申报缴税2.85亿元。“同城通办”部分业务测试成功。实行“免填单”服务，深入实施首问责任、预约、双屏、导税等制度。全面落实服务规范，理顺业务流程，完善服务制度，提升服务水平。堆龙县局探索建立的“纳税人公共服务信息平台”被区局绩效办评定为年度创新项目。市民服务中心税务窗口纳税服务受到群众赞誉并获赠锦旗，某企业通过12366纳服热线对北城分局窗口服务人员点赞。

【队伍建设】 年内，按照组织程序做好干部选拔任用工作，全面完成各直属机构、派出机构专职纪检员的配备，共选拔任用正科级实职干部1人，副科级实职干部3人，科级非领导职务39人，完成24人转正考察工作。建立完善人员流动机制，出台干部轮岗交流实施办法。深化学习型机关建设，丰富教育培训方式，建立市局兼职教师库，选送人员充实区局人才库；采取“请进来”与“走出去”相结合、脱产培训与岗位练兵相结合的办法，开展形式多样的业务培训；首推“每周一题”活动，深入实施脱产办班、每季一测、每年一考、推荐一本书等活动；开展综合业务技能、写作技能大赛。开展感言征文、球类比赛、文艺汇演，走访慰问高海拔县局干部、离退休干部、生病住院干部和困难职工家属，以及离退休干部趣味运动、才艺展示等文化活动。

【转变作风】 年内，聚焦“四风”扎实开展党的群众路线教育实践活动，收集意见建议176条，整理汇总76条（立行立改28条、公开解释10条、向区局反馈15条、后期整改23条），局党组制定10个方面25项整改措施，建立3本台账，完善会议、财务、纳服等多项制度。发挥局党组在党风廉政建设中的主体责任，带头落实“八项规定”，开展专项治理，缩减“三公”经费，腾退办公用房，报告重大事项，作出公开承诺，加强警示教育，严格廉政监督，强化纪律约束。专门成立绩效办，开展绩效考核试点。围绕大局做好党建工作，深入开展争先进位、创先争优强基惠民活动，选派干部进驻当雄县纳措村和达布村开展帮扶工作，通过建蔬菜大棚、盖爱心小屋、打地下水井等形式，全年惠民工程累计投入资金130余万元。

（谢东萨）

统　　计

【概　况】 年内，贯彻落实自治区、拉萨市经济工作会议精神和全区统计调查工作会议精神，以第三次全国经济普查为重点，以开展党的群众路线教育实践活动和创先争优强基础惠民生活动为载体，狠抓各项统计工作，统计数据质量不断提高，统计服务水平进一步提升。

【开展第三次全国经济普查】 年内，制订拉萨市第三次全国经济普查总体方案，开展第三次全国经济普查数据统计。此次普查首次绘制了覆盖所有普查区的电子地图，首次全面使用手持电子终端设备（PDA）进行现场登记，并对普查对象进行空间定位、拍摄证照、采集和上传数据，做到即拍即录、即录即审、即审即传，全面实现普查数据生产过程的电子化、网络化。全市共普查登记法人及产业活动单位11102家，个体经营户37528家。对国家抽中的城关区、堆龙德庆县、经济技术开发区三个县区27个村（居）委会（共55个普查小区），15000多户个体经营户进行个体户抽样调查。结合工作，下发《拉萨市第三次全国经济普查问题解答（一）》《拉萨市第三次全国经济普查数据质量管理办法》《拉萨市第三次经济普查资料开发应用方案》。

【常规统计和专项调查】 年内，多关口、多层次加强对基层统计报表的审核，按时完成常规统计报表的年报、月报、季报及流通消费价格手机采价工作，及时对各县（区）主要经济指标数据进行反馈。

【深化拓展企业一套表】 年内，依据“先进库、再有数，不在库、不出数”的原则，开展基本单位名录库核查工作，收集整理新设立企业的各种申报材料，及时将达到“四上”的企业纳入名录库。按照国家“企业一套表”制度要求，监测各企业录入进度，对工作迟缓的进行催报，帮助企业解决填报中的各种问题。按照“在地统计”原则，将工业、建筑业、房地产业、贸易业等统计调查工作逐步下放到各县区。

【统计知识培训】 年内，对柳梧新区、企业统计员进行国民经济核算、固定资产投资、房地产、贸易等专业相关指标体系系统的培训，对各县（区）统计人员开展工业、建筑业、房地产、批零住餐及服务业的报表制度及联网直报流程、GDP核算、农牧业全面统计、统计分析撰写等内容的培训，共计100多人次参加培训。

【提升统计服务水平】 年内，由局队主要领导带队先后对全市工业经济运行情况、上半年经济运行情况、各县（区）统计基层基础及《市政府关于进一步加强统计工作的决定》贯彻落实情况进行专题调研；配合区局、总队对拉萨市限上企业、服务业企业、乡镇统计联网直报试点等进行专题调研；对各级党政领导和社会各界关注的主要商品价格、城镇居民收入变动、生活状况、消费水平、就业等问题进行跟踪及研究。编撰《2013年统计公报》《2014年度领导干部手册》《统计研究与分析》《月度小册子》，完成《藏区指标体系研究》课题；撰写《工作信息》95篇，《统计分析》与《统计专报》75篇，《统计研究与报告》14篇。撰写的《1.83元/度的电价说明了什么》在

《西藏统计》发表;《在城镇化进程中凸显首位度作用的调查研究》在《西藏经济》上发表;拉萨市经济社会发展情况撰写的《启航新征程奋斗铸成就》专题研究报告,自治区党委常委、拉萨市委书记齐扎拉,市委副书记、常务副市长陈勇分别作出重要批示,并在《拉萨晚报》12月22日第13版专版刊登,并于12月22日—12月25日,分四部分在拉萨电视台《新闻联播》中播出;区党委常委、拉萨市委书记齐扎拉同志对拉萨市统计调查工作作出重要批示。

【党的群众路线教育实践活动】 年内,围绕学文件、学原文、学先进、学历史开展理论学习。共组织集中学习30次,户外实地参观9次,观看革命题材影片12场次,撰写心得体会140余篇,开展“学习焦裕禄精神、展统计风采”演讲比赛1次,听取“中共十八大精神”专题讲座1次。通过设置意见箱、发放征求意见函、召开座谈会、谈心交心、利用企业联网直报平台、深入群众、开展异地交叉、按照“三严三实”进行“六查”等方式,广泛征求意见建议189条。班子主要负责人与班子成员、班子成员之间、班子成员与分管科室负责人之间、督导组与班子成员之间开展谈心谈话70多场,交换意见108条。在专题民主生活会上,党组成员依次进行相互批评和自我批评,会后,制定“两方案一计划”及个人整改清单,年底整改任务已全部落实。

【强基惠民工作】 年内,继续安排16名干部作为局队第五批、第六批队员入驻两个联系点开展工作。全年共帮助引进各类资金74万元,帮助实施项目3个,组织劳务输出170人次,发放慰问物资折合价值3万余元,为群众办好事实事30多件。

（仓　琼　王莉荣）

质量技术监督

【概　况】 年内,共抽检产品577批次,合格543批次,合格率为94.11%,与上年同期相比上升了3.84%。其中获证工业产品企业抽样345批次,合格314批次,合格率91.01%;食品生产企业(小作坊)抽检样品232个批次,合格229个批次,批次合格率为98.71%。

【质量强市】 年内,市质监局注重提升产品质量安全监管工作,加强日常监督巡查,定期开展监督、风险抽查工作,帮扶完成4家新申证企业获得生产许可证、4家食品企业通过换证和3家换证企业的初审工作。对鞭炮、电器、手机、消防器材产品开展专项执法检查,检查销售单位50余家。定期对2家机动车检测机构进行实地核查。采取面对面座谈、走访、实地查看等形式,对达孜县工业园园区内7家企业开展调研检查。6月,到北京参加2014年“创建全国质量强市示范城市”申述论证工作会,拉萨市质量强市工作得到专家的肯定。

【特种设备安全监察】 年内,市质监局加强特种设备安全运行监管,开展安全生产隐患排查整治工作,组织开展8次节前专项检查,下发特种设备安全监察指令书96份。围绕民生开展供暖锅炉安装现场检查,规范供暖锅炉安装施工行为。参与创模行动,联合环保部门取缔高污染燃煤锅炉10台。全年送检钢瓶3.7万只,与上年同期相比增加23%,报废处理不合格46只,回收过期报废钢瓶5000余只。同时,强化协作共建,与昆山质监局共建拉萨市特种设备动态监管信息平台。联系成都市特检院进藏对拉萨3家涉氨企业涉及的44台压力容器和压力管道完成检测工作,邀请四川省气瓶充装鉴定评审机构对拉萨市21家气站完成评审工作。

【标准计量】 年内,市质监局不断加强为企业标准化服务的力度,全年接待标准查询25人次,对2家企业标准进行备案,帮扶1家企业制定标准,推荐尼木县吞巴藏香、堆龙古荣糌粑2项为地理标志保护产品。依照《服务业标准化试点实施细则》对3家服务业标准化试点单位进行初审,开展拉萨市市民服务中心申报国家级服务业标准示范单位工作。全年共办理组织机构代码证14976件,与上年同期相比增加了0.05个百分点。

【执法监督】 年内,“12365”投诉平台处理投诉举报21起、咨询类44起,均已调解处理完毕。组织开展执法培训自学活动7次，执法宣传7次。结合“质量月”活动，组织开展“诚信至上、以质取胜”企业质量诚信倡议活动，指导4家企业开展现场观摩活动，与62家签订了《质量诚信承诺书》，发放“质量月”宣传画、宣传册资料1200余份。全年接受群众咨询300余次，发放宣传资料7000余份，现场受理咨询900余人次，出动执法人员1200余人次。

【强基惠民活动】 年内，市质监局推进创先争优强基础惠民生活动，先后派驻13名干部入驻驻村点。工作队结合实际，申报“短、平、快”项目1个，涉及投资资金30万元，完成入户调查542户，与结对认亲26户开展一对一帮扶活动，送去慰问金2.35万元，组织村“两委”班子、党员、群众学习32次，举办专题宣讲教育10次，进户宣讲243户，进寺庙宣讲1次。

【群众路线教育实践活动】 年内，市质监局结合党风廉政建设和干部队伍建设，全年执行“三会一课”制度，注重把改善民生作为工作重要组成部分，开展群众路线教育实践活动。学习教育实践活动精神53篇资料文献，组织集中学习75次，观看警示教育、优秀影片120部，开展集中交流讨论15场次，撰写心得体会168篇，修改完善17个制度规定。

（贾伟萍）

审　计

【概　况】 年内，共完成审计项目23个，审计72个单位，提出审计建议72条，被审计单位采纳72条。

【预算执行情况及其他财政收支情况审计】 年内，开展对城关区政府2005年至2013年度财政预算执行和其他财政收支情况审计，并对相关单位进行延伸审计，完成对拉萨市本级预算执行和其他财政收支情况审计、拉萨市公安系统财政预算执行情况审计。提出审计建议16条，被审计单位采纳16条。

【行政事业和专项资金审计】 年内，开展对行政事业和专项资金审计。截至年底，完成对拉萨市城镇保障性住房建设资金使用、管理、效益的跟踪审计、拉萨市质监站财政收支审计、拉萨市食品药品监督局2012~2013年度财务收支情况审计和拉萨市中级人民法院2013年度财政收支情况审计（此为新增审计项目）。提出审计建议12条，被审计单位采纳12条。

【经济责任审计】 年内，开展经济责任审计。截至年底，完成对市广播电影电视局局长韩阳离任经济责任审计、市布达拉旅游文化集团有限公司总经理米玛次仁离任经济责任审计，市住房和城乡建设局局长格桑平措任中经济责任审计、市卫生局局长扎西德吉任中经济责任审计。提出审计建议9条，被审计单位采纳9条。

【固定资产投资审计】 年内，加大对重点投资、重点工程建设项目的审计力度。截至年底，完成对拉萨市环卫局公园（格桑公园）建设项目竣工决算审计、拉萨市人居环境整治工程2011年项目竣工决算审计项目（包括拉萨市8个县区已完工的40个行政村环境整治项目资金管理使用效益情况）、市民宗局（佛协）综合业务楼建设项目竣工决算审计、市政协综合服务楼用房竣工决算审计、市10条便民路专项审计调查。提出审计建议16条，被审计单位采纳16条。

【企业审计】 年内，开展对企业的审计。截至年底，完成对西藏圣城建设集团有限公司原董事长谭文富任职期间资产、负债、所有者权益及有关经济活动情况的审计、拉萨市自来水公司2010年至2013年度财务收支及有关经济活动情况审计项目，市置地投资开发有限公司财务收支情况审计。提出审计建议9条，被审计单位采纳9条。

【农发项目专项资金审计】 年内，加强对涉农资金的审计力度。截至年底，完成2011年达孜县农业综合开发土地治理项目专项资金审计、拉萨市2010年周边防护林工程项目资金审计、市2013年财政扶贫开发产业化项目资金收支审计、土地出让金收支及耕地保护专项审计。提出审计建议10条，被审计单位采纳10条。

【开展党的群众路线教育实践活动】 年内，拉萨市审计局开展党的群众路线教育实践活动。2月10日正式启动教育实践活动，全局42名党员全员参与。教育实践活动开展以来，以“三严三实”的标准，按照高标准、高质量、严要求推进教育实践活动，围绕为民务实清廉的主要内容，聚焦“四风”突出问题，联系工作实际，完成了学习教育、听取意见，查摆问题、开展批评，整改落实、建章立制三个环节的工作任务。

（杨立涛）

商　　务

【概　况】 年内，全市累计实现社会消费品零售总额180.33亿元，同比增长13.3%。

【拉萨市被纳入全国第五批肉菜流通追溯体系建设试点城市】 8月20日，在全国流通追溯体系建设工作会议上，拉萨市作为第五批肉菜流通追溯体系建设试点城市，与国家商务部、西藏自治区商务厅签署肉类蔬菜流通追溯体系建设合作协议，副市长徐宗军代表市政府签署协议。

【搭建消费平台】 10月，出台《2014年全市促进限额以上商贸企业发展奖励办法》。年内，先后组织10余次促销活动，举办2次“消费促进月”活动，联合西藏传媒集团开展第二届消费节活动，组织40余家企业开展形式多样的促销活动。

【进出口贸易总额20.76亿美元】 年内，全市完成进出口贸易总额20.76亿美元，与上年同期相比下降35.22%。其中出口19.95亿美元，与上年同期相比下降36.93%；进口0.81亿美元，与上年同期相比增加95.62%。贸易顺差为19.15亿美元，同比下降38.68%。

【招商引资项目292个】 年内，实际落实招商引资项目292个，项目总投资596.04亿元，实际到位资金218.78亿元，同比增长42.25%，完成年任务的111.48%，超额完成市委、市政府年初下达的目标任务。招商引资项目上缴税金2.52亿元，解决就业总人数8581人，其中解决农牧民就业人数3867人；支付就业人员工资1.18亿元，其中支付农牧民就业人员工资4655.17万元，招商企业投入公益事业663.16万元。

【商贸服务业项目76个】 年内，全市实施商贸流通服务业项目76个，总投资182.8亿元。编制完善全市商务项目储备库，收集3个大类12个小类158个项目，涉及投资125.5亿元；编制完成“新网工程”项目库，收集38个项目，总投资3.1亿元；编制上报“十三五”项目库全市商贸领域“十三五”规划项目55个，总投资189.3亿元。全年上报2014年重点扶持项目7个、2014年，商务整合资金重点支持项目14个，总投资31.69亿元，其中申请扶持资金6.73亿元。申报全国供销社基层组织发展专项资金支持项目2个、农业综合开发供销总社新型合作示范项目1个，申请扶持资金300万元。年内，共争取到各类项目扶持资金4923万元，惠及拉萨市城市投资经营有限公司八廓商城二期建设等8家企业在建项目。

【健全市场监测】 年内，进一步完善生活必需品数据监测体系。生活必需品监测体系覆盖全市10家流通企业，涉及13类32种商品。全年全市生活必需品监测企业累计实现销售收入24.68亿元，同比上涨10.47%。

【招商引资】 年内，完成总投资额超2000亿元的项目库，并及时编印《拉萨市招商引资项目册》《拉萨市招商引资投资指南》等宣传册和宣传光盘。组织参加内地省市大型招商活动8次，举办大型招商活动1次，全市各小分队招商约20余次。分别于4月、5月、7月、9月、10月到内地相关省市参加贵州招商活动及“西洽会”“兰洽会”“厦洽会”“京港洽谈会”“东盟博览会”“西博会”。6月，在南京举办净土健康产业大型招商推介会，邀请内地客商97家，共签约项目32个，总投资154.38亿元，其中正式签约项目10个，总投资7.26亿元；意向签约项目22个，总投资147.12亿元。8月，在拉萨隆重举办中国“雪顿节”经贸洽谈会活动，并在会上签约86个项目，总投资466.65亿元，其中正式签约项目54个，总投资81.201亿元，意向签约项目32个，总投资385.45亿元。

【拉萨特色产业展示馆开馆运营】 年内，为在“雪顿节”和首届“藏博会”期间充分展示拉萨净土健康等特色产业品牌效益，历时18天完成占地2300平方米的特色产业展示馆搭建布展工作，拉萨特色产业展示馆展销15天创下百余万元特色产品销售额和订单，前来参观购物、洽谈合作的人流量达到21800余人次。

【调控市场物价】 年内，牵头起草《关于建立拉萨市主要农副产品保供稳价调运投放工作长效机制的意见》，出台《拉萨市主要农副产品市场应急投放工作方案》。年初，配合商务厅做好鲜冻牛肉投放拉萨试点工作，历时三个月，新设立10个惠民肉品直销店，累计投放牛肉900吨；下半年，启动全市鲜冻牦牛肉和酥油的组织调运及市场投放工作，组织城关区净土公司惠民蔬菜直销车限价销售鲜冻牦牛肉5.665吨，组织城投公司在八廓商城开设鲜冻牦牛肉（酥油）直销店，累计销售鲜冻牦牛肉7.278吨，酥油9.25吨。12月，拉萨市组织西海冷链物流等三家公司设立14个惠民牛羊肉销售点，开展为期四个月的惠民牛羊肉投放工作，计划投放牛羊肉1200吨。

【商务领域行业监管工作】 年内，加强对生猪定点屠宰企业的监管，确保肉品质量。开展成品油年检工作，对55家加油站进行资格审查。不定期对各加油站点零散成品油管理和实名登记情况进行明察暗访，进一步规范经营秩序。继续做好典当、拍卖、二手车、家政、酒类流通等特殊行业管理工作。

【开展党的群众路线教育实践活动】 年内，开展党的群众路线教育实践活动，贯彻落实中央八项规定和区党委“约法十章”、“九项要求”及市委“八项要求”，年内，局机关发文同比下降25%，三公经费支出同比下降38.27%。局党组和全体党员干部通过学习教育、征求意见、查摆问题，对作风之弊行为之垢进行了大排查大扫除，建立一批抓作风促工作、抓工作强作风的规章制度。

【开展强基惠民工作】 年内，继续深化强基惠驻村工作，切实打通联系服务群众“最后一公里”。累计为驻村点林周县边交林乡卡优村争取各类项目资金近120万元，在日常工作中，结合卡优村农牧民群众实际，为解决该村困难群众生病就医、子女上学、救灾慰问等实际困难，投入近30万元，累计办好事实事近20件。

【商务系统人员专业培训】 年内，开展创建现代型商务机关活动，借助江苏援藏平台，组织商务系统干部职工“走出去”，参加以业务学习和调研活动相结合的学习培训。同时，邀请内地商务领域专家学者“请进来”，在拉萨举办“促进拉萨商务发展培训班”，系统讲解商务理论。

（张文清）

国土资源规划

【概　况】 年内，共供应国有建设用地40宗，270.512公顷（合4057.68亩）；完成对2013—07、09、11三宗地块的拍卖，面积200.54亩，拍卖价格合计为8.53亿元；拍挂21宗，涉及面积822亩（合55公顷），成交价10.78247350亿元；挂牌18宗，涉及面积622亩（合42公顷），成交价2.256069亿元。

【推动国土业务】 年内，完成大昭寺管委会温室和仓库用地、朗顿家族居住用地46亩土地的征收工作，兑现征地补偿费778.62万元；西藏公安边防总队情报侦察支队建设用地征地工作有序推进；完成拉萨市教育成污水处理厂建设用地的勘界、地上附着物征地补偿费和核算等工作；协助城关区开展拉林公路、嘎玛贡桑石板路改造、拉鲁湿地三期、北环路（三环路）工作；二手车市场、铁器加工市场、甘南藏区、天驻藏区、云南德庆驻拉萨办事处、林芝办事处、昌都地区驻拉萨办事处、奇正藏药、武警西藏总队、拉萨市2014年公租房、东城区2013—11号拍卖地等单位征地工作正在有序推进；完成对48宗土地的评估工作，涉及面积719182万平方米，收取评估费用110万元；受市政府委托，对拟征用的中国人民解放军77611部队、中国人民解放军77571部队36分队和37分队、西藏军区汽修厂二中队的土地进行价格评估；为土地使用者提供地产评估、地价信息方面的咨询服务50余次。

【促进地籍管理规范化】 年内，严格按照《土地登记办法》规定，进一步规范工作程序，细化办事指南，落实限时办结制,保证了“以证管地”的方针得以进一步落实。截至10月中旬,共办理各类土地登记近3000宗。其中,初始登记16宗,变更土地登记1041宗,抵押登记269宗,出让登记1283宗,分割登记397宗,先后为有关单位和个人提供地籍资料查询约2600多人次。深化农村土地产权制度改革,试点工作有序推进。截至年底,发放宅基地土地使用证7689本,其中集体土地承包经营权证169本。

【完成矿产年检】 年内,完成探矿年检19件,采矿年检35件,采矿证延续20件,探矿权延续1件,采矿权变更2件,新立矿权3件,收取矿产资源补偿费2084.37万元;西藏羊八井国家地质公园和地质遗迹保护工作扎实推进;8月利用15天时间完成对全市各县(区)35个矿山安全生产情况进行全面检查,查出169处问题,提出94条整改意见,责成矿山企业限期整改。

【提升国土部门科学管理水平】 年内,《拉萨市土地利用总体规划(2006~2020)》获得国务院批准。进一步加大《拉萨市矿产资源总体规划》修编工作力度。配合拉萨市招投标办、四川建设网有限公司完成拉萨市公共资源交易中心土地招拍挂网上交易系统的建设。启动拉萨市2014年城市基准地价的修编工作,草拟《拉萨市基准地价修编报告》。筹备拉萨市土地储备中心设立独立法人的各项工作。在全国第二次土地调查的基础上,将地籍管理、土地规划、土地整治、土地利用、执法监察等在内的土地信息系统,进行国土业务的信息化建设,形成拉萨市国土资源管理“一张图”信息化管理系统。

【开展党的群众路线教育实践活动】 年内,收集包括会议精神、文件规定、领导讲话和媒体评论四个方面的46篇文章,共计26万余字,印发给党员干部,以供党员干部学习参考;组织开展“学习焦裕禄精神、争当人民好公仆”、学习习近平总书记系列重要讲话精神“原文、原著、原理”等学习讨论活动;组织集体观看优秀影片8部,撰写观后感100余篇,引导干部职工学习先进先辈的先进事迹。深入服务对象征求意见,专门邀请服务对象代表、离退休老干部代表进行座谈。

【创先争优强基惠民】 年内,市国土局安排2批驻村工作队16名驻村工作队员深入到当雄县乌玛塘乡郝如村、纳龙村开展强基惠民驻村工作。利用“三大节日”对100余户贫困户和“三老人员”进行慰问,为他们送去价值5.6万元的大米、糌粑、面粉、酥油等慰问品和慰问金;深入各组走访12次,入户调查284户,入户调查率达到100%,全面摸清每户的基本情况、存在的困难;申报落实投资30万元的郝如村集体砖厂项目和总投资30万元的纳龙村四个文化室建设项目,争取70万元资金帮助郝如村建设多种经营项目,帮助群众拓宽增收渠道;利用10.46万元惠民资金帮助郝如村1组、4组更换变压器,帮助纳龙村2组维修水泵房。

(江雪琴)

城乡规划管理

【概　况】 年内,共核发《建设项目选址意见书》31本,《建设用地规划许可证》161本,《建设工程规划许可证》206本,《乡村建设规划许可证》2本;核发建设用地规划设计条件123个,建筑单体规划设计条件38宗,城市道路路由规划设计要点17条,出具用地范围红线图161份,核发紫线图87份,下发私房改建通知书198份,完成私人用地补办出让核定用地性质1094宗。

【城市总体规划】 年内,开展《拉萨市城市总体规划(2009~2020)》的实施评估,通过住房和城乡建设部组织的部级联席会的审查,城市总体规划修改工作获得原批准机关的同意,开展城市总体规划修改方案的编制和意见征求工作。督促各县人民政府启动县城城市总体规划的修编工作,完成技术审查,部分已报经市政府批准。

【控制性详细规划】 年内,开展主城区、东城新区(纳金片区)、柳梧新区北组团、东嘎新区、中国西藏文化旅游创意园、顿珠金融IT产业园、教育城二期控制性详细规划的编制工作,完成技术审查、公示,获得了市政府的批准。截至年底，已全部实施。

【其他规划的编制】 年内，编制完成重点地区分区规划。开展《拉萨市百淀片区控制性详细规划》、中心城区地下空间开发利用规划、中国西藏文化旅游创意园区规划、中心片区综合交通规划专题研究、拉鲁湿地国家级自然保护区三期工程保护建设规划特色村庄规划等规划的编制工作，其中部分已正式批准实施。

【受理信访举报矛盾纠纷案件114件】 年内，拉萨市住建局共受理来信、来电、来访等信访举报矛盾纠纷案件114件，其中，已核查为违法建设转交联动支队处理25件，已化解或作出答复77件；共办理人大建议6件、政协提案6件。

【城乡规划监督】 年内，研究制定《党组议事规则》《党员干部密切联系群众制度》《请销假制度》《首问负责制》等53项管理制度；成立拉萨市城市规划建设方案技术审查专家库，建立《建设方案专家技术审查制度》。研究起草出台《拉萨市城乡规划建设委员会议事规则》和《拉萨市城乡规划建设委员会督办制度》。

【推进公众参与】 年内，充分利用报刊、电视、会议等载体，加强对城乡规划法律法规知识的宣传。发挥拉萨市城乡规划展览馆平台作用，专门开辟“规划公示”专区，全年累计接待中央领导、外宾及区、市各界代表参观7000余人次，同时进行了信息公开、公示栏等宣传平台的建设，向市政府门户网站上传公开信息120余条，深入推进“阳光规划”建设。在规划编制中充分征询社会各界对规划的意见和建议，主动接受区、市两级人大、政协的工作监督。

【党风廉政及干部队伍建设】 年内，以开展党的群众路线教育实践活动为契机，加强政治理论学习，全年共组织集中学习55场次、交流研讨30次、演讲比赛1次、知识竞赛1次、撰写心得体会240余篇。将《中华人民共和国城乡规划法》《西藏自治区城乡规划条例》等29项法律法规汇编成册，方便干部职工学习与查阅。通过采取“请进来、走出去”的培训方式，邀请区内外知名专家学者在拉萨首次举办为期3天的“拉萨市城乡规划系统业务知识讲座”，全市各县（区）70余名规划专业干部参加培训。此外还安排人员分批分期参加各种规划学习培训班，全年共派出交流学习干部职工23人次。

（贯志杰）

安全生产监督管理

【概　况】 截至年底，全市共发生各类安全生产事故212起，死亡102人，伤193人，直接经济损失949.85万元（其中生产经营性事故48起，死亡63人，伤57人），与上年同期（共发生各类安全生产事故273起，死亡93人，伤346人，直接经济损失1328.77万元）相比，事故总起数下降22.34%，死亡人数上升9.68%，受伤人数下降44.22%，直接经济损失下降28.52%。

【道路交通事故】 年内，全市共发生事故156起，死亡93人，伤190人，车物直接经济损失274.68万元（含生产经营性事故37起，死亡54人，伤56人，直接经济损失95.5万元）。

其中：城区发生事故114起，死亡21人，伤136人；堆龙德庆县发生事故5起，死亡5人，伤1人；尼木县发生事故5起，死亡44人，伤15人；达孜县发生事故10起，死亡3人，伤7人；墨竹工卡县发生事故10起，死亡5人，伤19人；林周县发生事故4起，死亡1人，伤5人；曲水县发生事故3起，死亡5人，伤3人；当雄县发生事故5起，死亡9人，伤4人。与上年同期（共发生事故230起，死亡76人，伤346人，车物直接经济损失271.56万元）相比，事故总起数下降32.17%，死亡人数上升22.37%，受伤人数下降45.09%，车物直接经济损失上升1.15%。

【火灾事故】 年内，全市共发生事故48起，无死亡人员，受伤2人，直接财产损失57.09万元。其中：城区发生事故10起，无伤亡人员；城关区发生事故25起，无死亡人员，伤2人；达孜县发生事故1起，无伤亡人员；堆龙德庆县发生事故5起，无伤亡人员；曲水县发生事故3起，无伤亡人员；墨竹工卡县发生事故2起，无伤亡人员；林周县发生事故1起，无伤亡人员；尼木县发生事故1起，无伤亡人员。与上年同期（共发生事故35起，死亡4人，无受伤人员，直接财产损失104.70万元）相比，事故总起数上升37.14%，死亡人数下降100%，受伤人数增加2人，直接财产损失下降45.47%。

【工矿商贸事故】 年内，全市共发生工矿商贸事故7起，死亡8人，伤1人，直接经济损失568.08万元，与上年同期（共发生工矿商贸事故8起，死亡13人，无受伤人员，直接经济损失952.5万元）相比，事故起数下降12.5%，死亡人数下降38.46%，受伤人数增加1人，直接经济损失下降40.36%。

【铁路交通事故】 年内，全市未发生铁路交通事故。

【特种设备事故】 年内，全市共发生特种设备事故1起，死亡1人，与上年同期（未发生事故）相比，事故起数和死亡人数分别增加1起1人。

【较大及重特大安全事故】 年内，全市共发生1起特大道路交通安全事故，死亡44人，伤11人；2起较大道路交通安全事故，死亡8人，伤5人。

【安全生产形势】 年内，各类安全生产事故占全年控制指标335起的63.28%，死亡人数占全年总控制指标128人的79.69%。堆龙德庆县、城关区、达孜县、当雄县总死亡人数均小于全年总控制指标的50%。尼木县事故总死亡人数和道路交通事故死亡人数分别占事故控制指标的629%和733%；林周县矿山事故2起死亡2人，占工矿商贸事故指标的200%，均突破指标。

【责任落实】 年内，进一步强化安全生产责任落实。根据自治区下达拉萨市的2014年全市各类安全生产控制考核指标情况，统筹考虑，合理分配考核指标，并与各县（区）人民政府、各市直相关部门、重点企业签订了《安全生产目标责任书》；根据国家安监总局“五个全覆盖”的要求，《拉萨市安全生产党政同责暂行办法》已经出台；市安委会、各县区安委会主任均由行政一把手担任；进一步明确各行业主管部门的安全生产责任。

【经费投入】 年内，市级财政追加安全生产执法经费15万元、安全生产月宣传经费9万元、装备购置费11.75万元。并在“8·09”事故发生后，向市财政申请增加执法用车，购置了一台价值55万元的执法专用车辆。各县区、市直相关部门均大幅加大投入，各县区共计投入2000余万元，仅墨竹工卡县就投入743万元，曲水县投入715万元。

【非煤矿山安全监管】 年内，进行非煤矿山复产验收。采取明察暗访和随机检查的方式，对已开工的矿山企业、尾矿库落实安全生产责任制和安全生产各项措施、安全生产资质、作业现场安全管理和安全生产隐患排查治理等情况进行检查。开展地下矿山安全避险“六大系统”和非煤矿山安全标准化建设工作，督促企业在自治区规定时间内完成任务。截至年底，所有具有安全生产许可证的金属矿山企业（含尾矿库）已全部完成。2014年，在高危行业通过结转等方式，共缴存安全生产风险抵押金1328万元（其中，矿山1002万元）。全年共开展矿山安全检查209次，排查出事故隐患336处，已整改完毕334处，另外2处正在整改之中，整改率达99.4%。

【危险化学品安全监管】 年内，加强对各加油站安全监管员工作情况的监督检查，及时处理发现的问题。各县（区）、市直相关部门对危化企业建立健全安全生产各项制度和应急预案情况，企业防火、防爆、防雷击、防静电、防泄漏工作情况，人员持证上岗情况等开展拉网式大检查，对发现的违规充装超期未检气瓶行为、特种作业人员无有效资格证、卸油（卸气）环节未严格按照操作规程作业、从业人员三级教育培训落实不到位等问题，责令企业立即进行整改。强化对非药品类易制毒化学品的监管，加强备案登记。对全市4家液氨使用企业进行拉网式安全生产检查，发现、消除安全隐患。截至年底，共开展危险化学品安全检查196次，发现隐患325处，发现的隐患已全部整改完毕。

【烟花爆竹安全监管】 年内，组织各县（区）、市直相关部门对辖区内所有批发企业、零售商进行全面检查，排查、消除安全隐患。督促各县（区）安全监管局严格安全准入，审查申请办证商户的安全生产经营条件，合格后才予以许可发证，并对节后退出经营的烟花爆竹零售商剩余鞭炮退回批发商情况、经营点及储存仓库清理情况进行督促检查，完成烟花爆竹零售经营点的颁证和收尾工作。共开展烟花爆竹安全检查87次，发现安全隐患187处，发现的隐患已全部整改完毕。

【职业健康安全监管】 年内，强化职业健康安全监管基础性工作。将职业健康监管工作作为安全生产工作的重要内容之一，并将其纳入年终安全生产工作考核范围。制定职业健康监管宣传、培训、申报、检测、执法“五位一体同步推进”的工作方针。将城关区两个采石场、高争水泥厂作为职业卫生工作主攻点，争取建设成为全面达标的示范点。共培训人员近350人次；组织276家企业进行了网上职业病危害申报工作；对230家企业进行职业病危害检测。

【道路交通安全监管】 年内，对市区18所学校和5家医院门口施划了彩色斑马线和其他交通标线，提升道路交通管理水平。出动人员19295人（次），警车22000余台（次），查处各类交通违法行为为1436356起，暂扣车辆1648台，扣留驾驶证（行驶证）7010本，行政拘留226人，罚款2962万元。

【建筑施工领域安全监管】 年内，市住建局与市质监站签订《房屋建筑和市政工程施工安全行政执法委托书》；与在建施工企业签订《拉萨市建设工程安全生产责任书》；开展施工现场模板支撑、塔吊作业等环节的隐患排查治理；确定10个施工现场，进行安全生产标准化管理试点。全年共检查建筑施工工地696家（次），排查各类安全隐患680处，停产整顿16家。发现的隐患已全部整改完毕。

【特种设备安全监管】 年内，严格落实气瓶充装安全监管机制。每月召开1次气瓶充装安全工作座谈例会。始终坚持“安装告知与使用登记”同步制度。根据风险类别，加大对气瓶充装场所、大型游乐场和重点场所在用特种设备的日常巡查力度，排查各类安全隐患。全年共检查特种设备使用单位206家（次）、特种设备1046台（次），排查治理安全隐患351起，下发《特种设备安全监察指令书》130份，定期送检气瓶45000只，处理不合格钢瓶4300只，查封特种设备18台，发现的隐患已全部整改完毕。

【工贸等其他行业（领域）安全监管】 年内，督促各行业部门的监管职责。强化工贸企业安全。督促规模较大的工贸企业率先开展安全生产标准化创建工作，并对工贸企业安全生产情况进行了检查。强化校园安全。各县（区）成立了校车安全领导小组，加强校车管理；强化督促检查，在校园内及周边环境深入排查治理隐患。加强旅游市场的安全监管。深入开展旅游专项整治，先后对全市范围内的旅行社、景点等就旅游道路交通安全、消防安全、质量安全、应急救援能力建设等进行检查。

【消防安全监管】 年内，结合拉萨“两个广场”“两个危化品储备库”“两级政府机关”“三个会场”“五个交通枢纽”“八个寺庙单位”等重点部位和场所及周边实际情况，形成固定值守、动态监控、武装巡逻三种执勤形式相互配合的勤务模式，强化与各勤务单位的联勤联动联训，提高火灾扑救和维稳处突作战能力。

【教育宣传】 年内，加强安全生产教育宣传。利用法制宣传月、“安全生产月”、环境保护日等契机，重点对国家安全生产法律、法规和安全生产知识进行宣传讲解；在开展各种安全生产检查时，结合被检查对象的实际情况，向从业人员有针对性地宣传安全生产法律法规；利用新闻媒体及通信工具，刊发、播放安全生产新闻，向广大群众发送安全知识短信；利用出租车顶灯、警务站显示屏、报亭显示屏等工具，滚动播放安全生产信息；以“强化红线意识、促进安全发展”为主题，市安委会办公室联合安委会各成员单位，利用安全生产宣传咨询日进行定点宣传、动员群众集中观看安全生产专家访谈、参加知识竞赛等形式，推进“安全生产月”活动。全年共开展宣传教育活动192次，受教育人员达70余万人（次）。

【党的群众路线教育活动】 年内，按照市委活动办和市委第五督导组的要求，安监局教育实践活动分为学习教育和听取意见、查摆问题和开展批评、整改落实和建章立制三个环节开展。截至年底，共撰写简报68期。共组织集体学习36次，参加市委中心组组织学习研讨6次，撰写个人心得、发言稿等共计55篇。共梳理征求意见建议143条，班子集体32条，个人111条。结合实际共提出了27项专项整治任务。

【党风廉政建设】 年内,成立作风效能、党风廉政建设和反腐败工作领导小组,开展党风廉政教育。组织党员干部职工参观清政府驻藏衙门陈列馆、雪城新旧西藏对比展、拉萨规划展览馆、西藏军事博物馆、拉萨市城关区警示教育基地、观看警示教育影视片等。

（冯 浩）

粮 食

【概 况】 截至年底,全市各类粮食经营企业收购粮食810.70万公斤,同比下降64%（其中,国有粮食企业收购粮食50.20万公斤）。粮食采购情况:2014年采购粮食11990.36万公斤,同比增长6%(其中,国有粮食企业采购粮食441.36万公斤)。粮食销售情况:全年销售粮食11315.93万公斤,同比增长6%（其中,国有粮食企业销售512.93万公斤）。截至年底,全市粮食库存1804.03万公斤(其中,国有粮食企业粮食库存163.63万公斤),同比下降10.9%。

【粮油市场监管】 年内,全市建立了8个粮油信息监测点,每周对其开展粮油价格监测,并按照直报信息工作要求及时向国家粮油信息监测中心报送粮油价格动态。开展“节日”粮食市场专项检查。每逢节假日,拉萨市粮食局牵头,联合工商、质监、卫生、物价等部门组成联合执法检查组对全市部分国有、非国有粮油批发、零售网点、超市和加工企业开展节前粮食大检查。加强《粮食流通管理条例》的宣传,进一步规范粮食经营者经营行为。组织各县(区)粮食行政管理部门和国有粮食企业的粮食流通统计人员业务知识培训。

【自治区储备粮安全】 年内,在全市粮食流通工作会上,拉萨市粮食局与三个自治区储备粮代储库签订《自治区储备粮管理责任书》《自治区储备粮代储合同》。定期检查粮油库存。不定期地对三个代储库管理工作进行检查。

【放心粮油工程】 年内,拉萨市粮食局制定“拉萨市粮食局放心粮油工程试点工作实施方案”,成立拉萨市粮食局“放心粮油工程工作领导小组”。加大对“放心粮油工程”的宣传力度,借助5月12日“防灾减灾日”、5月25日中国粮食科技活动周、6月17日全国食品安全宣传周对“放心粮油工程”进行宣传。按照《西藏自治区放心粮油申报评审办法》,拉萨市共有1家粮油配送中心和5家放心粮油示范店,审批的这5家放心粮油示范店,于2014年8月和11月开始运营。

【援藏工作】 年内,拉萨市粮食局积极与援藏省市衔接,主要从人才援藏、项目援藏两方面争取援藏工作支持,“走出去”提高学习。拉萨市粮食局已向北京、江苏两省市粮食局协调了学习培训计划;继续争取项目资金支持,召开专题会,整理制定项目可行性报告,分别向北京市、江苏省粮食局上报了所需的援藏项目。继续做好援藏衔接工作,争取资金加强基础设施建设,加强产销合作机制的建立,借鉴北京、江苏两省(市)粮食流通管理工作中的先进经验。

【创先争优强基惠民活动】 年内,加强基层组织建设。召开党员代表会议、群众代表会议、村“两委”班子成员会议,了解全村各界人士对于村“两委”班子建设情况的意见建议,严格按照“五个好”标准实施,各项规章制度、村规民约健全并上墙,民主监督制度严格落实,村务、党务实现了公开、透明。开展“三个培养”工程、“三会一课”工作。完成维稳各项工作任务制定《当雄县龙仁乡龙仁村维稳工作应急预案》,成立龙仁村维稳工作领导小组,对排查隐患、重点部位安全防控、重点人员的教育和管控、入户调查等工作进行详细安排部署,落实具体责任。制定项目建设计划,征求群众意见,合理确定“短、平、快”项目。驻村工作队作为2014年的“短、平、快”项目上报此项目资金30万元。工作队为5个村小组各建设了一个垃圾场,共投入资金75000元。驻村工作队在“两节”期间,慰问困难群众、僧尼、孤寡老人370人次,在派驻单位和县乡政府的大力支持下共筹集资金29015元,慰问“三老”人员3人次,共花费

7000元,其中派出单位出资16515万元。2月13日,在当雄县龙仁乡龙仁村委会召开党的群众路线教育实践活动动员大会,有258名群众参加。

(普 珍)

电力供应

【概 况】 2014年,国网拉萨供电公司担负着拉萨市七县一区和山南部分地区的供电任务。供电面积约2.9万平方公里,电力客户7.1万户,其中低压电力客户为6.8万户,高压电力客户为0.3万户,供电人口约为60万。截至年底,公司完成固定资产投资1.47亿元;利润8.09亿元;资产总额达17.17亿元;资产负债率100%;完成售电量16.94亿千瓦时,同比增长7.05%;完成销售收入10.77亿元,同比增长24.05%;应收电费结零;线损13.6%,同比降低0.22个百分点。没有发生人身伤亡事故和六级以上电网事故。

【农电工作】 11月29日,公司完成了5个县公司的正式揭牌仪式、与县政府代管协议及备忘录的正式签订。组织完成县公司电价调整工作。做好各类典型用户现行电价与调整电价的测算及风险点分析;制定销售电价调整执行工作方案,组织学习电价调整解释手册和电价调整文件;组织各县向广大电力客户做好调整电价解释工作,实现县公司电价调整的平稳过渡。开展农牧民安全用电知识现场培训。印制安全用电手册,赴学校等场所讲解安全用电知识、外力破坏对电力设施的危害、日常用电安全隐患的防范等,并解答农牧民对电网、电价、报装接电的业务咨询。完成户户通电工程资产移交。协调建设部、财务部梳理户户通电工程有关图纸、竣工资料、现场建设规模等,明确县市资产分界点,完成资产财务报告、竣工差异分析、设备设施规模等移交资料的编制,并实现资产移交。

【输电线路总长度为1474.454千米】 截至年底,拉萨电网已投运的输电线路110千伏输电线路42条,总长度为1474.454千米。35千伏输电线路52条,总长983.459千米。10千伏输电线路196条(含城网118条,农网78条),总长634.066千米(不含农网)。110千伏变电站17座(其中用户变1座),变电容量:1053.3兆伏安。35千伏变电站34座(农网21座,用户变6座),变电容量:196.95兆伏安。拉萨电网新增110千伏变电站一座(边角林变电站),1座开闭所(塔玛开闭所),110千伏输电线路5条,线路长度201.792千米,10千伏线路7条,线路长度13.516千米。

【电网建设与发展】 年内,公司完成“十三五”配电网规划和通信网规划报告、拉萨2014~2020年配电网滚动规划报告,通过“十三五”配电网规划报告编制。完成5个县农网支持性文件办理;配合拉萨市采暖工程实施,完成电采暖项目8个小区的中低压改造工程的报招工作;八廓110千伏输变电工程、110千伏北郊站北郊I线新建工程和经开110千伏变电站2号主变扩建工程开工建设;协助经研院开展属地化协调,完成110千伏纳金、教育城、聂当变电站选址工作。为规范在运电力设施搬迁,梳理编制完成公司在建线路搬迁流程及细则编制。开展分布式电源,新能源汽车等相关工作,加大分布式电源、新能源相关技术标准培训宣贯,完成公司首个分布式电源-检察院分布式光伏接入工作,推进拉萨柳梧新区1MWe分布式聚光太阳能热发电项目接入。

【经营管理】 年内,完成公司所辖运维范围内的10千伏配电线路的高压用户、公用变数据的现场普查工作,实现554台公变、2362户10千伏专变用户的营配对应,554台公变与70613户低压用户的营配对应。开展资产清查工作,完成实物资产盘点78238项,涉及资产13类。充分运用运营监测中心营销稽查监控手段,加强电费回收,共计追补电量266.38万千瓦时,追补电费219.79万元。加强规范劳动用工管理,依法清理长期不在岗人员14名,解除劳动关系3人,辞职1人。配合完成国家电网公司经济责任审计、人力资源专项审计和依法治企“回头看”工作,落实整改意见。

【安全生产】　年内，开展安全大检查、“安全月”、春秋检预试等各类活动，共查出各类安全隐患284条，其中已整改188条。开展“一把手讲安全课”活动，定期召开安全生产专题会议。制作安全用电常识动画短片，通过市内LED广告大屏幕和拉萨电视台电视节目播放，发放宣传资料1000余份，接受咨询200余人次。总结“5·14”恶性误操作事故教训，开展公司所辖线路、设备及各施工现场的隐患排查和整改治理工作。完善应急工作管理，建成应急指挥中心。全年共投入20余万元补充更新基层班组安全工器具。完成“塔尔钦”“雪顿节”“藏博会”等一系列重大节日和重要活动保电工作。

【营销工作】　年内，公司建立营配数据动态对应机制，完成106条10千伏馈线的公用变数据的现场采录；实现554台公变、2362个10千伏专变用户的营配对应和554台公变与70613低压用户的营配对应工作。

【优质服务】　年内，简化报装手续，优化业务流程，低压报装办结时间缩短到2个工作日，高压报装简化手续到8个环节。实现业扩报装接入与电网计划检修、建设技改协调联动，缩短停电时间，避免重复停电。落实首问负责和限时办结要求，强化故障抢修管理，业务工单接派及时率、故障抢修到岗及时率、五项业务处理及时率分别提升23.6%、13.1%和5%。开展明察暗访和第三方评价，加强新闻宣传工作。研究营业网点的布局改造，启动营业点搬迁改造和增设自助缴费终端工程，打造“十分钟缴费圈”。截至年底，共完成保电任务754次，其中特重保电302次，重要保电251次，一般保电201次，出动保电车辆325台次，保电人员312人次。

【党的建设】　年内，公司查摆问题89项，制定整改措施132项，问题整改销号率100%。严格控制“三公经费”，业务招待费同比下降88.91%；加强基层党支部建设，优化整合基层党支部，由原来的11个支部优化为6个支部，创建两个党员活动室。狠抓窗口建设，“创先争优”活动稳步推进。设立共产党员示范岗，专项治理“五项”业务，落实西藏电力有限公司党员践诺制度，开展党员“五带头”和“三亮三评三比”活动，推进创先争优常态化。持续推进党风廉政建设，分解和细化党风廉政建设目标责任书。加强纠风行风建设，坚持明察暗访常态机制。

（蒋　族）

自来水

【概　况】　截至年底，四个水厂及八个泵站日供水能力超过33万吨，使用自来水人口数约45万人，供水普及率90%，城市供水面积达55平方公里，给水管网长度达740.4公里，2012年供水突破1.16亿吨。水厂水源主要含水层岩性为砂卵石，地下水资源丰富、采用地下集中式开采方式，生产工艺采用取水—排沙—沉淀—蓄水—消毒—配入城市供水管网。

【一户一表工程】　年内，继续在全市推行“一户一表”制度。截至年底，“一户一表”工程已完成整个城市自来水用户的81%。

【加强水质化验工作】　年内，共检测自来水源水、出厂水、末梢水水样256个，累计项目5113个，合格率99.14%。拉萨市防疫站每季度对四个水厂出厂水、末梢水进行监测；自治区环保厅水质监测站按照《地下水质量标准》每月对四个水厂源水进行检测；每年委托西安自来水公司对四个水厂的源水进行39项全分析2次，水质达到国家Ⅲ类标准。

【确保安全供水】　年内，加强各水厂、泵站设施设备的维护保养工作，确保供水设施设备的正常运行。加大市政供水管网及消防设施的巡查检修力度。提供24小时供水管网抢修热线“6388711”，随时受理市民反映的各种问题。不定时带领水厂负责人检查施工现场、水源地、供水设施设备等，发现问题及时提出整改措施。

【保障用水】　年内，成立安全供水保障领导小组，确定在夺底北路区机电公司住宅苑大门南侧建设机电小区加压泵站，在贡布塘路建设老城区加压泵站，弥补机电小区、老城区及周边供水水压不足的现状，投入资金约400余万元。在献多水厂东南角原有大口井新安装1台水泵，新建西北角1口深井、安装1台水泵。在南大口井南面增加1眼深井，并在色拉寺对面林卡内增加1眼深井；对献多水厂增加深井，并对其用电设施进行扩容；在西郊水厂西南角增加2眼深井。

【节水宣传】 年内，组织开展以“节水全民行动，共建生态家园”为主题的形式多样的宣传活动。采用广播车在全市范围内循环播放介绍《拉萨市城镇供水用水管理条例》（藏汉双语）内容；组织人员随宣传车辆以游街形式和定点形式向过往人群分发自来水用户报装流程图、自来水用户服务征求意见表、拉萨市自来水公司致市民的一封信、及节水宣传图片、节水知识、手册等，并进行节水知识讲解；宣传期间由市政市容管委会选址，悬挂贴切2014年节水主题的过街藏汉文宣传横幅30条；组织媒体记者（市电视台、拉萨晚报、西藏商报）在市内主要报刊上，介绍和宣传本次活动内容。

【应急演练】 年内，完善《拉萨市自来水公司供水应急预案》，并组织人员开展供水应急演练活动。演练主要包括在紧急情况下的责任人在岗、领导指挥、车间部分停机、区域范围内关闭总阀、水质分析、应急储备物资仓储及调运、水电工的实际操作等。

（高　兰）

国有企业

拉萨市城市建设投资经营有限公司

【概　况】 年内，在市委、市政府的坚强领导及大力支持下，公司本着"开拓、创新、求实、诚信"的企业精神，狠抓经营管理，积极谋求公司发展，结合市委第76号专题会议纪要有关精神，按照"一年打基础、两年有突破、三年破百亿"的发展目标，努力优化资本结构，积极创新经营机制，探索市场化运作方式，多渠道筹措建设资金，在立足拉萨，依托城市建设的环境中抢抓发展机遇，加快公司发展建设。

【公司资产评估情况】 年内，公司对八廓商城一期、东嘎市场、农牧民安居房、活禽定点屠宰市场、生产资料物流中心、工程机械租赁市场、木材交易市场、旧货交易市场、八廓驿站、检察院、老车管所、二手车市场、虫草大厦、公安小区等14宗待开发用地及地上建筑物、构筑物市场价值测算后估价总计27.08亿元。

【地产项目建设与销售情况】 年内，公司开发的房地产项目主要有雅美生态家园、吉旭生态家园、八廓二期、农牧民安居工程等15处楼盘项目已陆续进场施工。5月1日，公司在拉萨市东郊、西郊各设立的一处房产展销中心正式投入使用。在那曲地区、阿里地区成功举办拉萨城投商业房产项目推介会，并取得了显著的成绩。

【各大专业市场进展情况】 年内，公司相继开发建设钢材、木材等十大专业市场，各大市场项目估算总投资约31亿元，建成后按"入行归市、科学管理"的市场管理机制运营。

【市政道路推进情况】 年内，公司组织力量对拉萨市嘎玛贡桑道路改造项目等多条老旧路段及重点项目进行建设改造。针对部分市政道路改造项目时间紧、任务重、要求高的特性，公司按照总体部署统一安排完成相关重点项目。

（次　央）

西藏圣城建设集团有限公司

【概　况】 年内，西藏圣城建设集团有限公司完成西藏自治区国资委下达的各项目标责任，集团（含下属企业）实现营业收入2.5亿元，上缴税费1900万元。

【房地产项目】 截至年底，集团投资总额16927万元"圣城锦苑"完成总进度的40%；投资总额2.3亿元的"八廓商城"完成总进度的30%；投资总额2.8亿元的"教育城"完成总进度的10%。

【签订目标责任书】 年内，集团完善以经理负责制为主要内容的经营管理机制，建立集团公司对下属公司的经营目标责任考核体系，集团与各公司签订了2014年度经营目标责任书。

（雷　华）

石油天然气销售

【概　况】 年内，中国石油西藏拉萨销售分公司是中国石油天然气股份有限公司西藏销售分公司下设的地市级经营单位，主要在拉萨地区从事成品油批发和零售经营业务，公司下辖29座加油站，成品油销量达到30余万吨，保证了拉萨市场成品油的正常供应。组织公司油罐车前往唐古乡、拉萨市周边7县农牧民田间耕地送油下乡，助力群众春耕生产。响应强基惠民活动，解决企业驻村地牧民群众吃水、通信难题，“一对一”帮扶特困户，引导帮助牧民创业。接收45名内地西藏中职班学生、40名大学见习生、15名毕业班学生实习。进行孤儿院、盲童学校爱心帮扶，定期慰问困难员工及其子女，帮扶重症患者。

【实名卡推广】 年内，公司落实西藏自治区117号令关于实名制加油的规定（驾驶证、行驶证和身份证三证均符合并登记好的情况下，加油站方可给车辆加油），为顾客推行中国石油IC实名制加油卡。截至年底，所有加油站均具备实名制IC加油卡的办理、充值、消费等功能。

【HSE管理】 年内，公司推进HSE体系建设与管理开展危险源和环境因素辨识工作，辨识危险源3125项、环境因素140项，重点完善加油现场、特殊作业、施工现场、车辆交通、油品接卸等关键环节的风险防控措施，保证要害部位、关键环节运行受控，进一步完善应急预案，举行各类演练300余次，实现全年健康安全发展目标。

【完善成品油销售网络】 年内，公司推进东城区、经济开发区网点新建工作，持续完善现有网点功能。按照中国石油加油站建设标准，完成4座加油站标准化改造工程，配合拉萨城市发展规划，完成1座加油站新建、3座新建加油站选址工作，初步形成了与拉萨市经济社会发展相适应的成品油销售网络。

【信息化建设】 年内，29座加油站资金平台上线使用，加油站四大应用系统全面推行，远程监控指挥系统初步建成，电子公文、网上报销操作不断规范，层级系统运维和应急管理机制不断健全，加油站日常操作与监管实现信息化。

（夏　涛）

拉萨布达拉旅游文化集团有限公司

【概　况】 年内，拉萨布达拉旅游文化集团有限公司着力整合开发拉萨七县一区旅游文化资源，打造纳木错国家公园景区、慈觉林中国西藏文化旅游创意园区《文成公主》实景剧、迎亲大桥商业街、拉萨河水上游、江苏生态园大酒店等重点项目。加大力度开展纳木错“羊年转湖”宗教活动的准备工作。

【推进纳木错景区工作】 年内，拉萨纳木错景区开发有限公司确定景区综合服务中心的地点，推进纳木错景区综合服务区建设及项目规划环评等重点工作，经营业绩较上年得到大幅度提高，累计门票收入达到6394.68万元，共接待游客59.25万人次。

【《文成公主》大型实景剧实现票房收入11432.76万元】 年内，《文成公主》实景剧演出175场，总出票320701张，总收入达到11432.76万元。

【雪域明珠国际旅行社共接待游客3264人】 年内，2014年雪域明珠国际旅行社重点推广19条线路，接待游客3264人，营业收入为313.52万元。

（扎西江村）

拉萨置地投资开发有限公司

【概　况】 截至年底，拉萨置地投资司开发有限公贷款总额为7.5亿元，贷款利息总计约6895.1万元，已偿还贷款本金3.16亿元，已偿还贷款利息4934.4万元，尚需偿还银行贷款本金4.34亿元，贷款利息1960.7万元。

【公益性项目资金】 截至年底，公司主要实施的公益性项目为：拉萨教育城、文化旅游创意园、顿珠金融产业园（3#闸）和城市规划展示馆工程，确定的投资总额约为22.16亿元，涉及公司的已支付资金总额为9.71亿元，尚需支付各款项7.05亿元。

（段媛媛）

拉萨市净土产业投资开发有限公司

【概　况】 年内，拉萨市净土产业投资开发有限公司完成注册、注资工作。根据《中华人民共和国公司法》《中华人民共和国企业国有资产法》《企业国有资产监督管理暂行条例》和拉萨市市级国有企业管理有关要求，成立了公司董事会、监事会、聘任了管理层，共招聘工作人员9名，分属综合管理部、资金财务部、投资发展部。

【藏鸡养殖、繁育基地项目投产】 发展藏鸡产业是净土健康产业的重要组成部分之一，建设现代化畜禽养殖基地也是净土健康产业的重点建设项目，在市委、市政府主要领导的关心和支持下，经过公司与拉萨种鸡场洽谈协商、达成协议后，4月29日，公司出资1000万元注册成立了首家独资子公司——拉萨净土藏鸡养殖发展有限公司。8月23日，与市农牧局就种鸡场合作完成签字仪式。截至年底，已在乐天超市、百益超市设立藏鸡蛋销售专柜，在各大菜市场设立藏鸡直销点。

【原八一农场划归市净土公司】 年内，公司接管原八一农场相关资产、债务、人员。将无公害蔬菜生产基地扩建项目和标准化蔬菜生产基地项目建设地点变更到大佛岛分场进行整合建设，整合后项目建设总投资589万元，其中农牧厅下拨的扶贫资金400万元，农场自筹189万元，主要内容为建设高效联体温室32排64栋，建筑面积25608平方米，总占地面积76000平方米。

【组建拉萨净土产品实业有限公司】 年内，公司根据拉萨市人民政府《关于推进拉萨净土健康产品市场营销及全市综合市场建设有关事宜的会议纪要》〔2014〕32号文件精神，同拉萨市城市建设投资经营有限公司合作注册成立了“拉萨净土产品实业有限公司”（以下简称实业公司），实业公司为独立法人，注册资本1000万元，其中拉萨市城市建设投资经营有限公司出资510万元，控股51%，公市净土司出资490万元，控股49%。11月11日，拉萨净土健康产品南京市金箔路华润苏果超市店，开业，标志着拉萨净土健康产品已顺利入住南京市场。

【注册成立拉萨净土特色种植有限公司】 年内，公司出资1000万元注册成立了拉萨净土特色种植有限公司，该公司为独立法人，已完成工商注册，经营范围为特色农产品种植、禽畜养殖。

（郭　凯）

拉萨暖心燃气热力有限公司

【概　况】　年内，公司各项日常工作正常运转。从区内、区外招聘应急抢险、入户安检等方面工作人员43名，进行燃气、电焊、客户服务、法律知识等培训七期，培训人员达300余人次。4月，根据企业经营发展需要，结合公司东、西城区输配、应急抢险和调度指挥中心项目的建设计划，公司办公地点暂时搬迁至江苏大道50号城建档案馆2号馆。

【教育城集中供暖项目建设】　10月，教育城集中供暖项目（一期）工程完成建设任务，进入调试阶段；11月中旬开始，为4所学校的广大教职工通气供暖。12月，（二期）工程组织招投标工作，共计4所学校和1所医院。

【查缺补漏供暖工程建设】　年内，公司据城市供暖工程项目建设指挥部的统一部署，以分片区的形式对拉萨市建成区内零散住户进行了逐一核查，共统计出54个遗漏项目、4911户居民需补装供暖供气系统。项目于9月10日开始进场，12月底工程完成率为95%，通气供暖率98%。

【防护栏安装工程建设】　年内，公司制订了《立管防护装置方案》，在尼霞苑C区和琅赛九区分别进行了加装立管防护栏试点工作，并统计出共需加装调压箱防护网920个、45000套立管防护栏。9月完成项目的招标工作，12月底基本完工。

【智能燃气信息化系统建设】　年内，智能燃气信息化系统建设项目的招投标工作完成，项目建设的前期工作已陆续展开，智能OA、SCADA等系统的软件开发工作，机房、调度中心的硬件建设将与东城区输配、应急抢险中心建设同步实施。

【生产运营】　年内，保障已建供暖供气项目安全平稳运营，实现全年零事故的既定目标。制定和不断完善各项应急预案。定期组织应急抢险队员开展燃气三级应急抢险演练。成立东、西郊两个应急抢险小分队，组织26名应急抢险人员采取徒步和车巡的形式，对已通气的主、次干管网、小区庭院燃气管网，通气小区、调压箱、阀室和阀井分片区巡检和维护。购置专用抢修车辆、电焊机、PE管焊机、防爆电机、防爆工具等，按公安消防部门要求配备消防设施和消防设备。户内维护中心分片区定期开展户内管道天然气设施检查和预约维修工作。通过报纸、电视台、入社区宣传等方式向用户发放宣传册、悬挂警示牌、播放宣传动画片等安全用气宣传；将96188客服热线用户来电细分为灶具类、客户服务类、工程建设类、停气/漏气类、业务咨询类、投诉建议类和预约新安设备类等类型，截至年底，用户来电办结率98.25%，热线回访率为100%，回访满意率为98%。

（岳蕊丽）

拉萨市公共交通集团公司

【概　况】　2014年1月19日，拉萨市委第71次常委会议研究同意组建拉萨市公交集团。下设5家具有独立法人资格的子公司，分别为公交运营有限公司、公交出租汽车有限公司、恒安出租汽车有限公司、广告公司、公交驾驶培训有限公司。截至年底，拉萨公交集团实有干部职工4036人，公交运营公司1245人，两家国有出租汽车公司2780人，公交驾校11人；公交营运车辆338台，营运线路30条，线路总里程达629.6公里，营运里程2370万公里；全年客运总量为8199万人次，日均客运量超过25万人次，老年人免费乘坐公交总人数为865万人次。拥有出租汽车1360辆（其中公交出租汽车公司671辆、恒安出租汽车公司689辆）。

【加大智能信息应用】　9月，公交运营公司引进集GPS卫星定位、自动语音报站、视频硬盘存储和实时监控为一体的智能设备，在18路公交车上试行。实现了公交车辆全定位、全监控。

【新能源示范运营】 9月,公交运营公司投放5辆新能源公交车(2辆为纯电动,3辆为插电式混合动力)试行。

【及时更换线路线网】 7月,公交运营公司完成了396个公交临时站牌改建和175个港湾式公交站台内公交线路走向图的更换工作。

【新增公交IC卡种类】 9月26日,公交运营公司推行拥军卡和学生卡,对现役军人和革命伤残军人实行免费乘车,对中小学生乘车实行半价优惠。

【开展员工培训】 7月,公交运营公司先后组织对员工进行安全知识、行业法规、交通规章等业务知识培训,对公交车、出租车驾驶员进行军训(包括职业道德、人文地理、文明礼仪等方面),共培训3272人(共培训32期,每期100人,每期5天),历时5个月,对所有驾驶员进行了四个批次的培训教育引导工作。共开除严重违规违法驾驶员272人,表彰优秀驾驶员100人,建立健全各项规章制度160多项。

【加强与内地公交企业交流】 10月,公交运营公司选派9名干部职工赴常州公交集团进行为期半年的挂职学习。先后组织相关人员赴深圳、海南、昆明、成都等地,学习借鉴内地省市先进管理理念和先进做法,逐步提升城市公共交通管理和服务水平。

(徐春林)

八一农场

【概　况】 年内,农场实现经济总收入4873万元(含土地收入),上缴税金660万元,国有资产保值增值率109.36%,截至年底,农场资产总额为33743万元。

【产业发展】 年内,农场在大佛岛建成高效联体温室32栋并投产使用,建筑面积25608平方米,总占地面积76000平方米,总投资628万元;成立拉萨净土特色种植有限公司,开展引进种羊,平整土地等工作,扩大种植、养殖规模和种类。截至年底,大佛岛已作为拉萨市净土产业投资开发有限公司的产业基地。

【驻村工作】 年内,农场驻堆龙德庆县马乡设兴村工作队争取到30万元农机购置补贴资金(另农场从为民办实事经费中配套了4万元)和29万元项目资金,为设兴村村民购置农机具和兴建农机设备仓库、村民活动中心等。农场自筹资金5.5万余元开展了各种帮扶慰问工作,其中,为该村考上区内外大学的学生19人发放考学补助金共计1.9万元。

(张晓琴)

开发区·工业园区

拉萨经济技术开发区

【概　况】 年内，开发区完成地区生产总值44.1亿元，增长25%；实现税收收入46.31亿元，增长22.26%；一般财政预算收入18.23亿元，增长10%；固定资产投资31.01亿元，增长18.7%；工业总产值18.25亿元，增长125%；工业增加值7.19亿元，增长200%；销售收入16.59亿元，增长141%。

【基础设施建设】 年内，基本完成了开发区B区2.95平方公里的基础设施建设项目，总投资12.3亿元，主要包括道路工程，配套给、排水工程，综合管沟，道路照明，道路绿化，交通管理设施，电力工程，燃气管网工程及征地拆迁和补偿安置等工作基本完成，已具备企业入驻条件。截至年底，近有30余家企业开工建设，开发区已经进入了A、B两区联动开发、整体发展的新阶段。

【招商引资】 截至年底，开发区新增注册企业691家，新增注册资金178.51亿元；招商引资到位资金31.22亿元，同比增长34%；现有落地企业129家，总投资278.92亿元，其中已投产运营项目54个，总投资56.81亿元；主体完工待投产项目3个，总投资8亿元；续建项目20个，总投资70.38亿元；已选址项目5个，总投资6.99亿元；新开工项目20个，总投资48.41亿元。入区项目主要以农畜产品深加工及高原特色食饮品产业为主，基本形成了以藏医药业、生物科技、民族手工业、绿色食品、民族土特产加工业等为主的净土健康产业群。

【创先争优强基惠民】 年内，开发区两个驻村工作队共出资200万元用作惠民建设。其中，出资120万元为墨竹工卡县莫冲村修建群众澡堂；出资80万元用于堆龙德庆县乃琼镇色玛村扩建物流仓库项目。

【解决民生问题】 年内，开发区党员干部与对口扶持点墨竹工卡县唐家乡莫冲村的贫困家庭结对认亲，共结对44户，投入资金5万余元；开发区妇委会发动干部职工，为唐家乡7名孤儿捐款1.46万元；开发区国税局捐助10万元，用于修建堆龙德庆县乃琼镇色玛村路灯。在开发区内绿化、养护、清洁、物业、保洁等方面共解决失地群众800多人，各企业开发就业岗位1万多个，吸收全区农牧民就业5000余人。

（罗　布）

达孜工业园区

【概　况】 年内,达孜工业园区已初步形成以高原特色生物及医药医疗产业、民族手工业产业、科技型新兴产业、现代服务业产业为依托的“一个品牌,四大产业”发展格局。已入驻非公企业420家,协议资金达135.4亿元。园区实现工业总产值59937.9万元,同比增长27.1%;工业销售产值92458.7万元,同比增长63.8%,完成全年任务(8亿元)的115%;工业增加值19178万元,同比增长28.5%,完成全年任务(1.56亿元)的123%;工业税收1383万元,同比增长40.7%,完成全年目标任务(1048万元)的132%;完成税收7.66亿元,同比增长248%。

【招商引资连年创优】 年内,园区共掌握项目信息251个,同比增长19.5%;其中已落户项目225个,同比增长90.7%;拟投资额891481万元,同比增长350%。

【项目建设强势推进】 年内,园区已通过审批的七大重点项目中:木材交易市场二期基建正在推进;中小企业创业孵化基地一期全部建成,二期正在规划设计中;西藏延长医疗器械第三方物流有限公司一期项目已经完工,正在进行二期招商工作;总投资5000万元的西藏圣桃食品加工有限公司正在进行芫根饮料项目深加工前期规划;总投资3000万元的藏缘青稞酒业改扩建项目正在建设中。

【基础架构日益丰满】 年内,园区基础项目焦山北路、金山大道北段、南山路、句容路北段、镇江路、丹阳路、扬中路7条主、支干道路已全面竣工,逐步形成了园区南面规划路网,全面打通了木材交易市场、桑珠林社区、藏艺文博园等园区多个重点项目连接对外的交通要道,实现了当地优势资源的无碍化输出。

【平台支撑】 年内,园区管委会组织企业申报国家高新科技资金扶持、文化产业专项资金扶持、龙头企业资金扶持、技改专项资金扶持,建立昊泰制氧研发中心,优格仓(拉萨市)藏香工程技术研究中心、华草堂(拉萨市)中药饮片工程技术研究中心。截至年底,孵化中心入驻企业8家,其中3家企业已全面拉动了生产线。

【品牌创立】 截至年底,园区龙头企业共8家。打造“第三极”纺织品、“优·敏芭”系列藏香水、“藏缘”青稞酒、“品藏”原生态山泉水等知名品牌以及“赛牦岗”“圣雪源”等商标近20个。其中“藏缘”为国家级驰名商标,“优敏芭”被评为自治区级驰名商标。西藏优格仓工贸有限公司获得“全国民族特需商品生产定点企业”和首届藏博会“旅游商品大赛二等奖”。西藏春光食品有限公司获得青岛“国际农产品交易会金奖”。西藏圣信工贸有限公司牦牛绒系列产品的研发项目被列为自治区科技厅重点科技项目。西藏罗占民族手工艺发展有限公司获得中国科协及财政部共同颁发的“全国科普惠农兴村带头人”奖章,自治区人民政府办公厅命名罗布占堆为“自治区非物质文化遗产代表性传承人”。

【激增就业】 年内,园区管委会通过对接县四业办、人社局相关单位,输送当地闲散农牧民或附近职业院校的毕业生入企就业。截至年底,园区解决就业已达3876人次,其中西藏籍农牧民2312人,达孜籍农牧民1839人。

【带动致富】 年内,园区采取“企业+农户+基地”的运作模式,由政府负责农牧民培训,由企业负责提供原料、技术指导和产品收购,带动了3000余户农牧民离土不离乡从事家庭作业,年创收达1000多万元,平均年收入均在18000元以上。

(覃雨菲)

堆龙德庆县工业园区

【概　况】 年内,工业园区完成工业总产值 47698.77 万元,同比增长 28.19%;工业销售产值 44262.59 万元,同比增长 37.12%;完成工业增加值 1.82 亿元,同比增长 34.82%;实现工业税收 3323 万元,同比增长 44.04%;完成固定资产投资 5.14 亿元,园区企业用电 3520.26 万千瓦时,解决当地农牧民就业 993 人。2014 年,新增规模以上企业 1 家。园区西藏通宝工贸有限公司成功在上海股权托管中心 Q 版企业挂牌。

【项目建设】 年内,园区 A 区基础设施重点项目:投资约 3 亿元的 110 千伏变电站及其配网,投资 971.56 万元的 A 区上下水管网,投资 2559.93 万元的园区滨河路、东环路道路建设,投资 937 万元的垃圾转运站,均已完成项目评审等前期准备工作;投资 2501.19 万元的污水处理厂项目,列入新建项目中;投资约 500 万元的园区水渠改道工程,方案初设成果已完成;投资 134 万元的园区管委会绿化工程已竣工。园区企业开复工重点建设项目包括西藏远大建材有限公司红砖加工项目、西藏洛卓沃龙文化产业有限公司民族手工艺产品加工项目、西藏沙龙建设科技有限公司纸面石膏板项目、西藏圣宝农牧有限公司宿舍楼及设备建设项目、西藏天畅建材有限公司设备及宿舍楼建设项目等,总投资达 2 亿余元。园区管委会从“十三五规划”中争取项目,共申报 10 个项目,预算投资约 5.2 亿元。共完成 B 区 4650 亩土地的储备工作。收回一宗 30 亩的土地,盘活三宗土地,面积 77 亩。

【招商引资】 年内,新入驻工业园区企业 2 家,分别为西藏天畅建材有限公司和西藏洛卓沃龙文化产业有限公司,总投资 0.7 亿元,续建项目 6 个,总投资 0.77 亿元,已全面完成;招商引资洽谈项目 11 个,占全招县商引资项目的 47.8% 以上,项目总投资 9.95 亿元,其中落地项目 1 个,拟建项目 4 个,总投资 5.7 亿元。

【安全生产和节能减排】 年内,园区解决来信来访事件 7 次,排查安全隐患 10 次,组织辖区重点单位在园区主要道路上悬挂安全生产横幅 20 余条,下达整改通知书 20 份。

（薛　娟）

曲水县雅江工业园区

【概　况】 截至年底,园区入驻企业达 93 家,其中:建筑建材企业 51 家、民族手工企业 8 家、藏药材生产加工企业 2 家、农业产业化企业 8 家、高原特色食饮品企业 10 家、其他 12 家,占全县所有企业的 84.8%。

【工业经济完成情况】 2014 年,园区销售产值完成 60010 万元,同比增长 46%;增加值完成 28352 万元,同比增长 184%;上缴税金 6007 万元,同比增长 88%;固定资产投资完成 93100 万元,同比增长 31%。园区企业吸纳了 2000 余名当地农牧区剩余劳动力就业,同时带动了约 500 名本地群众致富,每年直接为当地群众增收创收达 4000 万元以上,园区发展跨入了新的阶段。

【项目建设情况】 年内,园区投入 1 亿多元对聂当工业集中区支二路、扎西路、园区中小企业孵化基地及县城 110 千伏变电站等项目进行建设。

【品牌建设】 2014 年,西藏金哈达药业有限公司被评为拉萨市农牧业产业化经营“龙头企业”,该企业研制的藏药秘诀清凉胶囊的开发与运用,获得拉萨市科学技术奖;西藏帮锦镁朵工贸有限公司被拉萨市评为先进企业。

（刘　波）

农业·水利

种植业

【概　况】　年内,全市种植业生产围绕良田、用良种、推良法、建良制四个方面,确保拉萨主要农产品的有效供给。壮大以曲水县、堆龙德庆县、林周县等七个商品粮基地县为主青稞生产基地,面积为1.712万公顷,青稞产量达到11万吨。壮大以堆龙德庆县岗德林蔬菜生产基地、林周县边角林当杰村基地、城关蔡公堂科技示范园等集中连片设施农业基地,设施蔬菜面积0.11万公顷,产量为12.36万吨;人工饲草种植面积0.57万公顷。全市总播种面积3.84万公顷,其中粮食作物种植面积2.669万公顷(其中青稞面积1.712万公顷、小麦面积0.837万公顷、豆类面积0.055万公顷、土豆折粮0.064万公顷)、经济作物种植面积0.823万公顷(其中油料作物面积0.363万公顷,蔬菜生产面积0.46万公顷)、饲草作物种植面积0.573万公顷(其中荒地种草0.227万公顷)。

【粮食作物生产】　年内,全市粮食作物以青稞为主,次为小麦、豌豆等,粮食作物主导品种主要有"藏青320""藏青2000""山冬6号""喜马拉雅22",粮食作物种植面积2.669万公顷,比上年增加0.012万公顷。在曲水、堆龙德庆、林周、达孜、墨竹工卡、尼木6个商品粮基地县,按照"九个统一"的技术规程,落实标准化生产和高产创建示范田1.2万公顷;按照"125"种子繁供体系的要求,全市落实麦类作物良种繁育田0.153万公顷;为改善土壤结构,拉萨市开展测土配方示范田0.8万公顷;结合病虫害的发生发展情况、防治方法等,采取理论授课、实地查看操作、图片展示等方式,对农牧民进行病虫害防治技术培训,提高农牧民对病虫害的认知及防治水平;在农业生产关键时节、重要节点,组织市农技人员深入农业生产一线,开展技术服务工作,将标准化种植、测土配方施肥、科学防治病虫害等重要技术落实到田间,农田科技承包面积占粮油播种面积的90%以上。年内,粮食产量(含豆类)达到17.86万吨,比上年增产0.11万吨,其中青稞产量(含冬青稞、春青稞)为11万吨,单产6424.28千克/公顷,比上年提高92.16千克/公顷;小麦产量(含冬小麦、春小麦)为6.558万吨,单产为7501.75千克/公顷,比上年提高65.49千克/公顷。

【经济作物生产】　年内,全市经济作物种植面积0.823万公顷,比上年减少0.104万公顷,主要种植作物为油菜、蔬菜等。油菜作物种植面积0.363万公顷,主要以藏油5号为主,其次为年河10号、拉孜小油菜,年内建立藏油5号种子田0.0013公顷,全市油菜产量为1.15万吨,比上年减产0.071万吨。蔬菜生产面积达到0.46万公顷,比上年减少0.013万公顷,上市蔬菜品种100余种,包括白菜、萝卜、西红柿、花菜、黄瓜、草莓、南瓜、茄子等。各类蔬菜产量达到27万吨,比上年增加0.9万吨,其中设施蔬菜面积为0.11万公顷,比上年增加0.013万公顷;产量为12.11万吨,比上年增产0.08万吨。

【农田土壤培肥】 年内，全市调运化肥10300吨，其中尿素5020吨，二铵2520吨，复混肥2550吨，氯化钾210吨农牧民利用冬闲时节开展农家肥积造，积造农家肥95.77万吨。落实测土配方施肥示范面积0.8万公顷（其中冬小麦0.267万公顷，春青稞0.533万公顷），在六个商品粮基地县树立样板，展示测土配方施肥技术效果，测土配方区比一般大田平均增产337.5千克/公顷的目标。

【农业机械化】 年内，全市落实农机具购置补贴2950万元，农机总动力达到51.93万千瓦，比上年增加1.43万千瓦，耕种收综合机械化水平提高到78%，比上年提高1个百分点。争取到储粮罐购置补贴资金604万元。

【农牧业项目建设】 年内，全市申请农牧业项目14个，争取资金8019.8万元，主要包括当雄县、林周县、堆龙德庆县、曲水县、达孜县、城关区蔬菜生产基地建设项目；堆龙德庆县、尼木县、墨竹工卡县、林周县基层推广服务站建设项目；中央财政支持现代农业发展资金（林周县、尼木县青稞生产基地；当雄县牦牛育肥基地）；林周县退牧还草工程。协助推进曲水县才纳乡国家现代农业示范区、曲水县农村改革试验区和林周县农业现代化示范区建设。

【农业自然灾害】 年内，全市发生不同程度的雪灾、旱灾、泥石流、洪涝等灾害，导致农牧业遭受不同程度损失，其中农作物旱灾460公顷，泥石流受灾农作物87.53公顷，洪涝灾害中农作物受灾面积0.22万公顷、温室61栋、牲畜死亡48头。全市范围内开展农田草害综合治理工作，大田草害基本控制在10%以内，农作物有害生物灾害损失控制在3%之内。

【农牧业产业化经营】 年内，评定出28家2014~2017年农业产业化经营龙头企业，分别为：城关区地毯厂、拉萨鼎业制粉有限公司、西藏天那农牧资源开发有限公司、圣牛新希望农牧科技有限公司、西藏圣信工贸有限公司、西藏优格仓工贸有限公司、西藏岗地文化产业集团有限公司、第三极羊绒制品有限公司、西藏春光食品有限公司、西藏卓玛民族手工艺品有限公司、西藏阳光庄园农牧资源开发有限公司、西藏珠峰实业有限公司、西藏雄巴拉曲神水藏药厂、堆龙朗孜糌粑加工有限公司、西藏牦牛王生态食品开发有限公司、西藏嫫啦饼艺有限公司、堆龙古荣巴热糌粑有限公司、西藏蓝雪工贸有限公司、西藏圣香海螺民族产品开发有限公司、奇圣土特产品有限公司、西藏藏之梦地毯有限公司、西藏坎巴嘎布卫生用品有限公司、西藏三鸣饲料有限公司、西藏天麦力健康品有限公司、西藏拉萨地毯有限责任公司、西藏恒源酒业有限公司、西藏金哈达药业有限公司、拉萨尼达自然生态开发有限公司。28家农业产业化经营龙头企业注册资金5.1亿元，实现销售收入6.64亿元。开展招商引资、产品展销等活动7场，举办“强农兴邦中国梦、品牌农业中国行—走进拉萨”活动、雪顿节净土健康产业经贸洽谈会，参加“2014品牌农业国际发展研讨会”“全区农业产业化现场会”等，共展出拉萨市净土健康产品百余种，其中首届藏博会实现销售收入117.8万元，产品订单108万元。对全市455家专合组织存在的问题提出整改方案。截至年底，全市农牧民专业合作社601家，注册资金5.1亿元，合作社成员人数3.1万人，实现销售收入3.18亿元。

【农牧业科技推广】 年内，全市培训管理干部、技术人员、执法人员、专合组织负责人等280名。在农牧业生产关键时节、重要节点，实施“科技入户到田”行动，开展农牧业科普宣传16次，发放宣传资料4.28万份。在全市5县稳步实施全国基层农业技术推广体系改革与建设补助项目。整改提升农牧业科技试验示范基地50处和农牧业科技示范户4902户。

（马裴裴）

牧 业

【概 况】 年内,全市有天然可利用草原201.134万公顷,饲草种植面积0.573万公顷(含荒地种草),主要种植的品种是紫花苜蓿、箭舌豌豆、披碱草和燕麦草等。畜牧业生产以净土健康产业为契机,发展奶牛、藏鸡、生猪等特色养殖业,奶牛存栏7.5万头;藏鸡存栏41万只,出栏6.73万只;生猪存栏5.19万头,出栏6.73万头。肉、奶、蛋产量分别为4.2万吨、5.2万吨、856吨,分别比上年增产0.25万吨、0.68万吨、49.6吨。

【畜牧业生产】 年内,全市提前进行维护暖圈和羔宫,切实加强春季接羔育幼工作,加强对母畜和仔畜的饲养管理。完成2013年草原生态保护补助奖励机制工作,兑现资金8312.07万元。有序开展虫草采集工作,共采集虫草1084.86公斤。改良黄牛1.97万头,推广种绵羊3000只、种牦牛560头。做好基本草原划定前期工作、草原资源与生态监测等工作。

【动物疫病防控】 年内,春季重大动物疫病防疫3月初至4月底结束。秋季重大动物疫病防疫9月中旬至10月底结束。春秋两季动物防疫工作均采购并及时发放猪"口蹄疫"、牛羊"口蹄疫"、猪瘟、猪蓝耳病、禽流感等疫苗及驱虫剂,做到除待产畜、病畜外,牲畜口蹄疫、猪蓝耳病免疫率达100%;禽类高致病性禽流感免疫率达100%。坚持24小时值班制度和日报告制度,密切关注动物疫情动态。改善基层兽医待遇,将全市694个兽医工资调整到600元以上;配齐乡村兽医冷藏箱789个;办理61名半脱产兽医的参保手续,出台了《拉萨市村级动物防疫员管理办法》(拉政发〔2015〕号)。

【动植物及其产品检疫监督】 年内,组织农牧业执法人员围绕生产基地、销售市场、屠宰场所,开展农产品质量安全联合大检查20次;实行市场准入制,对农贸零售市场扩大检测范围和频率,每天开展质量监督抽检工作,年内全市农产品抽检合格率99.97%。

【净土健康产业发展】 年内,成立了奶牛、生猪、藏鸡、高原特色设施园艺净土健康产业组。奶产业:举办首届奶牛竞赛活动,实施奶牛养殖示范工程,奶牛示范村达到5个、示范户220户,新建4个标准化奶牛养殖中心,奶牛养殖小区发展到19个,全市奶牛存栏7.5万头,全市人工饲草种植面积达到0.573万公顷。生猪产业:生猪养殖基地23个,全市存栏5.19万头,出栏6.73万头。藏鸡产业:藏鸡养殖基地26个,全市存栏41万只,出栏32万只。高原特色设施园艺产业:建成集中连片设施蔬菜基地15个,设施蔬菜面积0.11万公顷,产量为12.11万吨。制定完成了蔬菜技术规程及产品分级分等、禁限用农药规定及蔬菜常用农药使用安全间隔期、农业投入品使用管理制度和蔬菜产地准出等相关制定、规定、规程。

【强农惠农富农政策】 年内,全市落实净土健康产业政策补贴资金3120.284万元、农作物良种繁育补贴87.564万元、农作物良种推广补贴624.63万元、农药政策性补贴(区市县三级补贴85%、群众自筹15%,其中市级补贴25%即171.18万元)、农业机械购置补贴2950万元、畜牧良种补贴517万元、产业化经营龙头企业贷款贴息89.9万元、草原生态保护补助奖励机制兑现8312.07万元(2013年度)、政策性农用化肥差价补贴(群众购置尿素1130元/吨、二铵等1500元/吨,其他的差价财政补贴)。

【全市农牧业工作会议】 2月28日,全市召开2014年全市农牧业工作会议。会议总结回顾2013年农牧业工作,安排部署2014年农牧业工作重点;市农牧局局长刘俊博作工作报告会;签订《2014年度重大动物疫病防控责任书》及《2014年度农牧业经济发展责任书》。

(樊亚刚 方华丽)

林 业

【林业绿化发展】 截至年底，全市已建有四个保护区、两个森林公园（雅江中游黑颈鹤国家级自然保护区、拉鲁湿地国家级自然保护区、纳木湖自治区级自然保护区、林周阿朗—司布白唇鹿市级自然保护区；林周热振大果圆柏国家级森林公园、尼木国家级森林公园）。

【造林绿化】 年内，全市造林绿化指标任务10万亩，完成造林及封育10.16万亩，完成率101.6%。其中重点区域生态公益林建设项目完成造林3780亩，西藏生态安全屏障保护与建设工程防护林4660.7亩，防沙治沙30735亩，退耕还林完成荒山荒地造林6000亩，封山育林5000亩，拉萨周边防护林工程造林17500亩，封山育林24000亩，义务植树10000亩。

【义务植树活动】 年内，全市共160家单位、15000余人参加义务植树活动植树面积约72亩，栽植各类苗木12003株，栽植品种有雪松、云杉、油松、塔柏、榆树、山杏。

【推进“树上山”工程】 截至年底，全市以春季、雨季和秋季造林模式，试种了各类乔木、灌木、常绿树和落叶树种20余种，苗木成活率达到60%以上。通过试种和积极探索，成功实现了“树上山”。南山山体造林保存面积已达1000余亩，成活苗木17万余株。修建了100毫米上水管1800米，新建两座200立方的钢板永久蓄水池，安装主管11条，铺设16万余米滴灌毛管。

【林业重点项目】 年内，全市落实重点公益林及地方公益林面积为742.83万亩，管护人员共3281人，中央财政森林生态效益补偿基金2232.21万元，涉及拉萨市八县（区），已全部兑现。中心苗圃改扩建项目投资160.24万元，已全部完工，引进各类苗木10万株左右；曲水县苗圃建设投资83万元，规模为130亩，完成了地块落实，挖坑等前期工作；尼木县苗圃建设投资83万元，规模为130亩，项目已全面完工。由国家立项投资的《西藏雅鲁藏布江中游河谷黑颈鹤国家级自然保护区（拉萨段）二期基础建设项目》，总投资为325.54万元，项目已完工。根据自治区林业厅上报援藏项目的通知，拉萨林业绿化局系统编制项目建议书8个，包括拉萨市南山造林项目、拉萨市中幼林抚育项目、城关区推广油桃建设项目、拉萨市城区绿化景观提升项目、拉萨市园林局苗圃基地改建项目、拉萨市古树名木保护项目、拉萨市黑颈鹤野外救助项目、拉萨市林业绿化局中心苗圃树种引种驯化项目；组织编制林业产业项目4个，包括达孜县林果改造项目、达孜县苗圃改扩建项目、堆龙德庆县核桃树种植项目、堆龙德庆县花椒树种植项目。拉萨市2014年度防沙治沙工程包括2个子项目，建设总规模为8499.1亩，总投资为578.1万元。已完成作业设计的编制工作，并已上报区林业厅待审批。

【退耕还林】 年内，全市完成退耕还林配套荒山荒地造林和封育共1.1万亩，总投资215万元。其中造林6000亩，投资180万元；封育5000亩，投资35万元。

【城市园林绿化建设和管理水平】 年内全市共补植各类乔灌木85644株，草坪120余平方米，其中补植行道树650棵、灌木71710株。品种主要有国槐、馒头柳、金丝柳、榆树、红叶李等近20个品种。

【宗角禄康公园管理】 年内，宗角禄康公园共补栽云杉等各类苗木26000余株、矮牵牛等各类草花和宿根花卉11500余株，补种草坪500余平方米。维修照明设施120余件次，整体维护园内休闲座椅及健身器材5次，整体维护音响设施1次，整体更换了雾喷造雾设施及线路。

【森林及野生动物资源】 年内，园林绿化监察办公室充分发挥监察执法职能，联合交警总台、环卫总台、“110”总台、综合执法总台处理各种违法和清理断枝倒树事件共570余起。办理了便民服务中心转办的57件占用绿地、树木移植审批手续，有力地保护了拉萨市绿化建设成果。林政检查站执行《西藏自治区木材运输管理条例》，在柳梧新区物流中心内查获一起非法运输原木案件，依法收缴原木并对当事人处以罚款；在木材市场内查获一起非法运输锯材案，收缴锯材15立方米；在全市范围内开展野生动物及其产品的清查工作,收缴非法象牙制品手镯1对、项链3只、耳环1对;处理一起在达孜县境内放置野生动物捕猎工具导致村民牲畜死亡案件,依法对违法当事人做出赔偿村民损失29000元并罚款4000元的处罚,有效地维护了农牧民群众的合法权益;根据《西藏自治区野生动物造成公民人身伤害或财产损失补偿办法》,统计并发放了2013年野生动物肇事损失1166.4459万元。全年无重大森林火灾、无人员伤亡事故。

(海兰英)

水利管理

【概 况】 年内,全市共争取水利项目投资4.4亿元(不包括旁多水利枢纽和3#闸工程),其中全年水利重点工程完成投资3.5亿元,完成率达到109%,澎波灌区建设全面展开,拉萨河干流整治正式启动,农田水利重点县建设成效明显,拉萨市在2014年全区水利综合目标考核中位列第二,其中水政和安全生产两个单项考核排名全区第一。

【规划内水利投资任务完成】 年内,全市共争取到规划内水利项目29个,落地投资3.43亿元,同比增长23%。实际完成投资3.5亿元,其中:中小河流治理1.13亿元,城市防洪0.54亿元,灌区改造1.75亿元,病险水库加固251万元,水源地工程250万元,2013年度公益性维修养护续建工程300万元。

【重点水利工程建设】 年内,全市启动实施了澎波灌区郭当子灌区、甲沟子灌区、松盘区五四干渠、凯布子灌区和松盘区北干渠等5个项目,总投资9012万元,工程形象进度达到30%以上;启动吉热区、纳木区及虎头山一片区等3个子灌区的招投标工作;续建、新建中小河流治理项目共10个,完成投资1.13亿元;拉萨河二期6段防洪堤工程投入试运行;曲水县聂当乡德吉干渠和色达灌区其奴子灌区改造项目圆满完成;水库除险加固工程全面完成;尼木县城水源地工程已完成并投入使用,尼木水务一体化改革初见成效。

【防汛抗旱】 年内,全市初步建成山洪灾害非工程措施,实现了水情、雨情到村预警。重点完成了对达孜县曲尼帕防洪堤和墨竹工卡县天仁矿业排洪设施及中凯公司尾矿库抢险,以及拉萨河、澎波河、堆龙河等河段的抢险任务。全年无人员伤亡事故发生。

【民生水利建设】 截至年底,农村饮水安全项目规划内建设任务完成率达到100%,其中2006~2013年期间共建设完成了1230处供水工程,累计完成投资2.45亿元,其中国家投资为2.2亿元,地方配套0.25亿元,解决了29万人的饮水安全问题;完成了《拉萨市2014~2015年巩固提高改善农村饮水安全项目》方案编制,涉及七县一区近6.5万人;完成了126座寺庙的通水工程建设任务;实施5个重点县冬春水利修复建设,总投资6035万元;新批复城关区为小农水专项县,投资1000万元。

【水资源监管保护和"十三五"水利规划编制】 年内,全市水资源费征收达到340万元;出台《拉萨市实行最严格水资源管理制度考核办法》,细化了市、县两级政府的水资源管理责任;启动城市水资源监控能力示范项目建设。通过了"十三五"水利发展规划思路报告,启动了《拉萨河流域规划》修编工作,完成了拉萨河城区中心段河工模型试验。

【水生态文明建设】 年内,3#闸项目投入运行;南山绿化供水工程按计划完成供水任务;对拉萨河城区段开展了河道环境清理,初步实现了"通畅、水清、岸绿"的目标。

【水利体制改革】 年内,新设立"拉萨市水土保持监测站""拉萨市水利工程质量检测中心"和拉萨河闸站管理所等3个事业机构,扩大水利社会服务管理职能;组建农牧民用水户协会128个,其中注册了101个,参与农户数达到5.35万户,占比70%以上;启动林周县小型水利工程管理体制改革试点。

【水利援藏工作】 拉萨市水利工程质量检测中心项目是江苏省水利厅和水利部淮委共同援建项目,总投资823.97万元,江苏省水利厅援助资金623.97

万元，水利部淮委援助资金200万元。工程位于拉萨市城关区纳金乡拉萨河畔，占地4900平方米，建筑面积2522.6平方米，由材料试验楼、配套业务办公楼及附属设施等组成。工程于2013年7月15日开工建设，于2014年7月15日完工。

（龙　波）

扶贫开发和农业综合开发

【概　况】　年内，全市共争取扶贫开发、农业综合开发项目140项，各类项目财政资金32011.5万元，其中扶贫开发财政资金18910.5万元（包括培训资金371.5万元），农业综合开发财政资金13101万元。全年财政总投资首次突破3亿元，较年初财政投资计划20212.8万元增加58.4%，较2013年财政投资24751.3万元增加29.3%。截至年底，全市“十二五”期间扶贫开发、农业综合开发财政投资总额分别达到55421.23万元、36843万元，分别完成“十二五”规划投资51660万元、33723万元的107%、109%。

【开展各类扶贫项目】　年内，全市实施扶贫开发项目惠及11486户49695名贫困群众，2.3万贫困群众越过了帮扶线。完成新一轮贫困户建档立卡识别工作。扶持1086户养殖牦牛2309头，户均增收2150元以上；扶持2657户养殖奶牛3622头，户均增收3800元以上；扶持225户养殖生猪935头，户均增收1600元以上；扶持358户养殖藏鸡2.7万羽，户均增收2000元以上；扶持137户购置农机具220台（套）；建设度假村、商品房、便民商店等带动1666户贫困群众实现年增收1800元以上。在9个整乡推进乡镇实施28个扶贫项目，使2500户11250人受益改扩建水渠18公里，改扩建水塘21万立方米，改善灌溉面积1.4万余亩。互助资金项目1290万元惠及7县44个村1.4万户，其中贫困户3076户。投入371.5万元开展了一系列转移就业培训，实现1574人就业，年增收2万元以上。区市97家定点扶贫帮扶单位共落实各类项目171个，投入资金合计8317.4万元，其中使1453户贫困户4359人受益。

【农业增效】　年内，新增灌溉面积0.38万亩，改善灌溉面积3.35万亩，扩大良种种植面积2.48万亩，新增粮食139万公斤，新增油料15万余公斤，新增饲草211万公斤，为项目区新增种植业总产值1521万元，农民收入增加总额942万元。提高了机械化作业。建设渠道209条、110公里，渠系建筑物1385座，建设机耕道61条、48公里，购置大型农机具19台（套），项目区农业机械化作业率达到了100%。天然草场治理1万亩，人工种草0.7万亩，草场围栏11.2公里，农田林网建设5万余株。扶持农业产业化龙头企业9家、农牧民专业合作社6家，实施加工类项目3项，种养类项目12项，年新增总产值达到26814万元，直接受益农牧民增加收入862万元，带动农户4218户，新增农村劳动力就业549人。科技人员指导农户学习病虫害防治、配方施肥、无公害农业生产、粮食高产栽培等实用技术。项目区共计推广青稞藏青2000、小麦藏春951、油菜京华165等品种2.45万亩，实现单产亩均增产40公斤以上。

【配合实施净土健康产业项目】　年内，投入1.2亿元配合实施种植、养殖和加工类等净土健康产业项目。实施玛卡特色种植2800亩，油桃种植100亩，玫瑰种植100亩；养殖奶牛3622头、养殖牦牛2309头、养殖藏鸡2.7万羽、养殖生猪1.1万头；扶持西藏珠穆拉瑞商贸发展有限公司、拉萨圣吉雪乳业有限公司等9家农业产业化龙头企业；扶持塔玉糌粑加工、白纳村草莓种植、直孔嘎夏糌粑加工等12家合作社。实施了城关区净菜加工、堆龙德庆县蔬菜分级包装配送等项目。

【开展首个“扶贫日”宣传活动】　年内，成立“扶贫日”宣传工作领导小组，制作藏汉双语宣传资料，进行滚动LED文字宣传。自治党委常委、副主席丁业现检查指导工作并作重要指示。新华社西藏分社、西藏电视台、拉萨电视台等新闻媒体对宣传活动进行了全程报道。

（伏显强）

气　　象

【概　况】 年内全市各地年平均气温在3.0～9.5℃之间,与历年平均值相比墨竹工卡偏高1℃,其余各地正常;年降水量总量在405.4～686.7毫米之间,与历年同期值相比拉萨偏多4成,其余各地正常;年日照时数在2554～3001小时之间。冬季(2013年12月～2014年2月)各地平均气温在-6.2℃～1.3℃之间,尼木县正常,其余各地偏高1℃;降水量在0.0～3.6毫米之间,拉萨和尼木偏少1倍,当雄偏少7成,墨竹工卡偏少4成。春季(3～5月)各地平均气温在2.6～9.8℃之间,拉萨和墨竹工卡偏高1℃,其余各地正常;降水量在27.4～111.8毫米之间,墨竹工卡偏多6成,其余各地正常。夏季(6～8月)各地平均气温在11.3～16.7℃之间,各地均偏高1℃;降水量在331.1～528.9毫米之间,拉萨偏多6成,其余各地正常。秋季(9～11月)各地平均气温在3.1～9.3℃之间,尼木正常,其余各地偏高1℃。降水量在50.0～99.1毫米之间,各地均正常。

【主要气候事件】 受北部冷空气影响,2月17日～18日,全市各地出现了明显的降温天气。市区及周边各县的最低气温下降幅度达到7℃以上,其中北部当雄降温幅度最大,达到10.2℃。7月10日,全市大部分地方普遍出现明显降水天气,雨量分别为:市区24.3毫米、达孜21.1毫米、林周12.7毫米,其中市区和达孜达到中到大雨,林周达到中雨。

【主要气象灾害】 7月4日,尼木县续迈乡境内普降大雨伴有冰雹,导致续迈乡续迈村5组发生冰雹灾害,全村354亩农田受灾面积达330亩,其中160亩绝收,受灾作物主要为青稞和油菜,涉及38户167人,造成直接经济损失34万元。7月11日,尼木县续迈乡突降暴雨,从县城至续迈乡政府尼羊公路发生泥石流,有四处路段被掩埋,总长约450米,致使车辆无法通行。续迈村境内发生泥石流,冲毁位于续迈村景日岗冲沟下方的萨北水渠管道700米。8月17日21时,尼木县续迈乡续迈村色龙组突遭强降水和冰雹袭击,导致色龙湖水位猛涨,色龙湖堤坝决口,导致一座水磨坊被冲毁,色龙组260亩草场被淹,89亩农田(青稞)被冲毁全部绝收,受灾农户达30户,共167人。

【人工影响天气作业】 6月至9月,在曲水、达孜、林周、尼木、墨竹工卡县等地共实施防雹作业23余次。墨竹工卡县甲玛乡、唐加乡、工卡镇洛桑村,达孜县唐嘎乡洛普村,曲水县聂当乡、茶巴拉乡,堆龙德庆县德庆乡等7个人工影响天气标准化作业点建设项目全部竣工并投入使用。

【气象防灾减灾】 年内,联合县安监局、县气象局,在尼木县、当雄县境内的作业矿区,组织开展了防雷安全专项执法检查,整治雷电防护方面存在的安全隐患。完成墨竹工卡县米拉山和当雄县那根拉山交通自动气象站的建设。墨竹工卡县气象局防灾减灾基础设施建设项目竣工验收并投入使用。启动当雄县气象局防灾减灾基础设施改建项目,推进林周县气象局新建工作。9月,拉萨市首府城市便民警务气象精细化监测预警服务系统建设项目——便民警务站电子显示屏气象信息发布系统荣获第七届中国技术市场协会金桥奖优秀项目奖,12月1日,系统完成城区154个警务站电子显示屏正式发布气象信息。

【气象为农服务工作】 年内,堆龙德庆县被中国气象局认定为第二批标准化气象为农服务县。联合市农牧局、区局气候中心,组织专业技术人员深入田间地头,多次开展大田调查,对作物长势开展“直通式”为农服务。制作发布定期农业气象情报49期、《春播春耕气象服务专报》10期、《秋收秋种气象服务专报》6期、《拉萨市2014年适宜收割预报》1期、农用天气预报4期、非定期农业气象情报15期。

(多典洛珠　次仁白玛　巴　桑)

交通·邮电

交通运输

【**概　况**】　年内，全市交通运输系统推进农村公路建设、开展运输体制改革、加大农村公路养护管理、积极部署安全生产工作、全面落实强基惠民政策，促进了拉萨市交通运输行业的全面发展。

【**拉萨新机场完成初步选址**】　3月中旬，拉萨新机场完成初步选址。3月22日，市委书记齐扎拉到选址点林周县彭波场址朱加村现场调研。

【**出租车行业改革**】　1月至4月，全市出租车行业进行了全面改革，重组出租车公司，新增200辆出租汽车。4月15日，正式挂牌成立公交出租公司和恒安出租公司，归拉萨市公交集团公司管理。

【**尼木县水毁**】　7月12日傍晚，尼木县县道102尼麻线及县道103续迈线发生公路水毁泥石流，造成X102（K3+300、K3+700）和X103（K78+700）三处发生泥石流，无人畜伤亡，但给过往车辆及行人造成较大影响。此次共清理泥石流1000立方米，受灾道路于当晚抢通并正常通车。

【**曲水县水毁**】　7月17日凌晨4时，曲水县C074才热线及雄色寺公路发生公路水毁。造成C074（K8+070）桥墩基础掏空和雄色寺公路（K3+600、K4+000、K4+300）三处发生路面损坏、落巨石、滑坡约500方，公路灾害给过往车辆及行人造成较大影响，无人畜损失。受灾道路于7月19日抢通并正常通车。

【**危化品运输安全生产规范化管理专项检查**】　7月24日至8月5日，全市对危险品运输企业经营许可证、安全生产管理制度及应急预案、GPS平台建设应用情况、车辆台账建立情况、从业人员、驾驶员、押运员信息建档等情况进行了全面检查。

【**交通运输行业安全生产检查**】　8月11日至9月10日，市交通运输局成立两客一危企业检查组、工程建设检查组、公路养护检查组、县乡运输检查组、公交出租客运检查组，对全市客货运企业、农村公路建设工地、城市公交出租等开展了大检查。

【**现代有轨电车项目开展地形图测量与控制网建网工作**】　10月30日，市交通运输局与市城市规划设院、四川省鑫冶岩土工程有限公司西藏分公司达成合作意向：拉萨市城市规划设计院负责对现代有轨电车线路400米宽带状地形图进行测量，四川省鑫冶岩土工程有限公司西藏分公司负责完成GPS控制网埋设与测量、精密导线网的埋设与测量、水准控制网埋设与测量以及地下管网的测量。

【**农村公路建设**】　年内，全市建设农村公路项目29个，建设投资11亿元，建设里程423.9千米。

【**尼木县吞巴乡国道318线至吞普村公路工程**】　7

月 28 日，尼木县吞巴乡国道 318 线至吞普村公路工程竣（交）工验收。该项目位于拉萨市尼木县境内，起点为尼木县吞巴乡吞米纪念馆前岔路口，途径吞巴村委会、终点为吞普 2 村村头路线全长 7.29 千米。全线按四级公路标准进行设计，设计行车速度 20 千米 / 小时，其中 K0+000 至 K2+700 段路基宽度为 6.5 米，路面宽度为 5 米；K2+700 至 K7+291 段路基宽度为 4.5 米，路面宽度为 3.5 米，桥涵设计荷载采用公路 - Ⅱ级。全线采用 22 厘米水泥混凝土路面 +20 厘米 5% 水泥稳定砂砾基层。项目于 2012 年 6 月 30 日开工，2013 年 4 月 10 日完工。

【林周县卡孜乡至帕雪村公路改建工程】 7 月 28 日，林周县卡孜乡至帕雪村公路改建工程竣（交）工验收工作。该项目位于拉萨市林周县卡孜乡帕雪村，起点位于卡孜乡，途经托门村、白朗村，止于林春公路 K19+800 处，路线全长 12.344 千米，由一条主线和一条支线组成。主线长 8.39 千米，路基宽 6.5 米，路面宽 6 米，两侧土路肩宽 0.25 米；支线一长 3.95 千米，路基宽 4.5 米，路面宽 3.5 米，两侧路肩宽 0.50 米。全线按四级公路标准建设，4 厘米厚 AC-16 中粒式沥青混凝土路面，计算行车速度 20 千米 / 小时，涵洞设计荷载采用公路 - Ⅱ级。项目于 2011 年 8 月 8 日开工，2012 年 12 月 20 日完工。

【拉萨市哲蚌寺疏散人行道（藏式台阶墙）工程】 8 月 23 日，市交通运输局项目管理中心组织对拉萨市哲蚌寺疏散人行道（藏式台阶墙）工程进行竣（交）工验收工作。该项目路线总长 0.555 千米，路基宽度 3.5 米、路面宽度 3.0 米，全线花岗岩锯材路面，路面采用 15 厘米厚砂砾垫层、15 厘米厚 c15 混凝土基层、12 厘米厚精加工花岗岩石板、c20 混凝土硬化路肩、镀锌钢管栏杆 520 米，藏式台阶墙 590 米。项目于 2014 年 5 月 20 日开工，2014 年 8 月 10 日完工。

【堆龙德庆县德庆乡邱桑村公路工程】 10 月 31 日，堆龙德庆县德庆乡邱桑村公路工程竣（交）工验收。该项目位于拉萨市堆龙德庆县德庆乡境内，全长 7.31 千米，主线长 2.076 千米，项目共含支线六条（支线一长 1.415 千米，支线二长 0.783 千米，支线三长 0.646 千米，支线四长 0.905 千米，支线五长 0.868 千米，支线六长 0.617 千米）。全线按四级公路标准建设，计算行车速度 20 千米 / 小时，路基宽度 5.5 米，路面宽度 4.5 米，支线路基宽 5.0 米，路面宽 5.0 米，全线铺筑 20 厘米厚水泥混凝土面层。该项目 2013 年 7 月 10 日开工，2013 年 11 月 5 日完工。

【林周县甘曲镇朱加村公路工程】 11 月 20 日，林周县甘曲镇朱加村公路工程竣（交）工验收工作。拉萨市林周县甘曲镇朱加村公路工程位于拉萨市林周县境内，路线全长 6.333 千米，全线按四级公路标准进行改建。路基宽度 5.5 米、路面宽度 4.5 米，计算行车速度 20 千米 / 小时，桥涵设计荷载采用公路 - Ⅱ级。工程内容包括：路基土石方工程、涵洞工程、防护设施、混凝土路面等。项目于 2013 年 7 月 15 日开工，2013 年 11 月 30 日完工。

【林周唐古乡恰扎村公路整治工程】 11 月 27 日，林周唐古乡恰扎村公路整治工程（含林周唐古乡曲果小桥）竣（交）工验收。该项目位于林周唐古乡恰扎村境内，本路段设计标准为山岭重丘，路线全长 19.975 千米，行车速度 10 千米 / 小时；路基宽度 3.5 米、全幅铺设砂砾路面。设计洪水频率为大中桥，1/100，小桥、涵洞 1/50；地震基本烈度 VI 度。本路段 20 米 T 型桥一座；曲果普组、唐古组 8 米桥各一座。项目于 2012 年 6 月 25 日开工，2012 年 11 月 20 日完工。

【达孜县扎叶巴寺道路改建工程】 拉萨市达孜县扎叶巴寺道路改建工程竣（交）工验收。该项目起点位于达孜县扎叶巴寺，终点位于扎叶巴寺停车场口，路线全长 2.275 千米（含 9 千米路面维修），按双车道 6.5 米路基宽设计。项目采用四级公路标准进行改建，计算行车速度为 20 千米 / 小时。路基宽度 6.5 米，路面宽度 5.5 米，路面采用 5 厘米沥青混凝土面层。桥涵设计荷载为公路 - Ⅱ级（指新建桥涵）。全线设置必要的限速、地名、警告、指路等标志，完善相关护栏等安全设施，对路面进行标线等。项目于 2013 年 3 月 20 日开工，2013 年 9 月 15 日完工。

【曲水县查巴拉乡柏林村公路工程】 12 月 18 日，曲水县查巴拉乡柏林村公路工程竣（交）工验收。该项目位于拉萨市曲水县查巴拉乡、南木乡境内，路线全长 15.653 千米（主线长 5.212 千米，支线一长 4.37 千米，支线二长 6.071 千米）。全线按四级公路标准建设，计算行车速度20千米/小时，路基宽度5.5米，路面宽度4.5米，全线铺筑20厘米厚水泥混凝土面层。该项目2014年7月15日开工，2014年11月25日完工。

【墨竹工卡县唐加乡仲尼村公路工程】 12月30日，墨竹工卡县唐加乡仲尼村公路工程竣（交）工验收工作。该项目起点墨竹工卡县唐加乡乡政府门前，途经帕那村，主线路线止点为墨竹工卡县直孔电站生活区，止点里程K12+086.279，主线全长12.084822千米。支线1路线于主线K11+300处分路，止点为墨竹工卡县唐加乡仲尼村维拉寺，止点里程K4+609.877，支线全长4.609877千米。支线2路线起于主线K8+529.99，止点位于帮达村村口小桥，止点里程K0+718.722。全线按四级公路单车道标准设计，设计时速20千米/小时，主线行车道宽度4.5米，两侧各0.25米硬路肩+0.5米土路肩；支线1行车道宽度为3.5米，两侧各0.25米硬路肩+0.25米土路肩；支线2行车道宽度为4.5米，两侧各0.25米硬路肩。路面采用15厘米厚天然砂砾垫层，18厘米厚5%水泥稳定基层，4厘米厚AC-16沥青混凝土，透层沥青（5~8毫米）。该项目于2014年6月5日开工，2014年11月20日完工。

（张彦凯　陈晶华）

邮　政

【概　况】 截至年底，完成业务总收入5177.45万元，比上年增加392.17万元，同比增长8.2%，列地市分公司第一位，业务收入在全区占比提升0.39个百分点，年全员劳动生产率实现15.25万元，同比增长16.4%，用户服务满意率达到93.2%。呈现出良好的发展局面。

【乡邮工作】 年内，拉萨市分公司对乡邮投递网进行优化，由原来的32辆摩托车投递调整为17辆汽车投递。推进全市43个空白乡镇邮政局所补建工作，截至年底，共接收新建空白乡镇网点5处，实现运营4处。

【网络支撑】 年内，完成主题邮局和票务大厅的建设和改造，新增纳金路、武警二支队和武警总队邮政代办所，装修改造高炮旅营业所，增设揽收点7个，新增PDA手持终端30台。

【成立主题邮局】 年内，拉萨邮政成立“畅游西藏”主题邮局，销售具有西藏特色的邮票、邮册、邮折、明信片、“唐卡”画卷、工艺品等产品；设有个性化自助明信片制作体验和邮乐网购体验设备。全年实现收入272万元。

【整合票务中心】 年内，与青藏高原铁道国际旅行社沟通、洽谈，取得拉萨市区首个火车票代理网点代理权。装修改造票务中心，集中受理火车票和航空机票业务，建立“绿色出行通道”，建成“邮政票务一站式服务”体系。从9月底开业到年底实现收入58.32万元。

【强基惠民工作】 年内，做好第三、四批驻村工作队的交接工作，选派新一届驻村工作队队长和成员。筹措资金，为社区小学购置电脑教学设备；为社区图书阅览室购买了各类报刊书籍；为社区街道安装路灯，改善了社区教育、文化、生活环境。

（管麟猛）

电 信

中国电信拉萨分公司

【概 况】 年内,中国电信拉萨分公司通过光进铜退项目的实施,光网络市区覆盖率达到80%,全市乡镇具备100%的宽带接入能力。在网固定电话用户12万户,移动电话用户28万户 。

【218个行政村信息化高速公路搭建完成】 年内,中国电信拉萨分公司启动乡村基础网络建设规划完成拉萨市所属218个行政村通光纤互联网基础平台搭建。自2014年9月以来,拉萨分公司采用乡镇IPRAN网络布局,实现了县到乡镇千兆、乡到行政村百兆的网络带宽以及可根据业务需求灵活升级的能力。

【关爱残疾人活动】 年内,中国电信拉萨分公司与西藏自治区残疾人联合会,联合开展“强基础惠民生共同关爱残疾人”活动。活动共投入77470元爱心资金,为尼木县续迈村17名残障人士一次性配发助行器、助听器、轮椅、拐杖、坐便椅等辅助器具;将其中5名残障人士送往拉萨市区进行专业检查,指导日常佩戴和使用辅助器过程中需要注意的事项;对双侧髋关节脱位的肢体残疾的儿童,由西藏自治区残疾人联合会开具证明,减免部分手术费用并提供路费补贴。

【翼支付业务】 年内,拉萨分公司联合拉萨城投公司将翼支付业务延伸至冬季畜产品市场,推出“翼支付惠民、购牛肉享受9折”活动可通过翼支付在线购买牦牛肉。

(吴海燕)

中国移动拉萨分公司

【概 况】 年内,中国移动拉萨分公司(以下简称“拉萨移动”)设有5区8县1个校园分公司,县自办营业厅8家,地市自办营业厅2家,指定专营店120家,代理店728家。截至年底,共有员工387人,从自然离职、营业厅外包、保安退回等方面促进人员的合理流动。

【开展高校驻点及助学活动】 6月7日~8日,拉萨移动在北京中学、拉萨中学、拉萨市第二高级中学、拉萨市第三高级中学等四所学校开展高考驻点服务工作,为广大学生、家长、老师提供矿泉水。8月22日,公司针对参加2014年高考并被全日制普通高等本科院校录取的应届困难家庭大学生进行资助。

【雪顿节应急保障】 8月21日,拉萨分公司部署雪顿节期间通信保障工作。对哲蚌寺区域、布达拉宫广场、罗布林卡广场、文成公主演艺中心等重点区域进行测试优化和载频扩容(2/3G、WLAN协调作业,其中哲蚌寺基站是通过更换新型基站设备,使S4\4扩容为S8\8);为重点区域哲蚌寺增加900M应急车,配置为S8/8/8,罗布林卡增加1800M应急车,配置为S8/8/8;安排专人对保障重点小区实施指标监控和告警监控,。并对城区重要告警按保障区域优先级进行集中整治,保障区域站点无退服,确保节日期间在网载频可用率达到98%以上。

【校车监控服务】 12月,拉萨移动与城关区教体局签订校车安全监控项目合作协议,依托远程信息化服务技术,为城关区中小幼学校提供包含定时定位、轨迹管理、超载监控、超速报警、紧急报警、区域报警等功能在内的校车监控服务,为每辆校车安装高清摄像头和高灵敏度GPS定位模块等数据采集设备,实时将车辆位置、状态、速度等信息上传至系统平台,方便校方管理人员实时掌握校车位置,及时发现环境和人为问题。截至年底,该项目正在四所公办学校进行试点。

(秦新萍)

中国联通拉萨分公司

【概 况】 截至年底,中国联合网络通信有限公司拉萨分公司(简称“拉萨联通”)共有员工260余人,设有八个职能部门(综合部、财务部、人力资源部、市场销售部、集团客户事业部、运行维护部、网络建设部、客户服务部),根据地域划分的四个城区经营部和六个县分营业部，下属网点近90个。

【传输网络】 年内，拉萨联通新建城域成环光缆、重新搭建了城域光缆网及传输网，将城区所有基站的传输割接到了PTN网络。

【实名制登记】 截至年底，拉萨联通各自有营业厅、合作营业厅已全部铺设二代身份证验证器及摄像头，新增用户100%实名制登记。针对预开通卡，采用本地电子实名客户端，上传用户证件照及现场照，通过国政通验证用户证件真伪的方式返档激活，拉萨分公司社会渠道已全面使用地电子实名客户端，杜绝非实名用户，确保新增用户100%实名制登记。

（邓利剑）

金融·保险

银　　行

中国人民银行拉萨中心支行

【概　况】　年内，全区金融运行平稳，货币信贷飞速发展，存款余额首次突破3000亿元，贷款余额首次突破1600亿元，信贷总量和增量创历史新高；信贷投放节奏合理平稳，季节性波动得到有效控制，信贷资金摆布合理；信贷结构进一步优化，支持实体经济发展的能力进一步增强。

【存、贷款实现预期目标】　截至年底，全区金融机构本外币各项存款余额3089.19亿元，比年初增加588.25亿元，增长23.52%，增速比上年提高1.5个百分点；全区各项贷款余额首次突破1600亿元，达到1619.46亿元，较年初增加541.31亿元，增长50.21%。“涉农”贷款余额297.26亿元，较年初增长98.09%，占各项贷款的18.36%。中小微企业贷款余额608.92亿元，较年初增长44.72%，占各项贷款的37.6%。扶贫贴息贷款余额214.56亿元，较年初增长179.26%。全年新增贷款主要投向建筑业、电力热力燃气及水生产和供应业、交通运输仓储和邮政业、租赁和商务服务业及个人贷款，上述行业新增贷款460.82亿元，占全部新增贷款的95.38%。

【跨境人民币业务】　年内，全区办理跨境人民币结算业务97.16亿元，同比增长9.16%。办理人民币外商直接投资结算金额1.1亿元。

【金融服务】　年内，全市试点财政补贴资金通过银行卡发放。IC卡快捷闪付、手机支付、近场支付等现代支付工具在拉萨市示范街逐渐推开。截至年底，设立助农取款服务点2240个，布放机具2355台，填补金融空白行政乡镇682个、填补空白行政村1650个。正式启动山南地区琼结县农村信用体系试验区建设工作，开通互联网个人信用报告查询平台。全辖农牧区建设评定信用县6个、信用乡(镇)390个、信用村3824个。开通“12363”咨询投诉热线，完善金融消费者投诉处理机制。

【金融改革】　加强与尼泊尔金融合作平台建设，中国银行开展在尼泊尔设立分支机构可行性研究等前期工作，推进双边本币结算，拓展边贸结算渠道。银联西藏分公司在尼泊尔发行银联卡及在边境贸易口岸推进银联卡支付结算业务，迈出了人民币走向尼泊尔的跨越式步伐。

【金融管理】　年内，开展对辖内部分银行业金融机构的综合执法检查和综合评价，开展支付机构、银行卡收单、金融消费权益保护、反洗钱、国库和银行、企业外汇业务合规性等专项检查，规范金融市场行为。建立跨监管机构的信息交流共享机制。人民银行与自治区金融办、西藏银监局、证监局、保监局等金融监管机构签订《金融管理信息交流共享维护西藏金融稳定合作备忘录》，建立“西藏辖区金融风险防控会商机制”。

【金融风险监测】 年内,开展银行业稳健性现场评估工作,探索开展保险业稳健性现场评估,尝试性开展对地方法人金融机构压力测试工作。参与地区反恐资金监测检查工作,配合区党委开展外汇资金流动督查,配合公安反恐部门预防和打击恐怖融资活动,发挥金融反恐、维稳功能。

【外汇管理与服务】 年内,吉隆农行营业所升格为县级支行。建行西藏分行开办外币代兑业务,国开行西藏分行开办结售汇业务,外汇服务市场不断拓展。逐步建立符合西藏实际的事中事后监管模式。辖区外汇收支形势运行平稳,跨境收支总额继续增长,外汇收支与银行结售汇保持顺差格局。截至年底,西藏跨境收支总额达21亿美元,同比增长16%。银行结售汇总额为3.76亿美元,同比下降2.58%。

【经营预期目标和安全】 截至年底,辖区银行机构资产总额3311.21亿元,同比增长25.67%。实现税后利润总额为55.4亿元,同比增长81.16%。不良贷款率0.43%,比年初下降0.29个百分点,比全国平均水平低1.26个百分点。西藏金融租赁公司、中信银行拉萨分行获批筹建。西藏银行增资扩股顺利完成。西藏信托净利润大幅增长,管理资产规模达到行业平均水平以上。

(张 彦)

农行西藏分行营业部

【概 况】 年内,中国农业银行西藏自治区分行营业部(以下简称“营业部”)落实中央赋予自治区的优惠金融政策,完善服务边疆农牧民新模式。截至年底,全辖本外币总资产455.51亿元,负债余额444.70亿元。区分行营业部累计投放贷款(含贴现)214.02亿元,占拉萨市各家金融机构贷款总量的34.49%。

【“三农”业务】 年内,营业部累计发放涉农贷款43亿元,涉农贷款总额占全行贷款总额的24.96%,其中累放农牧户到户贷款13亿元,余额21.6亿元,占涉农贷款总额的40.55%,农牧户户均贷款达3.9万元。截至年底,涉农贷款余额达53.3亿元,较年初增加29亿元,增长119.4%,涉农贷款总额占全行贷款总额的24.96%。全年发放惠农卡5847张。培育涉农小企业客户32家,培育农牧业产业化经营龙头企业1家。有信用县1个,信用乡(镇)58个,信用村229个,累计发放贷款证7366张,发证面和使用率均达到98%以上。共发放惠农卡5847张,全行助农取款服务点已达到386个,其中年内新增72个。新发放妇女小额担保贴息贷款1033万元,余额1338.8万元;培育涉农小企业客户32家;培育农牧业产业化经营龙头企业1家。

【戍边金融工程】 年内,营业部增设 一家服务军分区官兵及部队的后勤的拉萨军区支行。

(钟双全)

中国银行西藏自治区分行

【概 况】 截至年底,中行西藏分行全辖共有24个营业网点,其中区分行营业部1个、拉萨城区支行15个、日喀则分行5个、山南地区分行1个、林芝地区分行1个、昌都支行1个。全行共有员工1091人。其中少数民族员工547人,占比56%;本科及以上学历665人、占比61%;35岁以下员工629人、占比57.6%。全行负债总额621.15亿元,较上年末增加67.95亿元,增长12.28%。全行资产总额631.73亿元,较上年末增加69.82亿元,增长12.43%。国际结算和跨境人民币业务四大行市场份额持续保持在90%以上。信贷不良率为0.06%,资产质量领先系统内及当地同业。

【创新金融服务】 年内,中国银行西藏自治区分行实施新版西藏分行地方公务卡系统等7项特色项目开发,改造和升级完成网点排队管理系统、冠字号项目等11项重点项目。

(杨 轩)

中国建设银行股份有限公司
西藏自治区分行

【概 况】 截至年底,分行一般性存款余额705.78亿元,比上年新增111.81亿元,增幅18.82%,完成总行计划的207.02%;一般性存款日均余额618.07亿元,增幅18.42%。各项贷款达378.26亿元,实际新增 133.70 亿元，同比增速 55.42%。全年实现中间业务净收入 9.830 万元，同比增长 1.010 万元，增速 11.45%，完成全年计划的 98.61%。实现税前利润 19.92 亿元，完成计划的 137.09%；实现净利润 14.91 亿元，完成计划的 138.01%；实现经济增加值 11.70 亿元，完成计划的 138.73%。不良贷款余 8087 万元，比年初减少 4215 万元，不良率 0.21 %，比年初下降了 0.3 个百分点。

【资产业务】 截至年底，全行贷款余额突破 300 亿元。小企业客户贷款余额 84.02 亿元，较年初新增 33.52 亿元。个人贷款余额 249703 万元，比年初新增 64849 万元，完成全年新增计划的 324%。住房贷款不良余额 1099 万元，比年初减少 223 万元，不良率 0.44%。

【负债业务】 年内，全行公司机构有效客户新增 2796 户，计划完成率 138%；个人有效客户新增 110，924 户；私人银行 AUM300 万以上新增 140 户，其中 AUM1000 万元以上客户新增 14 户，完成计划的 200%。阿里分行、拉萨东城区支行顺利开业，林芝米林分理处、那曲色尼路分理处以及拉萨江苏路支行完成装修及搬迁工作，新设 3 个自助银行。建行机构类存款时点余额 386.83 亿元，对公存款中占比为 67.78%，财政资金承接率 63%。

【中间业务】 年内，完成藏青工业园、拉萨市教育城、高原之宝、西藏银行等公司造价业务以及行内基本建设项目预算，涉及预算 15.74 亿元，实现收入 464 万元，比上年同期增长 349 万元，增幅达到 175%。销售基金 1.07 亿元，比上年同期增长 259 %，实现中间业务收入 134.17 万元。

【战略业务】 年内，发展手机银行和短信银行业务，电子银行离柜账务性交易量占比为 79.12%，比年初提升 4.69 个百分点。拉萨市师范学校校园卡顺利发卡，校园金融 IC 卡发卡 3000 多张。运营养老金业务客户 7 户，受托资产规模 2 亿元，账户管理人数 6500 人。

【强化风险管理】 年内，处置不良资产 6336.7 万元，完成全年计划的 166.76 %，已核销呆账资产回收 1235.27 万元，完成全年计划的 1403.72%。

（雷　勇）

中国工商银行西藏分行

【概　况】 截至年底，中国工商银行西藏分行各项贷款余额 181.02 亿元，比上年增加 49.95 亿元，增幅 38.11%。全部存款（含同业）106.45 亿元，比上年增加 11.07 亿元，增幅 11.61%。余额存贷比 148.84%，增量存贷比 446.92%。

【金融服务】 年内，通过牵头组建流动资金银团贷款、国内保理业务、半年期流动资金循环贷款等为企业提供所需的金融服务。为多家国内大型企业在藏分支机构办理了第一笔集中式银期转账业务。先后投产实物贵金属、账户贵金属、积存金等业务。开通个人质押贷款、个人家居消费贷款、个人住房按揭贷款等业务，开办薪金卡、商友卡、武警军人保障卡、军人保障卡辅卡等品种。新增了个人安心账户托管、个人联名账户、大额分期付款等业务。

【业务增长】 截至年底，个人客户达到 3 万户，比上年增加 8200 户，增幅 38%；对公客户达到 600 户，比上年增加 300 户，增幅 100%。企业网银由上年 109 个增加至 240 个，增幅 120.18%；个人网银由上年 6854 个增加至 8894 个，增幅 32.23%；手机银行由上年 2656 个增加至 4686 个，增幅 76.43%。信用卡发卡量由上年的 925 张增加至 1500 张，增幅 62.16%；借记卡发卡量由上年的 22000 张增至 28500 张，增幅 29.52%；POS 布设由年初 78 台增加至 190 台，增幅 143.59%。

（张　芸）

中国邮政储蓄银行拉萨市支行

【概　况】 年内，中国邮政储蓄银行拉萨市支行打造“高、精、尖”商业化、特色化金融服务机构。市行所辖营业部荣获区级“青年文明号”称号，大楼支行连续两届获得“千佳示范网点”称号，堆龙支行被评为区级“金融工作先进集体”，大楼支行被评为总行级“明星支行”。

【业务开展】 截至年底，完成投资资金业务量 1500 亿元，居区内首位，与拉萨市担保公司合作服务中小企业信贷投放近亿元，居区内首位；各项存款余额 249482.94 万元，较年初增长 27726.49 元，增幅

12.50%；通过开办小额信用贷款、综合消费贷款、商务贷款、小企业贷款、公司信贷、票据贴现、供应链融资、银团贷款等多样化贷款品种，实现各项贷款余额 43444.11 万元，较年初增长 16433.89 万元，增幅 60.84%；设立银行自助设备 22 台，投放 POS、商易通服务终端 610 台，拥有客户总数达 26 万人。

【业务创新】 年内，完善 VIP 客户服务体系，组织开展中高端客户理财沙龙；通过网银“手拉手”活动，推动电子银行业务发展；开办信用消费贷款、汽车消费贷款、小企业贷款、商务贷款、公司信贷等贷款品种和“公司 + 商户”“消费信贷 + 信用卡”贷款模式。

（成志娟）

西藏银行

【概　况】 截至年底，西藏银行资产总额达 255.23 亿元，比年初增加 90.61 亿元；各项存款余额 210.32 亿元，比年初增加 65.31 亿元；各项贷款余额 142.55 亿元，比年初增加 54.37 亿元。

【机构建设】 截至年底，西藏银行共有机构 5 个。其中总行 1 个，位于拉萨市民族北路 7–1 号；县级支行 2 个，贡嘎支行位于山南地区贡嘎县甲竹林镇机场综合服务楼 1~2 层，墨竹工卡支行位于墨竹工卡县工卡路 18 号；分行 2 个，日喀则分行位于日喀则市上海中路中国藏街独立商铺 16–18 号，林芝分行位于林芝县福建路 43 号。拉萨城东支行、经济技术开发区支行、色拉路支行、昌都分行进入到筹建阶段。

【驻村工作】 年内，西藏银行派出驻村工作队继续进驻那曲地区香茂乡宗热格村，对村里人畜饮水问题、草场围栏和群众体育健身等问题进行了调研；协助村民修整和填补路面；拨付 129675 元向村民开办机动车驾驶培训专班。

（张　娜）

国家开发银行西藏分行

【概　况】 年内，国家开发银行西藏分行累计发放贷款 36.75 亿元、775 万美元。本外币贷款余额 65.84 亿元，较年初增加 23.29 亿元，增长 54.74%。全年日均存款 13.25 亿元，不良贷款率 0.02%，实现净利润 1.01 亿元。

【支持重点项目建设】 年内，重点支持拉林公路等项目建设，西藏综合交通运输体系的完善，重点水电站等特色优势产业发展，保障房、水利等领域建设。

【保障房融资】 年内，编制完成全自治区保障房系统性融资规划，测算资金缺口与资金平衡方案；推动确定由自治区投资公司作为统贷平台；与住建厅等部门联合起草《西藏自治区棚改等保障房建设项目银行专项贷款管理办法》等相关制度；支持昌都地区 2014 年棚户区改造项目。

【发放贷款】 年内，向西藏大学、西藏民族学院等五所高校“应贷尽贷”，发放贷款 240 万元，支持家庭困难大学生的学习和生活。向雄巴乡小学捐款 30 万元。10 月 17 日全国扶贫日，向自治区扶贫开发捐款 30 万元。向自治区普法捐款 20 万元。

（吕　垒）

保　　险

中国人保财险西藏分公司

【概　况】 截至年底，中国人保财险西藏分公司实现保费收入 92.574 万元，同比增加 4.67%；累计承担风险金额 7397 亿元，同比增长 3.37%；累计赔付金额 50.252 万元，同比增长 17.54%；累计已结赔付案件 59.672 件，同比增长 11.61%，未结赔付案件 4745 件，同比减少 17.42%。

【理赔服务】 年内，以“理赔提速”为核心，强化成本管控理赔周期提速 45%。

【政策性保险】 年内，推进农牧民大额医疗保险工作和农机具赔付工作，做好在藏户籍人员相关保险服务工作,做到快速理赔、快速支付。

【大病保险业务】 年内,大额补充医疗保险已实现全区覆盖。案件赔付率及理赔服务效率均能达到政府要求。

【开展“创先争优、强基惠民”活动】 年内,安排部署“创先争优、强基惠民”驻村工作队,截至年底,共派遣工作队员56人,帮助当地群众购买青稞种子、收割庄稼、修筑农田灌溉水渠、防洪堤坝、草场围栏、砖厂、羊毛加工点等设施,共有6名工作队员荣获“优秀队员”称号。

(赵 娟)

中国人寿保险股份有限公司西藏自治区分公司

【概 况】 年内,中国人寿保险股份有限公司西藏自治区分公司实现总保费1.359亿元,同比增长8.01%。其中,长险首年标保1471.17万元,首年期交保费2674.32万元,10年期及以上首年期交保费1758.25万元,短期险保费2663.73万元,短期意外险保费1741.76万元,小额贷款保险保费266.27万元。队伍建设得到较大发展,在册营销人力达到625人。

【服务提升】 年内,共收集孕产妇案件832件,同比增长190%,理赔金额达到741.79万元。新契约端对端时效与上年同期数据相比提升了62.35%;柜面处理时效同比提升了79.42%。

【理赔服务】 年内,共处理理赔案件1433件,理赔金额为1600.4万元。对西藏自治区人民医院救治中的15名新生早产儿及2名孕产妇进行理赔金预先赔付,支付了共计15.8万的理赔金。

(左 佳)

中国平安财产保险股份有限公司西藏分公司

【概 况】 年内,平安保险西藏分公司保费收入13765万元,比上年同比增长31.25%。共缴纳各项税款900.91万元,代扣代缴税款 1256.01万元,同比分别增长37.36 %、37.27 %。理赔立案11060件,赔款支出6467万元。

【机构建设】 截至年底,平安产险西藏分公司合计人力169人,同比增长27.1%,拉萨合计人力133人,同比增长27.8%。已建立了5家外围机构,网点覆盖山南、林芝、日喀则、那曲和昌都基本完善了全区保险服务网络。

【社会责任】 年内,平安产险西藏分公司在林芝“8·18”大案发生的第二天完成了500万元的预赔款支付;在涉及“两限一警”实施以来预计需要做退费处理的保单共计626单,涉及客运公司28家,退还保费共计近190万;为驻村点申请63万项目修建蓄水池,申请93万元修建引水渠,向市林业局申请1.5万元修建孜村围栏;平安投资105万元在西藏参与修建三所希望小学,其中“林芝八一镇希望小学”、“昌都察雅县烟多镇若普村平安希望小学”已在2013年正式投入使用,第三所平安希望小学“日喀则地区江孜县龙马乡平安希望小学”已于2014年挂牌成立并投入使用。

(王 浩)

旅　　游

【概　况】 年内，拉萨接待国内外旅游者925.74万人次，比上年同期增长15.87%，实现旅游收入111.67亿元，比上年同期增长35.91%。旅游业带动就业人数7.5万人，其中农牧民达2万人。

（魏　雪）

旅游推介

【巡回促销活动】 年内，市旅游局组织以"美丽家园·幸福拉萨"为主题的巡回促销活动。促销团先后在广州、深圳、珠海、杭州、上海、南京、石家庄、天津和北京等9座城市举行了8场推介会和一次座谈会，共邀请了约700余家旅行商、200余家当地媒体参与活动报道，刊发、转载各类稿件千余条。其中新华网、人民网、西藏日报等媒体所刊稿件被多家网络平面媒体转载。截至年底，共发放了旅游宣传资料近7000份、受理咨询近1050余人次。

【参加浙江义乌商品博览会】 年内，参加浙江义乌商品博览会，拉萨市参展的特色旅游商品"铜雕度母唐卡"被中国国际旅游商品博览会组委会授予了中国第六届国际旅游商品博览会优秀必购旅游商品奖，并对拉萨市旅游局授予了优秀组织奖。拉萨市旅游局还在博览会期间推荐的77样特色旅游商品入围了第六届中国国际旅游商品博览会必购旅游商品名册，另有八大类共39个旅游商品在组委会网上进行推销。

【获"影响世界的中国历史文化名城"称号】 年内，拉萨市旅游局参加由人民日报社、人民网、中国旅游报社、中华文化促进会旅游文化研究中心、凤凰卫视欧洲台、凤凰卫视美洲台联合举办的"第二届中国文化旅游品牌建设与发展峰会"，获得"影响世界的中国历史文化名城"荣誉。

【获"牵手—2014中国最美村镇"称号】 年内，拉萨市旅游局参加由第一财经传媒和全国50多家广播电台共同主办，以"牵手最美村镇，共铸美丽中国"为主题的"牵手—2014中国最美村镇"评选活动，市旅游局选送29个符合评选条件的村镇参加了此次活动，通过一系列的网络初审、网民、专家和媒体投票等环节，最终拉萨市市纳木湖村和唐古村凭借独特的自然风光和人文环境获得了"牵手—2014中国最美村镇"荣誉称号。

【获"西藏自治区第二届旅游纪念品大赛优秀组织奖"】 年内，市旅游局参加由西藏自治区组织召开的第二届旅游纪念品大赛，拉萨市旅游局共报送了107件作品参展，15件获奖。其中荣获金奖1名、银奖7名、铜奖7名，成为全区七地市荣获奖品最多的城市。同时，拉萨市旅游局荣获"旅游纪念品大赛优秀组织奖"的荣誉称号。

（魏　雪）

大型活动

【举办"雪顿节"活动】 2014年4月，成立以市委副书记、市长、市委政法委书记张延清为主任，区党委宣传部、区文化厅、区广电局、区住建厅、西藏日报社等5个区直单位和市公安局、教体局、文化局、旅游局等28个市直成员单位负责人为成员的2014中国·拉萨雪顿节组委会。同时，设立中国拉萨雪顿节组委会办公室，办公室主任由副市长吴亚松兼任，从市直相关单位抽调5名工作人员具体从事日常工作。

5月12日，市委副书记、市长、市委政法委书记张延清主持召开市政府第16次常务会议，6月16日，区党委常委、拉萨市委书记齐扎拉主持召开八届市委第81次常委会议，听取了2014中国拉萨雪顿节筹备工作情况汇报。

【**成功举办新闻发布会**】　8月8日，2014中国拉萨雪顿节新闻发布会在区外宣办新闻发布中心隆重举行。16家区内外媒体参加发布会、参与报道。

【**开幕式文艺表演因地制宜、节俭精致**】　8月25日，开幕式文艺演出在《文成公主》实景剧场隆重举行，3000多名各界代表参加开幕式。自治区党委常委、拉萨市委书记齐扎拉宣布开幕，自治区人大副主任赵合，自治区副主席德吉，自治区副主席曾万明，自治区政协副主席索朗仁增，西藏军区副政委郭岚。武警西藏总队司令员宋宝善等自治区领导出席，拉萨市委副书记、市长、市委政法委书记张延清致开幕辞，副市长吴亚松主持。

【**藏戏汇演**】　8月25至8月31日，来自拉萨、日喀则、山南等地市的7支民间藏戏队，共200余名艺人演出了13场，观看演出的群众和游客近10万人次。

【**闭幕式音乐会**】　8月31日，“美丽家园 幸福拉萨”雪顿节闭幕式音乐会在市民族文化艺术宫举行。

【**展佛活动**】　据统计，2014年展佛期间，哲蚌寺参加活动人数达到13.62万余人次，色拉寺参加活动人数达到11.38万余人次。

【**第二届“天堂草原杯”自行车速度赛落幕**】　8月26日，第二届“天堂草原杯”自行车速度赛圆满落幕。

【**吉韧比赛**】　8月22日至23日，来自城关区的两岛、八廓、吉日、吉崩岗、扎基和公德林6个街道办事处的17名群众组队参赛。

【**国际围棋赛事“十番棋”第七局拉萨站比赛**】　8月31日至9月1日，首次承办的国际围棋赛事“十番棋”第七局拉萨站比赛成功举办。

【**弘扬藏式美食文化**】　8月25日，藏式特色美食周暨第二届阿妈啦厨房擂台赛开幕，区内外50余家中小企业参展，现场提供全国各地小吃100余种；8月25日至8月29日，本次活动中最吸引公众的“千人吃藏面”环节，每天提供200份免费藏面供消费者品尝；至活动结束，参加美食周的56家企业总营业额达1,092,000元，与会观众多达5万多名。

【**唐卡摄影，尽展风采**】　8月24日至8月28日，由区文化厅、拉萨市人民政府联合主办的“第四届西藏唐卡艺术博览会”在罗布林卡举办。活动分4个展厅，集中展示65位西藏等级画师的65幅作品和66位画师优秀唐卡作品，观众总流量达到5万人次以上。8月24日，第七届中国西藏珠穆朗玛摄影大展开幕。摄影大展共征集到全国各地1000余位摄影家和摄影爱好者选送的13000余幅摄影作品，700余幅作品参加了展出。

【**商贸活动，成绩斐然**】　8月26日，雪顿节经贸洽谈会共签约86个项目。总投资466.651亿元，其中正式签约项目54个，总投资80.201亿元，意向签约项目32个，总投资385.45亿元。此次活动中，尼木县与浙江盾安集团签订的风能发电项目，签约额达180亿元。其中，净土健康产业推介会签约项目53个，总投资248.1亿元，其中正式签约项目36个，投资33.6556亿元；意向签约项目17个，投资214.44亿元。旅游文化产业推介会签约项目9个，总投资94.71亿元，其中正式签约项目3个，投资3.05亿元；意向签约项目6个，投资91.66亿元。城市综合开发推介会签约项目24个，总投资123.84亿元，其中正式签约项目15个，投资44.496亿元；意向签约项目9个，投资79.35亿元。

【**房产展销会**】　8月25日至8月27日，雪顿节房产展销会在宗角禄康举办。此次房展全区共有31家房地产开发企业携45个楼盘参展，展会面积近2000平米。

【**接待游客**】　据不完全统计，雪顿节期间全市累计接待海内外游客140.88万人次，同比增长16.08%，旅游收入达3.78亿元，同比增长32.16%。

【**举办“行走日光城”活动**】　1月12日，陈坤、王珞丹、张静初等多位嘉宾携近3000余市民和游客在拉萨城区行走2个小时，整个行程达10公里。先后有447家媒体宣传报道1011篇次，百度搜索结果约371万条，知名人士微博粉丝达1亿人。根据数据显示，年初淡季旅游同比旅游人次增长20%。

（魏　雪）

旅游管理

【开展“诚信旅游·幸福拉萨”主题相关活动】 年内，在全行业开展“诚信光荣、失信可耻、诚信经营、守法经营”评选活动。拉萨市旅游局质量监督管理所、市联动执法支队、城关区旅游局联合西藏祥云旅行社、赛康酒店等13家旅游企业在西藏自治区邮政局广场开展以“诚信旅游·幸福拉萨”为主题的宣传活动。活动期间，共印制《中国公民出境旅游文明行为指南》《中国公民国内旅游文明行为公约》《文明旅游、理性消费——品质旅游出游提示》等46种宣传材料。宣传活动当天共接待近千名游客的咨询，发放宣传材料6000余份。拉萨电视台、拉萨晚报、西藏商报、西藏电视台等媒体对该活动进行了宣传报道。

【成立拉萨诚信购物示范企业评审委员会】 年内，拉萨市旅游局、商务局、物价局、城关区旅游局和古城管委会结合拉萨诚信旅游宣传月在全市范围内开展拉萨市诚信旅游示范企业购物店评选活动，并报市政府批准成立“拉萨诚信购物示范企业评审委员会”，该委员会由市旅游局、物价局、商务局、古城管委会、工商局、质监局、城关区旅游局的主要或分管领导组成，经评审委员会研究通过拉萨市诚信旅游示范企业购物店评选标准，该标准由地理位置、建筑及外部环境、旅游购物环境、安全卫生要求、旅游商品、服务项目、服务要求、业务要求、服务质量管理、受理投诉等十大项、90个小项评选标准构成，全年收到《拉萨市诚信旅游申报表》10余份，经过评选有4家购物店符合上述评选标准，并于12月20日发放“诚信购物店”铭牌。

【加强“绿色通道”管理】 截至年底，共登记备案旅游团队23571个，游客482738名。

【开展旅游联合执法检查】 年内，市旅游局联合公安刑警部门成立了打击拉客行为整治小组，重点在布达拉宫、宇拓路便民警务站周围安排执法人员深入拉客现象，共发现违规拉客35人、倒票5人，批评教育28人，行政拘留12人。

【受理旅游投诉】 年内，共受理旅游咨询投诉2009起，有效受理并妥善处理256起，办结率达到100%，挽回游客经济损失330000元。

【酒店星级评定与复查】 年内，新增星级酒店7家。截至年底，全市共有旅游星级宾馆（酒店）139家，其中五星级2家，四星级27家，三星级48家，二星级22家，一星级6家，星级家庭旅馆34家。

【景区等级评定与复查】 全市共A级景区（点）15处。年内，新增A级景区（点）共3处，其中已批准的5A级景区有布达拉宫、大昭寺，3A级景区有尼木吞巴；2A级工业景区有两处，分别是甘露藏药文化工业园、奇圣土特产品有限公司。

（魏　雪）

旅游基础设施建设

【争取国家旅游基础设施建设资金1.1106亿元】 年内，墨竹工卡县直贡梯寺景区基础设施建设项目，总投资240万元；墨竹工卡县德仲温泉景区基础设施建设项目，总投资2102万元；墨竹工卡县达普天文历算台景区基础设施建设项目，总投资740万元；慈觉林景区基础设施建设项目，总投资2759万元；邱思景区基础设施建设项目，总投资1430万元；从各县（区）收集、整理拉萨市“十二五”乡村旅游点建设计划，并前往现场考察景区情况。截至年底，自治区发改委确定6个乡村旅游特色村，分别为：墨竹工卡县工卡村、尼木县吞达村、城关区蔡公堂乡支沟、城关区夺底乡维巴村、尼木县续迈村、堆龙德庆县羊达乡通嘎村，总投资2375万元；拉萨市旅游自驾营地项目，总投资350万元；根培乌孜景区基础设施建设项目，总投资1110万元。

【“十三五”项目前期工作开展情况】 年内，整理出“十三五”旅游项目共67项，投资总额416499元。包括旅游基础设施类、乡村旅游类、红色旅游类、森林和高原生态旅游类。

【旅游发展资金、旅游发展基金项目】 年内，达孜县金色池塘景区配套设施建设项目,总投资148万元;曲水才纳乡民俗旅游特色街项目,总投资60万元;拉萨市当雄县赛马场体育文化旅游建设项目,总投资250万元;思金拉措景区配套设施建设项目,总投资396.7万元。

【旅游自身基础设施建设】 年内,调试建立拉萨市旅游局网络及LED显示器;拉萨市旅游政务网、商务网、诚信网服务器已调试安装完成,数据库已建立。

（魏　雪）

培训与管理

【旅游从业人员培训】 年内,市旅游局利用旅游淡季时间,开展星级酒店、家庭旅馆管理人员及从业人员服务技能提升培训。培训人员共计255人,已全部实现本地就业。

【开展旅游安全生产法规宣传】 截至年底,共开展安全检查累计60次,检查了580多家星级酒店,A级景区60处,上报安全生产方案12份,阶段性总结15份,消防总结3份,安全生产通知18份,简报4份。

【组织酒店、景区管理人员赴北京旅游委、江苏旅游局学习】 年内,组织星级酒店、A级景区、县区管理人员赴两地进行短期培训,学习和借鉴内地旅游发展的经验和经营模式,管理理念。组织警务站近300名公安民警进行培训,并发放了旅游督导员证。

（魏　雪）

科技·教育·体育

科　　技

【概　况】　年内，科技对全市经济和农牧业发展的贡献率分别达到40.8%和46.8%，科学技术普及率达到89%。

【科技创新】　年内，市科技局召开了全市科技创新大会；开展第七次全市科学技术奖励工作，修改完善了《拉萨市科学技术奖励办法》，评选出"藏本草植物湿巾系列产品开发"等13项获奖成果和1项突出贡献奖，发放奖励资金320万元。将特等奖奖金提高到200万元，一等奖奖金提高到50万元。

【科技项目】　年内，争取各级财政资金投入4100万元，实施项目86项，其中市科技投入1000万元，实施35个科技项目，带动社会投入4000余万元。修改完善了《拉萨市科技计划项目管理办法》，加强对项目前期调研、立项论证、跟踪管理和结题验收，要求投资30万元以上的科技项目必须出具审计报告。上报了"十三五"科技项目。

【农村科技】　年内，市级科技项目坚持将60%的经费用于农牧业科技，投入1000多万元科技资金，立项支持实施20多个涉农科技项目。新增市级农牧民科技特派员50名，全市科技特派员队伍发展到502名。开展两期共计150人的科技特派员培训，组织30名优秀科技特派员赴江苏进行考察学习。推动食用菌产业发展，完成了《拉萨市净土健康食用菌产业发展规划》《拉萨市净土健康食用菌产业发展实施方案》，制定了《拉萨市净土健康食用菌产业发展补助政策实施细则（试行）》，开展西藏野生珍稀食用菌菌种资源调查，进行食用菌产业招商引资工作，组织专家开展食用菌种植技术指导；开展强基惠民送科技行动，实施11个项目．曲水县被科技厅列为自治区级科技示范县。

【工业科技】　年内，成立服务企业的科技服务咨询公司，建成拉萨科技企业信息服务平台；挂牌成立8家工程技术研发中心；邀请江苏省科技系统以知识产权专家进藏服务方式，为园区企业举办了知识产权讲座，挖掘专利申请，全年专利申请222余件，授权128余件，占全区的90%；联合企业成立拉萨市太阳能研究所有限公司，促进新能源的推广应用。

【科学普及】　年内，开展科技活动周、科普日等各类科普宣传活动30余次，发放各种科普图书90余种，1.6万余册，科普光碟5000余张，环保袋及环保围裙1万余条，展出科普展板300余张，义诊义疗3场次，受益人数达8万余人。举办拉萨市第二届科技小发明竞赛活动和青少年科技体验活动，青少年学生创新意识得到加强。争取的科普项目数量增加，资金投入增大，落实国家科协、自治区科协两级"基层科普行动计划"项目共计13项，资金116万元。与北京市、江苏省科协签订战略合作框架协议，并支持建设青少年科技馆，配送2辆科普大篷车，开展全市科协管理干部培训，为科协工作的开展提供支持；各县（区）科协第一次代表大会顺利召开。

（王东红）

教　育

【概　况】 年内，跨年工程项目82个，总建筑面积71756平方米，总投资17559万元，完工项目53个。下达项目95个，总建筑面积129572平方米，总投资29004万元。全市有各级各类学校233所，在校生共116141人。其中，教育部门办学：普通高等学校1所，在校生2756人；中职学校2所，在校生3822人；普通高中4所，完全中学2所，在校生13336人；初中15所，在校生20363人；完全小学76所，在校生50057人；幼儿园92所，在校生11484人；特殊教育学校1所，在校生189人。其他部门和社会力量办学：军区八一校在校生1926人；彩泉福利小学在校生65人；民办幼儿园38所，在园幼儿12143人。全市高中阶段入学率达到88.5%。初中毛入学率达到100.47%、巩固率达到95.73%。小学适龄儿童毛入学率达到99.82%、巩固率达到98.70%。全市城镇学前三年幼儿毛入园率达到96%，农牧区学前两年幼儿毛入园率达到85.5%。青壮年文盲率控制在1%以内。全市各级各类学校共有教职工10512人，专任教师共计8282人。其中，教育部门办学校教职工9586人，专任教师7808人；民办学校教职工共926人，专任教师474人。全市高中、初中、小学专任教师学历合格率分别为99.26%、100%、99.71%。

【教育信息化建设】 年内，按照国家“三通两平台”建设标准要求，为53所学校接入宽带网络，全市接入宽带网络学校达58所。建设了258间交互式电子白板和45间多媒体液晶一体机项目，多媒体教学（投影、电子白板、一体机）“班班通”学校已达52所。新建了23间计算机网络教室，新增学生计算机1150台，截至年底，所有学校均建有计算机网络教室，学生机达6889台，生机比由上年的14.2∶1提高到11.9∶1。按照“试点先行、重点突破、全面推广”的原则，在原有5所资源应用试点学校的基础上，新增曲水县5所小学 。

【职业教育】 年内，市一职结合净土健康产业、交通运输业发展需求，开设畜牧兽医、观光农业经营等11个专业。市二职结合拉萨市旅游、文化等产业需求，开设旅游服务与管理、民族音乐与舞蹈等24个专业。两所学校与区农科院、市旅游局等部门合作，建设产教一体综合性实践基地；与各特色产业基地、公司合作，已与20家企业签订了长期合作协议。与市“四业工程”办、科技局等单位合作，培训农牧民900余人次、就业700余人，实现农牧民人均年增收2万余元。

【教育科研】 年内，建立片区教研制度，推广城关区“盟校”合作交流机制，开展教师敬业、教材规范、教法科学、教管高效、教研跟进“五教创新”活动。开展蹲点指导和调研工作，听课总数达415节。申报课题材料43份，17项课题予以立项。开展“送教下乡”活动，七县6000余人参加了学习。

【师资队伍】 年内，为教育城3所学校和市一职调配教师200名。制定《拉萨市教育局关于新任教师岗位分配实施办法（试行）》，根据上级要求和个人自愿，首次尝试依岗报考、按需分配办法，完成了453名新任教师分配。其中，市直各校新分教师32名、城关区新分教师125名、7个县新分教师296名，截至年底，有27名教师获得自治区级荣誉称号，3名教师获得国家级荣誉称号。组织第30个教师节庆祝表彰活动，表彰了先进个人130名和优秀团队3个。完成市级以上各类培训2325人次。推荐778人参加国家级培训，248人次参加自治区级培训，3人到国外参训。

【招生考试】 年内，完成研究生、全国高等教育自学考试、计算机等级考试、英语等级考试、教师教育技术水平考试、普通高考、中考，服务考生19758人次。参加高考的考生6066人，录取率为78%，录取率比2013年提高5.1%。参加中考的考生6574人，录取率100%。参加英语等级考试（PETS）的考生118人。参加计算机等级考试的人数893人。参加高等教育自学考试的考生 2474 人，比上年减少 803 人。参加成人高考的考生 2461 人，比上年减少 1034 人。参加教师教育技术水平考试的考生 220 人，比上年减少 104 人。

【惠民工作】 年内，共下拨“三包”经费 25640.59 万元。营养改善计划经费 3409.85 万元。198 名家庭经济困难学生享受中央专项彩票公益金“润雨计划”资助。拉萨市第一小学和拉萨市特殊教育学校 20 名优秀教师、30 名优秀学生、30 名贫困学生获得阴法唐西藏教育基金会奖励和资助。155 名品学兼优家庭困难高中生获中央专项彩票公益金“润雨计划”奖励。12 名幼儿教师享受中央专项彩票公益金“润雨计划”资助。60 名家庭经济特别困难教师获中央专项彩票公益金“励耕计划”资助。

【参加全区首届高中教学大赛】 6 月 16 日至 23 日，全区首届高中教师教学大赛在拉萨举行，参赛选手来自全区 7 地市、拉萨中学、西藏民院附中、西格办中学、军区八一校和内地西藏高中班（校）共计 192 名教师。在现场课比赛中，拉萨市 5 名教师获一等奖，5 名教师获二等奖，5 名教师获三等奖，1 名教师获优秀奖，拉萨市教育局获优秀组织奖。

【学校布局调整】 年内，将八中由原全走读制改为半走读半寄宿制学校。将拉萨市第二职业技术学校搬迁至教育城。将原市二高、三高搬迁至现北京实验中学和江苏实验中学。北京实验中学是北京市投资 2.2 亿元的援藏项目，学校占地 200 亩，建筑面积 47000 平方米，学校高中部在校生 2311 人，初中部在校生 216 人，教职工 287 人，其中，北京援藏教师 52 人。江苏实验中学是由江苏省投资 2.4 亿元建设的，占地 207 亩，建筑面积 47878.28 平方米，学校高中部在校生 1834 人，初中部在校生 417 人，教职工 233 人，其中，江苏援藏教师 50 人。

【德育工作】 年内，组织 200 名学生参加“行走日光城”活动。组织千名青少年参加“3·28”升国旗、座谈会、参观图片展等活动。组织全市学生开展学雷锋系列活动。组织拉萨市一小学生参加五个少数民族自治区联合主办的“六一晚会”。组织 300 名小学生参加“世界地球日—拉鲁湿地”环保活动。组织各学校积极开展“道德讲堂”活动。组织七县一区的美德少年参加西藏自治区首届“格桑梅朵杯”美德少年夏令营活动。组织七县一区中、小学 25 名心理健康教师进行未成年人心理健康教育培训。

（宋晓婧）

拉萨师范高等专科学校

【教育教学改革】 年内，将原有师范专业调整为初等教育专业、学前教育专业、学前“1+1”教育专业，原有专业统一称为专业方向，并逐步压缩非师范专业。

出台并印发拉萨师专《教师教育教学工作规范》《教学差错教学事故认定及处理办法》《调课停课补课管理规定》，安装了教师上课签到刷卡机。

举办了第 5 届教师教学比武大赛，其中 2 名教师获得一等奖。

加增加实习实训基地 20 个，全面实行普通话等级证书、字体等级证书、计算机等级证书考核发放制度。

完成 2011 年教学改革项目的结项和上报工作，其中 5 项按时结项，1 项延期结项；完成 2013 年教师实践实战能力提高计划项目结题评审工作，其中 9 项按时结项，1 项延期结项。自治区级特色专业《小学综合文科教育》和《旅游工艺品设计与制作》专项建设资金 400 万元已经全部到位。

【奖学金发放】 年内，为 437 名学生，发放校级奖学金 108100 元；为 13 名学生，发放“拉萨市资助非义务阶段贫困生”资金 86000 元；为 4 名学生发放国家奖学金 32000 元；为 63 名学生，发放国家励志奖学金 347000 元。

【师资队伍建设】 年内，共签约引进研究生 7 人，选派 19 人到对口支援高校进修学习；遴选推荐 3 人为访问学者；选派 1 名思政骨干教师赴国家教育行政学院参加为期一个月的培训班；协助市人社局举办拉萨市专业技术人员培训班 3 期，共有 18 人参加；1 人参加节能教育远程培训。选派 5 人到内地对口支援高校挂职锻炼。

【科研、继续教育工作】 年内，申报教育部人文社科项目 2 项、国家社科项目 2 项、教育厅思政专项课题 8 项（其中立项重点课题 1 项、一般课题 2 项）、自治区社科研究专项资金项目 8 项。完成了 2014 年成人函授教育工作、102人的拉萨市幼儿教师转岗培训、50人的自治区幼儿教师转岗培训，40人的自治区幼儿园园长、40人的自治区小学班主任培训。成功申报国家级培训项目6个，即：中西部项目—西藏自治区农牧区骨干教师转换脱产研修项目—小学藏文（50人），中西部项目—西藏自治区农牧区骨干教师转换脱产研修项目—小学思品（50人），中西部项目—西藏自治区农牧区骨干教师短期集中培训项目—小学藏文（50人），中西部项目—西藏自治区农牧区幼儿园骨干教师短期集中培训项目—学前教育（送培下乡）—昌都、日喀则、阿里、那曲（共200人），西藏自治区农牧区幼儿园转岗教师短期集中培训项目—学前教育（送培下乡）—山南、林芝（共100人），西藏自治区农牧区幼儿园骨干教师转换脱产研修项目—学前教育（共100人）。

（郭掌印）

拉萨市第一中等职业技术学校

【概　况】　截至年底，拉萨市第一中等职业技术学校有教职工124人，其中教师95人（含4名校领导、23名外聘教师、68名正式教师），临时工29人；有13个公共基础课教学班，20个专业课教学班，全日制学生1250人。

【维护校园安全】　年内，学校成立了校园反恐防爆工作领导小组，抽调中青年教师组建了义务护校队、义务处突队、义务安检队、义务交通安全队，建立和实行"摸底—排查—整治—评估—再排查"的滚动式安全隐患排查机制，执行24小时值班制度，确保师生生命安全和学校财产安全。

【专业建设】　3月，学校设置了以农林牧渔类和交通运输类为主的5大类27个专业，成立了3个教学部。开设有设施农业生产技术、现代农艺技术、观光农业经营、果蔬花卉生产技术、药材种植、畜牧兽医、农业机械使用与维护、工程机械运用与维修、汽车运用与维修、产品质量监督检验及环境监测技术等10个专业。

【招生就业】　年内，学校招生就业处先后两次组织20多人在八县区和市区进行了招生宣传，共招收新生483人；多次带领学生参加就业招聘会，2014毕业的107名学生中，27名升入高职院校，73人已实现就业，就业率为91.25%。

【职业技能培训】　年内，学校与拉萨市"四业工程办"密切合作，先后承接并开展农牧民计算机、厨师、市科技特派员创业和服务能力提升、市司法局"六五"普法运输队队长、市公共安全服务有限公司保安和金融押运等培训11期1010人次。

（李宝鹏）

拉萨市第二中等职业技术学校

【概　况】　8月底，拉萨市第二中等职业技术学校整体迁入教育城，学校占地面积375亩，建筑面积12.4万平方米，投资5亿多元。拥有综合教学楼、图书楼、办公楼、实训楼、学术报告厅、活动中心等基础设施，规划3年内在校学生达到6000人规模。现有在校学生2552名，教职工253人。

【校址搬迁】　8月29日，学校由柳梧新区红军小学整体迁入拉萨教育城，搬迁工作完成。

【师资队伍建设】　年内，学校组织教师考察名校、参加职业院校教师素质提高计划项目培训和赴广西艺术设计学院、广东理工学院两所对口援建院校参加培训学习。6月，选派管理人员到济宁卫生学校、四川旅游学校考察学习；11月，选派11名教师赴广西艺术设计学院、广东理工学院两所对口援建学校进行为期3个月的培训；参加区外学习培训达24人次，区内短期培训75人次。

【校园文化】　3月28日，学校举行诗歌朗诵暨文艺汇演活动庆祝"3·28"西藏百万农奴解放纪念日；4月5日，学校教师带领留宿学生50余人，到拉萨烈士陵园进行清明祭扫和缅怀先烈活动；4月12日，学校举行防震安全讲座及应急疏散演练；6月11日，学校在自治区青少年活动中心举行"民族团结进步"演讲比赛，全校600余名师生员工参加；7月1日，学校举行"庆七一·感党恩"主题文艺汇演活动，纪念中国共产党成立93周年；7月8日，学校举行"我来职校做什么"主题演讲比赛，至此，学校"学好职业技能 转变就业观念"系列活动落下帷幕；10月17日，学校邀请拉萨市公安局禁毒支队开展禁毒宣传活动；10月20日，学校首届教代会召开。会上审议并表决通过了学校各职能部门制定的四项规章制度；11月28日，城关区消防大队官兵应邀与学校联合举行消防疏散演练活动，全校2000余名师生参加。

【校企合作】 年内，学校先后与西藏香格里拉大酒店、空港花园酒店、北京京北方信息技术有限公司、童嘎家俬有限公司等企业（单位）达成合作意向。在此基础上，学校共选派210名学生分别在空港花园酒店（34人）、香格里拉酒店（30人）、北京京北方信息技术有限公司（22人）、吉品美食餐饮公司（8人）、科士达信息技术科技有限公司（5人）、西藏冰川山泉有限公司（10人）、拉萨市百年雅生风茶文化有限公司（4人）、西藏中保强盾保安有限公司、西藏自治区检察院（含山南分院）（41人）等14家企业（单位）相关岗位进行实训。学校首期“美甲短期培训班”于5月11日开班，20名学生在特邀师傅肖雪梅指导下掌握了美甲技能，达到初级美甲师水平。

【对外交流合作】 11月，学校应邀赴广东理工学院、广西北海艺术设计学院开展援建对接工作，经过与两所对口援建职业院校领导沟通协商，最终在管理队伍、专业师资建设、重点专业建设及联合办学等方面达成共识，共同签订了援建合作协议。

【领导关怀】 5月21日，西藏自治区教育厅厅长马升昌前来学校考察调研，在了解学校基本情况后，马升昌对学校今后的办学方向及办学模式提出了具体要求和建议；5月29日，拉萨市人大执法检查组在拉萨市人大常委会副主任平措朗杰带领下到学校检查《中国人民共和国职业教育法》和《西藏自治区实施〈中华人民共和国职业教育法〉办法》的贯彻执行情况；9月9日，自治区政协党组书记、副主席罗松多吉带领自治区政协委员一行18人到学校检查指导工作；10月2日，自治区党委常务副书记吴英杰在区党委常委、拉萨市市委书记齐扎拉及相关部门负责人的陪同下，前来学校调研职业教育发展情况；11月27日，自治区离退休老干部一行80人到学校考察实训工作开展情况；12月10日，西藏自治区国防教育办公室代表团一行到学校检查指导工作，就学校国防教育工作开展情况暨新生入学教育、军训等相关工作展开调研，并对学校国防教育工作提出相关要求；12月11日，自治区人大代表团在区党委常委、自治区人大常委会主任白玛赤林的带领下到学校参观考察；12月12日，国家发改委代表团一行到学校考察学校整体运行情况暨实训工作开展情况；12月27日，教育部调研组一行到学校检查指导工作。

（宾映祥）

体　　育

【概　况】 截至年底，市体育局下设体育科1个行政科室，行政人员1人，事业在编3人，借调8人。加强学校体育和群众体育工作，举办和组队参加体育比赛。开展阳光体育运动、体育传统项目学校创建活动，发展壮大拉萨市重点少年业余体校，举办拉萨市校园足球赛事活动。围绕“全民健身”主题，开展系列群众体育活动，举办首届拉萨篮球联赛和拉萨市首届体彩杯足球联赛协助“CBA西藏行”拉萨站相关活动。

【参加2014年全国青少年校园足球精英冬令营活动】 2月8日至14日，市体育局组队参加由中国足协、全国校足办在广东省清远名将足球基地举办的2014年全国青少年校园足球精英冬令营活动。拉萨市作为全国青少年校园足球活动的布局城市，共有3名“希望之星”小球员及2名校园足球指导员教师代表拉萨市参加。活动期间，在组委会举办的小型球赛中，拉萨市代表队的贡觉多杰和旦增云丹2名学生获得“优秀球员”称号。

【参加2014年“王者陶瓷杯”全国青少年校园足球冠军杯赛】 4月24日～28日，拉萨市组队参加了由中国足协、全国校足办在云南省昆明海埂体育训练基地举办的2014年全国青少年校园足球冠军杯赛昆明赛区分区赛。共有来自拉萨市3所小学的13名学生、3所中学的14名学生、2名领队及2名指导员组成代表队参拉萨市代表队获得了小学组三等奖和初中组三等奖；市第一中学教师普布次仁作为本次赛事的裁判组成员参加，获得昆明赛区分区赛的“优秀裁判员”称号。

【组队参加全区第三届大中专学生运动会】 7月8日,拉萨市组织市第一、第二中等职业技术学校的74名运动员参加西藏自治区第三届大中专学生运动会。本届运动会由区教育厅、体育局主办,在西藏大学农牧学院举行,为期12天。比赛中,拉萨市代表队获得2个体育道德风尚奖;男子乙组足球项目金牌1枚;男子乙组标杆、女子乙组铅球项目银牌2枚,男子乙组1500米、5000米、铅球,女子乙组400米项目铜牌4枚。获得优秀运动员称号7人,优秀裁判员称号1人。

【国民体质监测完成】 5月13日至7月26日,拉萨市、国民体质监测工作。按指标分配样本,面向市直及七县一区各相关单位,共监测2494人(其中老年人281人、成年人1666人、幼儿547人)。

【第六次体育场地普查完成】 拉萨市第六次体育场地普查工作自3月全面启动11月18日至22日共派出10人(包括七县一区主管此项工作的体育干事)参加了自治区体育局举办的体育场地普查工作培训班。2013年12月15日,成立"拉萨市第六次体育场地普查工作领导小组",下设办公室,并同时出台《拉萨市第六次体育场地普查工作实施方案》。七县一区由参加培训的体育干事负责制定各县区实施方案。数据显示:拉萨市共有体育场地的单位共计264个,各类体育场地共计511块,有体育场地的单位占27%,有健身场地、健身设备的社区占70%,单位住宅区有健身场地、健身设备的占20%。

【完成香港马会助力全民健身社会体育指导员公益服务西部行西藏站活动】 7月26日至28日,以"相约动起来,健康中国人"为主题的香港马会助力全民健身社会体育指导员公益服务西部行西藏站活动结束。中国社会体育指导员协会从全国选调的6名国家级优秀社会体育指导员和全市选派的6名社会体育指导员赴城关区、林周县、堆龙德庆县、达孜县、曲水县、墨竹工卡县进行了为期2天的技能培训,培训项目包括广场舞、健身操、排舞等群众喜闻乐见的项目。在6个培训点,全市共有近600名社会体育指导员、健身群众参加培训。

【吉韧比赛】 8月22日至23日,拉萨市吉韧比赛在拉萨宝发宾馆举行。本次活动由拉萨市人民政府主办,拉萨市体育局承办。共有来自城关区的两岛、八廓、吉日、吉崩岗、扎基和功德林6个街道办事处的17名群众组队参赛。两岛街道办事处的旺堆次仁、八廓街道办事处的仁青、吉日街道办事处的嘎嘎和吉崩岗街道办事处的洛桑次仁分获前四名。

【参加全区第十一届运动会】 年内,全市成立以副市长计明南加为团长,市教育局(体育局)局党委副书记中楚成和市教育局(体育局)副局长普布卓嘎为副团长的拉萨市代表团,参加全区第十一届运动会。全团共152人,运动员126人,获得6枚金牌,其中:足球2枚,田径3枚,摔跤1枚。5枚银牌,其中:摔跤4枚,围棋1枚。8枚铜牌,其中:围棋1枚,象棋1枚,吉韧1枚,骰子1枚,摔跤1枚,田径3枚。拉萨市以245分夺得了团体总分第三名的成绩。

【首届拉萨篮球联赛举办】 10月6日至29日,首届拉萨篮球联赛在拉萨市群众文化体育中心成功举行。本次联赛由拉萨市委、市政府主办,市体育局和市文体中心承办。共有51支参赛队600余名运动员同台竞技。伊峰饭店、市公安局、城关区政府、区体育局、拉萨警备区、堆龙德庆县、民航西藏区局和拉萨北京实验中学代表队获得前八名;拉萨中学、市人社局、区体校、铁盟、中央援藏、市委宣传部、建行西藏分行、拉萨师专、区党委宣传部、市委组织部和堆龙德庆县11个代表队获得"团体体育道德风尚奖";当雄县、曲水县、尼木县、达孜县、林周县、墨竹工卡县、北京援藏、市政府办公厅、市委办公厅和拉萨北京中学10个代表队获得"优秀团体组织奖";51名运动员获得本届联赛的"优秀运动员"称号。

【拉萨首届体彩杯足球联赛举办】 12月2日至11日,拉萨首届体彩杯足球联赛在市第二中等职业技术学校举行。本次活动由拉萨市委、市政府主办,拉萨市体育局承办。共23支队伍参赛,进行63场循环赛,历时10天。城关区代表队、尼木代表队、公安系统代表队、税务系统代表队、教育系统代表队以及林周代表队分别获得本次活动的前六名。

(德 庆)

文化·新闻

文化新闻出版文物

【概　况】 年内，市文化新闻出版文物工作在相关考核中，获全区平安文化市场创建先进单位、全区新闻出版公共文化服务体系建设先进集体、全国服务农民、服务基层文化建设先进集体、第三届全区藏戏大赛组织奖、第五届中国北京国际文化创意产业博览会最佳展示奖、全市招商引资工作先进集体、中国夕阳红中老年文艺比赛金奖、第五届中国北京国际文化创意产业博览会最佳展示奖、第四届中国老年文化艺术节舞蹈大赛金奖等荣誉。

【完善基层文化服务阵地】 年内，完成51个乡镇文化站和4个县级民间艺术团排练场建设项目，投资总额6044.05万元，提前两年实现“县县有民间艺术团”、基本实现乡镇文化站全覆盖的目标。

【标志性文化设施服务能力进一步提升】 年内，市群艺馆、歌舞团、民族艺术宫、牦牛博物馆成为开展公共文化服务的重要场所。北京市援藏投资7.35亿元建立了拉萨市文体中心，主要包括体育场、体育馆、牦牛博物馆及其他配套设施。完成了拉萨市艺术宫、拉萨市歌舞团新建项目的土地划拨、环评等前期工作，拉萨市文化产业大厦顺利开工建设。

【免费开放服务】 年内，市群艺馆和各县（区）文化馆等文化设施空间以及展览、培训、辅导、借阅、电子信息查询全部向群众提供免费服务，共举办各类艺术培训班17期，辅导1400余人次。牦牛博物馆自上年5月28日开馆以来，免费接待参观达12000余人次。各县（区）文化活动中心、乡镇文化站、农家书屋开展各类免费服务活动，成为了宣传教育群众的主阵地。

【公共文化服务渠道进一步拓宽】 年内，重点加大了民间艺术团建设，通过组织汇演、交流演出、加大培训、规范管理等提升管理和演出水平。结合建好管好用好农家书屋、寺庙书屋、社区书屋等工作，深入开展了全民阅读活动，倡导多读书、读好书、读正版书的文明风尚，在全市营造了浓厚的学习读书氛围。

【文化文艺活动】 年内，开展广场文化、节庆文化、社区文化等文艺惠民演出275场次，观众56万人次。打造首届“藏博会”、“幸福拉萨·文化雪顿”、两场“跨年演唱会”“幸福拉萨规范舞”等公共文化活动品牌。开展康巴卫视2014年藏汉双语校园剧大赛协调工作、完成了庆“八一”、雪顿节开幕式、“极地放歌”、“CBA西藏行”篮球联赛、西藏会展中心特色展等的文艺演出、承办完成了拉萨市民族团结情景歌舞《民族团结大院里的欢歌》等。

【文艺精品创作】 年内，完成了《幸福路上60年》二度创作、音乐歌舞表演剧《青稞飘香》前期剧本修改工作；《香甜的糌粑》获得全国产业系统舞蹈大赛金奖、《阿谐》获得第七届全国电视舞蹈大赛金奖、完成了纪念川藏青藏公路通车60周年多媒体音画诗《高原之路》、完成《美丽相约》《梦回高原》等10部“中国梦”文艺创作作品。

【文化产业发展】 年内，制定了《关于推进“文化兴市”战略的实施意见》，编制了《拉萨文化产业发展规划（2013—2020）》，设立了拉萨市文化产业发展专项资金，参与中国西藏文化旅游创意园区建设，演出《文成公主》大型史诗音乐实景剧。吞弥岭藏艺文博园、尼木三绝技艺展示区等重点文化产业项目快速推进。

【文化市场健康有序】 年内，加强对全市文化娱乐服务场所的监督管理，开展文化市场专项治理和“扫黄打非”行动。文化市场技术监管与服务平台激活率达到100%。

【新闻出版水平提高】 年内，开展了拉萨市侵权盗版及非法出版物集中销毁活动，集中销毁非法出版物11万件及赌博机46台。审批出版物经营单位352家，资产总额3.4亿元，实现销售收入2亿多元。按照《西藏自治区人民政府关于全区地（市）县级机关软件正版化推进工作的情况通报》精神，开展完成了县（区）机关正版软件采购和安装，率先在全区完成“市县整体推进”目标。

【文物保护全面加强】 年内，完成《大昭寺文物保护规划》初审工作，编制《神力时代广场对世界文化遗产大昭寺影响评估报告》和《八廓商城对世界文化遗产大昭寺影响评估报告》。委托上海同济大学开展的色拉寺、哲蚌寺、甘丹寺和小昭寺保护规划编制工作正式启动。基本完成大昭寺安消防工程、小昭寺配套保护工程、甘丹寺保护维修工程、哲蚌寺配套保护工程、哲蚌寺壁画保护工程、热振寺保护维修工程等重点工程。印发了《拉萨古城申报世界文化遗产实施方案》，拉萨古城申遗各项工作开展。

【可移动文物普查工作开展】 年内，拉萨市第一次全国可移动文物普查工作开展，截至年底，已完成70%的工作。拉萨市“数字文保”一期工程已处在初步运行阶段。

【非遗保护】 年内，完成第四批自治区级、拉萨市级非遗名录项目及项目传承人申报、评审和拉萨市第五批国家级珍贵古籍名录申报；编制完成《拉萨舞蹈》《八大藏戏》《拉萨珍贵古籍图录》《拉萨非物质文化遗产小学教材》等非遗书籍。截至年底，拉萨市共有非物质文化遗产代表性项目76项，各级代表性非遗传承人92名。在全区率先设立每人每年3000元的市级传承人保护补助资金。

（侯鹏举）

广播·影视

【概　况】 年内，拉萨电视台汉语综合频道、藏语综合频道和文化旅游频道、拉萨人民广播电台91.4频率信号，通过无线发射方式覆盖拉萨市区及堆龙德庆县、达孜县两县县城，通过拉萨市广播电视台新闻上下传系统覆盖拉萨市林周、当雄、尼木、墨竹、曲水五县县城。藏语综合频道和文化旅游频道日播出时长18小时；汉语综合频道全天24小时播出；拉萨人民广播电台日播出节目时长14小时20分钟。拉萨有线电视模拟网络传输有线电视节目49套，模拟有线电视用户3400余户。全市拥有三星级城市数字电影院1座，农牧区数字电影接收管理平台一个，县电影管理站8个，流动电影放映队43个，农牧区电影放映点950个（其中室内放映点98个、室外放映点852个），年均放映场次1万场以上。已安装完成农牧区广播电视“户户通”和寺庙广播电视“舍舍通”直播卫星设备8万余套。截至年底，拉萨市广播电视综合人口覆盖率分别达到98%和98.27%。

【服务民生】 年内，为曲桑日追寺赠送并安装了寺管会会议室集中收看用40寸液晶电视1台，为22名老年修行人员安装广播电视“舍舍通”设备22套；拉萨市电影公司为该寺安装了流动数字电影放映设备1套，并对寺管会工作人员进行了操作培训；针对“达孜县恰村新建室内电影放映室无椅子”问题，拉萨市电影公司自筹资金为该室内放映室解决了8个5座长椅；为林周县热振寺医务室解决了电视机2台和有线电视前端设备1套，同时更换了“户户通”

设备零配件38件；为尼木县吞巴乡根培村群众赠送57台电视机和两台卫星直播设备；为曲水县南木乡江村26户群众赠送了电视机；为尼木县麻江乡13户新增无电户解决了看电视难问题。完成了当雄县牧区无电户79户太阳能广播电视卫星接收设备的安装。

【拉萨广播电视台汉语综合频道自办节目】 年内，《拉萨新闻》（汉语版）、《新闻现场》《晚间新闻》《零距离》（访谈类）、《格桑梅朵》（少儿类）、《警方热线》（法制类）、《天气预报》、《生活第一线》（经济类）9档自办栏目，年播出自办节目243.25小时，占年播出节目时长的2.78%。

【拉萨广播电视台藏语综合频道自办节目】 年内，《拉萨新闻》（藏语版）、《国际时讯》《幸福拉萨》《吉曲的祝福》《文化拉萨》4档自办栏目，年播出自办节目176小时，占年播出节目时长的2.68%。

【拉萨广播电视台文化旅游频道自办节目】 年内，《玩转拉萨》《食刻准备着之美食拉萨》《文化拉萨》《文化旅游资讯》4档自办栏目，占年播出节目时长的1.4%。

【拉萨人民广播电台自办节目】 年内，藏语版节目《拉萨新闻》《嘻哈客栈》《岗拉梅朵》《魅力西藏》《生活百科》《聚焦三农》《天籁之音》《教育园地》《相约西藏》《雪域印象》，汉语版节目《宝贝计划》《老年甜茶馆》《健康你我他》《光影之旅》《悦读时间》《身边的故事》《圣地音符》，直播节目《新闻快报》《都市导航》《乐在味中》20档自办栏目，年播出自办栏目1737小时，占年播出节目时长的29.7%，其中《拉萨新闻》《相约西藏》《雪域印象》《嘻哈客栈》《岗拉梅朵》《魅力西藏》《生活百科》《天籁之音》《教育园地》《聚焦三农》为译制类节目，年播出460小时，占年播出节目时长的7.8%。

【自主译制工作开展情况】 年内，拉萨市广播电视台藏语综合频道制作播出自办栏目《拉萨新闻》365期，《国际时讯》104期，《吉曲的祝福》52期，《文化拉萨》47期，《幸福拉萨》26期，《雪顿节特别节目》2期；《快乐学藏语》译制完成42集，播出37集；首部自主译制的27集爱国主义教育题材电视剧《延安锄奸》在拉萨广播电视台藏语综合频道正式播出，《世间路》译制完成7集；《大陆朝天》译制完成9集；对《快乐学藏语》进行了拉萨语二次创作，并于6月1日正式播出。

【农村电影放映概况】 年内，完成农牧区公益放映任务10330余场次，观众近57余万人次。

【藏历新年电视文艺晚会录制完成】 2月21日，拉萨电视台首次与康巴卫视合作的藏历木马新年电视文艺晚会《幸福新年》在四川电视台1号演播室录制完成。晚会时长3小时45分钟。由来自西藏拉萨、四川、青海、甘肃、云南等五大藏区的著名演员联袂参演。藏历新年期间康巴卫视通过中星9号、中星6号卫星向海内外传送信号，拉萨电视台综合频道、文旅频道、藏语频道同步播出，中央电视台中文国际频道、中央人民广播电台藏语频率、中国国际广播电视网络台、四川电视台国际频道等媒体播出了该晚会精编版。晚会在2014年年末由中国广播电视协会举办的第五届2014全国春节电视文艺节目“春晚奖”中荣获综艺晚会二等奖。拉萨广播电视台主持人白央荣获“最佳主持人奖”。

【《零距离》栏目全新改版】 1月3日，拉萨市广播电视台正式推出了全新改版的《零距离》栏目，《零距离》为周播栏目，每周五21时15分在拉萨广播电视台综合频道首播，周日相同时间及周二、周四中午1时50分重播。首期节目为关于供暖话题的《穿越寒冬的温暖》。

【完成全市乡镇干部职工“户户通”设备安装】 藏历年前，完成了全市5332户乡镇干部职工直播卫星“户户通”设备安装调试工作。

【拉萨人民广播电台FM91.4MHZ全新改版】 5月1日拉萨人民广播电台完成全面改版升级。在节目设置上对已有的《相约西藏》《雪域印象》《聚焦三农》三档节目栏目进行了改编提升，同时新增了《都市导航》（直播）、《乐在味中》（直播）、《新闻快报》（直播）、《冈拉梅朵》（藏语）、《魅力西藏》（藏语）、《嘻哈客栈》（藏语）、《老年甜茶馆》《阅读时间》《光影之旅》《圣地音符》等十档自办栏目。此次改版，推出了《新闻快报》《都市导航》《乐在味中》三档直播互动服务类节目,及时为广大听众提供各类新闻、交通路况信息和特色美食等服务类信息 。

【拉萨市电视台推出《晚间新闻》栏目】 5月1日,拉萨市电视台推出《晚间新闻》栏目。《晚间新闻》设四个板块,即"今日关注""百姓生活""聚焦天下""拉萨气象预报"。主持形式为单主播、站式播报,同时引入微博、微信、短信等多媒体呈现。栏目时长为10分钟,首播时间为每晚10点,重播时间为次日上午10∶30。

【拉萨市广电局成为全国首批地市级单位信息直报点】 年内,国家新闻出版广电总局决定将公文信息收集范围延伸至基层和一线,并首次在全国范围内遴选了27家地市级单位信息直报点,拉萨市广电局名列其中,也是自治区唯一的地市级单位直报点单位。

【藏语综合频道上直播星获批复】 12月19日,国家新闻出版广电总局同意拉萨广播电视台藏语综合频道利用直播卫星传输信号并下发了批复文件。

【录制播出"2015你好·拉萨"跨年演唱会】 拉萨市广播电视台成功录制了"2015你好 拉萨"跨年演唱会,于2014年12月31日晚在拉萨广播电视台综合频道和文化旅游频道同步播出。

(刘　毅)

拉萨晚报

【全国文明城市创建工作宣传】 年内,报社设立"文明出行——做谦恭有礼的中国人""勤俭节约——我们在行动"等栏目,对全市开展的讲文明、树新风志愿服务活动及好人好事进行报道,曝光不良行为。截至年底,拉萨晚报社推出相关报道专版4个,稿子245篇,图片108幅。

【"培育和践行社会主义核心价值观"宣传】 年内,《拉萨晚报》对全市各级道德模范、身边好人等典型人物进行采访报道。截至年底,拉萨晚报在一版推出第一篇报道,配发编者按,正式启动报道专栏;在一版报眼处刊登"培育和践行社会主义核心价值观24字内容",每隔三天刊登一次,连续刊登1月有余;在重要版面陆续推出"践行社会主义核心价值观""从我做起、从小事做起——自觉践行社会主义核心价值观""敬业诚信——自觉践行社会主义核心价值观""践行核心价值观传递社会正能量"等栏目。全年推出专版3个,相关报道170余篇,图片40余幅。

【"创模"、国家卫生城市宣传】 年内,拉萨晚报社开辟了"创建环保模范城市、打造生态拉萨"和"六城同创惠民生"专栏,在一版、二版和本地新闻版对全市在"创模"和"创卫"工作中,各单位好做法、取得的好经验进行报道。同时,做好"创卫"工作的新闻监督工作,报道市委、市政府的工作部署和全市各单位为迎检开展的各类"创卫"活动。安排记者采写有关"创卫"的好人好事《拉萨晚报》全年推出相关报道310余篇,图片50余幅,专版1个。

【《公共服务蓝皮书(2014)》发布研讨会宣传】 年内,拉萨晚报社分别在2014年1月初开设"深入贯彻十八届三中全会精神不断提升城市公共服务满意度"专栏和在12月中旬"深入贯彻十八届四中全会精神不断提升城市公共服务满意度栏目",重点报道了拉萨在提升城市公共服务满意度方面所开展的一系列工作。拉萨晚报全年推出稿子20余篇,图6幅,专版3个。

【重点工程和民生项目宣传报道】 年内,拉萨晚报社重点对拉萨污水处理厂二期、垃圾填埋场、西藏会展中心、"迎亲"大桥、纳金大桥绿化、教育城跨河段给水工程、3号闸等重点项目推出相关报道210篇、图片80幅,专版2个。针对全市供暖工程和净土健康产业,推出"聚焦供暖工程"、"供暖工程暖民心"、"拉萨净土健康产业发展——媒体县(区)行"等栏目。推出供暖工程稿子24篇,图3幅,专版4个;净土健康产业专版1个、综述1篇、评论1篇,消息33篇,图11幅。

【北京、江苏两省市援藏工作20年报道】 年内,拉萨晚报社对1994年中央作出对口支援西藏工作决策以来，特别是中央第五次西藏工作座谈会召开以来，北京、江苏对口支援拉萨各个方面的工作进行了采访。开设了“对口援藏20年”专栏，重点围绕北京、江苏对口支援拉萨各个重大项目、标志性工程等，推出了综述性报道2篇及评论员文章2篇，通过开设“援藏巡礼”“援藏干部风采”子栏目，以及刊登涉及援藏工作的新闻稿件。全年共推出103篇新闻稿、12幅图。

【加强社会新闻报道】 年内，拉萨晚报社承办了由市工信局、市工商联、拉萨晚报社联合主办的中国梦拉萨杰出经济人物评选活动；对拉萨市的大型工程进行报道。对纳金大桥的完工和开通、迎亲大桥的建设进度、文成公主的投运情况、三号闸的建设进度和民众反响、各个援藏工程（文体中心、德吉罗布儿童乐园、拉萨市综合展览馆、牦牛博物馆、西藏会展中心）的建设进度以及对拉萨社会经济发展、保障房等进行了系列报道；与人社局推出了“拉萨就业服务”栏目；联合市环保局推出了“创建环保模范城市 打造生态拉萨”栏目；与市公安局推出了“最美人民警察”评选活动。同城关区环卫局、安利公司合作共同举办了“我当环卫工一天”的活动。与区市交警部门推出了“交通法规我知晓有奖知识竞答”“交警权威发布 便民警务站的故事”等栏目。在各节点加强了与有关单位的合作，及时发布便民利民消息；做好各种服务性知识宣传。

【时事、文旅、体娱、专刊新闻报道】 年内，报社围绕“第27届“晚报杯”全国围棋锦标赛、“世界杯”“中国汉字听写大会”“拉萨演唱会”等内容，做好国内、国际的体育娱乐新闻以及本地的新闻 报道。做好生活服务类、楼市、数字、健康、大周末等内容的新闻报道。完成50期文旅周刊，发表了400余篇关于文化、旅游方面的稿件，近4000余幅图片。

【提高藏文报出版质量】 年内，报社，藏编部以城市供暖、净土健康产业、教育城建设、惠民牦牛肉投放、“创城”等一系列体现民生的工程以及全市教育实践活动等内容为重点，翻译刊发了拉萨市城市供暖建设图片新闻、消息、特写等各类稿件100余篇；翻译刊发教育城投入使用稿件10篇、整版3个；翻译刊发“创城”稿件300余篇；翻译刊发践行群众路线教育实践活动新闻稿共500余篇。同时，全力做好学习贯彻十八届四中全会精神和拉萨市各级各部门学习贯彻落实习近平总书记的讲话精神的翻译报道工作。

【报纸发行稳步推进】 年内，拉萨晚报社继续开展“电话一到，上门订报”服务活动。截至年底，发行量比上年同期增长30%。改变工作时间，夏天每天早晨7时出发，冬天早晨8时出发，争取市区范围内订户在10点之前就能看到《拉萨晚报》。开展对宾馆、大型餐饮店、营业网点等地的免费赠送活动。

（赵　慧）

医药·卫生

综　　述

2014年，拉萨卫生贯彻“民生安市”战略要求，创新和探索卫生工作新模式，全面落实自治区政府“十件实事”，率先在全区开展农牧区医疗制度住院治疗“先诊疗、后结算”等七项特色卫生民生工作，各项卫生工作居全区前列，充分体现了拉萨卫生首府城市首位度作用。

（格桑央金）

医药卫生体制改革

【4家民营医院纳入农牧区定点医疗机构】 年内，拉萨卫生巩固和扩大“先诊疗、后结算”工作模式的全覆盖，先后将西藏卓玛医院、西藏阜康医院、拉萨广升医院和拉萨厚北医院4家民营医院纳入农牧区定点医疗机构，并与各县（区）协调签订了“先诊疗、后结算”协议书。

【县级医院推行国家基本药物制度】 年内，拉萨卫生探索县级公立医院药品“零差率”政府补偿机制，加大医院药品采购流程的监督和管理，逐步在县级医院推行国家基本药物制度，实行“零差率”销售，基本药物品种得到完善和补充，逐步取消“以药补医”机制，逐步减轻农牧民群众医药负担。

【公共卫生服务继续优化】 年内，拉萨市基本公共卫生人均服务经费由上年度的35元提高至45元；在编僧尼和城乡居民免费健康体检和建立健康档案率均达100%，体检率分别达100%和99.8%；完成拉萨市与成办医院干部保健“绿色通道”建立事宜的协商工作；继续做好先心病儿童筛查救治工作，确诊先心病患者全部安排免费救治手术，实现“发现一例、救治一例”的工作常态化；率先在全区开展前十位慢性疾病预防干预监测工作，监测率达到95.6%，干预治疗率达90%；对35岁以上人群实行门诊首诊血压监测，管理高血压患者16554例；管理糖尿病患者578例；对254例疑似精神病患者进行排查和随访管理；兑现3555名孕产妇51.88万元住院分娩生活补助；开展包括“两癌”筛查在内的妇女疾病普查普治工作，检查率达97.9%；完成“贫困白内障患者复明工程”手术850例，其中免费400例。

【续建医疗卫生项目60个】 年内，拉萨市实施和续建医疗卫生项目60个，资金到位项目22个，到位资金1.6亿余元，项目的实施使拉萨市医疗卫生基础条件和服务功能得到不断完善。

【医疗质量管理与控制继续加强】 年内，拉萨市各医疗机构以“三好一满意”和“平安医院”创建等行业活动为载体，以医院等级评审工作为契机，加强医疗质量管理与控制，强化医德医风和卫生骨干队伍建设，各级医疗机构全年无重大医疗安全事故发生；加大医疗市场整顿力度。净化医疗市场，确保医疗安全。

【医疗机构专项整顿清理启动】 4月，启动了拉萨市清理整顿医疗机构专项工作，共检查社会医疗机构168家、出动执法人员320人次，执法车辆40台次，查处过期药品10余种，规范了社会医疗机构的监管机制和医疗市场秩序。

【县级公立医院改革投入648万元】 年内，墨竹工卡、堆龙德庆等各县重点围绕医院绩效分配制度推进县级公立医院改革，投入资金648万元，实行多劳多得，优劳优酬。7个县医院住院人数同比平均增长33.6%，病床使用率平均106%，同比增长18.38%；就诊人数显著上升，门急诊人数同比增长2.7%，开展手术同比增长35.9%，转诊率平均下降45%。

（格桑央金）

强基惠民活动和民生工程

【概　况】 年内，以党的群众路线教育实践活动为契机，结合“三进四同三一”“党员进社区”等活动，开展结对认亲和义诊、帮扶活动；完成城乡居民和在编僧尼免费健康体检，0~18岁先心病患儿免费筛查和救治；继续开展卫生特色民生工作。

【强基惠民活动继续推进】 年内，局系统各级党组织和驻村工作组结合卫生系统党的群众路线教育实践和“三进四同三一”“党员进社区”等活动，为结对认亲24户和驻村点办好事、实事，帮扶结队户2.5万余元，为联系点争取项目投入资金287.87万元，并多次组织卫生系统人员深入社区、对口扶贫点，为广大农牧民群众免费送医送药义诊6次，发放各类药品、计生药具价值15万余元，深入学校、乡村、人口聚集区开展健康教育宣传咨询、讲座37次，发放宣传资料21万余份。

【继续救治先心病患儿】 年内，继续通过援藏途径和中华慈善总会开展患儿先心病救治工作，截至年底，筛查303073人，确诊416人，已全部安排免费救治。

【五项特色卫生民生工作】 年内，率先在全区实现农牧区医疗制度“先诊疗、后结算”模式100%覆盖和常规化执行。组织市级评审专家对40例婴儿死亡案例进行了评审，提高了全市死亡评审工作技术质量。开展包括“两癌”（乳腺癌、宫颈癌）筛查在内的妇女疾病普查普治工作，检查率达97.9%。按照自治区卫生计生委印发的《关于开展全区居民健康卡系统建设相关工作的通知》精神，将“一卡通”系统建设项目调整为“居民健康卡”系统建设项目，待出台全区统一标准规范后再实施建设。搞活卫生人才培训机制，全力提高基层医疗服务能力，在全区率先开展村级妇幼专门培训，培训87名村级妇幼专干，在全区率先举办“四业工程”一年制村医培训班，培训94名村医，结合“万名医生下基层”和“百名专家下基层”活动，选派52名市级医疗卫生骨干、专家深入八县（区）进行业务指导。

（格桑央金）

疾病预防控制与卫生监督

【概　况】 年内，以防控重大突发公共卫生事件为重点，坚持预防为主的方针，加强疾病预防控制机构绩效考核，建立健全岗位责任制，认真落实各项防控措施，重大传染病得到有效控制，公共卫生监督覆盖率达100%。

【规划疫苗接种率97%】 年内，全市继续保持无脊髓灰质炎状态，八县（区）卡介、脊灰、百白破、麻风（麻疹）、麻风腮（麻腮）、乙肝首针、A群流脑、A+C群流脑、甲肝等九类疫苗接种率均达到97%以上。全市15岁以下人群乙肝疫苗补种率100%。

【传染病防治】 年内，八县（区）坚持每日疫情“零”报告制度，共编发传染病和突发公共卫生事件监测周报52期，监测月报12期。全市共报告法定传染病16种，无甲类传染病报告。结核病治疗管理率达100%、系统管理率94%。完成西藏自治区第三次结核病流行病学抽样调查4543人（任务量4500人），完成100%。检出动物鼠疫菌16株，处置鼠间鼠疫16起，采集鼠疫易感动物血清565份，无阳性结果；完成2400份碘盐监测任务，碘盐食用率和覆盖率均达100%。

【传染病防治教育培训】 年内，开展传染病防治知识、技能培训22期，1200人次参加培训；通过援藏，全年开展卫生监督业务培训12期，培训人数120余人次，累计培训卫生监督协管员150余人次。

【饮用水、空气质量监测】 年内，监测475份水样（包括七县一区），公共场所空气监测249样份。

【食品安全风险监测】 年内，完成食品风险监测334份，完成率100%。

【公共场所卫生监督】 年内，拉萨市实行公共场所卫生监督量化分级制度，全年共对1505户公共场所实施了量化分级，量化率达90%以上。全市公共卫生场所3219户，共出动卫生监督员2420人次，监督检查6303户次；办理公共场所卫生许可证824份，健康证19284份，无五病调离人员，从业人员培训13080人。继续开展“五小”行业专项整治和全市医疗机构医疗废弃物专项整治活动，进一步规范了市场秩序。

（格桑央金）

妇幼卫生与农牧区和社区卫生

【概　况】 年内，成立全区首个妇幼死亡评审专家组，孕产妇住院分娩和农牧区适龄应检妇女常见病检查率大幅度提升，城关区7个社区卫生服务中心全部投入使用。

【妇幼卫生】 年内，组织市级评审专家对40例婴儿死亡案例进行了评审，提高了拉萨市死亡评审工作技术质量。继续完善孕产妇住院分娩和婴儿住院“绿色通道”，实行救治费用100%报销。认真执行农牧民孕产妇住院分娩补助政策，对5194个孕产妇兑现76.97万元生活补助经费。继续开展包括“两癌”（乳腺癌、宫颈癌）筛查在内的妇女疾病普查普治工作，筛查率达97.9%。孕产妇住院分娩率100%，孕产妇死亡率控制在51.8/10万，较上年同期下降11.3%；婴儿死亡率控制在12.3‰，较上年同期下降10.3%；落实了林周、尼木、墨竹工卡（新增）、曲水县（新增）、当雄县（新增）“贫困地区儿童营养改善试点项目县”任务数520人/月营养包发放工作。农牧民妇女免费增补叶酸预防新生儿神经管缺陷，共发放叶酸5215盒，服用人数达3429人。

【农牧区医疗制度】 年内，拉萨市农牧区医疗制度覆盖率保持100%，免费医疗补助从2013年的340元提高到人均380元，农牧民群众年累计报销封顶线不低于6万元，农牧民个人筹资额提高到21.25元，农牧民筹资人数29.91万人，筹资率达到100%。认真贯彻执行农牧民大额补充商业保险政策，20种重特大疾病纳入保险范围，可实现年最高赔付额为7万元，农牧民群众参保率达100%，率先在全区实现农牧区医疗制度“先诊疗、后结算”模式100%覆盖和常规化执行。截至年底，共理赔170个案子，金额达568.17万元，完善了农牧区群众医疗保障制度。

【7家社区卫生服务中心启用】 截至年底，全市7家社区卫生服务中心全部投入使用，并安装实行医保刷卡。

（格桑央金）

爱国卫生和创建国家卫生城市

【概 况】 年内，开展创建卫生城市薄弱环节整改，并经自治区爱卫办向全国爱卫办申请拉萨市创建国家卫生城市进行综合评审工作，完成了命名前公示和结果反馈工作。

【爱国卫生月活动】 4月18日，是全国第26个爱国卫生月，也是拉萨城市清洁日。驻市各单位开展以“爱国卫生人人参与，健康生活人人享有”为主题的全市性爱国卫生月活动，城市卫生面貌得到较大改善。

【病媒生物防制】 坚持环境治理为主、化学防制为辅，每年聘请专业消杀公司进行春季、秋季两季除“四害”消杀工作，有效减少“四害”孳生地，2014年，拉萨市共投入201万元资金对机关企事业单位、学校、医院、居民小区、社区、农贸市场、城中村及城乡结合部、垃圾填埋场、垃圾中转站等重点场所开展化学药物专业消杀，确保“四害”密度控制在国家标准范围内。

（格桑央金）

人口和优生优育

【概 况】 年内，继续落实“一孩、双女”户困难家庭扶助制度和西藏特殊子女家庭特别扶助制度，抓好国家免费孕前优生健康检查项目，加强对流动人口计划生育服务与管理工作。

【人口和优生优育政策惠及4675人】 年内，做好西藏自治区农牧区“一孩、双女”户困难家庭扶助制度和西藏特殊子女家庭特别扶助制度工作，严格把握政策，做好资格确认、申报、审核、退出、公示及信息录入工作。全年，拉萨市“两项扶助制度”受助4675人，受助资金5389260元。

【国家免费孕前优生健康检查】 年内，拉萨市免费孕前优生健康检查目标人群为1260对，完成1261对检查，检查率100.1%。

【出生缺陷一级干预项目】 年内，出生缺陷一级干预项目4个项目县目标人群1200对，完成1094对夫妇检查，制作出生缺陷一级干预项目藏汉流程图，提高了群众的知晓率和参与度。

【流动人口服务和管理】 年内，实施流动人口卫生计生基本公共服务均等化试点工作，为流动已婚育龄妇女免费开展孕（环）情检查，并纳入免费孕前优生健康检查项目，及时为流动育龄人口免费提供宣传倡导和咨询服务；在流动人口集中的社区设立自动免费避孕药具机4台，确立免费药具发放避孕药具点40个，截至年底，免费供应26500余份避孕药具；完成100个监测点2000份个案问卷和38份社区问卷调查任务和网上录入工作；新增墨竹工卡县、林周县、曲水县、尼木县四个全区移动智能终端采集全员人口信息试点县，完成扩面点171名终端使用者（信息员）的培训工作。

【特殊家庭帮扶】 年内，计生特殊家庭项目扩面覆盖七县一区，完成基线调查548户。开展“帮扶慰问活动”慰问15户计生特殊家庭，发放慰问金及生活用品14700元，并继续开展“慰问贫困母亲”活动。

【全员人口信息采集】 年内，全市共发放移动智能终端236部，终端登录人数287人，登录次数13506次，通过移动智能终端采集变更信息条数为35867条，人员同步处理28651条，有效率80.28%。

【“单独两孩”政策实施】 11月，拉萨市启动单独两孩政策工作以来，共办理21人。

（格桑央金）

食品安全

【概　况】 年内，继续提升食品监管和服务水平，规范食品市场秩序，全年未发生重特大食品安全事故。

【食品安全监管】 年内，市食药监局发挥食品安全综合协调职能作用，加强联合执法和食品市场整治，开展食品市场联合执法12次，共受理、办结各类食品安全举报事件23起。组织开展全市食品、药品安全大检查、大排查、大整顿专项行动、甜茶馆整治行动，加大对食品药品安全的监管力度，全年未发生重大食品安全事故。

【甜茶馆卫生整治】 年内，市食药监局继续开展拉萨市甜茶馆为重点的中小餐馆业经营单位专项整治活动，共检查甜茶馆和藏餐馆2517家，其中市区634家、县（区）1883家，停业整顿3户，发放《拉萨市餐饮服务食品安全监督信息公示栏》1982块，其中市区634家已全部挂牌。

（格桑央金）

藏医药事业

【概　况】 年内，坚持“藏西医并重”的方针，加强基层医疗机构藏医药内涵建设，加大藏医药人员培训力度，改善基层藏医诊疗环境，提高藏医药适宜技术水平，提升拉萨市藏医药服务能力。

【藏医培训教育】 年内，加大藏医队伍培训教育工作，7名藏医参加全区基层医疗技术人员藏医特色诊疗技术及中风病临床实践能力培训，16名藏医参加国家中医药管理局“十二五”重点专科培育项目藏医护理特色培训，11名藏医参加藏医类别全科医师培训。

（格桑央金）

医疗机构

【概　况】 年内，拉萨市有医疗卫生机构431家，包括市级医院2家、市级疾病预防控制中心（卫生监督所）1家，县级卫生服务中心7家、县级疾病预防控制中心8家，乡镇卫生院50家，社区卫生服务中心7家，新建行政村卫生室173家，民营医院15家、社会医疗机构168家。

【拉萨市人民医院】 截至年底，拉萨市人民医院作为拉萨市属唯一一所集医疗、教学、科研、急救、保健、康复、健康体检为一体的综合性医院，医院共有法定床位240张，实际开放257张，年门诊量12万余人次，年住院病人7000余人次。

【拉萨市妇幼保健院】 年内，拉萨市妇幼保健院是拉萨市属唯一集妇女儿童保健、临床、管理、培训、科研、信息统计、健康教育于一体的妇幼专科医院。医院建筑面积8589平方米，人员编制86人，床位编制60张。2014年，收治住院病人2128人，病床使用率达91%。

【社会医疗机构】 截至年底，全市有社会医疗机构168所，其中民营医院15家，分别是西藏卓玛医院、西藏神猴藏医院、拉萨康松藏医骨病专科医院、西藏阜康医院、西藏阜康妇产儿童医院、西藏阜康心脑血管医院、西藏阜康体验中心、拉萨现代妇产医院、拉萨阳光泌尿生殖医院、拉萨阳光妇产医院、拉萨恒大生殖健康医院、拉萨广升医院、拉萨厚北医院、拉萨厚兰医院，雅博士口腔医院。

（格桑央金）

城市建设·管理

住房和城乡建设

【概 况】 年内，拉萨市住房和城乡建设局深入推进各项工作，促进城镇化进程和城乡统筹协调发展加快推进，促进行业服务、管理、保障与和谐安全工作全面提升，围绕重点项目实施、保障性住房建设与管理、小城镇规划建设、行业服务与监管、推进“六城同创”、机关作风效能建设和干部队伍建设及党的建设等重点开展工作。

【城镇基础设施建设稳步推进】 年内，拉萨市实施城市重点项目19个，总投资达124.42亿元，比上年增加40.46亿元，同比增长48.2%；完成投资98.18亿元，比上年增加30.27亿元、同比增长44.6%。城市建成区供暖供气入户率98%。西藏会展中心，红旗路、贡布堂路等7条市政道路项目建成使用。污水处理厂二期、垃圾填埋场二期、嘎玛贡桑道路改造等有序推进。北环路、柳东大桥等项目前期工作基本完成。既有建筑节能改造、滨河路等项目前期工作有序推进。各县（区）全年共投入资金1.57亿元，实施了22个基础设施建设项目，主要包括各县（区）县城及重点村镇的道路、给排水、景观绿化等项目。开展“六城同创”和“四业工程”工作。全市住建系统采取了有力措施，加大了创建宣传工作和建筑工地文明施工监督管理力度，确保了创建指标不断巩固和提高。同时，主动配合全市“四业工程”，积极吸纳本地农牧民群众和农牧民施工队参与项目建设，带动农牧民群众增收1.2亿多元。

【保障性住房建设与管理体系逐步完善】 年内，加快推进保障性住房建设管理工作。全年新建3492套（户）保障房项目全面开工，续建保障性住房2195套（户）基本竣工，全年累计完成新建和续建保障房投资5.66亿元。审核兑现租赁住房补贴资金801.41万元。基本完成了自治区下达的保障性住房建设任务。周转房分配改革试点工作有序推进。全年完成了第一批和二批共计2285套周转房的认购登记、合同签订等销售阶段的相关工作。发挥住房公积金在干部职工购房中的互助作用。提高住房公积金贷款额度、延长贷款年限，简化贷款流程，进一步提升公积金服务质量，扩大惠及范围，全年拉萨市完成公积金归集额5.43亿元，提取公积金2.1亿元，发放公积金贷款4.49亿元。

【强化行业监管与服务工作】 年内，加大对工程建设领域违法违规行为的监督检查力度，进一步规范了市场秩序。全年共办理各种资质证件168份（初审），取消企业资质2家，办理施工许可证249份。加大检查和执法力度，及时解决检查过程中存在的安全隐患。深入开展质量活动和工程质量治理两年专项行动，全方位开展工程质量监管。对全市较大规模以上的10个建筑工地推行施工现场安全质量标准化试点工作，全年开展工程质量和安全生产专项检查共18次，共检查建筑施工工地759家/次，限期整改118家/次，停产整顿34家/次。全年建筑领域事故起数和死亡人数均控制在指标范围内，工程质量安全稳中有升。进一步规范招投标活动，组建并投入运行拉萨市公共资源交易中心，推动招投标监管地方性法规立法工作，出台了《拉萨市建设工程小额工程施工招标投标随机抽取中标候选人实施细则（试行）》等3份规范性文件，全面推行电子招标投标，投标保证金缴纳保密系统，在全区率先实现了工程交易全程电子化招投标模式，确保了拉萨市招投标工作的阳光运作。全年公共资源交易中心招标备案共214项，总交易金额达51.94亿元。城建档案管理工作逐步规范。出台《拉萨市城市建设档案管理办法》等制度。启动城建档案信息化建设，实行纸质档案与电子档案资料同步报送制，充分发挥“清欠办”这一平台促民生、保稳定作用。全年市清欠办共接待农民工上访案件480起11224人，涉及拖欠资金15438万元，已协调解决478起，清理兑现拖欠资金15227万元，清欠率达到98.6%。

【房地产业快速发展】 年内，房地产规模日益壮大。全市全年注册登记的房地产开发企业76家，项目开发量占全区总量的85%。完成房地产开发投资47.5亿元，同比增长159%；全年，新开工商品房面积225万平方米，同比增长196%；完成商品房销售面积96.94万平方米，同比增长106%。实现了房地产投资和销售“双增长”。全年，共完成房屋初始登记、转移登记、抵押登记等8600余件。加大房地产业发展研究工作。编制了《拉萨市房地产市场前景分析与政策建议报告》，同时起草《拉萨市物业管理条例》等6项法规和规范性文件，加快推进拉萨市物业管理进入法治化、规范化进程。

【建设服务型机关】 年内，市住房和城乡建设系统以党的群众路线教育实践活动为载体，创新推出了“无服务”“十项便民”等措施，着力解决“四风”“两问题”“一薄弱”“三不够”等突出问题，“三公经费”大幅下降，干部作风、文风会风有了明显转变，务实创业的工作氛围更加浓厚。落实维稳工作十项措施，推进“双联户”创建和内部网格化管理，切实履行行业监管责任，加强对城镇供水、燃气、城镇公共服务设施和在建项目工地、务工人员的监管和服务，确保了行业稳定、和谐发展，实现了内保和行业“三不出”目标。切实加强行政审批及效能建设。不断简化办事程序，提高办事质量，将原有的25项行政审批事项梳理归纳为13项，行政审批事项精简调整率52%，下放到各县（区）11项，下放率达84.6%。

（刘　娟）

市容环境

【概　况】 年内，拉萨市市政市容管理委员会（拉萨市城市管理综合执法局）按照“目标、任务、效能”三提速的总要求，围绕“六城同创”工作目标，紧扣“五大战略”的实施，以“环境立市”为抓手，以构建“美丽家园、幸福拉萨”为目标，积极发扬“团结拼搏、乐于奉献”的管委精神，有效开展工作，较好完成各项工作。

党的群众路线教育实践活动

【学习教育】 年内，共开展理论中心组学习18次，支部学习62次，形成个人自学心得体会73篇，开展近10场学习讨论，组织3次专题讲座，280余人次听讲，开展群众路线专题演讲活动，参加演讲7人，参与活动148人；组织观影活动26场，先后8次组织415人次参观了区党校廉政教育基地、自治区历史博物馆。

【征求意见103条】 年内，向各市直单位、内部党员群众、退休党员、全国模范、广大市民、农牧民朋友征求意见、交叉征求意见、支部征求意见、谈心谈话征求意见等多种渠道和形式广泛征求意见，共发放征求意见表总计712份，收回680份，征求意见建议103条；开展谈心谈话230余人次。

【开展党员干部系列活动】 年内，开展“党员干部进村入户、结对认亲交朋友”活动，151名党员干部结对认亲47户，看望慰问农牧民群众170余人次，送去慰问品及慰问金共计4万余元；以帮扶小组形式开展专题讲座1次，赴村进行宣讲活动8次；以支部为单位，开展双语学习13次；组织党员干部开展志愿者示范活动60余人次；组织20余人次参加民族团结植树活动，植树60余株；开展城市管理法律法规宣传4次。

【整改问题187项】　年内，制定“两方案、一计划”和领导干部个人整改清单，集体整改59项、个人整改128项，总计187项；已整改落实10余条亟待解决的意见，市区流浪狗、机动车占用人行道等工作正在开展，停车场规范管理、井圈井盖管理等正在制定制度、形成方案。

【建章立制】　年内，自3月中旬开始建章立制相关工作，于8月制定并下发《关于印发〈拉萨市市政市容管理委员会征求意见整改落实分解表〉》及《拉萨市政市容管委会建章立制责任分解表》，梳理建章立制计划24项。全市立法类项目已起草完毕7项；《燃气安全管理办法》《拉萨市环境卫生质量标准》等市政市容行业管理类制度已起草完毕6项，《督查督办制度》《财务内部管理制度》等内部管理制度已起草完成4项；《市政设施维护管理办法》等4项制度在起草之中。

（张欢欢）

市政市容工作

【概　况】　年内，市政市容管委制定了《拉萨市流浪犬收容管理办法》《拉萨市城镇供水管理条例（修订）》《拉萨市燃气突发事故应急预案》《拉萨市城市道路挖掘管理办法》《拉萨市洗车场设置技术规范》《拉萨市环境卫生质量标准》等管理办法，其中《拉萨市城市道路挖掘管理办法》《拉萨市洗车场设置技术规范》已经市政府研究通过；提出了关于进一步明确老城区市政市容管理维护职责的意见和进一步加强市区机动车规范管理的实施方案，成立“牛皮癣”专项整治力量，形成“牛皮癣”清理粉刷工作长效机制；开展拉萨市水价调整和拉萨市污水处理收费工作。《拉萨市污水收费管理办法》《拉萨市城镇供水管理条例》《拉萨市餐厨废弃物垃圾处置管理办法》在制定中。

（张欢欢）

市政公用管理

【安全供水工作成果显著】　年内，自筹资金约300万元在机电小区钻探深井1口，在老城区钻探深井2口；投入60余万元在北郊水厂钻探深井1口；投资100余万元钻探深井2口解决阿坝林社区用水问题；投入209万元在献多水厂新安装水泵1台，新开采深井1眼，安装相关设备，确保教育城安全供水。开展供水管网及消防设施排查维护工作，对老城区消防栓进行检查维护，并对资料进行建档备案。配合消防支队对全市消火栓进行普查。开展管网抢修共498次，投入资金12.6万元维修更换90套消火栓。投入资金45万余元购买3台二氧化氯发生器对北郊水厂消毒设备进行更新改造。水质检测方面，累计检测4598个项目，合格率98.84%，符合国家饮用水标准。处理偷水、私采地下水等违章行为322起，开展了节水宣传活动。完成四个水厂水源地整改；完善《拉萨市自来水公司供水应急预案》，充实应急物质储备，并开展了供水应急演练活动；实现应急仓库管理、药品管理等制度上墙。全年安全供水11928万吨（其中水途损失2386万吨，绿化供水4187万吨，免费供水131万吨，售水5233万吨），实现收入6543万元，上缴税金363万元，为老城区、廉租房等单位和个人减免水费127万元。

【污水处理中心管理运营】　年内，对污水处理中心厂区设备进行排查维修和保养，对坏损设备进行了全面维修。依托援藏平台，加强员工技术培训，建立岗位职责，制定安全生产制度、设备操作规程、应急预案等制度，建立健全生产运行数据台账、在线监测设备台账、设备维护保养台账、办公用品台账等资料。年内，共处理污水1313.6万吨，日处理4.3万吨，经自治区环境监测站抽样监测，出水水质综合指标合格率达100%，产生污泥3900吨，清运垃圾960吨，发生电费207.0076万元。

【市政设施维护管理】　年内，共维修路面约5万平方米、人行道约3万平方米、刷新人行道栏杆及绿化带栏杆近4万米，清理乱石渣土164吨。更换检查井、雨水井共1400套，清掏下水道垃圾400吨，新增排水管850米。共维修路灯6600盏，处理路灯故障680余起，调整路灯开关时间18次。对全市1500余座道路箱体进行刷新，清理小广告约6万条。对宇拓路喷泉、彩虹桥进行全面维修。开展柳梧大桥亮化工作，对柳梧大桥栏杆、桥面石板、隔离带进行维修刷新，对路灯进行校正，更换隔离带人工草皮。对雪新村人行道进行维修。对布宫广场石板路面进行了全面维护。

【燃气行业管理】 年内，联合市质量技术监督局、市公安消防支队等部门对市区17家燃气企业进行4次全面检查，下发整改通知书12份，发现并整改各类安全隐患问题8个，并进行了回查。制定了《拉萨市燃气管理办法》《拉萨市供热管理办法》。起草了《拉萨市燃气突发事故应急预案》，督促暖心公司加强燃气管线的巡查和维护，进一步严格道路挖掘中涉及燃气管线开挖的审批程序。

（张欢欢）

市容及环卫管理

【户外广告和市容秩序管理】 年内，起草《拉萨市洗车场设置技术规范》《拉萨市环境卫生质量标准》《关于进一步加强市区机动车规范管理的实施方案》《拉萨市机动车行业管理规范》。共查处更换陈旧破损灯杆广告273块、更换陈旧户外广告及门店招牌300余块（幅）、更换破损公交站台耐力板180块、修复和刷新公交站台25座。委托北京清华同衡规划设计研究院，编制完成了《拉萨市户外广告设置总体规划》，通过了市城乡规划建设委员会第九次会议的审定。协调市区各类广告开展了“创建环保模范城市”“安全生产”等公益宣传活动。联合城关区政府、市公安交警支队等部门开展机动车停车场规范管理工作。开展流浪犬接收、饲养、防疫等各项工作，共登记接收流浪犬4020只，共接收社会各界爱心人士的捐赠物资106起。全年共受理各类行政审批事项1369件，其中城市户外广告设置审批688件、城市道路挖掘和临时占道153件、临街喇叭口开设24件、渣土准运226件、车身广告246件、城镇排水许可32件，办结率98%。

【环境卫生管理】 年内，共检查全市主次干道环境卫生4522次。加强公厕监督管理，确保全市157座公厕有专人保洁。累计拆除损坏和老化果皮箱180个、安装果皮箱235个、维修316个。共查处违章运输车辆205台次，办理砂石准运证256张，办理生活垃圾准运证46张。对新藏大路、柳梧新区等38处路段和区域乱堆乱倒建筑垃圾进行清理，共清理混合垃圾9.25万吨，卫生死角垃圾3560吨，协调市直单位清理乱堆乱倒垃圾1650余吨。与各建筑工地签订《拉萨市建筑工地渣土处置责任书》60份。调整西郊、柳梧垃圾中转站的运力，共转运生活垃圾85980吨，生活垃圾卫生填埋率98%以上。对生活垃圾填埋场裸露的生活垃圾进行覆土，共覆土1800车、5万余平方米，新增沼气打孔152个；清理拾荒人员堆积的回收物100余吨。成立市容清理整治办公室，共清理“牛皮癣”小广告20900余条（张），覆盖乱涂乱写电话号码22500条。

（张欢欢）

城管综合执法

【数学化城管平台增至15个网络】 年内，数字化城管指挥在原有11个网格的基础上增加4个网格。加强与市维稳一线指挥部、市行政综合执法联动支队、城关区执法局、城关区环卫局等城市管理职能部门的沟通联系，及时调度、协调、反馈城市管理相关信息。共受理各类案件3121起（监控发现1001起、网格员上报1083起），移交市直相关部门处理1139起，联动支队处理904起，城关区执法局处理1070起，结案2995件，结案率95.96%。

（张欢欢）

民生工程建设

【生活垃圾填埋场新渗滤液处理站投入运营】 拉萨市生活垃圾填埋场新渗滤液处理站于5月25日完工并投入试运行，于8月24日通过初验，于12月25日通过终验。

【生活垃圾焚烧发电项目】 拉萨市生活垃圾焚烧发电项目于4月12日举行开工奠基仪式；4月15日，市发改委批复了《关于同意开展拉萨市生活垃圾焚烧发电项目前期工作的通知》；4月30日，该项目施工方开始进场施工；8月10日，主厂房破土动工；11月21日，完成综合楼一、二、三、四层室内填充墙砌筑工作，编制完成《电力接入系统方案报告书》并提交至电力经济研究院进行评审。截至12月，工程投资8000万元，主厂房总工程量完成100%。

（张欢欢）

环境保护

【概 况】 年内,全市环保系统工作人员深入贯彻落实中共十八大和区、市党委、政府关于环境保护工作的一系列重要指示精神,全力以赴,加强生态文明建设,打击环境污染行为,努力提升全市环境质量,各项工作取得新进展。

【拉萨通过国家环保模范城市验收】 6月,环保部专家组对拉萨市创模工作进行了技术评估,并顺利通过;开展创模验收。环保部验收组于2014年11月13日至16日对拉萨市创模工作进行验收并一致同意拉萨市通过国家环保模范城市考核验收。

【创建自治区级生态村】 年内,结合"美丽西藏、美丽拉萨"建设,指导各县(区)按照自治区级生态村申报材料要求,认真抓好农村环境综合整治、农村饮用水水源地建设等工作,确保按时完成任务。全市共有124个行政村进行了申报。截至年底,申报创建自治区级生态村通过区(市)复核初审的有56个行政村。10月10日至12日,专家组对其中的21个行政村进行现场技术考核。

【严控工业企业主要污染物排放总量】 年内,根据《拉萨市"十二五"主要污染物总量控制实施方案》和《拉萨市"十二五"主要污染物减排重点项目》的要求,根据各县(区)总量指标及各县(区)环保局和企业的申报,按规定、按程序审核4家企业的污染物总量控制。组织各县(区)环保局,对36家重点监控企业和垃圾填埋场、污水处理厂以及各行政区域城镇人口、规模化畜禽养殖行业进行填报统计。

【加强对重点行业环保整治】 年内,对西藏自治区人民医院、拉萨市人民医院等污水处理设施、医疗废物处置等进行了专项检查,督促环保建档。对拉萨皮革厂危险废物处置问题整改情况进行督促检查,要求其超期堆存的危险废物转运至危险废物处置中心进行处理。对拉萨啤酒厂污水处理设施、危险废物处置等进行执法检查,要求全厂按照环境管理规范化要求设置污染物流转、污染治理设施运行等。对7家养殖场开展规模化畜禽养殖场专项执法检查。重点对城关区12家(即将取缔)采石场开展采石采砂专项检查,按照国家环保部《关于深入推进重点企业清洁生产的通知》的有关要求,11家企业通过验收。

【开展拉萨市环保专项系列活动】 年内,协同自治区环保厅、国土资源厅、农牧厅人员组成的拉萨检查组于7月4日至26日期间,围绕拉萨市涉矿企业、农村公路建设、旁多水利工程等重点建设项目,开展了拉萨市环保专项行动,共检查119家企业(项目)。由市政府分管领导副市长杨安文为组长,市环保、安监和(区)县政府等部门相关人员组成的2个环保专项行动复查组,于8月5日起进行专项复查,共检查整改企业(项目)23家;8月28日至9月2日,协同自治区环保厅开展了"回头看"活动,重点检查了15家在2014年环保专项行动中存在问题的企业整改进展情况及各涉矿企业尾矿库汛期安全防范措施落实情况。此次专项行动共检查、复查企业(项目)157家(个),出动执法人员649人次,执法车辆247台(次)。

【大气污染专项整治】 年内,对全市13家使用锅炉的企业(单位)开展锅炉专项整治行动,并对其中8家使用燃煤锅炉的企业(单位)提出了限期整改要求,1家企业已关闭。按照《西藏自治区环保厅转发〈关于大气污染防治专项检查信息报送的通知〉的通知》,持续开展大气污染例行检查,共检查涉及大气污染的企业(单位)316家,出动执法人员720人次。8月,环境监测站同市公安局交警支队一起开展了为期7天的机动车尾气排放专项整治活动,共检查明显冒黑烟、尾气不合格车辆2000余辆。

【挂牌督办限期整改专项整治】 年内,继续开展自治区政府挂牌督办企业(项目)整改任务落实督查工作。对完成整改工作的24家企业(项目)加强检查,防止出现"反弹"现象;要求未完成整改或延期整改的7家企业(项目)继续加大整改措施落实力度,确保整改工作按期完成。

【对50家企业开展环境保护专项检查】 年内,对辖区内50家(个)企业及排污单位开展了环境保护专项检查,针对检查中发现的问题,专项检查组共对26家企业下发限期整改通知单,对西藏第三极羊绒制品有限公司等5家存在较为严重环境问题的企业,作出了停止生产,限期整改的处理。

【开展禁止白色专项行动】 年内,成立了拉萨市巩固“禁止白色”成果领导小组,按照《拉萨2014年禁止白色污染工作方案》,组织联合执法检查组,开展禁止白色各项工作。开展专项检查7次,出动执法人员100多人次,推进了拉萨市“禁止白色”工作。同时,市政府出资定制4.5万个环保布袋,免费发放给部分农贸市场。处理1宗白色污染举报案件,查获67.5万个塑料袋。

【开展“三路”专项检查】 年内,为确保拉林公路、拉日铁路、拉贡公路沿线生态环境、自然景观良好,严格按照上级部门下发的文件精神,及时向相关县、区环保局下发通知,要求加强执法督查力度,增加监察频次,及时有效地遏制“三路(拉萨段)”沿线生态环境破坏行为,合理调整取料点。全年共检查41处取料点,并形成专报24期。

【开展噪声专项检查】 年内,在全市高、中、小考期间,做好考前的提前踩点工作和考试中的现场检查工作,重点对学校周边工地、餐饮、娱乐等场所进行了噪音排查工作,要求各场所在考试临近期间,减少施工噪音,禁止夜间进行各项作业。共出动人员48人次,车辆12台(车)次,检查施工场地23家,大型超市7家,娱乐场所5家,电焊氧焊15家。

【开展集中式饮用水水源地环境状况评估】 年内,根据环保部办公厅《关于开展地级以下城市集中式饮用水水源环境状况评估工作的通知》,文件要求,对拉萨市4个集中式饮用水水源地开展了环境状况调查及评估工作。

【开展水环境监测】 年内,开展地表水国控断面监测,对4个地表水国控断面(达孜、东嘎、色麦、才纳)监测11次。监测项目28项。监测结果显示,国控断面水质均符合《地表水环境质量标准》(GB3838-2002)表1中Ⅲ类标准限值的要求。开展饮用水源地监测。对市内4个主要饮用水水源地(北郊水厂、东郊水厂、西郊水厂、药王山水厂)监测11次。监测项目有22项。监测结果显示,饮用水水源地水质均符合《地下水质量标准》(GB/T14848-1993)Ⅲ类标准。

【开展拉鲁湿地及“三渠一河”管护】 年内,根据《拉萨市拉鲁湿地自然保护区管理条例》和《拉鲁湿地及“三渠一河“综合整治方案》,结合“创模”藏博会等重要工作,对湿地和“三渠一河”的泥沙、垃圾采取定期、不定期以及重要时期、重点部位综合整治。共投入人力400余人次,清理垃圾、淤泥车辆240余吨,投入资金83余万元。根据拉鲁湿地整改工作专题会议精神和《拉鲁湿地国家级自然保护区三期工程总体实施方案》的相关要求,开展保护区周边违法建筑构筑物及渠道上私搭乱建等开展一系列整改工作,拆除了拉鲁湿地周边八处鱼庄,实施了围栏保护;搬迁了位于拉鲁湿地核心区的29户居民,进行了土地平整和植被恢复。开展维修工作,将“三渠一河”原有手动闸门更换为手动、电动两用闸门,在拉鲁湿地大门处安装变压器,对中干渠湿地段闸门全部供电。并修复破损栏杆,补栽了湿地公园的苗木死株和公园内的草坪,新建湿地公园围栏以及电动大门。

【环保审批229个项目】 年内,对重点建设项目、重点技改项目相关环评审批工作,强化“面对面”服务,共受理建设项目366个(其中报告书14个、报告表120个、登记表238个),审批项目229个(其中报告书7个、报告表70个、登记表140个),各县环保局审批134个。

【核发37个排污许可证】 年内,规范排污许可证发放和管理工作,组织实施排污申报登记与排污许可证制度,重点更换、核发自治区重点监控企业、自治区重点监督企业排污许可证,特别是重点监督“双超”、“双有”企业的排污许可证。共核发37个排污许可证。

【竣工环保验收工作】 年内,市环保局对31家申请验收的企业、15家申请试生产企业,进行了现场踏勘,开展了现场验收工作。21家企业通过验收,12家试生产企业通过验收。环保厅委托验收4家,现已全部完成。

【规范排污收费】　年内，根据《2014年全区环境监察工作要点》安排，将部分排污收费权限下放至各县（区）环保局，制定下发了《关于进一步规范全市排污费收缴标准计算及管理工作的通知》。全面开展排污费征收工作，并规范了征收程序，全年共征收并上缴排污费390余万元。

【抓好信访“控”和“减”】　年内，在控减环境信访发生率、拓展信访工作覆盖率、提高环境信访办结率上下功夫。严格落实局领导接访回访制度，促进环境信访问题的化解。共受理环境信访举报120起，其中水污染13起、大气污染53起、噪音污染47起、生态污染1起、固体污染4起、白色污染1起、其他污染1起。处理率达100%，办结率达99%。

【开展全市环境监测计量认证】　年内，在四川、重庆两省市援藏技术专家的帮助下，市环境监测站编制完成了《质量手册》《程序文件》，完善人员档案、设备档案，并对实验室进行调整，规范监测因子分划防止相互干扰。7月，顺利通过首次实验室资质认定，认证范围为水（含大气降水）和废水、环境空气和废气、噪声（振动）三大类57个参数。9月11日，正式取得了计量认证资质，拉萨市环境监测管理实现新的突破。

【规范管理空气自动监测子站】　1月，6个环境空气自动监测站正式启用，每天12点前向自治区监测中心站上报拉萨市空气质量日报数据，每月2日前上报全市空气质量月报监测结果。1～8月空气质量优良天数234天，优良率为96.3%。

【开展应急水质监测】　年内，在自治区环保厅监测中心站的支持帮助下，完成了当雄“12·25”事件的加密监测、堆龙德庆县马乡政府饮用水井监测、加措居委会居民区水井监测、墨竹工卡县中凯矿业有限公司尾矿库水质监测、墨竹工卡县普朗沟地质灾害加密监测工作。

【开展噪声监测】　年内，市环保局配合自治区环境监测中心站完成拉萨城区区域声环境质量监测、道路交通噪声监测及功能区声环境质量监测。道路交通噪声及功能区声环境质量每季度（1、4、7、10月中旬）监测1次。

【重点工业企业污染源在线监控（监测）】　年内，重点工业企业污染源在线监控一期工程实现了9家重点工业企业、6家水源地、2家机动车尾气检验中心与拉萨市环境指挥中心平台联网。在线监控二期建设已有2家企业完成建设。

【机动车尾气检测实验室及附属设施项目】　年内，拉萨市机动车尾气检测实验室及附属设施建设项目属2012年江苏对口援藏和拉萨市环保局自筹整合项目。该项目的土建已完成初验。

（德　央　张建新）

防震减灾

【概　况】　2014年，围绕拉萨市“五大战略”工作，认真贯彻落实《中华人民共和国防震减灾法》和《西藏自治区实施〈中华人民共和国防震减灾法〉办法》，探索地震监测预报、震害预防、应急救援三大体系建设，努力完善工作体制机制，充分发挥防震减灾部门职能作用，扎实开展工作。

【地震监测】　年内，市地震局积极与上级业务部门协调沟通，加强与治区地震局监测预报中心和自治区地震局拉萨地震台、地磁台对全市震情的宏观监测，建立通信保障机制，确保一旦发生震情，在第一时间内掌握情况，及时向市委、市政府等相关部门汇报，同时做好重大节日、重要日期间的震情跟踪。

【防震减灾科普宣传】　年内，市地震避制定《拉萨市地震局2014年防灾减灾日期间防震减灾宣传工作实施方案》，深入学校、社区、基层农牧区开展防震减灾科普宣传。分别在拉萨江苏中学、城关区统建社区、当雄县当曲卡镇等开展防震减灾知识宣传，通过设立宣传展板（藏汉两种文字）、发放防震减灾宣传册等，增强广大群众和在校学生提高避灾自救和互救的基本技能。

（穷　啦）

人力资源和社会保障

综　　述

2014年,全市新增就业再就业人员15550人,完成全年目标任务的103.7%,开发就业岗位15794个,完成全年目标任务的315.9%。实现农牧区劳动力转移就业21.35万人次,完成全年目标任务的106.7%,实现转移收入54679万元,完成全年目标任务的130.2%。动态消除零就业家庭14户14人,继续保持城镇零就业家庭动态清零,城镇登记失业率控制在2.2%以内。拉萨籍应届高校毕业生就业率达98.2%,有就业愿望困难家庭高校毕业生就业率达100%。社会保险参保人数达到44.06万人,养老、医疗、生育、工伤、失业五大保险分别为23.93万人、11.12万人、3.63万人、4.02万人、1.36万人。人才发展体制不断完善,人才服务体系进一步健全,干部队伍配置日趋合理。劳动关系调处达到3个100%:督促检查的企业职工劳动合同签订率达到100%,劳动人事争议案件结案率达到100%,劳动监察举报案件结案率达100%。

（党培治）

人力资源

人事人才

【机关事业单位年度考核】 年内,全市应参加考核的行政机关公务员(工作人员)11968人,实际参加考核11918人,其中优秀等次1657人,称职(合格)等次9809人,基本称职等次5人,不称职等次17人,未定等次430人。全市事业单位工作人员应参加考核11948人,实际参加考核11880人,其中优秀等次1246人,合格等次9633人,不合格等次7人,未定等次994人。

【人才队伍建设】 年内,全市各类人才总量达2.5万余人,其中住建、交通、水利、能源、信息、环境、卫生等行业和部门专业技术人才总量逐年增加,基本满足发展需要。通过公招选调、人才引进、招聘、对口挂职交流、双向培养、定向培养等多种方式集聚补充各级各类人才700余人,其中为医疗卫生、教育等部门引进急需紧缺专业技术人才120余人;2名专业技术人员获批享受国务院特殊津贴,2名获批自治区学术技术带头人。

【引进急需紧缺专业人才104名】 年内,制定出台《拉萨市"园区"企业人才管理服务暂行办法》。引进104名各类急需紧缺专业人才,按照博士生8万、研究生5万、本科生2万元的标准一次性发放安家补助费,及时解决了引进人才的"安家"之忧,共兑现引进人才安家补助费200余万元。

【开展基层人才调研】 年内，深入全市57个乡镇、街道开展了基层人才结构调查研究工作，摸清了基层人才队伍现状，规范了干部辞职、交流、调配等工作程序，选派10名基层乡镇公务员参加北京、江苏基层公务员初任培训。

【开展基层公务员派遣工作】 年内，针对基层和偏远县人才缺乏实际，结合高校毕业生所学专业与农牧区基层需求，侧重面向艰苦边远地区派遣，共派遣高校毕业生和部队生源528人。

【军转干部管理】 年内，为推进军转干部创业进程，在重庆承办了首届自主择业军转干部创立经验交流暨基层党支部建设及创业引导性培训班。为2013年339余名自主择业军转干部发放了工资卡，审查军转干部子女中（高）考工龄加分104余人次，出具相关证明材料200余份，切实维护自主择业军转干部子女平等享受在藏工龄加分的权益。及时向市财政申请专项资金，解决了拉萨市2654名自主择业军转干部的冬季取暖费。

【推动事业单位人事管理】 年内，配合市委组织部、市财政局出台了拉萨市推进事业单位岗位设置管理实施工作方案。完成事业单位岗位设置3家，审核批准事业单位岗位设置方案137家。

【专业技术人才队伍建设】 年内，通过初审、考察顺利完成职称评聘工作，共委托、推荐参加专业技术资格评审人员658人，其中推荐高级人员136人，中级人员380人，初级人员107人。按照相关程序共确认380人中级专业技术任职资格，共聘任80人中级专业技术职务，报请市政府聘任30人高级专业技术职务，共考察122名拟晋升高级职务人员。选派7名西藏特殊培养人选参见学习培训，2人获批自治区学术和技术带头人。

劳动关系

【劳动监察案件处理】 年内，共受理劳动监察案件165起，同比下降31%，涉及17722人，为劳动者追回工资4191.2万元。督促21家企业缴纳民工工资保证金2798.1万元，督促缴纳工伤保险128.15万元。

【处理劳动人事纠纷】 年内，共受理劳动争议案件139起，同比下降9%，涉及人数230人，涉及金额1561万元。经调解、裁决处理117起，为劳动者追回工资、生活费、工伤赔偿、补缴社会保险等677.82万元，按期结案率100%。

【开展多项专项检查】 年内，开展了人力资源市场清理整顿、建筑工程项目联合大检查、农牧民工工资支付情况专项监察、用人单位遵守劳动用工和社会保险法律法规情况专项检查共4次，检查各类企业、建筑工地478家，涉及劳动者15490人。

【工伤案件处理】 年内，受理工伤案件199起，结案158起，撤诉1起，待办40起。

【工资审批】 年内，完成了各县（区）、市直机关事业单位1.75万人次职务（职称）变动、各种固定、浮动等工资审批工作；完成了全市机关事业单位332人提前退休工作人员的工资审批。

【工资定级】 年内，对新录用的143名乡镇公务员、50名公安部门公务员、60名部队招录的乡镇公务员、9名非西藏生源定向生、57名引进生、202名事业单位工作人员、274名教育系统新分配人员进行了工资定级。

【企业薪酬调查】 年内，对全市110家企业的人工成本和在岗职工工资情况进行了调查。

（党培治）

社会保障

就　业

【高校毕业生就业】 年内,3861 名高校毕业生实现就业,就业率达 98.2%,离校未就业高校毕业生实名制统计结果 71 名学生未就业(均属在家复习继续参加公招考试),有就业愿望困难家庭高校毕业生就业率达 100%。

【推动高校毕业生创业】 年内,赴西宁、昆明、成都学习调研高校毕业生自主创业扶持及小额担保贷款相关政策;多次协调市财政局、市信用担保公司、建行北京中路支行等相关部门召开小额担保贷款协调会,报请市政府出台《拉萨市高校毕业生自主创业小额担保贷款操作管理规定》;雪顿节期间,举办了拉萨市首届创业大学生成果展;12 月,首次召开了拉萨市高校毕业生自主创业小额担保贷款项目评审会,3 名大学生创业者分别获得 10 万元贷款扶持。

【举办高校毕业生系列培训】 年内,举办了拉萨市 2014 年首期待业青年创业培训班,对有创业意愿的 30 名学员进行了为期 10 天的创业培训,提升有创业意愿青年的创业技能;开展了为期 7 天的拉萨市高校毕业生就业引导培训班,来自西藏大学、西藏职业技术学院、拉萨师范专科学院、藏医学院等院校应届毕业生和离校未就业高校毕业生 500 余人参加了培训;联系江苏省人社厅指派专业指导老师对 100 名未就业高校毕业生进行了为期 5 天的就业指导,开拓了学生的视野,转变了学生的就业观念。

【完善高校毕业生就业见习制度】 年内,推荐 154 名高校毕业生参加就业见习,发放见习生活补助 184.8 万元;组织区内外离校未就业高校毕业生参加每月 15 日举办的小型人力资源洽谈会、广泛宣传高校毕业生就业优惠政策。推荐安置 8 名高校毕业生通过公益性岗位就业,发放公益性岗位补贴 3.84 万元。

【高校毕业生区外就业服务】 年内,组织高校毕业生参加在西藏民族学院举办的西藏自治区 2014 年高校毕业生专场招聘会暨政策宣讲会。与区人社厅、北京市人社局、江苏省人社厅组织举办就业援藏——北京、江苏面向西藏籍高校毕业生专场招聘会,参加各类招聘活动学生共 4800 余人,100 余名高校毕业生通过招聘实现区外就业,促进了拉萨籍高校毕业生区外就业工作顺利实施。

【基层就业服务调研】 年内,开展了全市农村劳动力资源调查和全市国有企业、非公企业就业情况调研,基本掌握了全市企业就业情况和用工需求,为今后开展就业工作、促进城乡就业打下坚实基础。

【基层就业创业办公室成立】 年内,各县(区)均按照“六落实、六到位”要求先后成立了就业创业办公室,配备了 2 名以上专兼职人员,初步实现了各县(区)就业创业工作“办公有场所、工作有人抓、经费有保障、制度能执行”的工作目标。

【推进就业困难群体就业】 年内,开展了以“帮扶到人、岗位到手、政策到位、服务到家”为主题的“春风行动”,活动期间共发放《劳动合同法》《农牧民进城务工指南》、春风卡等宣传资料 23500 余份,现场解答群众咨询 2700 多人次,提供用工信息 2000 余个。实现企业招用登记就业困难人员 16 人,用人单位吸纳残疾人就业 34 人。

【积极开发就业岗位】 年内,以“拉萨市人力资源洽谈会”等招聘活动为契机,形成“年度有大型招聘会、月有小型招聘会”的招聘服务体系。共召开大型人力资源洽谈会 1 场次,市一级举办小型人力资源洽谈会 9 场次,并将洽谈会向各县(区)延伸,指导各县(区)举办小型人力资源洽谈会 8 场次,累计组织企业 470 余家次,提供就业岗位信息累计 13174 个,累计参与人数 12000 余人次,达成就业意向 2738 人。

【农牧民职业技能培训】 年内,在开展培训意愿、培训需求摸底的基础上,将 55 个农牧民技能培训项目任务分解至 8 个市级承训单位和 8 个县(区),通过规范程序、加强督导,推动培训由无序向有序、由盲目到针对性转变。全年开展各类职业技能培训 76 期,投入培训资金 1166.14 万元,培训农牧民、城镇失业人员5705名，就业率达73%。创业培训185人，实现创业成功18人，完成全年目标任务150人的123.3%，创业成功率10%，创业带动就业75人。

【打造市级劳务品牌】 年内，分别在拉萨市七县一区打造了8个市级劳务品牌作为重点扶持对象，进一步提高本地劳动力核心竞争力，实现就业致富双赢。此外，还举办了2014年拉萨市首届职业技能大赛。

【职业技能鉴定】 年内，开展职业技能鉴定1034人，完成全年目标任务500人的206.8%。

社会保险

【基本养老保险】 年内，城镇职工基本养老保险、城乡居民养老保险参保人数分别为3.32万人、20.61万人；征缴养老保险费28534万元、2193万元，发放养老金14205万元、5042万元。

【医疗保险和生育保险】 年内，职工医疗保险参保48955人，征缴职工医疗保险基金21742万元，待遇支付31759人次，统筹基金总支出16549万元；城镇居民医疗保险参保62282人，征缴居民医疗保险基金2491万元，待遇支付10356人次，基金支付6241万元；职工生育保险参保36349人，征缴生育保险基金675万元，待遇支付753人次，基金支出742万元。

【工伤保险】 年内，推进机关事业单位工作人员参加工伤保险，完成工伤保险待遇支付权限下放工作。全年工伤保险参保40200人，征缴工伤保险1896.95万元，待遇支付1404万元。

【失业保险】 年内，失业保险支付范围逐步扩大，征缴率不断提高，基金“两补一贴”作用明显，失业保险参保13550人，完成全年目标任务12000人的112.9%，同比增长1.04%。征缴失业保险金1960万元，完成全年目标任务1950万元的100.5%，同比增长8.83%。

【提高社会保险补贴标准】 年内，全市人力资源和社会保障系统扎实开展政策宣传、基础养老金兑付、参保登记审核、基金征缴扩面等工作，很好地发挥了社会保险保基本的安全阀和稳定器的作用。2014年，全市企业退休职工基本养老金月人均水平达3034.91元，城乡居民基础养老金月人均达120元，城镇居民基本医疗保险政府补助标准提高到年人均340元。

（党培治）

社会生活

综　　述

2014年，拉萨市民政局现有编制107人，其中行政编制24人、机关事业编制5人、参公事业编制19人、事业编制59人。局机关内设7个科室，分别为办公室、政工人事科、规划财务科、优抚安置科、基层政权和社区建设科、社会救助科、救灾科。局属单位下设9个，分别为中国拉萨SOS儿童村（副县级）、市救助管理站（参公事业单位）、老龄办（参公事业单位）、市社会福利院、市儿童福利院、市烈士陵园管理中心、市军休服务管理中心、市救灾物资储备中心、市居民家庭经济状况核对中心。

拉萨市民政局主要承担着全市困难群众救助、自然灾害救助、优抚安置、基层政权建设、老龄事业发展、社会团体管理等涵盖民生、公共服务等多方面的工作职责。2014年，全局实施"民生安市"战略，着力保障和改善民生，建立完善了与拉萨市经济社会发展水平相适应的社会救助体系、社会福利体系、社会管理体系、双拥优抚安置体系、社会事务公共服务体系。推进党建、廉政、效能、作风等制度建设，开展民政系统对口援藏工作对接及工作人员培训工作，建立健全《拉萨市民政系统党风行风建设责任制》《拉萨市民政局服务承诺制》《拉萨市民政局责任追究制》《拉萨市民政局政务公开制》《直接联系群众制》等制度。围绕强基惠民活动"五项重点任务"，针对朗堆村特殊的地理环境和纯牧区的实际，市民政局驻村工作队把解决群众热点、难点问题作为强基惠民活动的重要内容。积极落实"短、平、快"项目、为民办实事经费、与相关部门协调争取惠民项目和资金外，驻村工作队通过自筹方式落实301.627万元资金，用于改善村"两委"办公条件，修建党员活动中心、救灾储备库、暖棚暖圈、人畜饮用水、温室蔬菜大棚、扶贫综合服务站，购买牲畜饲料、学生衣物及学生用品，开展送医送药，慰问驻地群众等惠民利民上，落实"一岗双责"制度。与局属单位、科室、商户与租房签订《社会治安综合治理目标责任书》《消防管理目标责任书》。开展"综治宣传日""安全生产宣传""平安西藏宣传日""全国法制宣传日"等活动，综治、维稳、信访、消防、安全生产等工作扎实到位。

（何　伟　梁景业）

社会救助

【城乡低保】　年内，市、县（区）申请救助居民低收入经济状况核对中心、社会救助联席会议制度及“一门受理、协同办理”服务平台全面建立。区、市直单位低保行政审批权限下放至城关区做到简政放权。调整农村低保对象 719 人，取消 250 人，新增 464 人。落实城镇低保金 6222.32 万元，同比增长 77%，落实农村低保金 2418.54 万元，同比增长 104%，惠及困难群众 49915 人。为 42549 人城乡低收入群体发放了一次性慰问金共计 2178.21 万元。慰问三大僧尼 246 人，发放慰问金 14.76 万元。慰问散居拉萨市麻风病治愈人员 126 名，发放慰问金 37800 元。

【农村五保惠及 1403 人】　年内，落实农村五保供养资金 606.96 万元，惠及五保对象 1403 人，供养对象的生活质量、幸福指数大幅提升。

【医疗救助惠及 7133 人】　年内，积极开展“一站式”即时结算服务跟踪问效活动和医疗救助资金专项检查治理工作，将区、市 12 家公立、私立医院纳入“一站式”即时结算服务范围。全年落实医疗救助金 3389.31 万元，惠及城乡困难群众 7133 名。

【其他专项救助】　年内，根据“救急难”工作指导意见，为 780 名临时生活困难家庭落实临时救助金 82.84 万元；为“罗桑土多诈骗案”47 名受害群众落实临时救助金 10.34 万元；为 326 名城乡低保家庭大学生兑现 2013 年度高校一次性教育救助金 93.8 万元；协助住建部门审核申请公租房的低收入家庭 28 户；救助三无人员、流浪乞讨、未成年人等特殊人员 2276 人，提供返乡车票 474 张，落实救助经费 137 万元。同时，协调解决 126 户昌都、那曲、林芝等地区的麻风病治愈人员全部落户到拉萨市，并着手纳入城乡低保。

（李彦鹏）

救灾救济

【防灾减灾普及宣传活动】　5 月 12 日是第六个“防灾减灾日”，主题是“城镇化与减灾”。64 家区市减灾委成员单位的 381 名工作人员向市民宣传普及防灾减灾知识，发放 5.8 万份宣传资料。

【救灾救济】　年内，拉萨市林周县、尼木县、达孜县、曲水县 4 个县 18 个乡镇发生风雹、洪涝、泥石流等自然灾害，发生地质灾害 27 起，受灾人口 32398 人，因灾伤病 5 人，紧急转移安置 357 人，农作物受灾面积 4307 公顷，其中农作物成灾面积 2126 公顷，农作物绝收面积 2181 公顷。倒塌房屋间数 385 间，因灾死亡大牲畜 60 头只、因灾死亡羊 81 只，直接经济损失 4207 万元，其中农业损失 4002 万元，基础设施损失 26.93 万元，家庭损失 87.32 万元，公益设施损失 90.25 万元。2014 年，自治区安排自然灾害救助补助资金 1200 万元，其中补助口粮资金 650 万元，补助衣被资金 550 万元。2014 年向各县代储物资，林周县调拨救灾物资金 12 平方米帐篷 200 顶，棉大衣 300 件。墨竹工卡县调拨救灾物资棉大衣 300 件、雨鞋 200 双，雨衣 200 件。

（巴桑卓嘎）

双拥优抚安置

【双拥创建】 年内，组织全市（中）直单位、驻市部队和各县区召开新一轮全国双拥模范城（县）创建工作迎检动员部署会，并与双拥成员单位签订目标责任书。在拉萨晚报开设三期宣传专刊，大力宣传拉萨市双拥优抚政策。开展纪念延安双拥运动70周年征文活动并在《拉萨晚报》开设征文专栏，征文30余篇，其中一篇荣获全国二等奖。在纪念张国华100周年诞辰，组织300余名官兵参观西藏军区军史博物馆。组织200余名官兵，清理整治了柳梧新区文体中心周边环境，清理垃圾30余吨，改善柳梧新区文体中心周边环境。组织驻市部队官兵参加拉萨市"老西藏精神"专题讨论交流会。收集、整理2012～2014年双拥工作重大成果、重大活动、重大典型上报全国双拥办，全国双拥办制作一部专题电视片，同时也积极的配合"六城同创"创建部门做好部队官兵参与创建活动的组织和协调工作。7月，拉萨市民政局被拉萨市人民政府征兵办公室授予"征兵先进单位"称号。

【拥军优属】 年内，"三大节日"、"八一"建军节期间，走访慰问驻市部队、执勤点部队、基层部队19个、优抚对象906人、军休人员468人，各项慰问活动经费计590.8万元。在成都召开拉萨市驻成都军休干部、无军籍退休职工迎新年座谈会。对居住拉萨市军休人员开展了慰问活动。市直各相关单位和县（区）开展拥军优属慰问活动经费支出290余万元。举办了迎"八一"军民鱼水情双拥文艺晚会。为驻市部队协调解决生产、训练、住房等用地近10000余亩，建立基层部队拥军图书室4个，解决近350余名军人子女入学、入托问题。将468名军休干部和无军籍退休职工全部纳入医疗保险。

【拥政爱民】 年内，驻市部队参加青藏铁路、贡嘎机场道路改造等重点工程建设30多项；主动参与扶贫帮困、捐资助学等活动，建立军民共建点和扶贫联系点400多个，向希望工程捐款1000多万元，开办或资助希望小学、鱼水小学、蓝天春蕾女童班等60多个；免费为群众治病50万人次，减免医疗费上千万元；参加各种抢险救灾近百次，抢救遇险群众3万人次，抢运各种物资600多吨，向灾区群众捐款捐物1000余万元，圆满完成2014年"2·8"林周县唐古乡遭受风雹自然灾害、"8·4"抗洪抢险救援和"8·9""8·18"特大交通事故处理救援等一批急难险重任务，驻市部队坚决执行各项维稳任务，维护拉萨社会和谐和局势稳定。

【优抚安置】 年内，为630名伤残军人统一换领新军残证，新办伤残证20人。完成2013年度18名退役士兵安置工作，发放2013年度160名自主就业退役士兵家属优待金及一次性经济补助1178万元。落实军休人员各项经费6521.83万元，成立了居住成都军休干部党支部，组织军休人员参观清政府驻藏大臣衙门旧址等爱国主义教育基地。落实优抚对象伤残抚恤金606.9万元。完成市县两级80名退役士兵职业技能培训工作及2014年夏秋季征兵工作。11月，优抚安置科仓决科长和军休干部陈达聪被全国授予军休工作先进个人和军休干部先进个人。

【烈士陵园纪念馆筹备】 年内，开展清明节期间区市领导凭吊烈士及烈士纪念植树活动。举办"9·30"首个烈士纪念日烈士公祭活动，同时设计制作《拉萨烈士陵园宣传册》和全市各级烈士陵园简介展板20块，向广大参观和祭祀人员宣传抢救保护工作。烈士陵园纪念馆的布展工作正在有序开展，从警备区申请纪念馆的布展资金80万元；从自治区民政厅申请尼木县烈士陵园维修资金308万元、当雄县烈士陵园整体搬迁资金50万元。开展拉萨烈士陵园和尼木烈士陵园纪念馆陈列布展工作，拉萨烈士纪念馆征集到实物5件。拉萨烈士陵园与堆龙德庆县消防支队、城关区当巴小学共建爱国主义教育基地。年内，拉萨烈士陵园被市委宣传部确定为拉萨市爱国主义教育基地。

（仓　决）

社会福利事业

【福利和慈善事业】 年内，上报《拉萨市养老服务业综合改革试点方案》，推进拉萨市养老服务业综合改革试点和养老服务信息化建设工作；举办拉萨市养老机构数据直报系统业务培训和社会福利机构服务人员培训，惠及管理服务人员40余人；对孤儿、困境儿童、困境家庭儿童、普通儿童4个层次的儿童群体积极实施优惠政策，惠及儿童3000余人；全年发放孤儿保障金522.84万元，惠及孤儿836人。加强收养登记管理工作，全年办理47例、其中送养30例、弃婴10例、孤儿5例、解除收养关系2例。慈善工作。起草《拉萨市慈善捐赠条例》，健全完善《拉萨市慈善协会章程》及相关制度；举办周昆山书法义卖捐赠活动，募集善款及物资累计33万余元；开展“爱心进校园”少年儿童科普教育系列丛书捐赠活动，接受捐赠图书3万余套，惠及少年儿童8000余人；开展“一张纸献爱心”活动，共筹集善款3000余元；起草拉萨市慈善超市建设方案，完成选址、可研、初设等前置审批工作；协调拉萨市社会福利院与西藏卓玛医院达成合作意向，探索福利机构公办民营路子和“医、养、护”相结合的全新模式，推进全市社会福利试点工作。

【老龄事业】 年内，加大《全国老年人权益保障法》宣传力度。慰问演出敬老院、高龄老人、空巢老人及寺庙老僧人400余人。开展100岁以上老人情况调研，全市年龄最大的113岁老人居住在墨竹工卡县。组织参加全国第四届中国老年文化艺术节舞蹈大赛节目获得金奖，阿坝林社区老年文艺队参加“盛世夕阳红”中国老年文艺汇报活动，2个参赛节目均获金奖。评选推荐7名“全国孝亲敬老之星”“中华孝亲敬老楷模”候选人，1名（城关区八廓街道冲赛康社区居委会原书记岗祖）“全国十大最美老有所为人物”，1个（墨竹工卡县敬老院）“全国敬老模范单位”。开展“敬老文明月”“九九重阳节”活动，举办老年文艺汇演晚会。与西藏卓玛医院联合举办首届养老院护理员培训班。征集完成拉萨市老年运动会会歌、会徽、会旗，并录制完成会歌。现拉萨市80岁、90岁、100岁以上高龄老人健康补贴年标准分别提高至450元、750元、1200元，为4609名80岁以上高龄老人发放健康补贴221.57万元。

（次仁朗杰　李彦鹏）

基层政权和社区建设

【基层政权和社区建设】 年内，完成了第八届村（居）“两委”换届选举工作，全市267个村（居）依法等额选举产生1615名“两委”班子成员，党员覆盖率为100%。加快村（居）民监督委员会建设进度，完善村（居）民委员会各项制度，拉萨市民政局起草了《村（居）民监督委员会工作细则（草案）》，已上报市纪委、市委组织部进行修改完善。为了进一步加强基层政权工作，增加村集体的财政收入，减轻群众的负担，更好地为群众服务，上报的22个村办经济实体项目批了14个，投入资金236万元。为做好农村社区建设，拉萨市民政局下发了《关于积极推进拉萨市农村社区建设的指导意见》。10月，拉萨市民政局申报的城关区获评全国和谐社区建设示范单位。

（德吉措姆）

行政区划与地名管理

【行政区划】 年内，市民政局起草的《拉萨市行政区划调整建议》由市政府上报自治区政府，配合自治区测绘局对各县（区）行政区划进行修改后上报。年内，起草《关于开展全市第四轮县级行政区域界线联合检查工作实施方案》和《拉萨市边界纠纷调处应急预案》经市政府转发各县（区）、市直相关部门。完成墨竹工卡县的申报及考核工作。完成尼木县吞巴乡政府机关整体搬迁的上报工作。

【地名管理】 年内，开展市区内地名摸底调查统计工作，纠正、修复不符、错误、损坏等地名标牌，更换城区内19条道路89个一级道路指示牌，指导林周县完成乡村指示牌拼写工作。同时，对城区10条新建道路名称进行实地调查、命名。

（德吉措姆）

社会事务管理

【婚姻登记】 截至年底，婚姻登记8522对，其中结婚6700对、离婚843对、复婚23对、补办956对。

【殡葬管理】 年内，为加强天葬台的管理，市民政局起草的《拉萨市天葬台管理暂行办法》经修改后已报市政府法制办。全年共办理殡葬事宜15件。

【社会组织管理】 年内，下发《关于深入开展党的群众路线教育实践活动的通知》，要求各社会组织参加业务主管单位认真做好社会组织党建工作，制定了党组织活动制度、发展党员工作制度等9项制度。为4家独立社会组织党支部下拨工作经费35000元，用于开展党的群众路线教育实践活动。此外，制定《关于加强拉萨市社会组织党建工作的实施意见》，下发各社会组织。

（德吉措姆）

民政基础设施建设

【概　况】 “十二五”期间，安排全市民政项目86个，总投资约39508.46万元。建设资金主要为中央预算内资金、中央专项彩票公益金、民政部和自治区福利彩票公益金、北京江苏民政系统对口援助资金等。项目主要涉及社会福利、城乡社区、防灾救灾、社会救助和优抚事业等民政基础设施方面。

【74个项目完工】 年内，投资28066.12万元，主要是3个“双集中项目”、1个拉萨市老年护理院项目、31个城乡社区服务中心（站）项目、15个拉萨城区灾害应急避难场所项目和8个县（乡）级救灾物资储备库项目，以及16个其他民政基础设施建设项目。

【4个开工建设项目】 年内，投资9942.34万元，主要是林周县和墨竹工卡县五保户集中供养服务中心（社会福利院）2个“双集中项目”、1个达孜县老年护理院项目和1个墨竹工卡县工卡镇社区服务中心项目。

【开展前期工作8个项目】 年内，投资1500万元，主要是1个拉萨市流浪未成年人救助保护中心及救助管理站维修改造项目、1个拉萨市荣军院项目、1个当雄县社会福利中心项目和城关区5个社区服务站项目。

【其他项目工作】 年内，通过向自治区民政争取，完成了当雄烈士陵园整体搬迁新建和尼木烈士陵园维修改造，投资90万元和198.59万元。

【援藏项目】 年内，向北京申请援藏资金670万元，建设拉萨SOS儿童村室内活动中心。

（王美泉）

残疾人事业

【概　况】 拉萨市残联于2003年机构单设，建设为副县级机构，机关编制为10人，内设机构办公室和综合科。所属全额拨款事业单位分别为拉萨市残疾人康复服务中心和拉萨市残疾人就业服务中心，建制正科级，编制分别为各5人，所属差额拨款事业单位为拉萨市残疾人托养服务中心，建制为正科，编制为6人。

【惠及残疾人补贴发放】 年内，落实"十二五"期间贫困残疾人家庭无障碍改造项目资金98000元，受益户数为28户；落实残疾人全纳教育工作专项经费598000元，受益人数为598人；落实机动车燃油补贴181640元，受益人数为478人；落实彩票公益金助学项目资金21000元，受益人数为7人。共落实0~16岁残疾儿童康复补贴1944000元，受益人数为810人。对拉萨市4350名特困残疾人按照每人每年600元的生活补助，落实资金261万元，通过发放残疾人生活补贴资金，缓解了拉萨市特困残疾人的家庭负担，改善了特困残疾人的生产生活状况。

【残疾人维权】 年内，为切实保障残疾人的合法权益，涉及残疾人维权的相关工作，都由维权工作人员来处理，做到件件有回复，事事有回音，办理残疾人证1980本，办理残疾人证12045本。

【加快残疾人基础服务设施项目建设】 年内，拉萨市将建设残疾人服务基础项目、完善服务机构功能作为各项工作中的重中之重，狠抓项目建设工作，并取得实质性进展，一批惠及残疾人，能全面推动拉萨残疾人事业发展的项目得到落实。

【发放县级残联流动服务车】 年内，中央财政安排专项彩票公益金，为自治区47个县级残联集中采购配置流动服务车（首批11辆流动服务车已分发到位），用于开展残疾人流动服务。首批流动服务车中为拉萨市解决了2辆，根据拉萨市七县一区残联的实际情况，经理事会研究后决定先将这2辆流动服务车分发给曲水县残联和墨竹工卡县残联。实现了残疾人基本服务入户，切实解决了广大农村偏远地区残疾人服务难等问题。

【综合治理和维稳工作】 年内，在综合治理方面，及时签订相关责任书；在维稳工作方面，贯彻落实市委、市政府的各项维稳措施，及时安排值班人员，无论是在3月干部下沉还是平时的维稳工作，都切实把思想、认识、行动统一到全市维稳工作当中，始终保持高度警惕，扎实做好各项维护稳定工作。

【创先争优强基础惠民活动】 年内，深入开展反分裂斗争教育活动，以庆祝"3·28西藏百万农奴解放纪念日"活动为契机，开展党的群众路线教育实践活动，结合"一围绕、五促进"和"八看、一算账、一揭批、四增强"活动，组织夏萨苏社区"两委"班子，参观了爱国主义教育基地。深化开展"八看、一算账、一揭批、四增强"活动。组织社区党员干部和居民群众，举办一次新旧西藏对比图片展览活动、举行一次新党员入党仪式、开展一次党员结对帮扶入户慰问活动、尤其是在8月底，为27名学子发放了每人600元助学奖励金（其中驻村工作队发放助学奖励金每人300元、社区发放助学奖励金每人300元），落实助学奖励资金共计16200元。为了让群众通过直观通俗易懂的方式了解党的方针政策，在社区办公场所制作了宣传栏5期，发放了宣传册130张。

【夏萨苏社区惠民超市竣工】 年内，拉萨市残联驻村第二批工作队的大力支持下，建设夏萨苏社区惠民超市项目已于2013年年底正式动工建设。夏萨苏社区惠民利民超市新建项目占地面积124.6平方米，建筑面积373.8平方米及附属设施，总投资74.76万元。该项目仍然缺口建设资金为29.76万元。为了保证此项目的顺利完成，第三批工作队上报了《夏萨苏社区延续实施惠民利民超市新建项目》，通过积极协调和争取，争取到城关区强基办短、平、快建设资金29.76万元、夏萨苏社区"便民惠民超市"于2014年4月8日正式开工，于2014年9月16日竣工并通过初步验收。项目建成后，为社区弱势群体提供为平价物品销售、接受捐赠物品、扶贫爱心捐助等服务，对五保户、空巢老人、残疾人及困难优抚对象等社会弱势群体提供免费惠民服务。

【残疾人康复工作】 年内,完善了各县(区)社区康复服务站的各项规章制度,建立健全了康复训练儿童、家长、乡村医生、康复协调员的档案,加大了康复服务站的基础设施建设,为16个社区康复服务站配备了各类康复训练器具共计112件,折合人民币约5万元,开展送温暖活动,为残疾儿童、康复员、家长互助小组开展慰问活动,共计慰问90人,送去慰问金7.2万元,组织志愿医务人员自筹资金3万余元开展免费体检活动,为脑瘫、智力残疾儿童及肢体残疾人共计52人,提供血、肝功、视力、心电图等检查,建立了翔实的健康档案。自筹资金约3万余元。邀请北京市残疾人康复专家,为拉萨市残疾脑瘫、智力、髋关节脱位32名残疾少儿进行康复训练评估,为残疾儿童家长和康复员提供培训。积极发挥康复服务站康复训练服务功能,为辖区的残疾少儿提供康复训练及家纺指导服务。全年为残疾儿童提供康复训练4051人次,家访服务1212人次;完成了15户残疾家庭无障碍改造和8户贫困残疾家庭危房改造项目申请;发挥社区康复转介服务机制为7名残疾人提供转介服务。

【残疾人辅助器具配发】 年初,拉萨市残联本着"实事求是,以人为本"的原则,严密组织,不走过场,保证有需求的残疾人得到应有的辅助器具,认真做好筛查工作,依据残疾人的个性需求,为其申报辅助器具。通过申请"七彩梦行动计划项目""彩票公益金项目"等项目的支持以及本级事业经费投入,全年为残疾人发放辅助器具共计327件。

【关爱精神残疾人】 年内,开展了全市精神残疾人的初筛核实工作,掌握了居家托养的精神残疾人的基本情况。建立了较为翔实的个人档案,并根据个人情况对监护人进行了治疗需求。重点对关爱对象110人中的65名精神残疾人进行了了解核实。截至年底,各县(区)共有88名精神残,其中愿意去内地治疗的患者共计31名。结合拉萨市乃至全区没有一家精神病院的实际困难,与各县(区)紧密配合,寻求精神病人治疗路子。通过努力成功地将2名精神残患者送往内地精神病院进行治疗,取得了良好的效果。

【202名农村视力残疾人手术复明】 年初,康复中心组织筛查组,为全市1221名疑似白内障患者进行筛查诊断,确诊出165名可实施复明手术患者。市康复中心精心组织合理安排,分别在各县(区)设立了手术点,由医生、护士、工作人员组成的医疗队赴各手术点实施复明手术。此次共完成了202例手术。共计投入资金约6万余元。

【残疾人辅助器具需求调查活动】 5月初,市康复服务中心深入八县(区)45个乡镇112个村的319户残疾家庭对436名残疾人逐一进行了安装假肢、轮椅、助听器、拐杖、盲杖等各类辅助器具用品的需求和无障碍改造、危房改造等各类需求的调查,调查见面率达到57.4%。

【残疾人就业】 8月4日召开了21家残工委成员单位、七县一区民政(残联)、9家企业共计61人参加的拉萨市按比例安置残疾人就业工作推进会。继续开展按比例安排残疾人就业及保障金征收工作。截至年底,完成92.5%的党政机关、事业单位和61.1%的企业单位的审核、征收工作。全市106家党政机关、事业单位中,17家达到安置比例,81家已完成审核和征缴,缴纳残保金4586568.63元,余下8家中有4家已完成审核,另外4家进行催缴;全市59家企业单位中,22家达到安置比例,14家已完成审核和征缴,缴纳残保金1431487.94元,余下23家进行催缴。2013年度残疾人就业保障金合计收缴6018056.57元,各单位新增就业残疾人25名。2013年度全市各用人单位中有残疾职工146名,其中106家党政机关事、事业单位在职职工共10788人,残疾职工100人,占在职职工总数的0.93%;59家企业在职职工4639人,残疾职工46人,占在职职工总数的0.99%。大力扶持残疾人创业项目。扶持创业项目5个,涉及种植业、养殖业、旅游业等,落实扶持创业资金79.97万元。

【职业技能培训】 年内,为残疾人提供各类培训。为78名残疾人提供技能培训。与县(区)创业项目点联系,为52名残疾人提供实用技术培训,为10名残疾人提供转移就业培训;印发《2014年培训需求调查通知》,推荐11名残疾人到自治区残疾人就业服务中心进行技能培训;与民营企业联系,为5名残疾人提供岗位技能提升培训。继续开展残疾人就业指导员培训。组织就业服务中心和基层县(区)的12名工作人员参加由中国残联残疾人就业服务中心和清华大学合作提供的"残疾人就业指导员网络远程培训”课程，以提高和增强残疾人工作者就业服务理论和业务知识水平，提升残疾人就业服务综合能力。继续为残障少儿乐队的残疾学员提供培训。由志愿者教师为市区内的12名残障儿童提供培训，包括乐理知识和扎姆念、电子琴和钢琴等乐器的演奏。开展藏手语培训。中心藏手语培训教师为残疾人和残疾人工作者提供藏手语培训，累计培训1077人次。

【残疾人教育】　年内，继续推动残疾儿童随班就读的全纳教育工作向前迈进，主要前往8所全纳教育示范学校进行检查督导，了解各校残疾学生就读、资源教室建立及使用、无障碍改建、宣传教育活动开展、个别辅导教学计划实施等全纳教育工作开展情况。全年，8所县（区）全纳教育示范学校内随班就读的残疾学生共有128名，占全市随班就读残疾学生总数的21.4%。做好残疾人全纳教育工作专项经费的兑现落实工作。协调市教体局为全市接受残疾儿童随班就读的112所学校兑现落实了2013年度全纳教育工作专项经费53.9万元；完成了2014年度全市随班就读残疾学生统计核查工作，2014年全市在校生总数为106567人，其中随班就读的残疾学生共有598名。完成拉萨市全纳教育资源中心的建立工作。完善了资源中心的相关设备，配备了电脑、打印机等，陈列了残疾人全纳教育相关书籍、教学辅助图书，收集整理了各示范学校全纳教育工作相关资料，并将各学校基本情况、残疾学生花名册和总结、全纳指导教师和负责人等资料建立专门档案，以便提供参考和查询。与市教育（体育）局、市特校联系，对2014年录取的残疾学生进行统计，2014年，有6名残疾学生考入大中专院校，其中特校2名，拉萨第二高级中学4名。

（格　桑）

区情县情

城 关 区

概 况

城关区位于西藏自治区中部偏东南的雅鲁藏布江支流拉萨河下游段南北两岸，东与达孜县接壤，南与山南地区贡嘎县和扎囊县毗邻，西与堆龙德庆县紧靠，北与林周县相依。城区面积58平方千米，行政区域东西跨距28千米，南北跨距31千米。下辖4个乡、8个街道办事处、51个村(居)委会。截至年底，区属人口62183人，其中农牧区人口15114人，城镇人口47069人。辖区流动人口22余万人，常住人口20余万人。

2014年国民经济和社会发展

2014年，实现区属地区生产总值(GDP)79.29亿元，同比增长19.5%，占全市经济总量的22.4%。本级财政预算收入8.11亿元，同比增长30.5%；区属社会固定资产投资76.05亿元，同比增长39.1%；区属社会消费品零售总额46.85亿元，同比增长20%；城镇居民人均可支配收入23713元，同比增长11.1%，高出全市平均收入363元；农牧民人均可支配12339.6元，同比增长12.4%，高出全市平均收入3081.66元；城镇登记失业率控制在2.2%以内。圆满地完成了城关区十一届人大四次会议确定的各项目标任务。

其中，第一、二、三产业分别实现增加值0.97亿元、21.67亿元、56.65亿元，同比分别增长10.2%、44.4%、12.3%。

经济建设

规模以上工业增加值1631.4万元，同比增长81.3%；区属工业增加值2.23亿元，同比增长137.2%；规模以上工业企业销售产值1.07亿元，同比增长94.5%；工业税收1200万元，同比增长215.8%；工业投入1.76亿元，同比增长60%。旅游业收入16.66亿元，同比增长17.53%；旅游接待人数642万人次，同比增长16.6%；服务业收入1.8亿元，同比增长22.4%；贸易业收入703.11万元，同比增长10%；手工业产值收入7776.95万元，同比增长1%。出台《城关区人民政府投资项目管理(暂行)办法》和《城关区人民政府小型基本建设项目实施管理办法》，实施新建续建项目103个，涉及净土健康产业、社会事业、基础设施、棚户区改造、生态环保等11大类，总投资33.7亿元，已落地82个。加大“走出去、请进来”的工作力度，招商引资落地项目29个，协议资金62.3亿元，实际到位资金17.8亿元。向北京援藏指挥部争取涉及教育、基础设施、民生以及人才智力培训项目资金3180.8万元。

教育 文化 卫生事业

制定出台《区委、区政府关于深入实施科教兴区战略加快教育现代化建设步伐的意见》。投入1.6亿元，加大教育优先发展保障力度。安排3000万元设立教育教学质量奖，全面调动学校和教师打造高效课堂、优质教育的积极性；完善帮困助学机制，安排1600万元对农牧民和社区居民子女在校期间的学费进行全额资助。多渠道筹措资金，投资 3.2 亿元的 14 个公办幼儿园项目有序推进。做好招生服务工作，解决 31390 名流动人口子女入学问题，占学生总数的 66.7%。实施“盟校共同体”建设计划和“名校办分校”工程，完成了八中、海城小学、实验小学 3 所学校的布局调整。科学制定《城关区旅游文化产业发展规划》，开展旅游市场联合执法检查 186 次，查处违规导游 34 名，试点推行“无理由退货”旅游购物商店。参加首届“藏博会”，旅游纪念品销售总额达到 15 万元，申报以文化产业项目为主的少数民族发展项目 9 个，为 26 个文艺团体发放扶持资金 142 万元，建设完成 7 个街道综合文化站和两个民间艺术团排练场项目。开展全民健身活动。成功举办首届“幸福拉萨、魅力首府、活力城关”干部职工运动会。为群众发放音像制品 3.5 万册（盘），组织开展“五下乡、四进社区”活动 49 场次、放映电影 869 场次。积极推行医保刷卡结算业务，全部药品实行“零差价”销售。投入 350 万元提高农牧民住院医疗报销比例，达到 80%。开展与区、市大医院业务协作互动活动，建立“双向转诊”机制。投入 24 万元，聘请自治区 7 名专家在社区卫生服务中心坐诊 300 余次，诊治患者 5370 人次。发放孕产妇奖励资金 51.2 万元，住院分娩率达到 99.8%，全年无孕产妇死亡。完成 49701 人的全民免费健康体检工作，体检率 99.8%，农牧区医疗管理个人筹资率达到 100%。

社会保障

精心实施“四业工程”。组织 1822 人参加各类培训，解决城乡劳动力转移就业 2086 人，新增就业人数 2025 人，招聘公益性人员 497 名，实现劳务输出 1447 人，通过劳务输出、转移就业增收 5127 万元。强化社会保障。职工医疗保险参保 3310 人，城乡居民养老保险参保 23200 人，城镇居民医疗保险参保 39243 人，工伤保险参保 7654 人，城镇职工养老保险参保 3389 人。为 7142 名低保对象发放低保资金 4638.5 万元，发放本级政府低保惠民补贴 1636 万元，救助医疗困难群众 1592 人，救助资金 1283.6 万元，发放残疾人惠民补助 661.8 万元，发放寿星老人补贴 113.8 万元，发放义务兵优待金及自主就业一次性补偿金 155.4 万元，五保户供养对象按意愿入住率达 100%，散居孤儿全部实现集中供养。推进保障性住房建设工作，完成了 1882 套公租房、448 套廉租房建设，统建社区和老城区 294 套公租房和 132 套廉租房已开工。投入 2362.3 万元开展创先争优“强基础、惠民生”活动，为群众办好事、解难事。统计八个乡办 1995 年 ~ 2012 年 2163 户失地农民农田 3064 亩，兑现失地农民保障金 857.6 万元。积极兑现八廓商城 3031 个摊位补贴及物业补贴 2291 万元。投资 1121 万元顺利实施寺庙僧舍修缮工程，寺庙“9+5”项目已实现全覆盖。投资 2248.2 万元实施色拉天葬台、帕崩岗天葬台网围栏、附属设施改造维修及周边绿化工程，并已投入使用，得到了各级领导和三级人大代表、政协委员及广大人民群众的一致好评。

城市建设与管理

深化“六城同创”，顺利完成全国文明城市复查测评和环境保护模范城市测评任务。加强环境综合整治及水源地周边环境安全监督，编制完成城关区夺底沟流域地质灾害危险性评估报告。创建蔡村、仙足岛等 7 个村（社区）为自治区级生态村（社区）。投资 8012 万元，顺利完成拉鲁湿地自然保护区三期工程古玛当热 29 户居民搬迁安置工作，恢复湿地 19879.4 平方米。投资 1583 万元采购 40 辆环卫作业车，全年清运生活垃圾 20.1 万吨，抢修公共卫生间 2727 次，升级改造 18 座。严格落实市容问题督办机制，针对菜市场环境、夜间施工扰民、渣土乱倒、占道经营、乱停乱放等难点问题开展专项整治，出动 26359 人次，查处违章摊位 2423 处，下发整改通知 729 份，优化了城区环境，提升了城市生态文明形象。

维稳活动

提高平安创建覆盖面和达标率。强化联动机制，整合力量，将城关区划分为 37 个维稳责任区域，共签订责任书 5000 余份，投入力量 16809 人。合理划分 174 个工作网格，优化“1+5+X”网格配置，科学搭建了“三级平台、四级服务”管理组织体系。投入 3000 万元深化“双联户”工作，将“双联户”纳入网格化信息系统，发放“双联户”代表、居民组长补助 3472 万元。贯彻落实《拉萨市民族团结进步条例》，开展少数民族流动人口服务试点工作，建立健全少数民族流动人口与县级领导结对认亲工作机制，将当巴、扎细等四个社区作为试点单位，实行动态化服务管理。开展“和谐模范寺庙暨爱国守法先进僧尼评选”“民族团结进步”表彰工作。高度重视信访工作。变群众上访为干部下访，扎实推进企业改革、江苏大道剩余 17 户拆迁、二中商品房搬迁等重大信访问题，共接待各类群众来访 91 批 400 余人，化解 89 批，化解率 97%；法院化解重点涉诉信访案件 121 件；建立信访联席会议制度，矛盾纠纷排查 100 起，化解95起，化解率95%；县级领导包案23件，已化解11件；受理重大工程项目社会稳定风险评估70件，形成复核报告64件；受理法律援助案件79件，结案41件，全年未出现越级上访事件。加大依法治理力度。检察机关受理起诉案件388件501人，法定时限结案率达100%；法院受理各类案件2931件，审结2500件，占全市的43%。开展土地整治工作。入户调查3600余户，查处非法买卖农村集体土地违法案件2380余起，涉及土地面积100余万平方米，涉及金额3亿余元，立案侦查24人，依法惩处11人，收缴赃款600余万元。加强信息化建设力度。铺设了覆盖全区乡（街道）、村（社区）的综合治理专网，强化了网格化平台的运行。加强国防动员和民兵预备役队伍建设。落实安全生产党政同责制度，做到安全生产"五个覆盖"，加大采石、采砂、非煤矿山、烟花爆竹等安全生产领域的监管力度，深入排查安全隐患，全力打击违法行为。加大消防安全的宣传教育力度，投入581.9万元为消防大队、老城区居民大院、寺庙更新消防器材，实现了安全生产零事故。加大卫生执法力度，餐饮服务行业监管覆盖率达到100%。

民主法治建设

扎实开展党的群众路线教育实践活动，建立健全各项制度11项，班子成员结对认亲28户，为群众办实事、办好事16件。贯彻执行中央"八项规定"，厉行勤俭节约，严格执行《城关区财政资金管理办法》《城关区公务接待管理办法》《城关区政府采购管理办法》《城关区办文办会工作制度》等10项制度。高起点设计，高标准建设区机关OA办公系统，推行无纸化和网上办公，降低了行政成本，提高了工作效能。压缩各项公务支出，会议费、公务接待费、公务用车购置及运行费用较上年分别下降25.6%、61.2%、3.2%。深化农村改革，推进嘎巴村农村土地确权登记颁证试点工作。集中清理超标准占用办公用房1017平方米，查处"慵懒散拖"问题三起，处理3人。推进依法行政和便民服务，简政放权、提高效率。加强公民因私因公护照的受理、审核、签发等工作。大力推行政务公开，主动公开政府信息1700余条，处理群众咨询问题1600余件。自觉接受人大法制监督、政协民主监督和社会舆论监督，共办理人大代表建议意见66件，政协提案32件，办复率均达100%。

民族团结事业

认真贯彻落实《拉萨市民族团结进步条例》，积极开展少数民族流动人口服务试点工作，建立健全少数民族流动人口与县级领导结对认亲工作机制，将当巴、扎细等四个社区作为试点单位，实行动态化服务管理。开展"和谐模范寺庙暨爱国守法先进僧尼评选"、"民族团结进步"表彰工作，大力弘扬民族团结主旋律。荣获全国"民族团结进步模范集体"荣誉称号。

（谢 静 贺向前）

达孜县

概况

达孜，藏语意为"虎峰"。达孜宗初建于1354年，1959年民主改革后，原达孜宗、德庆宗合并为达孜县，隶属于拉萨市。达孜县城距拉萨市20千米，素有拉萨"东大门"之称。全县平均海拔4100米，河谷最低海拔3730米，年平均气温7.5℃，年平均日照3065小时，平均降雨量450毫米。全县总面积1373平方千米，耕地面积6.85万亩。县城内珍贵动植物种类繁多，矿藏资源丰富。达孜县优美的山水、田园风光有着很高的旅游观光价值。境内共有寺庙、日追拉康14座，其中始建于公元15世纪初，已有600多年历史的黄教格鲁派六大寺之首的甘丹寺，在宗教、建筑、艺术等方面都占有重要的地位，1961年被列为全国重点文物保护单位；始建于公元7世纪，至今已有1500多年历史的叶巴寺，也是西藏历史上有名的寺庙之一，在信教群众中影响较大。全县共辖5个乡1个镇，共20个行政村，131个村民小组，总人口29152人。农牧业为全县国民经济主体，主要农作物有小麦、青稞、油菜、萝卜、土豆等；畜牧业以牦牛、黄牛、绵羊、藏鸡、内鸭等养殖为主，工业为县域经济发展的龙头，形成了高原生物和藏医药产业功能区、藏文化和民族手工业功能区、新能源和机电制造业功能区。

2014年国民经济和社会发展

2014年，实现地区生产总值10.67亿元，同比增长 14.6%；公共财政预算收入 3.02 亿元，同比增长 197.8%；全社会固定资产投资 17.08 亿元，同比增长 27.3%；社会消费品零售总额 1.35 亿元，同比增长 14.0%；税收收入 7.65 亿元，同比增长 247.73%；农村居民人均可支配收入 8736.34 元，同比增长 12.3%。在拉萨 2014 年县域经济发展争先进位考核中，达孜县再获佳绩。

农牧业

农牧业综合生产能力稳步提高，全年落实农作物播种面积 6.9 万亩，实现粮食作物产量 2401.6 万公斤，经济作物产量 2804.26 万公斤，饲草作物产量 669.5 万公斤，牲畜总存栏 7.3 万头（只、匹），牲畜出栏 3.41 万头（只、匹），牲畜疫苗注射率达 100%。农牧业产业化规模不断壮大，新增农牧民专业合作社 39 家，累计发展农牧民专业合作社 134 家，辐射带动农户 3487 户，户均增收 1.2 万元。推进净土健康产业发展，不断提升产业化经营水平，引进企业 6 家，注册资金 1500 万元，签订意向协议 1.56 亿元，通过实施“一条主线”“两大体系”“三个园区”“四大重点”“五大特色基地”，全县已基本形成了青稞标准化生产、玛卡、高原特色草莓种植、金银花和饲草种植、奶牛养殖、藏鸡养殖等六大特色产业，惠及农牧民群众 12515 人次，净土健康产业总产值达 1.22 亿元，带动农牧业提质增效、农牧民增收致富。

生态环境建设

加快生态文明制度建设，加大环境保护、监管和责任追究力度，重点区域生态公益林建设项目、安全生态屏障保护与建设工程稳步实施，新增造林绿化面积 1.19 万亩。认真开展爱国卫生活动，环境综合整治有效推进。成功创建新仓村、尊木采村、塔杰村、主西村 4 个自治区级生态村。加强对拉木村、叶巴村等 6 处农村集中式饮用水水源地的环境保护，全县生态环境质量进一步提升。

招商引资

全面参与重点招商活动，主动把握沿海各地招商洽谈商机，积极参加“雪顿经贸洽谈会”及首届“藏博会”，总投资 28 亿元的江苏恒顺集团、西藏圣桃食品、中电科卫星导航运营服务公司、南京优科、西藏靓帝生物等 10 个重点项目顺利签约，落户达孜县。

项目建设

强化重点项目建设在拉动投资增长和带动经济发展的重中之重地位，全年落实政策类建设项目 127 个，总投资 27.97 亿元，其中新落实投资项目 85 个，投资 21.93 亿元；续建项目 42 个，投资 6.04 亿元。健全“项目领导挂钩制度”，加快项目生成力度和建设进度，对未按计划开工的项目找出难点和关键节点，分解落实推进责任，促进早日开工；对进度较慢的实施项目，梳理存在制约项目推进困难和问题，分层协调解决。重点项目强力推进，配合区、市政府和交通运输厅，全面完成境内林拉高等级公路的路基工程。对国家投资工程和重大建设项目按照“四个一批”的要求，实行分类指导。

城乡建设

综合利用国家支持、对口支援、地方配套、社会投资等各方资金，统筹推进新型城镇化建设，形成“东城西园”的发展格局。加快新型城镇化建设力度，完成《达孜县县城总体规划（2013~2030）》修编，完善城乡规划体系，实现城乡建设的同步推进。加强道路、水利、电力、消防等城乡基础设施建设，落实市政基础设施建设 14 项，总投资 4.75 亿元。投入 108 万元新建章多乡恰村 831.175 米混凝土路面；总投资 1500 万元的防洪排洪系统项目建设全面启动；达孜大桥已完成工程总量的 75%。加快生态文明制度建设，重点区域生态公益林建设项目、安全生态屏障保护与建设工程稳步实施，新增造林绿化面积 1.19 万亩。认真开展爱国卫生活动，环境综合整治有效推进。成功创建新仓村、尊木采村、塔杰村、主西村 4 个自治区级生态村。加强对拉木村、叶巴村等 6 处农村集中式饮用水水源地的环境保护，全县生态环境质量进一步提升。进一步完善全方位、多层次、宽领域的受援工作格局，受援项目 8 个，受援资金 2.62 亿元，德庆西路、达孜民族手工艺创业基地、农业科技示范园配套设施等建设项目，有力助推了城乡加快发展。

教育事业

教改工作稳步推进，总投资 1.4 亿元的达孜县中心小学顺利完工，新建的 13 所村级幼儿园、县中学标准化建设、县职教中心厂房顺利运行。全面提高教育教学质量，切实抓好师德师风建设，加强师资队伍培训力度，参培教师达 500 余人次。全年累计发放义务教育“三包”经费 1201.6 万元，学生营养改善计划经费 185.16 万元，中小学在校生巩固率均保持在 100%。

医药卫生

医疗保障、公共卫生、监管体制综合改革有序推进，二级乙等综合医院创建工作全面实施。继续落实新型农村合作医疗制度，参合农牧民 26441 人，参合率达 100%，每人每年大病报销达到 6 万元。积极开展全民健康体检，体检率达 99.7%。持续开展食品药品联合执法和专项整治，确保了食品药品安全。

文化事业

广播电视实现“村村通”“户户通”“舍舍通”，信号覆盖率分别达 98% 和 99%。加快公共文化体系建设，总投资 510 万元，建成 5 个乡 1 个镇文化站 6 座，农家书屋 20 座，村级放映室 6 座。文化产业欣欣向荣，全年总产值达到 1.08 亿元，同比增长 72.2%。

实施“四业工程”

帮助建立村集体经济和合作组织 10 个，落实项目 61 个，涉及资金 1503.72 万元。深入开展“四业工程”，共举办各类培训 27 期，培训 3243 人，全年输出劳动力 3098 人次，实现转移就业 1465 人，实现创收 4897 万元。建立城乡社会救助体系，及时发放低保金、医疗救助金等各类民政资金 930.71 万元，全县 14 座农村社区便民服务综合大厅全部建成，县老人护理院暨社会福利综合提升项目已开工建设。住房保障日臻完善，建成公租房 72 套、廉租房 48 套。

社会管控

逐步完善社会治安防控体系，实现“三不出”工作目标。深入推进“双联户”工作，进一步细化联户单位划分，新增联户单位 42 个，共改选、增选或连任联户代表 681 名。深化干部驻村工作，第三批与第四批驻村干部顺利交接。提升网格化管理水平，调整充实网格员队伍 565 人，发放务工补贴 10 余万元，进一步夯实了基层基础。严厉打击各类违法犯罪，人民群众的安全感和满意度继续保持在 95% 以上。全面贯彻落实民族政策，依法加强宗教事务管理，不断增强民族团结意识，充分尊重民族风俗习惯和宗教信仰，促进各民族手足相亲、守望相助、和睦相处、和衷共济、和谐发展。深入开展“六五”普法宣传教育工作，推进依法治县进程，共开展宣讲 50 余场次，受教育人数 2 万余人次。完善信访和矛盾纠纷排查调处工作联席会议制度，多次召开矛盾纠纷排查调处专门工作会议，安排部署矛盾纠纷排查化解工作，实行领导包案制度，强化领导干部接访下访，妥善调处化解矛盾纠纷 60 件，调解率达 100%，受理来信来访案件 48 件 289 人次，成功化解 44 件，化解率达 91.66%。加大对道路交通、非煤矿山、危险化学品、消防安全等重点领域进行拉网式排查治理，开展安全生产专项行动 53 次，落实整改各类隐患 60 处，全年无较大安全事故发生。严格执行客运车辆“两限一警”规定，切实保障人民群众生命财产安全。

寺庙管理

严格落实寺庙属地管理责任和领导干部联系寺庙制度，“六建”工作不断巩固，“六个一”活动常态化发展，“9+5”工程全面完成。全年创建评选表彰和谐模范寺庙 8 座、爱国守法先进僧尼 158 人次，表彰资金 15.8 万元。投入 464 万元对 5 座寺庙主殿、食堂等进行维修；投入 159 万元对全县 14 座寺庙僧舍进行维修。

政府建设

坚决贯彻落实中央八项规定和区党委“约法十章”“九项要求”及市委“八项要求”，“三公”经费支出比 2013 年同比下降 30%。扎实整改“四风”问题，整改完成率达到 98% 以上，将“为民务实清廉”落到实处，县政府党组班子成员深入生产生活一线开展调查研究 10 余次，撰写调研报告 10 篇、个人心得体会 20 余篇、民情日记 1 万余字，为群众做好事、解难事、办实事 18 件，政风行风建设得到全面加强。自觉接受人大监督，积极支持政协履职，认真听取工商联和无党派人士意见，办理人大代表建议 56 件、政协提案 37 件，答复率 100%，满意率达 92% 以上。达孜县政务服务中心正式运行，15 家行政审批单位入驻，方便了群众办事。全面推行政务、乡务、村务、校务、财务公开工作，及时公布各级财务及重大事项，促进政务服务提速提质，圆满完成村（居）换届，群众的知情权、参与权、表达权、监督权得到有效保障。

达孜县净土产业投资开发有限公司

达孜县海拔 3700 米，年均日照 3065 小时，是达孜金银花的理想生长场所。达孜县种植金银花的历史悠久，种植范围涉及全县，经权威机构检测，达孜县生长金银花的药效成分—绿原酸和木犀草甘含量均超过国家药典标准。

达孜金银花又称忍冬花、鸳鸯藤，是半常绿藤本植物，茎半蔓生，叶卵圆形，上粗下细，略弯曲，表面黄白色或绿白色，密被短柔毛，开放后花冠筒状，初开花时白色，后逐渐转变为黄色，气清香，味淡微苦。

达孜金银花浑身都是宝，用途也越来越广，开始由单一的中草药逐步向茶叶的代替品转换。随医药产业的蓬勃发展及人民生活水平不断提高，加之制药业的日益发展，达孜县政府秉承发展地方特色，促进农民增收为宗旨，经过认真研究和市场分析，县政府联合农业局、科技局、农牧局、净土产业等各级部门对于达孜金银花的种植和发展给与了高度的重视和支持。目前全县共计种植达孜金银花1865亩。

种植金银花项目不仅对当地的经济发展，就业率起到了积极的促进作用，（当地村民不走出去在家门口就能挣到钱）而且还使得农业生产环境也同样得到了改善，在农业可持续发展等方面也起到了积极促进作用。

唐嘎藏鸡蛋为青藏高原特有的藏鸡品种唐嘎藏鸡所产，被人们作为食物利用已有几百年历史，由于唐嘎藏鸡基因优良，生性狂野，食物多为虫、草，因此所产下的蛋含有丰富的微量元素和较高的粗蛋白与粗脂肪。

唐嘎藏鸡具备了适应高原生态环境的特性，在特殊的饲养方式下所产出的唐嘎藏鸡蛋蛋壳清洁、有外蛋壳膜，不易破裂，蛋形椭圆，蛋壳白色、气室完整、无气泡，具有蛋黄大、蛋清浓稠，营养丰富的特点。

由乡政府承办，县农牧局与县扶贫办扶持的唐嘎乡藏鸡养殖合作社于2013年6月成立，孵化厂占地面积10亩，可容纳25000只藏鸡。合作社根据唐嘎藏鸡的生长习性，将鸡苗发放给各村养殖户分散养殖，以此来保证藏鸡的质量，从而获得高品质藏鸡肉及唐嘎藏鸡蛋。此外，待雏鸡长成后，合作社还统一回收鸡蛋和产蛋量不高的唐嘎藏鸡，帮助养殖户销售，从而增加他们的现金收入，进而提高他们的生活品质。

（亓　昊）

林　周　县

概　况

林周，藏语含义为天然形成的沃土，位于拉萨市东北，距离市区65公里。全县辖9个乡1个镇，45个行政村，14943户63248人；国土面积4512平方千米，耕地23万亩，天然草场505万亩，人工草场8万亩，水域5.4万亩，是拉萨市7个县1个区中的第一产粮大县、第二牧业大县。全县南北狭长，跨度达180千米。念青唐古拉山支脉—恰拉山横贯全境，将林周县分割为南北两大部分。北部属拉萨河上游及其源流区域，素有“三河一流”（热振河、达龙河、乌鲁龙河、拉萨河流域）的美称，平均海拔4200米，气候干燥，年平均气温2.9摄氏度，以牧业生产为主。南部地区属拉萨河支流澎波河流域，平均海拔3860米，谷地开阔，气候温和，雨水充沛，年平均气温5.8摄氏度，主产小麦、青稞、油菜、土豆等，是拉萨市的主要粮食生产基地。

林周县风光秀美、山川壮丽、人杰地灵，人文历史底蕴深厚，是拉萨的“北花园”。全县分布有黑颈鹤保护区、白唇鹿保护区等国家级、自治区级自然保护区5个；全县有寺庙38座，著名的藏传佛教寺庙热振寺坐落在北部群山之中，距今已有千年历史，周围有风景秀丽的热振国家级森林公园。林周境内山青水碧、草木葱郁、飞鹤成群，是体验青藏高原人文风光的极佳之地。

2014年国民和经济社会发展

2014年，实现县级生产总值14.04亿元，同比增长9.1%；全社会固定资产投资15.99亿元，同比增长19.1%；公共财政一般预算收入1.07亿元，同比增长30.3%；农村居民人均可支配收入8195.55元，同比增长12.5%；社会消费品零售总额1.32亿元，同比增长18%。

农牧业发展

年内，全县农作物播种总面积达到17.0242万亩，其中粮油面积15.892万亩，粮油产量达6900.11万公斤、同比增长250.01万公斤；蔬菜面积1.1322万亩，蔬菜产量2634.46万公斤；牲畜存栏达29.7万（头）只，其中牛14.7万头、羊14.5万只、猪0.52万头；肉399.84吨、蛋104.43吨、奶4485.65吨，被评为“全区粮食生产先进县”，名列第二。强农支农资金1.64亿元，财政补贴资金500万元购置农业机械570台（套），推广作物良种1.11万亩。注册资本3000万元成立林周县净土健康产业投资开发有限公司，编制完成林周县净土健康产业发展规划（2014~2020）；成立林周县城投公司，资产达到10800万元；新建林周县鹏博净土健康产业园区。投资1000万元建设完成两个奶牛养殖基地和两个奶牛小区，并投入使用；投资700万元引进奶牛400头；全县饲草种植面积达4万亩，其中青饲玉米5000亩、紫花苜蓿10000亩、箭舌豌豆25000亩；高效日光温室达到1225余栋，投资500万元用于特色经济林种植，种植桃树186亩、3.5万株，种植葡萄10亩，种植玫瑰10亩；投资2178万元新建西藏南天牧业养殖基地规模化养猪0.6万头，出栏3685头。总投资4530万元的37项2013年农发扶贫项目完成建设，并通过市级验收；2014年，总投资6399万元新建农发扶贫项目16个，全年脱贫5500人，完成1.58万贫困人口识别工作。

工业经济发展

年内，实现工业投入4.8312亿元，同比增长10%；实现工业销售产值2.948亿元，同比增长10%；全年规上企业工业增加值完成0.75亿元，同比增长195.4%，工业税收完成2292万元。

旅游业发展

年内，旅游收入累计达320万元，同比增长28%；旅游人数21000人次，同比增长2%。

改革开放

年内，援藏投资5739.73万元；招商引资力度加大，实际到位资金4.5亿元，同比增长27.84%。启动农村土地确权登记颁证工作，基本完成农村宅基地确权登记颁证工作，依法开展非法买卖农村集体土地整治专项行动，全县小型水利工程管理体制改革稳步推进，加快电力体制改革，成立林周县供电公司。教育改革任务目标基本实现，医药卫生体制改革特别是县级公立医院改革有序推进，“先诊疗，后结算”医疗模式得到实施，惠及群众2167人次。实现投融资体制改革创新，注册资本3000万元成立林周县净土健康产业投资开发有限公司，林周县城镇化建设发展投资有限公司资产达到1.08亿元，县鹏博健康产业园区建设积极推进；企业投资和财税改革得到落实，企业注册由实缴制变为认缴制，营业税、增值税改革政策正式实施，全县工商企业达到60家，注册资本4.25亿元，同比增长19.7%。

城乡建设

总投资1350.41万元的公租房和廉租房建设项目和总投资2300万元的县城供水、垃圾处理等公共服务设施已完工，疾控中心建设、乡镇卫生院改扩建、县医院供氧设备配套及医技楼改造工程等项目有序推进。总投资732万元对183户进行棚户区改造项目正在推进，完成鹏博净土健康产业园第一期征地851.4亩。总投资为9082.37万元29个水利建设项目，全部完工；总投资5607.12万元的新建7条农村公路，实现全县乡镇、行政村通达率100%，乡镇畅通率90%；投资2990万元的农村人居环境和村容村貌整治工程、投资2062万元的3个林周县游牧民定居工程、9个乡级邮政网点建设等项目完成80%。林周县县城污水人工湿地处理项目完成前期相关工作。全县完成造林和封育面积达5284.7亩（造林面积2784.7亩）。完成投资1081.74万元的旁多水利枢纽工程占补平衡一期3000亩土地治理项目，全县土地治理面积达到5万多亩；耕地保有量236708.93亩，基本农田224210亩，基本农田保护率达94.7%。

“四业工程”

年内，全县实现转移就业2924人、劳务输出10827人、培训3107人、自主创业36人，实现劳务输出经济收入5058万元、自主创业增收123.26万元，28名城镇就业困难人员实现全就业，动态消除城镇零就业家庭2户。

教育事业

年内，总投资5376万元的11个教育领域基建项目完工率91%；8所幼儿园投入使用，总投资400万元的甘曲镇加孜雪村、强嘎乡切玛村、松盘拉姆村、旁多乡日布村4所村级幼儿园完成主体建设，总投资925万元的5所乡中心小学附设幼儿园建设项目完成前期工作，教育建设重点由义务教育学校向学前教育转变；落实“三包”经费1330.25万元。

卫生事业

年内，全县农牧区医疗保障覆盖面和筹资率均达到100%，筹资人数达57706人；全民体检工作圆满完成，参加体检人数60667人，体检率达到99.9%；“先诊疗，后结算”医疗模式得到实施，惠及群众2167人次，报销补偿1271.4万元。

社会保障

年内，发放养老金6550692.7元，医疗保险报销346951.73元，工伤保险参保人数2323人、收缴基金1043731.02元；落实1171名城镇低保的2014年低保资金460万元，落实4519名农村低保的2014年低保资金473.8万元，兑现660名困难群众医疗救助资金390.646万元。林周县五保供养中心建设项目进展顺利，完成工程量的30%。县级财政自筹552.783万元，争取区、市有关部门解决资金用于水利设施、桥梁涵洞及损毁房屋等修复重建工作。县级财政筹措资金1270.59万元办好10件民生实事，逐步实现每年10件民生实事的长效机制。

文化建设

年内，召开县委理论中心组集中学习38次，专题研讨会20次；开展纪念西藏百万农奴解放55周年百姓巡回宣讲报告会及习近平重要讲话精神、群众路线教育实践活动、生态文明建设、“八看、一算账、一揭批、四增强”感党恩主题教育活动宣讲40余场；全年提供新闻素材300余篇，各类媒体宣传报到林周达271次，印发《林周之窗》4期；开展以环境卫生综合治理、关爱空巢老人、“学雷锋”等为主题的资源服务活动80余次，“道德讲堂”40余次；为全县45个行政村拨付90万元用于开展党建、宣传文化工作，县财政投入100万元为边远村小组修建群众文化活动室10个；集中开展“五下乡”活动20余场，发放各类宣传图册9万余本，免费发放药品价值6万余元，义诊群众达3000余人次；开展文化执法检查活动55次，各乡镇设立文化市场联络员10人；发放安装广播电视卫星直播接受设备1008套，发放非遗传承人资金1.2万。

党建工作

年内，深入开展党的群众路线教育实践活动，举行专题辅导讲座116场，全县开展集中学习783场次，受众1.9万人次，放映爱国主义影片和廉政教育影片240余场次，企信通平台发送教育实践活动信息5260条，各级领导班子共查摆梳理出问题1248条、班子成员查摆问题2968条。圆满完成村“两委”换届工作，产生新一届村“两委”班子成员311名，选派4名优秀机关干部到软弱涣散村担任村党支部书记，完成10个软弱涣散基层党组织整顿转化工作，全年发展党员206名，农牧民党员达到3737人，在农牧民总人口的6.5%。为每个村设立5万元村级组织集体经济发展启动资金，投入2万元用于村级组织党建和宣传文化经费，进一步调整提高村干部补贴标准。在全区率先实现纪委书记从党建副书记职能中分离，选派10名优秀干部担任乡镇专职纪委书记，并选配10名专职纪检员。

和谐林周

年内，林周县投入专项经费为1673.7331万元，全面落实十项维稳措施，圆满完成维稳任务。群防群治队伍数量达1483人、网格工作人员达778名、联户代表1232名，评选和表彰“先进双联户”3209户、资金71.55万元；提升强基惠民活动水平，实施总投资3158万元的89个惠民项目；强化矛盾化解，各类社会矛盾调解率100%，群众来信来访化解率达95%；全县平安乡镇创建率达到100%，群众安全感满意度达到98.17%。公共安全管理得到加强，全面开展安全生产大检查大排查大整治活动。全面落实各项利寺惠僧政策，加强宗教事务管理，出版《林周县寺庙人文志》。扎实开展寺庙法制宣传教育，表彰和谐模范寺庙20座、爱国守法先进僧尼501名，在自治区僧舍维修资金标准基础上，全县每名僧尼再增加3000元；投入资金417.86万元维修10座寺庙有关设施。

作风建设

2014年，县级会议同比减少33.3%，县委、县政府文件同比减少6.2%，先后开展5次惠民资金落实和“三公”经费使用情况进行检查，“三公”经费同比下降3.1%，取消公务用车专段号牌12幅，对28名党员干部迟到早退、擅自脱岗进行诫勉谈话、批评教育，对其中的3名干部进行了通报批评，整治为政不廉、以权谋私1件，给予党纪政纪处分1人，通过明察暗访形式对公车私用、私驾公车进行了9次200余台次检查，通报批评1起，检查在岗在位、值班备勤300余次。与各乡镇、县直各单位、寺管会主要负责人及所有县级领导干部签订《正风肃纪承诺书》105份，开展正风肃纪专项检查40余次，通报正风肃纪专项整治工作不力的单位12家。先后3次研究党风廉政建设工作，林周县与各乡镇、县直各单位签订《林周县党风廉政建设责任书》71份，并督促各乡镇党委与各村“两委”签订党风廉政建设责任书。设立58个举报信箱，公布电子举报邮箱1个。收到信访举报6件，已处理3件，给予党纪政纪处分2人；着重案件受理查办5起，已办结3起，给予政纪处分2人。2014年以来，依托市政府门户网站发布政务信息700余条，印发各类动态66期。2014年梳理出各界代表、委员提出的建议和提案110件，答复率100%。

（梅青松）

墨竹工卡县

概况

墨竹工卡县位于西藏中部、拉萨河中上游，地理坐标为北纬29° 8′ 、东经91° 77′ 。东与林芝地区工布江达县相邻，西靠拉萨市达孜、林周两县，北连那曲地区嘉黎县，南接山南地区乃东县，交通区位优势较为明显，川藏公路（318国道）横穿而过。县域面积5492平方千米，人口5万余人，平均海拔4200米以上，辖7个乡1个镇40个行政村。墨竹工卡县素有“天边之乡”的美誉，野生动植物资源有黑颈鹤、斑头雁、虫草、雪莲花、红景天等，矿产资源有铜、铅、锌、金、钼、大理石等。境内名胜古迹众多，旅游资源得天独厚，距今850多年历史的直孔梯寺闻名国内外，具祛病美容效用的日多温泉、德仲温泉和有“财神湖”之称的思金拉错等自然景观独具魅力，直孔水磨糌粑、斯布牦牛等农畜产品驰名区内外，以松赞拉康、松赞干布纪念馆、霍尔康庄园、甲桑古道徒步为重点的藏王松赞干布出生地甲玛景区已完成并对游客开放，西藏首家民间博物馆墨竹工卡县群觉古代兵器博物馆已建成，计划于2015年5月开馆。

2014年国民经济和社会发展

2014年，全县地区生产总值完成21.01亿元，同比增长7.6%（按可比价），其中一产实现增加值2.35亿元，同比增长6.5%；二产实现增加值16.55亿元，同比增长7.29%；三产实现增加值2.11亿元，同比增长10.07%；公共财政预算收入完成3.31亿元，同比增长43.4%；农牧民人均可支配收入9191.58元，同比增长12.6%；完成社会固定资产投资52.9亿元；社会消费品零售总额达到2.56亿元，同比增长15.0%。全县共完成劳动力输出3.07万人次，实现收入1.4亿元；完成就业再就业培训204人，农牧民转移技能培训923人，实现城镇及农牧民转移就业1757人，城镇登记失业率控制在2.2%以内。

经济发展

年内，投入7468.99万元，修建扎西岗乡、工卡镇等区域防洪工程，完成尼玛江热乡、唐加乡小型农田水利工程，开展扎西岗乡土地治理工程，实施巴洛藏鸡、荣多奶牛等扶贫开发项目25个。全县农作物播种面积达到7.88万亩，粮食产量达到2.4万吨。牲畜存栏达到21.52万头（只、匹），出栏率达38%，新生仔畜成活率达到98%；全年发放草补奖励资金1069.53万元；采集虫草451.75公斤，实现收入7047万元，人均增加现金收入1309元。全县农牧民专业合作组织达到93家，藏鸡养殖业、糌粑加工业、民族手工业等初具规模，有力促进了群众致富增收。

华泰龙矿区、巨龙矿区、天仁矿区等重大工业项目全力推进，全县实现工业销售产值22.1亿元，同比增长126%；实现工业增加值7.52亿元；实现工业税收4.01亿元，同比增长33%；实现工业投入64.85亿元，同比增长35%。落实招商引资项目7个，投资总额62.89亿元，同比增长33.3%。全县规模以上工业企业达到6家。投入500万元注册成立县旅游文化公司；投资3080万元，扎实推进直贡梯寺、德仲温泉、达普天文历算台等景区基础设施建设，大思金拉措景区规划初步完成。特色产品参加西藏首届旅游文化国际博览会，墨竹工卡县知名度进一步提升。全县累计接待国内外游客82万人次，同比增长21%；实现旅游收入1727万元，同比增长22%。投入1000万元注册成立县净土健康产业公司，投入1834.97万元实施了净土产品展销厅及销售中心、藏鸡养殖、糌粑加工、经济林种植等11个净土健康产业项目，投入110万元扶持2家中小微企业，12辆净土产品直销车投入使用，形成特色农业、特色养殖业、特色手工业齐头并进、共同发展的良好格局。

城乡一体化

继续完善县城控制性详细规划及7个乡的集镇规划，大力整治非法买卖集体土地和违法违章建筑。投入4519.1万元建成嘎则新区附属设施，建成南京路南段、新区供电线路工程等项目，全力推进设施维护管理，加大环境整治监管力度，县城的交通、绿化、停车、住宿、商贸等服务配套设施不断完善。完成扎西岗乡扎西岗村农村土地确权登记试点工作。甲玛乡孜孜荣村176户1047人完成搬迁入住工作，甲玛乡赤康村荣获“中国特色村”荣誉称号。投入4992.37万元，实施了19个村（组）人居环境整治项目，建设了12个村组活动场所，修建了甲玛乡供水工程，改造提升8处宗教活动场所和7处农村饮水。建成扎雪乡龙珠岗道路、德仲寺道路等4条乡村、寺庙、旅游公路。

援藏工作

南京与墨竹交流交往交融不断深入，墨竹工卡县青少年代表团观摩南京青奥会开闭幕式，政法代表团赴宁考察学习，安排8名干部在南京进行为期3个月挂职锻炼，组织53名第二批党政副科级以上干部赴宁专题培训。南京市小教中心派出5名老师在暑期来县支教。格桑花开爱心基金接收南京社会各界捐献143.94万元，支出帮扶济困资金5.8万元。全年共落实援藏项目资金5825万元，先后实施实验小学、扎西岗希望小学、斯布村多嘎小组搬迁工程、巴尔卡路等援藏项目4个。

教育　卫生　文化事业

继续保持本级财政25%比例投入教育，达到8279.75万元。基本完成南京实验小学等8所小学的改扩建项目，建成唐加冲尼村幼儿园、日多怎村幼儿园等14所幼儿园，完成县中学教学楼维修项目。投入435.47万元慰问和资助墨竹学生，为50名特困大学生发放援藏助学金20万元。投入355.44万元，推行义务教育阶段学生“营养餐”计划，受益学生达6232人。全县适龄儿童入学率、小学在校巩固率分别达到99.81%、99.75%，初中入学率、巩固率分别达到100%、98.83%。

全年投入1992.5万元发展卫生事业，县医院附属工程建设项目基本完成，乡村卫生综合服务设施更加完善。积极创建县医院二级乙等医院。开展“先诊疗、后结算”工作，爱心救助基金受益人数593人，预借大病爱心资金260万元，大病救助185.9万元。全民健康免费体检4.57万人，体检率达99.95%。孕妇住院分娩率达到99%，孕产妇实现“零死亡”的目标，婴儿死亡率控制在12.35‰以内。

开工建设扎雪乡堆绣唐卡传习所、直孔刺绣唐卡传习基地，完成全区首家民间博物馆装修布展工作。开展“五下乡”主题活动，为7乡1镇配备书籍2000余本，发放法律法规等宣传资料5200余册，在农牧区免费放映电影1980场。普堆巴宣舞被选入拉萨市电视台与四川康巴卫视藏历新年晚会。在南京日报要闻版开设每月1期的“情系墨竹”专栏，完成《墨竹梦·南京情》《追梦“天边之乡”》等外宣品的策划和制作工作。巩固提升“村村通”“户户通”“舍舍通”建设成果，广播电视覆盖率达到98.9%。

民生建设

与区、市、县6家医保定点医院签订“一站式”即时结算协议，为794名城乡群众提供医疗救助，救助资金达325.36万元。对271名有意愿的”五保户“实施集中供养，发放五保供养经费129.21万元，意愿集中供养率达到100%。发放低保金714.98万元，发放低保一次性补贴212.37万元。发放新型农村养老待遇金655.8万元。落实夕阳红养老补贴、提高村组干部待遇、改造农村水电网、改善村容村貌、提高寺庙管委会僧尼成员津贴等县自办10件民生实事。此外，机构编制、人武、工会、消防、档案、保密等工作都取得了新进展。在全区率先成立县安委会生产综合执法大队，在华泰龙矿区、巨龙矿区、天仁矿区设立派出所。5家企业完成标准化建设，4家企业完成“六大系统”安装。妥善处置尼玛江热乡邦浦沟特大山洪泥石流自然灾害。安全生产监督检查500余次，查处安全隐患970处，现场整改860余处，下发整改指令书200余份，整改率达99%。

生态文明建设

制定《墨竹工卡县生态环境保护监督管理实施办法》，严格落实环境影响评估和“三同时”制度，对未批先建和未经环保验收擅自生产等违法行为进行专项清查。实施城乡环境绿化、美化、净化、亮化工程，及时兑现森林生态效益补偿资金772.23万元，全县共植树造林4626.9亩，成活率达到85%以上，森林覆盖率达到35.96%。设立专项资金1000万元在拉萨市率先实施国家级、自治区级生态县创建工程，《墨竹工卡县生态县建设规划（2014·2020年）》及《8个乡镇环境保护和生态建设规划（2014·2020年）》通过评审，格桑村、塔巴村等15个村成功创为自治区级生态村。完成38个行政村水和废水、空气和废气、噪声和振动的检测并形成报告，投入160万元对16个点进行保护工程试点，投入690.35万元建成湿地污水处理工程。

社会稳定

全年共落实维稳资金2174.06万元，着力构建驻村驻寺、“双联户”创建等维护稳定长效机制，有效防范和打击十四世达赖集团的渗透破坏活动，先后被自治区评定为“县域平安边界”和先进双联户创建评选工作“先进县（区）”，在全市社会治安综合治理工作考评中取得第二名佳绩。“六五”普法教育深入推进，法律“七进”工作成效明显，法律援助力度加大。扎实推进寺庙“六建”“六个一”和“9+5+2”工作，投入515万元维修200间僧舍。办理群众来信来电来访26批75人次，处信处访率达100%。依法处置“6·24”甲玛乡孜孜荣村部分村民违法堵路事件。认真落实重点人员管控、社会面防范、重点部位值守、流动人口管理等各方面的责任制。

自身建设

自觉接受人大监督，积极支持政协履职，全年共办理人大代表、政协委员建议、提案共124件，办复率、满意率均达到了100%。全县7个乡1个镇40个行政村顺利完成换届选举工作，依法选举产生新一届村“两委”班子成员272名。

深入开展党的群众路线教育实践活动，全县926名党员干部与1148户困难群众结对认亲，单位和个人共投入231.6万元，办实事好事282件；7乡1镇办实事及工作经费达到2400万元，共解决实事165件；第三批驻村工作队共投入资金560万元，为民办实事468件。整治“四风”等方面突出问题，建立健全了公车配备使用、“三公”经费管理和公务接待等制度，全县“三公”经费同比减少20.62%。

落实党风廉政建设主体责任，对40个村委会开展财务专项审计，先后有7名党员干部被给予党纪政纪处分。在政府门户网、电视台、报刊等载体上主动公开信息共计600余条，切实保障群众的知情权、参与权和监督权。

（钟其荣）

堆龙德庆县

概　况

2014年，全县面积2704.25平方千米，其中耕地5544.95公顷，草场面积39万亩，森林面积0.57万亩（以灌木为主），森林覆盖率0.44%。辖2个镇、5个乡（含柳梧乡，当年从8月1日起划归柳梧新区托管），年底总人口49784人。人口自然增长率10.2‰

2014年国民经济和社会发展

2014年，全县实现地区生产总值20.91亿元，同比增长8.6%（可比价增速）；实现公共财政预算收入5.31亿元，同比增长37.7%；完成全社会固定资产投资44.47亿元，同比增长30.5%；实现社会消费品零售总额7.4亿元，同比增长16%；农牧民人均可支配收入9926.18元，同比增长12.5%（可比价增速），主要经济指标全部完成既定目标，高于全市平均增长水平，总量和质量实现新的提升。以优化经济发展空间格局为着力点，加快推进产业结构调整，产业发展呈现出“一产稳固、二产壮大、三产提质”的良好态势，三产结构由7∶64∶29调整为6∶84∶10。全年落实强农惠农补贴资金1388.39万元，重点围绕净土健康产业，农牧、农发落实4417万元，实施了16个产业项目，本级投入6000万元着力扶持培育乡镇净土健康产业，实施项目17个。全区农牧业产业化现场会在堆龙德庆县的召开，助推了堆龙德庆县净土健康产业的发展，荣获了全区“农牧业产业化经营示范县”殊荣。

工业

工业强县战略成效显著，实现工业总产值19.2亿元；工业增加值8.09亿元，同比增长32%。园区基础设施不断完善，污水处理厂、强电入地等项目有效提升了园区服务功能，推动了产业集群、要素集聚、资源集约效应的有效发挥，6家新兴产业、新型工业企业向园区集中入驻。招商引资引进项目41个，实际到位资金13.05亿元，同比增长36.33%，工业经济乘势而上，工业实现了经济质量与效益的同步提升。城郊乡村文化旅游基础进一步夯实，全年投入1790万元，实施了6个旅游项目，接待国内外游客69.12万人次，旅游收入达到2203.03万元。

城乡建设与管理

提升投资拉动能力，加快推进项目投资增容扩量，全年实施基本建设项目70个，总投资22.3亿元，其中本级财政投资占11.2%。在抓好20个续建项目同时，投资15.5亿元，围绕基础设施建设、产业发展、社会事业、基层政权、社会管理、生态环境保护6个重点领域，实施了50个新建项目。援藏投资力度持续加大，完成了羊达现代设施农业示范园二期、堆龙德庆县社会福利院等一批涉及民生事业、产业发展的援藏项目建设。发展环境持续改善，基础设施建设力度进一步加大，着眼于以人为核心的新型城镇化发展，稳步推进撤县设区工作，加快城镇化建设进程，城镇化率达46.17%，提高0.89个百分点。统筹推进城乡环境综合发展，大力实施人居环境综合整治工程，完成了11个农村人居环境综合整治项目，落实1000万元，实施小型农田水利基本建设重点县项目，完成了6个行政村农村公路通畅工程建设，2个行政村通畅工程完成招投标，实现了全县30个行政村通油目标。35千伏线路改造工程、电力改造工程解决了农牧区用电问题。全年完成造林绿化工程3723.5亩，高原生态安全屏障建设项目防护林建设5850亩、防沙治沙建设9045亩，109国道、318国道和重点旅游项目沿线绿色长廊建设初见成效。本级投入2985.31万元实施63个为民办实事项目，有效改善了农牧区基础设施条件。

社会事业

始终把保障和改善民生作为全县工作的出发点和落脚点，加大民生领域投入力度，社会事业全面进步。教育事业健康发展，2014年本级政府投入8396.39万元发展学前教育、义务教育，重点实施21个教改项目，新建各类教学及辅助用房4.65万平方米；探索实施羊达校园“暖冬”工程，完成了教育信息化前期准备工作。

医疗卫生服务体系不断完善，县医院完成整体搬迁，县级公立医院改革试点工作全面推进，实行医疗救助“绿色通道”，推行“先诊疗、后结算”的优质医疗服务，进一步缓解了群众看病难问题，新农村合作医疗实现全覆盖，全年报销合作医疗资金1512.16万元，僧尼和农牧民免费健康体检率分别达到100%和99.7%。

文化惠民工程深入人心，完成了新华书店、县级民间艺术团排练场所、乡镇文化站建设，体制外争取北京援藏资金2000万元，实施了堆龙德庆县文化活动中心项目，公共文化资源共享机制不断建立，公共文化服务体系持续完善。

社会保障

社会保障体系不断健全，城乡低保金兑现率达100%，全面清理城乡低保户，进一步规范低保户动态管理。完成堆龙德庆县社会福利院项目建设，后续安置工作有效推进。完成160套廉租房及公租房建设，县城周边实现供暖，与拉萨城区全面对接。“四业工程”扎实推进，全年完成27期业务技能培训，实现重点项目劳务输出6490人，企业吸纳、自主创业转移劳动力3663人，人均收入达到8839元。发挥国家级餐饮服务安全示范县引领示范作用，食品药品监管力度持续加大。

公共安全

牢固树立稳定压倒一切的思想，坚定不移地落实自治区10项维稳措施，多措并举筑牢维稳防线，公安技侦业务用房建设项目争取到位。全年投入维稳资金7052万元，加大人防、技防力度，全力做好常态和非常态下维护稳定各项工作。创新社会管理综合治理，巩固深化双联户工作，深入推进干部驻村驻寺工作。认真开展矛盾大排查、大调处工作，排查调处各类矛盾纠纷89起，化解率达100%。

强化领导干部包村接访下访工作，办结群众来信来访108批，办结率达99%。

加强民族宗教工作，全面落实民族宗教制度，推动民族宗教事务管理法制化建设。民族团结工作取得新突破，荣获“全国民族团结进步模范集体”。

强化安全生产责任落实，认真吸取“8·09”“8·19”特大交通事故教训，不间断开展“打非治违”“六打六治”“大检查、大排查、大整治”专项活动，坚决遏制各类安全生产事故发生。

（王定平　赵天恩　王秦阳）

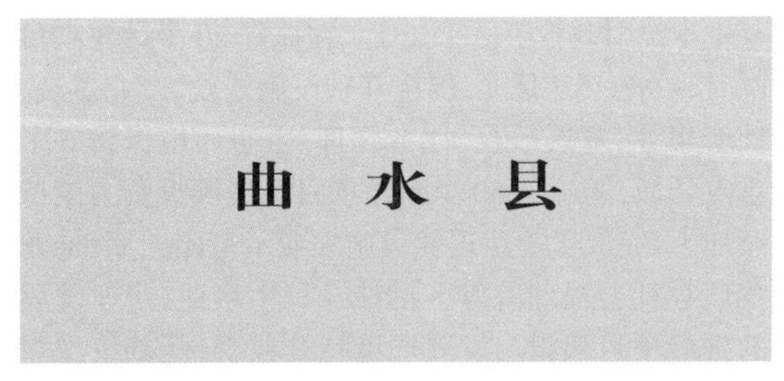

曲水县

概　况

曲水县位于西藏腹地、拉萨河下游两岸、雅鲁藏布江中游北岸、拉萨市西南方，最高海拔5850米，最低海拔3500米，平均海拔3750米，县城驻地海拔3568米，距离拉萨市64千米，距离贡嘎机场15千米，318国道、机场高速公路和拉日铁路横贯全境。县城所在地曲水镇位于曲水县中部，地理位置相对比较优越。全县东西长77千米，南北宽36千米，辖区面积1680平方千米，耕地面积6.43万亩。全县设有5乡1镇，17个行政村和133个村民小组，总人口3.5万人，农牧民占总人口数的90%以上。

2014年国民经济和社会发展

2014年，实现地区生产总值10.29亿元，同比增长15.1%。全社会固定资产投资完成21.78亿元，同比增长30.40%；地方财政收入首次突破亿元大关，达到1.34亿元，同比增长55.14%；社会消费品零售总额2.2亿元，同比增长12.0%；农牧民人均纯收入

8966.68 元，同比增长 12.40%。

农业发展和农村建设

曲水县是一个农业大县，不断调整农业产业结构，坚持走发展特色农业、农业产业化之路。结合实际提出了"一区两园三基地"的现代农业发展规划，即才纳乡国家现代农业示范区，聂当乡生态农业园和南木乡绿色瓜果园，曲水镇草莓生产基地、达嘎乡马铃薯标准化种植基地和才纳乡、茶巴拉乡经济林种植基地，有力推动了全县现代农业的发展。全县总耕地面积 6.43 万亩，总播种面积 9.17 万亩，机耕、机播、机收水平分别达到 6.5 万亩、5.5 万亩和 5.5 万亩；粮食作物产量为 2512.13 万公斤，油菜产量为 202.335 万公斤，蔬菜产量达到 5.928 万吨，分别完成全年目标任务的 100.49%、101.17%、100.1%；牲畜存栏 89111 头（只、匹），牲畜总出栏 37301 头（只、匹）。近年来，依托西藏高原水、空气、土壤、人文环境"死不污染"的独特优势，大力发展高原河谷特色经济种植业和高原特色养殖业上，土豆种植由零星种植到现在的 2 万多亩，温室大棚从无到有，现在达到 3000 多栋，从 2012 年起两项年增收近千万元，温室大棚西瓜、草莓成为曲水在全市乃至全区的名片，市场上供不应求；机场高速公路、318 国道和拉日铁路沿线特色经济产业景观带初步形成，实现了青稞、油菜、玉米规模适度的连片种植；雪桃、玛咖、有机烟叶、实用玫瑰、葡萄、油用牡丹、郁金香、香水百合等新兴经济作物及藏木香、牛蒡子、大黄、当归、党参、雪菊等藏药材在试种成功的基础上推广种植，尤其是玛咖、食用玫瑰、葡萄、烟叶等新品种通过检测，产品品质良好，优于国内、国际同类产品。其中玛咖产业发展最为快速，是西藏最大的玛咖生产、加工基地，已成为"拉萨净土"品牌中的品牌，2014 年玛咖种植规模近 5000 亩，每亩实现增收 7500 元，种植户年人均增收 6800 元，产值近 5000 万元。农村集体土地和宅基地使用权的确权、颁证工作全面铺开，建立了县土地流转服务中心、仲裁委员会，探索出了一批可复制、可推广的"曲水农村改革经验"，为四个自治区级农改试验区和拉萨市提供了很好的示范作用。新型农牧业经营体系日益完善，合作社增至 101 家（涉农合作社 58 家），合作社入社率达到 35.64%，2 家合作社被评为国家示范社。

旅游业

充分利用曲水区位优势和净土健康产业优势，积极推进旅游资源的整合和开发，大力发展乡村旅游，围绕拉萨市旅游环线规划，逐步形成了以俊巴渔村为代表的曲水特色旅游品牌；完善了才纳乡民俗一条街等旅游设施建设，打造茶巴拉乡色麦桃花村经济林木园区、南木乡市民旅游观光采摘园、达嘎乡达嘎村体验经济观光园等具有高原特色的农牧业基地观光旅游点，逐步形成净土健康产业旅游综合服务体系。2014 年曲水县上报旅游项目 8 个；对旅游景点周边环境整治，规范旅游服务业。共接待国内外游客 20.76 万人次，同比增长 20%；实现旅游收入 1062.36 万元，同比增长 20.04%；解决和带动景点周边群众约 836 户、3346 人就业，同比增长约 19.94% 和 20.01%。

科技　教育　文化　卫生

全县有县中学 1 所、完全小学 7 所、幼儿园 14 所，在校生 3707 人（小学 2385 人，中学 1318 人，不含幼儿园），适龄儿童入学率 100%，适龄少年入学率达 98.87%，在校生巩固率 100%。专任教师 385 人（小学 254 人，中学 131 人）。全县现已建成农家书屋 18 个，寺庙书屋 10 个，17 个村级文化室，73 个组文化室，1 个县级文化资源共享工程中心，11 个乡级资源共享点。广播覆盖率达 98.85%，电视覆盖率达 99.7%。全县拥有一所县级人民医院、五个乡卫生所 5 所，12 个村卫生室，医疗保障、公共卫生、监管体制综合改革稳步进行，积极开展全民体检，体检人数 34367 人，体检率 99.75%；僧尼体检率 100%；新农合参合人数 31806 人，参合率 100%。

农村改革建设

开展农村集体建设用地和宅基地使用权的确权、登记、发证工作。建立县土地流转中心，全年流转土地 1.63 万亩，规模种植面积达 2 万亩。新型农牧业经营体系完善，曲水县合作社增至 101 家，其中涉农合作社 58 家，合作社入社率 30.54%，有 31 家合作社积极开展农超、农校、农社对接，南木乡鑫赛瓜果种植农民合作社、达嘎乡达嘎土豆合作社被评为国家示范社。健全新型农业社会化服务体系，提升科技服务"三农"水平，科技厅食用菌实验室建设项目已落户试验区，培育的杏鲍菇、双孢菇等品种已在试验区推广种植。2014 年，发放各项农业补贴 693.7.7 万元，农机购置补贴项目投入资金 1092.989 万元（国补：400 万元，自筹：692.989 万元），购置各类机械共计 1444 台套，机耕、机播、机收水平分别 6.5 万亩、5.5 万亩和 5.5 万亩；落实农牧业项目 14 个，总投资 8488.4 万元；粮食作物产量 2512.13 万公斤（单产 903.11 斤），油菜产量 202.34 万公斤（单产 149.3 公斤），蔬菜产量 5.928 万吨，分别完成 2014 年目标任务的 100.49%、101.17%、100.1%；牲畜存栏 89111 头（只、匹），牲畜总出栏 37301 头（只、匹）。

编制《曲水县净土健康生物产业发展规划》，推进才纳乡净土健康产业示范区、聂当乡生态农业园、南木乡蔬菜瓜果园、曲水镇奶牛养殖基地、达嘎乡马铃薯种植基地和茶巴拉乡经济林木种植基地等 6 个基地建设；成立净土健康产业投资开发有限公司。种植藏药材 19 种 7400 亩。引进 7 家净土健康产业企业，签约资金 5.2 亿元，生产出玛咖系列产品、辅酶 Q10、藏红花面膜、玫瑰精油等 7 个品种，产品进入市场销售。建立 2014~2016 年净土健康产业项目库，包含 39 个项目，总投资 7.8 亿元；曲水县推广玛咖种植项目，种植规模 4443 亩，每亩增收 7500 元，种植户年人均增收 6800 元。打造才纳 AAA 级四季花卉景区，建设西藏农耕藏药材博物馆、土特产展示销售中心。

工业发展

工业总产值 74129.29 万元，同比增长 11%；销售产值 85421.9 万元，同比增长 34%，完成目标任务的 107%；完成工业增加值 44600 万元，同比增长 80%，完成目标任务的 127%；上缴税金 10466.1 万元，同比增长 34%，完成目标任务的 103%。其中雅江工业园区完成工业总产值 60899.79 万元，同比增长 39%；工业销售产值 60010 万元，同比增长 46%，完成目标任务的 101%；工业增加值 28352 万元，同比增长 184%，完成目标任务的 88%；上缴税金 6007 万元，同比增长 88%，完成目标任务的 101%。规模以上企业完成工业总产值 40280.8 万元，同比增长 12%；工业销售产值 51056 万元，同比增长 19%，完成目标任务的 116%；工业增加值 25633 万元，同比增长 43%，完成目标任务的 110%；上缴税金 5865.91 万元，同比增长 75%。招商引资成功签约项目 16 个，总投资 212056 万元。招商引资项目开工 28 个（含部分往年招商引资引进项目），其中：新建 18 个，续建 10 个，总投资 273856 万元；累计到位资金 94800 万元，完成年目标任务的 101%。

项目投资

“十二五”项目规划，争取项目 70 项（解捆后子项），总投资 309766 万元。全年落实项目 61 项，落实投资 305766 万元，占“十二五”规划投资的 98%。2014 年，开复工项目 381 个，总投资 47.38 亿元，累计完成全社会固定资产投资 21.71 亿元。其中续建项目 42 个，总投资 8.6 亿元，2014 年度完成全社会固定资产投资 1.45 亿元；新开工项目 339 个，总投资 38.78 亿元，完成全社会固定资产投资 20.26 亿元。深化援藏工作，落实援藏项目 8 个，立项总投资 8208 万元，其中 7 个为续建，1 个新建。

编制《曲水县城市总体规划（2013~2030）》，完善城乡规划体系，整治非法买卖集体土地和违法违章建筑。成立曲水城市经营管理公司，完善城区主干道道路标识、标线和防护栏的设置，完善综合执法机制，2014 年，农村公路续建项目 1 个，建设里程 6.8 千米，总投资 800 万元；新建 3 个，总里程 40 千米，总投资 4600 万元；待建 1 个，总里程 3 千米，总投资 788 万元，占曲水县公路总里程的 26.98%；注册资金 100 万元，成立曲水县农村客运公司，新增两条农村客运线路，深入实施防护林工程，加快重点区域、荒山荒坡、城镇周边、防沙治沙等工程建设，2014 年共造林 34741 亩，林木成活率达 85% 以上，超额完成 10442 亩，森林覆盖率提高。

社会事业

民生投入加大。2014 年，投入民生工程资金 7200 万元，占公共财政预算支出的 58%。文化事业繁荣。加强文化基础设施建设，11 个乡级资源共享点。村级文化室文艺培训 6 期，组织文艺活动 60 余场；曲水镇（牛皮船舞）被自治区人民政府命名为民间文化艺术之乡。教育事业，深化“六大提升工程”，优化资源配置，设立专项基金，制定《关于对大学生中职生进行资助的实施意见（试行）》，资助 134 名贫困家庭学生 26.8 万元，年生均“三包”经费提高至 2900 元。完善健身场所及体育设施建设，不定期举办足球赛、篮球赛等群众性赛事，促进全民健身活动开展。启动县医院改革，农牧区基本医疗补助提高至 380 元，大病统筹报销最高 6 万元，设立专项基金，制定《关于设立曲水县农牧民重大疾病医疗救助基金的实施意见（试行）》；聂当乡卫生院改扩建项目复工情况良好，正在申请国家投资项目 13 个，涉及金额 1750 万元，向市卫生局申请援藏项目 3 个；乡村医生工资从 750 元提高到了 1050 元；开展食药专项整治，保证群众饮用药安全。

城乡低保工作

健全社保体系。2014 年曲水县参保人员 28837 人，征缴 1343.63 万元、发放 475.38 万元，“五险”制度全覆盖；低保评定动态管理，应保尽保。1151 户、

2831人发放低保资金401.9万元，3099人发放兑现临时价格补贴资金88.25万元，21名农村低保家庭大学生发放高校特困生一次性资助金6.2万元，发放各种补贴、救助、伤残抚恤金及救灾物资447.375万元，落实供养资金138.7万元；投资2300万元扩建县社会福利院，建设楼房9栋及附属设施，并投入使用，实现五保老人意愿集中供养率100%的目标。住房保障体系日渐完善。投资1659.81万元建设保障性住房128套，投资950万元建设周转房56套。扶贫开发深入推进。争取资金到位扶贫项目15个，扶贫财政资金2197万元，县本级财政300万元；完成农业开发项目3个，总投资3808万元。

和谐曲水

创新社会治理，巩固“1+5+X”管理模式、“双联户”运行模式和“一二三四”工作机制，建立联户单位935个，推选联户代表935人，吸纳家庭10689户，农户、城镇居民、商户、寺庙、机关、社会流动人员全覆盖；提升网格化管理水平，实施“六五”普法，推进“法律七进”，受教育群众10万人次。全面贯彻落实民族政策，充分尊重民族风俗习惯，开展民族团结“闪光”“牵手”行动，表彰12个民族团结进步模范集体、15名民族团结进步模范个人和1户民族团结通婚模范集体，发放奖金12.8万元。继续引导宗教与社会主义相适应，完善寺庙基本公共服务，投入243.3万元完善寺庙基础设施，补贴寺庙僧舍维修资金103万元，评选“和谐模范寺庙”4座，“爱国守法先进僧尼”189名，“先进寺管会”4个，“优秀驻寺干部”13名，评选为自治区级“和谐模范寺庙”2座，“爱国守法先进僧尼”26名，“先进寺管会”2个，“优秀驻寺干部”9名，化解矛盾纠纷工作，严格执行涉法涉诉信访依法终结制度及领导包案化解、分级受理办结制度，领导干部接访下访，受理群众来访事件并及时办结，2014年未出现1起越级上访事件。

政府建设

2014年共办理人大代表建议意见27件、政协委员提案20件，办复率、满意率均为100%。工作作风转变，“三公经费”下降9.7%，文件减少12.6%，会议减少11.2%，所列23件为群众做实事好事清单全部完成。政务信息公开，全年公开政府信息800多条。

曲水县净土产业投资开发有限公司

曲水玛咖作为曲水县标志性的净土健康产业之一，肉质根短圆锥形，外表皮呈紫色、奶油色或黄色，富含碳水化合物、蛋白质、不饱和脂肪酸和矿物质元素，主要化学成分是玛咖烯、玛咖酰胺，硫配糖体等，其中玛咖酰胺和玛咖烯对平衡人体荷尔蒙分泌有显著的效果。曲水玛咖营养丰富，既可入药，又能食用，具有增强人体免疫力，快速恢复体力，消除疲劳等神奇功效。

曲水玛咖所需要环境和气候特殊，要求海拔3000米以上，气候特殊而土地肥沃，日夜温差大。在我国的四川、云南、西藏林芝、山南等地已先后种植了玛咖，经过专业检测，曲水玛咖在品质、内含物等各指标均优于全国其它产区。曲水玛咖种植规模已经达到12000亩，生产出玛咖切片、玛咖精片、玛咖酒、玛咖胶囊等多个玛咖产品现已进入市场。

（张　钰）

尼　木　县

概　况

尼木县地处雅鲁藏布江中游北岸，系前后藏结合部，距拉萨市约140千米，是一个以农业为主的半农半牧县。全县面积3275.8平方千米，平均海拔4000米，辖32个行政村，127个自然组。塔荣镇为县城驻地，海拔3809米。全县辖7乡1镇（包括塔荣镇、吞巴乡、续迈乡、普松乡、帕古乡、麻江乡、卡如乡、尼木乡），其中农业乡（镇）6个、半农半牧乡1个（帕古乡）、纯牧业乡1个（麻江乡）。矿产业为全县经济支柱产业，藏鸡养殖业为农牧业特色产业。尼木县属高原温带半干旱季风气候区，四季分明，夏季雨水集中，辐射强，年日照时数2947.2小时。年无霜期100天左右。年降水量324.2毫米。自然灾害主要有干旱、山洪，泥石流，虫灾，霜冻和冰雹。尼木县矿产资源主要有铜、钼、泥炭等，野生动植物资源主要有豹子、狗熊、猞猁、獐子、黑颈鹤、贝母鸡、野鸡及贝母、虫草、黄连、雪莲等。因尼木位于拉萨和日喀中间节点，民俗、文化兼具两地风格。境内有河流、自然景观和农牧结合的特点。作为藏文字的发源地，文化氛围浓厚，民风淳朴。被誉为“尼木三绝”的吞巴藏香、雪拉藏纸和普松雕刻享誉区内外。藏文创始人吞弥·桑布扎故居位于尼木县吞巴乡吞达村境内，距今有1300多年的历史，2007年被评为自治区级文物保护单位。吞巴乡吞达村荣获“2013年中国最美村镇”传承奖，吞巴旅游景区于2013年6月20日正式营业。

2014年国民经济和社会发展

2014年，尼木县实现地区生产总值8.96亿元，同比增长12.3%；完成公共财政预算收入5180万元，同比增长36.7%；全社会固定资产投资9.13亿元，同比增长30.8%；农村居民人均可支配收入达到8324.61元，同比增长12.2%；工业增加值4565万元，同比增长25.1%；社会消费品零售总额0.43亿元，同比增长12.2%，指标为3600万元。

农业和农村发展

年内，全县粮油播种面积36562.22亩，粮油总产量1405.4万公斤，粮经饲比例调整为72.5∶15∶12.5；牲畜存栏11.67万头（只、匹），出栏54902头（只、匹），猪牛羊肉产量3089.36吨，奶产量4048.55吨，山羊绒产量1.074吨，禽蛋产量94.87吨，牲畜良种覆盖率5.02%。购买良种公牛76头，完成黄改任务2763头。作为全区水利改革试点单位，尼木县在全区率先挂牌成立县级水务局，全年实施水利项目22个，总投资9152.31万元。尼木县首次被纳入自治区级农业综合开发县，《尼木县农业综合开发规划（2014～2018年）》通过评审；总投资1100万元的尼木乡农业综合开发4000亩高标准农田建设项目顺利开工；总投资1210万元的2015年尼木乡农业综合开发项目通过审批。相继组建了23家农牧民合作经营组织，进一步增强农牧业综合生产能力。实施重点区域造林352.8亩、周边造林3500亩、乡镇“四旁”植树11万株；投资180万元，在续迈乡霍德村实施封沙育林（草）9045亩；投资240余万元，新建果塘万亩林水泥砖围墙16000余米；兑现2013年度退耕还林补助资金120.9万元、生态管护费115.81万元。

招商引资

年内，县政府加大项目争取、策划、启动、实施力度，全年开工建设项目150项，总投资17.45亿元；实施援藏项目4个，总投资4999.4万元，进一步改善了县城和农牧区基础设施条件；努力走出去，主动请进来，积极参与各类招商活动，先后前往内地多省市对接洽谈项目，同广东瑞德兴阳光伏科技有限公司、西藏藏能有限公司、浙江盾安集团、中国三峡集团、西藏聚鑫投资有限公司等企业签订了战略合作协议。全年招商引资到位资金3.36亿元，同比增长29%。尼木厅宫5000吨电解铜矿项目到位资金9000万元，天利矿业项目到位资金8800万元，羊绒毛制品加工项目到位资金1620万元，吞弥旅游藏香厂及其他设备改造项目到位资金1600万元，尼木县10兆瓦高倍聚光光伏发电项目到位资金7150万元，铜业矿产资源开发项目到位资金2150万元。城投公司助推产业发展。年内，注册成立尼木县城乡建设投资发展有限公司，注册资金5000万元。完成西藏第三极冰川天然饮用水有限公司的筹建。筹划与北京德青源农业科技股份有限公司共建藏鸡研究所及藏鸡养殖基地。

特色产业发展

年内，尼木县财政投入资金1000万元，推动以藏香、藏鸡为主的净土健康产业快速发展，实现年产值5400.46万元，解决743名农牧民就业。以吞巴旅游景区为龙头，开发如巴湖旅游新路线，推介琼姆岗嘎新景点。吞达村荣获“中国最美村镇”传承奖，并被评为“国家级历史文化名村”。全年“一日游”游客51840人次，同比增长16%，旅游收入2290万元，同比增长15%。以尼木藏香原产地保护为主的特色产品注册、包装、销售、产品标准定制等工作进一步完善，并以此为突破口，带动“尼木三绝”、经幡等特色民族手工业全面发展。实现藏香经济收入1516万元，经版、经幡收入1100万元。

社会保障

年内，在认真落实区、市民生政策的基础上，由县财政投入资金2297.21万元，继续为民再办好十二件民生实事。完成全县中小学、4所乡幼儿园和五所村幼儿园标准化建设。县财政投入教育经费1663万元，占2013年财政收入的43.87%，初中入学率99.73%，巩固率98.81%，小学入学率99.85%，巩固率99.95%；全年县财政投入资金405.7万元，进一步完善全县基础设施和公共卫生服务体系。投资185.4万元建设县人民医院急救中心；全民体检及建立健康档案工作圆满完成；筛查出6名“先心病”患儿，均在北京接受免费治疗。合作医疗参合率100%，综合覆盖率达100%。全年，无重大疫情和食品、医疗安全事故发生，无一例孕产妇死亡。发放“一孩双女”困难家庭及“特别扶助”资金62.86万元。完成158对准怀孕夫妇及200对出生缺陷干预对象的免费体检工作。“五大保险”工作成绩显著，五大保险参保人数达到25205人，征缴基金1740.35万元，报销、发放资金649.07万元，社会保障实现全覆盖。公共文化服务体系日趋完善，乡镇综合文化站全面建成。文化遗产保护工作深入推进；争取资金57万元做好自治区级文物保护单位曲德寺的抢救性维护维修工作，完成投资1000万元的曲德寺和980万元的吞弥桑布扎故居维修项目的评审。尼字体培训成功举办；全区首届“藏博会”上“尼木三绝”传承人应邀出席；投入30.2万元打造的原生态节目“尼木白面具藏戏”，已在拉萨市藏历年晚会上演。全年放映电影1685场、观众达12.74万人次，广播电视覆盖率均达到99%。全年为1239户低保户发放低保金546.42万元；为164户五保户发放供养金104.6万元，其中县级财政投入50万元；以实报实销的方式为县福利院集中供养老人报销超支生活费；为315人发放医疗救助金142.71万元；临时救助877人，发放救助金21.1万元；投入42.59万元，解决2366名受灾群众口粮；投入123.75万元，购置救灾储备物资（县财政投入80万元，救灾专项资金列支43.75万元）；向801名残疾人（重度残疾83人）和14名孤儿共发放生活补贴47.09万元；为6户优护对象发放抚恤金6.04万元；为9名退伍军人发放一次性补助66.6万元；“三县”合并福利院尼木楼4月开工建设，12月竣工验收，县财政投入征地补偿资金319.75万元；在市级配套资金的基础上，由县级财政投入54.98万元，对寿星老人健康补贴、残疾人生活补贴和0~16岁残疾儿童康复补贴进行提标扩面。年内，积极改善干部职工居住条件，全年续建廉租房48套、公租房72套，总投资1201.29万元；开工建设公租房80套、周转房48套，总投资1416.06万元；在上级未下达建设任务的情况下，利用结余资金为131户群众解决了住房问题，总投资584.8万元，进一步缓解了干部职工及群众住房困难的问题。全年实施“短、平、快”项目32个，总投资916.82万元。驻村工作队帮助群众劳务输出2686人，增加现金收入606万元；帮助驻村创办集体经济项目24项，为民办实事1061件。全年开展农牧民技能技术培训20期，共计4696人；农牧民劳动力转移就业1643人，劳务输出4100人，新增创业项目150个。完成了扶贫开发项目19个，项目总投资3009万元（县级财政扶贫投资102万元，县级财政配套200万元，群众自筹/劳务投资457万元）；组建完成18个贫困村互助资金协会，互助资金总额达到424.5万元；完成1988户8043人贫困户的建档立卡工作。此外，《尼木县土地利用总体规划》已完成初审稿，《尼木县（2014~2030）县城总体规划编制》已通过“拉规委”审核，“十三五”规划编制有序进行，鲁热特色村庄规划正在努力推进；非公经济发展势头良好，生态环境保护有力，人居环境持续改善。全县32个行政村已有26个完成了人居环境综合整治试点工程建设；安全饮水自然村覆盖率达100%；全年征地195.47亩，兑现征地补偿资金340.38万元。

社会管理

年内，共投入维稳资金976万元。圆满完成重要节点和时段的维稳安保任务，保持社会局势全面稳定；司法“调诉对接”机制逐步完善，人民群众依法维权意识不断提高。全年开展司法、人民调解166起；排查化解矛盾纠纷123起，化解率达到100%；接待群众来信来访32批（件）78人次（均属初信初访），办结率达到100%。兑现“先进双联户”奖励资金34.08万元，各联户代表共开展治安巡逻124次；组建护路队，投入资金51.5万元，用于护路办前期购买办公设备、制作制度、护路队员培训生活费、服装费等开支，给予护路队员每人每月135元出勤补助和300元生活补助。依法加强宗教事务管理，对550余处民间宗教活动点进行全面普查登记。加大完善寺庙基础设施，全年投入资金722.2万元，为寺庙、僧尼家庭办实事161件，完成全县22座寺庙通水改造，实现全部通电、通路、广播电视“舍舍通”；为22座寺庙新建澡堂，对驻寺干部宿舍及僧舍进行维修，全县在编僧尼全部实现城镇居民社会保障全覆盖。全年对道路交通、非煤矿山、危险化学品等重点领域，开展检查843次，发现隐患417处，整改396处，其余21处隐患正在整改过程中。发生火灾事故1起，无人员伤亡，直接经济损失0.4万元；工矿商贸实现安全生产零事故。全年共发生道路交通事故30起，其中1起特大交通事故，死亡44人，伤14人。同时，县级财政投入197万余元对卡如一级公安检查站进行改扩建；投入164万余元对县域内道路交通安全基础设施进行维护，确保9月以来尼木县安全生产形势持续好转。严厉打击各类违法犯罪行为，2014年受理刑事案件8起，破获7起；治安案件22起，破获22起，发案率同比下降12%；查处手机储存和转发敏感信息、图片问题17起，行政拘留6人，教育11人。

作风建设

全面贯彻落实中央八项规定、自治区“约法十章”“九项要求”及市委“八项要求”,压缩一般性支出,节约一切财力为群众办好事办实事,不断加强公务用车管理,进一步完善《尼木县“三公”经费管理制度》和《尼木县公务用车管理制度》,“三公”经费同比下降27%。全县27名县级干部结对认亲54户,开展帮扶活动81次,为群众办实事好事135件,个人投入资金27万元,单位投入资金81万元。深化行政审批制度改革,建立行政审批和服务事项动态清理机制,不断完善政务公开平台建设,推进政府信息公开,行政权力运行更加规范透明。在推进乡镇便民服务站规范化建设的同时,县政务服务中心正式投入运行,进一步健全县、乡、村三级便民服务体系。严格落实“一岗双责”,扎实开展反“四风”、“慵懒散”专项治理,政府作风及效能建设取得明显成效。在平时督查的基础上,开展常态化作风专项督导3次,对23名干部职工进行通报批评,共受理举报案件6起,办结案件4起。坚持县委核心领导,自觉接受人大、政协、人民群众监督,广泛听取意见建议,全年办理人大代表议案及建议57件、政协提案34件,满意率均达100%。扎实开展廉政风险防控管理,持续强化行政监察,进一步深化反腐倡廉教育,各类违纪违法行为得到有效遏制。

（徐家伟）

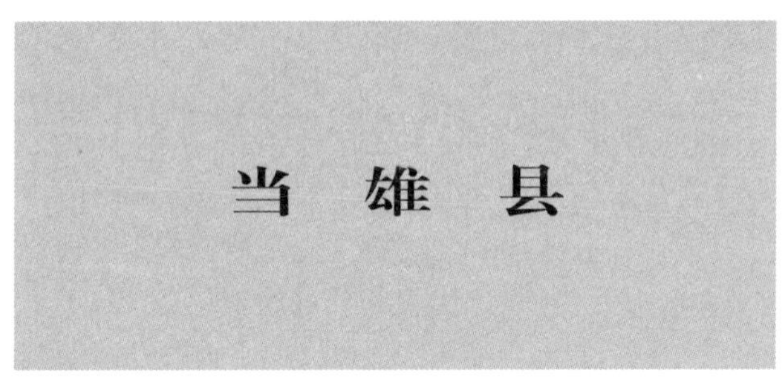

当 雄 县

概 况

当雄县属西藏拉萨市纯牧业县,位于西藏自治区中部,藏南与藏北的交界地带,拉萨市北部,距拉萨市170千米。地理坐标为东经90° 45′ ~ 91° 31′,北纬29° 31′ ~ 31° 04′ 。全县下辖6个乡2个镇、28个村(居)委会,172个村民小组。全县总人口54321人,在职干部职工1812人,退休干部职工252人,全县共有党支部130个,党员4046人,其中牧民党员3068人。现有中学1所,在校生2073人,教职员工146人;小学9所,在校生4993人,教职员工299人;有牧家书屋28个、寺庙书屋18个、文化站9所(含县文化活动中心)、文艺演出团体1个;县中心医院1所,乡镇卫生院7所、医务人员49名;防疫站1所,专职人员12人;五保户90户,96人;享受城镇最低生活保障391户,689人。截至年底,全县牲畜存栏44.89万头(只、匹),出栏17.04万头(只、匹),出栏率达到37.95%;幼畜出生9.39万头(只、匹),成活率达到99.59%;成畜死亡1664头(只、匹),死亡率控制在0.03%以内。肉产品产量7000.64吨,奶产品产量1.09万吨,农林牧渔业生产总值3.54亿元。

2014年国民经济和社会发展

主要经济指标

2014年,全县实现地区生产总值10.88亿元,同比增长15.3%;公共财政预算收入完成2.82亿元,同比增长46.3%;全社会固定资产投资完成19.58亿元,同比增长30.1%。工业增加值完成1.78亿元,同比增长34.85%。社会消费品零售总额完成1.3亿元,同比增长14.0%。农牧民人均可支配收入达到10185.21元,同比增长12.5%。

畜牧业

投资569.73万元,为711户牧民群众购置发放农机具716台(套)。投资758.5万元,实施了2011年至2013年高寒牧区牲畜棚圈建设,完成藏系绵羊标准化规模养殖场、当曲卡镇护路营区蔬菜温室大棚和格达乡藏药加工坊建设项目,实施4个乡(镇)兽防所维修。兑现了2013年和2014年草补资金共计5224万元。举办科技特派员、兽医技能和蔬菜种植等各类培训10期、2500人次,培养出一批科技示范户和科技明白人。实施农技推广项目,聘请8名区市专家、23名技术指导员为全县230户示范户和3个示范基地提供技术服务。当雄县科学技术协会正式成立,并荣获科技部“全国科技进步先进县”和拉萨市“科技特派员先进集体”的荣誉称号。完成了春、秋两季牲畜疫苗注射工作,免疫密度达100%。投入资金300万元,完成纳木湖乡防抗灾物资储备库建设,在县、乡(镇)、村(居)三级储备库储存防抗灾饲草料836吨及兽用盐巴、药品,畜牧业抗风险能力明显提升。截至年底,全县共发展牧民专业合作组织50家,其中2014年新增16家,累计注册资金4614.61万元,有效带动1724户牧民群众增收致富。

投入资金172万元,引进优良种公牛172头,改良牲畜品种;投入资金126万元,在羊八井镇、格达乡、公塘乡和县草原站4个点实施人工种草5000亩;投入资金120万元,新建温室大棚5座,成立公塘乡拉根村警民共建蔬菜温棚示范基地。

旅游业

投入资金809.53万元,在念青唐古拉山景区设立便民警务站,新建公厕和水房;将纳木湖乡至扎西岛景区109户板房改为黑帐篷,在纳木错景区售票处及二号桥安装门禁系统及监控设备,旅游基础设施不断完善,服务能力不断提升。全年接待游客59.25万人次,同比增长18.41%;实现旅游收入6374.68万元,同比增长17.13%;旅游业带动相关产业实现收入2.4亿元,同比增长10.25%;全县从事旅游业和服务业的牧民群众3125人,同比增长9.4%。

招商引资工作

以打造水资源和新能源“两个基地”为目标,不断创新招商引资方式,引进新兴产业。全年招商引资合同引进项目14个,协议资金32.2亿元,实际到位资金11.02亿元,同比增长25.36%。

城乡社会经济发展

年内,全县开复工项目231个,总投资41.67亿元。完成县城供水工程、县医院急救中心和乌玛塘乡郝如村新型城镇化建设等项目131个,完成投资6.16亿元。西藏冰川矿泉水有限公司和华钰矿业拉乌分公司等龙头企业的带动引领作用更加明显,全县工业企业累计实现销售产值3.85亿元,同比增长12.1%;完成工业投入6.65亿元,同比增长33.07%。初步完成“十三五”规划基本思路,圈定了101个特色产业、城市建设和基础设施类项目,计划总投资158.27亿元。投入资金1145.23万元,实施偏远牧区143户危房改造和公塘乡拉根村等5个点的人居环境整治,不断改善群众居住条件;投入资金2246万元,完成县农贸市场、当雄驻拉萨群众工作站和县城公厕等基础设施建设。争取资金1530万元,配套资金566.67万元,实施148套公租房建设,不断满足干部职工的住房需求。投入专项资金500万元,实施增绿工程,不断增加县城“绿色肺活量”。实施3次县域环境质量监测,全县24个村(居)委会创建为自治区级生态村,“创模”工作顺利通过国家环境保护模范城市考核组验收。投入资金310.4万元,为6个乡(镇)各配备1辆垃圾清运车,聘用35名专职环保人员,大力整治全县环境卫生。落实援藏资金800万元,新建4座便民桥,保障了牧民群众的出行安全畅通。

教育 卫生 文化事业

坚持教育“优先发展”战略,投入资金5866.03万元(占全年财政收入的21.73%),完成格达乡中心小学等5所学校暖廊建设,实施县完小和羊八井幼儿园附属工程。投入资金470.97万元,对全县789名区内外就读大学生进行全额资助。全县小学适龄儿童入学率、巩固率分别达到99.5%和99.81%;初中入学率、巩固率分别达到98.65%和99.73%,农村学前两年教育达到65.15%,城镇学前三年教育达到91.67%,教育“三包”经费和营养改善落实率达100%。

投入资金1297.2万元,将县医院旧住院部改造成医技中心,为县医院购买CT机和全麻机,新建县急救中心、县医院食堂和乌玛塘乡卫生院机井,实施县医院环境绿化和职工宿舍区道路硬化,为县医院门诊楼和乡(镇)卫生院购置医疗及办公设备。继续推行“先治疗、后结算”绿色通道,为532名患者兑现住院押金106.4万元。邀请市人民医院眼科专家为33名白内障患者免费实施复明手术。投资60万元,在援藏医疗队的协调下,组织16名先天性髋关节脱位及唇腭裂患儿赴北京进行治疗。全民免费健康体检率达99.85%,孕产妇死亡率为零,婴幼儿死亡率控制在16.2‰以内,国家免费孕前优生健康检查率达100%。

完成1055套直播卫星设备的发放、安装、调试及信息录入工作,全县广播电视综合覆盖率分别达到98.5%和99.4%。县文化广播(影视)局组织民间艺术团赴广西宜州参加“刘三姐杯”全国山歌邀请赛,荣获优秀组织奖、最佳歌唱奖和最佳风采奖。

民生事业

投入资金617.48万元,实施完成2013年农村安全饮水工程续建项目,新建大口井94处、机井1处和维修管引4处,完成江热寺、色德寺等18座寺庙的供水工程,基本实现了全县安全用水的全覆盖。争取国家扶贫和农业综合开发资金2156万元,本级财政配套资金423万元,群众自筹资金296.6万元,落实当雄县借畜还畜以及羊八井镇国家农业综合开发土地治理等2013年扶贫(农发)项目21个,受益群众1736户7826人。完成了全县人均可支配收入2300元以下贫困户的建档立卡工作,全县贫困人口共计2620户10466人。

社保体系

全县城乡居民养老保险参保人数29326人，参保率达98%以上。为10667人次发放各类社会保障金1877.27万元。其中，为4479人发放养老保险金713.97万元；为5463人发放城乡低保金845.53万元；为725人次发放医疗救助金317.77万元。稳步推进“三县社会福利院”建设，老年人集中供养事业有了新进展。整合投入培训资金648.05万元，开展职业技能培训20期，完成培训3976人。开发就业岗位556个，劳动力转移就业3.56万人次，实现劳动力转移收入5352万元，城镇登记失业率控制在2%以内。全县共表彰民族团结进步模范个人12名、模范集体10个，并被自治区评为“民族团结先进集体”。

社会稳定

投入专项维稳经费2713万元，开展交通安全整治和社会治安防控等工作，对全县240个“先进双联户”单位、4座和谐模范寺庙及235名爱国守法先进僧尼进行表彰，发放963名“双联户”联户长误工补贴，实施203户僧舍修建改造工程，全力筑牢维护社会稳定的“第一道防线”。投入资金280万元，进一步提高全县792名护路队员的生活待遇，全年共出动护路联防队员26.1万人次，累计巡线里程达24.07万千米，确保了青藏铁路当雄段的安全畅通。全县各乡（镇）、县直各部门共受理群众来信来电来访182批242人次，办结率98%；县处级、乡科级领导干部开展接访下访回访376次，解决群众实际困难和化解矛盾纠纷98件。变被动接访为主动下访，梳理出1997年以来全县遗留的14件疑难信访案件，并严格落实领导包案调处化解，已解决12件，因工作权限暂未完全解决的2件。坚持直面诉求、直通民心，印制发放1.1万册《当雄县群众诉求直通联系册》，设立县四套班子主要领导民生直通热线，全年共受理群众来电事项50余件，已全部予以解决。

和谐当雄

扎实抓好自治区10件民生政策落实，全面提高民生补助，落实资金3463.68万元，惠及干部群众2.01万人次。年初县政府向群众承诺的12件民生实事已全部完成：投入资金3396.37万元，从区内引进优良种公牛172头在全县推广；扶持7家专合组织发展；提高全县73名村医和224名动物防疫员的工资待遇，对224名动物防疫员进行绩效奖励；向6名重大疾病患者发放医疗救助金；购置28辆民生专用车和6辆垃圾清运车；表彰奖励172个“孝敬父母”模范家庭；为村（居）党支部书记、村（居）委会主任，村（居）党支部副书记、村（居）委会副主任和村（居）“两委”委员分别解决误工补贴每人每年2万元、1.6万元、1.2万元；利用大型机械完成格达乡、宁中乡和当曲卡镇等7个乡（镇）220公里村（组）道路的养护工作等。开展安全生产大检查68次，发现安全隐患139处，下达限期整改通知书19份，停业整顿2家。工矿、商贸领域继续保持“无事故、零死亡”的良性发展态势。以开展党的群众路线教育实践活动为契机，梳理汇总了干部群众意见建议和计划1000件。已落实616件，正在落实154件，因工作权限暂未落实的230件。

廉政建设

不折不扣地落实县委决策部署，自觉接受人大、政协监督，认真受理区、市、县人大代表建议和政协委员提案80件，答复率和群众满意率达100%。制定完善《当雄县农牧民建筑施工队管理办法》《重特大疾病县级医疗救助工作实施办法》和《在校大学生资助金管理办法》等10项规章制度及20类审批表，不断规范办事程序，提高了工作效率。严格落实中央“八项规定”，认真执行公务接待标准，无超编、超标配备公务用车，全年“三公”经费同比下降13.6%。同时，按照“为民务实清廉”的要求，坚决反对“四风”，解决“两问题”“一薄弱”“三不够”等方面的突出问题，对驻拉萨办事处的11名工人全部进行岗位调整，采取县委任命局长、局长选班子的方式重组县国土局，解决人浮于事的现象。政府党组班子成员深入基层开展调查研究78次，走访群众205人，为群众做好事、解难事、办实事10余件。完善政务服务体系，切实保障了人民群众的知情权、参与权、表达权和监督权。

（王　胜）

柳梧新区管委会

概　况

2014年,柳梧新区完成地区生产总值16.97亿元,同比增长25.5%;实现税收收入12亿元,同比增长40%;实现财政收入7.41亿元,同比增长39.9%;完成固定资产投入42.31亿元,同比增长55.3%;完成招商引资到位资金34亿元,同比增长60%;新增注册企业260家;农牧民人均纯收入达到10595元。

2014年国民经济和社会发展

基础设施建设

近年来,固定资产投资累计达到100亿元,年均增长60%以上,柳梧新区和中国移动合作,着手打造智慧柳梧建设,初步完成基础设施和骨干网络布置,到年底形成雏形;新区交通路网基本形成;水、电、气、供暖、通讯、学校、医院、商场等公共配套设施建成或在建,城市功能日趋完善,现代化城市雏形基本形成。

招商引资

现代要素市场体系基本建立,银行、证券、保险、房地产、矿业、商贸、物流、电子商务、商品交易所等各类企业相继入驻;非公经济不断壮大发展,工商登记等简政放权效果明显,新区注册企业总量达到1000家,经济可持续发展能力增强。

民生发展

累计投资2亿多元为村民办实事解难事,尤其2014年8月份以来决定每年安排5000万以上的资金用于发展集体经济、乡村经济和改善村容村貌,在市政、物业、安保、车队等安排解决当地群众就业300余人,仅2014年柳梧车队收入就近亿元,有多户农牧民家庭收入过百万元。

党建工作

认真开展党的群众路线教育实践活动,聚焦“四风”“两问题”“一薄弱”“三不够”方面的突出问题,扎实抓好规定动作,认真开展自选动作,群众路线教育实践活动取得了实实在在的成效。

强基惠民活动

自柳梧乡整体托管以来,柳梧大幅度提高了村居两委班子和基层干部群众待遇。两委班子人均工资达到4.5万元,两委正职达到5万元,比上年年均增加2万元;最低生活和公益性岗位收入达到3000元,比上年月均增加1000元,到2016年力争达到4000元;村两委公用经费达到20万元,在此基础上专门安排党建活动经费5万元。

维护稳定

坚决贯彻落实维稳“十项措施”,加大矛盾纠纷排除力度,把矛盾化解在基层,仅2014年就化解防范较大和多年积累的铁路、工程施工、土地、部队等信访问题20余件。

(金　美　梁　栋)

人　物

受地厅级以上表彰的先进集体名录

获奖单位	获奖名称	表彰时间	授予单位
市统计局、国家统计局拉萨调查队	第三次全国经济普查先进集体	2014	国务院第三次经济普查领导小组办公室
市安全生产监督管理局	2014年度全国“安全生产月”优秀活动单位	2014	国务院安委会办公室
市广播电视台	电视《零距离》栏目“热巴皇后”获第六届女性题材优秀电视作品优秀奖	2014	国务院妇女儿童工作委员会办公室、中华全国妇女联合会、宣传部、中国电视艺术家协会
检察院预防处	全国优秀年度报告	2014	最高人民检察院
检察院预防处	《重托》获得微电影二等奖	2015	最高人民检察院
市中级人民法院	执行专项积案清理工作先进集体	2014	最高人民法院
市文化局	全国服务农民、服务基层文化建设先进集体	2014	中宣部、文化部、新闻出版总署
市妇联	中国儿童慈善奖——春蕾芬芳	2014	全国妇联、中国儿童少年基金会
中国银行股份有限公司西藏自治区分行林芝地区分行营业部	妇联（全国级）全国巾帼文明岗	2014	全国妇联
市总工会	2014年度全国“安康杯”竞赛优秀组织单位	2015	中华全国总工会、国家安全生产监督总局
市公安局赛康便民警务站	2014年度中华全国总工会工人先锋号	2014	中华全国总工会
拉萨市暖心燃气热力有限责任公司	全国五一劳动奖状	2014	中华全国总工会
市公安局禁毒支队	全国公安机关“肃毒害、创平安”禁毒百日攻坚会战成绩突出的单位	2014	公安部、国家禁毒委员会办公室
市公安局特警支队女子大队	全国公安机关爱民模范集体	2014	公安部

续表 1

获奖单位	获奖名称	表彰时间	授予单位
市公安局网络安全保卫支队	全国公安机关集中打击整治网络违法犯罪专项行动成绩突出集体	2014	公安部
市公安局拘留所	全国拘留所“三项重点工作”示范单位	2014	公安部
市公安局 110 便民警务支队大昭寺便民警务站	第二次“清剿火患”战役成绩突出集体	2014	公安部
市城关区公安局两岛派出所	全国公安机关执法示范单位	2014	公安部
市城关区公安局吉日派出所	“打击视频犯罪和保卫餐桌安全”专项行动成绩突出集体	2014	公安部
市水利局	国水利安全监督先进集体	2014	水利部
市文化局	第五届中国北京国际文化创意产业博览会最佳展示奖。	2014	文化部
市审计局	全国审计机关先进集体	2014	人力资源社会保障部、国家审计署
市审计局	全国政府性债务审计公务员集体三等功	2014	国家审计署
市委宣传部	全国未成年工作先进单位	2015	国家文明委
市疾控中心	2014 年度全国疾控预防控制先进集体	2015	国家卫生计生委
中国银行股份有限公司西藏自治区分行山南地区分行	银行业协会中国银行业安全管理先进单位、全国总工会全国五一巾帼标兵岗	2014	全国银行业协会、全国总工会
中国银行股份有限公司西藏自治区分行营业部	银行业协会银行业文明规范五星级网点、银行业协会银行业文明规范千佳示范单位	2014	全国银行业协会
中国银行股份有限公司西藏自治区分行法律与合规部	银行业协会全国银行业法律风险管理先进单位、人民银行拉萨中心支行西藏自治区金融系统反洗钱工作先进集体	2014	全国银行业协会
市地震局	全国防震减灾工作市级先进单位奖	2014	中国地震局
市广播电视台	藏历木马新年“幸福新年”晚会获第五届（2014）全国春节电视文艺节目“春晚奖”综艺晚会二等奖	2014	中国广播电视协会
市广播电视台	广播《天籁之音》栏目获第三十届藏语节目交换暨评析会编辑制作三等奖	2014	中国广播电视协会少数民族节目工作委员会
市广播电视台	广播《岗拉美朵》栏目获第三十届藏语节目交换暨评析会文艺专题二等奖	2014	中国广播电视协会少数民族节目工作委员会
市广播电视台	电视《幸福拉萨》栏目获第三十届藏语节目交换暨评析会文艺专题二等奖	2014	中国广播电视协会少数民族节目工作委员会
市广播电视台	新闻《堆龙净土健康产业推动农牧民增收致富》获第三十届藏语节目交换暨评析会新闻消息类三等奖	2014	中国广播电视协会少数民族节目工作委员会
市广播电视台	电视《幸福拉萨》栏目获第三十届藏语节目交换暨评析会访谈类三等奖	2014	中国广播电视协会少数民族节目工作委员会
市委组织部	《用真诚打开群众参与的大门》入选全国 100 个群众工作经典案例	2014	人民网、中国组织人事报、党建文汇杂志社
市旅游局	牵手—2014 中国最美村镇	2014	第一财经传媒

续表 2

获奖单位	获奖名称	表彰时间	授予单位
市人大办公厅	自治区创先争优强基础惠民生活动优秀组织单位	2014	自治区党委、自治区政府
市委组织部	自治区创先争优强基惠民活动优秀组织单位	2014	自治区党委、自治区政府
市委组织部	自治区创先争优强基惠民先进驻村工作队	2014	自治区党委、自治区政府
市工信局（国资委）	2014 年度全市政务信息工作先进单位	2014	自治区党委、自治区政府
市科技局	自治区创先争优强基础惠民生活动先进集体	2014	自治区党委、自治区政府
市审计局	创先争优强基础惠民生活动优秀组织单位	2014	自治区党委、自治区政府
市信访局	自治区强基础惠民生活动优秀组织单位	2014	自治区党委、自治区政府
市扶贫（农发）办派驻林周县连布村工作队	自治区创先争优强基础惠民生活动先进工作队	2014	自治区党委、自治区政府
市委党校驻城关区加措社区工作队	自治区创先争优强基础惠民生活动先进驻村（居）工作队	2014	自治区党委、自治区政府
市人民医院	自治区“平安医院”	2014	自治区党委 自治区政府
市广播电视台	先进驻村工作队	2014	自治区党委、自治区政府
市广播电视台	2014 年西藏自治区民族团结进步模范集体	2014	自治区党委、自治区政府
市暖心燃气热力有限责任公司	2014 年西藏自治区民族团结进步模范集体	2014	自治区党委、自治区政府
市委办公厅信息科	全区党委系统信息报送工作先进集体	2014	自治区党委办公厅
市委办公厅保密办	全区保密工作先进集体	2014	自治区党委保密委员会
市委办公厅市委机要局	全区密码工作先进单位	2014	自治区党委密码工作领导小组
市群艺馆	第四届中国老年文化艺术节舞蹈大赛金奖	2014	全国老龄工作委员会
市旅游局	影响世界的中国历史文化名城	2014	人民日报社
人保财险西藏分公司出单技能大赛代表队(梁萍、雷蕾、郑大山)	2014 年全国首届出单技能大赛优秀组织奖和专业技能三等奖	2014	中国人保财险
市工信局（国资委）	地（市）国有资产统计及快报工作先进集体三等奖	2014	自治区人民政府国有资产监督管理委员会
市委宣传部	2014 年全区舆情信息工作先进集体	2015	自治区党委宣传部
市检察院预防处	《2011——2013 年惩治和预防职务犯罪报告》获得全区“五佳年度报告”	2014	自治区检察院
市检察院预防处	《自治区自然科学博物馆专项预防报告》获全区优秀年度报告	2014	自治区检察院

续表 3

获奖单位	获奖名称	表彰时间	授予单位
市中级人民法院	全区法院目标考评先进集体	2014	自治区高级人民法院
市中级人民法院	民族通婚先进集体	2014	自治区高级人民法院
市中级人民法院	全区法院经费保障、业务装备和基础设施建设绩效考核一等奖	2014	自治区高级人民法院
市中级人民法院	全区法院文艺汇演一等奖	2014	自治区高级人民法院
市中级人民法院	全区法院文艺汇演三等奖	2014	自治区高级人民法院
市妇联	创建自治区级平安家庭先进集体	2014	自治区妇联
市委统战部	2014 年度全区统战信息报送工作先进单位二等奖	2015	自治区党委统战部
市委统战部	2014 年度全区统战理论政策研究优秀成果一等奖 1 篇、二等奖 1 篇、三等奖 2 篇	2015	自治区党委统战部
市卫生局驻尼木县续迈乡尼续村工作队	创先争优强基惠民活动第三批先进驻村（居）工作队先进驻村（居）工作队	2014	自治区强基惠民领导小组办公室
市公安局办公室	2013 年度全区公安机关信息工作先进集体	2014	自治区公安厅
市公安局办公室	2013 年度全区公安统计工作先进集体	2014	自治区公安厅
中国工商银行西藏自治区分行驻村工作组	优秀组织单位	2014	自治区强基办
市公交集团总公司	2011 年度吸纳高校毕业生就业先进集体	2012	自治区人力资源和社会保障厅
市人民医院	2014 年度基本医疗保险综合考评优秀奖	2014	自治区人社厅
市审计局	2014 年度全区审计统计质量评比第三名	2014	自治区审计厅
市审计局	拉萨市国土局 2011 至 2012 年财政收支审计项目评为 2014 年全区表彰审计项目	2014	自治区审计厅
市教育局第三党支部	先进基层党组织	2014	自治区教育工作委员会 自治区教育厅
市财政局	2013 年度财政总决算编制先进单位一等奖	2014	自治区财政厅
市财政局	2013 年度预算执行先进单位一等奖	2014	自治区财政厅
市财政局	2013 年度部门决算先进单位一等奖	2014	自治区财政厅
市财政局	2013 年度预算管理信息报送工作先进单位三等奖	2014	自治区财政厅
市财政局	2013 年度财政供养人员信息系统工作先进单位一等奖	2014	自治区财政厅
市财政局	2013 年度乡镇财政决算报表先进单位二等奖	2014	自治区财政厅

续表 4

获奖单位	获奖名称	表彰时间	授予单位
市财政局	2013 年度地方政府性债务工作先进单位三等奖	2014	自治区财政厅
市财政局	2012 年度财政发农、扶贫决算先进单位一等奖	2014	自治区财政厅
市财政局	2012 年度财政固定资产投资决算报表先进单位一等奖	2014	自治区财政厅
市财政局	2012 年度财政支农专户综合决算、农村经济运行分析及月报先进单位二等奖	2014	自治区财政厅
市公安局特警支队七号安检站	全区“三八”红旗集体	2014	自治区妇联、自治区人力资源和社会保障厅
市卫生局	自治区免疫规划先进集体奖	2014	自治区卫生厅
市卫生局	全区妇幼卫生“两降一升”工作先进集体	2014	自治区卫生厅
市水利局	全区水利综合目标考核第二名	2014	自治区水利厅
市水利局	全区水政水资源工作第一名	2014	自治区水利厅
市水利局	全区水利安全生产第一名	2014	自治区水利厅
拉萨市文化局	第三届全区藏戏大赛组织奖	2014	自治区文化厅
市文化局文化市场办	全区平安文化市场创建先进单位	2015	自治区文化厅
市总工会	全区工会纪念劳动法颁布二十周年法律知识竞赛优秀组织奖	2014	自治区总工会
市委组织部	2014 年度组织编制调研工作先进集体	2015	自治区党委组织部
市委组织部	2014 年度组织编制信息工作先进集体	2015	自治区党委组织部
市委组织部	2014 年度组织编制网宣工作先进集体	2015	自治区党委组织部
市妇幼保健院	妇幼健康服务年全区先进集体	2014	自治区卫计委
市司法局法律援助中心	全区“六五”普法中期先进机关	2014	自治区法制宣传教育领导小组
市司法局普法办	全区“六五”普法中期先进普法办	2014	自治区法制宣传教育领导小组
市财政局	全区保密工作先进集体名单	2014	自治区党委保密办
市民政局财务科	全区民政统计二等奖	2015	自治区统计局
市统计局国家统计局拉萨调查队	2014 年度全区统计报表三等奖	2015	自治区统计局、国家统计局西藏调查总队
市公交集团总公司	在 2012 年西藏投入产出调查工作中荣获先进单位	2014	自治区统计局、国家统计局西藏调查总队

续表 5

获奖单位	获奖名称	表彰时间	授予单位
市扶贫办	全区扶贫资金绩效考评 B 级先进单位	2014	自治区扶贫办
市气象局	2014 年全区重大气象服务先进集体	2015	自治区气象局
市工商局	2014 年度全区工商系统目标管理考核先进集体	2015	自治区工商局
市工商局	2014 年度全区工商系统民族团结进步模范集体	2015	自治区工商局
堆龙德庆县工商局	2014 年度全区工商系统民族团结进步模范集体	2015	自治区工商局
市旅游局	第二届旅游商品大赛优秀组织奖	2014	自治区旅游局
中国移动拉萨分公司	2013 年拉萨市创建全国文明城市工作先进单位	2014	西藏自治区精神文明建设指导委员会、中共拉萨市委员会、拉萨市人民政府
市晚报社	全区新闻宣传工作先进集体	2015	自治区新闻工作者协会
市新闻出版局	2014 年度新闻出版公共文化服务体系建设先进集体。	2014	自治区新闻出版广电局
市第二中等职业技术学校	西藏自治区第三届大中专学生运动会男子乙组足球比赛第一名	2014	自治区大赛组委会
市第二中等职业技术学校	西藏自治区第三届大中专学生运动会乙组金牌总数第三名	2014	自治区大赛组委会
市第二中等职业技术学校	西藏自治区第三届大中专学生运动会体育道德风尚奖	2014	自治区大赛组委会
中国银行股份有限公司西藏自治区分行林芝地区分行、区分行营业部、纳金支行	银行业协会（自治区级）良好银行机构	2014	自治区银行业协会
市广播电视台	2013 年中华环保世纪行——西藏行活动优秀新闻单位	2014	西藏行组委会
中国工商银行西藏自治区分行营业部	良好银行机构	2014	西藏银行业协会
中国工商银行西藏自治区分行营业部	2014 年度中国银行业文明规范服务千佳示范单位	2014	西藏银行业协会
中国工商银行西藏自治区分行营业部	中国银行业文明规范服务五星级营业网点	2014	西藏银行业协会
市人大办公厅	2013 年度深化全国文明城市创建工作先进单位	2014	市委、市政府
市人大办公厅	拉萨市创先争优强基础惠民生活动先进驻村（居）工作队	2014	市委、市政府
市人大办公厅	自治区创先争优强基础惠民生活动优秀组织单位	2014	市委、市政府
市人大办公厅	2014 年度目标绩效争先三等奖	2015	市委、市政府
市政协办公厅	拉萨市创先争优强基础惠民生活动优秀组织单位	2014	市委、市政府

续表 6

获奖单位	获奖名称	表彰时间	授予单位
市档案局（馆）	拉萨市 2013～2014 年创先争优强基础惠民生活动市级先进驻村（居）工作队	2014	市委、市政府
市检察院法警队	2014 年度效能建设第二名	2014	市委、市政府
市检察院纪检	创先争优强基惠民优秀组织单位	2014	市委、市政府
市检察院纪检	目标考核进位奖	2014	市委、市政府
市检察院纪检	目标绩效考核综合奖第二名	2015	市委、市政府
市食品药品监管局	拉萨市先进驻村（居）工作队荣誉称号	2014	市委、市政府
市人民医院	拉萨市 2014 年度目标绩效进位奖	2014	市委、市政府
市人民医院	2014 年度社会治安综合治理工作“先进集体”	2014	市委、市政府
市中级人民法院	2014 年度目标绩效争先一等奖	2014	市委、市政府
市中级人民法院	深化全国文明城市创建工作进行集体	2014	市委、市政府
市中级人民法院	维稳争先进位先进集体	2014	市委、市政府
市公安局	2013 年度深化全国文明城市创建工作先进单位	2014	市委、市政府
市公安局特警支队	全市 2014 年度民族团结进步模范集体	2014	市委、市政府
市公安局 110 便民警务支队次旦康桑警务站	全市 2014 年度民族团结进步模范集体	2014	市委、市政府
市妇联	拉萨市 2014 年度民族团结进步模范集体	2014	市委、市政府
市委宣传部	强基惠民驻村工作队优秀组织奖	2014	市委、市政府
市委宣传部	2014 年度社会治安综合治理先进集体	2015	市委、市政府
市委统战部	2013～2014 年创先争优强基础惠民生活动市级先进村（居）工作队	2014	市委、市政府
市委统战部	2014 年度拉萨市社会治安综合治理先进集体	2015	市委、市政府
市委统战部	2014 年度拉萨市目标绩效争先一等奖	2015	市委、市政府
市委统战部	全市 2014 年度民族团结进步模范集体	2014	市委、市政府
市委组织部	2014 年度社会治安综合治理工作先进集体	2015	市委、市政府
市委党校	拉萨市创先争优强基础惠民生活动优秀组织单位	2014	市委、市政府

续表 7

获奖单位	获奖名称	表彰时间	授予单位
市委党校	拉萨市目标绩效考核进位奖	2015	市委、市政府
市直属机关工作委员会	2013 年度维护社会稳定和社会管理综合治理工作先进集体	2014	市委、市政府
市直属机关工作委员会	拉萨市 2013 年度深化全国文明城市创建工作先进单位	2014	市委、市政府
市直属机关工作委员会	拉萨市 2014 年度民族团结进步模范集体	2014	市委、市政府
市直属机关工作委员会	拉萨市 2014 目标绩效争先二等奖	2015	市委、市政府
市总工会	拉萨市先进驻村（居）工作队	2014	市委、市政府
市卫生局	2014 年度社会治安综合管理先进集体奖	2015	市委、市政府
市卫生局	拉萨市 2014 年度目标绩效进位奖	2015	市委、市政府
市卫生局	拉萨市 2014 年度民族团结进步模范集体	2014	市委、市政府
市卫生局（计生委）	岗位建功先进集体	2014	市委、市政府
市国土资源局	2014 年度信访工作先进集体	2014	市委、市政府
市国土资源局	中华人民共和国国土资源部“六五”普法中期先进单位荣誉称号	2014	市委、市政府
市城乡规划局	拉萨市 2014 年度目标绩效进位奖	2015	市委、市政府
市城乡规划局	2014 年度社会治安综合治理工作先进集体	2015	市委、市政府
市工商局	拉萨市 2014 年度民族团结进步模范集体	2014	市委、市政府
市工商局	2014 年度社会治安综合治理工作先进集体	2015	市委、市政府
市个体私营经济协会	拉萨市 2014 年度民族团结进步模范集体	2014	市委、市政府
市工信局（国资委）	2013 年度深化全国文明城市创建工作先进单位	2014	市委、市政府
市工信局（国资委）	2013 年社会管理综合治理工作先进单位	2014	市委、市政府
市质监局	2013 年度市（中）直机关效能建设争先进位综合考评进位奖	2014	市委、市政府
市环境保护局	拉萨市 2014 年度民族团结进步模范集体	2014	市委、市政府
市环境保护局	拉萨市 2014 年度目标绩效进位奖	2015	市委、市政府
市科技局	2013 年度综合治理工作先进集体	2015	市委、市政府

续表 8

获奖单位	获奖名称	表彰时间	授予单位
市农牧局	2013 年社会管理综合治理工作先进的单位	2014	市委、市政府
市水利局	全市安全生产先进集体	2014	市委、市政府
市气象局	2013 年度市（中）直机关效能建设争先进位综合考评进位奖	2014	市委、市政府
市气象局	2013 年度拉萨市深化全国文明城市创建工作先进单位	2014	市委、市政府
市广电局	拉萨市 2013 年度深化全国文明城市创建工作先进集体	2014	市委、市政府
市广电局	2014 年度社会治安综合治理工作先进集体	2014	市委、市政府
市广电局	2014 年度民族团结进步模范集体	2014	市委、市政府
市广电局	2014 年度环境保护工作先进集体	2014	市委、市政府
市政市容管理委员会（市城市管理综合执法局）	2013 年社会管理综合治理工作先进单位	2014	市委、市政府
市政市容管理委员会（市城市管理综合执法局）	拉萨市 2013 年度深化全国文明城市创建工作先进单位	2014	市委、市政府
市政市容管理委员会（市城市管理综合执法局）	拉萨市创先争优强基础惠民生活动先进驻村（居）工作队	2014	市委、市政府
市政市容管理委员会（市城市管理综合执法局）	2014 年度社会治安综合治理工作先进集体	2015	市委、市政府
国家统计局拉萨调查队	民族团结进步模范集体	2014	市委、市政府
市统计局调查队加尔西驻村工作队	第三批拉萨市级先进驻村（居）工作队	2014	市委、市政府
尼木县气象局	2013 年度拉萨市深化全国文明城市创建工作先进单位	2014	市委、市政府
市暖心燃气热力有限责任公司	平安企业	2014	市委、市政府
市检察院政治部	民族团结先进集体	2014	市委
市检察院纪检组	争先进位二等奖	2015	市委
市民政局政工科	基层党建先进集体	2015	市委
市残联	平安单位	2014	市委
市财政局	2013～2014 年度拉萨市科技工作先进集体和先进个人名单	2014	市政府办公厅
市委宣传部	拉萨市 2013～2014 年度科级普查工作先进集体	2014	市政府
市水利局	全市信息工作先进单位	2014	市政府

续表 9

获奖单位	获奖名称	表彰时间	授予单位
市统计局、调查队办公室	2014 年度全市政务信息工作先进集体	2015	市政府
市卫生局	拉萨市“四业工程”先进集体	2014	市政府
市质监局	2014 年度全区安全生产先进单位	2015	市政府
圣城集团	年度统计工作先进集体奖	2014	市政府
圣城集团	年度信访工作先进集体奖	2014	市政府
市文化局	2014 年度全市招商引资工作先进集体	2015	市政府
柳梧新区管委会	全市招商引资二等奖	2014	市政府
柳梧新区管委会	全市园区发展考核二等奖	2014	市政府
柳梧新区管委会	全市争先进位考核三等奖	2014	市政府
柳梧新区管委会	全市服务非公经济先进集体	2014	市政府
柳梧新区管委会	全市精神文明建设先进集体	2014	市政府
市农牧局	拉萨市 2013～2014 年度科技工作先进集体	2014	市政府
市暖心燃气热力有限责任公司	拉萨市 2014 年度民族团结进步模范集体	2014	市政府
团市委	深化全国文明城市创建工作先进单位	2014	市政府
团市委	创先争优强基础惠民生活动先进驻村（居）工作队	2014	市政府
市司法局	2014 年度全市维稳综治工作先进集体	2015	市政府
市司法局	全市信访工作先进集体	2015	市政府
市司法局驻达孜县章多村工作队	全市强基惠民工作先进驻村（居）工作队	2014	市政府
市气象局	2014 年拉萨市科普工作先进集体	2014	市政府
市政府法制办	2014 年度拉萨市环境保护工作先进集体	2015	市政府
市政市容管理委员会（市城市管理综合执法局）	2013 年度全市安全生产先进单位	2014	市政府
市环境保护局环境监察支队	全市环境保护工作先进集体	2015	市政府办公厅
市环境保护局创模办	全市环境保护工作先进集体	2015	市政府办公厅

续表 10

获奖单位	获奖名称	表彰时间	授予单位
市科技局	拉萨市 2013～2014 年度科技工作先进集体	2014	市政府
市民政局办公室	全市政务信息工作先进集体	2015	市政府
市公安局交警支队	2013 年度全市安全生产工作先进单位名单	2014	市政府
市公安局交警支队	2013 年全市环境保护工作先进集体	2014	市政府
市审计局	2014 年度全市政务信息工作先进集体	2014	市政府办公厅
市工商联	2014 年度全市招商引资工作先进集体	2015	市政府
市工商联	政协第十届拉萨市委员会提案办理先进集体	2014	市政协
堆龙德庆县工业园区管委会	工业园区发展考核工作二等奖	2015	市政府
市城乡规划局	2014 年度全市招商引资工作先进集体	2015	市政府
市档案局（馆）	2014 年度全市政务信息工作先进单位	2015	市政府
市工信局（国资委）	2003～2014 年度全市科技工作先进集体	2014	市政府
市工信局（国资委）	2013 年度全市安全生产先进单位	2014	市政府
市工信局（国资委）	2013 年度全市招商引资工作先进集体	2014	市政府
市农牧局	政协第四届拉萨市委员会提案办理先进集体	2014	市政协
市民政局	深化全国文明城市创建工作先进单位	2015	市政府
市歌舞团民族舞《雪域牧民》	2014 年中国夕阳红中老年文艺比赛金奖	2014	中国老年文化艺术交流中心

说明：由于各单位资料提供不全，可能有遗漏

受地厅级以上表彰的先进个人

姓名	性别	民族	工作单位	获奖名称	表彰时间	授予单位
旦增曲吉	女	藏	市第二中等职业技术学校	第十六届“语文报杯”全国中学生作文大赛写作指导一等奖	2014	团中央学校部、语文报刊协会、语文报社、语文教学通讯
龚恒明	男	土	团市委	优秀学员	2014	团中央井冈山培训基地
栾 天	男	汉	团市委	优秀学员	2014	团中央井冈山培训基地
巴 桑	男	藏	市公安局大昭寺广场警务站站长	全国五一劳动奖章	2014	中华全国总工会
更旦措毛	女	藏	市总工会	优秀共产党员	2014	中华全国总工会经审委员会
普 琼	男	藏	拉萨市拘留所	全国拘留所“三项重点工作”示范单位先进个人	2014	公安部
旷 虎	男	汉	市公安局经侦支队	全国公安机关“打假行动”成绩突出个人	2014	公安部
刘训成	男	汉	市公安局督察支队	全国公安机关警务督察工作成绩突出个人	2014	公安部
李军清	男	汉	市安全生产监督管理局	安全生产监管监察先进个人	2014	国家安监总局、国家煤矿安监局
桑 珠	男	藏	当雄县气象局	全国质量优秀测报员	2015	中国气象局
索朗央金	女	藏	当雄县气象局	全国质量优秀测报员	2015	中国气象局
巴桑加参	男	藏	当雄县气象局	全国质量优秀测报员	2015	中国气象局
李同江	男	汉	当雄县气象局	全国质量优秀测报员	2015	中国气象局
邹芳娥	女	汉	尼木县气象局	全国质量优秀测报员	2015	中国气象局
永 红	女	藏	墨竹工卡县气象局	全国质量优秀测报员	2015	中国气象局
欧珠旺姆	女	藏	墨竹工卡县气象局	全国质量优秀测报员	2015	中国气象局
李文华	女	汉	市气象局	全国质量优秀测报员	2015	中国气象局
次仁玉珍	女	藏	市气象局	全国质量优秀测报员	2015	中国气象局
永青卓嘎	女	藏	市气象局	全国质量优秀测报员	2015	中国气象局
尼玛白珍	女	藏	市气象局	全国质量优秀测报员	2015	中国气象局
白 央	女	藏	市气象局	全国质量优秀测报员	2015	中国气象局
邓 丽	女	汉	市审计局	全国政府性债务审计公务员个人嘉奖	2014	国家审计署

续表 1

姓名	性别	民族	工作单位	获奖名称	表彰时间	授予单位
德庆央吉	女	藏	市委党校	全国“五好”文明家庭	2014	全国妇女联合会
拉加东主	男	藏	市司法局	全国“六五”普法先进个人	2014	全国普法办
阿旺拉姆	女	藏	市司法局	全国“六五”普法先进个人	2014	全国普法办
罗　桑	男	藏	市文化（新闻出版、文物）局	全国古籍保护先进个人	2014	文化部
格桑顿珠	男	藏	市文化（新闻出版、文物）局	全国科技活动周工作先进个人	2014	科技部
侯鹏举	男	汉	市文化（新闻出版、文物）局	全国科技活动周工作先进个人	201	科技部
丁　剑	男	汉	市文化市场综合执法支队	全国扫黄打非先进个人	2014	全国扫黄办
仓　决	男	藏	市民政局优抚科	全国军休工作先进个人全国双拥年度人物奖	2014	全国双拥办
陈达聪	男	汉	市民政局军休人员	全国军休人员先进个人	2014	全国双拥办
白玛央宗	女	藏	市广播电视台	第五届（2014）全国春节电视文艺节目最佳主持人	2014	中国广播电视协会
益　西	男	藏	市广播电视台	《浅谈新闻翻译的常见问题》荣获第三十届藏语节目交换暨评析会论文类三等奖	2014	中国广播电视协会少数民族节目工作委员会
彭　波	男	汉	市工信局信息化科	2014 全国优秀首席信息官	2014	中国电子学会中国首席信息官联盟
平措旺堆	男	藏	拉萨晚报社	中国晚报工作者协会	2015	全国晚报新闻摄影奖铜奖
徐　敏	女	汉	拉萨晚报社	中国晚报工作者协会	2015	全国晚报新闻摄影奖铜奖
德吉白珍	女	藏	市广播电视台	第十五届中国上海国际艺术节新闻奖评选最佳广播专题奖	2014	上海国际艺术节组委会
索　旺	男	藏	人保财险日喀则分公司	感动中国人保财险 2014 年度人物	2015	中国人保集团
边巴普知	女	藏	人保财险西藏分公司出单管理中心	中国人保财险先进女职工	2015	中国人保财险
邓　俊	男	汉	市公安局副局长	2013—2014 年度优秀共产党员	2014	中共江苏省对口支援西藏拉萨市前方指挥部委员会
张　鸣	男	汉	市人大办公厅秘书科	自治区创先争优强基础惠民生活动第三批优秀驻村（居）工作队员	2014	自治区党委、自治区政府
张　强	男	汉	市政协办公厅	自治区 2013—2014 年创先争优强基础惠民生活动先进驻村（居）工作队员	2014	自治区党委、自治区政府
尼玛卓嘎	女	藏	市中级人民法院民一庭	先进驻村工作队员	2014	自治区党委、自治区政府
次旦卓玛	女	藏	市中级人民法院民四庭	先进驻村工作队员	2014	自治区党委、自治区政府
次仁央卓	女	藏	市中级人民法院刑一庭	先进驻村工作队员	2014	自治区党委、自治区政府
王靖元	男	汉	市委宣传部理论科	全区先进驻村工作队员	2014	自治区党委、自治区政府

续表 2

姓名	性别	民族	工作单位	获奖名称	表彰时间	授予单位
沈宗志	男	藏	市委统战部	西藏自治区 2014 年宗教工作优秀干部	2014	自治区党委、自治区政府
加　措	男	藏	市委统战部	2014 年创先争优强基础惠民生活动区级先进村（居）工作队员	2014	自治区党委、自治区政府
曾小周	男	汉族	市直属机关工作委员会	自治区深入开展创先争优强基础惠民生活动第二批先进驻村（居）工作队员	2014	自治区党委、自治区政府
刘培勇	男	苗	市委党校	西藏自治区创先争优强基惠民活动先进驻村工作队	2014	自治区党委、自治区政府
金　美	男	藏	市档案局（馆）	在自治区创先争优强基础惠民生活动中，被评为先进驻村（居）工作队员	2014	自治区党委、自治区政府
巴　桑	男	藏	市公安局大昭寺广场警务站	西藏自治区劳动模范	2014	自治区党委、自治区政府
旦玉红	女	藏	市农牧局	拉萨市农牧局驻墨竹工卡县扎雪乡格老窝村工作队队长先进个人	2014	自治区党委、自治区政府
张欢欢	女	汉	市政市容管理委员会	先进驻村（居）工作队员	2014	自治区党委、自治区政府
徐勇军	男	汉	市藏语委办（编译局）	自治区创先争优强基础惠民生活动先进驻村工作队员	2014	自治区党委、自治区政府
边巴罗布	男	藏	市广播电视台	先进驻村工作队员	2014	自治区党委、自治区政府
刘祖光	男	汉	市政养护处	西藏自治区劳动模范	2014	自治区党委、自治区政府
卓　拥	女	藏	市食品药品监管局	自治区创先争优强基础惠民生活动先进驻村（居）工作队员	2014	自治区党委、自治区政府
高原红	男	藏	市统计局、调查队	2014 年度自治区级先进工作队员	2014	自治区党委、自治区政府
张　柯	男	汉	市委办公厅	全区党委系统信息报送工作先进个人	2014	自治区党委办公厅
格桑曲珍	女	藏	中国工商银行西藏自治区分行	2014 年西藏自治区民族团结进步模范个人	2014	自治区党委
向巴洛桑	男	藏	人保财险昌都分公司	2014 年西藏自治区民族团结进步模范个人	2014	自治区党委
扎西尼玛	男	藏	人保财险西藏分公司驻公塘乡冲噶村工作队队员	创先争优强基础惠民生活动第三批先进驻村（居）工作队员	2014	自治区党委
扎　西	男	藏	人保财险日喀则分公司驻杜琼乡来强村工作队副队长	创先争优强基础惠民生活动第三批先进驻村（居）工作队员	2014	自治区党委
迷玛次仁	男	藏	人保财险西藏分公司驻隆子镇赤吴列村工作队队员	创先争优强基础惠民生活动第三批先进驻村（居）工作队员	2014	自治区党委
格　珍	女	藏	人保财险西藏分公司驻加玉乡久堆村工作队队员	创先争优强基础惠民生活动第三批先进驻村（居）工作队员	2014	自治区党委
龚建彰	男	汉	市人大常委会	自治区人大常委会制度建立 60 周年、地方人大制度建立 35 周年理论研讨会有奖征文一等奖	2014	自治区人大

续表3

姓名	性别	民族	工作单位	获奖名称	表彰时间	授予单位
王小龙	男	汉	市人大办公厅秘书科	自治区人大常委会制度建立60周年、地方人大制度建立35周年理论研讨会有奖征文三等奖	2014	自治区人大
张根生	男	汉	市中级人民法院行装处	民族团结先进模范个人	2014	自治区高院
张林娟	女	汉	市中级人民法院立案庭	民族通婚模范家庭	2014	自治区高院
欧阳建川	男	汉	市中级人民法院民一庭	优秀法官	2014	自治区高院
丹珍卓玛	女	藏	市中级人民法院机关党委	全区法院书画摄影鼓励奖	2014	自治区高院
次仁卓嘎	女	藏	市中级人民法院机关党委	全区法院书画摄影三等奖	2014	自治区高院
魏　征	男	汉	市中级人民法院机关党委	全区法院书画摄影鼓励奖	2014	自治区高院
贡桑德庆	女	藏	市政市容管理委员会	西藏自治区道德模范提名奖	2014	自治区党委宣传部、西藏军区政治部、武警西藏总队政治部、共青团西藏自治区委员会、区妇联
杜　刚	男	驻	市委办公厅	全区保密工作先进个人	2014	自治区党委保密委员会
次仁央吉	女	藏	市委统战部	2014年度全区优秀信息员	2015	自治区党委统战部
旦增仓央	男	藏	市政协委员	2015年西藏首届党外人士书画摄影比赛优秀奖	2015	自治区党委统战部
曾　蓉	女	汉	市检察院	个人三等功	2014	自治区政法委
丹增次仁	男	藏	市司法局	全区“六五”普法中期先进个人	2014	自治区法制宣传教育领导小组
邸海青	女	汉	市司法局	全区“六五”普法中期先进个人	2014	自治区法制宣传教育领导小组
法地玛	女	回	市司法局	全区“六五”普法中期先进个人	2014	自治区法制宣传教育领导小组
洛桑吉扎	男	藏	市司法局	全区“六五”普法中期先进个人	2014	自治区法制宣传教育领导小组
边巴次仁	男	藏	市司法局	全区“六五”普法中期先进工作者	2014	自治区法制宣传教育领导小组
伍玉梅	女	汉	市司法局	全区“六五”普法中期先进工作者	2014	自治区法制宣传教育领导小组
洛桑卓玛	女	藏	市司法局	全区“六五”普法中期先进工作者	2014	自治区法制宣传教育领导小组
陈龙四	男	汉	市工信局统计评价科	2014年度地（市）国有资产统计及快报工作先进个人二等奖	2014	自治区人民政府国有资产监督管理委员会
王之景	男	汉	达孜县公安局工业园区二区警务站	个人一等功	2014	自治区公安厅
陈振平	男	汉	市质监局	全区质监系统2014年度优秀公务员	2014	自治区质量技术监督局委员会

续表 4

姓名	性别	民族	工作单位	获奖名称	表彰时间	授予单位
王步顺	男	汉	市质监局	全区质监系统2014年度优秀公务员	2014	自治区质量技术监督局委员会
索 红	女	藏	市质监局	全区质监系统2014年度优秀公务员	2014	自治区质量技术监督局委员会
邓文胜	男	汉	市质监局	全区质监系统2014年度优秀公务员	2014	自治区质量技术监督局委员会
洛桑格列	男	藏	市质监局	全区质监系统2014年度先进工作者	2014	自治区质量技术监督局委员会
普布次仁	男	藏	市卫生局	创先争优强基惠民活动第三批先进驻村（居）工作队先进驻村（居）优秀工作队员	2014	自治区强基惠民领导小组办公室
刘培勇	男	苗	市委党校	藏自治区培育和践行社会主义核心价值观理论研讨会论文二等奖	2014	自治区党校、自治区行政学院
刘秋朵	女	汉	市委党校	西藏自治区培育和践行社会主义核心价值观理论研讨会论文一等奖	2014	自治区党校、自治区行政学院
曾建明	男	汉	中国工商银行西藏自治区分行	先进驻村（居）工作队队员	2014	自治区强基办
王 彬	男	汉	中国工商银行西藏自治区分行	先进驻村（居）工作队队员	2014	自治区强基办
杨 斌	男	汉	中国工商银行西藏自治区分行	先进驻村（居）工作队队员	2014	自治区强基办
多吉次加	男	藏	中国工商银行西藏自治区分行	先进驻村（居）工作队队员	2014	自治区强基办
德 吉	女	藏	市检察院	三八红旗手	2014	自治区妇联
德 吉	女	藏	市检察院	最美格桑花	2015	自治区妇联
邹芳娥	女	汉	市气象局	全区气象行业技术能手	2014	自治区总工会 自治区气象局
拉 巴	男	藏	市气象局	全区重大气象服务先进个人	2015	自治区气象局
崔文峰	男	汉	市气象局	信息网络工作优秀个人	2015	自治区气象局
尼玛云丹	男	藏	市气象局	装备技术保障业务优秀个人	2015	自治区气象局
潘 多	女	藏	市气象局	全区首席预报员	2015	自治区气象局
次 珍	女	藏	市气象局	全区优秀预报员	2015	自治区气象局
达 瓦	男	藏	尼木县续迈乡	全区气象服务贡献奖	2015	自治区气象局
永青卓嘎	女	藏	市气象局	全区质量优秀测报员	2015	自治区气象局
李文华	女	汉	市气象局	全区质量优秀测报员	2015	自治区气象局
巴 桑	女	藏	市气象局	全区质量优秀测报员	2015	自治区气象局

续表 5

姓名	性别	民族	工作单位	获奖名称	表彰时间	授予单位
白　央	女	藏	市气象局	全区质量优秀测报员	2015	自治区气象局
格桑卓嘎	女	藏	市气象局	全区质量优秀测报员	2015	自治区气象局
尼玛白珍	女	藏	市气象局	全区质量优秀测报员	2015	自治区气象局
次仁玉珍	女	藏	市气象局	全区质量优秀测报员	2015	自治区气象局
白玛梅朵	女	藏	市气象局	全区质量优秀测报员	2015	自治区气象局
罗　旦	女	藏	市气象局	全区质量优秀测报员	2015	自治区气象局
格　珍	女	藏	市气象局	全区质量优秀测报员	2015	自治区气象局
拉巴潘多	女	藏	市气象局	全区质量优秀测报员	2015	自治区气象局
单增普赤	女	藏	市气象局	全区质量优秀测报员	2015	自治区气象局
薛改萍	女	汉	市气象局	全区质量优秀测报员	2015	自治区气象局
尼玛央金	女	藏	市气象局	全区质量优秀测报员	2015	自治区气象局
单增措姆	女	藏	市气象局	全区质量优秀测报员	2015	自治区气象局
罗布拉姆	女	藏	市气象局	全区质量优秀测报员	2015	自治区气象局
央　宗	女	藏	市气象局	全区质量优秀测报员	2015	自治区气象局
桑　珠	男	藏	当雄县气象局	全区质量优秀测报员	2015	自治区气象局
巴桑加参	男	藏	当雄县气象局	全区质量优秀测报员	2015	自治区气象局
尼　玛	男	藏	当雄县气象局	全区质量优秀测报员	2015	自治区气象局
丁　钢	男	汉	尼木县气象局	全区质量优秀测报员	2015	自治区气象局
杨　培	男	藏	尼木县气象局	全区质量优秀测报员	2015	自治区气象局
邹芳娥	女	汉	尼木县气象局	全区质量优秀测报员	2015	自治区气象局
槎　思	女	藏	墨竹工卡县气象局	全区质量优秀测报员	2015	自治区气象局
欧珠旺姆	女	藏	墨竹工卡县气象局	全区质量优秀测报员	2015	自治区气象局
永　红	女	藏	墨竹工卡县气象局	全区质量优秀测报员	2015	自治区气象局

续表 6

姓名	性别	民族	工作单位	获奖名称	表彰时间	授予单位
秦 奕	女	汉	市文化（新闻出版、文物）局	全区公共文化服务建设先进个人	2014	自治区文化厅
王文辉	男	汉	市文化（新闻出版、文物）局	全区文物管理工作先进个人	2015	自治区文物局
彭代佳	女	汉	市文化（新闻出版、文物）局	全区文物工程工作先进个人	2015	自治区文物局
李 程	男	汉	市文化（新闻出版、文物）局	全区文物安全先进个人	2015	自治区文物局
次仁央宗	女	藏	市文化（新闻出版、文物）局	全区可移动文物普查工作先进个人	2015	自治区文物局
扎西德吉	女	藏	市卫生局	妇幼健康服务年活动全区先进个人	2014	自治区卫计委
次仁白珍	女	藏	市卫生局	妇幼健康年活动全区先进个人	2014	自治区卫计委
朗吉曲珍	女	藏	市妇幼保健院	妇幼健康服务年全区先进个人	2014	自治区卫计委
桑杰巴珠	男	藏	市妇幼保健院	妇幼健康服务年活动全区先进个人	2014	自治区卫计委
郑伟龙	男	汉	柳梧新区管委会	全区第三次经济普查先进个人	2014	自治区统计局
次 仁	男	藏	市统计局、调查队	区第三次全国经济普查先进工作者	2015	自治区经普办
陈建琼	女	汉	市统计局、调查队	区第三次全国经济普查先进工作者	2015	自治区经普办
杨作云	男	汉	市统计局、调查队	区第三次全国经济普查先进工作者	2015	自治区经普办
龙友敏	女	汉	市统计局、调查队	区第三次全国经济普查先进工作者	2015	自治区经普办
刘玉堂	男	汉	市统计局、调查队	区第三次全国经济普查先进工作者	2015	自治区经普办
拉巴琼达	女	藏	市统计局、调查队	区第三次全国经济普查先进工作者	2015	自治区经普办
康 宏	男	汉	市统计局、调查队	区第三次全国经济普查先进工作者	2015	自治区经普办
李东明	男	汉	市统计局、调查队	区第三次全国经济普查先进工作者	2015	自治区经普办
米玛伦珠	男	藏	市统计局、调查队	区第三次全国经济普查先进工作者	2015	自治区经普办
胡冬梅	女	藏	市第二中等职业技术学校	西藏自治区第三届大中专学生运动会优秀裁判员	2014	大赛组委会
郑文成	男	汉	市堆龙德庆县工商局	2014 年度全区工商系统民族团结进步模范个人	2015	自治区工商局
欧 林	男	藏	工商局城西分局	深入开展创先争优强基础惠民生活动第三批先进驻村（居）工作队员	2015	自治区工商局
扎西朗杰	男	藏	市工商局	深入开展创先争优强基础惠民生活动第三批先进驻村（居）工作队员	2015	自治区工商局

续表7

姓名	性别	民族	工作单位	获奖名称	表彰时间	授予单位
次　央	女	藏	市工商局	2014年度全区工商系统民族团结进步模范个人	2015	自治区工商局
滕海青	男	汉	市工商局城中分局	2014年度全区工商系统民族团结进步模范个人	2015	自治区工商局
阿都热玛	男	回	市工商局城东分局	2014年度全区工商系统民族团结进步模范个人	2015	自治区工商局
德吉央宗	女	藏	市广播电视台	优秀十佳主持人	2014	西藏电视台
侯　频	女	汉	拉萨晚报社	西藏自治区2013～2014年度优秀新闻作品一等奖	2015	自治区新闻工作者协会
姜　艳	女	汉	拉萨晚报社	西藏自治区2013～2014年度优秀新闻作品一等奖	2015	自治区新闻工作者协会
冯继红	女	汉	拉萨晚报社	西藏自治区2013～2014年度优秀新闻作品二等奖	2015	自治区新闻工作者协会
韩英琴	女	汉	拉萨晚报社	西藏自治区2013～2014年度优秀新闻作品二等奖	2015	自治区新闻工作者协会
孙靖宇	男	汉	拉萨晚报社	西藏自治区2013～2014年度优秀新闻作品二等奖	2015	自治区新闻工作者协会
牛　军	男	汉	拉萨晚报社	西藏自治区2013～2014年度优秀新闻作品三等奖	2015	自治区新闻工作者协会
梁道燕	女	汉	拉萨晚报社	西藏自治区2013～2014年度优秀新闻作品三等奖	2015	自治区新闻工作者协会
孙靖宇	男	汉	拉萨晚报社	西藏自治区2013～2014年度优秀新闻作品三等奖	2015	自治区新闻工作者协会
牛　军	男	汉	拉萨晚报社	西藏自治区2013～2014年度新闻宣传先进个人	2015	自治区新闻工作者协会
侯　敏	女	汉	市委办公厅	拉萨市先进驻村（居）工作队员	2014	市委、市政府
张　鸣	男	汉	市人大办公厅秘书科	市级优秀党员	2014	市委、市政府
阿旺加措	男	藏	市人大办公厅后勤服务中心	拉萨市创先争优强基础惠民生活动第三批优秀驻村（居）工作队员	2014	市委、市政府
阳高飞	女	汉	市政府法制办	2014年度拉萨市民族团结先进个人	2014	市委、市政府
达瓦次仁	男	藏	市政协办公厅	拉萨市2014年度民族团结进步模范个人	2014	市委、市政府
顾凤玲	女	汉	市政协办公厅	拉萨市2013～2014年创先争优强基础惠民生活动先进驻村（居）工作队员	2014	市委、市政府
薛　畅	女	汉	市检察院	拉萨市民族团结先进个人	2014	市委、市政府
冯春林	男	汉	市文化市场综合执法支队	民族团结先进个人	2014	市委、市政府
旦增益西	男	藏	市委统战部	拉萨市2014年宗教工作优秀干部	2014	市委、市政府
平措央培	男	藏	市委统战部	全市2014年度民族团结进步先进个人	2014	市委、市政府
达瓦扎西	男	藏	市档案局（馆）	拉萨市2013～2014年创先争优强基础惠民生活动市级先进驻村（居）工作队员	2014	市委、市政府

续表 8

姓名	性别	民族	工作单位	获奖名称	表彰时间	授予单位
格桑罗布	男	藏	市总工会	全国工会经审工作优秀干部	2014	市委、市政府
达瓦桑布	男	藏	市总工会	优秀公务员	2014	市委、市政府
索朗次吉	女	纳西	团市委	“四业工程”工作先进个人	2014	市委、市政府
伊　苏	男	回	团市委	民族团结家庭	2014	市委、市政府
栾　天	男	汉	团市委	市创先争优强基础惠民生活动先进驻村（居）工作队员	2014	市委、市政府
王广洲	男	汉	团市委	2014 年度全市综治工作先进个人	2014	市委、市政府
洛桑玉珍	女	藏族	市妇联	全市综合治理先进个人	2014	市委、市政府
永　春	女	藏族	市妇联	全市信访先进个人	2014	市委、市政府
格　桑	女	藏	市残联	综治工作先进个人	2015	市委、市政府
索朗卓嘎	女	藏	市统计局、调查队	2014 年度市级先进工作队员	2014	市委、市政府
桑　珠	男	藏	市教育局	“园丁奖”银奖称号	2014	市委、市政府
李杰媚	女	汉	市科技局	拉萨市创先争优强基础惠民生活动先进个人	2014	市委、市政府
次　仁	男	藏	市公安局交警支队	拉萨市深化全国文明城市创建工作先进个人	2014	市委、市政府
王比权	男	汉	市公安局刑警支队	拉萨市深化全国文明城市创建工作先进个人	2014	市委、市政府
高文宏	男	汉	市公安局 110 便民警务支队	拉萨市深化全国文明城市创建工作先进个人	2014	市委、市政府
丁文华	男	汉	市公安局特警支队	拉萨市深化全国文明城市创建工作先进个人	2014	市委、市政府
达娃次仁	男	藏	市公安局国保支队	“四业工程”工作先进个人	2014	市委、市政府
张建国	男	汉	市公安局当巴派出所	全市 2014 年度民族团结进步模范个人	2014	市委、市政府
吴卫国	男	汉	市公安局当巴派出所	全市 2014 年度民族团结进步模范个人	2014	市委、市政府
巴　桑	男	藏	市公安局刑警支队	全市 2014 年度民族团结进步模范个人	2014	市委、市政府
多吉次仁	男	藏	市公安局特警支队	全市 2014 年度民族团结进步模范个人	2014	市委、市政府
何进忠	男	汉	市公安局交警支队	全市 2014 年度民族团结进步模范个人	2014	市委、市政府
次巴卓玛	女	藏	市公安局政治部	全市 2014 年度民族团结进步模范家庭	2014	市委、市政府
马俊涛	男	汉	市公安局特警支队	全市 2014 年度民族团结进步模范家庭	2014	市委、市政府

续表 9

姓名	性别	民族	工作单位	获奖名称	表彰时间	授予单位
晏　雯	女	汉	市公安局交警支队	全市 2014 年度民族团结进步模范家庭	2014	市委、市政府
次仁旦增	男	藏	市公安局 110 便民警务支队	全市 2014 年度民族团结进步模范家庭	2014	市委、市政府
丹增次仁	男	藏	市司法局	全市优秀驻村工作队员	2014	市委、市政府
格桑德吉	女	藏	市司法局	巩固全国文明城市成果工作“先进个人”	2014	市委、市政府
仁　多	男	汉	市司法局	巩固全国文明城市成果工作“先进个人”	2014	市委、市政府
陈　刚	男	汉	市国土资源局	拉萨市综治工作先进个人	2014	市委、市政府
达瓦卓嘎	女	藏	市国土资源局	拉萨市招商引资先进个人	2014	市委、市政府
应　虹	男	汉	市国土资源局	拉萨市安全生产先进个人	2014	市委、市政府
宋廷坚	男	汉	市农牧局	拉萨市农牧局驻墨竹工卡县尼玛江热乡芒热村工作队队长先进个人	2014	市委、市政府
尼　珍	女	藏	市农牧局	拉萨市农牧局驻墨竹工卡县扎雪乡格老窝村工作队队员先进个人	2014	市委、市政府
达瓦扎西	男	藏	市卫生局驻当巴社区驻村工作队	拉萨市创先争优强基惠民活动第三批驻村（居）工作优秀工作队员	2014	市委、市政府
格桑尼玛	男	藏	市广电局	先进驻村（居）工作队队员	2014	市委、市政府
西绕尼玛	男	藏	市工商局	2014 年度拉萨市信访工作先进个人	2015	市委、市政府
群　英	女	藏	市环保局	2014 年度信访工作先进个人	2015	市委、市政府
妮　珍	女	藏	市信访局	拉萨市民族团结先进个人	2014	市委、市政府
尼　珍	女	藏	市信访局	拉萨市信访工作先进个人	2015	市委、市政府
卫广伟	男	汉	市信访局	拉萨市信访工作先进个人	2015	市委、市政府
米玛扎西	男	藏	市信访局	拉萨市信访工作先进个人	2015	市委、市政府
徐勇军	男	汉	市藏语委办（编译局）	2014 年度社会治安综合治理工作先进个人	2015	市委、市政府
巴　桑	男	藏	市气象局	拉萨市深化全国文明城市创建工作先进个人	2014	市委、市政府
珍　丹	男	藏	市气象局	2014 年拉萨市民族团结先进个人	2014	市委、市政府
次仁达瓦	男	藏	市气象局	2014 年拉萨市社会治安综合治理工作先进个人	2015	市委、市政府
李文华	女	汉	市气象局	拉萨市科普工作先进个人	2014	市委、市政府
旦增曲吉	女	藏	市第二中等职业技术学校	拉萨市庆祝第 30 个教师节表彰园丁奖铜奖	2014	市委、市政府
刘　军	男	汉	市第二中等职业技术学校	拉萨市庆祝第 30 个教师节表彰李氏教育个人奖	2014	市委、市政府
尼玛卓嘎	女	藏	市第二中等职业技术学校	拉萨市庆祝第 30 个教师节表彰园丁奖银奖	2014	市委、市政府

续表 10

姓名	性别	民族	工作单位	获奖名称	表彰时间	授予单位
刘玉堂	男	汉	市统计局、调查队	全市党委信息工作先进个人	2015	市委
普布斯达	男	藏	市教育局	“李氏”个人教育突出 贡献奖	2014	市委
王志军	女	汉	市财政局	拉萨市“四业工程”先进集体和先进个人名单	2014	市委
毛莉娟	女	汉	市妇联	2014 年度全市信息先进个人	2015	市委办公厅
贺桂芹	女	汉	市环保局	2014 年度市委活动办及督导组先进工作人员	2014	市委党的群众路线教育实践活动领导小组
桑嘎拉姆	女	藏	市环保局	2014 年度全市安全生产先进个人	2015	市政府、市政府办公厅
杨东升	男	汉	市委办公厅	全区工业经济发展工作先进个人	2014	市政府
普布扎西	男	藏	市委办公厅	全市招商引资先进个人	2014	市政府
拉巴卓玛	女	藏	市委宣传部宣传科	拉萨市 2013～2014 年度科级普查工作先进工作者	2014	市政府
拉巴卓玛	女	藏	市委宣传部宣传科	全市招商引资工作先进个人	2014	市政府
宋媛媛	女	汉	市委宣传部宣传科	全市安全生产工作先进个人	2015	市政府
洛桑旦增	男	藏	市工商联	2014 年度全市招商引资工作先进个人	2015	市政府
赵光君	女	汉	市统计局、调查队	2014 年度全市统计工作先进个人	2015	市政府
达娃普赤	女	藏	市统计局、调查队	2014 年度全市统计工作先进个人	2015	市政府
陈建琼	女	汉	市统计局、调查队	2014 年度全市环保工作先进个人	2015	市政府
胡　烨	女	汉	市统计局、调查队	2014 年度全市工信工作先进个人	2015	市政府
胡　烨	女	汉	市统计局、调查队	全市政务信息工作先进个人	2015	市政府
彭　波	男	汉	市工信局信息化科	2013～2014 年度全市科技工作先进个人	2014	市政府
孟凡涛	男	汉	市工信局政策法规科	2013 年度全市工业经济工作先进个人	2014	市政府
张　丹	女	汉	市工信局政工科	2013 年度全市“四业工程”先进个人	2014	市政府
次旦卓玛	女	藏	市教育局	拉萨市科技工作先进个人	2014	市政府
谭丽华	女	汉	市科技局	拉萨市 2014 年度工业工作先进个人	2015	市政府
李杰媚	女	汉	市科技局	拉萨市 2014 年度环保工作先进集体	2015	市政府
李杰媚	女	汉	市科技局	拉萨市 2013～2014 年度科技工作先进个人	2014	市政府
扎西旺姆	女	藏	市公安局治安管理支队	2013 年度招商引资工作先进个人	2014	市政府
索朗德吉	女	藏	市民政局办公室	全市政务信息工作先进个人	2015	市政府

续表 11

姓名	性别	民族	工作单位	获奖名称	表彰时间	授予单位
尼　玛	女	藏	市司法局	2014 年度环境保护工作先进个人	2015	市政府
孔辉丽	女	汉	市财政局	2013～2014 年度拉萨市科技工作先进集体和先进个人名单	2014	市政府
方华丽	女	汉	市农牧局	2013 年度环境保护工作先进个人	2014	市政府
晋　美	男	藏	市农牧局	拉萨市民族团结先进个人	2014	市政府
徐鹤红	女	汉	市农牧局	拉萨市 2013～2014 年度科技工作先进个人	2014	市政府
格　平	男	藏	市文化（新闻出版、文物）局	拉萨市安全生产先进个人	2015	市政府
格桑顿珠	男	藏	市文化（新闻出版、文物）局	拉萨市招商引资工作先进个人	2014	市政府
平措旺堆	男	藏	市文化（新闻出版、文物）局	拉萨市科技工作先进个人	2014	市政府
次仁白珍	女	藏	市卫生局	拉萨市“四业工程”先进个人	2014	市政府
沈士虹	男	汉	市审计局	全市环境保护先进个人	2014	市政府
杨立涛	男	汉	市审计局	全市政务信息工作先进个人	2014	市政府
鲁世军	男	藏	市工商局	2014 年度拉萨市安全生产工作先进个人	2015	市政府
罗永宏	男	藏	市工商局	2014 年度招商引资工作先进个人	2015	市政府
何昆峰	男	满	市林业绿化局	安全生产先进个人	2014	市政府
晋美朗杰	男	藏	市林业绿化局	环保模范先进个人	2014	市政府
顿珠次仁	男	藏	市林业绿化局	拉萨市信访先进个人	2014	市政府
张建新	女	汉	市环保局	2014 年度全市环境保护工作先进个人	2015	市政府
杨　梅	女	汉	市环保局	2014 年度全市环境保护工作先进个人	2015	市政府
王军敏	男	汉	市环保局	2014 年度招商引资工作先进个人	2015	市政府
四郎永巴	女	藏	市安全生产监督管理局	2014 年度全市安全生产先进个人	2014	市政府
李军清	男	汉	市安全生产监督管理局	2014 年度全市安全生产先进个人	2014	市政府
次仁尼玛	男	藏	市安全生产监督管理局	2014 年度全市安全生产先进个人	2014	市政府
冯　浩	男	回	市安全生产监督管理局	2014 年度全市安全生产先进个人	2014	市政府
嘎桑旺秋	男	藏	市政市容管理委员会	2014 年度全市安全生产工作先进个人	2015	市政府
扎西降村	男	藏	市残联	模范先进个人	2014	市政府
陈小平	女	汉	市委办公厅	提案办理先进个人	2014	市政协

附 录

拉萨市2014年国民经济和社会发展统计公报

拉萨市统计局
国家统计局拉萨调查队
2015年5月5日

2014年，在自治区党委政府和市委、市政府的坚强领导下，全市全面贯彻落实党的十八大、十八届三中、四中全会精神，落实区市党委八届五次全会精神和区市经济工作会议部署，以率先在全区全面建成小康社会和建设美丽家园幸福拉萨为目标，凝聚全市的智慧和力量，全力推进“六大战略”，努力实现“三提速”经济继续保持健康发展。

一、综 合

区划及面积：截至年底，全市共有48个乡，9个镇，8个街道办；43个居民委员会，224个村民委员会。全市行政区划面积为2.9518万平方公里。

人口：年末户籍人口为52.73万人，比上年末增加0.73万人。全年出生人口8481人，出生率为16.1‰；死亡人口4209人，死亡率为8.0‰。

经济增长：2014年，全市实现地区生产总值（GDP）347.45亿元，比上年增长10.9%。其中：第一产业增加值12.94亿元，增长6.4%；第二产业增加值127.75亿元，增长14.8%；第三产业增加值206.77亿元，增长8.9%。第三产业中，交通运输仓储和邮政业增加值7.69亿元，增长12.8%；批发和零售业增加值22.53亿元，增长4.5%；住宿和餐饮业增加值10.66亿元，增长4.0%；金融业增加值56.79亿元，增长27.8%；房地产业增加值12.98亿元，增长38.3%，营利性服务业增加值30.16亿元，增长3.9%。

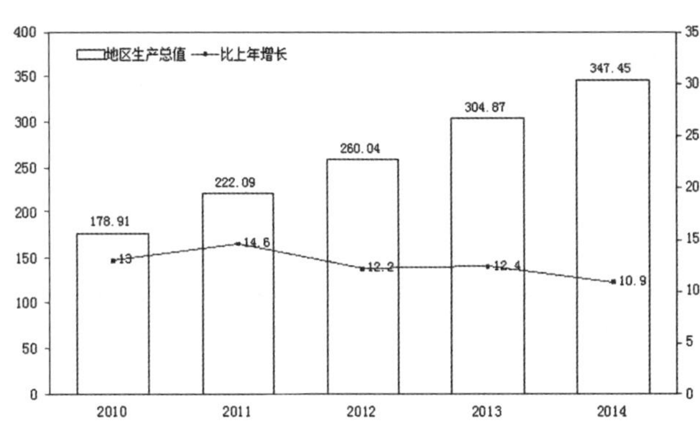

图1 2010年～2014年地区生产总值及增长速度

产业结构：2014年，三次产业比重依次为3.7：36.8：59.5，分别拉动经济增长0.3、5.2个和5.4个百分点。与上年相比，第一产业比重下降0.1个百分点，第二产业比重提高1.5个百分点，第三产业比重下降1.4个百分点。

价格：2014年居民消费价格总指数（CPI）比上年上涨3.0%，其中食品价格上涨6.4%。

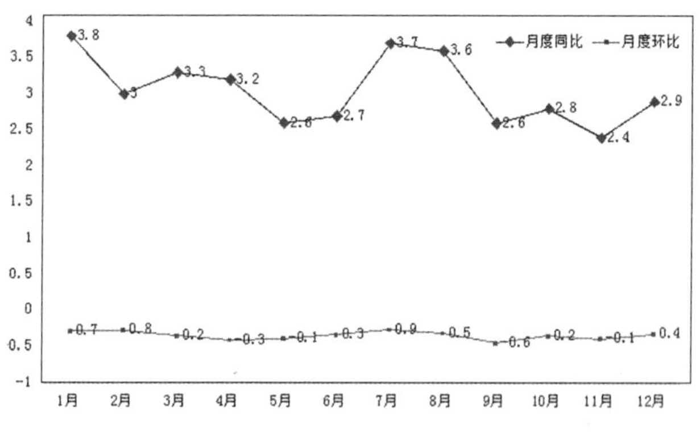

图2 2014年居民消费价格月度涨跌幅度

表1 2014年居民消费价格总指数涨幅

指　　标	比 2013 年 上涨 (+) 下降 (–)（%）
居民消费价格总指数	+3.0
食 品	+6.4
其中：粮食	+9.4
肉禽及其制品	+6.9
蛋	+4.4
水产品	+0.7
菜	+6.4
干鲜瓜果	+9.0
烟酒	–0.6
衣着	+3.0
家庭设备用品及维修服务	+1.5
医疗保健和个人用品	+0.2
交通和通信	+0.8
娱乐教育文化用品及服务	–0.9
居 住	+3.1

就业：2014 年末城镇登记失业率控制在 2% 之内。

民营经济：截至年底，全市工商部门登记的私营企业达 4632 户，从业人员为 79622 人，分别比上年增长 34.6% 和 12.2%，注册资本为 193.79 亿元，增长 186.1%；工商部门登记的个体户为 40327 户，从业人员为 89970 人，分别比上年增长 1.4% 和 0.8%，注册资本为 20.42 亿元，增长 3.0%。

二、净土健康产业和农牧业

净土健康产业：2014 年，拉萨净土健康产业产品进入全国市场，吞巴藏香、古荣藏粑成为国家地理标志保护产品，净土健康产业实现从“产品”到“品牌”的重大改变，企业数量达到 89 家，总产值达到 36.6 亿元。

农牧业：2014 年全市农林牧渔业总产值 21.29 亿元，按可比价计算，比上年增长 6.4%。其中：农业产值 9.44 亿元，增长 11.5%；林业产值 0.35 亿元，下降 30.2%；牧业产值 11.37 亿元，增长 3.8%；渔业产值 0.01 亿元，下降 3.8%；农林牧渔服务业产值 0.11 亿元，增长 32.2%。

农作物种植面积：全年农作物总播种面积 3.88 万公顷，比上年增加 0.04 万公顷。粮食种植面积 2.66 万公顷，比上年增加 0.01 万公顷。其中：青稞种植面积 1.73 万公顷，比上年增加 0.01 万公顷，小麦种植面积 0.87 万公顷，比上年减少 45.77 公顷。油菜种植面积 0.43 万公顷，比上年增加 34.7 公顷；蔬菜种植面积 0.44 万公顷，比上年减少 66.46 公顷。

畜禽及水产品产量：年末牲畜存栏总头数 131.99 万头（只、匹），其中，大牲畜存栏 73.21 万头，猪存栏 4.84 万头。肉类产量 3.01 万吨，增长 4.4%；禽蛋产量 695.54 吨，增长 7.5%；奶产量 4.59 万吨，增长 31.9%；水产品产量 155.24 吨，下降 68.4%。

表2 2014年主要农畜产品产量

产品名称	产量（万吨）	比 2013 年增长（%）
粮 食	17.86	+1.4
其中：青稞	11.10	+2.0
小麦	6.56	持平
油 菜 籽	1.15	持平
蔬菜	24.41	+5.5
肉类	3.01	–4.4
其中：牛羊肉	2.77	–6.1
奶 类	4.59	+31.9
其中：牛奶	4.45	+31.7

农机及化肥施用量：2014 年末全市拥有农业机械总动力 124.9 万千瓦，比上年增长 12.0%；全年农用化肥施用量 1.84 万吨，比上年增长 0.6%。

三、工业和建筑业

工业：2014 年全部工业增加值 39.56 亿元，比上年增长 14.5%。规模以上工业增加值 26.67 亿元，增长 21%，其中，市属规模以上工业增加值 17.15 亿元，增长11.1%。

2014年末,全市共有规模以上工业企业63家,新增7家,比上年增长12.5%;全年规模以上工业产品销售率为92.9%,比上年减少5.1个百分点。其中:国有工业企业产品销售率为100.1%,非国有工业企业产品销售率为91.9%。

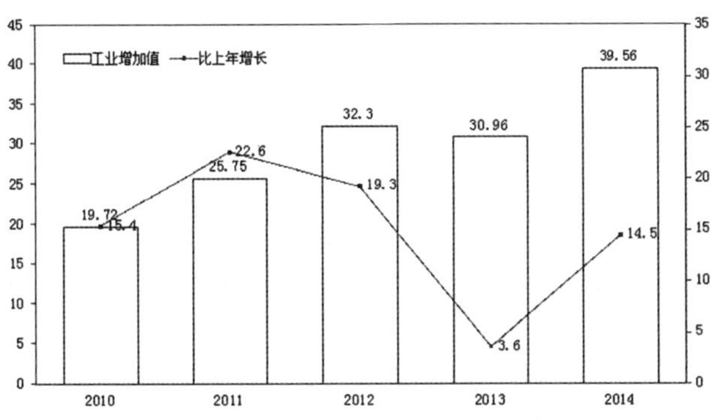

图3 2010年~2014年工业增加值及其增长速度

表3 2014年规模以上工业增加值分类情况

指 标	增加值(万元)	比2013年增长(%)
规模以上工业企业	296737.1	+21.0
其中:国有企业	6148.7	+12.1
集体企业	5769.1	-6.0
股份制企业	257655.5	+26.0
外商及港澳台商投资企业	26838.1	-8.1
其他经济类型企业	325.7	
其中:轻工业	147503.4	+39.4
重工业	149233.7	+7.1
其中:私营企业	12405.9	-48.6

表4 2014年规模以上工业企业主要产品产量

产品名称	单 位	产 量	比2013年增长(%)
水泥	万吨	199.1	+34.1
中成药	吨	198	-10.4
发电量	万千瓦小时	87083.4	-26.4
啤酒	千升	130189	-7.4
自来水	万吨	12257	+8.7
瓶装饮用水	吨	114507.1	+38.0

建筑业:2014年全市建筑业增加值完成88.19亿元,比上年增长14.9%。

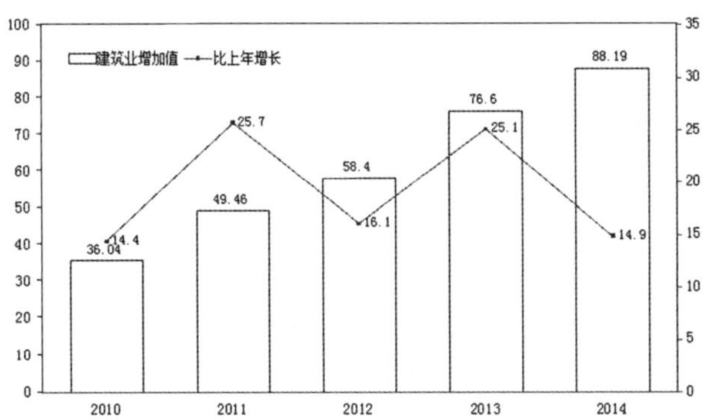

图4 2010年~2014年建筑业增加值及其增长速度

四、固定资产投资

固定资产投资:2014年全社会固定资产投资455.39亿元,比上年增长21.1%。市属固定资产投资423.36亿元,增长19.2%,占全社会投资的93%。

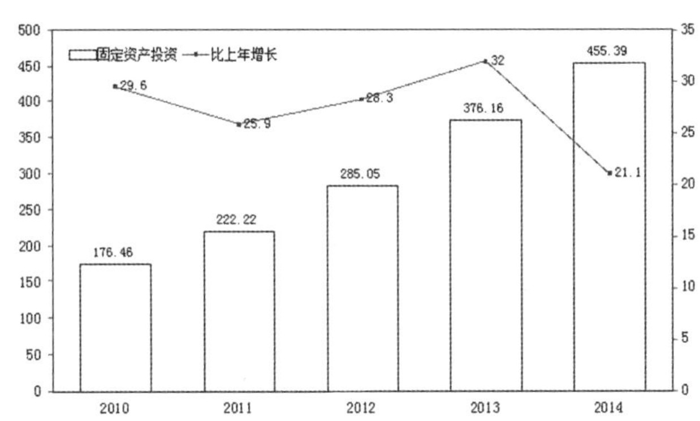

图5 2010年~2014年固定资产投资额及其增长速度

固定资产投资中:国有及国有控股投资完成224.42亿元,比上年下降3.6%;民间投资完成230.97亿元,比上年增长61.1%。

第一产业投资完成24.59亿元,增长94.8%;第二产业投资完成163.14亿元,增长11.9%;第三产业投资完成267.66亿元,增长23.0%。三次产业投资的比重依次为5.4%、35.8%和58.8%。

房地产开发:全年房地产开发投资50.7亿元,比上年增长6倍多。房地产开发房屋施工面积258.08万平方米,比上年增长近5倍;全年房屋竣工面积51.61万平方米,商品房销售面积55.61万平方米。

表5　2014年全社会固定资产投资额

指　标	投资额（亿元）	比 2013 年增长（%）
全社会固定资产投资	455.39	+21.1
农、林、牧、渔业	24.59	+94.8
采矿业	57.09	+10.0
制造业	43.23	+53.3
电力、燃气及水的生产和供应业	62.82	-4.5
交通运输、仓储和邮政业	44.59	+62.1
信息传输、计算机服务和软件业	1.03	-19.0
批发和零售业	7.01	-60.6
住宿和餐饮业	18.61	+17.3
金融业	11.26	+52.5
房地产业	69.69	+134.3
租赁和商务服务业	6.82	+27.6
科学研究、技术服务和地质勘查业	2.60	-23.2
水利、环境和公共设施管理业	30.72	-17.9
居民服务和其他服务业	14.04	+299.2
教育	14.03	-19.8
卫生、社会保障和社会福利业	3.01	+56.1
文化、体育和娱乐业	8.97	-42.9
公共管理和社会组织	35.28	+5.8

五、国内贸易

全社会消费品零售：2014 年末，全市共有限额以上企业 88 家，增加 19 家，比上年增长 20.5%；全年完成社会消费品零售总额 180.33 亿元，比上年增长 13.3%。其中：限额以上贸易企业零售额为 52.61 亿元，增长 10.0%，占全市社会消费品零售总额的 29.2%。分城乡：城镇社会消费品零售总额为 160.44 亿元，增长 13.8%，乡村社会消费品零售总额为 19.89 亿元，增长 9.9%，分行业：社会消费品批发零售总额为 155.29 亿元，增长 14.1%；住宿餐饮总额为 25.04 亿元，增长 8.8%。

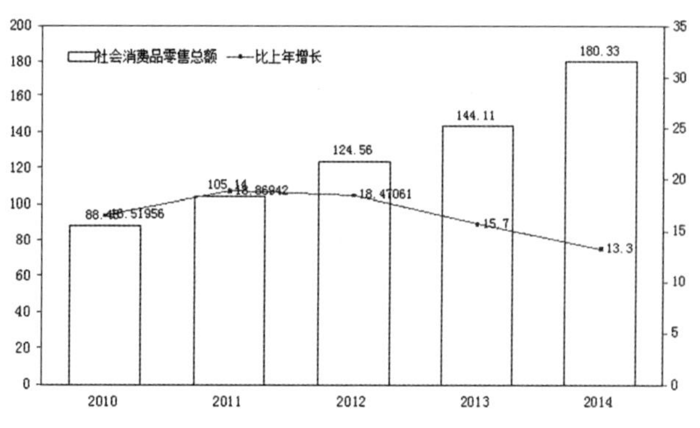

图 6　2010 年～2014 年社会消费品及其增长速度

六、对外经济

进出口贸易：2014 年全市外贸进出口总额为 20.76 亿美元，比上年下降 35.2%。其中：出口 19.96 亿美元，下降 36.9%。

招商引资：全年实际落实项目 292 个，项目总投资 596.04 亿元，实际到位资金 218.78 亿元，比上年增长 42.3%。

七、交通、邮电和旅游

交通运输：2014 年末全市公路线路里程 4115 公里；建成农村道路 2942.57 公里。公交运营线路网长度 607.22 公里，年客运量为 8941 万人次。

表6　2014年铁路、公路运输量与周转量

指 标	单 位	2014 年	比 2013 年增长（%）
货物运输量		1010.25	+47.0
铁　路	万吨	36.88	-47.5
公　路	万吨	973.37	+57.8
货物周转量		741259.22	+36.4
铁　路	万吨公里	234438	+20.5
公　路	万吨公里	506821.22	+451.7
旅客运输量		723.61	-19.5
铁　路	万人次	122.67	+15.6
公　路	万人次	600.94	-24.3
旅客周转量		316558.9	+96.3
铁　路	万人公里	118457.1	+4.5
公　路	万人公里	198101.8	+313.7

说明：铁路运输为西藏地区口径。

邮电：全年完成邮电业务总量 236297 万元，比上年增长 22.5%，其中邮政业务总量 6377 万元，增长 23.9%，电信业务总量 229920 万元，增长 16.5%。年末固定及移动电话用户总数达到 114.87 万户，其中：移动电话用户 93.89 万户，新增加 0.22 万户。

旅游：2014 年推动旅游观光游向体验游、休闲游发展，举办了雪顿节、首届藏博会，全市接待国内外游客 925.74 万人次，比上年增长 15.9%。其中：入境游客 10.11 万人次，增长 22.7%，国内游客 915.64 万人次，增长 15.8%。全年旅游总收入 111.67 亿元，比上年增长 35.9%；旅游外汇收入 4792.67 万美元，增长 38.7%。

八、财政和金融

财政：2014 年全市完成公共财政预算收入 64.79 亿元，比上年增长 29.2%。其中：税收收入 50.75 亿元，增长 24.5%，增值税收入 10.7 亿元，增长 66.4%，营业税收入 14.16 亿元，增长 1.3%，企业所得税收入 12.69 亿元，增长 47.7%，个人所得税收入 7.5 亿元，增长 5.5%。

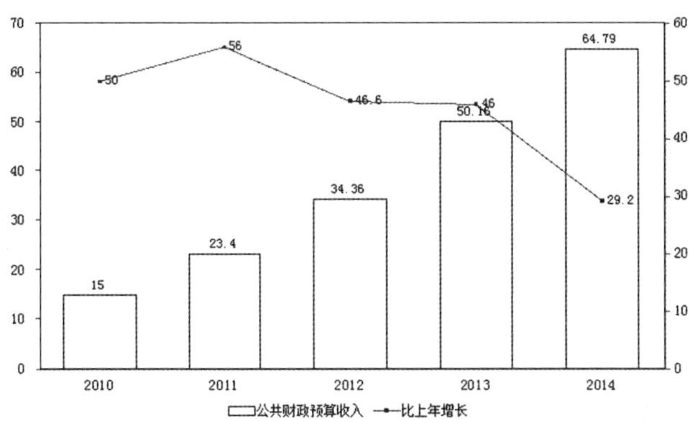

图 7　2010 年～2014 年公共财政预算收入及其增长速度

全年执行公共财政预算支出 169.49 亿元，比上年增长 28.5%。农业、教育、科技等各项重点支出以及事关民生的支出得到较好保障，其中农林水事务支出 13.9 亿元，增长 48.2%；教育支出 24.12 亿元，增长 33.8%；科学技术支出 0.63 亿元，增长 112.1%；社会保障和就业支出 8.38 亿元，增长 31.4%；医疗卫生支出 4.69 亿元，增长 18.7%；节能环保支出 2.82 亿元，增长 374.6%；文化体育与传媒支出 2.53 亿元，增长 53.1%；城乡社区事务支出 19.06 亿元，增长 34.2%。

金融：截至年底，全市金融机构本外币各项存款余额 1837.53 亿元，比年初增长 17.1%；本外币各项贷款余额 932.15 亿元，比年初增长 51.8%。人民币各项存款余额 1830.75 亿元，比年初增长 16.8%，个人储蓄存款余额 303.05 亿元，比年初增长 11.1%；人民币各项贷款余额 931.42 亿元，比年初增长 51.8%。在人民币贷款中，短期贷款余额 194.84 亿元，比年初增长 39.7%，中长期贷款余额 616.65 亿元，比年初增长 47.9%。

九、电 力 使 用

电力供应：2014 年，全市共使用电力 19.6 亿千瓦时，其中：大工业用电 3.09 亿千瓦时，商业用电 2.94 亿千瓦时，居民用电 2.73 亿千瓦时，其他用电 10.84 亿千瓦时。

十、城 市 建 设

基础设施建设：2014 年，基础设施不断完善，城市供暖、教育城、迎亲大桥等一系列基础性项目建设完成，并投入使用。

年末市区供水管道长度达 751.39 公里，全年自来水公司总供水 12257 万立方米，其中：生产运营用水 247 万立方米，公共服务用水 2131 万立方米，家庭居民用水 4113 万立方米，其他用水 709 万立方米，免费用水 160 万立方米。

城市绿化：2014 年，完成南山绿化工程 560 亩，城市建成区绿化覆盖率达到 38%；全市现有公园及游园 74 个，其中：综合性公园 15 个，小游园 26 个，街旁绿地 33 个。

十一、教育、文化、卫生

教育：2014 年末，共有高等院校 6 所（其中高职院校 1 所），中等职业学校 3 所，普通中学 23 所，小学 77 所，幼儿园 131 所，特殊学校 1 所。

表7　2014年各类学校学生数（2014-2015学年）

单位：人

指　标	招生	在校生	毕业生
研究生	255	759	183
普通高等教育	12594	33173	7519
中等职业教育	2386	4294	51
普通高中	4639	15796	5487
初中	7542	21572	6698
普通小学	9169	51152	7579
特殊教育		189	
学前教育		24337	

全市小学学龄儿童纯入学率达 99.8%，巩固率达 98.7%；初中生毛入学率达 100.5%，巩固率保持在 95.7%。高中阶段毛入学率为 89.8%。

文化：2014 年末全市共有艺术表演团体 12 个，博物馆 1 个。全市广播综合人口覆盖率为 98.0%，电视综合人口覆盖率为 98.3%。成功举办了首届藏博会，文化创意园建设不断推进。

卫生：年末共有卫生机构 475 个（含村卫生室），医疗床位 2709 张。每千人拥有医疗床位 4.33 张。各类卫生技术人员 3770 人，其中：执业（助理）医师 1718 人。每千人拥有卫生技术人员 6.02 人。

十二、环境保护和安全生产

环境监测：2014 年拉萨市全年空气优良天数 356 天，全年空气优良率达 97.5%，全年 PM2.5 的平均浓度为 30mg/m^3，空气质量引跑全国。集中式饮用水水源地水质达标率保持在 100%。市辖区内水质达到相应水体环境功能要求（100%），全市跨界断面出境水质达到 100% 的要求。

安全生产：2014 年亿元 GDP 生产安全事故死亡人数为 0.3 人。全年各类安全生产事故死亡 102 人，比上年上升 9.7%，其中，道路交通事故死亡 93 人，上升 22.4%；工矿商贸事故死亡 8 人。

十三、人民生活和社会保障

人民生活：2014 年城镇居民人均可支配收入为 23057 元，比上年增长 8.1%；农村居民可支配收入 9258 元，增长 12.3%；城市居民与农村居民收入比为 2.49∶1。

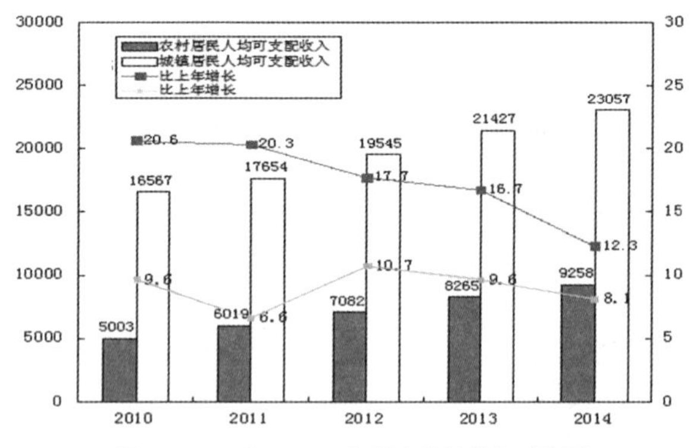

图 8　2010 年～2014 年城乡居民收入对比图

社会保障：市属年末参加城乡居民基本养老保险人数 3.32 万人。参加职工基本养老保险人数 4.89 万人，增加 0.49 万人；参加居民基本医疗保险人数 6.23 万人，增加万 0.44 万人。参加失业保险人数 1.35 万人，增加 0.01 万人。参加工伤保险人数 4.02 万人，增加 1.42 万人，其中参加工伤保险的农民工 0.37 万人，增加 0.02 万人。参加生育保险人数 3.63 万人，增加 0.37 万人。城市居民最低生活保障人数为 1.48 万人，农村居民最低生活保障人数为 2.6 万人。全市农村救济供养人数为 1260 人，其中，集中供养人数为 971 人。城乡医疗救助人数为 213677 人，其中，城镇 211556 人，农村 21213 人。

说明：

1. 本公报数据为初步统计数据。

2. 地区生产总值及各产业（行业）增加值指标绝对数按现价计算，增长速度按可比价格计算。

3. 对外贸易、交通、邮电、旅游、财政、金融、保险、文化、卫生、教育、社会保障等方面的数据均由相关职能部门提供。

4. 规模以上工业企业是指年主营业务收入 2000 万元及以上的全部法人工业企业；限额以上批发企业是指年销售额在 2000 万元及以上的企业，零售企业是指年销售额在 500 万元及以上的企业；住宿餐饮企业是指年营业额在 200 万元及以上的企业。

政　府　令

第 48 号

《拉萨市出租汽车管理办法》已经 2014 年 5 月 12 日市政府第 16 次常务会审议通过，现予以发布，自 2014 年 7 月 1 日起施行。

市长：张延清
二〇一四年五月二十四日

拉萨市出租汽车管理办法

目 录

第一章　总　则

第一条　为了加强出租汽车行业管理，规范经营和管理行为，提高服务质量，保障乘客、驾驶员、经营者的合法权益，根据《中华人民共和国道路交通安全法》、《西藏自治区道路运输条例》等有关法律、法规，结合拉萨市实际，制定本办法。

第二条　本办法适用于拉萨市行政区域内的出租汽车经营和管理活动。

本办法所称出租汽车，是指具有合法营运资格，按照乘客意愿依法提供客运服务，以行驶里程或者时间计费的 5 座以下的小型客车。

第三条　市交通运输主管部门负责拉萨市出租汽车的监督管理工作；其所属的道路运输管理机构（以下简称运政机构）负责具体实施，具体职责包括：

（一）宣传贯彻出租汽车管理的法律、法规、规章和政策；

（二）拟定出租汽车行业发展规划草案；

（三）审查办理出租汽车企业及车辆手续；

（四）监督、检查出租汽车企业及车辆经营情况，查处违法违章行为；

（五）培训出租汽车行业从业人员。

市发展和改革、财政、国土资源、城乡规划、公安、人力资源和社会保障、住房和城乡建设、工商、质量技术监督、税务等主管部门应当按照各自职责，共同做好出租汽车有关的管理工作。

第四条　拉萨市出租汽车行业发展规划和计划，由市交通运输主管部门会同有关部门编制，报市人民政府批准后实施。

第五条　从事出租汽车经营的企业应当依法取得经营许可。

第六条　拉萨市出租汽车管理应当遵循公开、公平、公正和便民的原则。

拉萨市出租汽车企业和从业人员应当依法经营，诚实守信，公平竞争，文明服务。

第七条　拉萨市价格主管部门应当建立健全出租汽车价格调控机制。

拉萨市鼓励出租汽车经营向规模化、集约化发展，推广信息化管理和使用环保、节能车型。

第二章 经营资质管理

第八条　从事出租汽车经营的企业，应当具备

下列条件:

（一）有与经营规模相适应的注册资金；

（二）有与其经营业务相适应并经检测合格的车辆；

（三）有与经营规模相适应的经营场地、车辆停放地；

（四）有健全的安全生产、服务质量、车辆、驾驶员等管理制度；

（五）法律、法规、规章规定的其他条件。

第九条　从事出租汽车经营的企业,应当向市运政机构提交下列材料:

（一）书面申请;

（二）经营方案及可行性报告;

（三）资信证明;

（四）具备相应独立资质及法人资格的投资人、负责人身份证明及其复印件,经办人的身份证明及其复印件和委托书;

（五）经营管理及安全生产管理制度文本;

（六）有关经营场地、场所的文件和资料;

（七）全额投资购置车辆及相关费用（含有偿使用费）的承诺书及证明;

（八）已聘用或者拟聘用驾驶人员的驾驶证和从业资格证及其复印件。

第十条　市运政机构应当自受理申请之日起20日内作出出租汽车企业经营许可或者不予许可的决定。准予许可的,市运政机构应当向申请人发放道路运输经营许可证,申请人持道路运输经营许可证及相关材料,向工商行政管理部门办理工商登记手续; 不予许可的,运政机构应当向申请人说明理由。

第十一条　市运政机构应当根据出租汽车行业发展规划、市场需求和企业综合素质考评,确定出租汽车新增运力投放数量、车型,制定出租汽车经营权配置方案。

出租汽车经营权配置方案由市交通运输主管部门报市人民政府批准后组织实施。

第十二条　出租汽车企业按照获得的出租汽车经营权配额,向市运政机构申办道路运输证。

第十三条　出租汽车经营权期限为5年,不得转让、转包,法律、法规另有规定的除外。

经营期限内不能正常经营的,其经营权由原许可机关收回; 经营期限届满的,由原许可机关依法注销。

第十四条　出租汽车企业停业、歇业、合并、拆分、迁移经营场所、变更名称,以及车辆报停、更新、减少的,应当到原许可机关办理相关手续。

第十五条　出租汽车企业有下列情形之一的,由市运政机构收回其全部或者部分出租汽车经营权,并注销其道路运输经营许可证和道路运输证:

（一）转让、转租出租汽车经营权的；

（二）通过收取高额风险抵押金等方式转嫁经营风险的;

（三）取得出租汽车经营权许可后180日内无正当理由未投入营运,或者在经营期限内连续180日未营运的；

（四）发生重大安全生产事故或者严重群体事件,企业经营者负主要责任的;

（五）企业综合素质考评连续两年不合格的;

（六）法律、法规规定的其他情形。

第十六条　市运政机构应当定期对出租汽车企业的服务质量进行综合考评。考评不合格的,由运政机构责令其限期整改; 逾期仍不合格的,由运政机构注销其道路运输经营许可证,并提请工商行政管理部门吊销其营业执照。

第十七条　市运政机构应当定期对出租汽车以及出租汽车驾驶员的客运资格进行审验。审验不合格的,注销出租汽车的道路运输证; 对驾驶员服务质量考核不合格的,注销其从业资格证和服务监督卡。

第三章　从业资格管理

第十八条　出租汽车驾驶员实行从业资格考试制度及再培训制度。

申请参加出租汽车驾驶员从业资格考试的,应当向市道路运输主管部门提出,并按照要求提交相关材料。

第十九条　申请参加出租汽车驾驶员从业资格考试的,应当符合下列条件:

（一）年龄在18周岁以上60周岁以下;

（二）取得相应的机动车驾驶证,并有2年以上驾龄；

（三）身体健康,无职业禁忌症;

（四）有关部门出具的近3年内无重大以上且负同等以上责任的交通事故记录证明。

第二十条　经出租汽车驾驶员从业资格考试合格取得从业资格证的,由市运政机构指定的培训机构对其进行再培训,取得服务监督卡后方可从事出租汽车营运。

第二十一条 出租汽车驾驶员从业资格证的有效期为3年。

出租汽车驾驶员应当在从业资格证有效期届满30日前到发证机关办理换发证件手续。

出租汽车驾驶员从业资格证遗失、毁损、变更服务单位的,应当到发证机关办理补发或者变更手续。

第二十二条 出租汽车驾驶员有下列情形之一的,市运政机构应当暂停其从业资格,并要求其重新学习考试;考试合格的,方可继续从事出租汽车经营活动:

(一)一年内被有效投诉服务质量达3次以上、违法违规记证2次以上的;

(二)在重大以上交通事故中承担主要责任的;

(三)出租汽车证件转借他人使用的;

(四)出租汽车转包给他人经营或者自行聘请驾驶员的。

第二十三条 出租汽车驾驶员有下列情形之一的,由发证机关注销其从业资格证:

(一)持证人申请注销的;

(二)驾驶证被依法吊销或者注销的;

(三)年龄超过60周岁的;

(四)从业资格证有效期届满后未申请换证的。

第四章 车辆管理

第二十四条 出租汽车企业投入营运的出租汽车,应当符合下列条件:

(一)符合国家和地方规定的技术标准、环保标准,并经检测合格;

(二)依法取得机动车牌照;

(三)按照规定配置、安装出租汽车显示系统、计价收费系统、监控定位系统、服务系统等;

(四)车身明显部位张贴统一的出租标志、租价标签及投诉电话;

(五)按照规定购买机动车第三者交通强制保险和承运人责任险;

(六)车容整洁,设备设施完好;

(七)法律、法规规定的其他条件。

第二十五条 出租汽车企业应当按照国家、自治区和拉萨市的相关规定,建立健全车辆技术管理制度。

第二十六条 市运政机构应当按照规定定期对出租汽车进行季检和年检。

市质量技术监督部门应当每年对出租汽车计价器进行一次检定。

第五章 营运管理

第二十七条 出租汽车企业及其驾驶员应当为乘客提供方便、及时、安全、文明的规范化服务,对病人、产妇、残疾人以及急需抢救的人员优先供车。

第二十八条 出租汽车企业应当遵守下列规定:

(一)执行价格主管部门制定的运价和收费标准,使用税务主管部门统一监制的票据;

(二)采取承包经营形式的,出租汽车承包经营费用应当合理,经物价部门核准并报市运政机构备案;

(三)制定服务标准、规程和驾驶员档案管理制度以及车辆检修、安全行车、治安保卫等企业内部规章制度。

(四)依法与驾驶员签订劳动合同、承包合同,明确双方的权利义务;

(五)定期组织出租汽车驾驶员业务培训,开展职业道德和安全教育,提高出租汽车驾驶员综合素质;

(六)如实向市运政机构报送营运报表以及其他营运资料;

(七)建立健全服务质量投诉受理制度;

(八)法律、法规规定的其他有关规定。

第二十九条 出租汽车驾驶员营运服务,应当遵守下列规定:

服饰整洁、文明礼貌、服务规范;

安全行车,遵守交通管理法规;

携带机动车行驶证、驾驶证、道路运输证、从业资格证,并按规定放置服务监督卡;

在准许停车的路段实行招手停车载客或者停车下客,不得乱停车;

按规定使用标志灯,车内无乘客时应当显示空车待租标志,因故暂时不能营运的,应当显示停运标志;

按照最佳路线行驶,不得故意绕行;

应当正确使用计价器,严格按照计价器收费,不得与乘客议价;

禁止私自拆除、改装或者在计价器上弄虚作假;

应当向乘客出具与实收金额相符的统一发票,不得弄虚作假;

满足乘客提出的使用或者不使用车内服务设施

的要求;

不得擅自拆除安全防护装置;

不得无故拒载和招揽他人同乘,不得强迫乘客组合租车或者利用他人招揽乘客;

不得无故中断运送乘客服务或者未征得乘客同意更换车辆;

不得在车厢内吸烟、饮食、接打电话;

乘客要求去往郊县、偏僻地区的,出租汽车驾驶员可以要求乘客随同到就近的公安机关

办理验证登记手续,并报告驾驶员所属的出租汽车企业;

禁止运载违禁和易燃、易爆等物品;

不得利用出租汽车进行违法犯罪活动或者为违法犯罪活动提供便利条件,营运中发现违法犯罪嫌疑人的,应当及时向公安机关举报,并协助公安机关调查取证;

接受市交通行政主管部门和有关管理机关的监督检查。

第三十条　出租汽车空驶待租期间,除下列情形外,出租汽车驾驶员不得拒载:

(一)乘客在禁止停车的路段招手拦车的;

(二)不能控制自己行为的乘客要求乘车且无人随行监护的;

(三)乘客携带易燃、易爆、有毒等危险物品以及污损车辆物品的;

(四)乘客不愿按照规定计费标准支付车费的;

(五)乘客要求出拉萨市或者在夜间到远郊区、县不按规定进行登记的;

(六)乘客的要求违反道路交通安全有关法律、法规和交通管制的。

第三十一条　乘客在乘坐出租汽车时应当遵守下列规定:

文明乘车,不得损坏车内设施,维护车内清洁卫生;

按照规定的标准支付车费;

不得向驾驶员提出违反出租汽车管理、道路交通管理、治安管理的要求;

不得在车内进行违法活动。

第三十二条　有下列情况之一时,乘客可以拒绝支付车费:

(一)乘坐的出租汽车无计价器或者有计价器不使用的;

(二)出租汽车计价器未经检定合格或者发生故障、失准时继续营运的;

(三)出租汽车驾驶员不出具车费发票的;

(四)出租汽车驾驶员无正当理由中途停运的;

(五)出租汽车驾驶员拼客的。

第三十三条　出租汽车企业应当制定突发事件应急预案,包括报告程序、应急指挥、应急车辆以及处置措施等内容。

遇有抢险救灾、主要客运集散点供车严重不足、重大活动等突发事件时,出租汽车企业应当服从市运政机构调集车辆的统一指挥。

第三十四条　市交通运输主管部门应当会同公安、国土资源、城乡规划、市政市容、住房和城乡建设等主管部门,在客流集中的公共场所、大型居住区的周边道路等区域,根据方便乘客的原则和道路条件,设置有明显标志的出租汽车临时停靠点;在主要交通设施、旅游景点以及其他大型公共场所等客流集散地设置出租汽车营运点。

第三十五条　市交通运输主管部门应当建立投诉制度,公开投诉电话、通信地址或者电子邮箱,接受乘客、驾驶员以及经营者的投诉和社会监督。

市交通运输主管部门受理投诉后,应当自受理之日起10日内予以处理,并将处理结果告知投诉人,情况复杂的,处理时限可以适当延长至30日。

第三十六条　市交通运输主管部门可以建立非法营运举报奖励制度。

对未经许可擅自从事出租汽车经营或者不能提供合法有效证明的,市运政机构可以依法暂扣运输车辆,并在规定期限内作出处理决定。

第三十七条　任何单位和个人不得向出租汽车企业及其驾驶员非法收取停车费用或者阻挠其正常营运,不得采取扰乱正常营运秩序的手段为出租汽车招揽乘客。

第三十八条　市、县(区)交通运输主管部门及其运政机构应当加强对出租汽车的监督和检查。执法人员在对出租汽车执行检查任务时,应当穿着统一的制服,佩带执法证件。

第六章　治安管理

第三十九条　公安机关应当根据社会治安管理的需要,制定出租汽车治安防范目标考核标准和办法,实施出租汽车治安检查,并组织对经营者进行考核,考核结果纳入经营者的信用档案。

第四十条　出租汽车企业应当接受公安机关的治安防范指导、监督、检查、考核，并遵守下列规定：

（一）与公安机关签订治安目标责任书，并承担治安目标责任书规定的责任；

（二）定期组织驾驶员进行治安防范学习，并建立学习记录制度；

（三）建立健全人员、车辆档案、治安保卫组织、昼夜值班、车辆调度、联络等制度和记录，配备专、兼职保卫人员；

（四）执行公安机关对出租汽车治安防范的各项措施，及时向公安机关报告重要治安信息，协助公安机关预防、处置突发事件和打击违法犯罪活动；

（五）协助公安机关进行治安防范检查工作和调查取证工作。

第四十一条　出租汽车应当符合下列治安防范要求：

（一）按照国家规定安装经质量技术监督部门鉴定合格的治安、消防等安全防护设施；

（二）车窗上不得张贴有色膜、反光膜，不得悬挂窗帘或者放置遮挡物；

（三）车辆号牌应当清晰、完好。

公安机关按照道路交通安全法律、法规对出租汽车进行审验时，同时就车辆是否符合治安防范要求进行审验。

第四十二条　出租汽车驾驶员应当履行下列义务：

（一）参加治安防范培训；

（二）遭到不法侵害时，及时向公安机关报案，并向所属经营者报告；

（三）发现违法犯罪嫌疑人及时向公安机关报告；

（四）协助公安机关开展调查取证工作，接受公安机关的治安检查。

第四十三条　出租汽车驾驶员不得有下列行为：

（一）对乘客实施违法犯罪活动；

（二）对本车内发生的违法犯罪活动不报告或者明知是违法犯罪活动而为其提供条件；

（三）利用出租汽车参与非法集会、游行、示威和聚众斗殴；

（四）利用出租汽车运载违禁物品或者易燃、易爆等危险品。

第七章　法律责任

第四十四条　违反本办法规定，有下列行为之一的，由市运政机构责令出租汽车企业限期改正，并处警告或者20元以上100元以下罚款：

（一）出租汽车不按照规定喷印单位名称和监督电话的；

（二）出租汽车驾驶员不持证营运，不按照规定着装，不按照规定放置服务监督卡的。

第四十五条　违反本办法规定，有下列行为之一的，由市运政机构责令出租汽车企业限期改正，并处500元以上1000元以下罚款；情节严重的，暂扣5日以内道路运输证：

（一）未取得道路运输从业资格从事出租汽车经营的；

（二）出租汽车驾驶员持有的从业资格证与所驾车型不符的；

（三）故意遮挡、损坏、移动车内监控探头的；

（四）故意绕行、拒载或者招揽他人同乘的；

（五）不按照规定使用计价器的；

（六）不接受或者逃避道路运输执法人员检查的。

第四十六条　违反本办法规定，有下列行为之一的，由市运政机构责令出租汽车企业限期改正，并处1000元以上2000元以下罚款；情节严重的，暂扣10日以内道路运输经营许可证：

（一）不再具备规定的经营条件，仍然从事经营活动的；

（二）聘用无相应从业资格证的人员从事出租汽车经营的；

（三）不按规定接受年度审验、考核的；

（四）不按规定维护车辆的；

（五）不按规定建立车辆技术管理制度的。

第四十七条　违反本办法规定，有下列行为之一的，由市运政机构责令出租汽车企业限期改正，并处3000元以上5000元以下罚款；情节严重的，吊销道路运输经营许可证或者道路运输证：

（一）实行承包经营，不按照规定与出租汽车驾驶员签订承包经营合同的；

（二）涂改、转让、出租道路运输经营许可证或者道路运输证的；

（三）未按照规定组织出租汽车驾驶员业务培训、职业道德和安全教育的；

（四）以欺骗、威胁、暴力等手段招揽旅客，强迫旅客乘车、中途下车或者加价的；

（五）未按规定设置或者擅自改动计价器等服务

设施的；

（六）出租汽车转包给他人经营的。

第四十八条 违反本办法规定，有下列行为之一的，由市运政机构责令出租汽车企业限期改正，并处5000元以上10000元以下罚款：

（一）疏于管理，导致发生利用出租汽车扰乱社会秩序、妨碍正常营运事件的；

（二）发生一次重特大恶性服务质量事件的；

（三）组织或者引发影响社会公共秩序，损害社会公共利益的停运事件的；

（四）损害出租汽车驾驶员合法权益，造成严重后果或者引起重大信访事件发生的；

（五）发生一次死亡3人以上交通事故且负同等或者主要责任的。

第四十九条 违反本办法规定，有下列行为之一的，由市运政机构责令出租汽车企业限期改正，并处2000元以上3000元以下的罚款；情节严重的，暂扣15日以内道路运输经营许可证或者停业整顿：

（一）未按国家经营规范要求或者承诺的服务质量提供服务的；

（二）使用无效的出租汽车道路运输证或者报停后仍从事出租汽车经营的。

未经许可擅自从事出租汽车经营的，由市运政机构责令停止经营，有违法所得的，没收违法所得，处违法所得2倍以上6倍以下的罚款；没有违法所得的或者违法所得不足10000元的，处10000元以上30000元以下的罚款。

第五十条 出租汽车驾驶员违反本办法第二十九条第（一）、（三）、（五）、（六）、（七）、（九）、（十）、（十八）项规定的，由市运政机构给予警告、并可处100元以上1000元以下的罚款。

第五十一条 出租汽车企业违反本办法第四十条第（一）项或者第（四）项规定的，由公安机关处以5000元以上10000元以下罚款；情节严重的，责令停业整顿，并处以出租汽车企业1000元以上3000元以下罚款。

第五十二条 出租汽车驾驶员违反本办法第四十二条第（四）项或者第四十三条第（二）项规定的，由公安机关责令改正，并处以500元以上3000元以下罚款。

出租汽车驾驶员违反本办法第四十三条第（一）项规定的，由公安机关按照《中华人民共和国治安管理处罚法》进行处罚；构成犯罪的，依法追究刑事责任。

第五十三条 出租汽车企业、驾驶员及乘客违反工商、税务、物价、人力资源和社会保障、质量技术监督等管理方面的法律、法规的，由有关主管部门依法处理；构成犯罪的，依法追究刑事责任。

第五十四条 当事人对行政处罚决定不服的，可依法申请行政复议或者提起行政诉讼。逾期不申请行政复议，也不提起行政诉讼，又不履行行政处罚决定的，由作出行政处罚决定的行政机关申请人民法院强制执行。

第五十五条 交通运输主管部门、运政机构及其工作人

员有下列行为之一的，依法给予行政处分，构成犯罪的，依法追究刑事责任：

（一）不按法定的条件、程序和期限实施行政许可的；

（二）参与或者变相参与出租汽车经营的；

（三）发现违法行为不及时查处的；

（四）不按规定受理、处理乘客投诉的；

（五）违法扣留出租汽车或者车辆运营证的；

（六）不按法律规定实施行政处罚的；

（七）索取、收受他人财物或者谋取其他利益的；

（八）违反法律、法规规定的其他行为的。

第八章 附 则

第五十六条 本办法自2014年7月1日起施行。

第 49 号

《拉萨市城市照明管理办法》已经 2014 年 9 月 11 日市政府第 19 次常务会审议通过，现予以发布，自 2014 年 12 月 1 日起施行。

市长：张延清
二〇一四年十月九日

拉萨市城市照明管理办法

目　录

第一章　总　则

第一条　为了加强城市照明设施建设和管理，促进能源节约，保证城市照明设施完好和安全运行，根据《城市照明管理规定》等有关规定，结合拉萨市实际，制定本办法。

第二条　本办法所称城市照明，是指道路照明（含桥涵、隧道照明）、广场照明、景观照明、建（构）筑物外体照明以及公共停车场、公共活动场所开放式照明和名胜古迹照明。

本办法所称城市照明设施，是指用于照明的配电室、变压器、配电箱、监控设备、灯杆、灯具、地上地下管线以及其他附属设备。

第三条　本办法适用于拉萨市规划区范围内从事城市道路照明的规划、建设、运行、维护和监督。

第四条　市市政市容行政主管部门是拉萨市城市照明管理工作的行政主管部门，各县（区）城市照明行政主管部门负责本辖区城镇照明的相关管理事务。

市财政、电力、城乡规划、交通、住房和城乡建设、林业绿化、公安等部门应当在各自职责范围内，共同做好城市照明的管理工作。

第五条　拉萨市城市照明应当遵循统筹规划、科学设计、节能环保、规范管理的原则。

第六条　拉萨市鼓励和支持城市照明方面的科学技术研究工作。积极推广和采用高效节能的新光源、新技术、新设备，提高城市节能环保科技含量。

城市照明应当采取分时照明、安装节电装置等节能措施。

第七条　任何单位和个人都有保护城市照明设施的义务，有权举报和制止破坏城市照明设施的行为。

对举报损坏城市照明设施的单位和个人，根据所举报内容由市人民政府给予一定的奖励，对损坏设施后逃逸的车辆和人员由市市政市容行政主管部门和市公安机关交通管理部门给予处罚。

第二章　规划与建设

第八条　城市照明规划与建设，应当根据拉萨市城市总体规划编制，严格执行国家有关城市照明的标准和规范，与城市建设、经济和社会发展相适应。

第九条　市市政市容行政主管部门应当会同市城乡规划行政主管部门和市住房和城乡建设主管部门按照城市总体规划要求编制城市照明专项规划，报市人民政府批准后组织实施。

各县（区）人民政府按照城市照明总体规划组织实施所辖区内的城市照明管理工作。

第十条　建设单位应当将城市规划的照明建设项目中城市照明管线规划和选址方案报市城乡规划行政主管部门审查批准。

第十一条　城市照明建设项目依法应当招标的，应当按照有关招标投标的法律、法规和规章的规定实施招标投标。

第十二条　新建、改建、扩建城市道路时，城市道路、住宅区以及主要建(构)筑物配套的城市照明设施应当按照城市照明专项规划建设，并与主体工程同步设计、施工、验收和使用。

第十三条　下列范围内的建(构)筑物和场所，其产权或者关联责任主体应当按照城市照明规划和项目实施方案要求安装建(构)筑物外体照明设施或者营造景观照明设施：

(一)繁华商业区；

(二)城市重要道路两侧和城市主要出入口的高大建(构)筑物、重要建(构)筑物；

(三)高架路、立交桥、人行天桥、广场、公园、游园、大型城市雕塑、喷泉等市政设施；

(四)城市标志性建(构)筑物；

(五)城市照明专项规划确定应当设置景观照明的其他设施。

第十四条　安装城市照明设施应当符合安全规范要求，并符合下列规定：

(一)不得妨碍交通信号灯和交通安全设施的正常使用；

(二)不得妨碍车辆的正常行驶；

(三)不得影响建(构)筑物、城市绿化、市政基础设施等公共设施的正常使用功能；

(四)不得妨碍居民生活和健康；

(五)不得影响城市市容市貌。

第十五条　城市照明工程竣工后，建设单位应当组织验收，并通知市市政市容行政主管部门参加。未经验收或者验收不合格的，不得交付使用，不得办理移交管理手续。

第十六条　城市道路照明设施的管线应当按照城市总体规划中地下管线专项规划管理，并采取相应保护措施。未入地的道路照明管线，应当按规划逐步进行入地改造。

第三章　维护与管理

第十七条　拉萨市城市照明设施，责任单位分别为：

(一)政府投资的城市道路照明设施，由市市政市容行政主管部门负责维护和管理；

(二)广场、公园、游园、公共绿地范围内的照明设施，由其管理机构负责维护和管理；

(三)古城管委会和街道办事处负责本辖区内的城市照明及其设施的维护和管理；

(四)社会单位投资建设的城市照明设施，由该单位负责维护和管理；

(五)自建社区内按市政规划修建的主干道的照明设施，由市市政市容行政主管部门负责维护和管理。

第十八条　承担城市照明设施养护维修的单位应当严格按照《城市照明管理规定》执行，保证城市照明设施安全、功能良好，外观干净、整洁，符合拉萨市城市照明规划与建设的要求。

市市政市容行政主管部门应当建立健全监督检查和考核制度，加强日常维护和管理，发现损坏、缺失或者需要维修养护的，应当及时进行维修养护或者督促有关单位维修养护。

第十九条　城市照明启闭时间应当按照市市政市容行政主管部门的规定执行。城市照明未按规定时间启闭的，城市照明管理机构应当及时督促有关单位改正。

相关责任单位应当保证在规定的时间内亮灯，并使道路照明的照度和亮度达到规定的标准。因路灯改造、维修需要整体关闭道路、桥梁、隧道的路灯时，相关责任单位应当提前发布公告。

第二十条　城市照明设施禁止任何单位和个人实施下列行为：

(一)在城市照明设施上涂写刻划、晾晒衣物；

(二)在城市照明设施上张贴、悬挂物品和设置宣传品、广告；

(三)在城市照明设施安全范围内植树、挖坑取土或者倾倒含酸、碱、盐等腐蚀物，危害城市照明设施；

(四)在城市照明设施上架设管线、安装其他设施，或者接用电源；

(五)拆除、迁移、改动城市照明设施；

(六)占用城市照明设施；

(七)其他可能影响城市照明设施正常安全运行的行为。

任何单位和个人不得擅自拆除、迁移、改动城市照明设施，确需拆除、迁移、改动城市照明设施的，建设单位应当经市市政市容行政主管部门同意。拆除、迁移、改动城市照明设施的费用由申请单位承担。

第二十一条　城市道路照明设施附近的树木和带电物体的安全距离不得小于1.0米。因树木自然生长致使安全距离不符合规定或者影响照明效果的，市市政市容管理行政主管部门应当及时与市林业绿化行政主管部门协商处理。

因自然灾害和其他原因严重危及城市照明设施安全运行，为紧急抢险确需改动道路、花坛、草坪或者砍伐、修剪树木的，应当采取紧急措施进行处理，并及时告知相关部门补办手续。

第二十二条 因机动车交通事故或者其他原因损坏城市照明设施的，市公安交通管理部门应当及时通知市市政市容行政主管部门，由市市政市容行政主管部门处理市政设施维护、补救、赔偿等相关事宜，造成交通事故的由市公安机关交通管理部门按照相关交规处理。

第四章 罚 则

第二十三条 违反本办法第十二条规定的，由市城市管理综合执法部门责令限期改正。

第二十四条 违反本办法第十四条规定的，由市城市管理综合执法部门责令其限期改正，逾期不改正的，予以强制拆除，拆除所产生的一切费用由责任人承担。

第二十五条 违反本办法第二十条规定的行为，由市城市管理综合执法部门责令限期改正，逾期未改正的对个人处以50元以上200元以下罚款、对单位处以10000元以上30000元以下罚款。

第二十六条 盗窃、故意损坏城市照明设施，尚未构成犯罪的，由公安机关依照《中华人民共和国治安管理处罚法》的规定处罚；涉嫌犯罪的，移交司法机关处理。

第二十七条 违反本办法规定，造成城市照明设施损坏或者城市照明设施给他人造成人身伤害、财产损失的，应当依法承担民事赔偿责任。

第二十八条 市市政市容行政主管部门、市城市管理综合执法、市公安交通管理等部门及其工作人员有下列行为之一的，由其所在单位或者上级主管部门依法给予行政处分；涉嫌犯罪的，移交司法机关处理：

（一）违法实施行政处罚的；

（二）不依法履行职责，造成城市照明设施严重损坏的；

（三）违法批准拆除、迁移、改动城市照明设施的；

（四）路灯亮灯率长期达不到规定要求的，造成不良影响的；

（五）有其他滥用职权、玩忽职守、徇私舞弊行为的。

第五章 附 则

第二十九条 本办法自2014年12月1日起施行。

政府规范性文件

关于印发拉萨市党的群众路线教育实践活动总结的通知

各县（区）委、市（区）直各单位党组（党委）党的群众路线教育实践活动领导小组：

现将拉萨市党的群众路线教育实践活动总结印发给你们，请结合实际，抓好学习贯彻落实。

市委党的群众路线教育
实践活动领导小组
2014 年 10 月 13 日

拉萨市党的群众路线教育实践活动总结

【概 况】 在中央第十巡回督导组的有力指导、区党委的坚强领导和区党委第一督导组的严格督导下，拉萨市教育实践活动从 2013 年 8 月提前介入开始，到 2014 年 10 月中旬结束，整个活动进展有序、扎实深入。一是点面结合、全员参加，活动覆盖到位。全市第二批教育实践活动自 2014 年 1 月 23 日在全区地市启动以来，市“四大班子”、8 个县（区）、65 个市（区）直单位、65 个乡镇（街道）、227 个行政村、40 个社区、267 个驻村（居）工作队、50 个非公经济组织和社会组织、168 个驻寺庙点、186 个便民警务站参加活动，覆盖到全市 121 个党委、59 个党总支、1533 个党支部、40602 名党员，实现了全市党组织和党员干部的全覆盖。二是明确目标、细化任务，安排部署到位。区党委常委、市委书记齐扎拉同志亲自审定《拉萨市党的群众路线教育实践活动实施方案》，对活动总体要求、重点任务、活动载体、活动范围、方法步骤、组织领导等方面作出了明确规定。把中央和区党委的部署要求与拉萨实际紧密结合，既着眼解决“四风”“两问题”“一薄弱”的共性问题，又着重解决“三不够”的地方病；既贯穿总要求，又贯穿“高标准、强红线、明目标、重领域、严要求”的具体原则；既严格抓好区党委 10 个活动载体，又设计出符合拉萨实际的 4 个“自选动作”，全市教育实践活动充分体现中央精神、符合西藏实际、突出拉萨特色。三是高度重视、指挥有力，组织领导到位。成立了以齐扎拉书记为组长、副书记和常委为副组长、有关部门主要领导为成员的市委教育实践活动领导小组，抽调 110 名优秀干部组成领导小组办公室和市委督导组，由市委常务副书记任领导小组办公室主任，由 7 名市委常委担任市委督导组组长。参加活动的部门单位也分别成立相应的领导班子和工作机构，制定工作方案，分层级成立 90 个活动督导组，加强组织协调和督促检查，形成一级抓一级、层层抓落实的工作格局，为教育实践活动开展提供坚强组织保障。四是把握要求、强化措施，任务落实到位。准确把握中央和区党委确定的方法步骤、目标要求，采取行之有效的措施，狠抓各项任务的落实。广大党员干部普遍开展了马克思主义群众观点教育、广泛征求了群众意见、认真解决了一批群众反映强烈的突出问题、以整风精神召开了专题民主生活会和组织生活会、集中力量打好专项整治攻坚战、落实了各项整改任务、下大力气解决“一薄弱”问题、制定了一批以转作风、改作风为重点的工作制度，高质量完成了各个环节的工作任务。

【先行先试、提前谋划，切实打牢教育实践活动工作基础】 一是站正群众立场，提早部署工作。认真贯彻落实中共十八大精神，以 2013 年市委 1 号文件下发了《关于进一步做好新形式下群众工作的意见》，成立市委群众工作领导小组和群众工作部，健全市、县、乡三级党的群众工作机制，在全市开展党员干部深入基层、融入群众的“三进四同三一”活动，为教育实践活动奠定了群众基础。二是树立群众观点，提前介入活动。2013年8月至12月，从“抓学习、抓调研、解民忧、照镜子”四个方面入手，先行开展了第一批教育实践活动，成立324个市县两级调研组，历时40天深入到各基层单位、窗口服务部门、行业系统开展调研，形成调研报告213篇，收集梳理意见建议222条，即知即改77条。589名县级以上干部累计深入基层、群众家中入住9740天，撰写民情日记1150篇，办实事好事1369件，涉及金额760万元，为开展好第二批教育实践活动奠定工作基础。三是把握目标任务，先行先试探索经验。第二批教育实践活动，市委超前谋划部署每个环节任务，切实加强指导，在学习征求意见和组织生活会工作中，分别由副地级以上领导、市县督导组在县（区）、乡镇（街道）、村（居）、寺庙、行业系统、企业建立不同层级的联系点，开展了3轮次先行先试工作、对活动中出现的苗头性、倾向性、潜在性问题及时分析研判、解剖麻雀，提出有效的预防和解决对策，探索具有推广性的工作经验。

【狠抓学习、强化教育，切实做到理论武装贯穿始终】一是拓展内容，丰富学习形式。采取集中学、个人自学、专题讨论、实践参观等形式深入学习习近平总书记系列重要讲话精神和教育实践活动规定的21个篇目及拉萨自选篇目。全市党员干部累计开展集中学习5896场次、总人数达到126326人次、撰写体会77242篇，党组织书记讲党课828场次，观看专题教育和廉政教育警示片1811场次，参观爱国主义教育和廉政教育基地1069次，党员参学率达100%，深化了思想认识。二是突出重点，深入学习研讨。组织贯穿活动始终的6个单元“读原文、学原著、悟原理”集中学习活动，学习研讨习近平总书记系列重要讲话精神特别是“治国必治边、治边先稳藏”的重大战略思想和俞正声主席“依法治藏、长期建藏”的重要指示，强化学习主线。把学习弘扬焦裕禄精神与争当人民好公仆结合起来，制定《全市党员干部学习焦裕禄争做好公仆实施方案》，分领域开展系列研讨活动3000场次，突出学习红线。三是立足实践，强化学习实效。组建市委讲师团、县（区）宣讲组、驻村工作队和寺庙工作组4个层面的宣讲小组528个，开展形式多样的宣教活动，累计深入乡镇、村居、学校、寺庙、军营、机关和企事业单位开展巡回宣讲5000余场次，印发各类藏汉文学习宣传资料3.5万余册，手机短信平台60期，受众达到60余万人，教育实践活动家喻户晓、人人皆知。

【深入基层、结对认亲，切实做到调动群众积极参与】一是教育和实践相结合。党员干部广泛开展“三进四同三一”活动，边学边查边改，推动学习成果转化为直接联系服务群众的实际行动，全市64名地厅级干部、1072名县处级干部、6251名乡科级干部，共结对认亲交朋友8249户，平均在群众家中入住7天，办好事实事3816件、涉及资金390.15万元，有力调动了群众参与活动的积极主动性。二是拓宽联系点和结对范围。全市地级以上党员干部在联系指导1县（区）、1乡（镇、街道）、1村（居）、1寺庙、2—3户农牧民群众的基础上，分别增加1家国有企业或改制企业、民营企业为联系点。持续深化驻村、驻寺、选派机关干部到村（居）任职第一书记工作，建立完善网格化、双联户社会服务管理模式，着力将教育实践活动推进到寺庙管委会、驻村工作队、网格和联户单元中。三是深入基层广泛调研。17名常委班子成员结合各自联系点和分管工作，先后45次深入基层一线，连续驻县进村召开村级班子座谈会26场次，深入联系点均在7次以上。市人大、市政协深入一线开展人大代表、政协委员大走访问需问计，市政府到基层群众中开展“五访活动”关注民生发展。广大党员干部深入社区、寺庙、企业、农牧区认真调研，面对面听取基层党员群众意见建议，撰写民情日记8450余篇、调研报告7300余份。

【广纳意见、深挖细照，切实做到找准找实存在问题】一是敞开大门征求意见。广泛采取座谈会、民主评议、调查问卷、设置意见箱、督导组反馈、媒体平台、交友谈心等形式征集群众意见，各单位各部门普遍开展了5轮次以上的征求意见建议活动，累计召开征求意见座谈会8000余场次，直接参与提出意见建议的群众达数10万人，梳理归纳各类意见建议3740条。二是联系群众征求意见。充分发挥2000多名驻村驻寺干部、186个便民警务站、636个网格、17009个“联户单元”和500多名“第一书记”、大学生村官作用，面对面、心贴心地听取基层群众意见，并逐一梳理归纳，征求意见工作不漏村不漏户、不漏行业不漏人。三是拓宽范围征求意见。组织开展交叉巡回、异地征求意见活动，征集对市“四套班子”、交叉县（区）、交叉单位领导班子及班子成员的意见建议347条，意见建议广泛真实。从过去三年各级人大代表、政协委员的建议和提案中梳理出群众反映强烈的问题125个，征求意见工作横向到边、纵向到底。四是深挖细照查摆问题。认真对照中央教育实践活动办梳理的37条问题和区党委活动办列举的关于“四风”“两问题”“一薄弱”等方面问题，按照“六查”“三看”要求，共查摆出全市各级领导班子及成员的问题42085条，找准找实了全市各级党员干部作风方面的突出问题。

【严肃诚恳、动真碰硬，切实做到批评与自我批评不走过场】 一是精心部署，各级专题民主生活会准备充分。集中学习了习近平总书记指导兰考县委常委班子专题民主生活会时的重要讲话精神、中央政治局常委联系点党委班子专题民主生活会经验做法和陈全国书记参加贡嘎县委常委班子专题生活会时的讲话精神，为开好专题民主生活会做足了充分思想准备；按照“四必谈”的要求，用1个月左右时间，开展了4轮以上谈心谈话，达到了“六个谈透”的目的；对照检查材料按照中央提出的具体标准进行撰写修改，做到了见人见物见思想，有深度、像自己，市委常委班子对照检查材料进行了8轮次大的修改，齐扎拉同志对照检查材料修改了13稿，县级党委（党组）班子和成员的对照检查材料普遍都修改了10稿以上，最多的达到21稿，专题民主生活会准备充分。二是严肃党内政治生活，专题民主生活会质量高。以中央政治局和区党委常委会为榜样，全市65名省、地级干部联系指导了县级党委（党组）班子专题民主生活会，565名地县级干部指导了专题组织生活会。各级党组织以整风精神召开了专题民主生活会和组织生活会，提意见开诚布公、相互批评不留情面，敢于揭短亮丑、真刀真枪、见筋见骨，点准了穴位，戳到了麻骨，开出了辣味，起到了脸红心跳、出汗排毒、治病救人、加油鼓劲的作用。市委常委班子专题民主生活会，每名班子成员都接受了20条左右的批评意见，各单位、各部门专题民主生活会和组织生活会平均每人自我批评20条以上、批评他人3条以上。专题民主生活会结束后，各级党组织均及时召开情况通报会，在一定范围内向干部群众进行了通报，市委还以文件形式向全市通报了会议情况。三是民主评议找差距，干部群众反响好。制定机关和企事业单位，村（居）和非公有制经济组织、社会组织，窗口单位和服务行业，执法监管部门等4类民主评议党员测评表，围绕发挥先锋模范作用、遵守党的纪律、履行党员义务、履行岗位职责等开展党员评议工作，覆盖率达到100%。结合民主评议情况和平时掌握的党员实际表现对每名党员提出了评定意见，全市评定为好、一般、差的党员分别占71.66%、28.28%、0.06%。

【立说立行、真抓实改，切实做到以活动成效取信于民】 一是做到“四个回应”，落实整改责任。按照“四个回应”的要求，全市各级党组织制定“两方案一计划”和为民办实事好事清单1753份，全部党员制定了个人整改清单，做到可整改、可监督、可检查。市委常委班子明确了32项整改落实任务、32项专项整治任务、16个方面制度建设计划、45件为民办实事好事，并率先在拉萨市电视台等媒体进行了公示，各单位各部门整改落实方案、整改清单均按照要求在一定范围进行了公示。二是狠抓专项整治，解决突出问题。对中央确定的21项专项整治任务和区党委明确的10个方面整治要求，打出“组合拳”，刹住了“四风”蔓延势头。全市会议同比减少21.2%，文件同比减少43.5%，评比达标表彰活动同比减少9.1%；“三公经费”同比减少33%；取消行政审批事项14项、下放行政审批事项111项；严肃查处“吃拿卡要”问题1起、处理1人，查处“慵懒散拖”问题36起，涉及工作人员108人；清理清退公务用车30辆、调整清理办公用房5355.05平方米，全面叫停已批准但尚未开工建设的楼堂馆所项目；减少收费、罚款项目134项，查处乱收费、乱罚款、乱摊派问题1起5人，涉及金额24.24万元，清理吃空饷人员2人，清理违规在企业兼职党政领导干部54名，党员干部的作风明显改进。三是坚持建章立制，固化活动成果。紧紧抓住“长”“常”二字，坚持立破并举，抓好了制度废、改、立、建工作，在承接中央和区党委制度的基础上，进一步研究了16个方面的制度建设计划，并分解落实到市委班子成员和具体责任部门，督促各单位各部门制定好配套制度，做好上下衔接，用制度进一步密切同群众的血肉联系，党员干部按规矩办事用权意识逐步增强。全市累计废止制度99项，修订完善制度1591项，新建制度739项，拟建制度810项。四是强化制度执行，坚决正风肃纪。截至2014年9月15日，严肃查处违反中央八项规定的违纪行为13起、给予处理20人；受理群众信访举报73件次，给予党纪政纪处分25人，收缴各类违纪资金297.78万元；开展督导检查808次，共督查单位6717个(次)，现场发现并纠正问题139起，受理办结作风效能方面的投诉举报9件，制度执行力和约束力得到增强。

【集中整顿、建强组织，着力解决基层组织薄弱问题】 市委把解决"一薄弱"问题作为教育实践活动的重要任务，采取有力措施，着力夯实基层基础。一是集中整顿软弱涣散基层党组织。在调研摸底基础上，对99个软弱涣散基层党组织(其中，村(居)党支部40个)进行了集中整顿，调整村(居)"两委"班子成员53名，选派62名优秀年轻机关干部到村(居)任职，培养村级组织后备干部1957名，对10名违法违纪的村(居)干部进行了处理，转化升级率100%，群众满意度达到96.7%以上。二是抓好村(居)"两委"换届工作。市委及时召开会议，制定换届工作意见，周密安排部署，逐级成立了换届工作领导小组，对684名县乡两级干部进行换届业务知识培训工作，完成了城关区当巴社区、达孜县尊木采村和当雄县堆灵村3个试点村换届工作，全市村(居)"两委"换届工作进展顺利。三是夯实基层工作基础。坚持工作重心下移，推动人财物向基层流动，全市各县(区)整合资金4000多万元，改造新建村级组织活动场所12座，在乡村两级建立综合性便民服务点130个。市县两级财政增加投入942.71万元用于提高村(居)干部误工补贴，农牧区村级组织运行经费每年达到2万元以上，城市社区运行经费每年达到20万元以上，充分调动了村(居)干部工作积极性，为村级组织正常运转提供了有力支持。

【突出特色、创新载体，切实做到活动有亮点接地气】 一是落实区党委要求，深化十项载体。全市各级党组织坚决贯彻落实区党委的工作要求，充分用好10个活动载体，不断推进联系服务群众制度化长效化。干部驻村驻寺、网格化管理、"先进双联户"创建评选工作进一步深化，广大干部联系服务群众能力得到提升，为群众创造了安全稳定的社会环境、提供了优质便捷服务，夯实了城乡发展的稳定基础。累计开展各类学习宣讲活动9613场次、参与群众达94156人，结对群众16116户，投入资金1.18亿元，为群众办实事21733件，基层服务型党组织建设得到全面加强。二是立足拉萨实际，用好四个抓手。持续深化开展"共产党员志愿者示范城创建""四业工程""民族团结先锋""八看、一算账、一揭批、四增强"4项活动。成立66支党员志愿服务队、发放便民服务卡6万张，开展了1万余场次志愿服务活动，发挥了党员主体作用；培训农牧民群众16944人次，劳务输出13.69万人、收入达到3.6亿元，把改善民生作为开展教育实践活动的重要实践；2万余名党员与群众结成民族团结对子20044对，投入9164万元办实事9397件，促进民族团结进步事业发展；在农牧区开展集中宣讲活动800多次，引导群众听党话感党恩跟党走。三是医治地方病症，解决三个问题。市委突出问题导向，对全市党员干部在作风方面的问题进一步聚焦，抓住要害解决全市党员干部存在的心浮气躁、学习不够，但求无过、担当不够，按部就班、落实不够"三不够"问题；按照党员干部转作风、提能力的目标，提升党员干部"三严三实"、引领群众、创新奋进、求是务实、依法治理"五个能力"；结合推进拉萨跨越式发展和长治久安的繁重任务，点准穴位，明确要求全市党员干部尽到维护稳定、保护生态、引领发展、繁荣文化、勤政为民、加强党建的责任，夯实党的执政基础。四是延伸工作手臂，创新两项活动。制定《关于在教育实践活动中开展"五心教育"的实施方案》，以"五心教育"为实践载体，组织开展大力弘扬焦裕禄精神专题讨论、承诺践诺等活动358场次，区党委陈全国书记对"五心教育"活动作出重要批示。组织邀请240名区直机关和其他地市地厅级离退休老干部和全市1200名离退休老干部代表开展"看新貌、作对比、讲党性"开展为期2周的学习教育实践活动，发挥老干部密切联系群众的独特作用。

【从严要求、真督实导，切实做到教育实践活动不走过场】 一是从严从实督导。教育实践活动中，市委派出7个督导组，县乡两级派出73个督导组，各级督导组唱黑脸、当包公，坚持严的标准，采取严的举措，紧紧围绕关键环节、重点工作，深入督导单位、基层一线，随机调研、明察暗访，实地了解情况、听取意见，发现问题、督促整改，普遍深入被督导单位在200次以上，中央精神和区党委部署落实到“末梢神经”。二是强化分类指导。活动一开始就印发了《关于在党的群众路线教育实践活动中进一步加强分类指导的通知》，制定了政法、教育卫生、企业、监管执法、基层农牧区、“两新组织”等6个分类指导实施方案，按照不同层级、不同领域、不同对象把分类指导工作具体化，同时，组建了27个行业系统和窗口服务单位督导组加强工作指导。三是严格“回头”督导。在活动中层层压紧每一个环节的工作任务，坚持一步一回头、一步一检查，集中开展了4轮次“回头看”活动，确保活动实效。四是坚持统筹督导。把教育实践活动与维护稳定工作、村（居）“两委”换届工作紧密结合起来，把“三项任务”的督导责任统一起来，形成督导工作合力，以教育实践活动的成效巩固了社会的稳定局面和换届的顺利推进。

【突出导向、深化宣传，营造教育实践活动浓厚氛围】 一是全方位宣传中央精神和区市党委工作部署。大力宣传习近平总书记系列重要讲话精神、党的十八大和十八届三中全会精神、中央关于教育实践活动的部署要求；大力宣传教育实践活动的重大意义、进展情况、成功做法、先进经验，宣传区市党委教育实践活动安排部署，用正确的舆论导向引导活动深入开展。二是形式多样营造舆论氛围。制定《拉萨市深入开展党的群众路线教育实践活动新闻宣传工作方案》，召开中央驻藏、区直新闻媒体协调会，拉萨市媒体联席会，借助各类媒体平台扩大宣传效果。在西藏日报、拉萨电视台、拉萨晚报、党建手机报等主流媒体，全程开设了《教育实践活动进行时》《牢记为民宗旨、践行群众路线》《率先垂范转作风》等专题专栏，形成每天有报道、每周有评论、每月有综述的宣传工作格局，营造了活动的浓厚氛围。三是选树典型引导社会新风。总结推广丹杰林社区“五心教育”、当雄县政务服务大篷车进牧区等好经验好做法，促进各县（区）各单位工作经验交流；宣传报道优秀驻村工作队员阿旺卓嘎、救人英雄强巴曲扎等优秀共产党员践行党的群众路线、为民务实清廉的先进典型事迹；开展拉萨市第一届“最美人民警察”评选活动，对60名候选人进行广泛宣传，树立社会新风。活动开展以来，驻藏中央媒体、区直媒体共刊发报道拉萨市教育实践活动新闻稿件250篇、撰写评论员文章25篇，市属媒体共（播）发新闻报道2862条。人民日报刊发的《畅通渠道听意见、纠建并举接地气》、中央人民广播电台刊播的《拉萨市以群众满意指数促整改》、西藏日报刊登的《用真诚打开群众参与的大门》等宣传拉萨市教育实践活动的相关报道，在区内外引起强烈反响。

【坚定了理想信念，树立了正确的价值观】 各级各部门以教育实践活动为契机，深入抓好思想理论建设这个根本，突出抓好理想信念教育这个关键，着重抓好党性教育这个核心，努力抓好道德建设这个基础，强化习近平总书记系列讲话这条主线，开展学习5896场次、撰写心得体会77242篇，制定了《2014–2018拉萨干部教育培训规划》，形成了党员干部受教育提思想的长效机制，为接受“四大考验”夯实思想基础，牢固树立正确的权力观、事业观、价值观，更加坚定了道路自信、理论自信、制度自信，广大党员干部在思想上提了“神”，在精神上补了“钙”。

【增强了宗旨意识，提升了群众工作能力】 教育实践活动中，全市4万余名党员干部深入田间牧场、乡村社区、寺庙僧舍真诚倾听群众呼声，创新联系群众方法，对市情民意有了更深刻的理解；15186名党员干部走进农牧区认“家门”与16116户困难家庭结成帮扶对子，组织1549个培训班开展藏汉双语学习，提高了做好群众工作的本领；全市新增服务中心99个，实现了市县乡村四级便民服务的基本覆盖，各单位各部门普遍制定了密切联系服务群众的机制和措施，进一步增进了同群众的感情，拉近了同群众的距离，看到了在联系服务群众中的差距，宣传群众、组织群众、带领群众抓发展、保稳定、促跨越的能力更加过硬，广大党员干部受到了马克思主义群众观点的深刻教育，贯彻党的群众路线的自觉性和坚定性明显增强。

【坚定了政治立场，严明了党的政治纪律】 全市各级党组织始终把党员干部政治立场坚定、政治纪律严明作为贯彻落实党要管党、从严治党的重要举措，作为贯彻落实党的政治纪律、财经纪律、廉政纪律的重要内容，作为培养、选拔、任用干部的第一标准，坚决贯彻落实中央关于教育实践活动的精神要求和安排部署，严肃查处了党员干部违反中央八项规定和区党委“约法十章”“九项要求”及市委八项要求的一批违纪问题。有力增强了同以习近平同志为总书记的党中央保持高度一致的自觉性和坚定性，切实形成了全市上下与党中央步调一致、贯彻区党委决策不打折扣、努力奋发进取的强大力量。

【转变了工作作风，密切了党群干群关系】 各级党组织坚持边学边查边改，完成了全市32项专项整治任务，对作风之弊行为之垢进行了大排查大扫除，建立了一大批抓作风促工作、抓工作强作风的规章制度，扎紧了制度笼子，强化了对不良作风的刚性约束，人民群众看到了我们抓作风转作风的坚定决心。广大党员干部大力弘扬党的优良作风和“老西藏精神”。2014年以来，全市超过80%的干部主动放弃了年休假，以“白加黑”“五加二”工作精神，坚守工作岗位。在“8·09”尼木特大交通事故抢救和善后工作中，市委、市政府坚决贯彻党中央、国务院的重要指示精神和区党委、政府的重大决策部署，全市247名党员领导冲锋在前，连续昼夜工作，仅用5天时间圆满完成了善后处置任务，受到了遇难者家属的高度赞誉，以实际行动巩固了党和人民患难相依、生死与共的血肉联系，密切了党群干群关系。

【整改了突出问题，回应了人民群众期盼】 把解决群众反映强烈的突出问题作为重点任务狠抓落实，着力打通联系服务群众的“最后一公里”，形成了工作资源服务群众的良好导向，改作风改到了群众心坎上。出租车、公交车营运管理混乱问题整改，色拉天葬台周边环境整治，流浪狗无人管理的问题的解决，以政府补贴形式平抑牦牛肉、酥油、蔬菜等生活必需品物价，购置200辆平价蔬菜直销车进社区活动，制定实施《拉萨市振兴教育教学质量三年行动计划》，全面加快拉萨教育城建设，江苏、北京援建实验学校实现入学招生，在全区率先开展的“先诊疗、后结算”和“一卡通”试点工作、建立预防接种规范门诊，推进针对群众反映强烈的城关区嘎玛贡桑社区“明年路”建设，大力实施老城区保护工程（对老城区7条街区进行风貌保护，对56座古建大院进行保护性修复，对157处违法违章建筑进行综合整治，群众支持率、满意率均达100%）等一大批多年积累的矛盾和问题的有效解决及全面实施的“树上山”“河变湖”“暖入户”“四业工程”等一系列惠民工程，赢得了全市各族群众的坚决拥护和广泛赞誉。

【提升了党建水平，夯实了党的执政根基】 以整顿软弱涣散党组织和村（居）“两委”班子换届为抓手，全面落实“一把手”从严治党的责任。狠抓农牧区、城市社区、社会组织和非公经济党组织建设，派出40个由县级干部带队的工作组，集中整顿软弱涣散党组织99个，新建网站党支部14个，建立健全基层党组织工作制度647项，推进了各领域党建工作。研究制定《2014年全市基层党组织带头人培训计划》，大力实施转业军人扎根乡镇计划，把机构编制向乡镇倾斜，全面建设乡镇纪检队伍。制定《拉萨市发展党员工作手册》，全市党员实现“一人一档”，探索建立党员进出机制，处置不合格党员6名，14名预备党员延期转正，促使党员队伍结构进一步优化，基层党组织战斗力明显提升，不断夯实党的执政根基。

【加强了民族交融，促进了民族团结进步事业发展】 牢牢把握民族团结是西藏各族人民的生命线，在教育实践活动中着力开展民族团结工作，全市民族团结进步事业取得了长足发展。以法律形式规定每年9月为“民族团结进步月”、9月17日为“民族团结进步节”，《拉萨市民族团结进步条例》更加深入人心；修缮和建设关帝格萨拉康、根敦群培先生纪念馆、清政府驻藏大臣衙门旧址陈列馆及拉萨市反分裂斗争展示厅，使之成为重要的爱国主义教育基地；《文成公主》大型实景剧社会知名度稳步提升，探索和创新了做好新形势下民族团结工作的新路子。共产党员民族团结先锋活动、共青团员民族团结闪光行动和少先队员民族团结牵手行动等活动载体发挥了积极的作用。2014年全市63家单位、75名个人荣获“年度民族团结进步模范集体、模范个人”荣誉称号，评选出20户“民族团结进步模范家庭”，呈现出各民族和睦相处、和衷共济、和谐发展的良好局面。

【充分发挥首府城市首位度作用，推动了跨越式发展和长治久安】 持续深化实施“五大战略”，首府城市首位度作用得到充分发挥。2014年1—8月，全市完成固定资产投资238亿元，同比增长20%；公共财政预算收入完成35.69亿元，同比增长33.7%；城镇居民人均可支配收入17500元，同比增长9%；农牧民人均纯收入5483元，同比增长18%，经济提速跨越、发展势头强劲,《拉萨市全面深化改革2014年工作要点》涉及的6个方面45项改革任务扎实推进。坚决贯彻落实自治区十项维稳工作制度,高度自觉地做好了维护稳定工作,确保了全市"三不出"的目标,社会持续稳定。《中国公共服务蓝皮书》课题组对全国38个城市的问卷调查和数据分析显示:2014年拉萨市基本公共服务满意度位列全国38城市之首,其中公共交通、公共安全、基础教育、社保就业、医疗卫生、城市环境、文化体育、公职服务、GDP杠杆指数9项指标位列第一,全市呈现出经济发展、社会稳定、民族团结、宗教和谐、人民安居乐业的好局面。

根据区党委第一督导组分别对拉萨市8县(区),40个乡镇(街道),91个市、县直部门开展的教育实践活动群众满意度测评结果显示:拉萨市教育实践活动总体评价"好"的占总测评票数的95.37%、"较好"的占4.13%、"一般"的占0.47%、"差"的占0.03%。取得以上工作成绩,一是归功于党中央的正确领导。中央政治局带头开展活动,政治局常委同志分别建立活动联系点,习近平总书记和其他中央领导同志在活动的关键节点和环节多次发表重要讲话、作出重要批示,为深入推进教育实践活动提供了重要遵循。二是得益于中央第十巡回督导组的有力指导。以杨崇汇同志为组长、李佑才同志为副组长的中央第十巡回督导组把当雄县确定为活动联系点,全程认真指导、严格把好关口、有效传导压力,先后4次克服高原反应到拉萨市指导活动,听取市委和当雄县委关于教育实践活动的工作汇报,为推动拉萨市教育实践活动有序有效开展发挥了重要作用。三是得益于区党委的坚强领导。区党委高度重视教育实践活动,带头制定并落实转变作风的"约法十章""九项要求",为拉萨市开展教育实践活动作出了行动示范。陈全国书记以身作则、以上率下,针对不同环节不同任务先后提出了"九严""十个坚持""七破七立""八个坚持不懈"等工作要求,为拉萨市教育实践活动提供了重要指导。活动开展以来,陈全国书记深入拉萨市城关区社区调研指导活动、看望慰问群众,极大增强了全市搞好教育实践活动的信心。洛桑江村主席、吴英杰常务副书记、邓小刚副书记、梁田庚常委、王瑞连常委等自治区领导分别在拉萨市建立联系点或指导活动开展。区党委活动办对拉萨市教育实践活动每个环节、每项任务都给予指导,及时帮助解决活动中出现的困难和问题,确保了拉萨市教育实践活动方向正确。四是得益于区党委第一督导组的严格督导。以自治区人大常委会副主任赵正修同志为组长、环保厅书记王亚蔺同志为常务副组长、区妇联副主席刘莎同志为副组长的区党委第一督导组认真履职尽责,从严从实督导,全程参加指导了市"四大班子"教育实践活动。督导组9名同志分组分批,历时50多天,先后深入8个县(区)、28个市直单位,46个乡镇(街道)、55个村(社区)、11个寺管会等基层一线看望慰问群众、实地了解情况、督促整改落实。累计参加拉萨市各类学习会议100余场次,大型活动16场次,累计个别谈话368人次,与基层干部群众座谈交流98场次,审核各类材料2000余份,参加各级党组织专题民主生活会和组织生活会100余场次,组织群众满意度测评大会139场次,是拉萨市教育实践活动扎实开展的重要保障。五是得益于市委的强有力推进。市委把开展教育实践活动作为首要的重大政治任务贯彻落实,靠前指挥、强力推进。齐扎拉书记先后12次主持召开常委会、市委教育实践活动领导小组会议等,传达学习中央有关精神和区党委工作要求,研究部署工作,严格按照标准部署落实活动、按照规定程序步步推进,按照标准督促检查,形成强大的推动力量和示范效应。六是得益于广大群众的积极参与。全市各级党组织坚持开门搞活动,充分调动了群众参与活动的积极性,广大群众的积极参与保证了活动各个环节各项任务的有效落实,保证了活动成果惠及于民,是教育实践活动取得成效的关键所在。七是得益于全市各级党组织和党员干部的贯彻落实。各级党组织负责同志切实把责任扛在肩上,狠抓各项任务的落实,上下联动、整体衔接。全体党员干部主动把自己摆进来,以良好的精神状态参加教育实践活动,自觉克服各种思想障碍和畏难情绪,以改进作风的实际成效取信于民。

【必须坚持领导带头,落实管党治党责任这个要求】 教育实践活动中,市委以强烈的政治担当履行抓党建、强作风的责任主体,以中央政治局为榜样、认真学习中央政治局常委同志联系点经验做法,以区党委常委会特别是陈全国书记为标杆,作出"十个带头"承诺,齐扎拉书记等市委领导同志以普通党员身份认真开展每一环节活动,带动全市各级党组织切实履行领导职责,形成以上率下反"四风"的示范带头和强大推动力。实践证明,加强和改进作风建设,必须做到管党治党守土有责,从领导机关、领导班子、领导干部抓起,从主要领导做起,一级带着一级干,一级做给一级看,为党员干部做出样子,让各族群众增强信心。

【必须坚持知行合一,抓好教育与实践结合这个支撑】 集中教育活动需要提高认识,更需要付诸行动,以新的思想认识推动实践,又以新的实践深化思想认识。市委在教育实践活动中,一手抓学习教育,深化思想认识,强化宗旨观念,正本清源、固本培元;一手抓立行立改、解决问题,实现好、维护好、发展好人民群众的根本利益,以知促行、以行促知,推动思想自觉与行动自觉的有机统一。实践证明,加强和改进作风建设,必须坚持教育与实践并重,切实解决党员干部世界观、人生观、价值观这个"总开关"问题,切实解决密切联系群众的行动问题,不断让思想自觉引导行动自觉,让行动自觉深化思想自觉,才能抓得实、做的深、走得远。

【必须坚持严格标准,把握从严从实要求这个关键】 标准决定质量,只有高标准才能高质量。各级党组织在教育实践活动中坚持高标准严要求,坚持海拔高要求更高、艰苦不降标准、缺氧不缺精神,把从严从实的要求贯穿活动始终,对每个环节、每项工作都坚持严督实导,对存在的问题及时查处,对党员干部特别是领导干部的对照检查提出具体标准,对专题民主生活会和组织生活会提出明确要求,对整改项目实行台账管理,完成一个销号一个。实践证明,只有严要求、动真格、真实抓、抓真实,才能真正达到预期目的。

【必须坚持问题导向,切实达到转变作风这个重点】 全市各级党组织突出问题导向,聚焦拉萨市党员干部在作风方面的共性问题和个性问题,以反对"四风"、解决"两问题""一薄弱""三不够"为突破口,以点带面、抓住要害、集中发力、持续用劲,对群众反映强烈的共性问题,按照中央要求集中专项整治,对制约拉萨改革发展稳定工作的"地方病"采取措施深入解决,对顶风违纪现象,严肃责任追究,加大查处力度。实践证明,教育实践活动必须找准靶子、点中穴位,抓住干部群众的关注点,才能使党风政风有一个大的转变,才能以优良作风凝聚起各族干部群众共谋发展的强大动力。

【必须坚持整风精神,用好批评和自我批评这个武器】 批评与自我批评是解决党内矛盾、清除党内各种政治灰尘和政治微生物的有力武器。全市教育实践活动贯彻和体现了整风精神,恢复和发扬了批评和自我批评的优良传统,讲政治、讲原则、讲规矩,召开了高质量、有辣味的专题民主生活会、组织生活会,帮助党员干部分清是非、明辨真假、坚持真理、修正错误、统一意志、增强团结。实践说明,批评与自我批评这个重要法宝永远不能丢、只有大胆使用、经常使用、用多用好,才能严肃党内的政治生活,才能增强自我净化、自我完善、自我革新、自我提高的能力,才能风清气正,才能心齐事成。

【必须坚持制度约束,实现作风建设常态长效这个目的】 这次教育实践活动,不仅是一场思想上的洗礼,也是一次制度机制上的变革。市委坚持破立并举,建立健全了体现群众意愿的科学民主决策、党员干部直接联系群众、政务公开等制度,做到用制度管权、管事、管人,扎紧了制度笼子,强化了对不良作风的刚性约束。同时,增强制度的执行力,坚持制度面前人人平等、执行制度没有例外,维护制度的严肃性和权威性,对违反制度踩"红线"、闯"雷区"的,坚持零容忍,发现一起查处一起。实践证明,作风问题具有反复性和顽固性,只有通过制度建设建立长效机制,作风之弊、行为之垢,才能得到根治。

【必须坚持敞开大门,牢牢把握群众参与这个原则】 各级党组织始终把群众满意作为重要衡量标准,把开门搞活动作为重要方法,坚持全过程开大门、真开门,虚心听取群众意见,引导群众帮助党员干部查摆问题、监督整改、评议效果,形成了与群众的良性互动,使活动成为群众支持、群众检验、群众满意的民心工程。实践证明,加强和改进作风建设,必须面向群众、依靠群众,充分调动领导干部和广大群众两个积极性,使改进作风建立在更广泛、更强大、更持久的民意基础上,接受群众检验、得到群众认可。

【必须坚持因地制宜,注重用好分类指导这个方法】

教育实践活动总标准要一视同仁，中央精神要求和区党委部署安排必须不折不扣，但也要处理好具体与普遍、共性和个性的关系。市委坚持因地制宜、分类指导，针对不同层级、不同领域、不同对象提出不同的目标要求，全市各部门各单位结合实际制定活动实施方案，针对不同对象病灶，辩证施治、对症下药。实践证明，只有对不同层级分头部署、根据岗位特点制定方法，对不同领域各有侧重、从实际出发设计方案，对不同对象因地制宜、结合特点量身定制，才能避免“左右一般粗、上下一般粗”，确保各领域活动取得实实在在的成效。

【必须坚持探索实践，不断深化活动载体这个抓手】 科学的载体是活动深入扎实推进的重要手段。这次教育实践活动，各级党组织坚持以贯彻落实自治区十项活动载体和拉萨四项活动载体为有力抓手，着力解决“三不够”的地方病，并要求党员干部以教育实践活动为契机，提升“五个能力”、尽到“六个责任”。针对教育实践活动不同环节的不同特点和不同任务，开展党员干部“五心教育”和离退休老干部“看新貌、作对比、讲党性”学习教育实践活动，充分发挥了载体对活动的推进作用。

【必须坚持统筹兼顾，实现推动工作发展这个目标】 教育实践活动中，市委、市政府及全市各部门、各单位始终坚持两手抓、两促进，把开展活动同贯彻落实党的十八大和十八届三中全会精神、推动改革发展稳定工作、做好各行各业工作结合起来，呈现出抓作风强党建、谋改革促发展、保稳定强基础的生动局面。实践证明，加强和改进作风，必须着眼于坚持围绕中心、服务大局，以良好作风推动事业发展有机统一，把党员干部从作风建设中激发出来的热情转化为干事创业的动力，在推进拉萨跨越式发展和长治久安的实践中检验作风建设的成效。

【落实党要管党从严治党的责任】 一是建立健全党建工作责任制。制定各级党委书记、各部门党委（党组）书记落实从严治党第一责任人要求、各级各部门党委（党组）成员履行分管领域从严治党要求的工作责任机制，进一步完善党委抓、书记抓、各有关部门抓，一级抓一级、层层抓落实的党建工作格局，做到聚精会神抓党建。二是承担落实从严治党责任。坚持党建工作和中心工作一起谋划、一起部署、一起考核，继续深化每条战线、每个领域、每个环节的党建工作，抓具体、抓深入，防止一手硬、一手软，制定各级各部门党组织负责人特别是党委（党组）书记的考核制度。三是从严管理干部。按照党的原则和规矩办事，以严的标准要求干部，以严的措施管理干部，以严的纪律约束干部，重点加强“一把手”监督管理，严格把关干部选拔任用，加强责任追究。四是严明党的纪律。根据形势和党的建设需要不断完善纪律教育经常化的制度，落实党的政治纪律、财经纪律、维稳纪律等各项纪律要求，加大各级党组织和领导干部履行执纪职责的监督检查力度，采取管用的措施提高组织管理的有效性。

【推进思想建党和制度治党工作】 一是深化干部警示教育。建立警示教育常态化机制，让广大党员干部受警醒、明底线、知敬畏，敬法畏纪、遵规守矩，促进加强制度治党的过程成为思想建党的过程，加强思想建党的过程成为加强制度治党的过程。二是推进制度治党工作。做好中央和区党委制度配套衔接工作，做到彼此呼应，增强整体功能，增强制度执行力，制度执行到人到事，用制度管权、管事、管人。三是加大制度执行力。维护制度的严肃性和权威性，纠正有令不行、有禁不止的行为，制定约束“一把手”权力制衡和滥权问题的相关制度，并严加监督。

【持续深入加强和改进工作作风】 贯彻落实习近平总书记“敬终如始一鼓作气善作善成”的重要讲话精神和陈全国书记“八个坚持不懈”讲话要求，确保教育实践活动善始善终。一是继续征求群众对“两方案一计划”公示内容的意见建议，及时补充完善，抓好各项整改任务的落实；继续加大中央提出的21个和区党委确定的10个方面专项整治任务及全市各级党组织明确的专项整治任务的整改力度。二是继续大兴学习之风，突出思想教育重点，加强党性和道德教育，认真学习马克思列宁主义、毛泽东思想，特别是中国特色社会主义理论体系，用贯穿其中的立场、观点、方法武装头脑、指导实践、推动工作，引导党员干部始终不渝为中国特色社会主义共同理想而奋斗。三是把作风建设紧紧抓在手上，深入研究作风领域出现的新变化、新问题，及时出台相应的对策措施，继续改进思想作风、工作作风、领导作风、干部作风、生活作风，改进学风、文风、会风，加强治本工作，以最严格的标准、最严厉的举措治理作风问题，形成作风建设抓长抓细抓常的新常态。

【扎实推进党内生活规范化常态化】 一是认真总结、提升、固化这次活动以整风精神开展批评与自我批评的成功做法，抓紧研究制定完善民主生活会、组织生活会的相关制度，时刻自觉维护党中央权威，与党中央保持高度一致，营造良好的党内环境和民主氛围。二是进一步严格开会条件、规范会议程序、细化会议效果评价标准，对“一把手”带头开展批评和自我批评、班子成员逐一开展批评和自我批评提出硬性要求，按照民主集中制原则来设定和处理党内组织和组织、组织和个人、同志和同志、集体领导和个人分工负责等重要关系，严肃党内政治生活。三是建立并落实上级党员领导干部全程参加指导下级领导班子民主生活会、纪检监察和组织等部门负责同志全程指导把关的长效机制，严格执行党员领导干部双重生活会制度、“三会一课”制度，通过加强督促指导、从严从实把关，真正使批评和自我批评成为党内生活规范化、经常化、制度化的内容。

【注重成果转化凝聚强大力量】 坚持“与规律同行、与机遇牵手、与困难拼搏、与时间赛跑”的理念，勇于担当、敢闯敢拼，以教育实践活动为重要契机进一步推进拉萨的改革发展稳定大局。将教育实践活动的成果转化为把握大局、认识形势、分析事物的立场、观点和方法；转化为坚持党的群众路线的坚定信念；转化为自觉加强党性锻炼和修养、端正作风的实际行动；转化为爱岗敬业、尽职尽责、努力工作的精神动力；转化为适应改革发展的工作能力，凝聚起推进拉萨跨越式发展和长治久安的强大力量，建设美丽家园幸福拉萨。

党内通报

〔2013〕第 49 期

齐扎拉在拉萨市净土健康产业发展动员大会上的讲话

（2014 年 1 月 7 日）

这次拉萨市净土健康产业发展动员大会是市委、市政府决定召开的一次十分重要的会议。会议的主要任务是：认真贯彻落实党的十八大、十八届三中全会和中央第五次西藏工作座谈会精神，贯彻落实区党委八届五次全委会、全区经济工作会议和市委八届五次全委会精神，进一步统一思想、提高认识，分析研究拉萨市净土健康产业发展面临的形势和任务，安排部署拉萨市净土健康产业发展工作，奋力推动净土健康产业大发展，加快构筑科学发展新优势。

为开好这次会议，市净土健康产业发展领导小组在会前做了大量的调研和政策制定等准备工作，市委常委会、市委市政府联席会议专题听取了汇报，并对领导机构的建立、运行机制的创新、扶持政策的完善以及重大净土健康产业项目的建设进行了专题研究。自治区主要领导高度重视拉萨市发展净土健康产业，要求拉萨大胆试、大胆闯。可以说这次会议是区、市、县、乡四级联动，政企联动，准备工作充分。下面，我讲三点意见。

一、提高认识、深化理解，准确把握净土健康产业发展的重要意义

习近平总书记指出，“中国要强，农业必须强；中国要美，农村必须美；中国要富，农民必须富”。拉萨发展净土健康产业就是做强农业、致富农民、建设美丽乡村的活动实践。所谓净土健康产业，就是以青藏高原纯天然环境和无污染草原、耕地、水土为条件，以提高高原生态环境服务生命的效能和价值为核心，以推进高原有机农牧业生产为基础，以开发高原有机健康食品、高原有机生命产品、高原地道保健药材、休闲养生旅游和清洁能源为主体，以先进技术改造和提升传统产业为重点，以聚合多种独特资源，实现产业升级和效益倍增为目标的地域型、复合型产业。净土健康产业是满足社会公共服务、民生服务需求的朝阳产业和科技含量高、消耗低、污染少、可持续发展的低碳产业、绿色产业，融合第一、第二和第三产业的新兴产业。习近平总书记在西藏和平解放 60 周年时讲到“青藏高原是世界第三极，如果西藏也被污染的话，世界将无净土”。我们要深刻领会习近平总书记的讲话精神，充分发挥西藏水、土壤、空气、人文环境“四不污染”的高原独特优势，积极推进净土健康产业发展。

放眼全球，健康产业是世界性的朝阳产业。继信息技术革命成就 IT 产业之后，以生物技术为背景的新技术革命序幕正徐徐拉开，其对应的主导产业正是健康生物技术产业。国际经济学界把健康产业确定为一种市场前景“无限广阔的兆亿产业”。据统计，目前全球股票市值中，健康产业相关股票的市值约占总市值的 13% 左右。特别是在发达国家，健康产业已经成为带动整个国民经济增长的强大动力，美国的医疗服务、医药生产、健康管理等健康行业增加值占 GDP 的比重达到 17.9%，加拿大、日本等国健康产业增加值占 GDP 的比重也超过 10%。中国健康产业增加值占 GDP 的比重只有 4.5%，因此，加快发展健康产业是一个全球性的潮流，也是人类丰衣足食的一个必然结果。

纵观国内，中国健康产业经历从无到有。进入 21 世纪健康产业步入快车道，发展迅速，市场容量不断扩大，在国民经济中的比重也不断上升，特别是保健品行业快速增长，成为推动中国经济发展的又一新兴动力。2006 年健康休闲第一次写进政府工作报告，支持和鼓励人们将劳动所得用于文明、健康、积极的休闲。2012 年卫生部发布《健康中国 2020 战略研究规划》，提出之后8年国家投入4000亿元发展健康事业，把健康投入作为国家最重要的战略性投资，积极引导健康产业的持续发展。2013年国家出台《关于促进健康服务业发展的若干意见》（国发〔2013〕40号），明确了健康服务业发展方向。2013年8月28日国务院总理李克强在主持召开的国务院常务会议上，提出把健康产业作为国家支柱型战略产业。据美国《财富》杂志调查，中国健康产业每年蕴含高达15000亿元的市场份额。

立足拉萨，发展净土健康产业拥有先天优势。拉萨是世界上少有的净土，发展净土健康产业拥有许多优势，可以说净土健康产业发展大有可为。水、土壤、空气、人文环境“四不污染”，孕育了以青稞、牦牛为主的独特动植物品种，食用和药用植物资源极其丰富，天然食用菌资源较多；高原独特的地理环境、气候条件，造就了非常丰富的休闲养生旅游资源，有以羊八井、日多温泉为代表的温泉养生资源、以藏传佛教为代表的禅修养生资源、以当吉仁赛马节为代表的体育养生资源。特色经济作物试验示范成功，掌握了引进品种的生物学习性、栽培技术要领，具备大面积推广的条件；尤其是近几年引进荷斯坦（黑白花）、娟珊等优良奶牛冻精对本地黄牛进行改良，牛奶的产量和品质有了显著提高，养殖户的积极性很高，特色养殖业具备大发展的条件与基础。高原天然食（饮）品和有机食（饮）品具有无污染、纯天然、高品质、口味好、营养丰、资源稀缺的特点，如果我们把这些产品与有机、生命、健康紧紧结合在一起，那么“拉萨净土”区域性品牌效应就会产生巨大的作用，会进一步做大做强“供不应求”的国内外市场。第五次西藏工作座谈会以来，中央赋予我们许多特殊优惠政策；历届自治区党委、政府领导都高度重视拉萨、高度关注拉萨，多次作出重要指示；北京江苏援藏工作向纵深发展，为拉萨市净土健康产业发展提供了难得的机遇。

拉萨既是一座圣城、一座高城、一座净城，也是一座新城，更是世界上高海拔地区最主要的大城市，处于世界第三极。拉萨作为西藏的首府城市，西藏的政治、经济、文化中心和交通枢纽，顺应国际和国内大势，把握当前稍纵即逝的发展机遇，充分利用拉萨净土健康产业的诸多优势，加快推进产业结构的优化升级，实现工业化、信息化、城镇化、农业现代化同步发展，对于发挥首府城市首位度作用，把拉萨建成跨喜马拉雅次区域最具活力、最宜居的城市具有十分重要的历史与现实意义。

（一）发展净土健康产业，是强化农牧业基础地位的必由之路。习近平总书记指出，“一定要看到，农业还是‘四化同步’的短腿，农村还是全面建成小康社会的短板”。经过多年的不懈努力，拉萨市农牧业产业结构不断优化，粮食生产保持稳步提升，青稞实现连续十年增产，畜牧业发展水平不断提高，农牧民收入连续十年实现两位数增长。同时，受市场和资源的双重约束，拉萨市农牧业发展还存在生产规模较小、产业带动能力较弱、组织化程度较低等问题，突破这些瓶颈制约，必须依托资源禀赋，发挥自身优势，以净土健康产业发展为突破口，进一步巩固和强化农牧业基础地位。加快发展净土健康产业，有利于形成特色鲜明、分工合理、优势互补的主要农产品优势区域、特色作物产业带、畜禽规模养殖小区，实现规模化、专业化、标准化生产；有利于资源、政策、资金、人才等生产要素的合理集聚，充分挖掘品种、技术和物质装备等潜能，不断提高农牧业资源利用率、土地产出率和劳动生产率，提升农畜产品整体竞争力和市场占有率，为早日实现拉萨农牧业现代化奠定坚实基础。

（二）发展净土健康产业，是实现经济转型发展的必然选择。目前，世界经济增长格局正在发生新的变革，中国经济发展模式面临重大转型，经济发展进入换挡加速期。近年来，拉萨市发展势头强劲，但伴随着经济快速发展和人口不断增长，我们新一轮发展正面临越来越严峻的资源和环境约束。要突破土地、能源、生态等发展瓶颈，实现科学、持续、跨越发展，必须转变发展方式，瞄准世界产业发展制高点，以提高技术含量、延伸产业价值链、增加附加值、增强竞争力为重点，发展战略性新兴产业。净土健康产业是一项提升市域经济竞争力的战略性新兴产业，既具有高技术含量、高附加值的特点，又具有低能耗、低污染的低碳经济特点，符合拉萨市绿色可持续发展的主流理念，符合实施“环境立市”战略的内在要求，对促进转型发展、提升城市品质、彰显地区个性，实现经济、社会、生态、文化和人的协调发展都将产生十分重要的作用。

（三）发展净土健康产业，是惠民富民的务实之举。我们推动经济发展的最终目的，就是为了提高人民的生活水平和质量。因此，衡量经济发展的成效，不能只看增长速度，更要看人民生活水平和质量的提高。就业问题是我们提高人民生活水平和质量必须解决的首要问题，不能创造和提供人民群众充分就业的机会，我们的发展就会误入歧途。净土健康产业就业弹性系数大，就业方式灵活多样，可以拓宽多元化的就业空间，吸收大量不同层次的劳动力就业。无论是从鼓励群众创业、扩大就业、致富群众考虑，还是从方便群众、提高群众生活品质考虑，都需要我们大力发展净土健康产业。同时，我们还要看到，随着社会文明的演进，新的消费热点与消费需求正在不断升级和扩大，教育、旅游、文娱、保健等服务性消费已成为经济增长的新亮点。我们必须科学把握经济发展的新趋势，以更大的力度推进净土健康产业发展，不断满足人民群众日益增长的消费需求，从而通过消费拉动，提高经济运行质量和人民生活水平。

（四）发展净土健康产业，是推动三次产业融合发展的重要载体。净土健康产业是一个关联度很高的产业，与现代农业、制造业、文化旅游业及其他产业都能够融合发展。净土健康产业的发展，可以吸纳农产品加工、能源开发、生物科技等一些新型工业进入拉萨，为其发展提供各种基础和保障，促进新型工业可持续发展。向上延伸至特色养殖、特色种植、农副产品加工等行业，向下带动旅游产业、藏传佛教文化产业、健康休闲旅游业、健康娱乐业、文化创意产业、现代服务业等第三产业的发展。具体来说，发展以食(饮)品、药品、保健品、饰品加工等产业，可以带动藏红花、金银花、红景天等名贵珍稀生态药材(食材)的驯化与种植，促进玛咖、酿酒葡萄、郁金香、油用牡丹、加工用玫瑰等特色经济作物产业带的形成，奶牛、斑头雁、藏鸡等规模化养殖，实现农业产业化。通过农业支撑工业、工业反哺农业，继而带动健康旅游、养生服务、健康娱乐、电子商务及金融业等第三产业的发展。

二、理清思路，明确目标，努力开创净土健康产业发展的崭新局面

当前和今后一个时期，拉萨市净土健康产业发展的指导思想是：以邓小平理论、“三个代表”重要思想、科学发展观为指导，深入贯彻落实党的十八大、十八届三中全会精神，贯彻落实习近平总书记系列重要讲话精神特别是“治国必治边，治边先稳藏”重要战略思想，贯彻落实俞正声常委“依法治藏、长期建藏”指示要求，深入贯彻落实区市党委八届五次全委会精神，以净土环境为依托，以现代科技为引领，以规模化经营为起点，以产业化发展为突破，以经济、生态、社会效益最大化为目标，围绕打造产业自主品牌、提升自主创新能力、加强产业区域间合作、扩大产业发展规模、推动产业重点突破、促进产业集聚发展、构建产业支撑体系七大任务，努力培育具有较强竞争力和影响力的健康产业，切实把独特的资源优势转化为产业竞争优势，力争把拉萨建设成为中国乃至全球重要的净土健康产业基地。全市净土健康产业发展的总体目标是：到2016年，净土健康产业发展环境较好，产业支撑体系初步完善，产业发展初具规模，“拉萨净土”系列品牌走向全国，形成3个以上国内、国际知名产品。培育20家自主创新能力较强、发展水平较高、年销售收入超亿元的龙头企业，健康产业实现年产值300亿元。到2020年，净土健康产业技术创新体系、产业组织体系、政策法规体系、行业管理体系和创新服务体系初步建立，成为世界知名、国内领先的净土健康产业基地。在健康生物农业领域，以拉萨河谷县(区)为依托，突出“世界第三极净土”的特色，打造健康农业种养和产业化发展基地。在健康医药领域，以拉萨经济技术开发区为依托，突出“碧水蓝天”的特色，加快高原特色生物资源产品的创新研发和产业化，面向国内、国际市场打造健康药品制剂研发出口基地。在健康医疗领域，以西藏文化旅游创意园区为依托，突出“心灵净土”的特色，打造高端身心健康理疗基地。健康产业年产值达到1000亿元，成为拉萨市支柱产业。培育年销售超10亿元龙头企业10家以上，超亿元企业20家以上，超千万企业50家以上。

围绕这一思路和目标，要立足当前，着眼长远，把握好以下六个方面的发展重点：

（一）推动一体化发展。净土健康产业整体发展上要符合环境立市、文化兴市、产业强市、民生安市、法治稳市“五大战略”的内在要求，要全方位开发、高起点设计、立体化建设、一体化发展。要与城市发展规划融合起来，处理好净土健康产业发展布局与城镇化发展布局之间的空间关系，以产促城、以城带产。要与社会主义新农村建设融合起来，对各县(区)农业资源丰富、产业特点突出的乡村进行总体设计规划，打造净土健康美丽乡村，“一乡一业”“一村一品”。要与文化旅游产业融合起来，用净土健康产业的标尺对市内的主体文化旅游资源重新进行梳理、评价,对具有保健、休闲、养生功能的资源进行有机融合,将其打造为一个以健康养生为主题的旅游品牌,实现以净土健康促进文化旅游、以文化旅游带动净土健康发展的目标。

(二)提升两个动力。当今社会是一个多元的社会,成就一番事业,不但需要立足全国、放眼世界的魄力,还要有包容、合作的眼界与襟怀。一是要提升产业发展内生动力。下决心破除利益束缚,打破条块分割掣肘,进一步理顺完善净土健康产业管理体制,加快形成有利于资源整合、区域联动、产业体系健全、服务质量提升的制度架构;进一步深化行政审批制度改革,减少各种审批环节,为投资者提供“全天候、全方位、全过程”的服务;切实用好中央、自治区现有各类优惠政策,优化净土健康产业发展环境。二是要提升产业发展外生动力。进一步加大招商引资力度,积极筹备拉萨市净土健康产业专题招商推介会,重点引进带动力强、技术含量高、附加值高、市场占有率高的项目,形成引进一个大项目、跟进一批配套企业;要在创立自主品牌的同时,积极引进中粮集团、新希望集团、北京中地公司、四川明生集团等品牌企业来拉萨市投资建设农产品生产加工基地,借脑生智、借船出海、借风扬帆;要切实用好对口支援优势,充分利用援藏机制搭建与内地流通渠道的产销对接平台,不断强化科技、人才援藏合作交流。

(三)坚守四条底线。一是要坚守粮食安全底线。习近平总书记在中央农村工作会议上指出,中国是个人口众多的大国,解决好吃饭问题始终是治国理政的头等大事,中国人的饭碗任何时候都得牢牢把握在中国人手上。发展净土健康产业,首先要确保粮食安全,严守53万亩耕地红线,继续大规模兴建高标准农田,推广优良品种,稳定面积,主攻单产,确保17万吨粮食产量,青稞面积稳定在25万亩以上。二是要坚守保护生态环境底线。我们在推进净土健康产业发展的过程中,一定要贯彻节约资源和保护环境的基本国策,正确处理经济发展和资源环境的关系,合理开发和有效利用自然资源,加大环境保护力度。牢固树立低碳城市、绿色发展的理念,决不能走先污染后治理、边建设边破坏的老路,切实保护好西藏这片碧水蓝天和净土,着力推进环境立市战略,建设天蓝、地绿、水净的美丽家园。三是要坚守维护社会稳定底线。稳定是发展的前提和基础,只有发展了,人民才能安居乐业,全面深化改革才能顺利进行,社会才能更加稳定。要发挥自身优势,依托“双联户”载体,让群众参与净土健康产业发展,共享发展成果,进一步改善民生、惠及民生,减少社会不稳定因素,为全市经济社会发展奠定更加坚实的稳定基础。四是要坚守食品安全底线。习近平总书记指出,“食品安全关系群众身体健康,关系中华民族未来”。安全才有效益,安全才有信誉,安全才有市场,维护“拉萨净土”品牌系列产品质量安全,是我们净土健康产业又好又快发展的根本保障,一定要严把市场准入准出关口,逐步实现生产、加工、贮运、销售全过程质量控制,构建净土健康产业产品质量认证平台,做好ISO(质量管理体系)、QS(企业食品生产许可)、绿色有机等方面的认证工作,确保舌尖上的安全。

(四)强化四种意识。一要强化依法行政意识。在整个净土健康产业的培育和建设过程当中,各级各部门要依法行政,要用法律来规范产业市场,调整各种利益关系,处理各种矛盾,用法律来保障广大人民群众的各种利益,用法律来界定政府、企业、消费者各方面的关系,确保净土健康产业科学有序发展。二要强化科技创新意识。要进一步强化科技对净土健康产业发展的支撑作用,加快建立以企业为主体、市场为导向、产学研相结合的科技创新体系,着力提高自主创新能力,抢占产业发展的制高点,形成区域产业发展优势。在净土健康产业发展关键技术领域,邀请国内相关领域的知名专家组成攻关小组,开展产业发展关键技术研发。鼓励拉萨市健康产业企业和科研人员走出去学习,在区外设立研发机构、开展区域合作。三要强化政府引导意识。正确处理政府和市场的关系,切实提高服务能力和水平,要更多地在统筹规划、政策引导、农牧民增收上做文章,一张蓝图绘到底,一届接着一届干。要遵循市场经济和产业发展的客观规律,充分发挥市场对资源配置的决定性作用,为实现产业全面推进打好坚实基础。四要强化依靠群众意识。要以党的群众路线教育实践活动为契机,全面发动群众、依靠群众,充分发挥群众的主观能动性,让群众积极参与净土健康产业发展。同时,要积极主动争取上级有关部门的支持,确保市、县、乡、村四级联动,形成合力,共同推进净土健康产业发展,做大做强净土健康产业,真正让农牧民群众实现增收致富。

（五）坚持六项原则。一要坚持市场导向原则。充分考虑市场因素，瞄准现实和潜在两种需求，立足多样化、优质化，重点发展市场占有率高、市场前景广阔的净土健康优势农畜产品。根据市场需求，积极发展品质优良、特色鲜明、科技含量和附加值高的优势特色产业及产品。二要坚持整体推进原则。产业发展的原料生产、开发、加工、营销等整体推进，形成完整的产业链，促进净土健康产业的发展。结合区域农业资源、旅游资源与产业经济特点，选准高效产业项目，按照整体推进的原则，逐步形成规模化、区域化的优势产业区。三要坚持强势突破原则。强势扶持和引导农牧民优先发展效益比较高、市场潜力大的产业项目。集中可用资源，围绕产业发展中遇到的瓶颈或重点领域，合力攻克、强势突破，争取产业发展“一年一个大突破”。四要坚持企业带动原则。引进有一定实力和知名度的龙头企业，引领产业发展，促进农牧民群众致富增收。优化扶持政策，做强做大对农牧民增收贡献大的优势产业、潜力产业。五要坚持强农富民原则。净土健康产业的发展，最终的目的是农牧业的优化升级和农牧民的增收致富。在谋划产业发展时，以村级专业合作和“双联户”为基础，鼓励企业与联户单元的农牧民建立多种形式的利益联接机制，构建互利共赢的产业化经营新格局。六要坚持品牌带动原则。习近平总书记指出，“就是要大力培育食品品牌”“要加强品牌建设，积极争创品牌，用品牌保证人们对产品质量的信心”。品牌是推动产业发展的加速器。要深入研究“拉萨净土”品牌的内涵与外延，用我们独特的历史底蕴、文化内涵、产业特色来丰富“拉萨净土”品牌价值，发挥品牌的示范、引领、集聚和辐射效应，用“拉萨净土”品牌提升净土健康产业发展质量。打造一大批体现拉萨区域特色的名牌产品、优质产品、特色产品，大力开展品牌营销活动，增强产业发展竞争力，提高拉萨净土健康产品市场占有率。

（六）打造七个基地。一是健康产业研发基地。以拉萨经济技术开发区为引领，充分发挥“一区四园”作用，按照国际一流标准打造净土健康产业未来发展的承载主体，建设集总部、研发、生产、产业配套和生活配套于一体的净土健康产业基地核心集聚区。集聚区内重点支持健康产业工程实验室、重点实验室、企业研发中心、公共技术平台建设，增强健康产业研发能力，提高科技成果转化效率。二是特色经济作物种植示范基地。规划建设特色花卉种植、食用菌种植和特色瓜果种植，开展物联网技术在农业资源利用、农业生态环境监测、农业生产精细化管理、农产品安全等领域的集成应用，构建绿色农产品产业链，打造净土健康农产品品牌，不断扩大示范效应，推广至全市。三是藏药材种植示范基地。充分应用藏红花、金银花的成功种植经验，扩大种植规模，规范种植程序，建设藏药材种植技术成熟、产品质量保证、经济效益高的示范基地，逐步推广至全市。四是现代化奶牛养殖示范基地。在拉萨市农区县（区），加强基础设施建设，引进先进技术和优良奶牛品种，引进区内外具有奶牛养殖经验和实力的企业，建设奶源生产标准化、规模化基地，辐射带动农牧民群众积极参与奶牛养殖。五是现代化畜禽养殖基地。加快发展畜禽养殖。通过政策补贴建立1—2个猪肉品质较高的规模养殖主体，争取创建1—2个藏猪品牌，并引进新希望等大型养殖企业，建立生猪养殖基地，提高本地市场鲜猪肉占有率，提高猪肉品质。在现有藏鸡养殖规模的基础上，以尼木县、达孜县雪山草鸡，堆龙德庆县的藏黑鸡为主，发挥拉萨种鸡场的龙头作用，进一步加大藏鸡规模化养殖。科学培育西藏特色斑头雁核心品种，发展生态农业循环经济，推广生态养殖模式，带动农牧民致富，将“尼达”打造成西藏著名农业品牌。六是净土健康身心理疗基地。以西藏文化旅游创意园为依托，加快建设宝箧彩幡谷、香巴拉逸心谷、璎珞流芳谷、不断拓展创意园智汇谷的精神净土内涵，针对精神领域有特殊追求的人士，提供寻找自我、寻找灵感、释放身心等健康服务，大力开发全市的文化旅游资源。七是现代化仓储物流基地。积极与中国铁路总公司沟通协调，拉萨经开区、柳梧新区、堆龙德庆县、达孜县四方合作，加强冷链物流和仓储中心建设，争取把拉萨铁路货运站改造成为一个综合性、现代化的大型仓储物流中心和运输枢纽，为净土健康产业的大发展提供有力的支撑。

三、上下联动，形成合力，扎实推动净土健康产业各项工作干在实处

净土健康产业是一个关联度大、涉及面广的产业，要把净土健康产业培育成拉萨市继文化旅游产业之后的又一支柱产业，就要认真贯彻落实党的十八届三中全会精神，贯彻落实区市党委八届五次全委会精神，深化改革意识，深入实施“五大战”，进一步解放思想、与时俱进,转变观念、开拓创新,以新的思路统领现阶段拉萨市净土健康产业发展各项工作。

(一)加强领导,形成合力。按照“一个产业、一个规划,一套政策,一支队伍,一抓到底”的工作机制,市净土健康产业发展领导小组要进一步发挥牵头协调、指导督促作用,着重做好净土健康产业总体规划编制、政策制定等工作,既要分头履好职责,又要敢于创新、加强沟通,形成工作合力。各县(区)净土健康产业发展领导小组,要切实负起责任,认真落实好全市净土健康产业规划及政策措施,推动实施净土健康产业项目建设,协调解决影响产业发展和项目建设具体问题。各有关部门要加强配合,积极主动做好净土健康产业项目的协调、服务工作,切实帮助企业解决问题。宣传部门、新闻媒体,要大力宣传发展净土健康产业的重大意义和优惠政策,积极介绍国内外发展健康产业的先进经验和成功做法,营造好净土健康产业发展的社会舆论氛围。

(二)大胆探索,理顺关系。一要处理好粮食安全与发展经济作物的关系。确保以青稞为主的粮食安全,关系着拉萨市经济社会健康快速发展,是一项重大的民生工程。发展特色经济作物要做到不与粮争地,饲草、油用牡丹、加工用玫瑰等作物要充分利用荒山、荒坡、荒滩,最大限度提高土地资源利用效率。二要处理好创新与继承的关系。净土健康产业要在继承青稞、牦牛、虫草等传统产业思维模式的基础上,高起点谋划,高科技创新,开创新的产业,构建新的平台,打造新的品牌。三要处理好强县与富民的关系。净土健康产业是一项富民的产业,要以政府强势推进为先导,以全面发动人民群众为基础,充分尊重农牧民生产意愿,切忌搞强迫命令,要以典型事例引导群众参与发展。四要处理好政府与企业的关系。产业发展需要党委政府的强势推进,政府主要职责是整合资源,为企业和人民群众做好服务。但凡能够市场化的一定要让企业去做,让企业来推动,用企业化的模式、资本运营的方式来推动、来放大、来撬动。企业要以效益为核心,真正按市场化来管理,按法人治理来规范,闯出适合拉萨的社会主义市场经济发展路子。五要处理好推广与试点的关系。试点成功的,适合在大田干的就大胆地闯,大胆地干,没有试点或还没成功的要先行先试。质量的好与差、成本的高与低、产出的优与劣,就取决于我们能否进一步提高科技水平和管理手段,确保产业在最好的环境下扎实稳步地推进。六要处理好近期与长远的关系。要树立扎扎实实打基础的思想,既要有眼前成功看得见的,也要做好长期的基础工作。近几年,要在农业生产的规模化种植、标准化生产上下功夫,积极开展招商引资工作;长远看,一定要做大做强龙头企业,提高整个净土健康的产业素质。七要处理好健康产业发展与各县(区)产业布局的关系。不能搞低层次的重复投资,规划就是要统筹考虑好整体发展的方向,尽可能与其他产业结合起来,既要通过规划及配套的政策引导净土健康产业在全市合理布局,又要鼓励各县(区)有选择地发展具有本地优势和特色的净土健康产业。八要处理好产业培育与市场培育的关系。要以培育市场为先,以培育产业为基础。进一步坚定信心,依托于全区的资源求发展,抢占发展的先机和要素,打造一批人无我有、入有我优、人优我特的拳头产品,唱响特色旋律、打响“拉萨净土”品牌,抢占产业发展制高点,确保产业培育和市场培育同步走。九要处理好硬件投入与软件投入的关系。西藏做健康产业是全新的,规划的投入,市场的调研,产品的研发,既要考虑硬件的投入更要考虑软件的投入,特别是在技术规程、质量标准体系、服务规范等方面下大功夫。十要处理好产业培育与人才培养的关系。要把“四业工程”对接到健康产业上来。发展产业没有人才队伍的支撑是不行的,一定要坚持引进和培养相结合,提高人才培养的质量,健全人才培养体系。拉萨市第一职业学校围绕旅游和文化培养人才,第二职业学校要成为培养净土健康产业人才基地。十一要处理好市与县(区)之间的关系。主要是明确县(区)干好什么、市里干好什么。市里要做规划、树品牌、拓市场,县(区)要建基地、富百姓。对于市、县(区)净土产业投资开发有限公司,要按照现代企业的模式来管理,进一步明确各自分工。

(三)规划先行,分类指导。各级各部门要根据形势的新变化、发展的新定位,按照高起点、高水准、高品位的要求,以“净土,,环境为依托,以传统农业为基础,以现代科技为引领,以规模化、标准化生产为起点,突出净土健康产业重点发展的行业和领域,在《拉萨市净土健康生物农业发展规划——特色种植篇》和《拉萨市净土健康生物农业发展规划——养殖篇》的基础上,抓紧深化研究与编制《拉萨市净土健康产业发展总体规划》，切实做到规划先行。要在《关于加快发展净土健康产业的决定》和《关于加快推进净土健康产业发展若干政策意见》指导下，按照“分工合作，功能互补，适当错位”的要求，各县（区）因地制宜地编制规划，合理确定净土健康产业发展的重点和空间布局形态，推进净土健康产业有序发展。

（四）资金整合，项目推动。通过“上级争取、财政整合、援藏援助、企业投入、群众筹集，的方式，筹集净土健康产业发展资金，突破发展资金不足瓶颈。按照“规划一批、储备一批、建设一批”滚动发展原则，建立净土健康产业重点项目库，加强对重点项目的管理。抓紧实施一批对产业带动力强、经济转型升级作用大的重点净土健康产业项目，以大项目推进大发展。坚持实施项目推进责任制，通过领导联系、部门联动、现场办公、指导督查等办法，切实做好项目建设中的协调和服务工作。对特别重大项目，实行“一企一策”“一事一议”，在市场准入、资源配置等方面给予支持。

（五）优化环境，强化保障。要放宽准入条件，除了国家有特殊 规定以外，所有净土健康产业投资领域放宽管制、降低门槛，全面实行“非禁即入”不设置过高要求。要提高工作效率，做到主要领导亲自协调，相关问题即时协调，提高工作效率，营造良好发展环境。要强化保障工作，重点在规划、土地、资金等方面给予倾斜，特别对于土地供应，要像保障文化旅游产业用地一样保障净土健康产业项目用地。要加大人才支撑，创新人才教育、培训、引进、使用和激励机制，认真做好与拉萨市第二职业学校的衔接工作，吸引各类人才要素参与净土健康产业领域的创新创业。注重人才和项目的结合，要用产业留人、项目留人、待遇留人、感情留人，实现引进一个人才，带回一个项目，致富一方百姓的目标。

（六）转变作风，狠抓落实。要坚持讲实话、出实招、办实事、务实效的工作作风，以求真务实的精神状态去抓工作的落实。要把工作的着力点放到解决净土健康产业发展的重大具体问题上，放到解决企业增效、农牧民增收的具体紧迫问题上，一个一个问题的具体解决，一项一项地抓出实效。要坚持把战略目标转化为具体可行举措，精心制定计划方案，加以实施。坚持用制度的手段，对需要落实的总目标进行科学细化分解，明确具体任务和职能。同时以目标为基础，建立相应的责任制，并根据落实情况对各县（区）进行考核奖惩，切实增强执行力。

同志们，发展净土健康产业，意义深远，潜力巨大，前景广阔，任务艰巨。我们一定要进一步坚定信心，抢抓机遇，开拓创新，转变作风，干在实处，走在前列，以壮士断腕的决心，踏石留印、抓铁有痕的劲头，努力开创净土健康产业新局面，为实现拉萨跨越式发展和长治久安、建设美丽家园幸福拉萨做出新的更大贡献。

拉政发〔2014〕60 号

拉萨市人民政府关于批转《拉鲁湿地国家级自然保护区三期工程之古玛当热居民群众搬迁安置政策》的通知

城关区人民政府，市直各有关部门：

《拉鲁湿地国家级自然保护区三期工程之古玛当热居民群众搬迁安置政策》已经拉萨市人民政府研究同意，现转发给你们，请严格贯彻落实，认真组织开展相关工作。

拉萨市人民政府

2014 年 5 月 8 日

拉鲁湿地国家级自然保护区三期工程之古玛当热居民群众搬迁安置政策

为切实做好拉鲁湿地国家级自然保护区古玛当热居民群众房屋拆迁和补偿安置工作，充分考虑搬迁户的切身利益，城关区委、区政府根据有关法律法规，在参照以往房屋拆迁和补偿安置相关做法的基础上，经过广泛调研、多次研究，结合古玛当热居民搬迁安置工作实际，特制定以下政策：

一、政策范围、补偿内容

（一）政策范围

拉鲁湿地国家级自然保护区三期工程涉及搬迁户。

（二）补偿内容

包括房屋主体补偿、室内装修及地上附属设施补偿、搬家补助、临时过渡费、土地补偿费等内容。

二、土地、房屋及地上附属设施补偿政策

土地、房屋及地上附属设施补偿政策分统一安置补偿和货币补偿两种，搬迁户只可选择两种补偿方式中的任意一种。

（一）统一安置补偿政策（选择统一安置补偿政策的不能选择货币补偿政策）

1. 房屋主体建筑补偿

（1）安置房户型

安置房位于西藏藏语广播电影电视译制中心以北，由嘎吉林公司开发建设，采取政府回购方式提供安置房。

安置房户型共五种，分别为：

① 120 ㎡户型（共占地 120 ㎡，其中院子 60 ㎡）；

② 160 ㎡户型（共占地 150 ㎡，其中院子 70 ㎡）；

③ 200 ㎡户型（共占地 180 ㎡，其中院子 80 ㎡）；

④ 240 ㎡户型（共占地 210 ㎡，其中院子 90 ㎡）；

⑤ 360 ㎡户型（共占地 280 ㎡，其中院子 100 ㎡）；

上述户型均为两层独家独院（安置房主体建筑及土地面积以建成后实际测量面积为准）。

（2）安置房分配政策

一是针对合法居住的主体建筑面积小于 160 ㎡（含 160 ㎡）的政策。搬迁户合法居住的主体建筑面积低于 160 ㎡（含 160 ㎡）的，搬迁户可享受一套 120 ㎡户型（共占地 120 ㎡，其中院子 60 ㎡）安置房。合法居住主体建筑面积与安置房建筑面积的差额部分按照 2700 元 / ㎡的建筑成本价格进行多退少补。

二是针对合法居住的主体建筑面积在 160 至 280 ㎡（含 280 ㎡）的政策。搬迁户合法居住的主体建筑面积在 160 ㎡ ~ 280 ㎡（含 280 ㎡）的，搬迁户可享受一套 160 ㎡户型（共占地 150 ㎡，其中院子 70 ㎡）安置房。合法居住主体建筑面积与安置房建筑面积的差额部分按照 2700 元 / ㎡的建筑成本价格进行多退少补。

三是针对合法居住的主体建筑面积在 280 至 350 ㎡（含 350 ㎡）的政策。搬迁户合法居住的主体建筑面积在 280 ㎡ ~ 350 ㎡（含 350 ㎡）的可享受一套 200 ㎡户型（共占地 180 ㎡，其中院子 80 ㎡）安置房。合法居住主体建筑面积与安置房建筑面积的差额部分按照2700元/㎡的建筑成本价格进行多退少补。

四是针对合法居住的主体建筑面积在350至410㎡（含410㎡）的政策。搬迁户合法居住的主体建筑面积在350㎡～410㎡（含410㎡）的可以享受一套240㎡户型（共占地210㎡，其中院子90㎡）安置房。合法居住主体建筑面积与安置房建筑面积的差额部分按照2700元/㎡的建筑成本价格进行多退少补。

五是针对合法居住的主体建筑面积在410至720㎡的政策。搬迁户合法居住的主体建筑面积在410㎡～720㎡（含720㎡）的可享受一套360㎡户型（共占地280㎡，其中院子100㎡）安置房。合法居住主体建筑面积与安置房建筑面积的差额部分按照2700元/㎡的建筑成本价格进行多退少补。

六是针对合法居住的主体建筑面积在720㎡以上的政策。搬迁户合法居住的主体建筑面积在720㎡以上的可享受两套360㎡户型（共占地280㎡，其中院子100㎡）安置房。合法居住主体建筑面积与安置房建筑面积的差额部分按照2700元/㎡的建筑成本价格进行多退少补。

（3）针对古玛当热拆迁范围内房屋用途为实际经营或实际出租的搬迁户的政策

①商品房基本情况

商品房位于安置房小区沿街面，商品房户型共有两种，分别为20㎡/间和40㎡/间（以商品房建成后的实际测量面积为准）。

②置换及补偿办法

古玛当热拆迁范围内房屋用途为实际经营或实际出租的搬迁户，按照安置房分配办法进行分配后：

一是对于差额建筑面积大于40㎡（含40㎡）的，将按照2∶1标准提供商品房。因开发商提供的商品房为固定面积，无法足量提供根据上述比例搬迁户可享受商品房面积，因此实际提供的商品房面积小于或等于可享受商品房面积，差额部分将按照2700元/㎡标准补偿。

二是对于差额建筑面积小于40㎡的，不能享受商品房，差额部分将直接按照2700元/㎡标准进行货币补偿。

③房屋用途为实际经营和实际出租的判定依据

实际经营判定依据为工商营业执照、卫生许可证、消防安全许可证和税务登记证。

实际出租判定依据为流动人口登记记录、暂住证和租房协议，租房协议签订日期须为2014年1月1日以前方可有效。

面积以实际经营或实际出租面积为准。

（4）安置房分配办法

住户按照各自应享受的不同户型公开抽签决定。

2. 土地补偿政策

（1）征地补偿标准

征收土地面积与安置房占地面积将予以1:1置换，置换后的差额部分将按照240元/㎡的统一标准予以货币补偿。

（2）土地手续费用的补偿及收取标准

①征收土地手续费用的补偿政策

征收土地已办理出让手续的，按照相关规定，向搬迁户退还出让金本金及利息（现行银行商业贷款利息）。

②安置房土地手续收费标准

安置房土地面积须按照222元/㎡的出让金标准缴纳土地出让金。

3. 地上附属设施补偿

地上附属设施补偿将参照东城区征地补偿标准执行（附表1）。

4. 房屋装修补偿

房屋装修经中介公司评估，按照市场评估价实行货币补偿。

（二）货币补偿政策（选择货币补偿政策的不能选择统一安置补偿政策）

1. 土地补偿政策

土地按照此区域居住用地基准地价840元/㎡的标准予以补偿。

2. 房屋主体建筑、装修及地上附属设施补偿政策

房屋主体建筑、装修及地上附属设施经中介公司评估，按照市场评估价实行货币补偿。

3. 评估中介公司可由政府聘请，也可由搬迁户联合聘请，或可由政府与搬迁户共同聘请。聘请的评估公司必须具有相应资质，且在拉萨具有相关业绩和良好信誉。评估费用由政府承担（附表2）。

三、牲畜（牛）补偿政策

牲畜（牛）补偿政策只适用于经所在乡、村（居）登记确认的养牛搬迁户。牲畜（牛）补偿政策分为政府一次性收购和集中管理、分户饲养两种，养牛搬迁户只能选择两种政策中的一种。

（一）政府一次性收购政策

1. 由政府按照收购标准统一收购养牛搬迁户现有牲畜（牛），一次性支付货币补偿。

2. 收购标准（收购人员验收后确定实际收购价格）：

种公牛12000～20000元/头、公牛（非种牛）10000～18000元/头、公牛犊3000～5000元/头；

母奶牛15000～22000元/头、母牛犊4000～8000元/头。

（二）集中管理、分户饲养政策

对于不选择政府一次性收购政策的养牛搬迁户可选择集中管理、分户饲养政策。

将由政府在城关区娘热乡吉苏村奶牛养殖中心为养牛搬迁户提供牲畜饲养场地，集中管理。须由搬迁户自行解决牲畜饲料、自行照料放养，并承担支付相应的牲畜管理费用。

四、其他补偿、奖励政策

（一）搬家补助政策

所有涉及搬迁的住户均享受此政策。搬迁户合法居住的主体建筑面积160 m²以下（含160 m²）的一次性补偿3000元；160～280 m²（含280 m²）的一次性补偿4000元；280～350 m²（含350 m²）的一次性补偿5000元；350～410 m²（含410 m²）的一次性补偿6000元；410～720 m²（含720 m²）的一次性补偿7000元；720 m²以上的一次性补偿8000元。

（二）临时过渡政策

选择统一安置的搬迁户享受此政策。

1. 政府将对选择统一安置的搬迁户提供统一的临时安置房，免收房租及物业管理费，但临时过渡期间所产生的水电费需由搬迁户自行承担。

2. 对于自行解决临时安置问题的（即不选择政府统一提供临时安置房的），将每月补贴1000元/户。

3. 临时安置和货币补贴实行时间：从腾出房子（地），签订搬迁安置协议并完成交接手续起至安置房交付时间止。

（三）搬迁奖励政策

以“五户”作为一个搬迁联保单元，联保单元内所有搬迁户为一个整体，只有在规定时限内联保单元所有搬迁户签订《搬迁安置补偿协议》并完成搬迁才能享受签约奖励。

1. 联保单元所有搬迁户在动迁启动后10日内（2014年5月10日24时之前）签订《搬迁安置补偿协议》，并完成搬迁，验收合格交付拆除的搬迁户将享受免交安置房土地100%的出让金及20000元现金奖励；

2. 联保单元所有搬迁户在动迁启动后15日内（2014年5月15日24时之前）签订《搬迁安置补偿协议》，并完成搬迁，验收合格交付拆除的搬迁户将享受免交安置房土地70%的出让金及10000元现金奖励；

3. 联保单元所有搬迁户在动迁启动后20日内（2014年5月20日24时之前）签订《搬迁安置补偿协议》，并完成搬迁，验收合格交付拆除的搬迁户将享受免交安置房土地50%的出让金及5000元现金奖励；

4. 联保单元所有搬迁户在动迁启动后20日内未签订《搬迁安置补偿协议》，不享受签约奖励，需全额缴纳安置房土地出让金。

（四）就业政策

安置小区的保安、保洁、门卫等工作人员将优先招募符合工作要求的搬迁群众。

五、违章建筑的处理办法

对于在二〇一四年元月一日之后，突击抢建、加盖的建筑物及私占的土地及进行出租的将一律不予以任何补偿，需由搬迁户自行拆除。对于拒绝拆除、抵制拆除的，将执行强制拆除，拆除费用由搬迁户承担，并将按照相关法律法规追究其法律责任，移交执法部门依法处理。

六、附则：

（一）本政策只适用于拉鲁湿地国家级自然保护区三期工程涉及的搬迁家庭。

（二）本政策由拉鲁湿地国家级自然保护区三期工程领导小组办公室负责解释。

附件1：地上附属设施补偿标准

附件2：评估公司推荐名单

附件 1

地上附属设施补偿标准

类　别	补偿标准	备　注
围　墙	240 元 / 米	
院内砖混简易房	850 元 / 平方米	
院内铝合金简易房	550 元 / 平方米	
院内铁皮简易房	250 元 / 平方米	
院内（石板、水泥、砖）地坪	60 元 / 平方米	
大　门	3000 元 / 个	
有顶牲畜棚	200 元 / 平方米	
无顶牲畜棚	70 元 / 平方米	
树　木	30–100 元 / 株	直径 10 厘米以下(含 10 厘米)30 元 / 株；10 ~ 40 厘米（含 40 厘米）40 元 / 株；40 厘米以上 100 元 / 株
压水井	400 元 / 个	
简易有顶厕所	2000 元 / 座	
简易无顶厕所	1000 元 / 座	
露天菜地	2.5 元 / 平方米	

附件 2

拉萨市房地产评估机构登记表

序号	单位名称	资质等级	联系电话
1	四川华衡房地产地价评估有限公司	壹级	13989015421
2	西藏荣通房地产评估有限公司	贰级	13398000868
3	西藏中融信房地产有限公司	叁级	13308902123
4	西藏中天华正房地产估价事务所	叁级	18989090208
5	西藏致诚房地产评估咨询有限公司	叁级	13518979413

后 记

根据市委、市政府统一安排，3 月 2 日，市政府办公厅印发了关于编纂《拉萨年鉴（2015）》的通知，根据通知精神，各单位立即行动起来，安排专人负责编写年鉴资料。5 月底，各单位编纂稿件基本完成。市地方志办公室工作人员编辑修改整理形成初稿。

6 月 15 日，我们将编纂好的《拉萨年鉴（2015）》初稿，送至北京市地方志办公室。北京市地方志办公室副主任谭烈飞、王国英处长等 10 多位经验丰富的专家从体例结构、文字内容等方面进行了认真的审读和修改，至 7 月中旬，初步修改完毕，由市志指导处处长运子微、年鉴指导处处长崔震分别进行总审，提出整体修改意见。

8 月，中国地方志指导小组办公室副主任邱新立、北京市地方志办公室副主任谭烈飞、北京年鉴社高潇潇等相关专家来拉萨将意见跟市方志办进行了当面反馈。之后，将拉萨年鉴的初稿交给北京黑马软件公司进行校对，同时，将稿件送至方志出版社。

为了进一步提高年鉴质量，10 月 14 日，廖卫华副秘书长主持召开了《拉萨年鉴（2015）》评审会，重点从保密、数据、反映情况是否全面等方面进行了全面审查，并根据大家提出的意见做了认真修改。

11 月初，又分别将编印好的《拉萨年鉴（2015）》最后一稿呈送给市委、市人大、市政府、市政协等 26 位领导进行征求意见。各位领导抽出宝贵时间对年鉴提出来许多修改意见，根据领导意见，我们做了认真细致的修改完善。

本年鉴编辑出版工作得到了北京市地方志办公室大力支持和鼎力相助，为此表示衷心感谢。

由于编辑人员少，编纂水平有限，粗疏、缺漏或错误在所难免，欢迎各级领导和广大读者批评指正。

协办单位

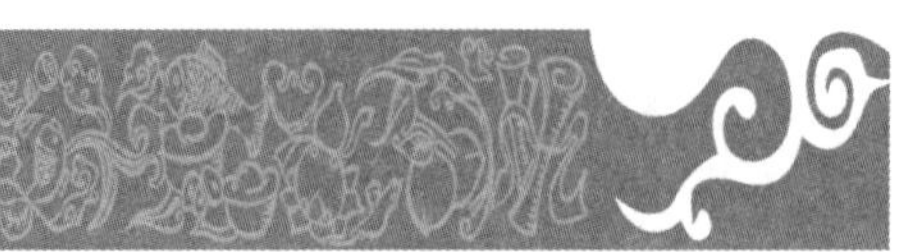

城关区人民政府

堆龙德庆县人民政府

墨竹工卡县人民政府

当雄县人民政府

达孜县人民政府

曲水县人民政府

林周县人民政府

尼木县人民政府

拉萨经济技术开发区管委会

拉萨市发展和改革委员会

推进生态文明 建设美丽拉萨

——拉萨市创建国家环境保护模范城市

拉萨市创建国家环境保护模范城市行动动员大会

2006年，市委、市政府提出创建国家环境保护模范城市，并将此项工作作为建藏、治藏、稳藏的基础性工作。在市委、市政府的正确领导下，经过全市人民的共同努力，拉萨市于2014年11月通过国家环保部创建国家环境保护模范城市的验收。

一、环境质量稳中趋好。2008年至2014年拉萨市环境空气质量优良率分别是96.5%、98.9%、98.9%、99.7%、99.5%、94.5%、97.5%，拉萨市地表水全部达到《地表水环境质量标准》的Ⅱ类水域标准，地下水水质全部达到《地下水质量标准》Ⅱ类水质标准，集中式饮用水水源地水质达标率100%。七年来，拉萨市区域环境噪声平均值分别是51.375分贝、50.3分贝、49.15分贝、48.1分贝、45.89分贝、43.45分贝、47.98分贝，交通干线噪声平均值分别是69.1分贝、69.3分贝、69.55分贝、66.3分贝、69.4分贝、67.7分贝、68.0分贝；创建国家环境保护模范城市工作开展以来拉萨市建成区绿化覆盖率由24%提高到37.21%，已建立自然保护区及生态功能区27个，总面积达6778.11平方公里，约占全市国土面积的23%。创建国家环境保护模范城市26项指标全部达标。

二、基础设施从无到有。2008至2014年，财政累计用于环保投资方面的投入达到150余亿元。一是投资1.22亿元建成拉萨市污水处理厂一期。2015年，总投资8000万元建设达孜工业园区污水处理厂一期及堆龙德庆县工业园区污水处理厂，总投资3700万元的柳梧新区污水处理厂及3亿元的拉萨市污水处理厂二期已基本建成。二是投资2565.34万元建成拉萨市环境在线监测系统。三是投资8202万元建成西藏自治区危险废物处置暨拉萨市医疗废物处置中心。四是总投资2897万元的拉萨河源头重要生态功能保护区及总投资2500万元拉萨周边湿地保护区项目正在建设中。

三、能力建设由弱变强。2010年完成拉萨市8县区独立的环境保护行政机构建制。2011年完成总投资2013万元的拉萨市环境监测站和环境应急指挥中心。同时市组织和人事部门通过招考和引进等方式，为环保系统配备了大量人才，现全市环保系统共有人员150人。

四、法制建设不断完善。拉萨市政府和立法部门先后制定《拉萨市拉鲁湿地自然保护区管理条例》《拉萨市湿地保护管理办法》《拉萨市生态环境恢复保证金实施意见》《拉萨市禁止生产、销售、使用一次性发泡塑料餐具、塑料袋管理办法》《拉萨市机动车污染物排放监督办法》《拉萨市机动车排放新车管理规定》等相关法律法规，在法制层面不断的充实环保能力和地位。

五、产业结构日趋优化和城市社会日趋和谐。拉萨市大力实施“一产上水平、二产抓重点、三产大发展”。在创建国家环境保护模范城市过程中，淘汰了一批技术落后、污染严重的小企业，不断加强清洁生产，通过严格环境准入，从宏观决策层面入手，促进了经济发展模式转型。拉萨创建国家环境保护模范城市从人民群众关心的热点、难点、焦点环境问题入手，使一些长期困扰群众生活的环境污染“老大难”问题得到解决。8年的创建国家环境保护模范城市使拉萨市天更蓝、水更碧、山更青、城更靓、人与自然更和谐，使最广大人民受益。全市居民群众对城市环保满意率始终保持在80%以上。

万人签字仪式

拉萨市中级人民法院

3月26日，拉萨市中级人民法院院长边巴拉姆、副院长拉巴旺堆慰问中院驻村工作队

3月8日，拉萨市中级人民法院副院长张瑜在“三八”妇女节慰问基层法院女干警

3月9日，召开2014年全市法院工作会议并表彰先进集体

12月11日，拉萨市中级人民法院2015年度驻村工作队欢送仪式现场

5月，拉萨市中级人民法院刑事开庭

5月22日，拉萨市中级人民法院召开第十八次党组理论中心组学习（扩大）会议

10月15日，拉萨市中级人民法院召开党的群众路线教育实践活动工作总结大会

8月5日，在拉萨市举办第十一届全国少数民族自治区首府城市中院审判工作交流会

拉萨市中级人民法院民事案件示范庭

8月1日，拉萨市中级人民法院“法官之声”文艺工作队到农牧区开展法治宣传工作

10月28日，拉萨市俄杰唐社区居民代表在法院开放日参观展览

7月28日，拉萨中院“法官之声”文艺工作队开展送法、送文艺、送温暖“三下乡”活动

拉萨市检察院

自治区检察院党组书记、检察长张培中考察拉萨市检察院技侦业务用房建设情况

高检院刑事申诉厅厅长宫鸣，自治区检院党组书记、检察长张培中到市检察院检查指导工作

自治区检察院党组书记、检察长张培中慰问结对帮扶贫困户

市检察院党组书记、检察长田建设慰问离退休老干部

党组书记、检察长田建设，院党组副书记、常务副检察长塔青带头参加植树活动

拉萨市检察院街头法制宣传

荣获拉萨市“政法杯”女子篮球赛冠军

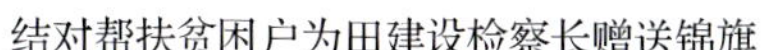
结对帮扶贫困户为田建设检察长赠送锦旗

开展对口援助工作

组织召开全市有毒有害食品案例通报会

2014年，拉萨市检察机关在区检院和市委的正确领导、市人大有力监督下，以邓小平理论、“三个代表”重要思想和科学发展观为指导，深入贯彻落实中共十八届三中、四中全会精神，习近平总书记重要讲话精神和中央、区、市党委政法工作会议精神，全国、全区检察长会议精神，牢牢把握检察工作的新形势、新要求、新任务，紧紧围绕拉萨市“五大战略”，以开展党的群众路线教育实践活动为主线，不断强化政治统领、明确职责定位、创新工作措施，扎实履行法律监督职责，为建设美丽家园幸福拉萨提供了有力法治保障。全年共受理移送侦查机关提请批准逮捕案件427件602人，提起公诉451件645人，共立案侦查职务犯罪案件13件21人，同比增长62.5%和162.5%。

召开全市检察长工作会议

拉萨市检察机关举行“学习焦裕禄精神，争做好检察官”主题演讲比赛

拉萨市检察机关各县（区）检察长述职述廉汇报会

拉萨市总工会

召开党的群众路线教育实践活动总结大会

到企业开展厂务公开调查研究工作

年内，全市基层工会组织922个（其中机关单位279个、农民工组织91个、事业单位32个、非公企业520个），职工72202人，会员总数66059人（其中农民工27967人、机关单位17231人、事业单位9343人、非公企业11518人），已建会企业职工入会率达91.49%。共有专（兼）职工会干部575人（其中专职工会干部95人）。拉萨市已建会的公有制企业厂务公开、职工代表大会建制率达到100%，非公企业厂务公开、职工代表大会建制率达到70%。

截至年底，新建工会基层工会25个，发展会员759人。举办藏餐烹饪、装载机操作等技能培训班各1期，有55名困难职工家庭子女、困难农（牧）民工参加培训，实现就业50人。“三大节日”期间，全市各级工会慰问困难职工（农牧民工）、困难劳模、驻寺干部670户，共发放慰问金63.97万元（其中八县区困难职工336户，发放慰问金30.24万元）。为拉萨市39名困难职工发放（重）大病救助及生活救助金27.9万元，发放2014年助学金126万元，资助377名困难职工子女上学。组织推荐评选全国五一劳动奖章1人、全国五一劳动奖状1家、自治区劳模15人、先进工作者4人。共走访慰问劳模111人，发放劳模补助金25.55万元。组织开展以“弘扬企业安全文化，加强班组安全管理 ”为主题劳动竞赛，全市参赛企业19家，参赛职工500余人。以“安康杯”竞赛为载体，全面推进企业安全文化建设，推动落实工会劳动保护管理工作。全市参加“安康杯”竞赛活动参赛单位57家，参赛班组292个，参赛职工5129人。推进女职工特殊权益保护工作，把《女职工劳动保护特别规定》内容纳入集体合同之中，为70名困难女职工进行“两癌”筛查，发放免费体检卡50000张，投入资金3.5万元。先后开展5次法律宣传活动，向职工群众发放《中华人民共和国工会法》《全民所有制工业企业职工代表大会条例》《中华人民共和国劳动法》等法律法规宣传手册1万余册。深入开展创先争优活动，为驻村群众办实事、办好事、解难事，落实项目14个，共投入资金54万元。加大工会干部教育培训力度；先后选派100余名工会干部参加工会干部培训。

开展劳动竞赛

为劳模进行体检

助学金兑现仪式

拉萨市妇女联合会

3月8日，自治区党委常委、拉萨市委书记齐扎拉慰问自治区五好文明家庭

市妇联“三大节日”慰问

拉萨市庆祝第105个“三八”国际劳动妇女节暨表彰大会

市妇联九届二次执委会

2014年“最美家庭”表彰大会

春蕾女童资金发放仪式

拉萨市工商业联合会

8月25日，在北京举办拉萨净土健康产业北京展示馆揭牌仪式暨产品发布会

11月3日，在北京举办拉萨净土健康产业暨党建工作培训班

9月5日，拉萨市非公有制经济发展规划纲要通过专家评审

11月24日，组织民营企业家到北京考察学习

全市非公经济组织入党积极分子培训班开班

“四业”工程开班仪式

7月27日，组织非公企业领导到格达乡慰问演习部队

拉萨市民族宗教事务局

自治区党委常委、拉萨市委书记齐扎拉到杰吉寺开展调研

自治区副主席多吉次珠到尼木县杰吉寺开展调研

拉萨市政协副主席、民宗局党组书记刘惠兴慰问寺庙僧人

学习区、市民族宗教工作会议精神

修缮寺庙经堂

僧尼参观烈士陵园

尼木县第一期教义教规宣讲会

消防官兵讲解消防安全知识

拉萨经济技术开发区管委会

4月16日，自治区党委书记陈全国到拉萨经济技术开发区考察

自治区党委副书记、自治区主席洛桑江村到开发区考察

5月19日，自治区党委常委、自治区常务副主席丁业现到开发区调研

拉萨经济技术开发区党工委副书记、管委会主任郑丰才看望结对户

拉萨经济技术开发区党工委召开党的群众路线教育实践活动专题民主生活会

12月1日，开发区举行第四批驻村工作队出发仪式

拉萨经济技术开发区组织干部职工义务植树

拉萨经济技术开发区“藏之梦”地毯有限公司生产车间

拉萨青稞啤酒厂生产线

西藏高原天然水有限公司生产线

拉萨市发展和改革委员会

自治区党委书记陈全国参加供暖通气试运行工程开通仪式

拉萨市市委副书记、常务副市长陈勇主持部署“十三五”规划编制工作

拉萨市发改委是主管全市国民经济和社会发展的综合职能部门，担负着研究提出经济社会发展战略目标和重大政策、措施，编制全市经济社会发展中长期规划和年度计划，编制重点项目计划，审批管理权限内固定资产投资项目，协调产业发展、宏观经济运行，协调经济体制改革，负责物价监测、价格认证、市场监管、价格举报调处等。同时兼管市粮食局。委机关现有干部职工63人，其中县级干部10人。委机关内设10个职能科室，下设粮食局（二级单位）。

拉萨市2015年固定资产投资推进会

组织退休老干部参观拉萨市城市规划建设展览

协同西藏歌舞团在林周县阿朗乡慰问演出

驻村干部参加劳动

堆龙德庆县藏鸡养殖基地建设项目

发展中的东城新区

建设中的次角林大桥

蓬勃发展的房地产业

拉萨市粮食局

江苏省粮食局到拉萨市粮食局检查指导工作

市委副书记、常务副市长陈勇一行到拉萨市粮食局调研检查指导工作

拉萨市粮食局隶属于拉萨市发改委管理的二级局，副县级建制，核定行政编制14人，机关后勤编制2人，参照公务员管理的事业编制15人。在职22人（其中：行政编制人员11人、机关后勤1人、参照公务员管理的事业人员10人），退休职工21人。下设办公室、综合业务科、财务科（信息统计科）、粮油监督检查所。

截至年底，全市各类粮食经营企业收购粮食810.70万公斤，同比下降64%（其中，国有粮食企业收购粮食50.20万公斤）。粮食采购情况：2014年采购粮食11990.36万公斤，同比增长6%（其中，国有粮食企业采购粮食441.36万公斤）。粮食销售情况：全年销售粮食11315.93万公斤，同比增长6%（其中，国有粮食企业销售512.93万公斤）。全市粮食库存1804.03万公斤（其中，国有粮食企业粮食库存163.63万公斤），同比下降10.9%。

拉萨市粮食局副局长边巴卓玛走访慰问困难群众

拉萨市粮食局副局长边巴卓玛下乡开展清仓查库工作

拉萨市统计局

2月27日，局（队）党组书记仓琼前往城关区娘热乡加尔西村看望慰问困难群众

9月16日，召开各县区统计工作座谈会

6月，局、队长蔡岷带队到拉萨市企业进行调研

年内，拉萨市统计局紧紧围绕市委、市政府的中心工作，认真贯彻落实自治区、拉萨市经济工作会议精神和全区统计调查工作会议精神，以第三次全国经济普查为重点，以开展党的群众路线教育实践活动和创先争优强基础惠民生活动为载体，狠抓各项统计工作，统计数据质量不断提高，统计服务水平进一步提升。

6月27日，举办纪念中国共产党成立93周年党的知识竞赛

3月，副队长次仁带领局队业务骨干到城关区经普办协助开展普查报表质量审核工作

6月10日，局队组织全体党员干部参观西藏军史博物馆

拉萨市公安局

7月18日，中共中央政治局委员、中央政法委书记孟建柱调研布达拉宫广场便民警务站

10月15日至18日，中央政治局委员、北京市委书记郭金龙率北京市代表团考察市公安局布达拉宫广场便民警务站

区党委副书记、自治区常务副主席、区党委政法委书记邓小刚专程前往警务站，看望慰问舍己为人、勇救落水老人的公安民警白玛桑珠和辅警扎西杰布

副市长、市委政法委副书记、市公安局局长陈文强陪同市委副书记、市长、市委政法委第一书记张延清视察2014年燃灯节安保活动现场

在市委市政府的坚强领导下，在区公安厅的有力指导下，全市各级公安机关认真学习贯彻落实十八届三中、四中全会以及习近平总书记系列重要讲话重要批示、中央政法工作会议、全国公安厅局长会议精神，按照区市党委政府、区市维稳指挥部和区公安厅关于“稳定压倒一切”及“全区一盘棋”的工作要求，紧紧围绕“平安拉萨、法治拉萨、和谐拉萨”建设目标，全力开展“反自焚、防自焚”专项行动、反恐防暴专项行动、夏秋社会治安专项整治行动、全市道路交通安全大检查大整治专项行动、打黑除恶专项斗争暨“打击非法组织和重点人”专项行动、“百城禁毒会战”专项行动，严厉打击黑恶势力犯罪、多发性侵财犯罪、“黄赌毒”违法犯罪以及经济犯罪。期间，市公安局圆满完成“春节”、“藏历新年”、“三月敏感期”、“色拉崩坚”、“萨嘎达瓦”、“雪顿节”、“燃灯节”等583项重大勤务安保任务。共受理治安案件1575起，同比下降50起，发案率下降3.1%；查结1399起，查结率达到88.8%；处罚违反治安管理人员1284人。共立刑事案件1900起，同比下降197起，发案率下降9.4%；破获刑事案件995起，破案率为52.4%。共破获71起涉毒刑事案件，同比少立11起，下降13.4%；抓获犯罪嫌

5月24日下午，市公安局特警支队在拉萨市火车站圆满完成处置暴恐事件实兵实战拉动演练

3月14日，特警支队民警开展维稳防控工作

5月24日下午，特警支队在拉萨百货大楼圆满完成处置暴恐事件实兵实战拉动演练

疑人96人，同比下降2%；缴获各类毒品2400.55克，同比上升49.95%；处理吸毒人员580人次，开展宣传活动共计31场次。共受理初查经济犯罪案件449起，同比增长37.73%；立案437起，同比增长104.2%，涉案价值8050.44万元，同比下降2.15%；破案76起，同比增长16.92%，挽回经济损失1340.37万元，同比增长743.74%；刑拘77人，同比增长492.3%，逮捕67人，同比增长378.57%，取保候审11人，同比下降42.1%，起诉48人，同比增长860%。

1、2014年2月26日，市委常委、区公安厅巡视员、市委政法委第一副书记、市公安局党委书记次仁旺堆在色拉崩坚宗教活动现场进行指挥

2、副市长、市委政法委副书记、市公安局局长陈文强就中国·拉萨雪顿节活动安保工作进行部署

3、特警支队支队长蒋波在藏历新年安保活动中疏导交通

4、4月11日下午，2014年全市县区公安局长会议在拉萨市政府会议中心召开

5、10月13日，市公安局召开党的群众路线教育实践活动总结大会

1 | 2 | 3
4 | 5

拉萨市公安消防支队

9月26日，“九九”重阳节消防平安启动仪式

8月25日，雪顿节开幕式消防安保

截至年底，拉萨市共发生火灾47起，死亡0人，直接财产损失158万元。同比上年，火灾起数上升了34.28%，直接财产损失上升了51.92% ，死亡人数下降100%。全年，拉萨市消防支队接警1873起（其中，扑救火灾47起，抢险救援81起，公务执勤1684次，社会救助61次），出动1873次，出动车辆3032辆次，出动警力14794人次，抢救被困人员210人，疏散被困或受灾人员394人，完成了曲水县“7·10”柴油油罐车泄漏处置、318国道拉萨市尼木县境内“8·09”特大交通事故抢险救援以及“11·17”纳金乡家具加工厂火灾扑救任务。

全年支队共检查社会单位6711家次，发现火灾隐患或消防安全违法行为2892处，督促整改2805处，下发《责令改正通知书》1721份、《行政处罚决定书》74份，临时查封单位22家，责令“三停”单位16家，罚款31.3万元，拘留1人。

10月13日，墨竹工卡县车辆侧翻抢险救援

10月21日，纳金路城馨苑小区燃气管道泄露处置

11月17日，纳金乡家具加工厂火灾扑救

318国道拉萨市尼木县境内“8·09”特大交通事故抢险救援

3月31日，堆龙德庆县乃琼镇乃琼村西藏广祺仓库院内货车火灾扑救

7月10日，曲水县聂当乡柴油油罐车泄漏处置

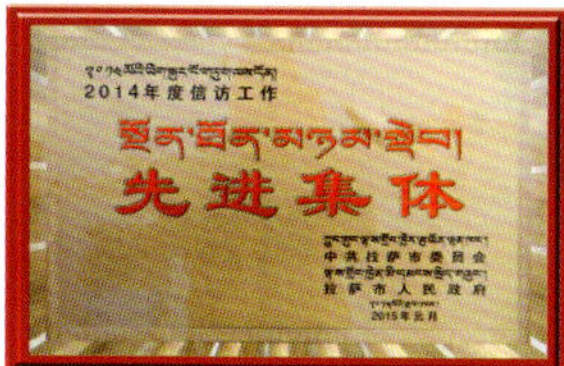

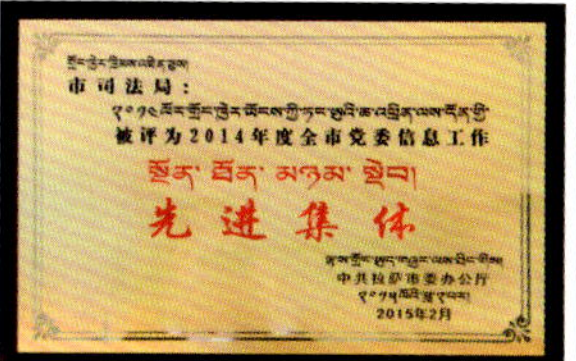

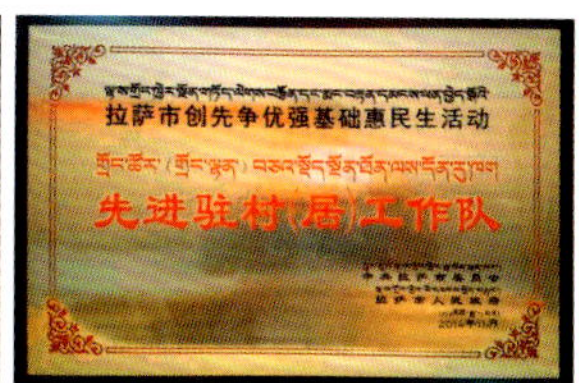

拉萨市司法局

领导班子

2014年，拉萨市各级司法行政部门以中共十八大和十八届三中、四中全会精神为指导，紧紧围绕市委、市政府中心工作和上级司法行政部门要求，不断强化职能，发挥优势，履职尽责，真抓实干，努力提高服务保障水平，顺利完成既定工作目标。

2014年，司法部、全国普法办再次授予拉萨市“全国法制宣传教育工作先进城市”荣誉称号。堆龙德庆县荣获“全国法制宣传教育工作先进县”荣誉称号，市委组织部荣获“全国法制宣传教育工作先进单位”荣誉称号，拉萨市普法办获“全区先进普法办”荣誉称号，邸海青、阿旺拉姆等14名工作人员受到全国普法办和自治区普法办表彰。

国家公证协会会长丁露一行到拉萨市阳光公证处调研

藏历新年司法局副局长边巴次仁（大）慰问环卫工人

干部职工参观城市规划建设展览馆

全市司法局长工作会议

党员集中学习

拉萨市国土资源规划局

市国土局局长索朗慈仁到矿山开展安全生产大检查

市国土局党组书记强巴江才带领全局干部职工参观拉萨市数字指挥中心

市国土局监察支队支队长张林到北环线实地调研

市国土局党组班子专题民主生活会

拉萨市全市国土资源局长工作会议

开展党员服务社区活动

拉萨市财政局

11月20日，局党组组织干部职工集体学习

5月10日，组织全市财政系统“学习楷模、争做人民满意公务员”演讲活动

2月9日，召开拉萨市财政工作会议

6月16日，全市推行公务卡知识讲座

4月7日，结对认亲交朋友活动中干部职工与群众一起劳动

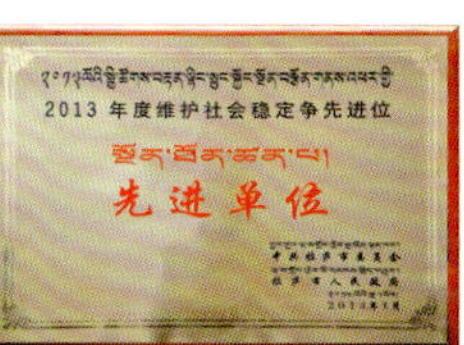

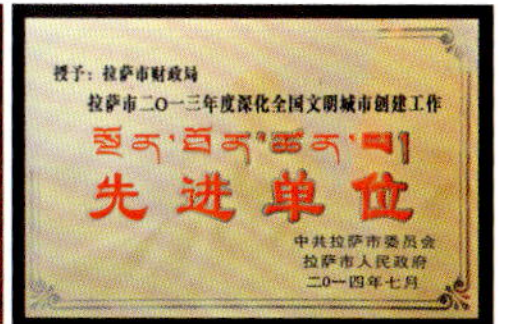

拉萨市交通运输局

拉萨市副市长林生考察新机场选址情况

江苏省交通运输厅、拉萨市交通运输局共商援藏事宜

抢险保通机械

对林周县Y104林春线等农村公路、桥梁开展普查

新建成的盘山公路

拉萨市农牧局

市农牧局党组书记其美旺姆带队到墨竹工卡县尼玛江热乡慰问贫困户

市农牧局局长刘俊博在首届藏博会上向参展企业了解经营情况

拉萨市有天然可利用草原201.134万公顷，饲草种植面积为0.573万公顷（含荒地种草），主要种植的品种是紫花苜蓿、箭舌豌豆、披碱草和燕麦草等。畜牧业生产以发展净土健康产业为契机，大力发展奶牛、藏鸡、生猪等特色养殖业，奶牛存栏7.5万头；藏鸡存栏41万只，出栏6.73万只；生猪存栏5.19万头，出栏6.73万头。年内，肉、奶、蛋产量分别为4.2万吨、5.2万吨、856吨，分别比去年增产0.25万吨、0.68万吨、49.6吨。

拉萨净土健康产业——藏鸡产业（拉萨白鸡）

拉萨净土健康产业——生猪产业（生猪养殖基地）

拉萨净土健康产业——奶牛产业（示范户养殖的奶牛）

保证粮食生产安全——青稞标准化生产基地

拉萨农牧业机械化作业现场

拉萨市人力资源和社会保障局

市委常委、常务副市长洪家志到拉萨市人社局调研

市委常委、宣传部部长占堆在拉萨市人社局检查指导党的群众路线教育实践工作

召开党的群众路线教育实践活动专题民主生活会

党组书记彭丽华开展结对认亲帮扶活动

局长张义泉看望慰问驻村工作队

召开党的群众路线教育实践活动总结大会

召开就业援藏专场招聘会

开展“百家企业”劳动保障法律法规培训会

召开拉萨市机关事业单位工作人员
提前退休和离岗休养工作部署会

拉萨市住房和城乡建设局

中央第十巡回督导组组长杨崇汇、副组长李佑才（右三）等到公共资源交易中心调研群众路线教育实践活动

区党委常务副书记吴英杰一行到公共资源交易中心考察工作

2014年，拉萨市住房和城乡建设局深入推进各项工作，加快推进城镇化进程和城乡统筹协调发展，促进行业服务、管理、保障与和谐安全工作全面提升，围绕重点项目实施、保障性住房建设与管理、小城镇规划建设、行业服务与监管、不断推进“六城同创”、 机关作风效能建设和干部队伍建设及党的建设各项工作等重点开展工作。

自治区党委常委、拉萨市委书记齐扎拉到公共资源交易中心考察工作

和美家园廉租房小区外景图

拉萨市城关花园A区公租房外景图

拉萨市教育城园丁园公租房远景图

拉萨市政协副主席刘全保到公共资源交易中心检查指导工作

区住建厅厅长陈锦到公共资源交易中心考察工作

拉萨市委副书记龙志刚到公共资源交易中心检查指导工作

桥上商铺

会展中心

天水一色

次角林大桥桥上全景

拉萨市审计局

江苏审计厅专家组到拉萨市审计局调研

组织召开党的群众路线专题民主生活会

工作人员到实地查看项目资金使用情况

“七一”重温入党誓词活动现场

开展街头环境保护宣传

江苏省审计厅向拉萨市审计局捐赠图书

拉萨市水利局

拉萨河河变湖综合整治3#闸项目

拉萨市水利局党组书记韩云栓陪同水利部副部长胡四一考察3#闸建设项目

拉萨市水利局局长欧阳莉萍陪同拉萨市副市长次仁央宗检查指导巡防工作

全市共争取水利项目投资4.4亿元（不包括旁多水利枢纽和3#闸工程），其中全年水利重点工程完成投资3.5亿元，完成率达到109%，澎波灌区建设全面展开，拉萨河干流整治正式启动，农田水利重点县建设成效明显，拉萨市在2014年全区水利综合目标考核中位列第二、其中水政和安全生产两个单项考核排名全区第一。

由水利部淮委和江苏省水利厅援建的拉萨市水利工程质量检测中心

拉萨市
文化（新闻出版、文物）局

市委副书记、市长、市委政法委第一书记张延清等领导检查指导大昭寺周边环境整治工作

市文物局局长平措旺堆调研指导达龙寺维修工作

5月18日，西藏牦牛博物馆揭牌开馆

普查队员到墨竹工卡县开展可移动文物普查登记

西藏牦牛博物馆系列活动——共话京藏情　同筑中国梦

幸福拉萨广场舞

维修朗孜厦

泰和国际·中国拉萨雪顿节闭幕式音乐会“美丽家园　幸福拉萨”

民族大院里的文艺演出

纪念“两路通车”文艺演出

拉萨市老年艺术团排练演出

拉萨市残疾人联合会

5月，副市长计明南加向残疾少儿发放康复补贴

11月，拉萨市残联理事长央金卓嘎为夏萨苏社区特困残疾户发放慰问金

拉萨市残联于2003年单设机构，为副县级机构，编制10人，内设办公室和综合科，建制正科级。所属全额拨款事业单位2个，分别为拉萨市残疾人康复服务中心和拉萨市残疾人就业服务中心，建制正科级，编制分别为5人；所属差额拨款事业单位1个，为拉萨市残疾人托养服务中心，建制正科级，编制6人。

12月，拉萨市委组织部副部长陈军一行到托养中心考察调研

拉萨市卫生局

自治区党委副书记、自治区主席洛桑江村到堆龙德庆县检查指导基层医疗卫生工作

2014年医疗市场专项整治活动

开展帮扶项目慰问活动

拉萨市人口和计划生育委员会

开展单独二孩信息核查培训工作

到社区开展计生宣传活动

“5·29”协会活动日，到扶贫点开展慰问活动

拉萨市疾控中心

2014年拉萨市免疫规划业务骨干专业技能培训班

突发公共卫生事件应急演练

拉萨市妇幼保健院

为扶贫点捐款捐物

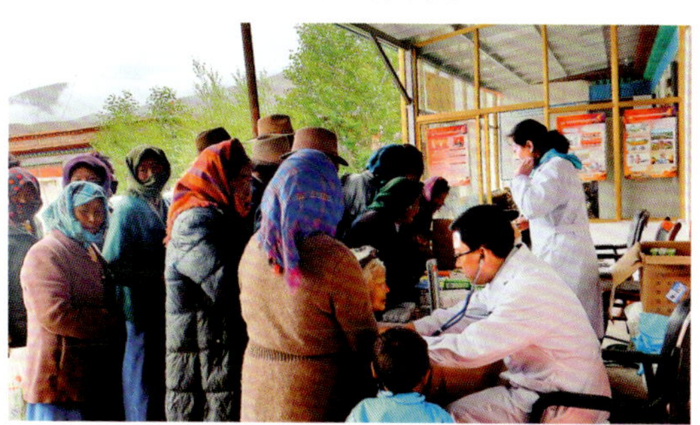
开展送医送药活动

拉萨市人民医院

市委副书记、市长、市委政法委第一书记张延清看望慰问市人民医院值班医护人员

市医院为国家三级乙等综合性医院。现有职工316人，其中专业技术人员280人，高级职称18人，中级职称90人。医院占地面积约6.67公顷，医用建筑面积3.6万平方米，已开设普内科、心血管内科、普外科、骨科、妇产科、儿科、结核科、口腔科、眼科、耳鼻喉科、干部保健科、康复理疗科、麻醉科、ICU等临床科室和8个病区，开设有检验科、药剂科、放射科、特检科（含B超、心电图、脑电图、肺功能、胃镜）和病理科等医技科室，建成了全区先进的集综合管理、电子处方、电子病历、信息查询为一体的HIS系统。医院法定床位240张，实际开放床位257张，年门急诊量12万人次，年收治住院病人7000余人。医院先后与苏州大学、江苏省人民医院、江苏肿瘤医院、南通医学院、徐州医学院和徐医附院、北京朝阳医院等建立技术协作关系，培养大批优秀专业技术人才。同时作为西藏大学附属拉萨医院，以教学促科研，以科研带动医疗技术不断发展。

江苏医疗专家到市医院开展高级别学术讲座

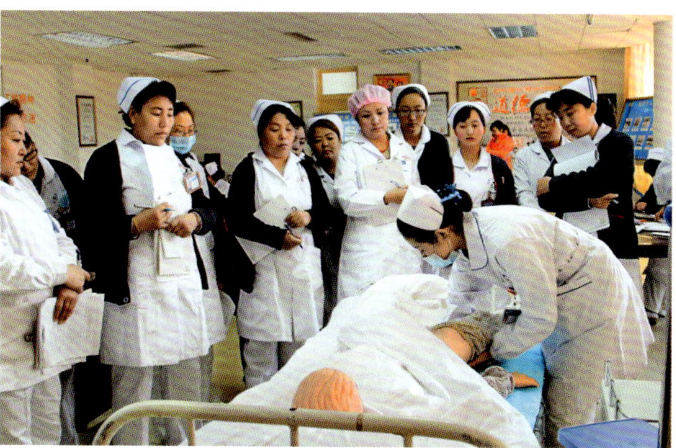

举行护理操作技能大赛

自治区卫计委、拉萨市有关领导出席市医院三级乙等医院挂牌仪式

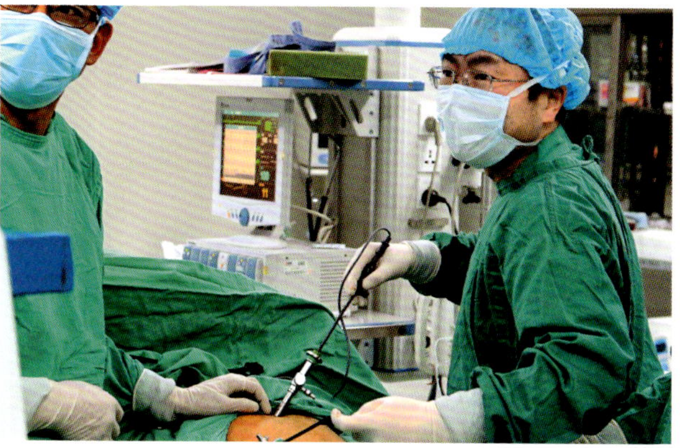

开展外科腹腔镜手术

医院医护人员为寺庙僧尼进行义诊

医护人员为农牧民群众进行义诊

拉萨市外事办公室

自治区党委常委、市委书记齐扎拉会见美国领事艾立仁一行

市委副书记、市长、市委政法委第一书记张延清陪同尼泊尔副总统贾阿一行游览八廓街

2014年，拉萨市独立和协助接待的外国党宾、国宾、外交官、记者及内宾共36批425人次。其中，外国党宾、国宾、外交官、记者共31批339人次，来自美国、加拿大、澳大利亚、尼泊尔、印度、不丹、韩国、瑞士、西班牙、丹麦、比利时、荷兰、巴西、捷克、俄罗斯、新西兰等国家。参观、访问内容涉及宗教、商务、旅游、安居工程建设、民生、企业、教育、文化等多个领域。

市委常委、副市长周普国会见尼泊尔前总理巴布拉姆·巴特拉伊

副市长次仁央宗率领拉萨市友好代表团访问美国友城科罗拉多州博尔德市

副市长陈文强陪同新西兰驻华使馆副馆长范达文一行游览八廓街

副市长陈文强组织召开尼泊尔驻拉萨侨民代表座谈会

不丹外交大臣仁增多吉一行前往大昭寺参观

加拿大记者团一行参观拉萨市实验幼儿园

拉萨市林业局

自治区党委书记陈全国带领干部群众开展义务植树活动

自治区党委副书记、自治区主席洛桑江村和群众一起开展义务植树活动

自治区党委常委、拉萨市委书记齐扎拉检查指导义务植树活动

区、市四大班子带领军、警、民开展义务植树活动

罗布林卡绿化美化一角

拉萨市质量技术监督局

拉萨市副市长孙晓南带队组成“迎雪顿”食品安全专项检查工作小组，对达孜县工业园区内食品生产加工企业进行检查

11月，区质监局副局长刘红春、市质监局局长次仁卓嘎对市民服务中心开展的政务服务国家级标准化项目试点进行阶段性检查指导

11月，市质监局组织50家企业召开质量诚信建设暨中国质量（北京）大会精神宣贯会

6月，市质监局组织开展党的群众路线教育实践活动

12月，区质监局副局长多吉坚赞带队组成调研组到市质监局调研指导工作

消费者权益日，质监局组织学生到食品企业参观

拉萨市安全生产监督管理局

领导班子

2014年，根据自治区下达拉萨市的2014年全市各类安全生产控制考核指标情况，统筹考虑、合理分配考核指标，并与各县（区）人民政府、各市直相关部门、重点企业签订了《安全生产目标责任书》。根据国家安监总局“五个全覆盖”的要求，《拉萨市安全生产党政同责暂行办法》已经出台，市安委会、各县区安委会主任均由行政一把手担任，《拉萨市安全生产较大事故责任追究办法》也即将出台。按照“管行业必须管安全、管生产必须管安全、管业务必须管安全”的原则，对各行业主管部门的安全生产责任进行了进一步明确。督促各县（区）人民政府、市直各部门、各单位强化安全生产意识，坚持把安全生产作为推动发展、构建和谐社会的重要内容，与其他重要工作同研究、同部署、同落实，促进了安全生产工作在行业和基层的有效落实；要求各分管领导、各行业负责人明确工作重点、细化工作措施，盯住靠上，一项一项抓落实，一件一件求实效，保证了市委、市政府有关安全生产决策部署的贯彻落实。

市安监局党组书记白玉峰在堆龙德庆县古荣乡南巴村慰问

市安监局副局长蔡卫旗到林周县检查财胜矿业尾矿库

市安监局副局长何虎啸到达孜县调查“3·03”道路交通事故现场

拉萨市气象局

8月19日，中国气象局副局长于新文一行到小昭寺便民警务站气象精细化监测预警服务平台系统进行考察调研

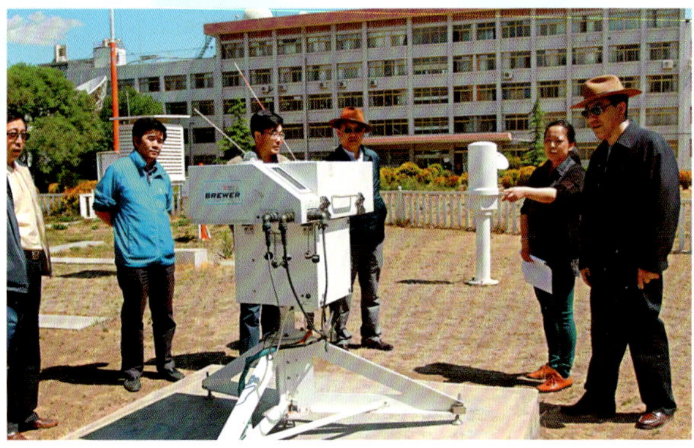

6月6日，自治区人大常委会党组副书记、副主任赵正修到市气象局大探中心开展执法检查工作

7月4日，市防汛抗旱指挥部成员在拉萨市气象局分会场参加全区防汛抗旱工作视频会议

6月25日，召开党组专题民主生活会

7月3日，到尼木县作业矿区开展防雷安全专项执法检查

5月28日，拉萨周边实施人工增雨作业

拉萨市档案局（馆）

自治区档案局行政执法检查组副书记索朗检查拉萨市数字化档案馆建设工作

市档案局（馆）局长马荣清到堆龙德庆县调研村级档案室建设工作

市档案局（馆）驻村工作队开展“八看”“一算账”“一揭批”“四增强”感党恩主题教育活动

市档案局（馆）在墨竹工卡县开展档案业务培训

市档案局（馆）召开离退休干部座谈会

共青团拉萨市委员会

共青团中央书记处第一书记秦宜智到拉萨看望慰问大学生西部计划志愿者

共青团拉萨市委党组书记洛色到基层考察创新创业项目

拉萨市重点青少年群体服务管理和预防犯罪工作第一轮汇报会

“五四”期间青年节举办奋斗的青春最美丽分享活动

拉萨市圆梦助学金发放仪式

保护母亲河——解放军青年林项目启动

拉萨市食品药品监督管理局

拉萨市食品药品监督管理局局长申豫东向帮扶点群众讲解党的富民惠民政策

拉萨市食品药品监督管理局于2001年12月成立，主要负责拉萨市药品、医疗器械、保健食品和餐饮服务环节食品安全监管工作。核定人员编制18人，在编18人。承担着全市4000余家餐饮服务单位、2000余家保健食品经营企业、1000余家药品、医疗器械、生产、流通、使用环节的监管工作。

截至年底，对辖区3634家餐饮服务单位进行监督检查，共审批餐饮服务许可证1188件。为加大拉萨市甜茶馆食品安全监管力度，2014年5月向甜茶馆、藏餐馆免费发放“拉萨市餐饮服务食品安全监督信息公示栏”634块，要求业主严格从正规渠道采购食品及原材料，保证食品安全卫生；认真落实餐饮服务环节食品安全防范措施，全力开展“敏感节点”、小、中、高考期间餐饮服务食品安全工作共出动执法人员500余人次，监督检查1000余家；完成食品安全监督抽检和风险监测采样1020个批次，占全区抽检任务的75%；继续开展文明餐桌行动，共发放宣传海报3000余份，普及率已达到95%以上。

扎实开展群众路线教育活动

召开药品安全工作会议

开展药品经营质量管理规范培训班

向村民发放食品药品安全宣传手册

拉萨市城关区

9月15日，中央第十巡回督导组组长杨崇汇到八廓街道办事处检查党的群众路线教育实践活动成果时开展群众测评

6月1日，自治区党委书记陈全国“六一”儿童节慰问吉崩岗小学师生

城关区位于西藏自治区中部偏东南的雅鲁藏布江支流拉萨河下游段南北两岸，东与达孜县接壤，南与山南地区贡嘎县和扎囊县毗邻，西与堆龙德庆县紧靠，北与林周县相依。城区面积554平方千米，行政区域东西跨距28千米，南北跨距31千米。下辖4个乡、8个街道办事处、51个村（居）委会。截至2014年底，辖区流动人口22余万人，常住人口20余万人。

2014年，区属地区生产总值（GDP）79.29亿元，同比增长19.5%，占全市经济总量的22.4%。本级财政预算收入8.11亿元，同比增长30.5%；区属社会固定资产投资76.05亿元，同比增长39.1%；区属社会消费品零售总额46.85亿元，同比增长20%；城镇居民人均可支配收入23713元，同比增长11.1%，高出全市平均收入363元；农牧民人均可支配12339.6元，同比增长12.4%，高出全市平均收入3081.66元；城镇登记失业率控制在2.2%以内。圆满地完成了城关区十一届人大四次会议确定的各项目标任务。

2月19日，自治区党委副书记、自治区主席洛桑江村在春节、藏历新年来临之际慰问城关区一线环卫工人

9月25日，自治区党委常委、市委书记齐扎拉，自治区副主席德吉陪同中华全国工商业联合会副主席林毅夫参观首届中国西藏旅游文化国际博览会民族手工艺术品展

2月20日，市委副书记、市长、市委政法委第一书记张延清慰问困难户

5月27日，西藏首个党政客户端“拉萨·城关掌上通”上线发布仪式

6月18日，自治区文物局局长桑布主持蔡公堂寺维修项目工作部署会议

3月11日，城关区“四大班子”领导一行参观根敦群培纪念馆

1月4日，拉萨市城关区第十一届人民代表大会第四次会议胜利召开

12月30日，城关区委副书记、人大常委会主任马永青为夺底乡人大之家挂牌

12月22日，城关区委副书记、常务副区长王万青与“舞动中国梦”首届干部职工舞蹈大赛评委老师亲切握手

12月19日，北京东城区专家团一行与城关区“十三五”规划编制课题组进行座谈

9月18日，城关区清理整治非法买卖集体土地专项行动动员大会

11月15日，城关区首届干部职工运动会开幕式

11月15日，城关区首届干部职工运动会运动员入场

2014年拉萨雪顿节之阿妈啦厨房擂台赛比赛

5月30日，扶贫项目见成效，村民喜领分红款

喜迎藏博会，城关区组织开展爱国主义卫生活动

温室大棚

城关区建设中的保障性住房

城关区娘热民间艺术团

拉萨市达孜县

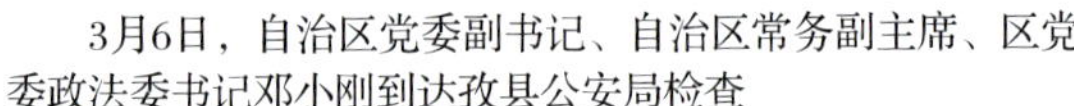
3月6日，自治区党委副书记、自治区常务副主席、区党委政法委书记邓小刚到达孜县公安局检查

9月28日，自治区党委常委、市委书记齐扎拉考察达孜县邦堆乡金银花种植基地

达孜，藏语意为“虎峰”。达孜宗初建于1354年，1959年民主改革后，原达孜宗、德庆宗合并为达孜县，隶属于拉萨市。

达孜县城距拉萨市20公里，素有拉萨“东大门”之称。全县平均海拔4100米，河谷最低海拔3730米，年平均气温7.5℃，年平均日照3065小时，平均降雨量450毫米。全县总面积1373平方公里，耕地面积6.85万亩。县城内珍贵动植物种类繁多，矿藏资源丰富。达孜县优美的山水、田园风光有着很高的旅游观光价值。境内共有寺庙、日追拉康14座，其中始建于公元15世纪初，已有600多年历史的黄教格鲁派六大寺之首的甘丹寺，在宗教、建筑、艺术等方面都占有重要的地位，1961年被列为全国重点文物保护单位；始建于公元7世纪，至今已有1500多年历史的叶巴寺，也是历史上有名的寺庙之一，在信教群众中影响较大。

3月11日，自治区副主席边巴扎西到工业园区考察

全县共辖5乡1镇，共20个行政村，131个村民小组，总人口29152人。农牧业为全县国民经济主体，主要农作物有小麦、青稞、油菜、萝卜、土豆等；畜牧业以牦牛、黄牛、绵羊、藏鸡、内鸭等养殖为主，随着黄牛改良、生猪养殖、奶牛养殖、藏鸡养殖、肉鸭养殖等项目的不断实施，优质、高效、特色畜牧业的快速发展，优化产业的区域布局，提高农畜产品质量，增强产品的市场竞争力；工业为县域经济发展的龙头，带动特色产业的集聚、带动农牧业的发展、带动农牧民的增收，形成了高原生物和藏医药产业功能区、藏文化和民族手工业功能区、新能源和机电制造业功能区，并多次受到中央、区市领导的肯定和支持。

3月14日，自治区妇联党组副书记、主席江措拉姆到达孜县调研妇女小额信贷工作

2014年，实现地区生产总值10.67亿元，增长14.6%；公共财政预算收入3.02亿元，增长197.8%；全社会固定资产投资17.08亿元，增长27.3%；社会消费品零售总额1.35亿元，增长14.0%；税收收入7.65亿元，增长247.73%；农村居民人均可支配收入8736.34元，增长12.3%。在拉萨2014年县域经济发展争先进位考核中，达孜县再获佳绩。

4月13日，自治区农牧厅副厅长高玲到达孜县检查调研春耕备耕开展情况

4月1日，自治区教工委副书记、教育厅副厅长杜建功考察在建的达孜县中心小学

3月28日，自治区林业厅副厅长旺堆到达孜县指导病虫害除治情况

10月15日，自治区妇联党组成员、副主席次仁白珍调研妇女儿童“两规”实施情况

10月10日，副市长计明南加到达孜县考察集中办学工作

8月26日，县委书记徐申锋看望慰问德庆村“三老人员”

2月16日，县长阿努次仁慰问困难群众

6月17日，拉萨市林业绿化局党组书记占堆陪同昌都地区林业考察队到达孜县考察纳金山造林点

9月24日，拉萨市教育局副局长中楚成到达孜县中心小学考察学校建设情况

8月23日，达孜县组织农牧民群众到林周县参观学习

5月13日，达孜县财政局副局长扎桑到邦堆乡统计乡镇粮食直补亩数

3月15日，达孜县德庆村开耕仪式

8月11日，邀请拉萨市职业技术学院高级教师强珍开展设施蔬菜种植培训

2月20日，达孜县工会慰问企业困难职工

5月15日，达孜县唐嘎乡藏鸡养殖合作社藏鸡规模化养殖

拉萨市林周县

12月5日，中央西藏工作协调小组办公室副处长廉湘民到林周县调研

林周藏语含义为天然形成的沃土。林周县位于拉萨市东北，距离市区65公里。全县辖9个乡1个镇，45个行政村，14943户63248人；国土面积4512平方公里，耕地23万亩，天然草场505万亩，人工草场8万亩，水域5.4万亩，是拉萨市7县1区中的第一产粮大县、第二牧业大县。全县南北狭长，跨度达180公里。念青唐古拉山支脉一恰拉山横贯全境，将林周县分割为南北两大部分。北部属拉萨河上游及其源流区域，素有“三河一流”即热振河、达龙河、乌鲁龙河，拉萨河流域的美称，平均海拔4200米，气候干燥，年平均气温2.9摄氏度，以牧业生产为主。南部地区属拉萨河支流澎波河流域，平均海拔3860米，谷地开阔，气候温和，雨水充沛，年平均气温5.8摄氏度，主产小麦、青稞、油菜、土豆等，是拉萨市的主要粮食生产基地。

9月18日，国家卫计委财务司专员贺锦团到林周县考察中央转移资金项目工作

9月28日，自治区党委常委、市委书记齐扎拉带领拉萨市净土健康产业观摩团到林周县调研

10月25日，自治区政府常务副秘书长王文佩到林周县调研净土健康产业

林周县风光秀美、山川壮丽、人杰地灵，人文历史底蕴深厚，是拉萨的“北花园”。全县分布有黑颈鹤保护区、白唇鹿保护区等国家级、自治区级自然保护区5个；全县有寺庙38座，著名的藏传佛教寺庙热振寺坐落在北部群山之中，距今已有千年历史，周围有风景秀丽的热振国家级森林公园。林周境内山青水碧、草木葱郁、飞鹤成群，是体验青藏高原人文风光的极佳之地。

年内，实现县级生产总值14.04亿元、同比增长9.1%，全社会固定资产投资15.99亿元、同比增长19.1%，公共财政一般预算收入1.07亿元、同比增长30.3%，农村居民人均可支配收入8195.55元、同比增长12.5%，社会消费品零售总额1.32亿元、同比增长18%。

5月19日，自治区党委组织部副部长鲁西科到林周县调研基层党建及村“两委”班子换届工作

9月1日，自治区财政厅副厅长孙金玲到林周县开展水利发展改革调研

5月8日，市委常务副书记龙志刚到边林乡、强嘎乡、甘曲镇、松盘乡、岗巴村等地考察先行先试工作

2月27日，市委常委、警备区司令员张才刚到林周县看望慰问退伍官兵

7月22日，市委常委、副市长周普国在林周县召开田间管理现场会

5月6日，市人大常委会副主任达瓦到卡孜、江夏、边林中心小学检查指导教育实践活动开展情况

7月6日，林周县召开农村工作交流会，县委书记赵涛与参会人员到边交林乡农业示范园区参观学习

10月14日，县委副书记、县长次仁顿珠带领林周县党政代表团到苏州市考察

6月17日，中国共产党林周县鹏博健康产业园工作委员会、林周县鹏博健康产业园管理委员会、拉萨市林周城镇化建设投资发展有限公司揭牌仪式

8月4日，林周县吴江人民奖学金基金捐赠仪式

1月24日，深入贯彻党的群众路线教育实践活动动员大会召开

10月18日，强嘎乡典冲村党组织换届选举

7月3日，民间艺术团在林周县文化活动中心举办文艺汇演表演“阿谐”舞

5月12日，林周县党员干部到苏州参加培训

8月2日，林周县县直机关领导干部到卡孜乡抗洪抢险

拉萨市墨竹工卡县

1月27日，自治区党委副书记、自治区主席洛桑江村到墨竹工卡县看望结对帮扶户

墨竹工卡县位于西藏中部、拉萨河中上游，地理坐标为北纬29°8′、东经91°77′。东与林芝地区工布江达县相邻，西靠拉萨市达孜、林周两县，北连那曲地区嘉黎县，南接山南地区乃东县，交通区位优势明显，川藏公路（318国道）横穿而过。县域面积5492平方公里，人口5万余人，平均海拔4200米以上，辖7乡1镇40个行政村。墨竹工卡县素有“天边之乡”的美誉，野生动植物资源有黑颈鹤、斑头雁、虫草、雪莲花、红景天等，矿产资源有铜、铅、锌、金、钼、大理石等。境内名胜古迹众多，旅游资源得天独厚，距今850多年历史的直孔梯寺闻名国内外，具祛病美容效用的日多温泉、德仲温泉和有财神湖之称的思金拉措等自然景观独具魅力，直孔水磨糌粑、斯布牦牛等农畜产品驰名区内外，以松赞拉康、松赞干布纪念馆、霍尔康庄园、甲桑古道徒步为重点的藏王松赞干布出生地甲玛景区已完成并对游客开放，西藏首家民间博物馆墨竹工卡县群觉古代兵器博物馆已建成。

2014年，全县地区生产总值完成21.01亿元，同比增长7.6%（按可比价），其中一产实现增加值2.35亿元，同比增长6.5%；二产实现增加值16.55亿元，同比增长7.29%，三产实现增加值2.11亿元，同比增长10.07%；公共财政预算收入完成3.31亿元，同比增长43.4%；农牧民人均可支配收入9191.58元，同比增长12.6%；完成社会固定资产投资52.9亿元，社会消费品零售总额达到2.56亿元，同比增长15.0%，完成县十二届人大三次会议确定的各项目标任务。

1月13日，团中央农村部副部长赵宝东到墨竹工卡县调研考察

3月14日，自治区党委副书记、常务副主席、政法委书记邓小刚到墨竹工卡县幼儿园考察

8月26日，自治区党委常委、市委书记齐扎拉到尼江乡章达村检查指导工作

3月18日，自治区人大常委会副主任赵正修到墨竹工卡县寺庙考察

5月7日，自治区纪委副书记张秋生到墨竹工卡县调研党风廉政建设工作

6月24日，自治区政协经济人口资源环境委员会主任索朗多吉到墨竹工卡县考察

2月28日，市委常委、常务副市长斯朗尼玛到墨竹工卡县督导维稳和群众路线工作

9月14日，南京市委常委、江宁区委书记周谦在拉萨会见墨竹工卡县领导，签订合作协议

8月19日，中央采访团到墨竹工卡县采访援藏工作情况

8月23日，市委副书记、市长、市委政法委第一书记张延清到章达村检查指导工作

3月30日，县长林生在墨竹工卡县2014年重点项目集中开工仪式上讲话

9月22日，县委书记严应骏等县委领导共同研讨大日多景点规划建设

3月30日，墨竹工卡县召开2014年经济工作会暨净土健康产业工作会

5月4日，纪念“五四”运动95周年暨墨竹工卡县第一届“十佳青年”和“五四青年”表彰大会

为农牧民群众发放拖拉机

嘎则新区县政府主楼

扎西岗乡多嘎组新农村新面貌

墨竹工卡县群觉古代兵器博物馆

墨竹工卡县净土健康产业展销厅

扎西岗乡多嘎组新农村新面貌

拉萨市堆龙德庆县

6月30日，全区农牧产业化现场会在堆龙德庆县召开，区党委副书记、自治区人大常委会主任、区党委农村工作领导小组组长白玛赤林，自治区副主席坚参，自治区政协副主席阿旺一行参观西藏藏泉股份有限公司

5月5日，自治区党委副书记、自治区主席洛桑江村一行到堆龙德庆县考察医疗卫生工作。县委书记陈献森，拉萨市政协副主席、县委副书记、县长安央金陪同

2014年，全县面积2704.25平方公里，其中耕地5544.95公顷，草场面积39万亩，森林面积0.57万亩（以灌木为主），森林覆盖率0.44%。辖2个镇、5个乡（含柳梧乡，当年从8月1日起划归柳梧新区托管），年末总人口49784人。人口自然增长率10.2‰。

2014年，全县实现地区生产总值20.91亿元，增长8.6%（可比价增进）；实现公共财政预算收入5.31亿元，增长37.7%；完成全社会固定资产投资44.47亿元，增长30.5%；实现社会消费品零售总额7.4亿元，增长16%（可比价增进）；牧区居民人均可支配收入10457.6元，增长18.5%，主要经济指标全部完成既定目标，高于全市平均增长水平，总量和质量实现新的提升。以优化经济发展空间格局为着力点，加快推进产业结构调整，产业发展呈现出“一产稳固、二产壮大、三产提质”的良好态势，三产结构由7:64:29调整为6:75:19。全年落实强农惠农补贴资金1388.39万元，重点围绕净土健康产业，农牧、农发落实4417万元，实施了16个产业项目，本级投入6000万元着力扶持培育乡镇净土健康产业，实施项目17个。全区农牧业产业化现场会在堆龙德庆县的召开，助推了堆龙德庆县净土健康产业的发展，荣获了全区“农牧业产业化经营示范县”殊荣。工业强县战略成效显著，实现工业总产值19.2亿元，增长36%；工业增加值8.09亿元，增长32%。园区基础设施不断完善，污水处理厂、强电入地等项目有效提升了园区服务功能，推动了产业集群、要素集聚、资源集约效应的有效发挥，6家新兴产业、新型工业企业向园区集中入驻。招商引资引进项目41个，实际到位资金13.05亿元，增长36.33%，工业经济乘势而上，工业实现了经济质量与效益的同步提升。城郊乡村文化旅游基础进一步夯实，全年投入1790万元，实施了6个旅游项目，接待国内外游客69.12万人次，旅游收入达到2203.03万元。

2月17日，区党委常务副书记吴英杰，区党委常委、常务副主席丁业现，区党委常委、纪委书记王拥军等有关领导到堆龙德庆县检查指导铁路护路联防工作，亲切慰问青藏铁路堆龙段专职护路联防队员，并送去10万元慰问金。拉萨市政协副主席、县委副书记、县长安央金陪同

12月12日，区党委常务副书记吴英杰一行到堆龙德庆县顶嘎寺调研慰问。县委常委、统战部部长巴桑次仁陪同

5月30日，自治区党委常委、拉萨市委书记齐扎拉到堆龙德庆县岗德林蔬菜种植农民专业合作社参观考察。县委副书记刘汝鹏陪同

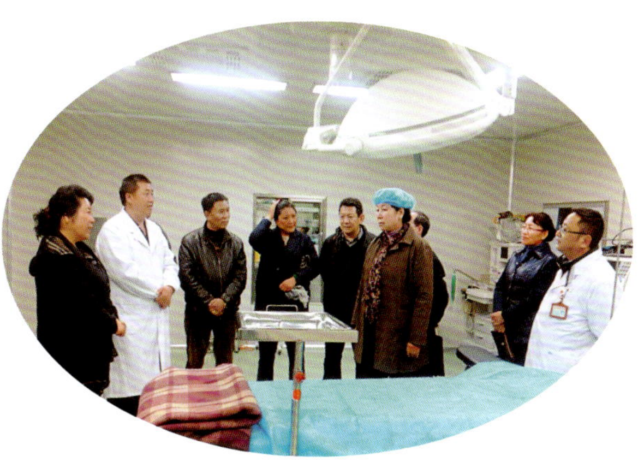

4月30日，自治区副主席德吉一行到堆龙德庆县检查指导卫生工作。拉萨市政协副主席、县委副书记、县长安央金陪同

7月29日，拉萨市市委常委、副市长周普国一行到堆龙德庆县验收农田草害综合治理工作。县委副书记、政协主席郭志锋陪同

9月12日，区政协副主席阿沛·晋源参加由堆龙德庆县工商联和辖区企业远大建材有限责任公司共同举办的会员企业联谊会。拉萨市政协副主席、县委副书记、县长安央金陪同

3月2日，县委书记陈献森，拉萨市政协副主席、县委副书记、县长安央金，县委副书记、人大常委会主任达娃次仁，县委常务副书记詹晓圣等领导看望慰问藏历年在岗的维稳一线干部职工

7月30日，北京市西城区人大德胜代表团到堆龙德庆县考察调研，并捐献4000本教学书籍、15台电脑、100个U盘。县委书记陈献森陪同

1月31日，拉萨市政协副主席、县委副书记、县长安央金慰问一线公安干警

4月9日，拉萨市政协副主席、县委副书记、县长安央金一行前往达孜县调研社会福利院建设情况

4月18日，县公安局组织入党积极分子和预备党员参加“爱国卫生日”活动

5月9日，召开堆龙德庆县委党的群众路线教育实践活动专题会议

5月27日，全县党员干部开展习近平总书记系列重要讲话“原文、原著、原理”学习研讨会

1月29日，堆龙德庆县春节、藏历新年团拜会

9月30日，堆龙德庆县第二届“堆龙杯”足球比赛胜利闭幕

9月10日，车载流动法庭为古荣乡南巴村村民宣讲四中全会精神

5月8日，县医务工作者在县团结路开展为群众送医送药义诊活动

7月26日，军民共庆“八一”建军节

10月1日，堆龙德庆县举行升国旗仪式，热烈庆祝中华人民共和国成立65周年

拉萨市 曲水县

2月16日，自治区党委副书记、自治区主席洛桑江村到曲水县调研

5月29日，自治区党委常委、拉萨市委书记齐扎拉到曲水县考察

6月4日，自治区人大常委会副主任嘎玛到曲水县检查基层人大工作

曲水县位于西藏腹地、拉萨河下游两岸、雅鲁藏布江中游北岸、拉萨市西南方，最高海拔5850米，最低海拔3500米，平均海拔3750米，县城驻地海拔3568米，距离拉萨市64公里，距离贡嘎机场15公里，318国道、机场高速公路和拉日铁路横贯全境。县城所在地曲水镇位于曲水县中部，地理位置比较优越。全县东西长77公里，南北宽36公里，辖区面积1680平方公里，耕地面积6.43万亩。全县设有5乡1镇，17个行政村和133个村民小组，总人口3.5万人，农牧民占总人口数的90%以上。

4月25日，自治区政协副主席罗松多吉到曲水县调研走访聂当乡科技园食用菌种植地

2014年，实现地区生产总值10.29亿元，同比增长15.1%，全社会固定资产投资完成21.78亿元，同比增长30.40%，地方财政收入首次突破亿元大关，达到1.34亿元，同比增长55.14%，社会消费品零售总额2.2亿元，同比增长12.0%，农牧民人均纯收入8966.68元，同比增长12.40%。

2月7日，拉萨市政协主席刘全葆到曲水县调研

6月4日，拉萨市人大常委会副主任达瓦到曲水县调研

3月1日，曲水县委副书记、常务副县长黄正良慰问春节、藏历新年值班干部

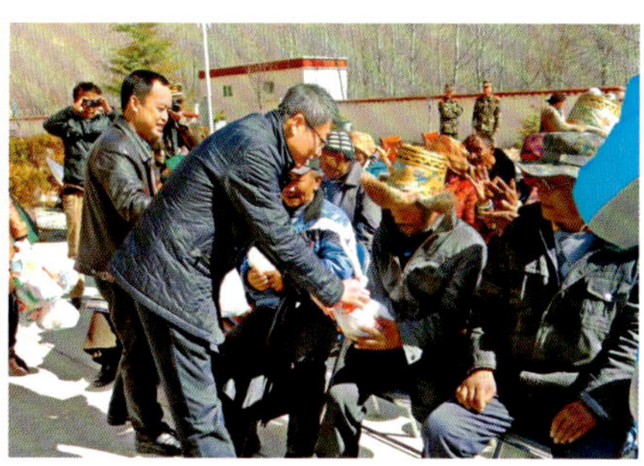

2月24日，曲水县委副书记李向给老人发放洗漱用品

2月17日，召开中国共产党曲水县第八届委员会第四次全体（扩大）会议暨全县经济工作会议

1月24日，曲水县党的群众路线教育实践活动动员大会召开

3月12日，曲水县理论中心组针对"为了谁、依靠谁、我是谁"开展大讨论活动

8月15日，首届中国网络媒体拉萨行到曲水县采访

3月15日，曲水县开展反恐演练活动

3月15日，曲水县干部职工开展应急处突演练活动

3月16日，开展“法律进学校”法治宣传讲座活动

8月，“泰州曲水心连心　爱走西藏公益行”活动现场

3月，曲水县俊巴牛皮船舞队首次参加由拉萨电视台与康巴卫视联合举办的藏历新年文艺晚会

9月19日，曲水县委宣传部组织举办“民族团结月”暨迎国庆文艺演出活动

1月2日，曲水县委宣传部牵头组织有关单位在五乡一镇开展“五下乡”集中行动

全县干部职工参加义务植树活动

拉萨市尼木县

6月19日，自治区党委副书记、自治区主席洛桑江村考察尼木县检查矿山安全生产工作

尼木县地处雅鲁藏布江中游北岸，系前后藏结合部，距拉萨市约140公里，是一个以农业为主的半农半牧县。全县面积3275.8平方公里，平均海拔4000米，辖32个行政村，127个自然组。塔荣镇为县城驻地，海拔3809米。全县辖七乡一镇（包括塔荣镇、吞巴乡、续迈乡、普松乡、帕古乡、麻江乡、卡如乡、尼木乡），其中农业乡（镇）6个、半农半牧乡1个（帕古乡）、纯牧业乡1个（麻江乡）。矿产业为全县经济支柱产业，藏鸡养殖业为农牧业特色产业。

尼木县属高原温带半干旱季风气候区，四季分明，夏季雨水集中，辐射强，年日照时数2947.2小时。年无霜期100天左右。年降水量324.2毫米。自然灾害主要有干旱、山洪，泥石流，虫灾，霜冻和冰雹。

尼木县矿产资源主要有铜、钼、泥炭等，野生动植物资源主要有豹子、狗熊、猞猁、獐子、黑颈鹤、贝母鸡、野鸡及贝母、虫草、黄连、雪莲等。

因尼木位于拉萨和日喀中间节点，民俗、文化兼具两地风格。作为藏文字的发源地，文化氛围浓厚，民风淳朴。被誉为“尼木三绝”的吞巴藏香、雪拉藏纸和普松雕刻享誉区内外。藏文创始人吞弥·桑布扎故居位于尼木县吞巴乡吞达村境内，距今有1300多年的历史，2007年被评为自治区级文物保护单位。吞巴乡吞达村荣获“2013年中国最美村镇”传承奖。

11月2日，自治区党委常委、拉萨市委书记齐扎拉到尼木县检查指导“双联户”开展情况

10月17日，自治区党委副书记、自治区常务副主席、区党委政法委书记邓小刚到吞巴景区调研

2014年，尼木县实现地区生产总值8.96亿元，同比增长12.3%，完成公共财政预算收入5180万元，同比增长36.7%，全社会固定资产投资9.13亿元，同比增长30.7%，农村居民人均可支配收入达到8324.61元，同比增长12.2%，工业增加值4565万元，同比增长54%，社会消费品零售总额0.43亿元，同比增长12.2%。

10月17日，北京市常务副市长李士祥到尼木县考察

7月14日，自治区政协党组副书记、副主席罗松多吉考察尼木县古宝藏香厂

4月28日，自治区副主席多吉次珠看望慰问尼木县贫困户

市委副书记、市长、市委政法委第一书记张延清到藏文字博物馆调研

6月2日，自治区人大常委会副主任嘎玛调研基层人大工作

3月6日，自治区人大常委会副主任赵正修到卡如乡一级检查站慰问值勤民警

7月3日，市委常委、常务副市长洪家志到吞巴乡调研

2月25日，市委副书记马新明到尼木县人民路检查指导工作

3月12日，拉萨市人大常委会副主任觉根到尼木县指导维稳工作

12月8日，县长普琼陪同市委常务副书记龙志刚参观扶贫藏纸制作

1月24日，召开净土健康产业发展动员大会

11月11日，尼木县与西南民大签订校地战略合作协议

2月26日，尼木县召开群众路线专题学习会议

5月18日，首都艺术家代表团到尼木县演出

10月23日，尼木县召开2013—2014年创先争优强基础惠民生活动总结表彰大会

拉萨市当雄县

5月19日，中央第十巡回督导组组长杨崇汇到当雄县调研指导党的群众路线教育实践活动

当雄县属纯牧业县，位于西藏自治区中部，藏南与藏北的交界地带，拉萨市北部，距拉萨市170公里。地理坐标为东经90°45′—91°31′，北纬29°31′—31°04′。全县下辖6乡2镇、28个村（居）委会，172个村民小组，全县总人口55141人，在职干部职工1800人，退休干部职工272人，全县共有党组织130个，党员4509人，其中牧民党员3474人。现有中学1所，在校生2146人，教职员工150人；小学9所，在校生5212人，教职员工280人；有牧家书屋28个、寺庙书屋22个、文化站9所（含县文化活动中心）、文艺演出团体1个；县中心医院1所，医务人员61名、乡镇卫生院7所、医务人员64名；防疫站1所，专职人员12人；五保户96人；享受城镇最低生活保障388户，689人；享受农村最低生活保障1475户，4776人。截至年底，牲畜存栏44.89万头（只、匹），出栏17.04万头（只、匹），出栏率达到37.95%；幼畜出生9.39万头（只、匹），成活率达到99.59%;成畜死亡1664头（只、匹），死亡率控制在0.03%以内。肉产品产量7000.64吨，奶产品产量1.09万吨，农林牧渔业生产总值3.54亿元。

3月7日，自治区党委常委、市委书记齐扎拉到格达乡开展结对帮扶探亲活动

5月13日，区党委第一督导组常务副组长王亚蔺到当雄县检查指导党的群众路线教育实践活动

3月6日，市委副书记、市长、市委政法委第一书记张延清到当雄县走访牧户

2014年，全县实现地区生产总值10.88亿元，增长15.3%；公共财政预算收入完成2.82亿元，增长46.3%；全社会固定资产投资完成19.58亿元，增长30.1%；工业增加值完成1.78亿元，增长34.85%；社会消费品零售总额完成1.3亿元，增长14.0%；农牧民人均可支配收入达到10185.21元，增长12.5%。

10月6日，市委常委、常务副市长洪家志到当雄县考察调研

3月22日，市委第一督导组常务副组长次仁平措听取当雄县特色亮点工作汇报

9月10日，县委书记张正、县长旦增尼玛看望慰问优秀教师

1月24日，县委书记张正主持召开党的群众路线教育实践活动动员大会

1月31日，县长旦增尼玛深入村组开展春节慰问

2月17日，当雄县召开经济工作会议，表彰为经济社会发展做出突出贡献的先进单位

2月26日，当雄县启动“五下乡、四进社区”活动

3月28日，当雄县开展庆祝“西藏百万农奴解放纪念日”活动签名寄语活动

当雄县2014年12件民生实事——大病医疗救助

9月29日，当雄县发放大学生资助金

当雄县全体干部职工做早操

6月3日，当雄县对全县172户“孝敬父母”先进家庭进行表彰

当雄县2014年12件民生实事——村组道路养护

拉萨市
暖心燃气热力有限责任公司

2月22日，从第六安居苑开始展开天然气收费和民意调查活动

3月1日，市委常务副书记龙志刚慰问公司一线工作人员

4月16日，公司深入开展“结对认亲交朋友”活动

7月29日，公司召开上半年工作总结部署会

9月2日，现场检查灶具配送情况

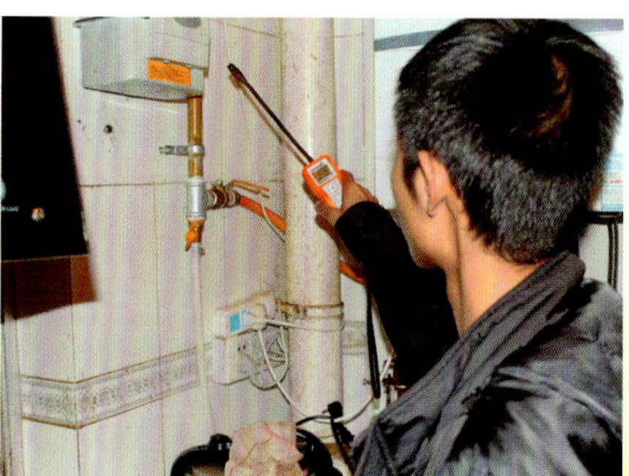

一线工作人员进行入户安检

八一农场

农业部农垦局局长王守聪、首农集团总经济师方健等领导参观考察大佛岛高效温室基地

市政协副主席次仁平措在八一农产品市场视察禁白工作

市委副书记龙志刚，市委常委、常务副市长洪家志等领导在农场大佛岛检查指导工作

农场党委书记达瓦顿珠在结对户家中了解生产生活情况

农场管理人员到蔡公堂乡油桃种植基地参观学习

农场大佛岛岗巴羊养殖基地

农场大佛岛无公害蔬菜基地

拉萨师范高等专科学校

党员学习

廉政学习专题会

林荫小道

校训

拉萨市第二中等职业技术学校

12月11日，自治区党委副书记、自治区人大常委会主任白玛赤林一行参观学校实训车间

10月2日，自治区党委常务副书记吴英杰到学校调研

拉萨市第二中等职业技术学校是拉萨市政府直属的正县级全额拨款事业单位，成立于2013年9月。主要开展中专学历教育，以及科学研究、继续教育、职业技能培训和学术交流等工作；提供相关社会服务。学制3年。2014年8月，整体迁入教育城，学校占地面积25公顷，建筑面积12.4万平方米，投资5亿多元。拥有综合教学楼、图书楼、办公楼、实训楼、学术报告厅、活动中心等基础设施。现有在校学生2552名，教职工253人。学校已建立了相关处室8个、教学部9个，开设了导游、藏药制药、建筑工程施工、家具制作等28个专业60个教学班级。学校以“修德强能、爱国成才”为校训，紧紧围绕“内稳外活、有序发展”的办学思路，始终坚持“学文化、学技能、转观念、接地气、找市场、早就业”的办学理念，积极探索“校企合作、订单培养、校里有厂、厂里有校、项目拉动”的办学模式。

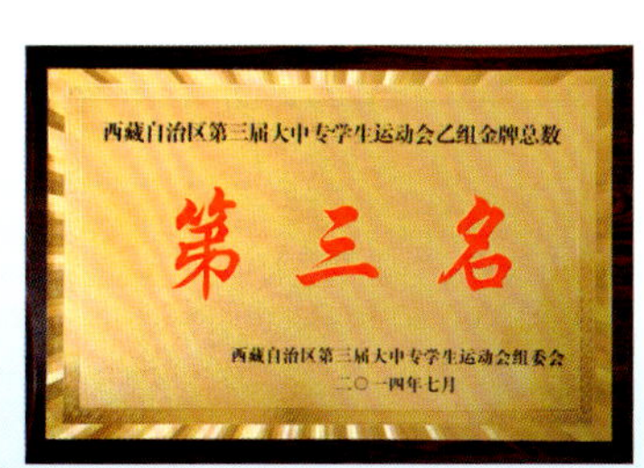

西藏自治区第三届大中专学生运动会乙组金牌总数

第三名

西藏自治区第三届大中专学生运动会组委会

二〇一四年七月

9月16日，学生军训期间到军区军史馆参观合影

10月，学生在香格里拉酒店实训

拉萨市第一中等职业技术学校

8月5日，自治区党委常委、市委书记齐扎拉一行到学校专题调研指导职教工作

7月8日，市委副书记马新明到学校调研

拉萨市第一中等职业技术学校为拉萨市政府直属正县级事业单位，面向全区招生，在校生规模1500人，改扩建完成后在校生规模可达5000人。主要职责是围绕净土健康产业发展开展人才培养、农牧民培训工作，负责全市净土健康产品质量安全的认证和检测检验。承担拉萨市“四业工程”农牧民短期培训1000人次。学校位于堆龙德庆县羊达乡境内109国道南侧，距离市中心20公里。占地面积8公顷，总建筑面积3万平方米。学校距离市中心20公里，占地8公顷，总建筑面积3万平方米。现有教职工124人，其中教师95人（含4名校领导、23名外聘教师、68名正式教师），临时工29人。现有13个公共基础课教学班，20个专业课教学班，全日制学生1250人。

党建工作。正式党员34人、预备党员3人、入党积极分子5人，占正式教师总数58.3%。先后主持召开9次党委中心组理论学习会，专题学习了中央、区市党委关于党建、职业教育、净土健康产业等文件和会议的重要精神，观看了《焦裕禄》等多部主旋律影片，撰写学习笔记、心得体会5万余字。

9月10日，拉萨市第一中等职业技术学校全体教职工合影

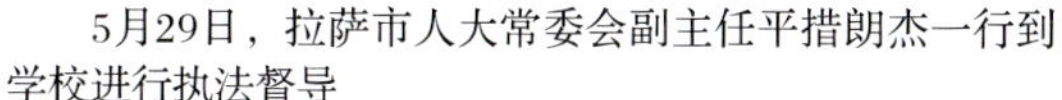

5月29日，拉萨市人大常委会副主任平措朗杰一行到学校进行执法督导

5月20日，学校召开三个党支部成立专题会议

维护社会稳定和社会治安综合治理。为有效预防、及时控制和消除校园重大突发事件的危害，保障师生身体健康与生命安全，维护学校正常的教育教学秩序，全面提高应对恐怖和暴力能力，学校成立了校园反恐防爆工作领导小组，抽调中青年教师组建了义务护校队、义务处突队、义务安检队、义务交通安全队，按照“安全第一，预防为主”的要求，建立和实行“摸底一排查一整治一评估一再排查”的滚动式安全隐患排查机制，切实将防季节性和防自然灾害等安全工作放在首位，严格执行24小时值班制度，确保师生生命安全和学校财产安全。

校园文化建设。学校以中华民族传统文化为基础，融合藏民族优秀文化元素，以目标召唤、师生认同、共同参与、激励向上为目标，以积聚召唤力、凝聚力为总要求，以“先育人，后学技”为教育理念，融入办学思想、学校文化、艺术审美观念，围绕“三园九路”进行了设计，形成了独具特色的校园文化雏形，初步打造出了校园环境优雅、教学秩序井然、学生教育良好、师生陶冶情操和快乐生活的文化氛围。

专业建设。3月，学校根据市委、市政府的定位，紧紧围绕食（饮）品、药品、保健品、饰品等“四品”领域，设置了以农林牧渔类和交通运输类为主的5大类27个专业，成立了3个教学部。现开设有设施农业生产技术、现代农艺技术、观光农业经营、果蔬花卉生产技术、药材种植、畜牧兽医、农业机械使用与维护、工程机械运用与维修、汽车运用与维修、产品质量监督检验及环境监测技术等10个专业。

招生就业工作。招生就业处先后两次组织20多人在八县区和市区进行招生宣传，2014年，共招收新生483人；多次带领学生参加就业招聘会，2014毕业的107名学生中，27名升入高职院校，73人实现就业，就业率为91.25%。

职业技能培训。积极与拉萨市“四业工程办”密切合作，承办各种“短、平、快”农牧民技能培训。年内先后承接并开展农牧民计算机、厨师、市科技特派员创业和服务能力提升、市司法局“六五”普法运输队队长、市公共安全服务有限公司保安和金融押运等培训11期1010人次。

8月29日，拉萨市“四业工程”城乡劳动力公共安全服务培训班结业典礼

9月4日，讲解员带领新生感受校园文化

9月17日，学校举行“民族团结一家亲”主题演讲比赛

拉萨第六中学

学校召开规范办学提升教育质量向家长征求意见会议

关注弱势群体，点燃一片爱心，向残疾儿童捐赠物资

拉萨第六中学，始建于1978年，位于拉萨西郊更贝乌孜山脚，与哲蚌寺毗邻。学校占地面积约39亩，校园内绿树成荫，鲜花吐艳，校舍规划整齐，育人环境和谐健康。学校近800名学生，住校生600多人，设有18个教学班级，87名教师队伍。

学校整体建设和发展步伐稳步推进，硬件设施逐步完善，多媒体教室、现代化远程教育网络设备、图书馆、德育室、实验室和体育健身设施等一应俱全，为素质教育在六中的全面展开打下了坚实的基础。

学校始终以“为了学生的发展，和学生一起成长”为办学思路，在办学过程中形成了“团结、奋进、求实、创新”的教风和“尊师、爱校、奋发、进取”的学风。基于面向农村学生教育的特点，学校特别注重对学生的行为习惯养成教育、感恩教育、爱国主义教育、法治教育、安全教育等多位一体的德育教育使学生浸润其中，耳濡目染，学会做人，学会认知，学会合作，学会创造。德育教育的成果使得学生的素质得到了大幅度提升，城关教育教学质量提升工程使得教师课堂教学效果有了突出变化。近几年来先后有120多名学生和教师在国家级、自治区级、地市级和县级的征文比赛、数学竞赛、英语竞赛、航模竞赛中获奖。面对基础薄弱学生，学校本着积极转化，努力提升的工作原则，强化学生的基础知识教育，为实现优化学生基础教育努力探索方法。

城关区职业技术培训中心

2014年在城关区委、区政府的正确领导下，在城关区教育（体育）局的大力支持下，全体教职工认真学习和贯彻中共十八大精神，以及党的群众路线教育实践活动，贯彻落实《国家中长期教育改革发展规划纲要》《中国职业教育改革和发展纲要》的有关精神，围绕培养一专多能，适应社会需要的各类人才的办学宗旨，积极推进中心改革，大力加强“双师型”师资队伍建设，继续确立“打造精品、树立品牌”的办学理念，并坚持走“规范化管理，特色化发展”之路，在规范中心各项工作的同时，以提高培训质量为重点，以实现城关职教“十三五”发展的目标和任务（2015—2020）为目标，中心上下团结一致，开拓进取，不断提高中心总体办学水平，全面推进职业教育，2014年，城关区职业技术培训中心克服在临时办公点（藏热小学）的环境和场地的限制，继续为基层群众及党员干部开展各项技能培训服务。2014年，中心共开设5期培训班。培训总人次达303人次，其中职业技能培训166人，干部培训137人，就业人数106人，就业率64%。同时完成《面点小吃》《中餐烹饪》两本校本教材的研发任务。

城关区党员干部“双语”培训开班典礼

保安培训之消防基础知识实操课

烹饪班学员正在上“刀工”实操课

城镇困难子女保安培训结业

拉萨市师范学校附属小学

勤学·乐学·好学·慎思

拉萨师专实习生与指导教师合影

党的群众教育路线实践活动部署大会

举行家长征求意见和交流活动

让爱在这里流淌雕塑

以兴趣课为契机，促进学生全面发展

以爱育爱，让幼儿健康成长

参加拉萨市校园足球联赛载誉归来

学校进行防震疏散演习

展现风采

拉萨市特殊教育学校

领导班子研究教学问题

拉萨市特殊教育学校于2000年12月1日正式挂牌成立，是西藏第一所以盲、聋哑、轻度智障残疾学生为主要教育对象的综合性特殊教育学校。

建校13年来，学习一直坚持，遵循党和国家的教育方针和特殊教育规律，并结合西藏实际，积极探索、努力实践适合当地学生学习、生活、就业的新方法新途径。学校设有学前部、小学部、初中部和职教部。在校学生189人，设13个年级17个教学班，办学规模逐步扩大，办学成绩日益彰显，先后培育出了世界冠军、全国冠军、西藏第一批聋人大学生和第一批职业中专生，成功输送了35名学生赴上海聋哑青年技术学校就读高中，34名学生走向社会顺利就业。

建校来，学校一直以特教“六心”（爱心、信心、恒心、耐心、精心、倾心）为师德标准，创建了一支朝气蓬勃、甘于奉献、勇于开拓、业务精湛的师资队伍。学校现有正式教职工60人，专任教师53人，高级教师2人，中级教师21人，初级教师30人。其中，研究生学历2人，学历达标率100%；教师队伍中获国家级奖9人、区级奖8人，市级奖15人。在国内公开刊物上先后发表论文30余篇，其中发表在中文核心刊物2篇、特殊教育专业刊物10余篇；共完成省级课题三项。

学校遵循“以学生发展为本，在课程实践中注重残障学生的潜能开发，增强特教课改的自主性和校本化”的办学宗旨，构建了“学文化、学技术、成材就业”三位一体的教育体系。根据特殊教育教学大纲开足开齐各类课程，并结合自治区的实际情况，增设了藏语文课程，自主研发了1—6年级藏语文校本教材。

发挥首府城市首位度作用，先后为日喀则、山南、那曲、昌都四地培训特殊教育教师达50多人次，承办了“西藏自治区第二届特殊教育骨干教师培训”。有利推动和促进了西藏特殊教育事业的发展。学校也先后被评为“全国特殊教育先进单位”“全国群众体育先进单位”“自治区残疾人康复工作先进集体”“区市教育系统先进基层党组织”“拉萨市平安学校”“拉萨市民族团结模范先进集体”。

6月23日，学校职教部学生与爱心企业签订劳动合同意向书

3月24日，自治区第二届特殊教育骨干教师培训班“破冰”之旅

6月23日，学校举行“2014届初中暨职业中专毕业典礼”

5月18日，全国第24个助残日庆祝大会上，学校党员教职工给帮扶对象送上节日祝福

11月10日，区残联组织专家到学校为学生做听力遗传检测

6月30日，上海聋哑青年技术学校语文、数学两学科一线

5月8日，学校部分师生参观拉萨市看守所

4月28日，校园春季运动会

9月2日，学校2014年军训开营仪式

3月28日，百万农奴解放纪念日爱国主义活动

7月19日，在雅鲁藏布大酒店召开“期末家长会暨毕业班颁奖典礼”

12月28日，太阳岛大酒店召开“期末家长会暨元旦晚会”

11月10日，全体教职工户外拓展运动

戴氏教育集团

师资队伍展示

戴氏教育拉萨总校是戴氏教育集团的旗舰校，是经过教育主管部门批准的，专门以高考、中考、小升初作为培训对象的专业化机构。本校成立于2013年7月，经过一年的时间，在引进内地先进的教育管理模式和培训理念下，迅速成为拉萨培训行业的中坚力量，为当地教育做出了一定的贡献。本校教职工30余名，全部为专业化专职教师，地址位于朵森格路（原青年路）天盛百货三楼，占地面积1200平米。是一所集现代化、先进化、专业化于一体的教育培训机构，欢迎社会各界前来参观、考察、交流。

良好的教学环境

4月20日，与赛康警务站共建免费“助学圆梦班”助贫寒学子圆梦理想名校

4月18日，集团全国校长工作会

PICC 中国人民财产保险股份有限公司

西藏分公司

中国人保财险西藏分公司总经理孙国新获山南地区首届“感动山南十大人物”荣誉称号

中国人保财险西藏分公司总经理孙国新到亚东察看地震灾情，并做理赔安排

吉隆县贡村发生雪崩后，人保财险西藏分公司启动农业保险重大灾害和突发事件应急预案

9月，“爱于心践于行——人保公益助学行”活动

7月，人保财险西藏分公司直属业务部聘请保险专家与工程技术专家，与业主和施工单位对国道318线林芝至拉萨段公路改建工程进行风险查勘及项目风险管理研讨

12月，中国人保集团公司与西藏自治区人民政府座谈会暨五保集中供养项目捐赠2500万元仪式在拉萨举行

西藏分行营业部

总行董事长蒋超良看望农行西藏分行营业部一线员工

中国农业银行西藏分行党委委员、副行长兼营业部总经理李磊出席拉萨市八廓商城开业剪彩仪式

中国农业银行西藏分行营业部大楼

农行西藏分行在当雄县举行首批“信用县”挂牌仪式，这标志着自治区信用县、乡（镇）、村三级信用评定体系已经基本完备

副行长李磊深入基层行所，了解农行西藏分行营业部服务“三农”情况

中国农业银行西藏分行营业部深入基层服务群众

农行西藏分行营业部通过外塑形象、内练苦功，努力提升优质文明服务水平。图为营业部员工业务技能比赛现场

中国农业银行西藏分行营业部驻村工作队慰问林周县强噶村村户群众

当雄县支行员工为农牧民客户详细介绍农行“三农”金融产品

农行西藏分行营业部举行“金融服务安全月”宣传活动

中国工商银行 西藏自治区分行

INDUSTRIAL AND COMMERCIAL BANK OF CHINA

12月31日，自治区党委副书记、自治区主席洛桑江村一行到分行营业部看望慰问全行员工

12月1日，西藏自治区旅游局与中国工商银行西藏分行签订《支持旅游产业发展战略合作协议》仪式

8月，分行开展普及金融知识万里行活动

12月，分行在日喀则江孜县日星乡为日星乡完小捐赠计算机设备

3月，分行员工参加植树活动

5月27日，中国工商银行西藏分行、湖北分行与中国三峡集团在拉萨市签署《西藏开发贷款合作协议》

中国银行股份有限公司
西藏自治区分行

中国银行总行行长陈四清、自治区党委副书记邓小刚出席中国银行领导干部任命大会

自治区党委副书记、自治区主席洛桑江村到中国银行西藏分行年终决算现场进行慰问

西藏自治区银监局局长李明肖到中行检查指导工作

与西藏巨龙铜业有限公司签署银企战略合作协议

中国银行江苏大道支行开业

中国石油天然气股份有限公司
西藏拉萨销售分公司

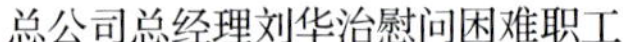

总公司总经理刘华治慰问困难职工

总公司副总经理李建国到加油站检查指导工作

中国石油西藏拉萨销售分公司是中国石油天然气股份有限公司西藏销售分公司下设的地市级经营单位，主要在拉萨地区从事成品油批发和零售经营业务，公司下辖29座加油站，成品油销量达到30余万吨，保证了拉萨市场成品油的正常供应。

公司持“奉献能源，创造和谐”的企业宗旨，秉承“爱国创业，求实奉献”的企业精神，认真履行国有企业的政治、经济、社会责任，为实现地方经济跨越式发展和社会长治久安发挥了积极作用。组织公司油罐车前往唐古乡、拉萨市周边7县农牧民田间耕地送油下乡，助力群众春耕生产；紧紧围绕拉萨市经济社会发展，深入市场调研，及时调配市场所需油品类型，严格执行发展改革委定价，保障了拉萨市成品油市场的稳定；响应强基惠民活动，深入开展为民服务创先争优，解决企业驻村地牧民群众吃水、通信难题，“一对一”帮扶特困户，引导帮助牧民创业；2014年，接收45名内地西藏中职班学生实习，作为中石油西藏公司高校毕业生就业见习基地下属公司，接收40名大学见习生、15名毕业班学生实习；积极主动上缴税费，大力实施“金秋助学”，深入孤儿院、盲童学校爱心帮扶，定期慰问困难员工及其子女，解决职工困难，帮扶重症患者，实现企业内部和谐稳定，切实履行国企政治、经济和社会三大责任，为地方社会的稳定、经济的发展、国防的巩固做出了积极贡献。

民主生活会情况通报会

加油站员工系统培训

地罐标定

圣城建设集团有限公司

拉萨市城投公司副总经理丁素琼到工地现场指导工作

西藏圣城建设集团公司工程师及相关技术人员到八廓商城工程施工工地查看工程施工进度

圣城锦苑工程地基上浇灌混凝土

2014年，西藏圣城集团完成拉萨市国资委下达的各项目标责任，集团（含下属企业）实现营业收入2.5亿元，上缴税费1900万元。西藏圣城集团坚持"以质量求生存，以信誉争市场"的战略，狠抓工程质量管理、工期管理、成本控制管理，主动协调各方关系。继续执行项目经理承包责任制，狠抓落实，使集团承建的工程质量、工期服务都得到保证。

截至年底，投资总额16927万元"圣城锦苑"完成总进度的40%；投资总额2.3亿元的"八廓商城"完成总进度的30%；投资总额2.8亿元的"教育城"完成总进度的10%。

2014年，完善公司以经理负责制为主要内容的经营管理机制，调动下属公司经营管理人员积极性，充分挖掘人力资源潜力。建立集团公司对下属公司的经营目标责任考核体系，以加强总公司对下属公司的有效监控。推动下属公司管理手段和经营观念的转变，增强下属公司管理层的责任意识和经营管理能力，集团与各公司签订了2014年度经营目标责任书。

西藏国税办公大楼

拉萨市公安局办公大楼

西藏金龙建设工程有限公司

公司承建的拉萨市中级人民法院办公楼

西藏金龙建设工程有限公司成立于2004年7月，公司注册资金5000万元，技术力量雄厚，现有高级工程师2人，中级职称26人，初级职称38人；有二级建造师15人，在藏职工700人。公司拥有西藏自治区建设厅颁发的房屋建筑工程施工总承包二级资质、市政公用工程施工总承包二级资质、建筑装修装饰工程专业承包贰级资质、水利水电工程施工总承包叁级资质、刚结构工程专业承包二级资质。

公司承建的西藏日报社办公楼

公司承建的西藏高级人民法院办公楼

公司承建的西藏自治区502工程

公司承建的国网西藏电力有限公司办公楼

拉萨市净土产业投资开发有限公司

12月11日，自治区党委副书记、自治区人大常委会主任白玛赤林一行参观实训车间

市委常委、常务副市长洪家志在大佛岛调研

公司党委书记、董事长崔勇刚到达孜县调研

拉萨市净土产业投资开发有限公司于2014年1月组建成立，是拉萨市政府直属大型国有独资企业，注册资金5亿元，从事净土健康产业、高效生态农牧产业项目有关的投资、融资、营销、加工、服务和招商引资工作。

公司的发展将围绕一条主线（招商引资）、发挥两大职能（开拓市场、树立品牌）、实现三项目标（经济、生态、社会效益最大化）、投资四大领域（食品、饮品、药品、饰品），将拉萨净土健康产业的发展推向深入。对内，培育开发、做大做强本地区特色优势产业；对外，走出去招商引资，引进带动力强、技术含量高、附加值高、市场占有率高的项目。

公司自成立以来，独资成立了拉萨净土藏鸡养殖发展有限公司、拉萨净土特色种植有限公司、拉萨净土男子篮球俱乐部有限公司；与拉萨市城投总公司合作组建了拉萨净土产品实业有限公司；与西藏睿天下投资管理有限公司合作组建了拉萨净土产品展销有限公司；与西藏睿健净土生物科技有限公司、曲水净土产业投资开发有限公司合作成立了拉萨净土睿健生物产业发展有限公司。

公司组织机构健全，管理制度完善，始终秉承“守护世界净土，奉献健康中国”的发展理念，按照“以净土、净水、净空、净心的独特优势，开创西藏健康产业新局面，助力世界朝阳产业新发展”的发展路径，严格遵循“区域化布局、规模化发展、专业化生产、集约化经营”的发展思路，大力发展净土健康产业。公司始终以敢于担当、勇于奉献、勤于创业的工作作风，坚持“呵护高原净土、建设美丽家园、造福一方百姓”的发展目标，以良好的企业信誉和优良的产品质量，真诚回报合作伙伴和广大消费者。

公司将深刻领会总书记习近平的讲话精神，充分发挥西藏水、土壤、空气、人文环境“四不污染”的高原独特优势，积极推进净土健康产业发展。

堆龙德庆县净土产业投资开发有限公司

自治区党委副书记、自治区人大常委会主任白玛赤林到堆龙德庆县净土产业投资开发有限公司检查指导工作

堆龙德庆县净土产业投资开发有限公司是一家以西藏农特产品研发、种养殖、加工、物流、销售及其相关配套服务为核心的国有独资企业，其前身是1999年成立的堆龙德庆县蔬菜花卉农民营销协会。

在拉萨市净土健康产业的推动下，经整合农业生产基地、农牧民专业合作社、农产品加工公司、冷链物流公司等10余家专业组织及企业，于2014年1月正式挂牌成立堆龙德庆县净土产业投资开发有限公司。公司现有国家级现代农业示范基地3个、全资子公司6家，资产总额逾20亿元。公司种植基地占地800公顷，拥有先进高效日光温室、智能数控温室7000余株，培育野生半野生灵芝、藏红花、玛咖等10余种藏药材，“国家绿色无公害认证”蔬菜30余种。公司现有员工300余名，藏药材等农特产品专业团队8支，高级农艺师、高级畜牧师30余名，团队专业素质高，业务能力强。公司拥有先进的精细化生产体系和全程可追溯的信息化管理模式，形成了西藏农特产品研发、种养殖、加工、物流、销售为一体的完整产业链条。

公司业务遍及全国25个省市，与国内20多家知名企业保持贸易往来；借助外交力量，部分产品远销东欧及东南亚地区。公司与林芝、山南、岗巴、普兰、联乡、尼木等农特产品、工艺品主产地政府达成长期合作协议，并建立了培植开发基地。公司还拥有5座“天然牧场”，实行牦牛全放养，藏香猪、藏鸡半放养的养殖模式，从源头上保证了产品纯天然、无污染。藏蜜、藏红花、糌粑等产品已纳入国家地理标志保护产品。

堆龙德庆县净土产业投资开发有限公司将产品与西藏传统文化相结合，现代农业发展理念与市场需求相对接，整合各方优势资源，运用先进的现代企业管理理念，力求品牌与生态共融，优势与伙伴共享，积极搭建品牌范围最广、辐射性最强、可信度最高的“西藏农特产品推广平台”。做原生态产品是公司坚持的目标，“让世界共享拉萨净土”是公司不懈的追求，公司是千年藏文化的传播者，更是可信赖的“高原农夫”。

热情欢迎海内外客商来美丽的西藏做客，洽谈投资合作，共创美好未来！

自治区党委常务副书记吴英杰到堆龙德庆县净土产业投资开发有限公司调研

自治区党委常委、拉萨市委书记齐扎拉到堆龙德庆县净土产业投资开发有限公司检查指导工作

堆龙德庆县净土产业投资开发有限公司年货会

原产藏红花繁育种植基地

岗德林基地

达孜县 净土产业投资开发有限公司

9月，自治区党委常委、市委书记齐扎拉，市委副书记、市长、市委政法委第一书记张延清，市委常委、副市长周普国，市局有关领导，达孜县县长阿努次仁，达孜县副县长普布，各县分管农业县长在达孜县邦堆乡西藏金天农业科技发展有限公司基地开现场会

10月，拉萨市委副书记龙志刚及区农科院副院长张明兰、达孜县县长阿努次仁在达孜县邦堆乡西藏金天农业科技发展有限公司金银花生加工车间考察

◎达孜金银花

达孜县海拔3700米，年均日照3065小时，是达孜金银花的理想生长场所。达孜县种植金银花的历史悠久，种植范围涉及全县，经权威机构检测，达孜县生长金银花的药效成分一绿原酸和木犀草甘含量均超过国家药典标准。

达孜金银花又称忍冬花、鸳鸯藤，是半常绿藤本植物，茎半蔓生，叶卵圆形，上粗下细，略弯曲，表面黄白色或绿白色，密被短柔毛，开放后花冠筒状，初开花时白色，后逐渐转变为黄色，气清香，味淡微苦。

达孜金银花浑身都是宝，用途也越来越广，开始由单一的中草药逐步向茶叶的代替品转换。随医药产业的蓬勃发展及人民生活水平不断提高，加之制药业的日益发展，达孜县政府秉承发展地方特色，促进农民增收为宗旨，经过认真研究和市场分析，县政府联合农业局、科技局、农牧局、净土产业等各级部门对于达孜金银花的种植和发展给与了高度的重视和支持。目前全县共计种植达孜金银花1865亩。

种植金银花项目不仅对当地的经济发展，就业率起到了积极的促进作用（当地村民不走出去在家门口就能挣到钱），而且还使得农业生产环境也同样得到了改善，在农业可持续发展等方面也起到了积极促进作用。

◎唐嘎藏鸡蛋

唐嘎藏鸡蛋为青藏高原特有的藏鸡品种唐嘎藏鸡所产，被人们作为食物利用已有几百年历史，由于唐嘎藏鸡基因优良，生性狂野，食物多为虫、草，因此所产下的蛋含有丰富的微量元素和较高的粗蛋白与粗脂肪。

唐嘎藏鸡具备了适应高原生态环境的特性，在特殊的饲养方式下所产出的唐嘎藏鸡蛋蛋壳清洁、有外蛋壳膜，不易破裂，蛋形椭圆，蛋壳白色、气室完整、无气泡，具有蛋黄大、蛋清浓稠，营养丰富的特点。

由乡政府承办，县农牧局与县扶贫办扶持的唐嘎乡藏鸡养殖合作社于2013年6月成立，孵化厂占地面积10亩，可容纳25000只藏鸡。合作社根据唐嘎藏鸡的生长习性，将鸡苗发放给各村养殖户分散养殖，以此来保证藏鸡的质量，从而获得高品质藏鸡肉及唐嘎藏鸡蛋。此外，待雏鸡长成后，合作社还统一回收鸡蛋和产蛋量不高的唐嘎藏鸡，帮助养殖户销售，从而增加他们的现金收入，进而提高他们的生活品质。

西藏宁玛矿业有限公司

矿长和仕辉组织矿部领导参加开展安全生产月活动动员大会

9月，在措嘎矿部应急救援演练中医疗救援小组实施救援

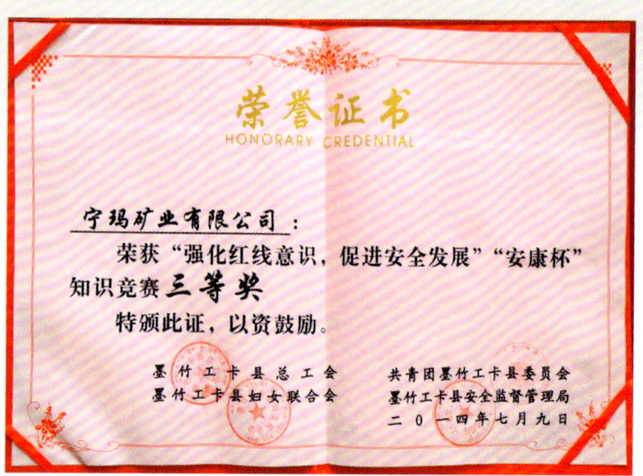

荣誉证书

HONORARY CREDENTIAL

宁玛矿业有限公司：

荣获"强化红线意识，促进安全发展""安康杯"知识竞赛**三等奖**

特颁此证，以资鼓励。

墨竹工卡县总工会　共青团墨竹工卡县委员会

墨竹工卡县妇女联合会　墨竹工卡县安全监督管理局

二〇一四年七月九日

西藏卓玛医院

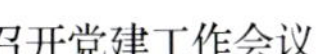

召开党建工作会议

学员到内地学习康复知识

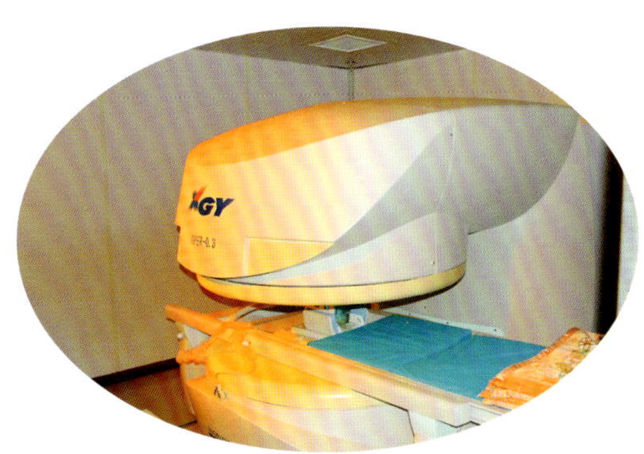

先进的核磁共振成像仪器

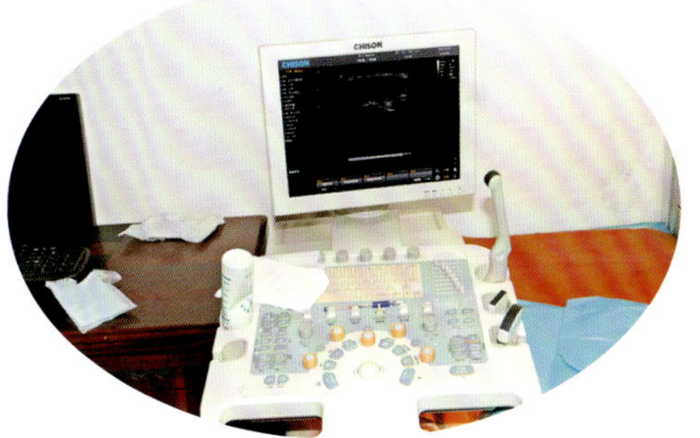

彩超设备

西藏卓玛医院

中国移动 China Mobile 拉萨分公司

中国移动拉萨分公司领导深入一线，了解客户需求，增进客户关系

中国移动拉萨分公司在拉萨市道德讲堂总堂开展主题教育活动

为丰富员工业余生活，中国移动拉萨分公司组建起自己的足球队

中国移动拉萨分公司开展新春游园活动

“和你一起　狂欢517”活动现场